明恵上人夢記訳注

増補改訂版

奥田　勲
平野多恵
前川健一　編

勉誠社

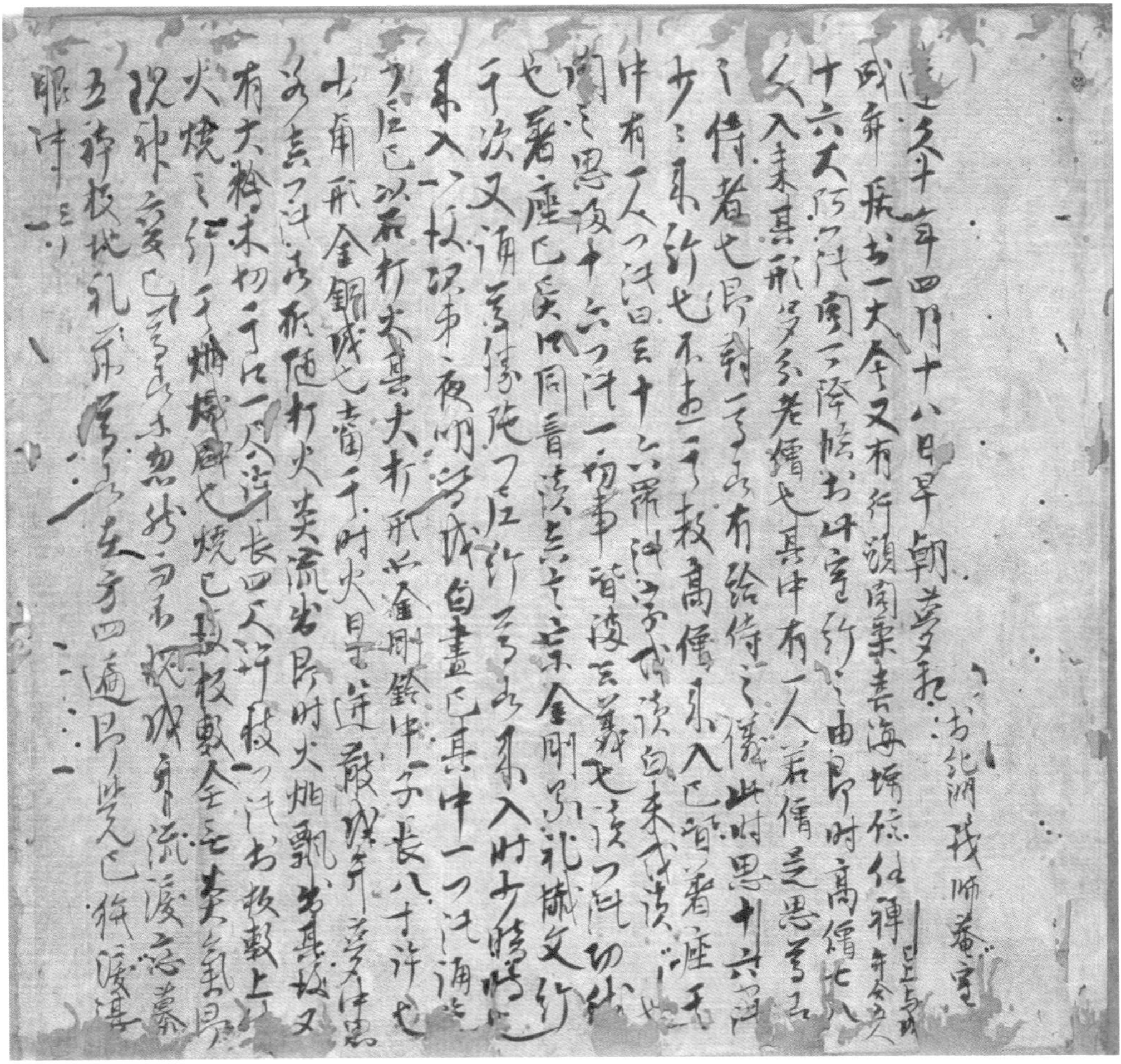

（1）　1—2　建久十年四月十八日夢記（佐藤辰美氏蔵）

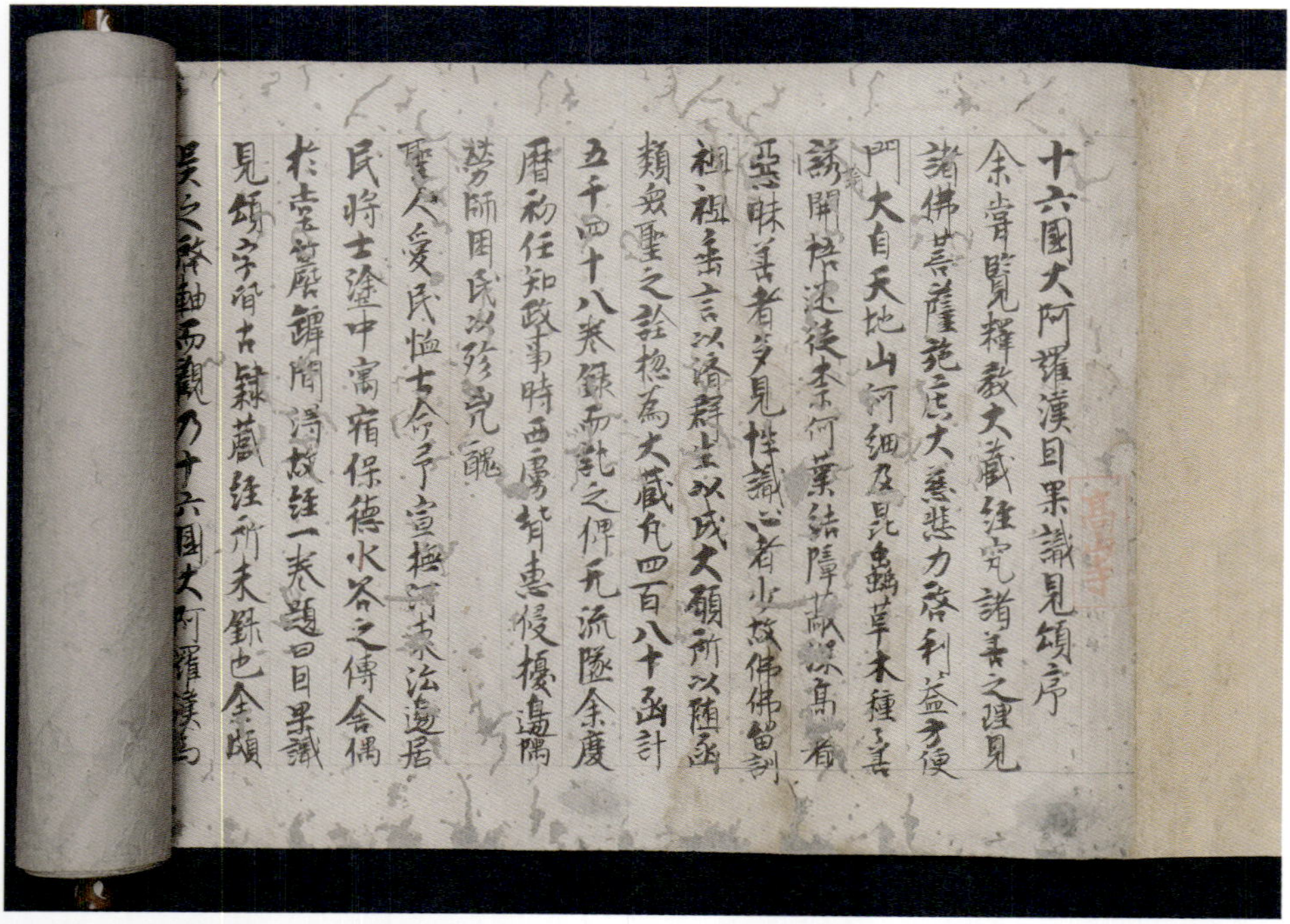

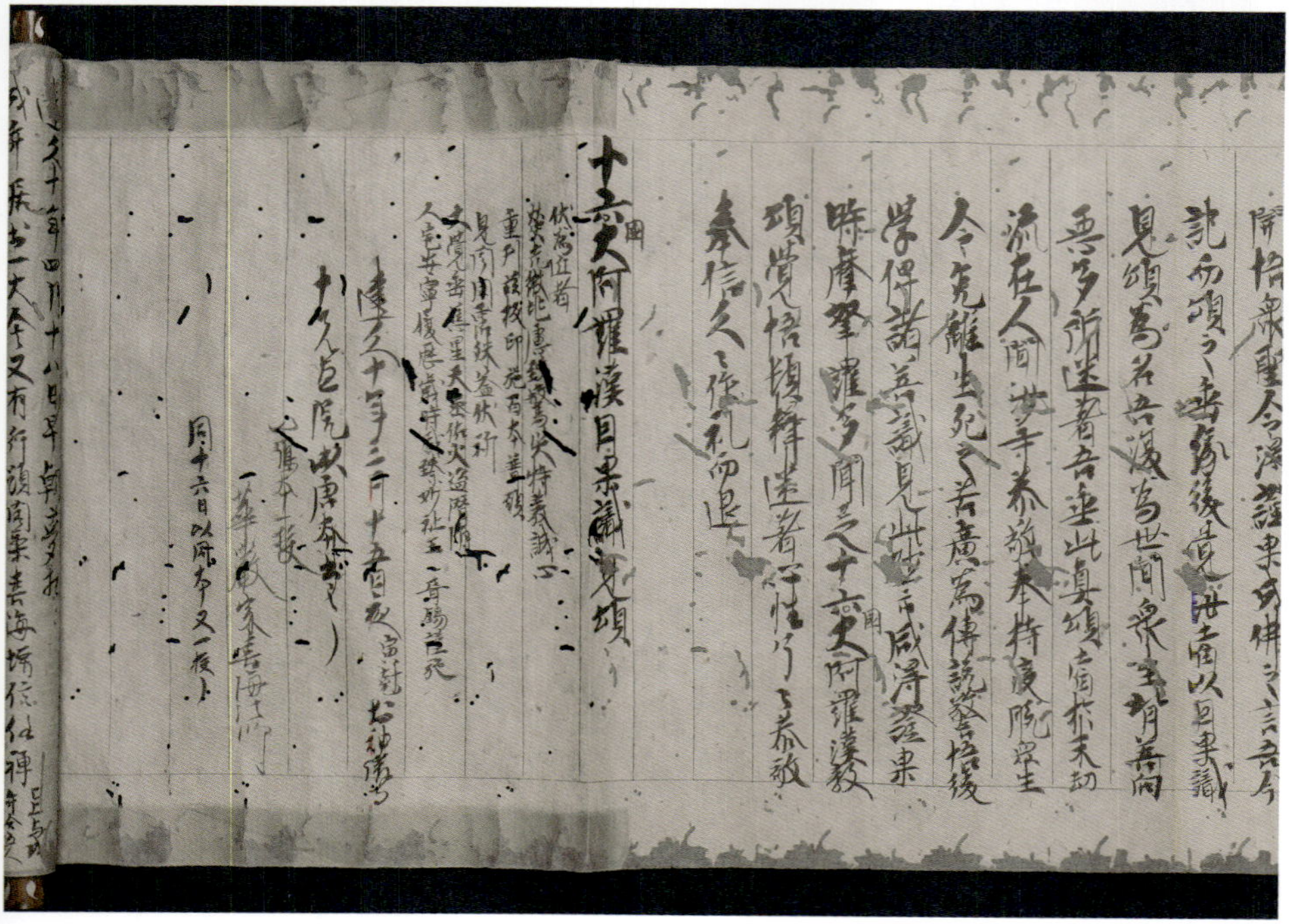

（2）1—2 建久十年四月十八日夢記紙表『十六国大阿羅漢因果識見頌』巻頭・巻尾

増補改訂版の刊行に寄せて

『明恵上人夢記訳注』の初版（以下、旧版とする）は、高山寺外にある明恵上人の夢記を集成し、翻刻・訓読・現代語訳・注釈を施したものである。専門書ながら、明恵上人夢記の初の現代日本語訳と詳細な注釈ということで、二〇一五年の刊行後、重版もされ好評を博してきた。

旧版の刊行によって各地に散在していた夢記が一覧できるようになり、従来知られていなかった和歌山県立博物館や個人所蔵の夢記にかんする情報がもたらされるようになったのは望外の喜びであった。旧版で大東急記念文庫所蔵とした夢記切が五島美術館蔵であることが月本雅幸先生のご教導で明らかになり、美術館で現物を熟覧調査する機会にも恵まれた。

今回の増補改訂版では、旧版刊行後に見つかった夢記の訳注を増補したほか、五島美術館蔵夢記の影印を新たに掲載し、訳注を大幅に改訂した。さらに事項索引・人物索引・年表等も増補改訂している。

増補版の刊行にあたりご協力くださった所蔵者・所蔵機関、旧版刊行後に貴重な情報をお寄せくださった皆様、また勉誠社や関係者の皆様に心より御礼申し上げたい。

旧版刊行後、夢記研究の第一人者である奥田勲先生を中心とする研究会（夢記の会）は高山寺蔵の夢記の訳注作業を進めており、近々、その成果の刊行を予定している。本書と近刊予定の『明恵上人夢記訳注高山寺本篇』によって、明恵の夢の豊穣な世界に触れていただければ幸いである。

二〇二四年九月一一日、奥田勲先生が急逝された。本書の出版に向けて校正作業を進めているさなかであった。先生は八月下旬に開催されたオンライン研究会に参加され、最後まで夢記の研究を見守ってくださった。長きにわたりご教導くださった奥田先生のご厚恩に深く思いをいたし、謹んで本書を捧げたい。

二〇二四年十月

夢記の会一同

緒　言

『明恵上人夢記』は希有の書である。鎌倉時代の華厳宗の僧、高山寺の開基として知られる明恵房高弁（一一七三〜一二三二）は生涯にわたって、夢を見ることを願い、夢を見続け、夢を記録し、夢の示すところを考え続けた。明恵は、夢を仏の世界からのメッセージと確信していたから、夢は選別されることなく、明恵自身がひとつひとつ丁寧に記録した。それが『明恵上人夢記』と呼ばれる一群の書として残されたのである。

明恵の入寂時、弟子仁真は夢記を整理し詳細な目録を作成している。それによれば、十九歳から入寂二年前の五十八歳までの「都合四十ヶ年」の自筆の「御夢御日記」が高山寺に残されていた。その内容は日記に夢の記事を添える体ではなく、日々の夢の記録にわずかに日常の記事を交えるもので、文字通りの夢日記であった。まさしく明恵は生涯を夢とともに生きたのである。

しかし、爾来の長い歳月の間、その夢日記の過半は高山寺を離れ、寺外の人々の手に渡ることになった。それは、時代を超えて、明恵の筆の跡を愛する人々がいかに広くまた多く存在したかの証明ではあろうが。

当然の事ながら、夢記の解読を通して明恵の宗教と思想を探求する試みは古くからさまざまに行われてきた。特に高山寺に現存する全十六篇（一巻・二帖・二冊・一幅・八通）については、一九六八年に結成された「高山寺典籍文書綜合調査団」（代表・築島裕）によって総合的な研究が企画・実行され、一九七八年に、高山寺資料叢書『明恵上人資料 第二』によって、その成果が公刊された。これは夢記の解読・理解にとって大きな貢献をなしたと思われる。筆者は調査団の一員としてこの研究に参画する機会を得て、高山寺蔵明恵上人夢記の全体像の把握と個々の夢記の解読・注釈の作業に従事した。しかし、寺外に存する夢記については、研究の必要性を認識しつつも、資料の点数がきわめて多く、また所蔵者が多岐にわたるなど、調査・研究上の障害が少なくないとの判断から、若干の報告を添えるにとどめた。しかし、明恵とその周辺の研究を進めるに従い、高山寺蔵夢記と寺外夢記は互いに補完関係にあり、明恵の夢の全体像を把握するためには、両者をひとしく視野に入れる必要があるとの思いは深まり、それを実現するための予備作業をさまざまな形で公表した。そのような中で、同じ認識を有するさまざまな研究分野の若い研究者と夢記研究会を発足させることができ、寺外の夢記の調査・研究を組織的に開始することになった。その第一段階として、寺外に散在する夢記の基礎的データの集成が必須であるとの共通認識のもとに調査研究を展開し、幾たびもの改訂増補を経て、その目録を二〇〇八年に完成した。その作業は前述のような困難を伴ったが、調査を進めるに際して多くの方々から教示や指導を忝なくし、また、新たに志を同じくする各分野の研究者の参加も得て、データの集成と並行して、個々の夢記の解読を試み、翻刻・訓読・現代語訳・語釈・考察という構成の注釈を蓄積してきた。今回世に問うのはそのような長年の調査・研究活動の成果である。

いうまでもなく、寺外の夢記は今まで解読される機会に乏しく、我々は先行研究の恩恵に浴することは多くはなかったし、また夢という不確定な記事が対象であるにしても、理解・解釈について不十分な点が少なくないであろう。しかしながら、本書が明恵世界の深部に迫る端緒となることを信じて疑わない。常に夢を見て、その意味を考える明恵の立場に、我々が誠実に寄り添って夢記を解読しようと努めたことは理解していただけるであろう。

なお、個々の夢記の訳注の末尾に担当者の名が記されているが、研究会の机上に提示された礎稿は、メンバー全員による複数回の厳しい意見交換・討議という経緯のもとに最終的には担当者によって成稿されたものである。訳注は、したがって、研究会メンバー全員の意見の集約であり、現在の明恵上人夢記研究の一定の水準を示し得たという自負もあることをここに記しておきたい。

ここに至るまで、本書の各所に銘記した如く、夢記の所蔵者を始め、実に多くの方々のご厚志、ご指導を賜った。厚く感謝申し上げる。明恵上人とのご縁によってこのような恩恵を受けたことにあらためて感じ入っているところである。ありがとうございました。

寺外の明恵上人夢記の集成と訳注はこのように一応の完成を見たが、ここをゴールではなく明恵上人夢記の総合的研究の新たなスタート地点として今後の展開を図って行きたいと考える。大方の御高批と重ねての御支援を賜りたくお願いする次第である。

二〇一五年一月

奥田　勲

目　次

口絵

I　影印

Ⅳ　訳注

V 資料

凡例

一、本書所収の明恵上人夢記は高山寺外に所蔵されるものである。便宜的にそれらを「山外本」と総称する。このたびの増補改訂版では「Ⅲ目録」の第2部23・24、第3部17・18の夢記を新たに収録した。「明恵上人夢記」と称されるものについて、明らかな他筆を除いて集成したため、それぞれの価値については今後の検討が必要なものが含まれることをお断りしておく。

一、明恵上人夢記の番号・仮題は、本書「Ⅲ目録」に拠った。

一、「Ⅰ影印」には、本書所収の夢記のうち、重要と思われるもの、他の夢記にない特徴を持つものなどを中心に掲載した。

一、「Ⅱ解題」は山外本に関する解題である。

一、「Ⅲ目録」は山外本を目録として一覧できるようにしたものである。

一、「Ⅳ訳注」は山外本を翻刻、訓読、現代語訳し、語釈と考察を加えたものである。

一、「Ⅴ資料」には以下の資料を付した。

1　夢記年表……明恵の夢を年代順に掲げた年表を二点作成した。一つは①高山寺本・山外本所載の夢、もう一つは②明恵上人行状・その他資料所載の夢をまとめたものである。

2　明恵略年表……明恵の生涯を簡略にまとめた年表を作成した。

3　参考文献一覧……【語釈】【考察】などで参考にした文献のうち、主なものをまとめた。

4　事項索引……地名・経典名・修法・仏菩薩・頻出のモチーフ等の索引を作成した。

5　人名一覧……夢記に登場する人名を一覧にし、解説を付した。

I

影印

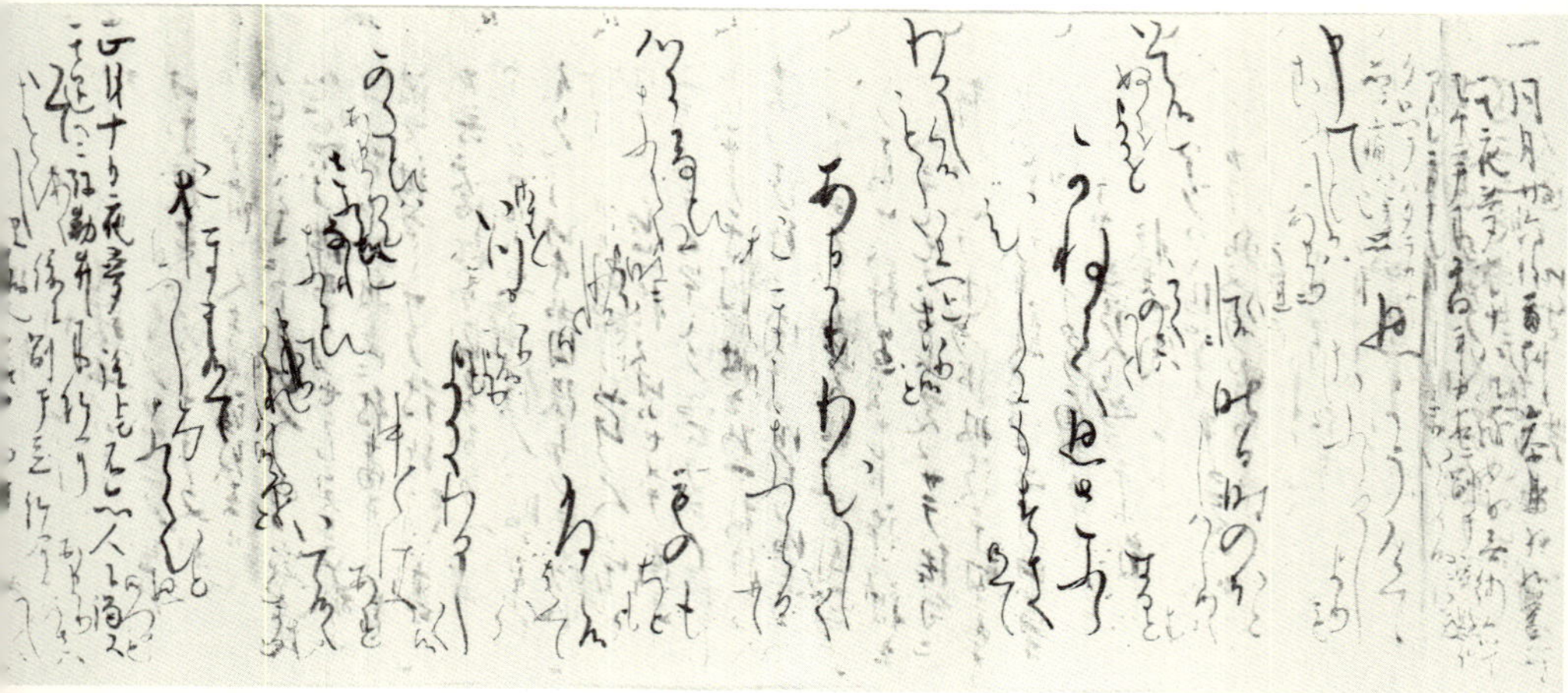

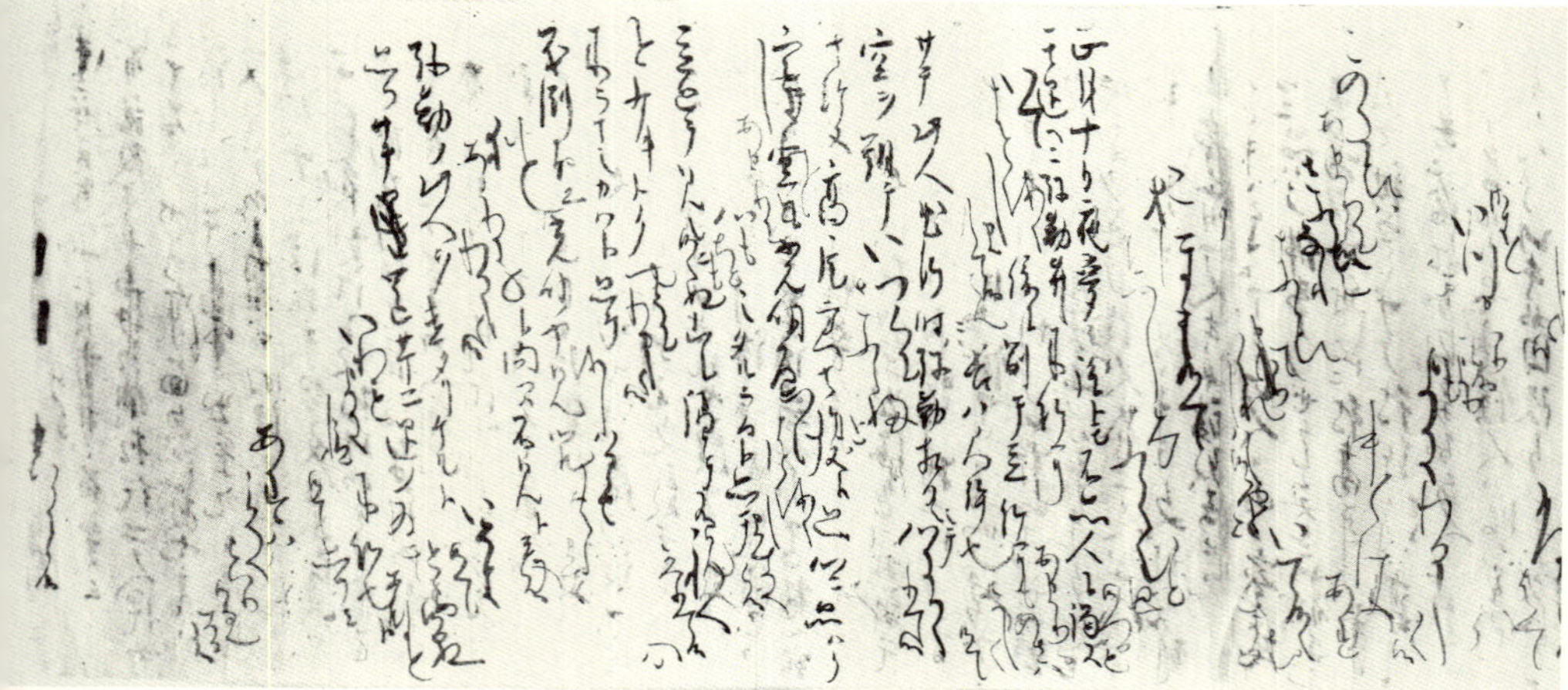

）1―10　建永二年、承元三年、建暦元年夢記第四紙（下段）・第五紙（上段）紙背（京都国立博物館蔵）

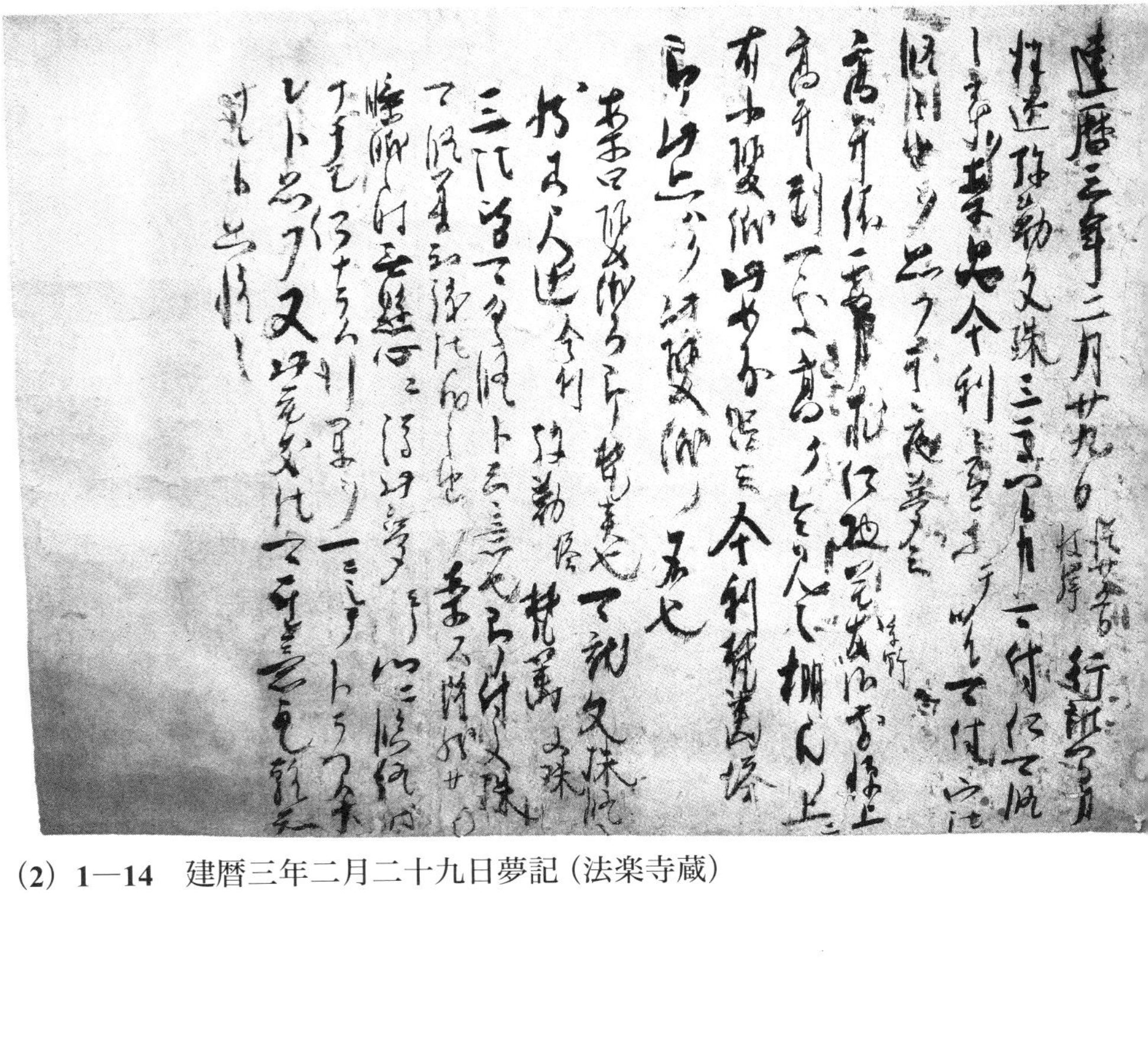

（2）1—14　建暦三年二月二十九日夢記（法楽寺蔵）

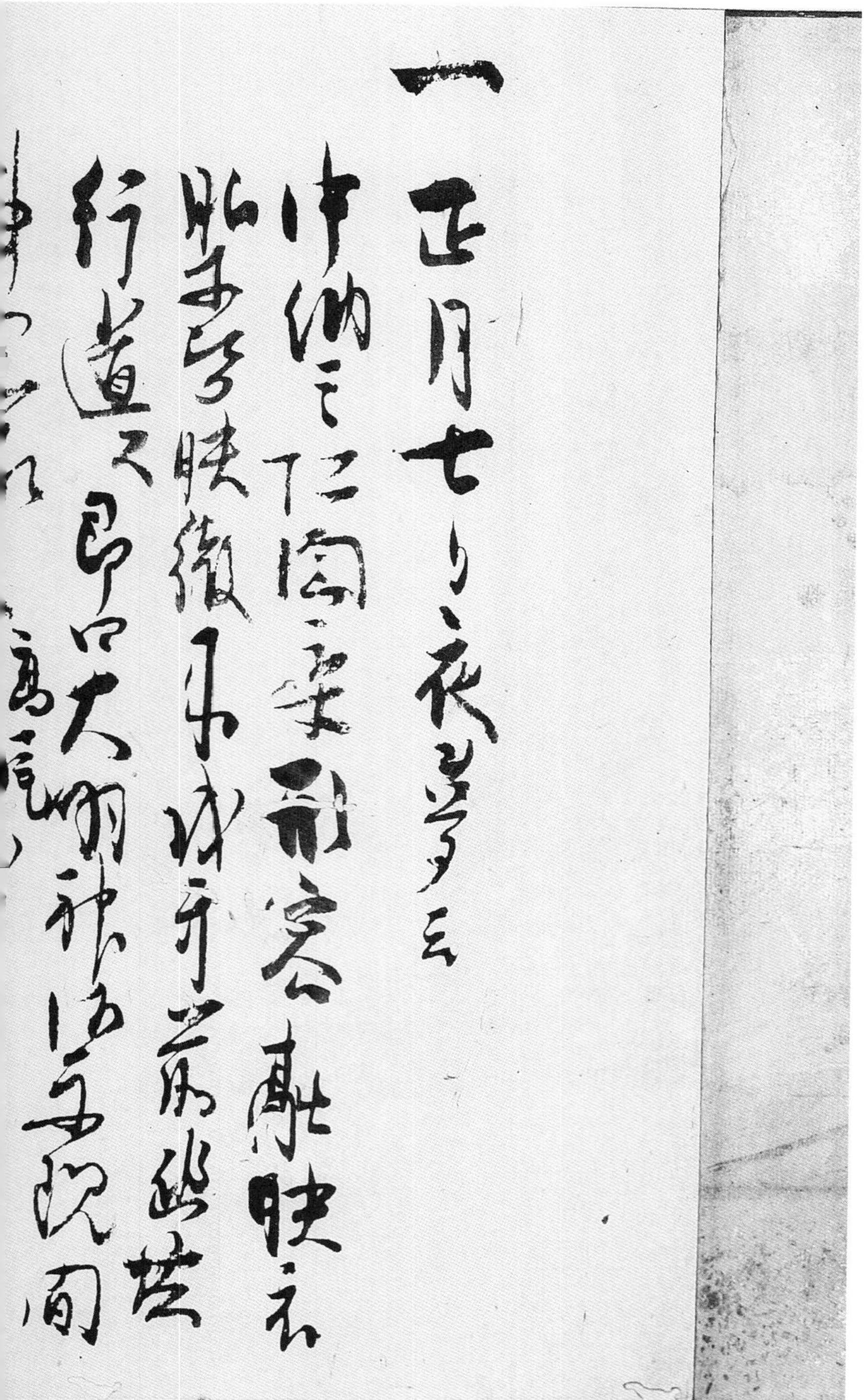

（3）　2―1　某年正月七日より三十日夢記（香雪美術館蔵）

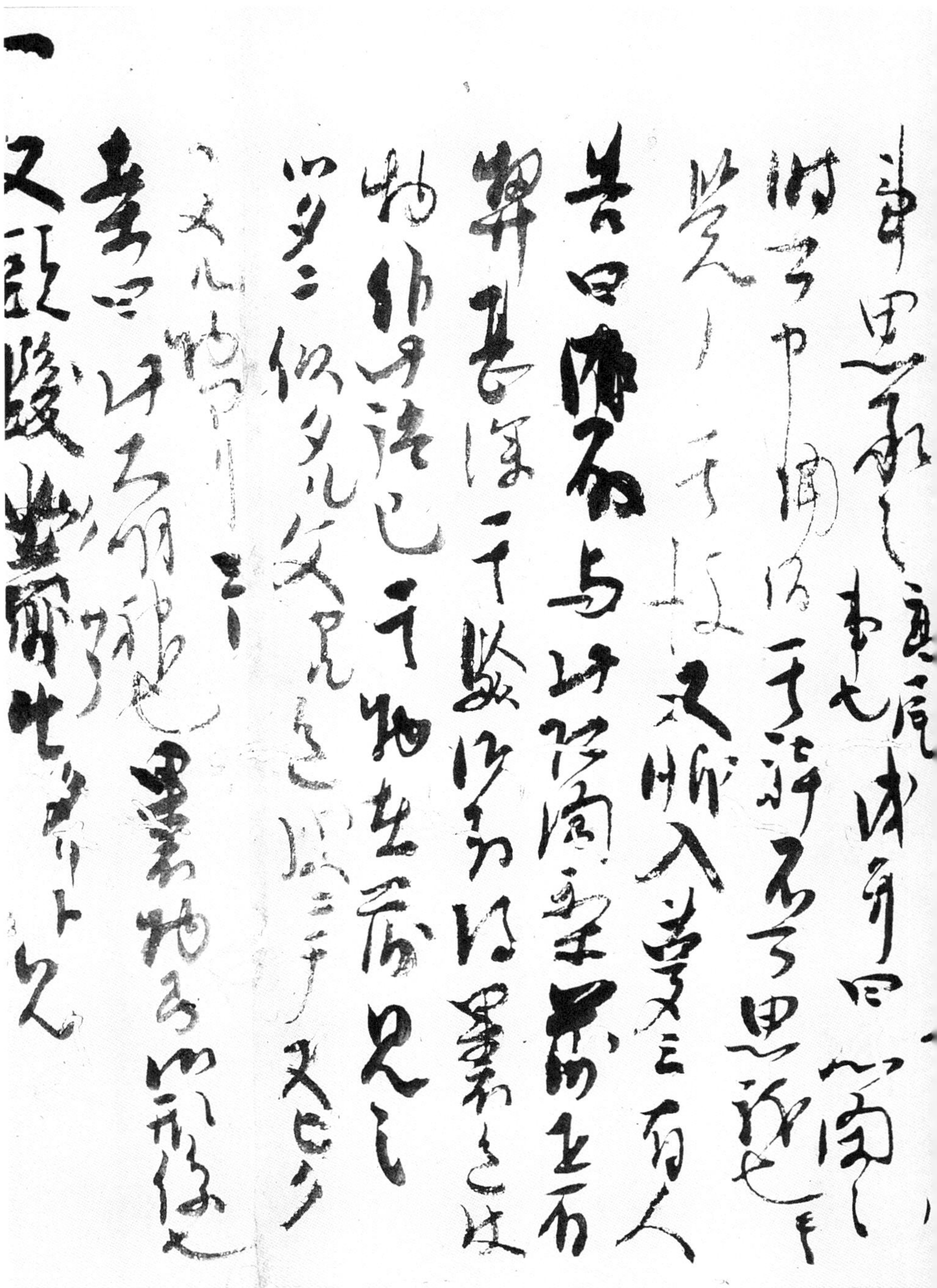

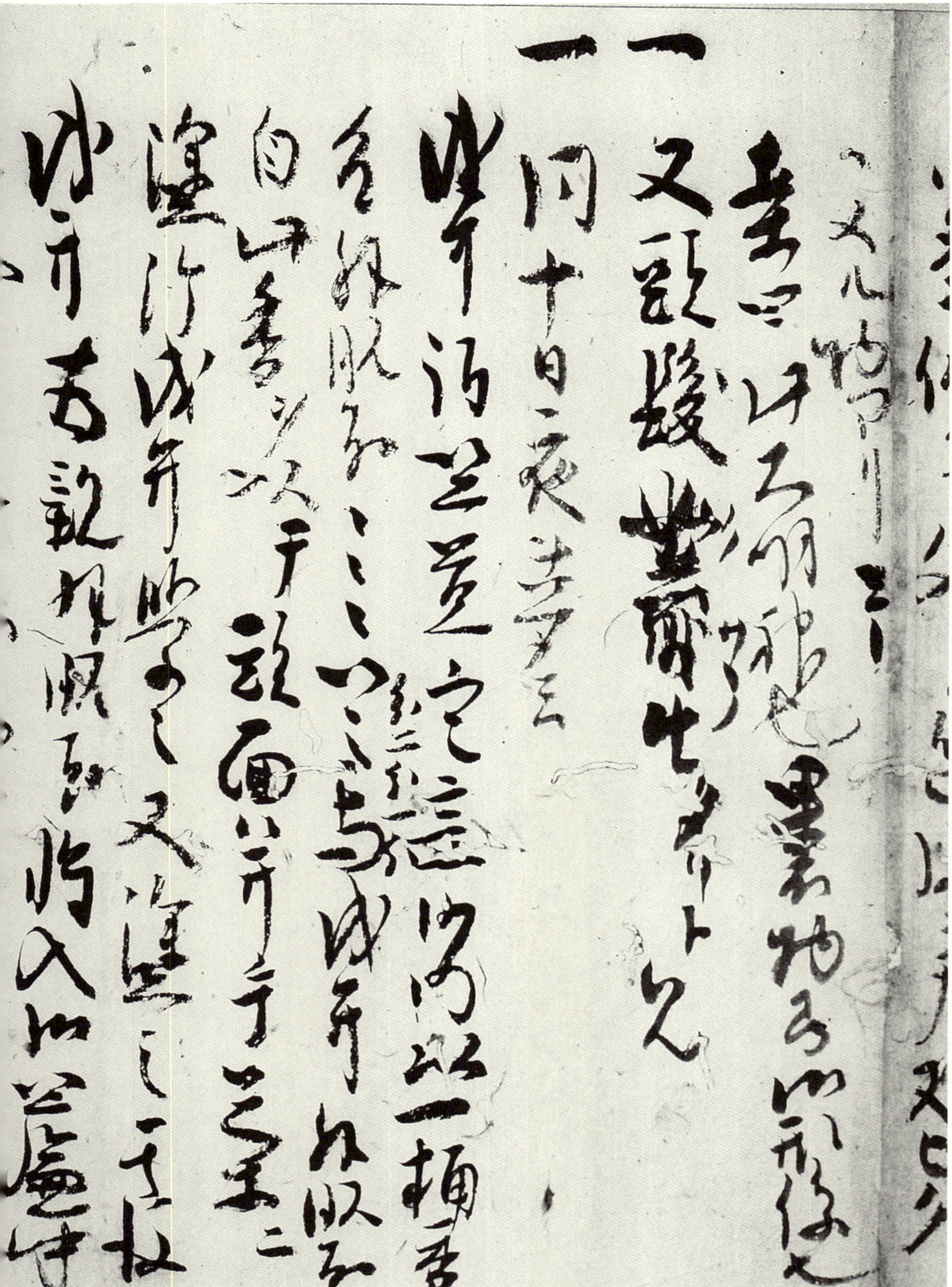

(3) 2—1　某年正月七日より三十日夢記（香雪美術館蔵）

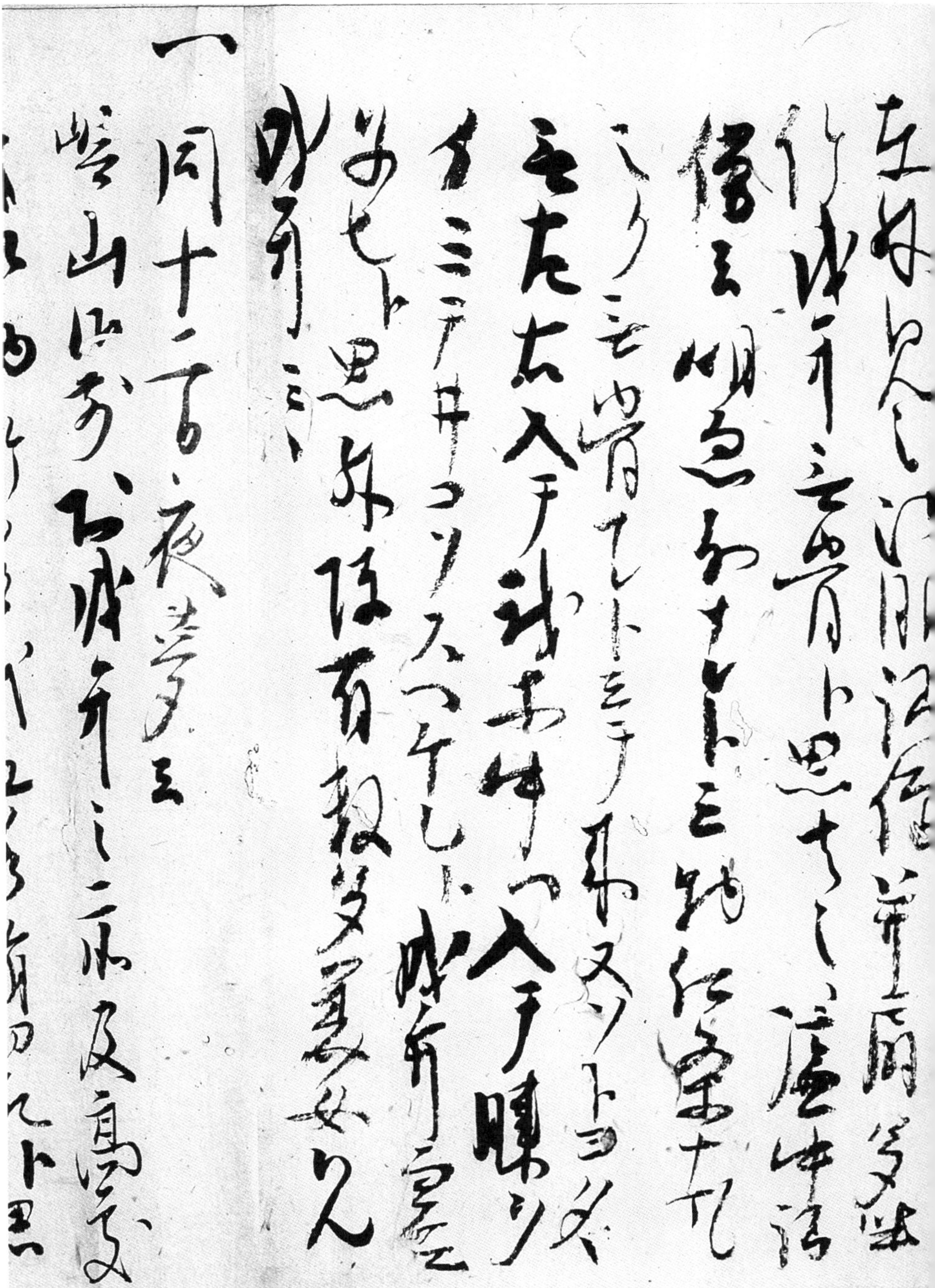

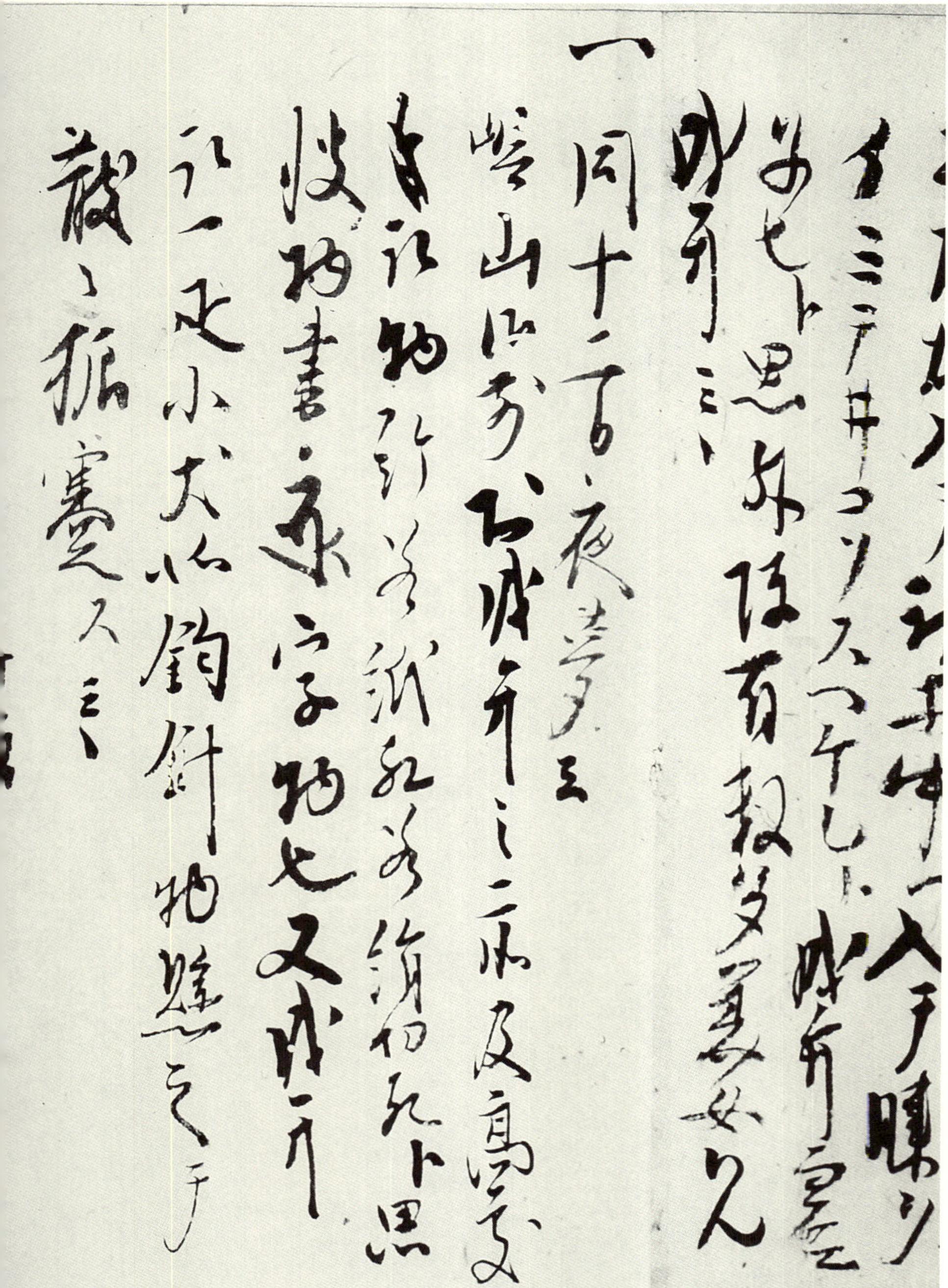

(3) 2—1　某年正月七日より三十日夢記（香雪美術館蔵）

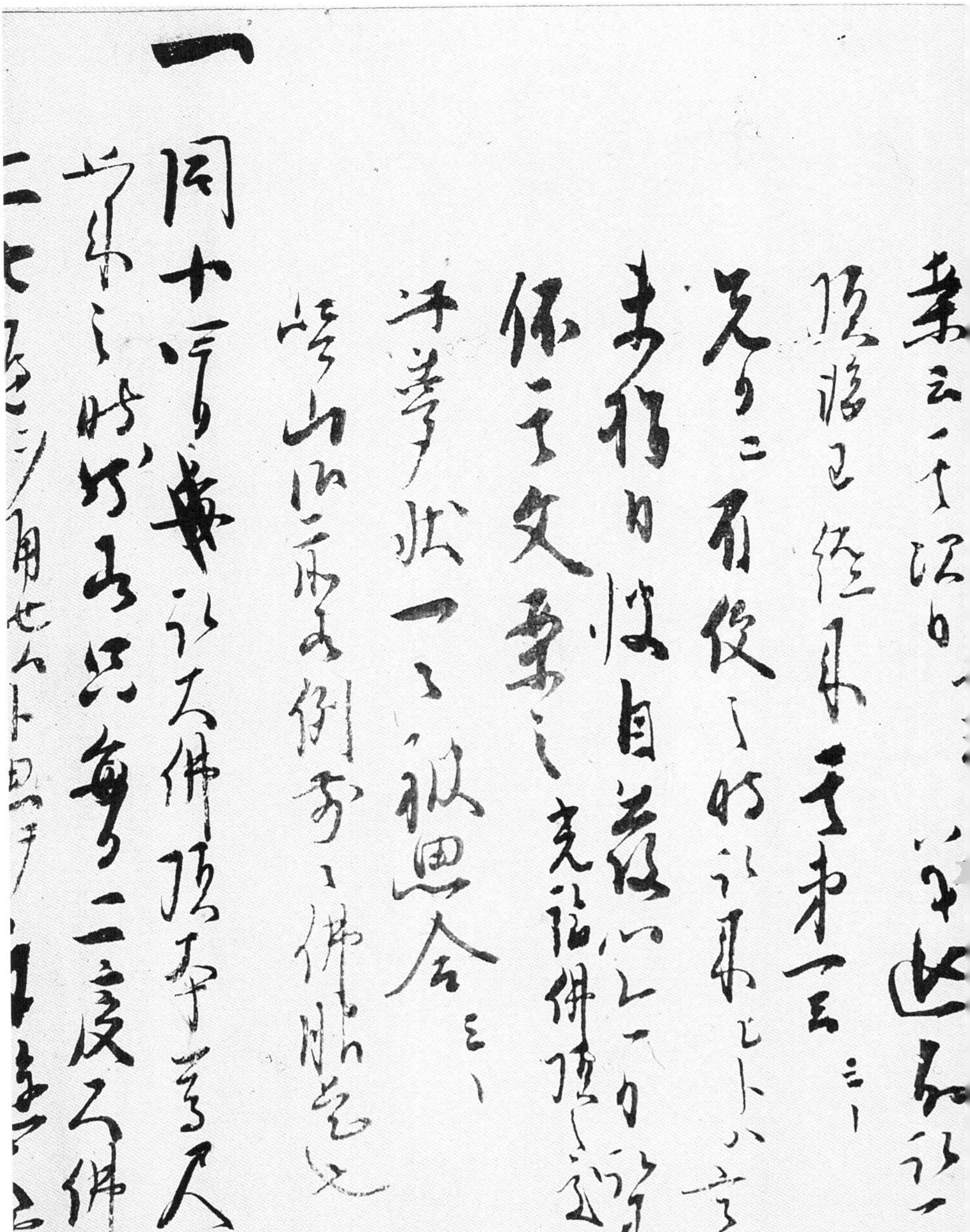

作文集亡……
汁孝状一ニ秋思合ミヽ
峰山記二而見例ニ於テ佛脇也之
一同十六葉ニハ大佛殿巾尋尺也
此様ニ時ハ何ノ高サ只尋ノ二重ニ大佛殿
二七尺ヲ三ツ二間セムト思テ長丈ヲ係
三癈限セムトス一丁夜孝大丈
平田原ト思ヘキ處ニ二丁余六行八町誤
淀ハ廿北自海方上ヘ道ニ流レ下
北濁穢渡淀淀浅一丁淀上康成

(3) 2—1　某年正月七日より三十日夢記（香雪美術館蔵）

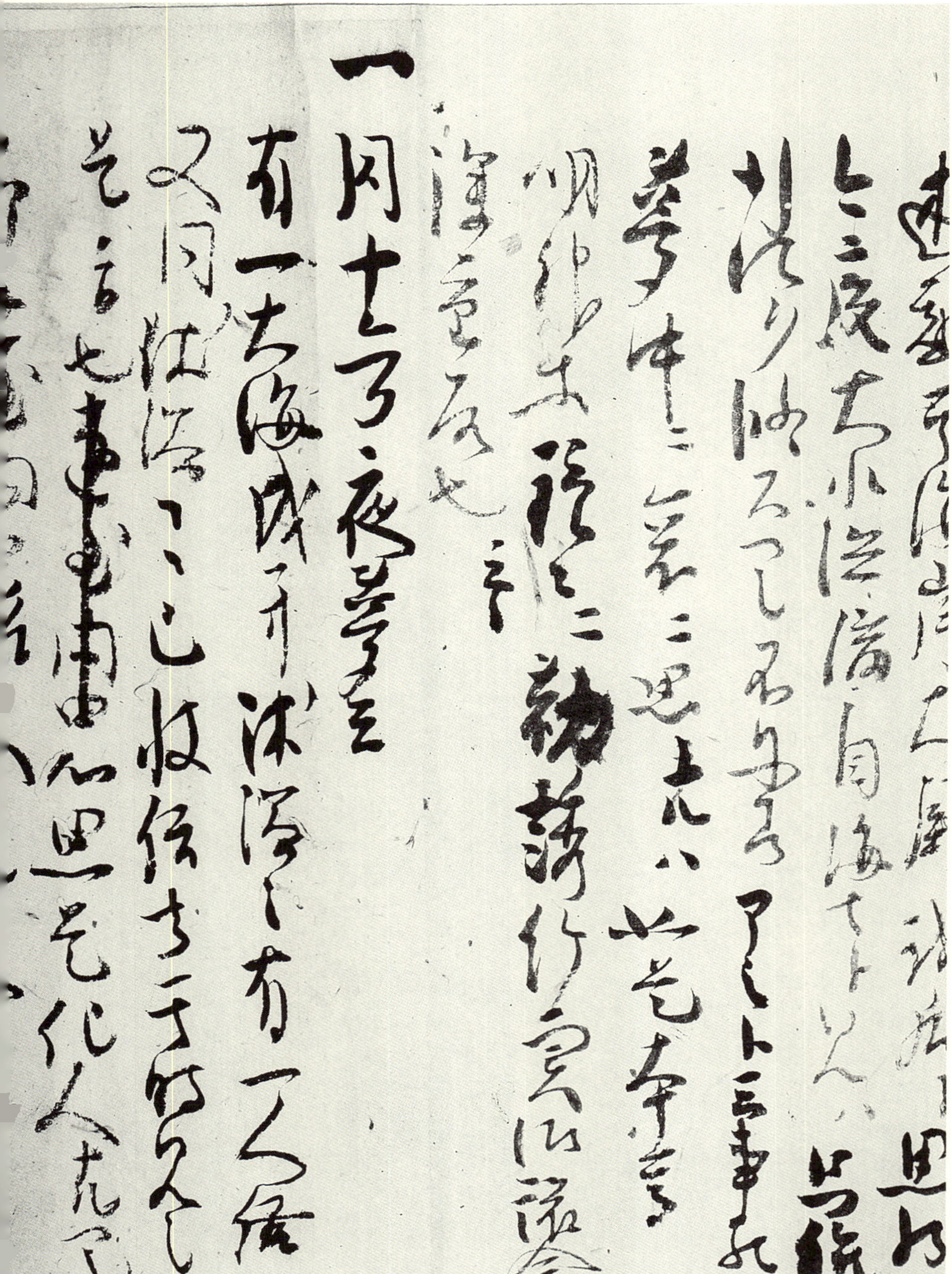

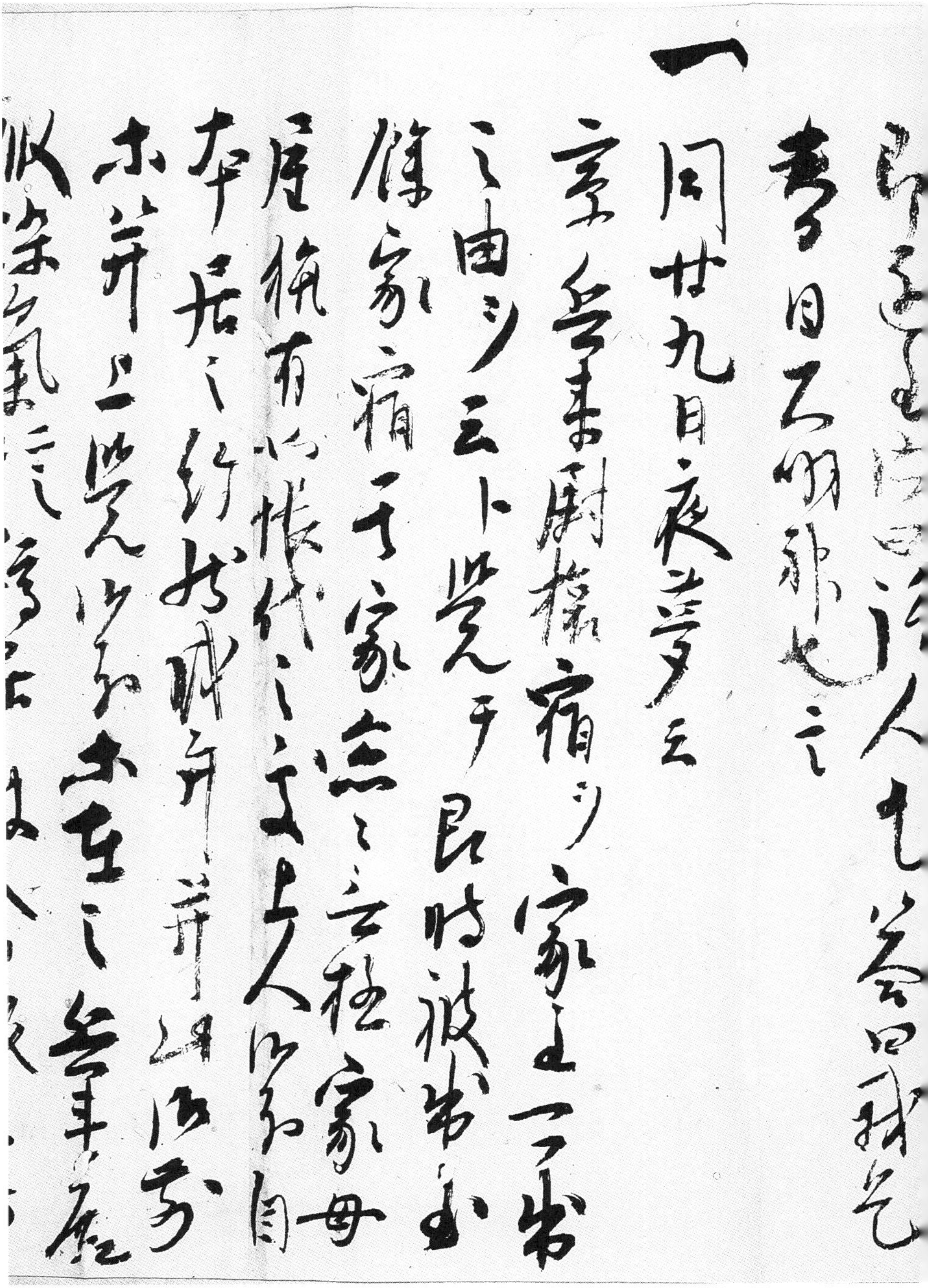

ニ[illegible]并[illegible]
本并ニ候処少[illegible]本立之無手届
似深之気遣ニ而[illegible]相合候与時
大人江而[illegible]山小笠原江参ツ従家
[illegible]ニ而無事附ニ封面セヨ上ナ
[illegible]一好人江わし江ツ[illegible]
尤ニ依て[illegible]下ニ候[illegible]
[illegible]類持[illegible]無事届[illegible]
江参ツ十一二三歳之[illegible]

（3）2—1　某年正月七日より三十日夢記（香雪美術館蔵）

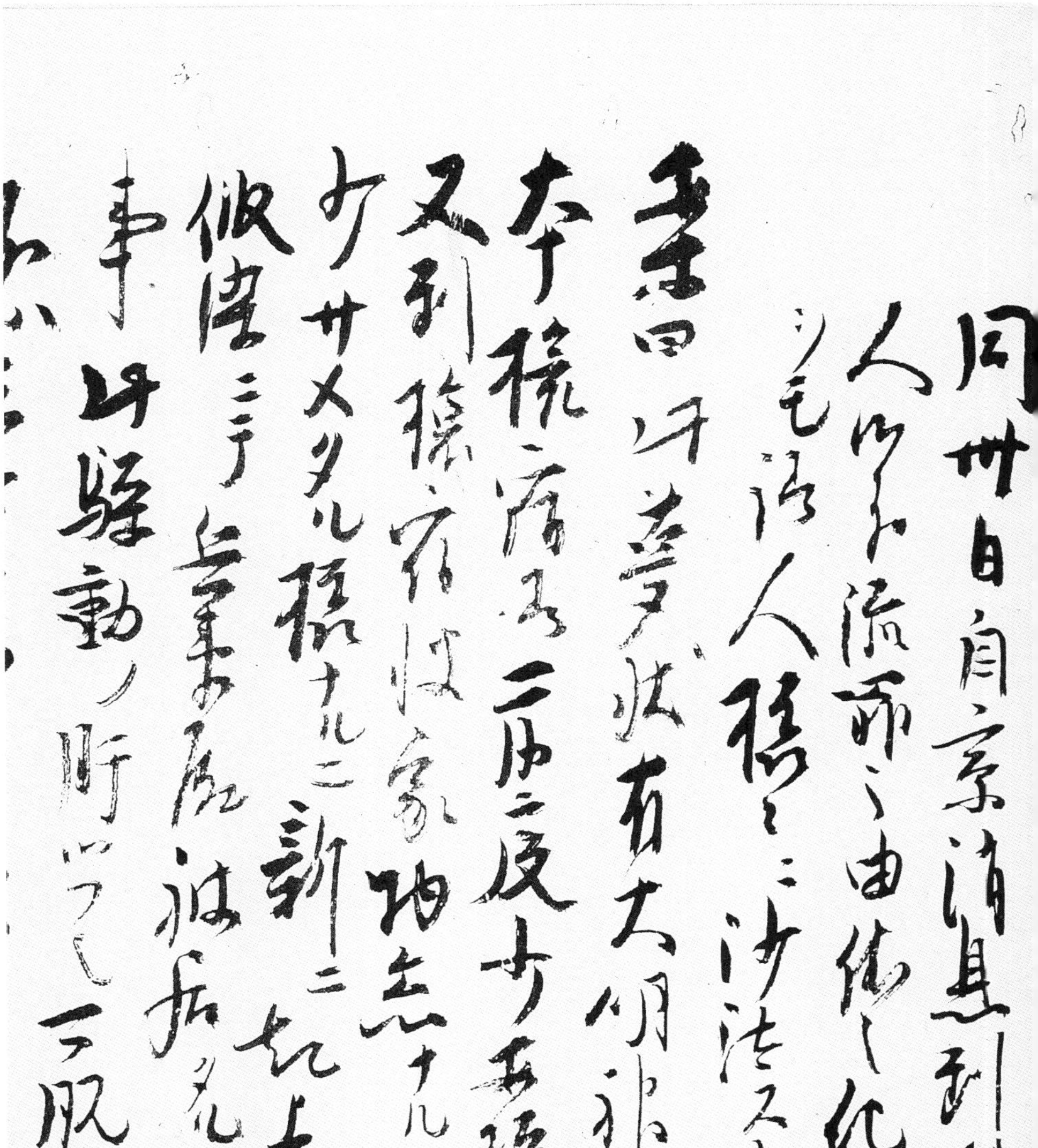

不承候得共、路急ナル日本ハ
如何サメタル様ナルニ新ニ起大小ノ事也
仰陰ニテ兵革ヲ起成タル終ニ可
事、此騒動ノ所ハツマリ一戸服セシ上合
取ハ三万余ノ小童子ハ大明ノ将也
当代満州蒼居トシテ三王ハ万志ニ事ヲ構
宿トシテハ云乱大ナル少無之体
不明ノ将ハ可儀石ヲ用ヒ多事也
一　同廿日頃夜時正人念誦ニ付有之候て
兵ハ不分出立候故、其事ニ付寺

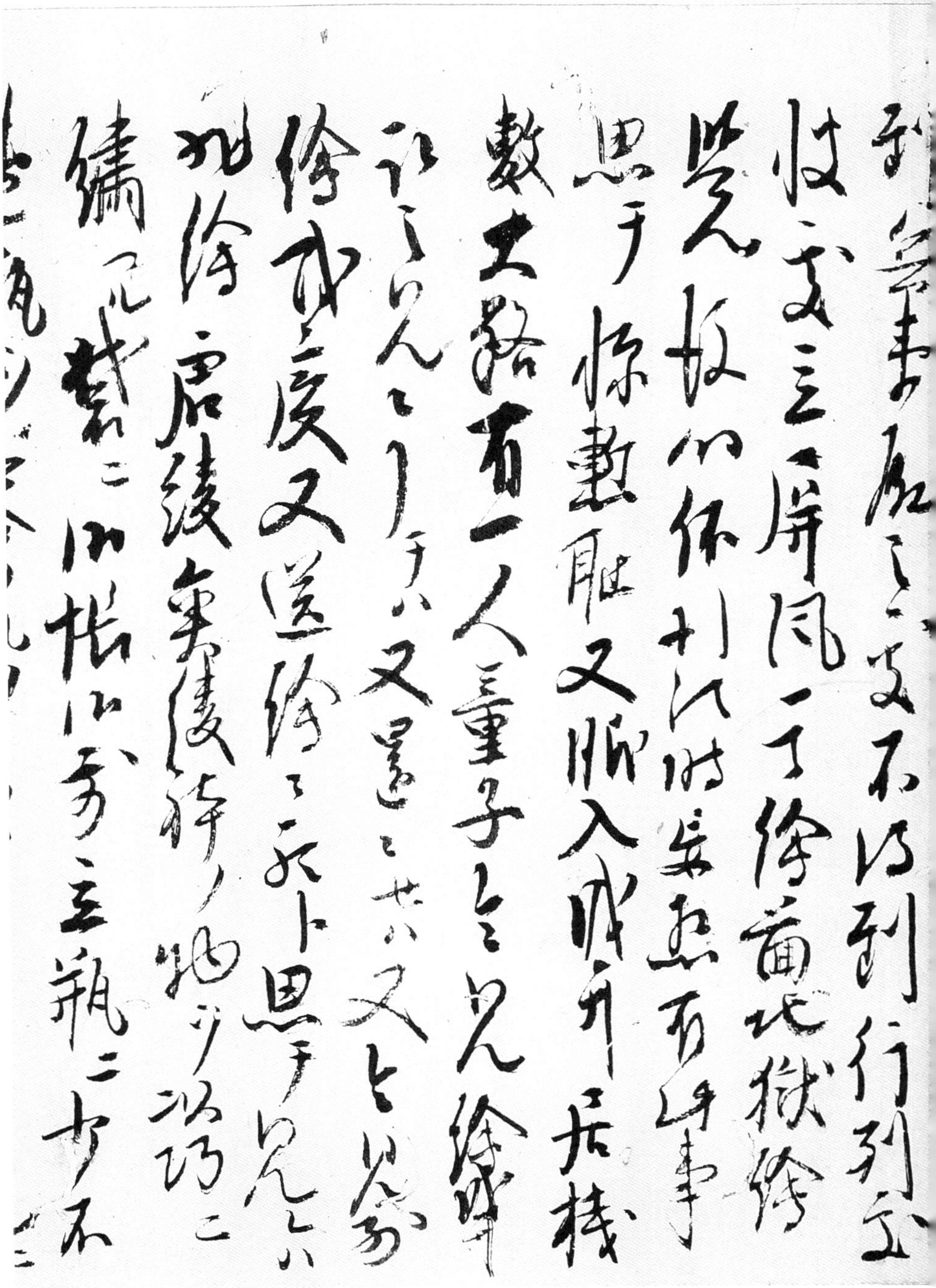

修羅度又道修ニ不ト思テ見ヘハ
非修羅後実像修ノ物ヲ行巧ニ
繍ハ戯ニ加振ハ衆ニ相ニ少不
達相ツ容ツルヲ得タリ夢ノ如比ニ
千相ツ得トコソ思ヘトモ云乱テ
相モハ臣下替数見壱亦呈大
路シ上手房母馬被返ニ十第
路ツ上肩被返ニ似馬ナル物ハ一如ニ
大タオナルカラ非馬カ足ヲ損セル死ト思ヘ

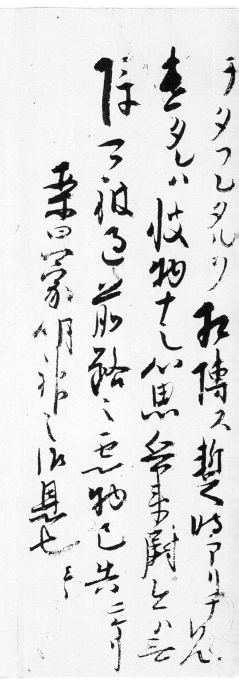

（4）2―2 某年某月、二月夢記（陽明文庫蔵）

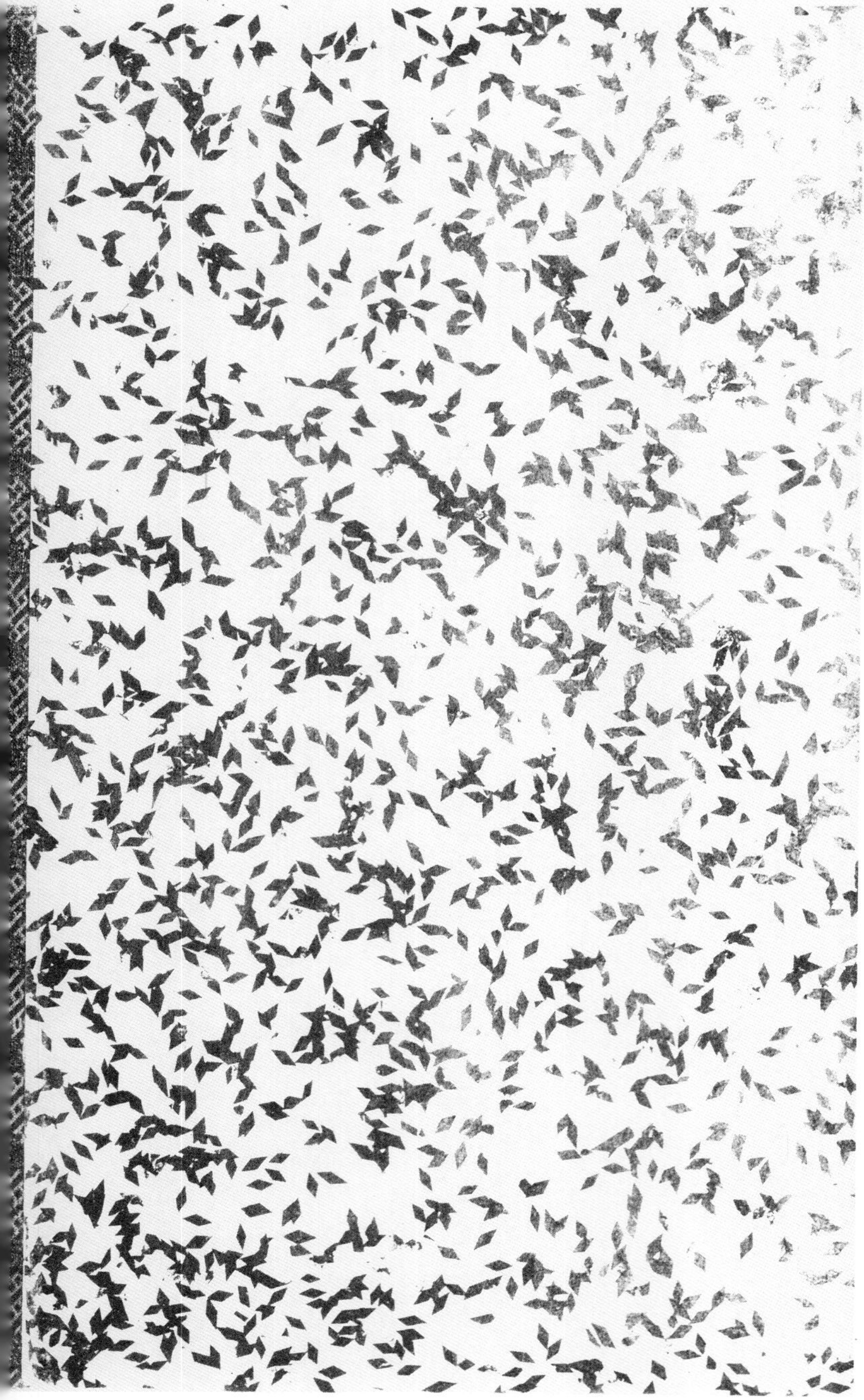

(4) 2—2　某年某月、二月夢記（陽明文庫蔵）

有宮、後將高威歎和(?)云

一　同十二日夜夢云

完壹皆少也、蒼糧之物上ニ燒シ

是入テ手中ナ燒之、然人立一寸中ニ有

音念誦ス　七月蓋之併同行シテ

小者云々、二寅寸　叫息之、小七其成

一晩似思ハク此人示ス此事ニシテ乞ノ光

形を見てん氣傷ニ在我モ深ク覆

似院小之、坐シ、也下扨又脈入ニ

当院人此中院佛事小人云

21　20　19　18　17　16　15　14　13　12　11

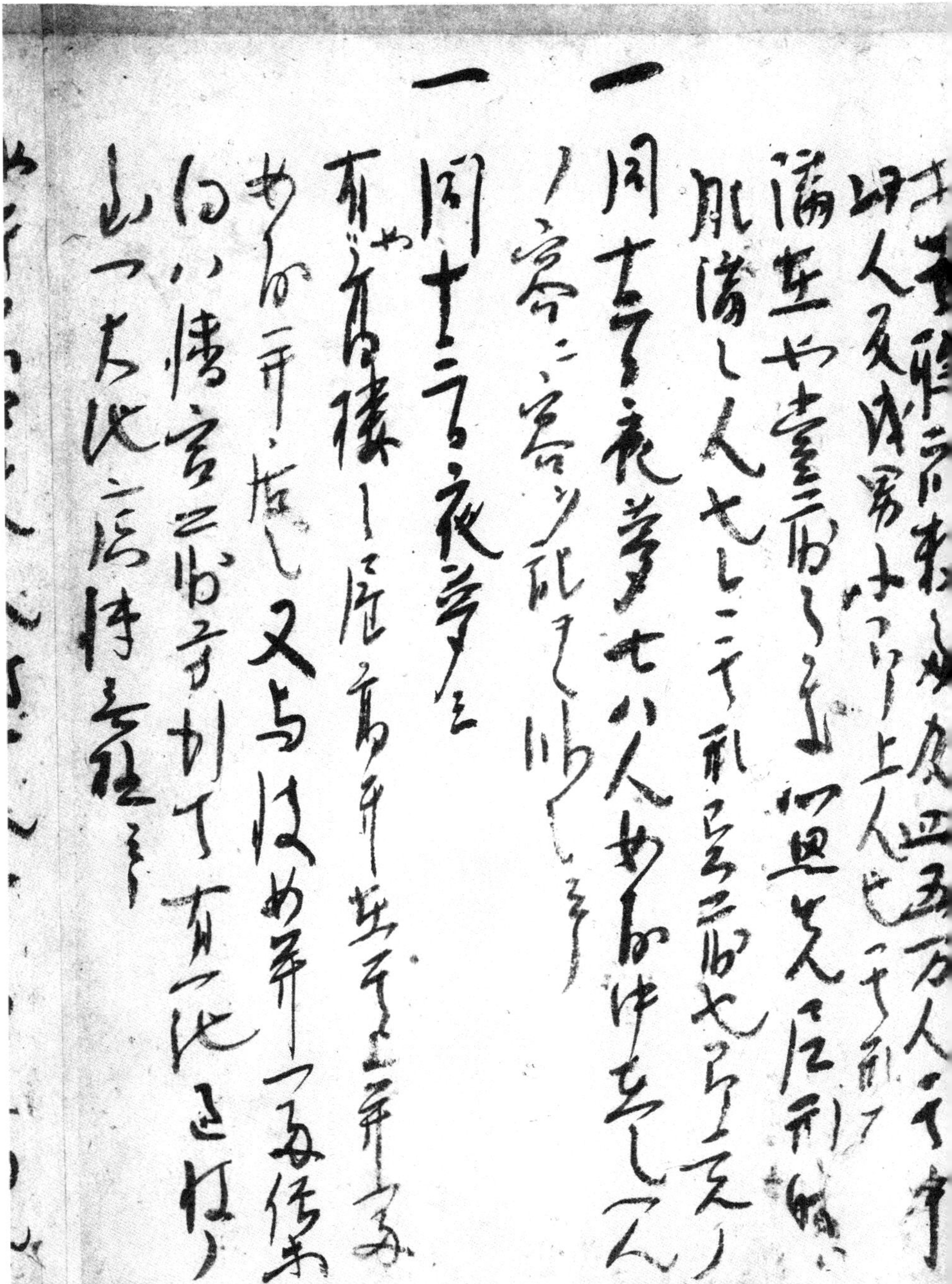

此ノ大比ニ居侍ニ産テ
如前石四丈人村一人手高二丁両也
一同十六日夜夢云
有丈キ女一尺有件ノ石眼ニ女一廚女子
御上ニ進ス　其ハサクメ中天也
同夜又見之父殊令川
又有人嘱山住尋参ハテ云ク陳也
千夜祈請令
一同十九日夜夢云
有一石長一寸許ニ居七八分厚一二三分許也
一石件ノ壹有眼　眼長五分許ニ居二三分許也
其石白ミ也云不純白ク作ミ也　保守服喜

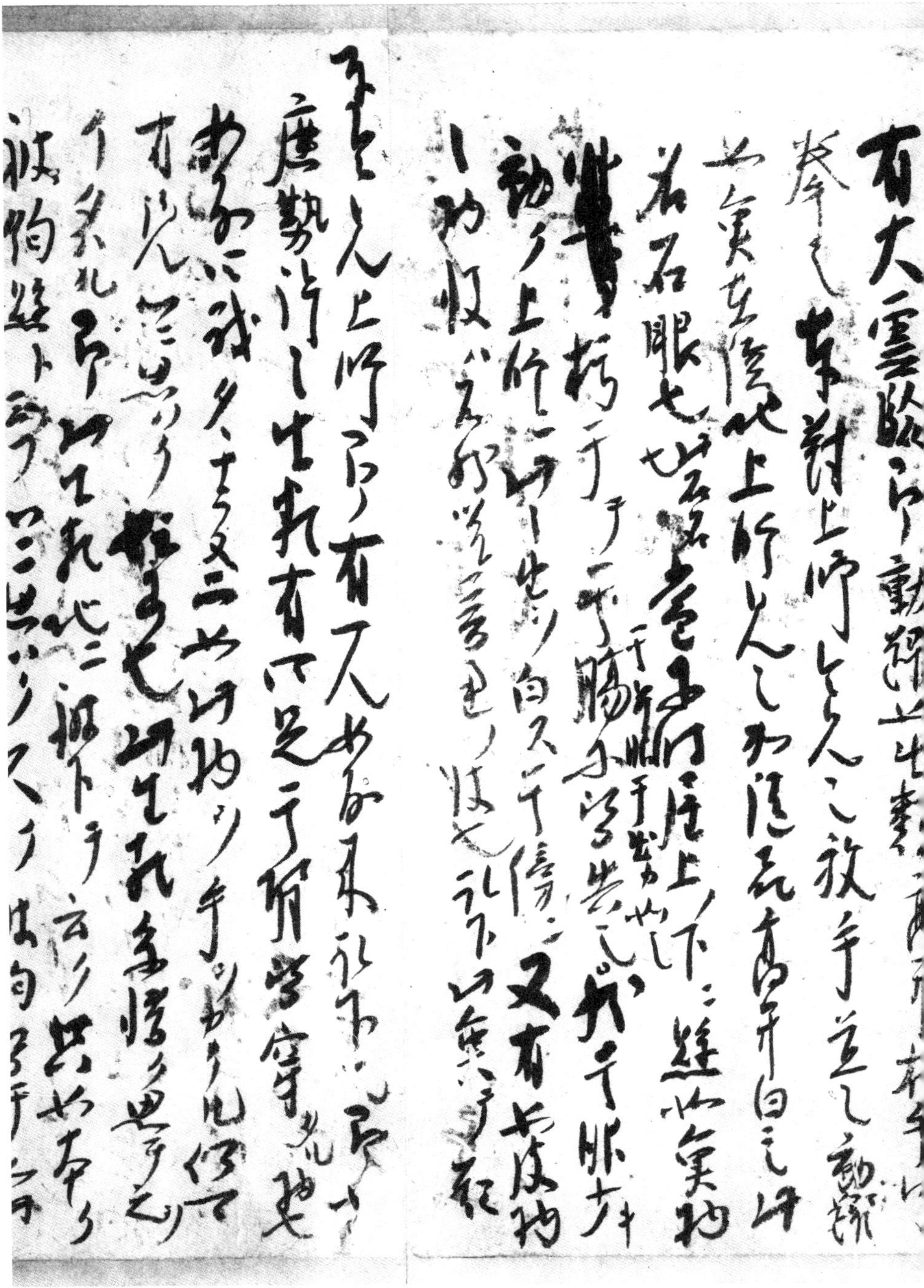

(4) 2—2　某年某月、二月夢記（陽明文庫蔵）

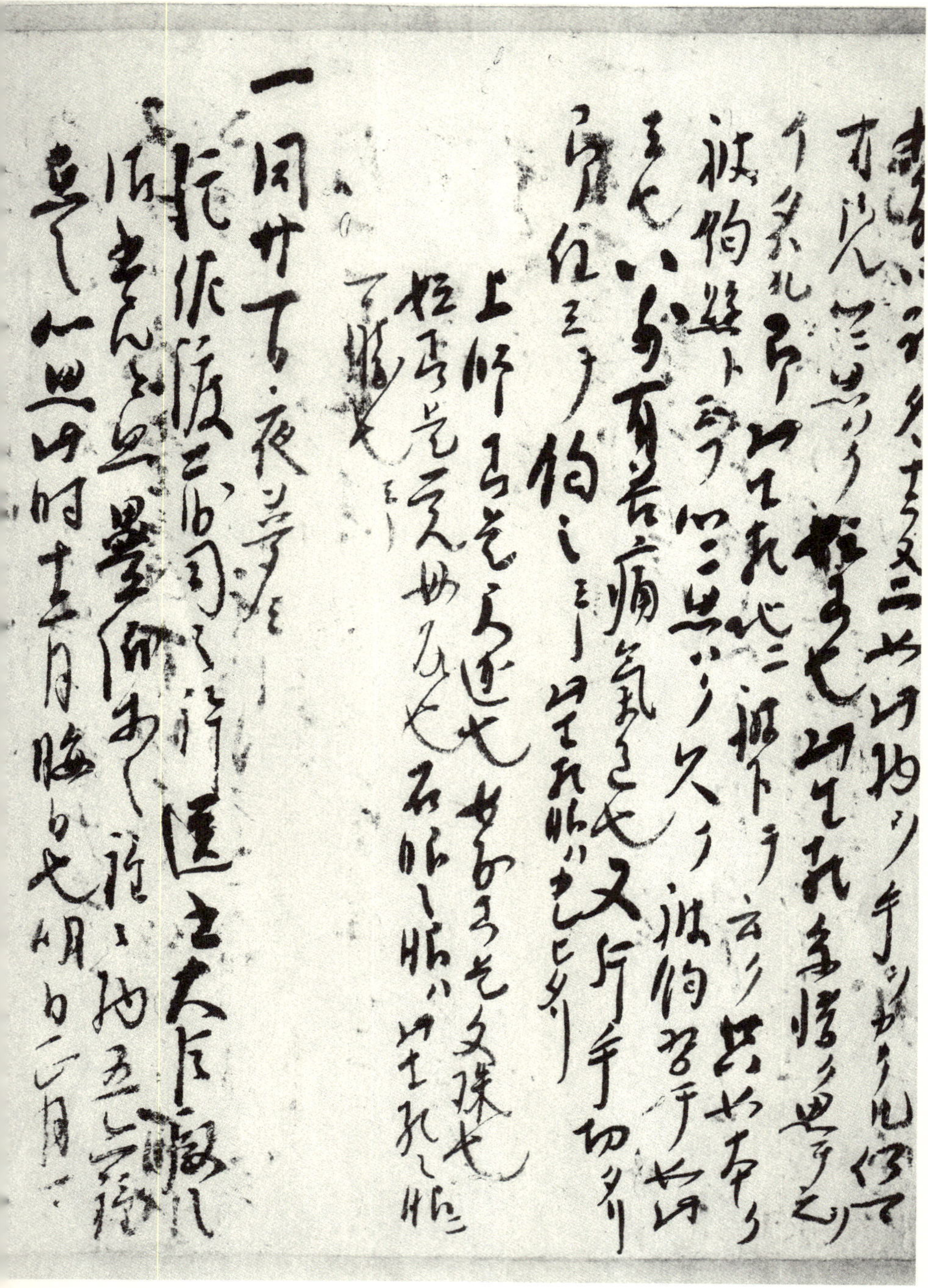

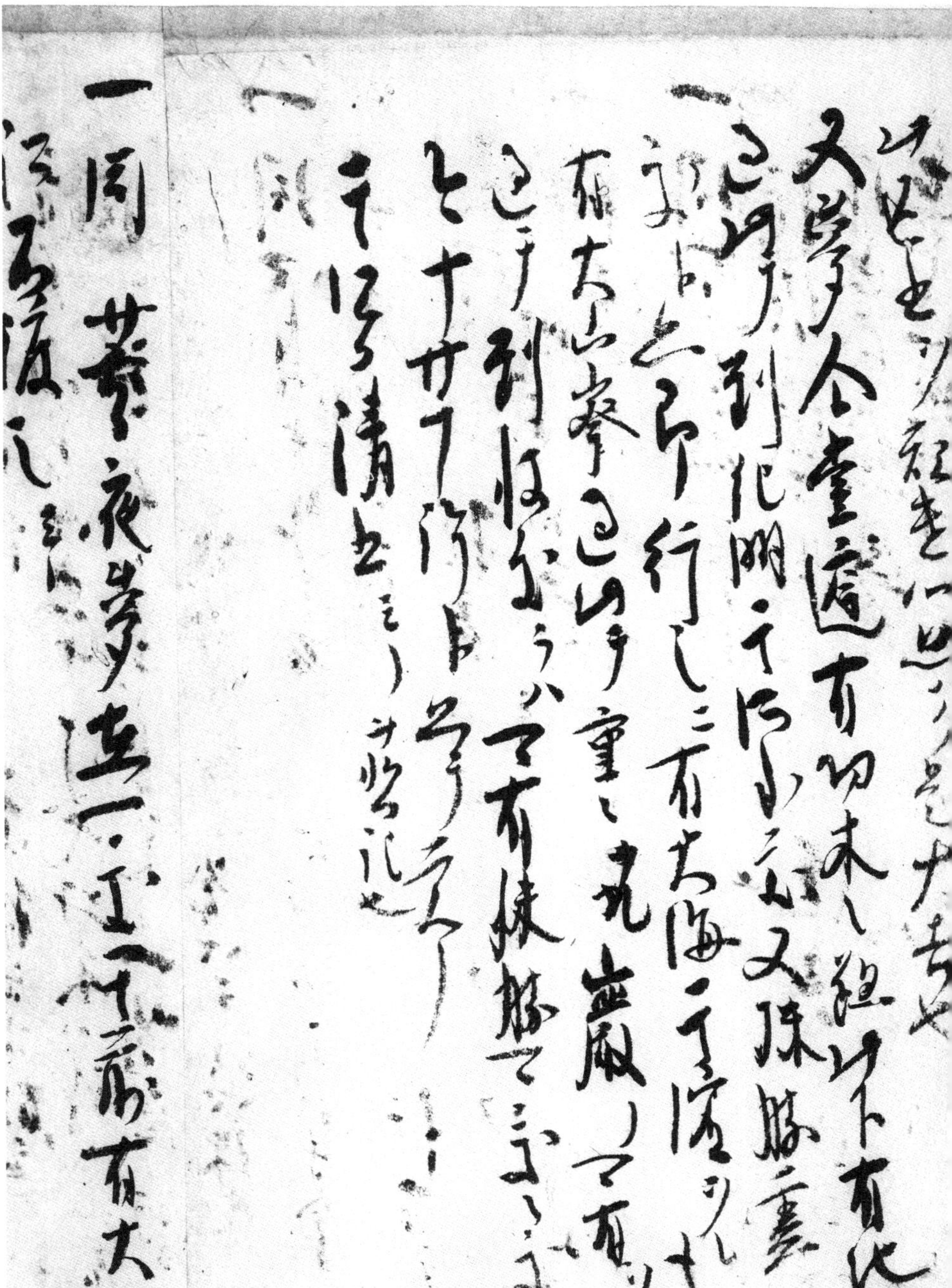

一同廿日夜夢云、一丁十歳有大
江ニ浮渡之云々
一同廿一日夜夢　思須取云々
有海、僧侍渡之又龍毛宮寄云々
晴日リ　晴又雨氏
一同廿九日夜出一丁夜夢云
有山、僧侍一物七之土、如思ヘリ不能
大雅楽木像御身紀ニ服之一丁也
怪物空動流水如思ハリ此紀流水一所立
上段許リモ有テ候ニ遣ヒ思ハリ割記
流立之ん一丁有ハ5ゆ在ニ承　在ニ有八海

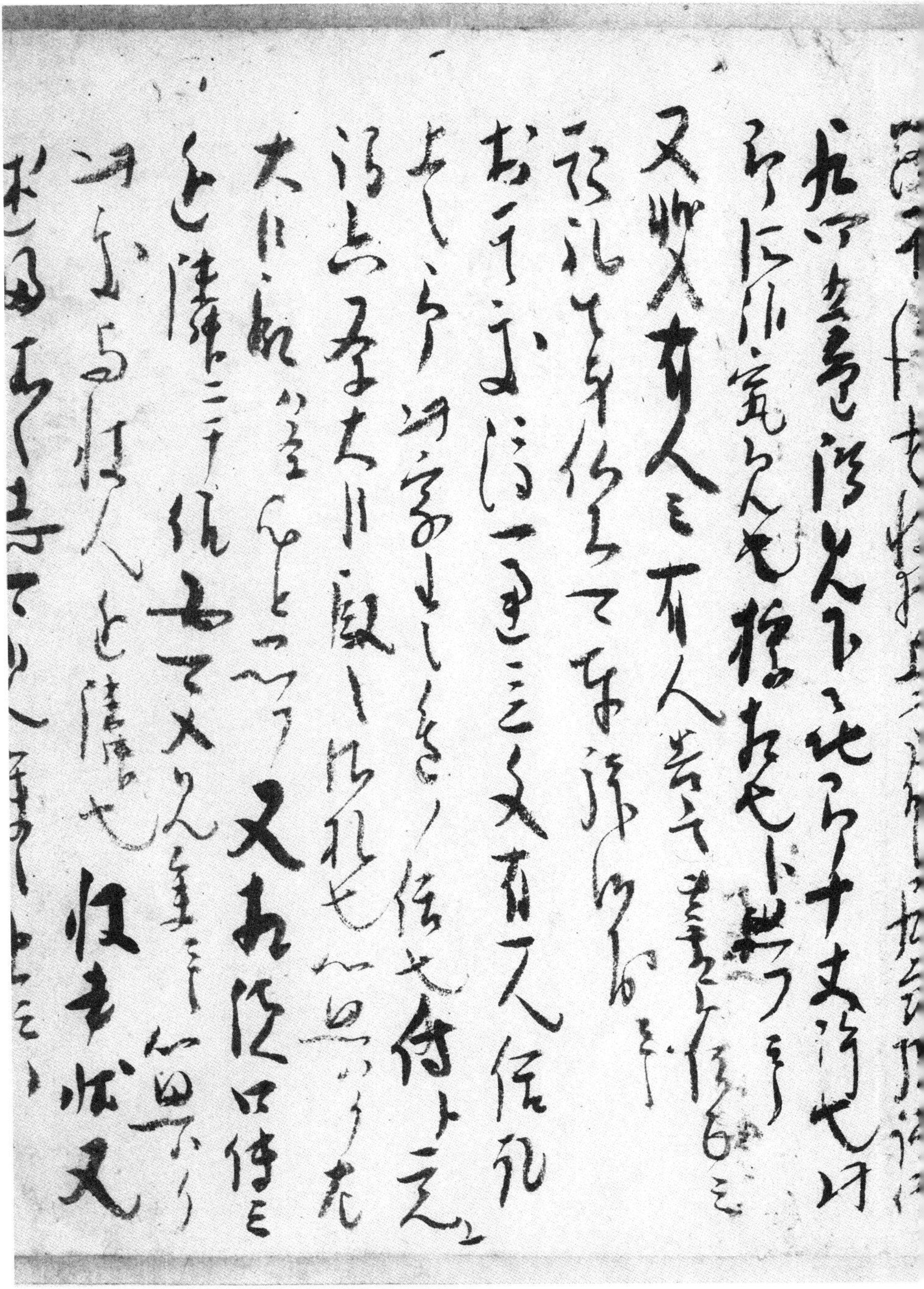

色清云仏云て又りん集云々　個因一不り
ゑ全ら仕人と清也　恨者状文
述国僧て寺てり人年まて也云々
心又ん右人ト向肉ト可云々
一　二月　夜ニ夢ニ
有一家ナ観世人行年今比ナ児様
ミ白言ニ思し云
一　同夜夢ニ　永心祈請仕事
一　在海色可受し大盤石アリ也云テ
りん色隆被隊中云ニ土とりん面白し
上ニミ二嵌ワシ石アリ在云石下ナ石行

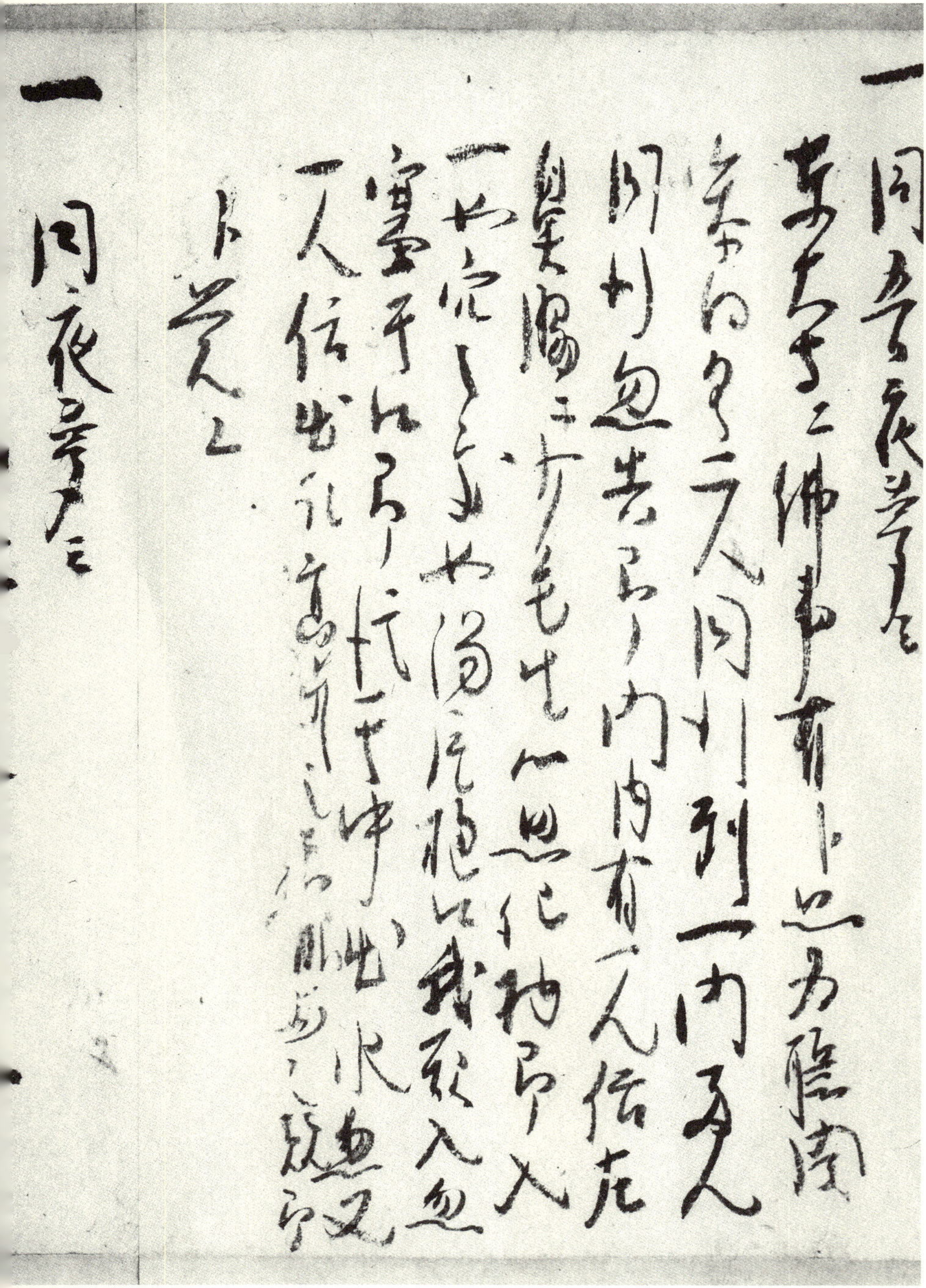

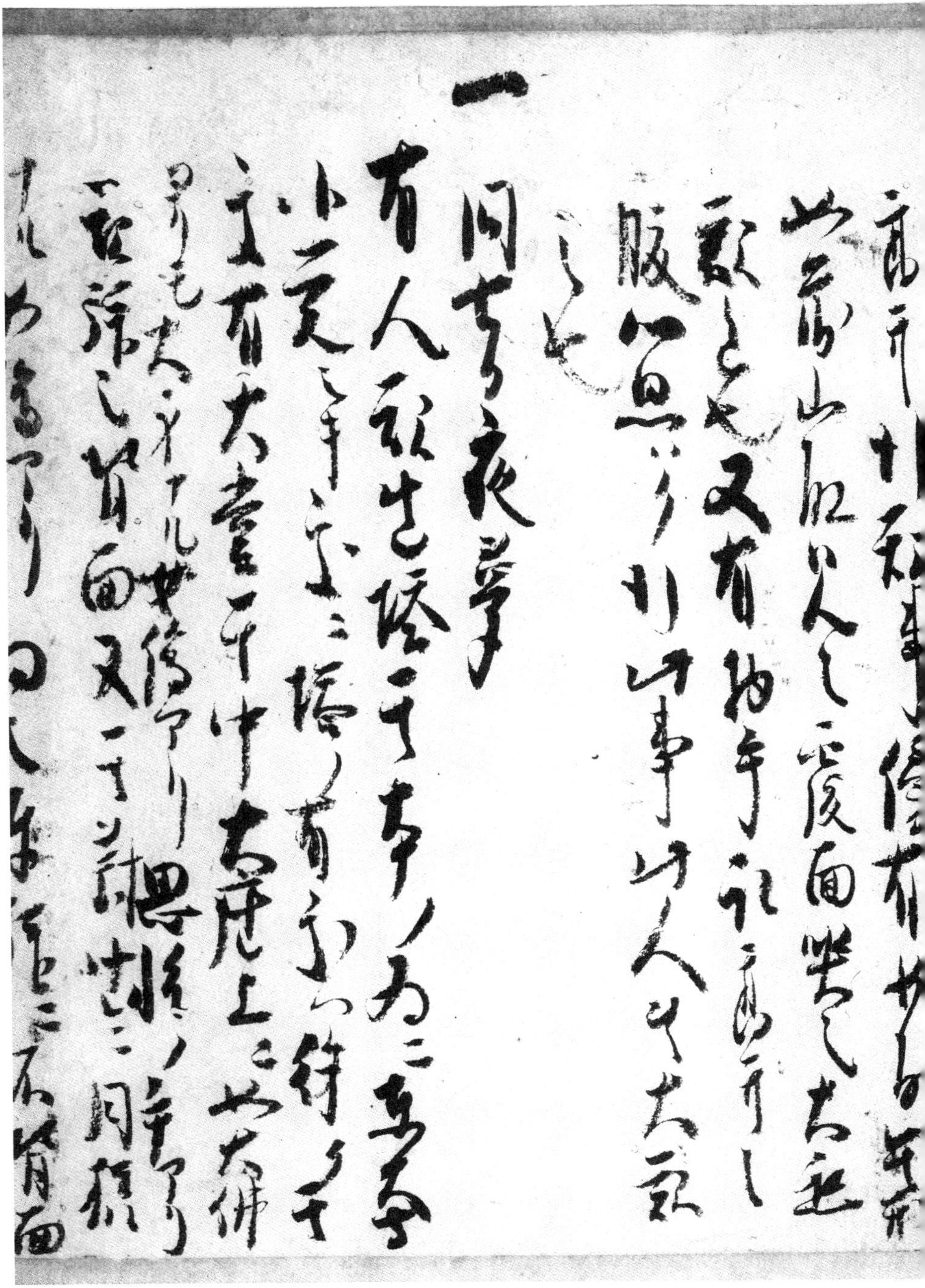

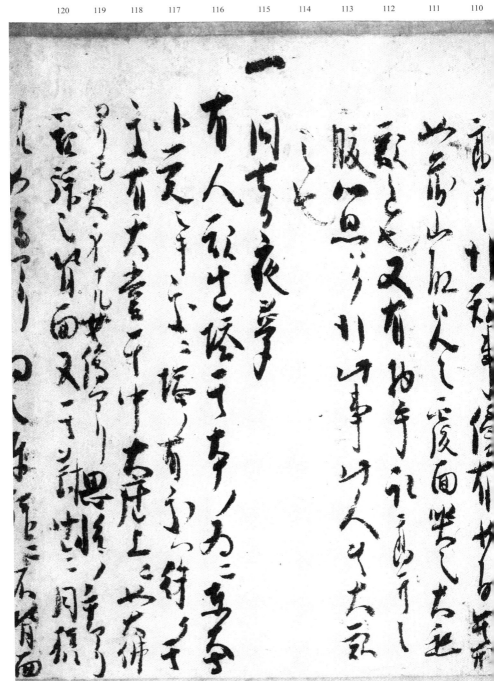

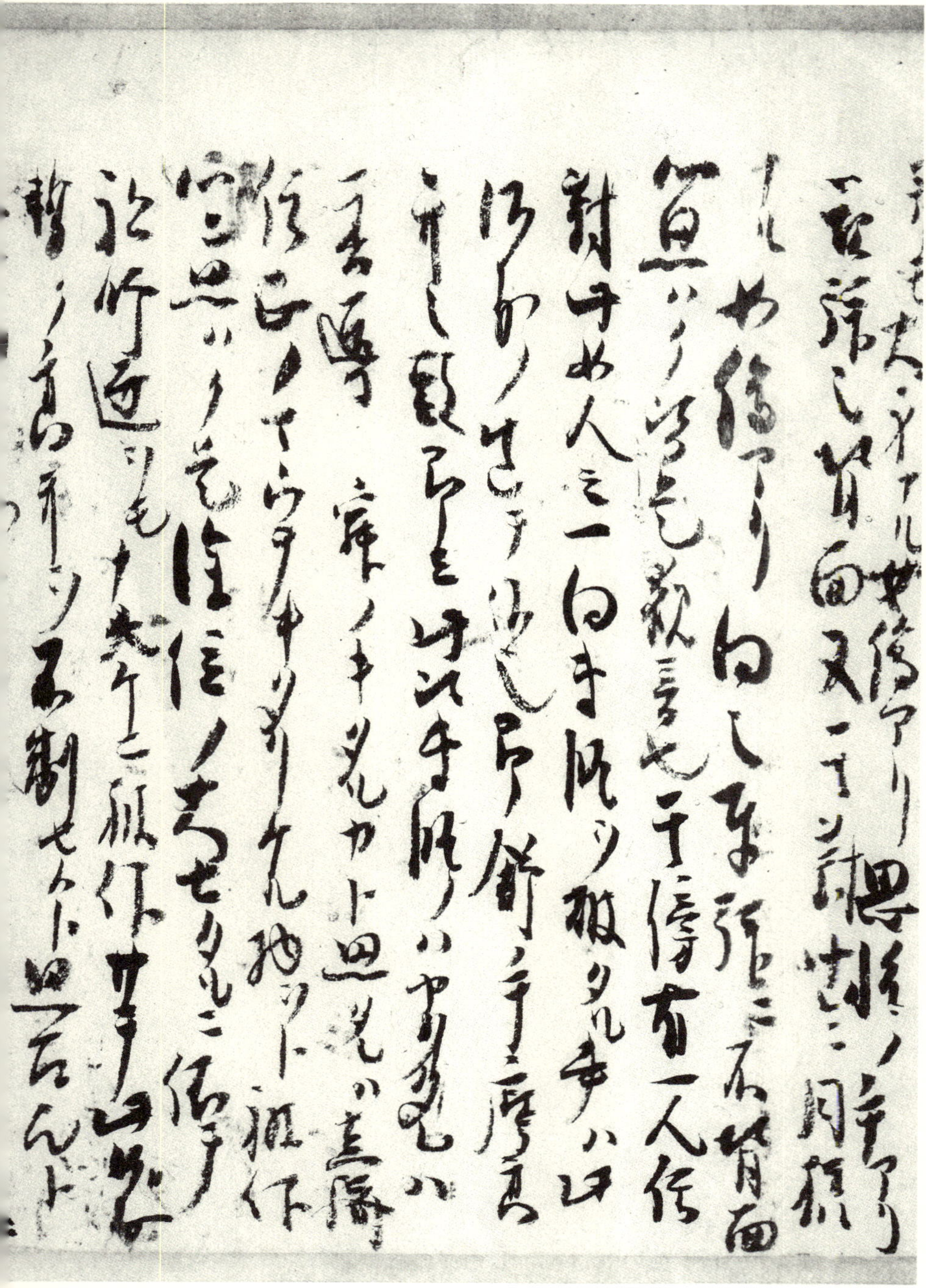

143　142　141　140　139　136　135　134　133　132　131

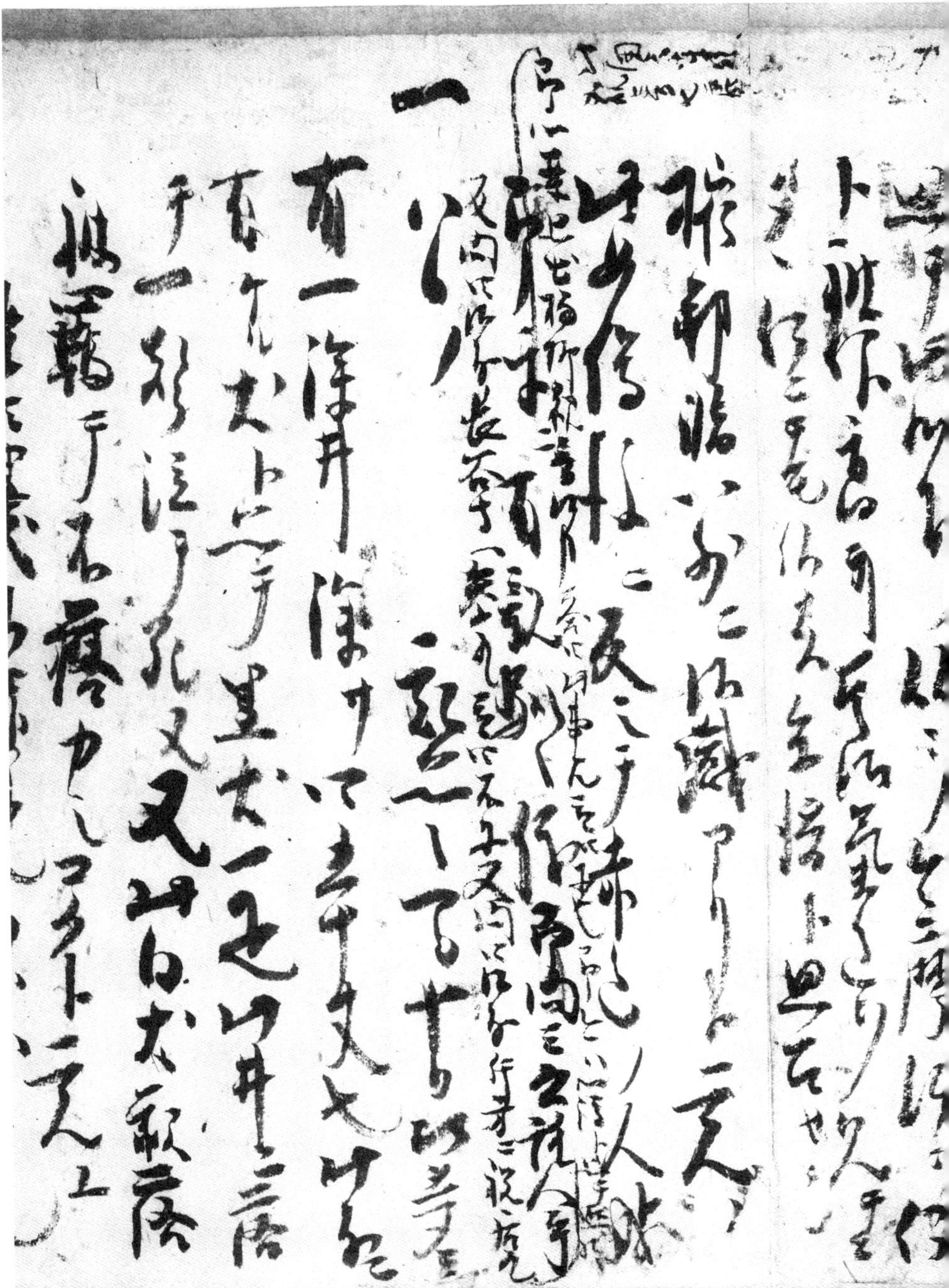

153　152　151　150　149　148　147　146　145　144　143

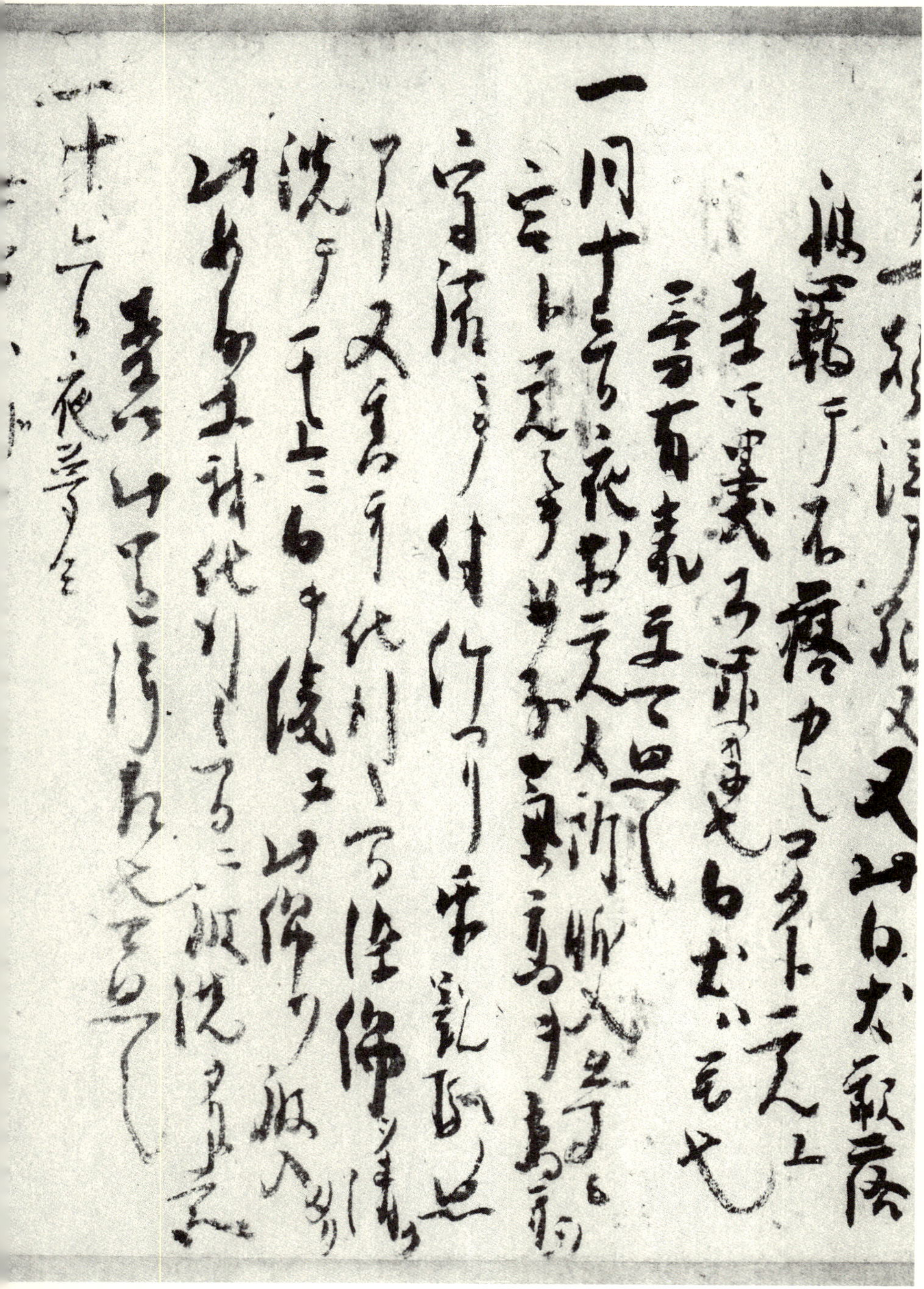

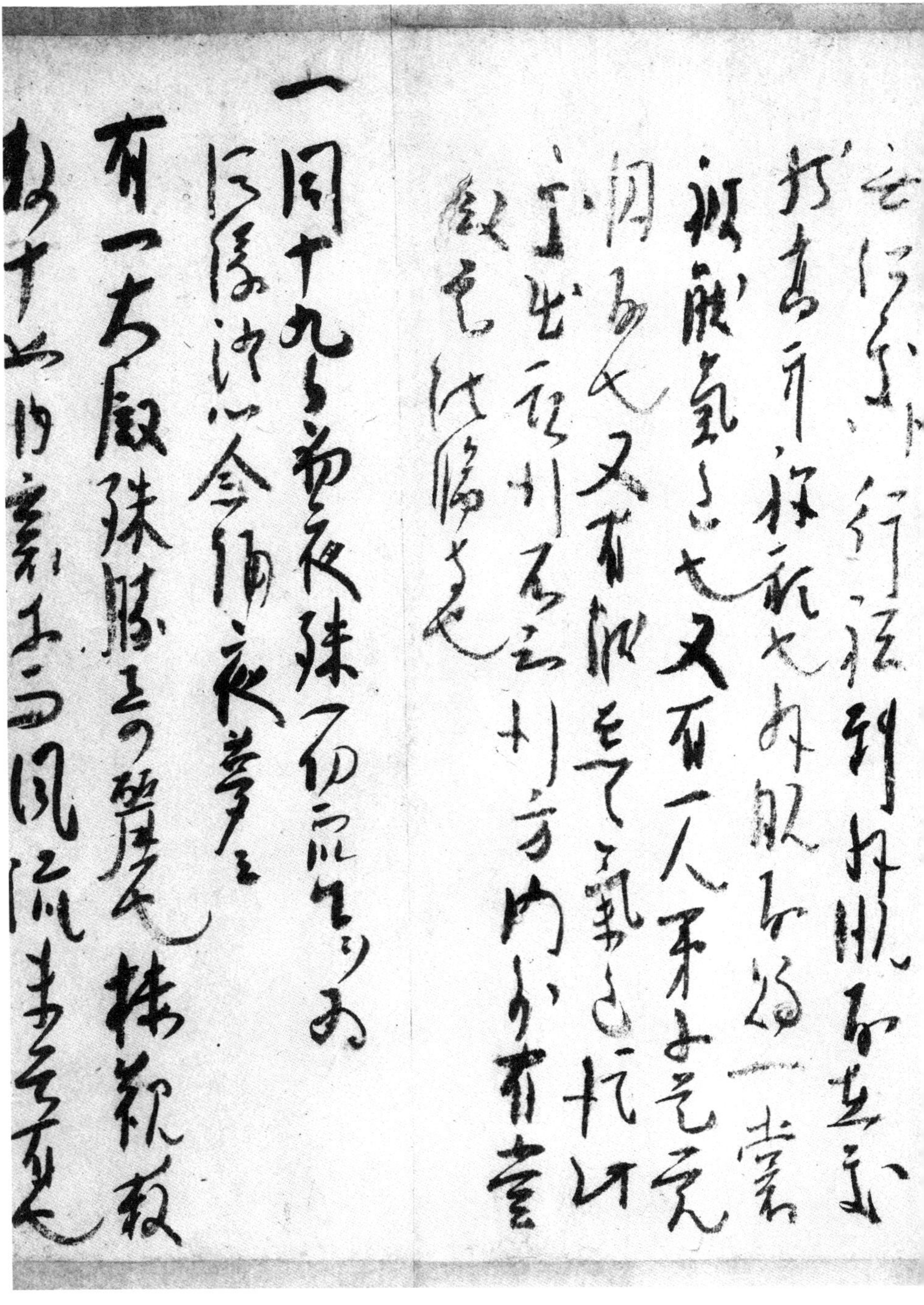

172　171　170　169　168　167　166　165　164　163

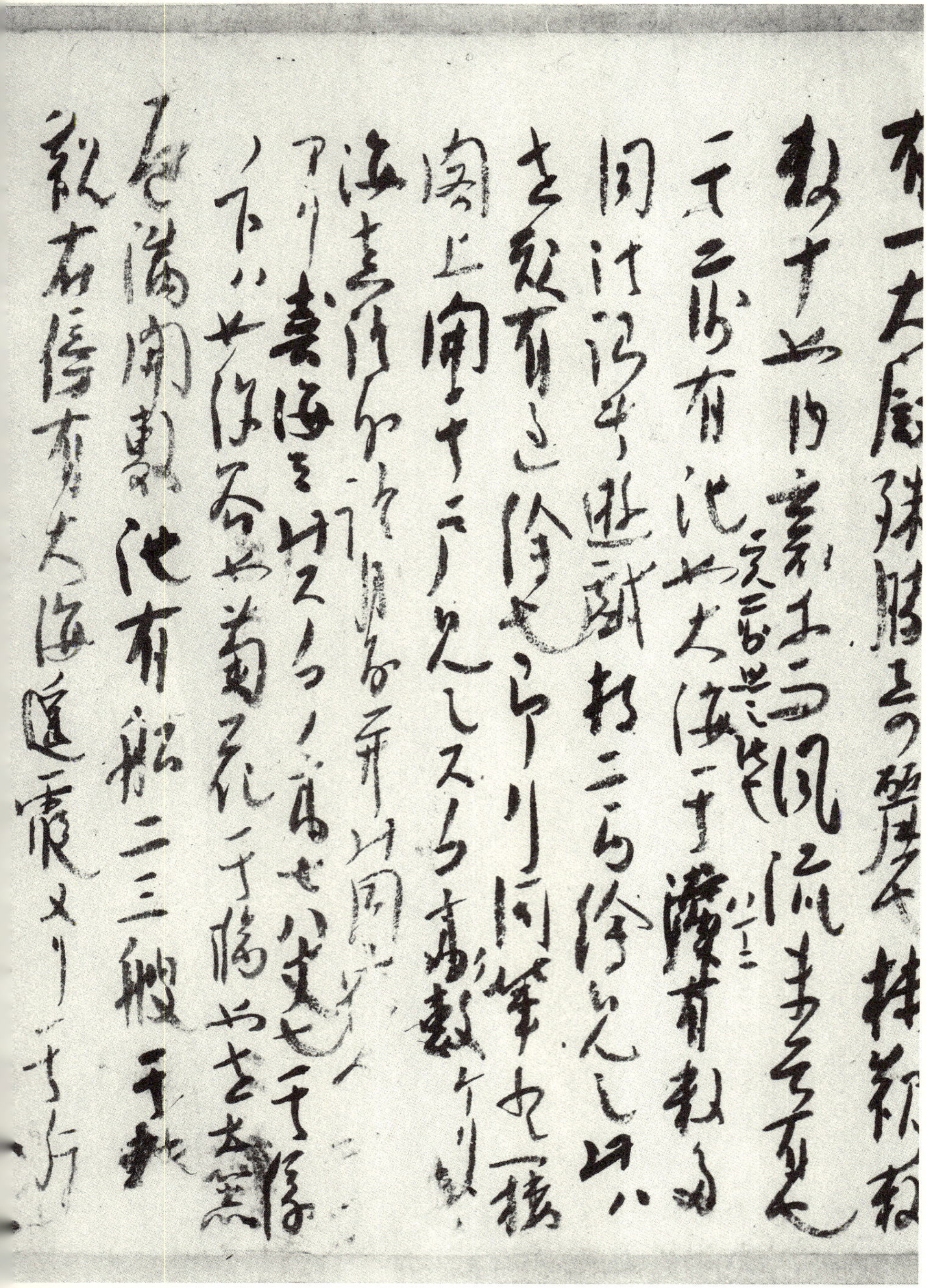

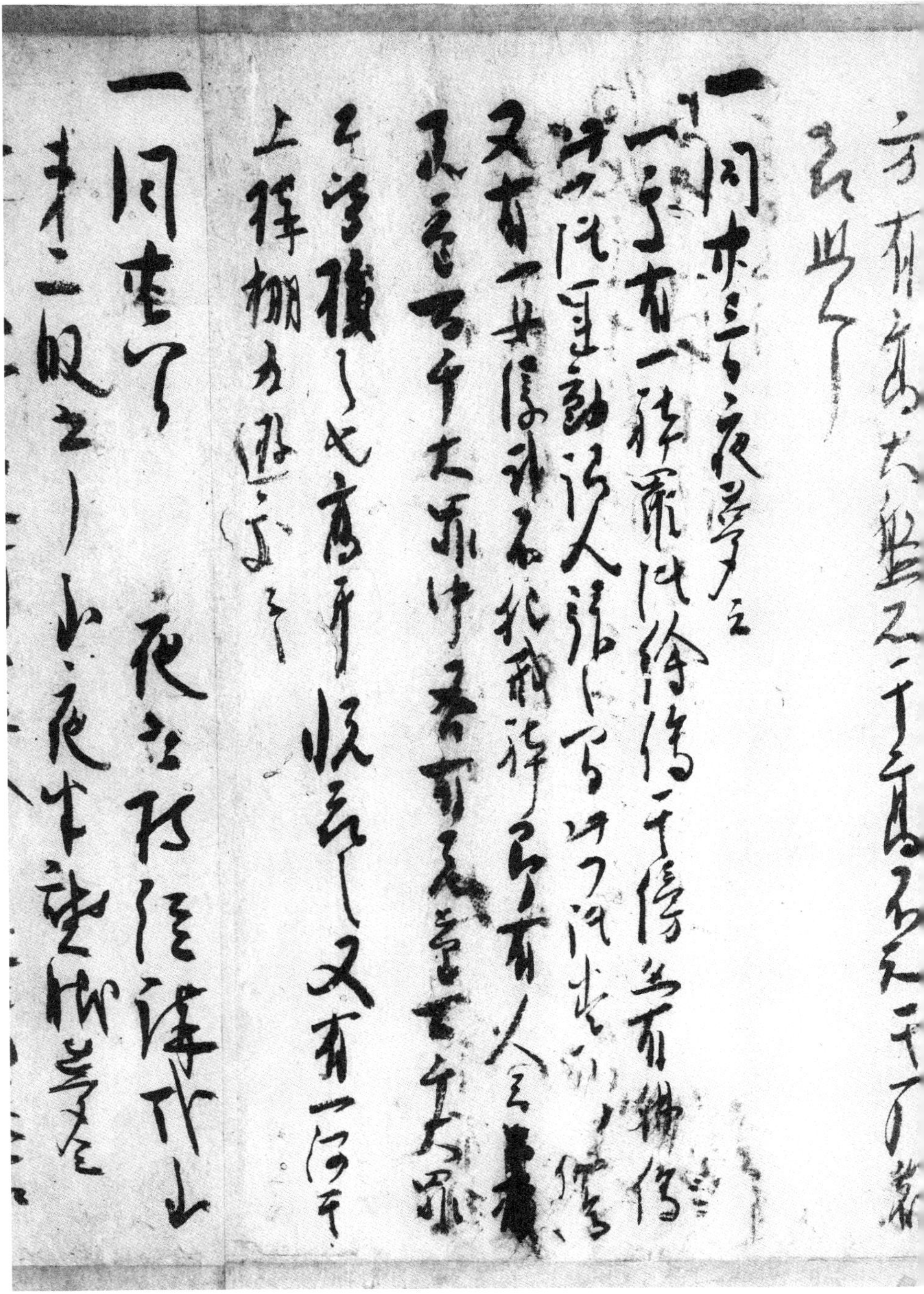
183
182
181
180
179
178
177
176
175
174
173

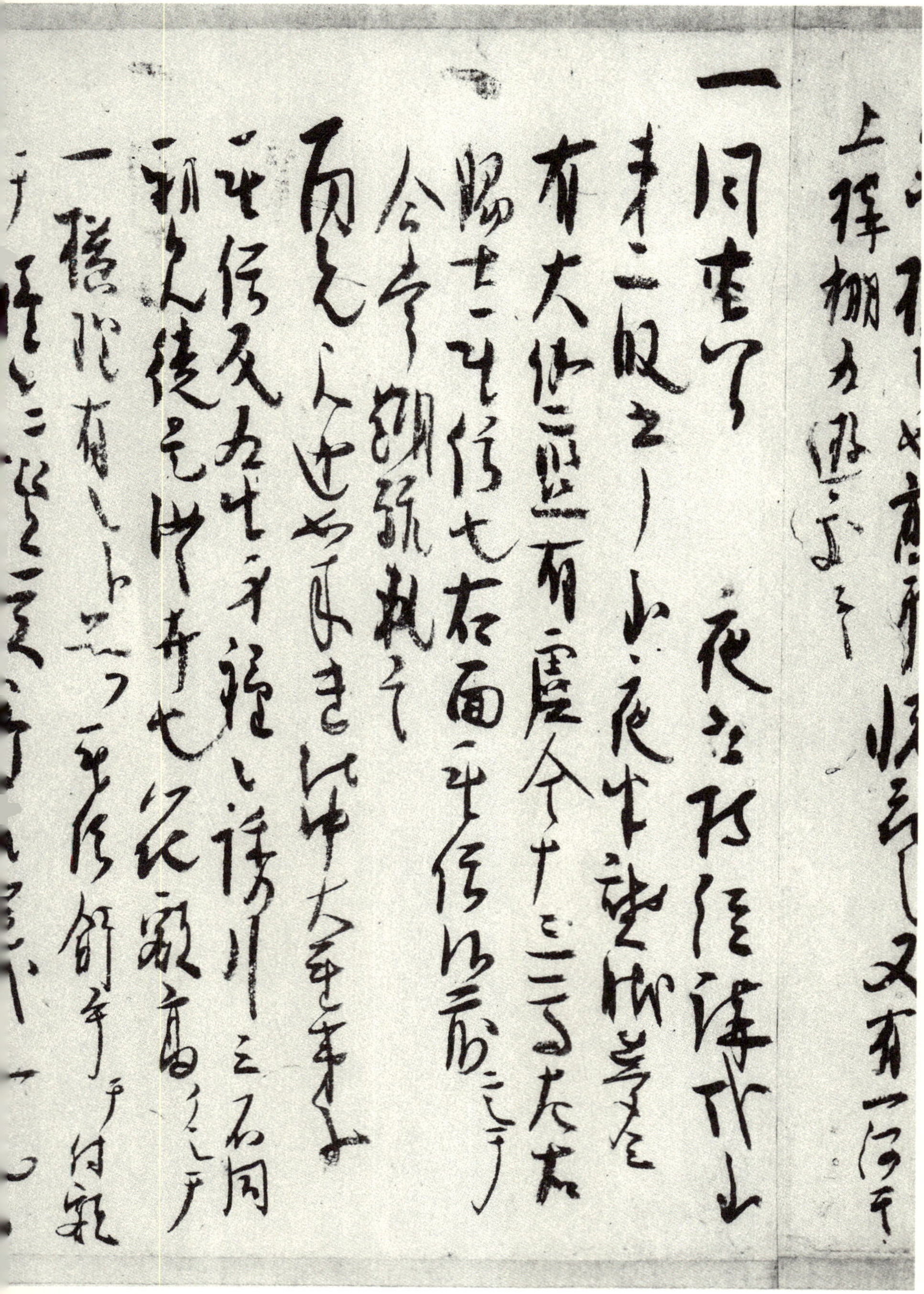

（4）2—2　某年某月、二月夢記（陽明文庫蔵）

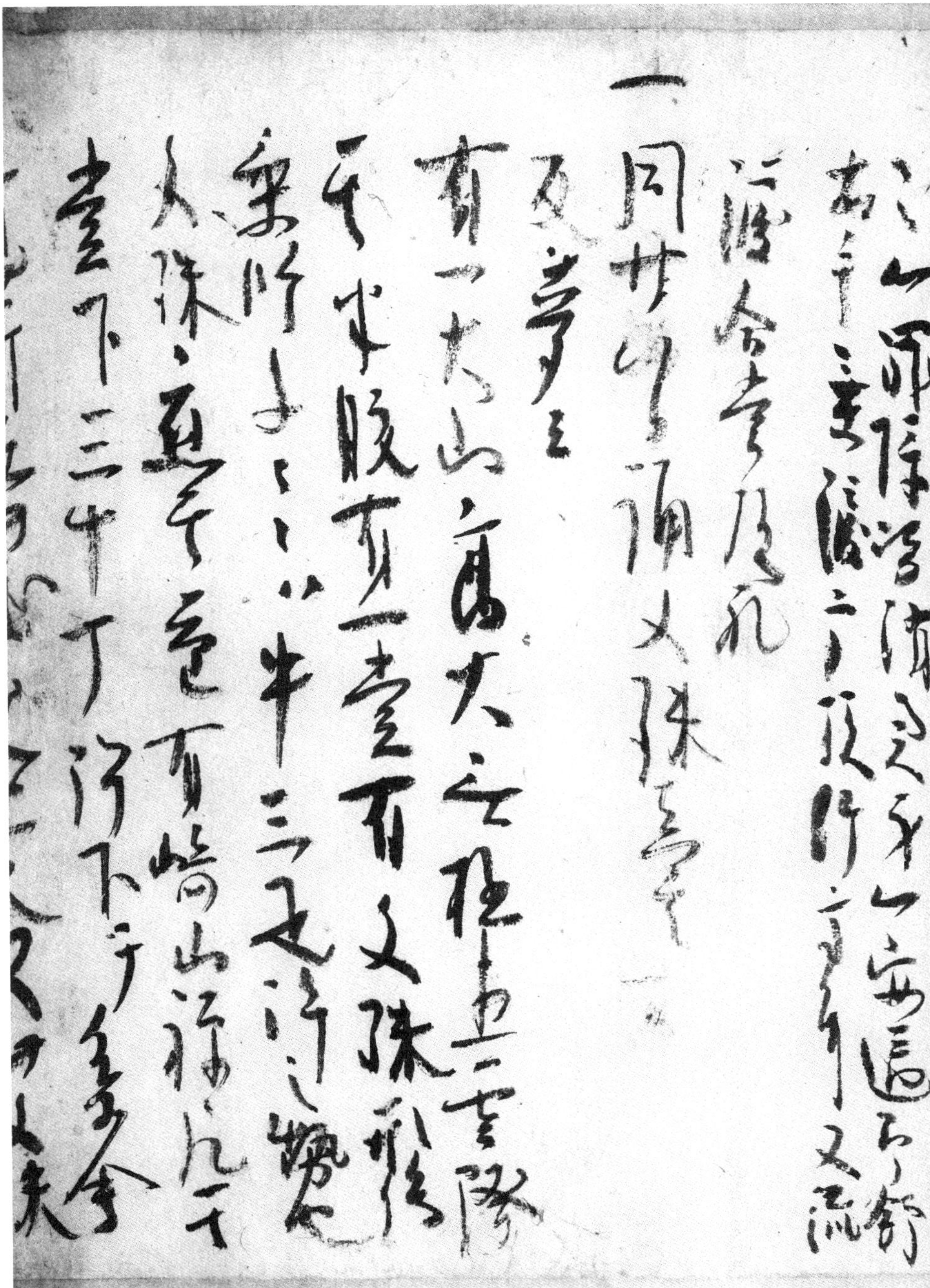

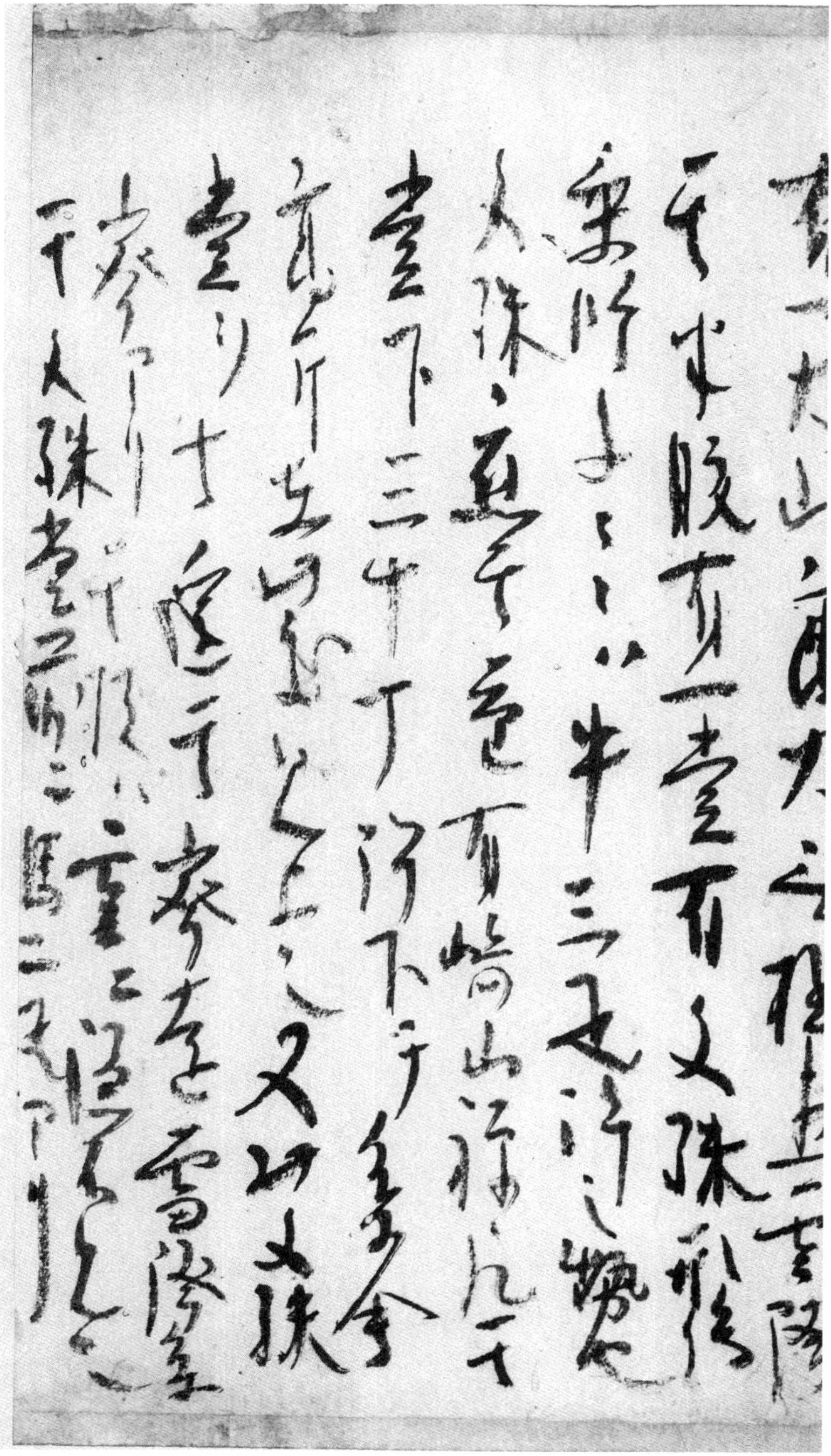

（5）**2—12**　某年八月夢記（個人蔵）

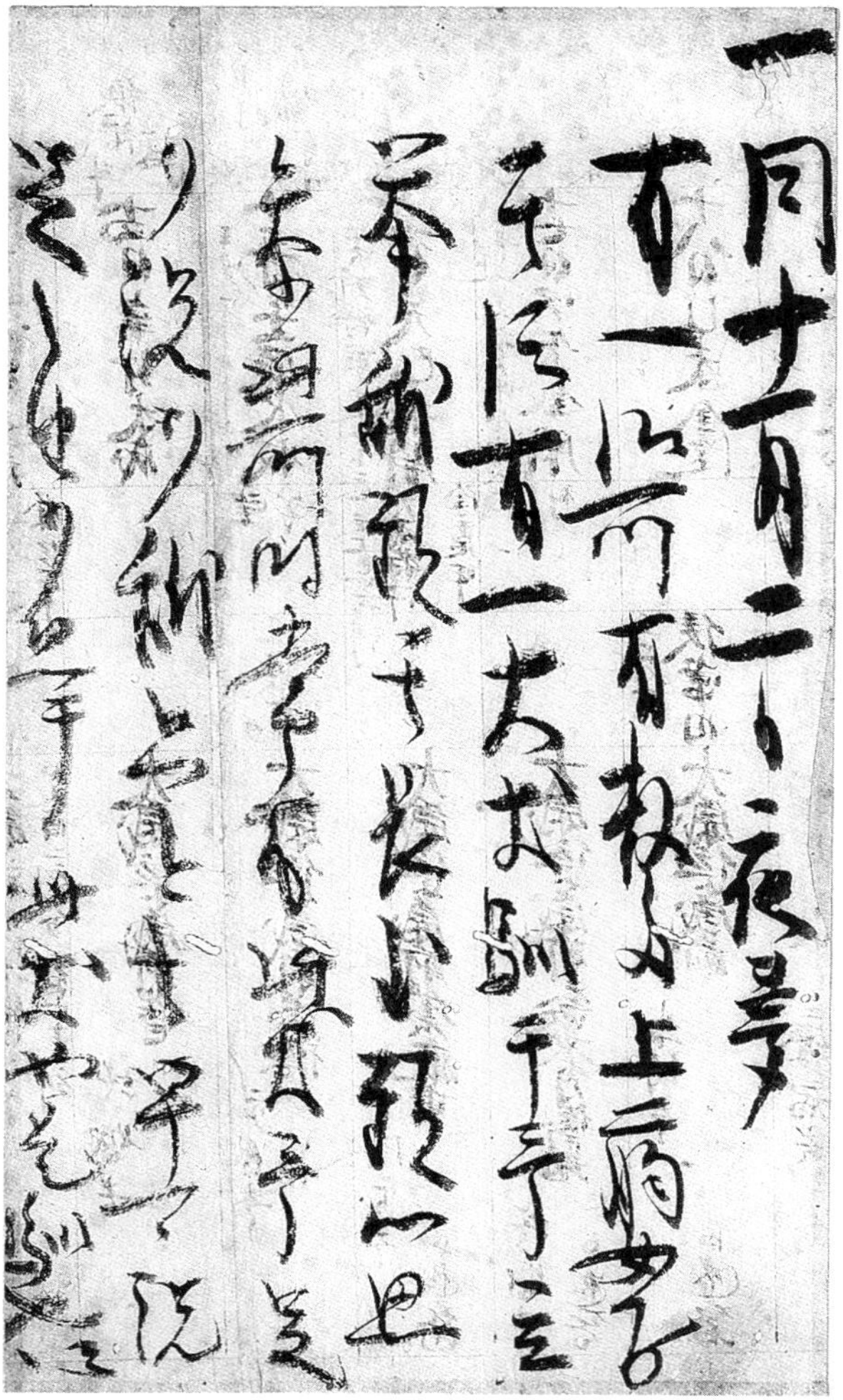

（6）**2—15**　某年十一月二日夢記（個人蔵）

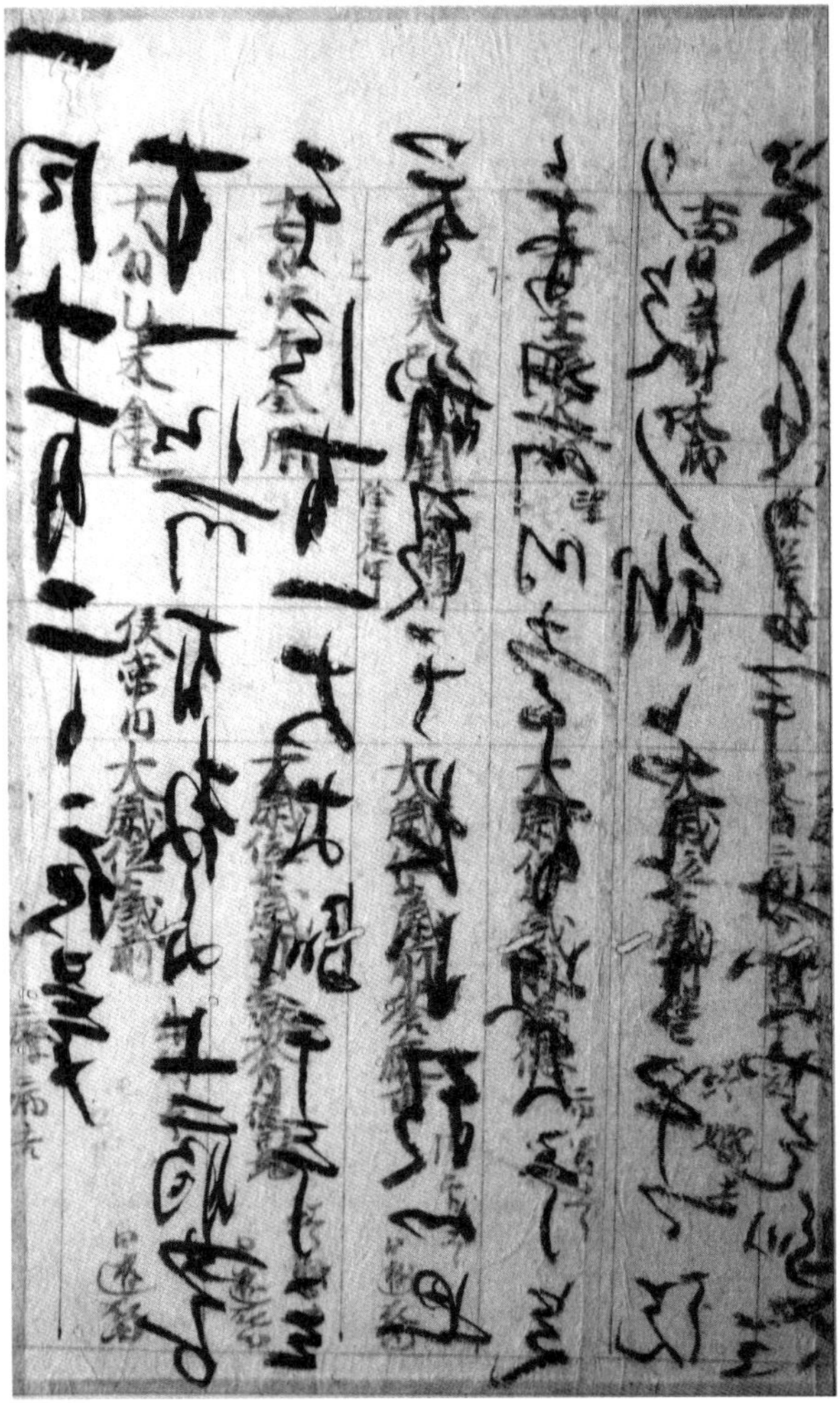

（7）2—15　某年十一月二日夢記紙背（赤外線撮影後、反転）

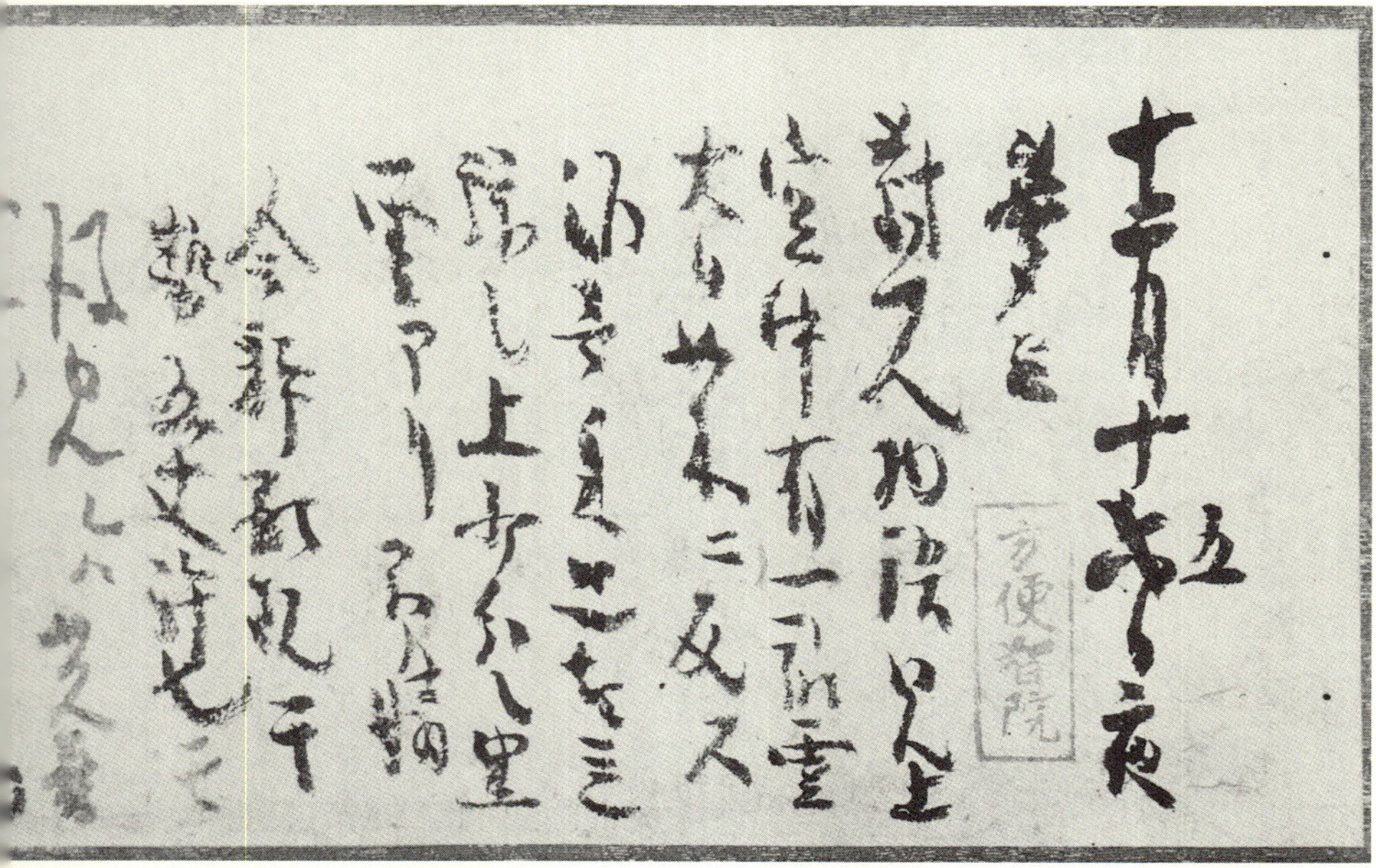

（8）2—17　某年十二月十五日夢記（五島美術館蔵）

(8) 2—17　某年十二月十五日夢記（五島美術館蔵）

24　23　22　21　20　19　18　17　16　15　14　13　12

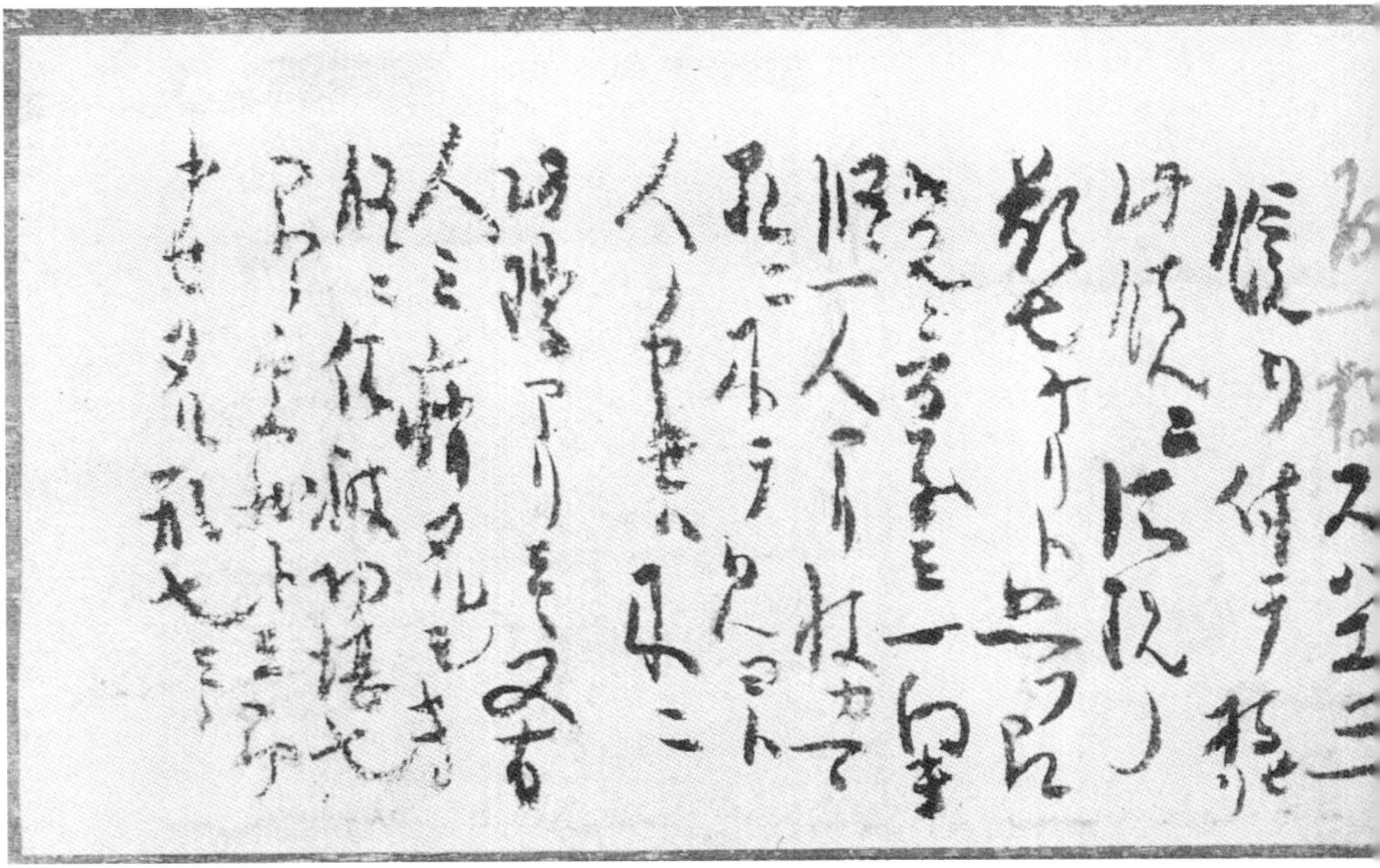

（9）2—19 某年十二月二十九日夢記（石水博物館蔵1号手鑑）

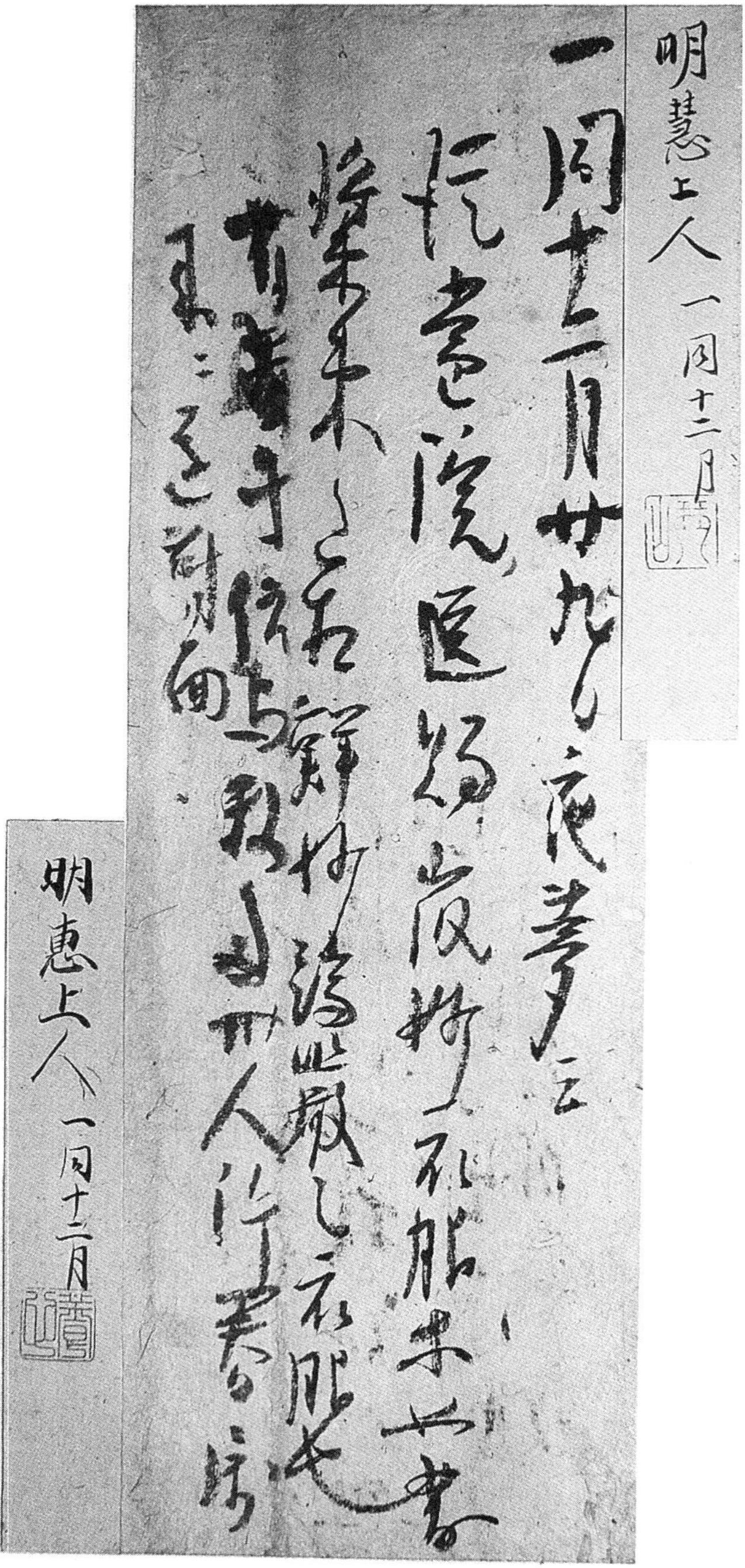

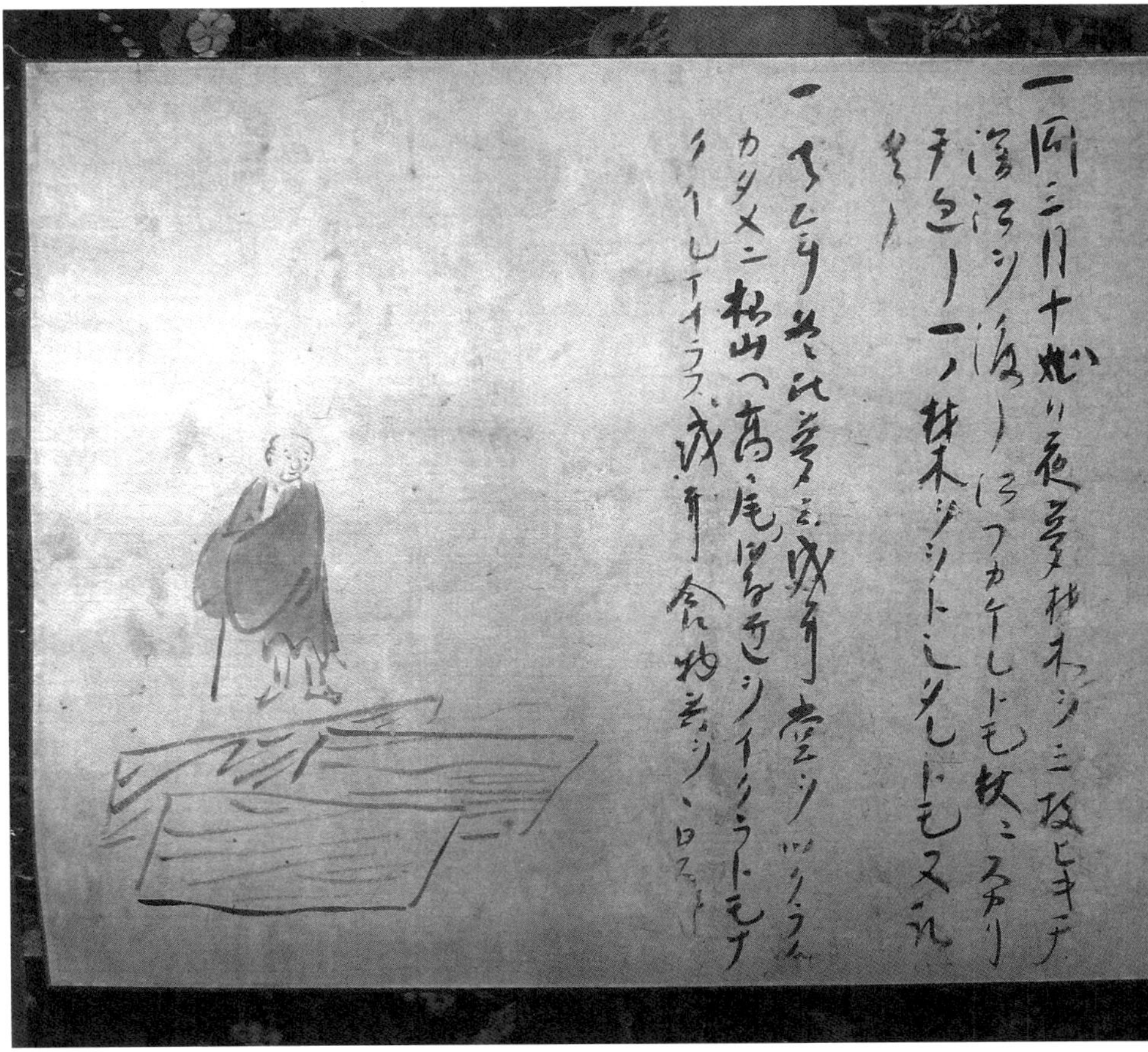

（10）2—20　某年三月十八日、去年冬比夢記（青井義夫氏蔵）

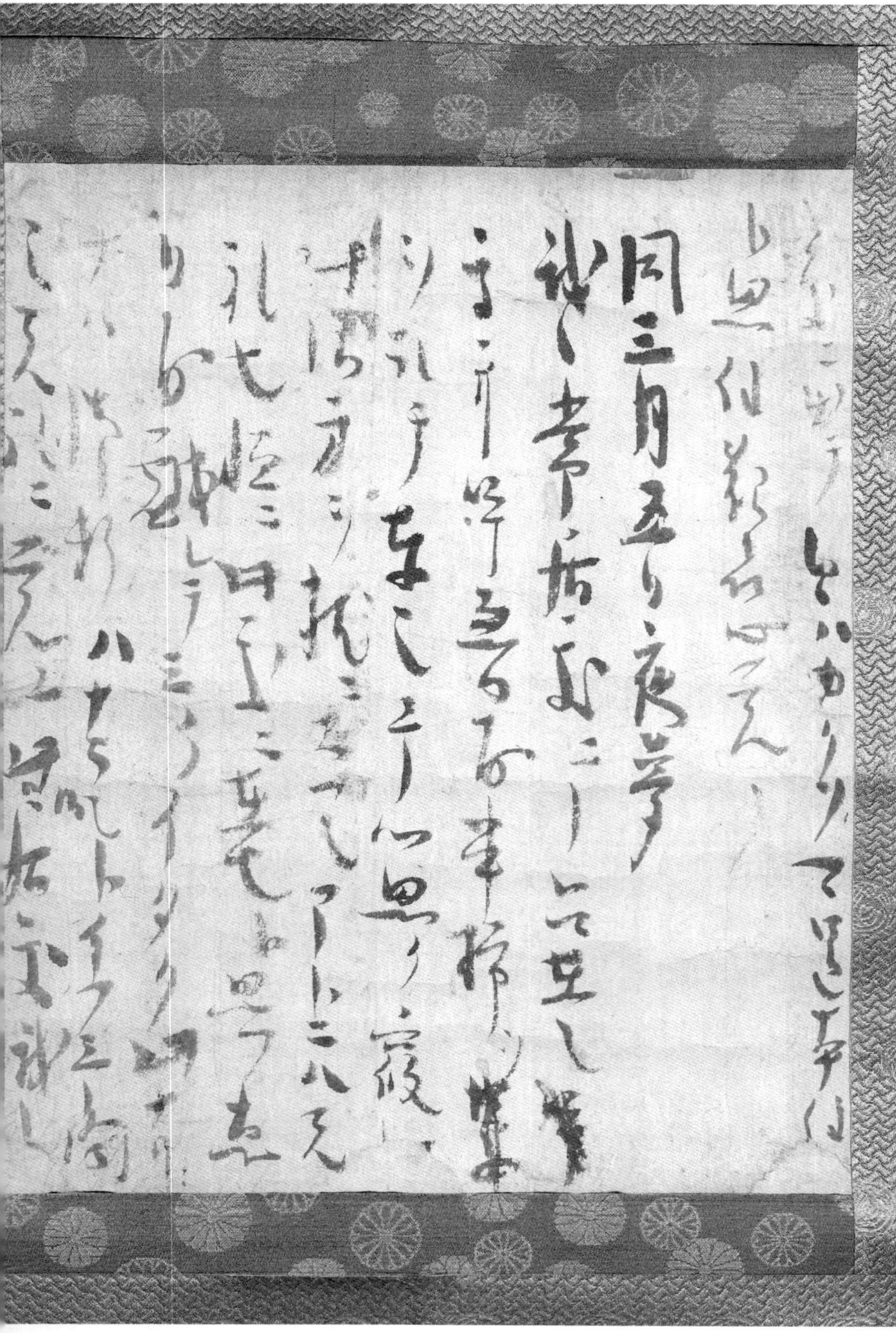

（11）2—23　某年三月五日夢記（和歌山県立博物館蔵）

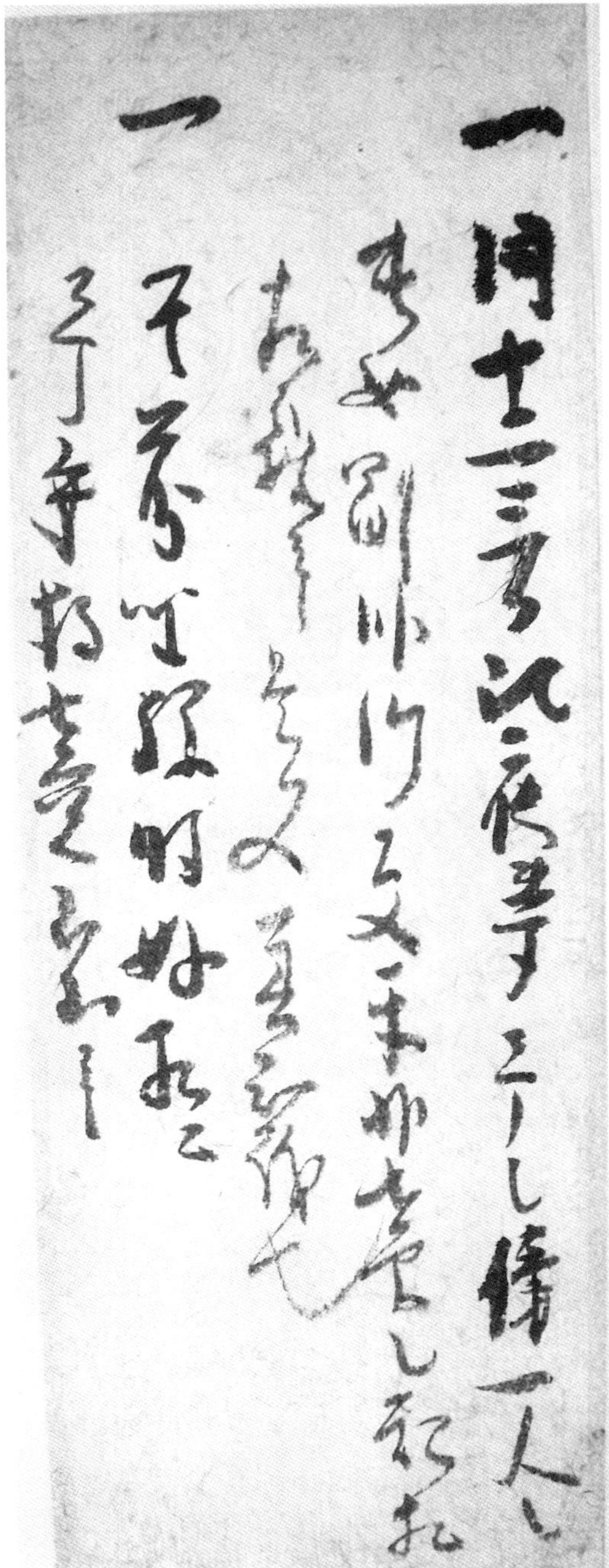

（12）3—17　某年月十二三日夢記（植松明子氏蔵）

（13）4—15（夢記）（同後夜）（大垣博氏蔵）

II

解題

一　「明恵上人夢記」について

明恵（一一七三〜一二三二）は、その生涯の大半にわたって夢を記し続けた。高山寺蔵「僧高弁所持聖教等目録」によれば、建久二（一一九一）年、明恵十九歳の時からの夢の記録があるとされ、現存する最も初期のものも高山寺蔵「後夜念誦作法」紙背に記された建久二（一一九一）年六月の夢である（ただし、これが明恵筆かは検討を要する）。高山寺本の夢記では建久七（一一九六）年春の夢が早い。明恵二十四歳の時にあたる。その後、明恵は晩年まで夢を記し続けた。現存する最晩年の記録は、高山寺蔵『大法炬陀羅尼経要文集』の巻尾に付されたもの（寛喜二（一二三〇）年十二月十一日の夢、明恵五十八歳）である。この二年後の正月に明恵は示寂している。明恵の夢の記録は十九歳の時から晩年に至る、その生涯の大半を覆うほどのものであった。

本書は、高山寺以外で所蔵される「明恵上人夢記」（以下、「夢記」と略称する）を集成し、翻刻・訓読・現代語訳を施し、語釈・考察を付したものである。従来、陽明文庫や京都国立博物館に、まとまった分量の「夢記」が蔵されていることは知られており、手鑑などにも「夢記切れ」と称して、その断簡が多く収められているのも周知のことであったが、ジラールによる仏訳（後述）を除けばそれらを集成したものは存在しなかった。そうしたなか、本書は現段階で知りうる限りの山外本の情報を収集し、翻刻の可能なものは全て訳注を施して、その成果を集大成して提供するものである。

特筆すべきことだが、山外本の分量は、高山寺本を上回っている。「夢記」の分量については、その行数が目安になる。法量が判明している「夢記」の縦の長さを比較してみると、二、三の例外（高山寺本第八篇、山外本1—15A・B、2—17など）を除いて、ほぼ全てが27〜33㎝程度の長さに収まる。料紙の縦の長さがほぼ同じであることから一行の文字数もほぼ同じと想定できる。したがって、「夢記」の行数で、おおよその分量を推測することができる。総計すると、高山寺本は一二五六行、それに対して山外本は本書Ⅲ部の「明恵上人夢記」目録（以下、「目録」と略称する）で計算すると、それを上回る一四一七行もの分量を有している。ただし「目録」には「夢記」ではないものも含まれているので、多少行数は減るものの、一四〇〇行近い分量があることは変わりない。本書を通してそれほどの分量の「夢記」に接することが可能になったが、依然として上記の現存「夢記」は、明恵が記録した「夢記」全体の一部に過ぎない。「夢記」を理解する一助となるように、この解題では、想定される「夢記」の全体像に触れ、形態面を中心に、高山寺所蔵「夢記」（以下、高山寺本と略称）、高山寺外所蔵「夢記」（以下、山外本と略称）について解説する。山外本のうち、ある程度まとまった「夢記」については、本稿「三　山外本「夢記」解説」で形態面を中心に触れる。

現在、高山寺本を読もうとする時に最も手に取りやすいのは岩波文庫『明恵上人集』（一九八一。以下、岩波文庫本）に収められたものである。ただし、岩波文庫本で「夢記」を読む際には、その所収形式に関して留意すべき点がある。岩波文庫本の体裁では、明恵が一連の夢を続けて記したかのように見えてしまうが、その解説にも触れられているように、「夢記」は巻子本・冊子本・掛軸装・一通の文書など、種々の形態で伝わったものであり、書かれた時期もそれぞれ異なっているのである。

「夢記」の形態は、それを解読する際に欠かせない情報の一つである。例えば、長期にわたって記し続けた冊子体の「夢記」（高山寺本第十篇は五三二行に及ぶ）と、一通の文書として一回的に書かれた「夢記」（高山寺本第二篇は「建久七年八月九月」と冒頭に書かれ、日付のない夢が一つだけ記される）とでは、明恵が夢を記しつける際の意識や「夢記」を記す意義は異なっていると考えるべきだろう。形態面の相違は、とりわけ「夢記」が「ほとんどすべて明恵自筆」（岩波文庫本解説）である点から考えても、「夢記」読解の際に留意すべきことである。

（1）高山寺本「夢記」と山外本「夢記」

本書所収の「目録」は、これまで収集した山外本の情報を目録にしたものである。「目録」における第1部から第4部の分類は、奥田勲「明恵上人夢記山外本目録」（『明恵上人資料　第四』所収）を踏襲している。第1部は年の記載があるもの、第2部は月日の記載のみのもの、第3部は日の記載のみのもの、第4部は年月日の記載を欠くものである。第1部は年代順に配列してあるが、第2部以下は年代がわからないため、原則的には、一月から十二月へ（第2部）、一日から三十日へ

（第3部）という順序で配列してある。山外本は巻子本のものが数点確認できるが、その他は大半が断簡である。それらは、もともとは巻子本なり、一紙の形なりで、他の夢記との連接が想定されるものであるため、目録内での分類・配列の際には月日を基準にその前後が考察できるように配慮してある。こういった分類・配列は、「夢記」が本来どのような形であったか、その原態、およびその全体像の把握を念頭においている。山外本は、寸断されて切れの状態になった断簡が大半を占める。年の記載のない断簡については、本来の形や他の夢記とのつながりが不明であることがほとんどだが、今後、今ある材料をもとに「夢記」復元の研究を行うための一助となるよう、以下に「夢記」の全体像と、高山寺本、山外本それぞれの位置づけについて述べておきたい。

高山寺本は、『明恵上人資料　第二』において付された篇番号によって十六篇に分かたれる。これらに加えて『高山寺典籍文書の研究』で紹介された甲篇・乙篇も存在するが、これは甲篇・乙篇の順序で高山寺本第五篇に連接するものなので、第五篇のうちに含めて捉えられる。したがって、十六篇が現在、高山寺に所蔵されていることになる。第一篇から第十一篇は年の記載があるもので、年代順に篇番号が付され、第十二篇から第十六篇は年代不明のものである。

ところで、「夢記」は、明恵の没後、弟子の定真のもとで秘蔵され、その定真が亡くなった後、さらにその弟子の仁真の手にわたって保管された。仁真に「夢記」を整理して、年号ごとに「夢記」の分量について記録を残している。以下に引用する「僧高弁所持聖教等目録」（以下、「仁真記録」と略称。『高山寺古文書』四四所収）がそれである。「仁真記録」は「木秘本入目六」とも呼ばれる（「目六」は目録の略記。「木秘本」は栂尾秘本の意。全体として、「木秘本」という函に入っていた文書の目録の意）。引用にあたって合点は略した。

御夢記皆自筆
建久九年第二年以後　三巻各三紙　又三紙
正治二年　雑御記雙紙奥ニ有之

建仁三年　四巻四紙
元久二年　四巻　三紙　造紙二帖
建永一年　造紙二帖切紙　又二紙
承元四年　造紙一帖　又一紙
建暦二年　造紙一帖大　二巻一紙
建保六年　建暦御記ノ奥ニ有之
　　　　已上一結
承久三年　造紙一帖大
貞応二年　二巻三紙　又承久御記ノ造紙ノ奥ニ有之
元仁一年　貞応御記ノ奥ニ有之元仁元年云々
嘉禄二年　一巻三紙
安貞二年　一紙
寛喜三年二年マテ　一巻一紙
　又無年号六紙有之
　　　　已上一結
右自建久二年至于寛喜二年、都合四十ヶ年之
御夢御日記、皆自筆也

この仁真記録によれば、例えば「元久二年　四巻　三紙　造紙二帖」とある場合、元久年間の二年間の間に記された「夢記」が、巻子本で四巻、一紙のもので三紙、冊子本のもので二帖、仁真の整理時に存在したことがわかる。仁真は、

「夢記」の形態に関して巻子本・一紙の文書・冊子本の三つに分類して記録している。この仁真記録は明恵没後の記録だが、その分類は「夢記」の原態を想定する際に重視すべきものであり、「夢記」の全体像を捉えるための重要な指標といえる。この記録において、高山寺本・山外本のそれぞれがどこにあたるのかを見極めることは、本来の「夢記」全体と現存「夢記」との距離を測る唯一の方法と言える。奥田勲『明恵　遍歴と夢』（東京大学出版会、一九七八）所掲の表をふまえて、仁真記録と現存「夢記」とを対照させた表を表1「「夢記」所在対照表」として本解題の末尾に掲げた。

高山寺本のうち、首尾の欠けていない完本と言えるものは多くない。一紙のものは、第二篇・第四篇があるが、原態は不明である。もともと一紙の文書だったかもしれないし、もとは巻子本であったが後ろに連接する「夢記」が欠けてしまった可能性もある。巻子本に関しても、全て前後のどちらかが欠けている。ただし、六帖ある冊子本については、第三篇が、もとは冊子本の一紙だったものを広げて掛幅に仕立てたものであるのを除き、残りの五帖は首尾整っており、もとの形が窺われる。仁真記録に記載のある八帖のうち、五帖が現存していることになり、冊子本は比較的、原態を留めているといえよう。本書に収めた山外本の中で、もとが冊子本であったと考えられるのは、今のところ、二（1）で解説する京都国立博物館蔵「夢記」Bの一点のみである。

仁真記録によれば、巻子本が計十八巻、一紙のものが計二十七紙存した計算になるが、高山寺での残存状況は三巻・二紙に過ぎず、残りの多くが山外本の中に含まれていると想定できる。また、仁真記録に「無年号六紙有之」とあり、年号のないものが六紙存在したことがわかるが、これに従えば計三十三紙ある一紙の「夢記」のうち、六紙を除いた残りの二十七紙には年号が付いており、一方、巻子本に関しては年号の記載（もしくはその年号が判明する記述）が存在するという見通しを立てられる。山外本と仁真記録とを照合するためには、まず山外本で首尾整ったものを特定する作業をしたうえで、断簡が入る可能性のあるところを限定していく作業が必要となろう。大半が今は失われており、特定できるところは少ないものの、後に個別に取り上げる京都国立博物館所蔵「夢記」、陽明文庫所蔵「夢記」については、仁真記録を援用した考察が、とりわけ有用であると認められる。

（2）「夢記」をめぐる研究史

明恵の「夢記」は、広く関心を持たれているにもかかわらず、「夢記」そのものの研究はそれほど多くない。以下、「夢記」全体の理解にかかわる主要な研究を挙げながら、その研究史を紹介する（敬称略）。

近世まで、明恵「夢記」は、その写本が二、三存在するのを除き、ほとんど読まれた形跡がない。『大日本史料　第五篇之七』（一九三〇）、奥田正造編『明慧上人要集』（一九三三）において「夢記」が翻刻されたことで、ようやく広く読まれるようになった。『大日本史料　第五篇之七』は、高山寺本のほか、山外本のうち目録番号1―6（松浦厚旧蔵本）、1―18（神田喜一郎旧蔵本）、1―21（現MIHO MUSEUM所蔵）、2―4（個人蔵）の「夢記」が翻刻されている。その刊行以前に、近代における初期の明恵伝である村上素道『栂尾山高山寺明恵上人』（一九二九）が出ているが、明恵の伝記の記述に「夢記」は生かされていない。ただし、先に挙げた仁真記録を紹介しており、また、明恵の夢想が仏教的な経説の背景のもとに「修道」上の価値を持ち、「霊告」でもあるのを強調しているところは現代の研究に通じる萌芽が見られる。

右記の研究は、その年代を見るといずれも明恵没後七〇〇年忌（一九三二）を契機として行われたことがわかるが、その五〇年後の明恵没後七五〇年忌（一九八二）の前後が次の段階の研究の画期となる。「夢記」研究はおおむね明恵研究ならびに高山寺研究の一環として成されてきたが、高山寺典籍文書綜合調査団が組織され、『高山寺資料叢書』の第一冊として『明恵上人資料　第一』が公刊されたのは一九七一年のことである。一九七八年に同叢書第七冊として『明恵上人資料　第二』が出された際、高山寺本もその中に収録された。影印・翻字に加えて、書誌略説・註釈・夢の目録・解説・索引・参考資料を備えた、厳密かつ浩瀚なものであり、高山寺本を研究する際の基盤となる資料が整備されたと言える。本文は、当時の国語にできるかぎり基づいた訓法が付されて読み下すことができるようになっており、註釈も明恵の伝記事実を多くふまえたものである。それとは別に普及版として久保田淳・山口明穂校注『明恵上人集』（岩波文庫、一九八一）にも高山寺本が収められ、一般に向けた読みやすさを考慮した読み下しによって本文が掲出され、簡略な注が付された。

『明恵上人資料　第二』以前には、山田昭全「明恵の夢と「夢之記」について」（『金沢文庫研究』177号、一九七一）があり、山外本3―7の写真・翻刻を含むとともに「夢記」を捉える上で示唆に富む見解が多い。奥田勲『明恵　遍歴と夢』は、多面的に明恵の「夢記」を論じており、『明恵上人資料　第二』所収の註釈・解説と合わせて、以後の「夢記」研究の基本書となった。他に奥田には、「夢記」と『行状』との資料的な関係に触れた「明恵説話についての基礎的諸問題」（『宇都宮大学教育学部紀要』27、一九七七／『明恵上人と高山寺』同朋舎出版、一九八一）、高山寺本第十篇の錯簡について論じた「明恵上人関係典籍の奥書・識語について――附・明恵上人夢記第十篇錯巻考」（『高山寺典籍文書の研究』東京大学出版会、一九八〇）、また、近年のものとして「明恵上人夢記研究の現況と問題点」（『智山学報』第61輯、二〇一二）がある。

「夢記」を広く一般にも、また世界的にも知らしめたのは河合隼雄『明恵　夢を生きる』（京都松柏社、一九八七）である。ユングの深層心理学に基づきつつ、明恵の生涯や仏教的な教理にも理解を示して「夢記」を解釈したもので、その研究は広く読まれ、海外でも数ヶ国語に翻訳されている。高山寺本のみならず、山外本1―10京都国立博物館蔵夢記や2―2陽明文庫蔵夢記も用いている。Girard, Frédéric. *Un moine de la secte Kegon a l'époque de Kamakura : Myōe (1173-1232) et le "Journal de ses rêves."*(Paris : École Française d'Extrême-Orient, 1990)は、フランス語で出された明恵の研究書で、「夢記」のフランス語訳を含む。高山寺本のみならず、山外本のフランス語訳も多く収められている点で画期的な研究書であり、本書訳注の執筆にあたっても多く参照している。

フレデリック・ジラールは「明恵上人の『夢の記』――解釈の試み」（『思想』721号、一九八四）において、明恵が華厳の禅観を鍛え上げていく、その展開を、断続的に記された夢想のモチーフの「変奏」を通して見るという試みも行っている。海外での明恵の夢の研究は盛んであり、アメリカのジョージ・タナベ、ベルナール・フォール、ドイツのヨーク・クヴェンツァーといった研究者が明恵の夢に触れており、広く関心を集めている（特にタナベは、高山寺本および『大日本史料　第五篇之七』所収「夢記」の英訳を行っている）。他に、日本の研究では、海山宏之「明恵上人の夢記と夢の意味」（『宗教研究』314号、一九九七）が、「夢記」に記された夢はその夢の直前に書かれた日次記事とセットとなる「構造」を有するとし、明恵にとって夢が宗教体験としての重みを持っていたことを具体的に論じようとしている。野村卓美には包括的に明恵の夢について論じた「明恵と夢」（『日本文学』48号、一九九九／『明恵上人の研究』和泉書院、二〇〇二）がある。同「明恵と慶派仏師」（『久留米』（都立久留米高等学校紀要）11号、一九七九／前掲書所収）は、明恵の夢に現れるイメージに、仏像や観想の影響があることを指摘する。これは明恵の夢をイメージから考えようとする際の貴重な視点である。その他、明恵の夢に現れるイメージについては、石田尚豊「明恵上人をめぐる華厳変相図」、同「明恵上人と白」（いずれも『日本美術史論集――その構造的把握』中央公論美術出版、一九八八）も参考になる。

近年、「夢記」研究を大きく前進させたのは、二〇〇二年に出された荒木浩編『〈心〉と〈外部〉――表現・伝承・信仰と明恵「夢記」』（大阪大学大学院文学研究科広域文化表現論講座共同研究成果報告書）の成果である。荒木浩「夢という日記、自伝、うた、そして逸脱のコンテクスト、あるいは、〈心〉と〈外部〉――明恵「夢記」を読むために」は、後に「明恵「夢記」再読――その表現のありかとゆくえ」（『仏教修法と文学的表現に関する文献学的考察――夢記・伝承・文学の発生』平成十四～十六年度科学研究費補助金（基盤研究（c）（2））研究成果報告書、二〇〇五）にまとめ直されたが、ともすれば自閉的になりがちな「夢記」研究に対して、「夢記」を文学的な「表現」として見た上で、ジャンルという切り口のもとに縦横に論じて、その可能性の豊かさを予感させた。他に米田真理子「高山寺外所蔵夢記をめぐる二つの考察――署名のある夢記、明恵と長房の周辺」は、山外本の調査をした過程で、副題にある通り、「夢記」の断簡に、署名のあるものがあることに注意を促し、第三者に送るつもりで明恵が仕立てた「夢記」もあるのではないかと問題提起を行っており、ともすれば夢日記として捉えられがちな「夢記」の印象を揺さぶる。柴崎照和「明恵と夢想――夢解釈の一試論」は、明恵は意識的に夢想を感得しようとしており、そのために密教的な手法を用いていたということを論じたものである。密教の修法と「夢記」との関係を具体的に明らかにしていくのは、これからの課題であろう。

なお、研究史ならびに我々、夢記の研究会メンバーの活動については小宮俊海「明恵上人夢記の集成・注釈と密教学的視点からの分析研究」（『智山学報』62、二〇一三）も参照されたい。

二　山外本「夢記」解説

ここでは、本書所収の山外本のうち、巻子本の形態で現存するものを中心に取り上げ、主に個々の訳注では十分に触れきれない部分について、形態、年代考証などの点に重点を置いて解説する。（1）京都国立博物館蔵本、（2）陽明文庫蔵本、（3）観智院旧蔵本、（4）松浦厚旧蔵本、（5）神田喜一郎旧蔵本は、巻子本でまとまった形態のもので、研究上でも重要な内容を含むものである。（6）松永耳庵旧蔵本は、巻子本ではなく掛幅仕立ての「夢記」だが、高山寺創建に関わる記録を含んで重要と思われるため、合わせてここで取り上げる。（7）その他は、上記以外の山外本について重要な点をまとめた。

（1）京都国立博物館蔵本

「目録」1―10。京都国立博物館収蔵品データベース（http://www.kyohaku.go.jp/jp/syuzou/index.html）に「高弁夢記」として収められており、その精細な画像をWeb上で見ることができる。七紙よりなるが、異なる時期に書かれた五つ（「目録」はA～Dの四つとする）の「夢記」が、後代になって一巻に仕立てられたものである。紙背に夢が続くと思われる部分や、紙背に仮名消息を有するものもあって複雑であるため、各紙の表面と裏面が、本書「訳注」における【翻刻】行番号の何行目に対応するかを以下に示しておく。

冒頭年月日	行番号（表面）	行番号（裏面）
A　第一紙　建永二年五月二十九日	1～22	192～200
B　第二紙　承元三年三月八日	23～38	無

	第三紙　承元三年三月二十六日	39～67	無
C	第四紙　建暦元年十二月六日	68～93	174～191・仮名消息
	第五紙	94～120	171～173・仮名消息
	第六紙	121～142	153～170・仮名消息
D	第七紙　同二十二日	143～151	無

行頭のA～Dは、「目録」において京都国立博物館蔵本（以下、京博本と略称）を四分類した際に用いた記号である。第四紙・第五紙の紙背仮名消息については、本書Ⅳ部1―10の訳注付録として翻刻を示した。書かれた時期の異なる「夢記」であるため、それぞれ個別に説明していく。

Aは、建永二（一二〇七）年五月二十九日の日付を持つ「夢記」である。紙背に続くが、裏打ち紙があるため、判読が難しい。ただし、この「夢記」は、以下の二点の理由によって紙表から裏へ連続していると考えられる。一点目は、「承仕がましき僧」が紙背でも「承仕法師」として登場し、内容面でつながりが認められることである。二点目としては、紙表において、「成弁白言」の後、「成弁はかほどの」という会話の冒頭で切れているが、裏面の冒頭は「方人御坐覧とも（おはしますらんとも）」と続いており、この両者をつなげると「成弁はかほどの方人おはしますらんとも」と理解され、会話の文章としておかしくないことが挙げられる。第一紙が裏にそのまま続くことから、当初から巻子本の形態であったとは考えにくい。もとは一紙の文書であったものであろう。仁真記録によれば、建永年間の「夢記」は一紙のものが二点あったことが知られる。この京博本のAが、そのうちの一点であろう。建永年間の二点のうち、もう一点は、本解説の（6）で触れる松永耳庵旧蔵本が相当すると考えられる。

Bは、承元三（一二〇九）年三月八日の日付を持つ第二紙と、同年の承元三年三月二十六日の日付を持つ第三紙からなる。仁真記録によれば、承元年間は「造紙一帖　又一紙」とあって、巻子本は存在せず、冊子本が一帖、一紙のものが一点あったようである。そのため、Bの二紙は、同じ巻子本の一部であったと考えることはできず、別個の「夢記」であったと見てよい。

Bの第二紙は、承元三（一二〇九）年三月八日の夢のみが記されている。末尾部分に「覚了」とあるのに続けて「即時記之」とあることから、夢から覚めてすぐに、この第二紙の「夢記」を記したことがわかる。この第二紙はもともと一紙で完結したものであろう。仁真記録から考えると、冊子本の一丁分か、あるいは一紙の文書か、いずれかの可能性があるが、第二紙ではなく、すぐ後で述べる第三紙の方が本来は冊子本であったと思われ、それとは記載の体裁が異なることから、第二紙はもともと一紙の文書であったと考えられる。

Bの第三紙は、承元三（一二〇九）年三月二十六日の夢が冒頭にあり、その後「同四月五日」条（50～53行）、「同十一日」条（54～56行）、「同十二日」条（57～67行）と続く。日次記事から明恵の足取りが確かめられ、京都の樋口に宿った後（39行）、南都に赴き（50行）、四月十二日には東大寺にいた（67行）ことが知られる。形態については、12行目以前と13行目以後で文字の大きさや字配りが大きく変化する。さらに、この12行目と13行目の間には折れ目のごときものが認められる。仁真記録によれば、承元年間の「夢記」は、冊子本が一帖、一紙の文書が一点のはずである。先述のようにBの第二紙が承元年間の一紙の文書と推定されるうえ、字配りのバランスと折れ目のようなものの存在から考えると、第三紙は冊子本の一丁であったと想定できる。似た形で現存しているものとして高山寺本の第三篇が挙げられる。第三篇も、もと袋綴装であった一丁分を広げて一紙の形で残っている。この京博本の第三紙においても同様の仕立て直しが行われたのであろう。

Cの第四紙から第六紙は、各紙の継ぎ目にまたがって夢の本文が書かれているため、当初から一続きのものであったと見てよい。冒頭は建暦元（一二一一）年の年時を明記していることから、もと巻子本の冒頭にあったと思われる。仁真記録によれば、建暦年間は「造紙一帖大　二巻一紙」とあって、冊子本一帖、巻子本二巻、一紙のもの一点があったことがわかる。二巻のうちの一巻がこの京博本のCに相当する。日付の順序に整わないところが若干ある。各紙に収載する条とその行数を以下に示した。条名の「　」は冒頭の部分を引用したものである。

紙番号	収載条（行数）
第四紙	「建暦元年十二月六日」条（68～83）
	「同十六日」条（84～93）
第五紙	同条続き（94～120）
第六紙	同条続き（121～123）
	「次日十七日」条（124～133）
	「同廿四日」条（134～142）
第六紙紙背	「又次夜」条（153～155）
	「同二月六日」条（156～162）
	「同二月十五日」条（163～167）
	「同月廿六日」条（168～170）
第五紙紙背	同条続き（171～173）
第四紙紙背	「正月十日」条（174～191）

紙表は「同十六日」条（84～123行）の本文が第四紙から第六紙の三紙にわたって連続している。第四紙・第五紙・第六紙ともに紙背に仮名消息があることから、明恵の手元にあった仮名消息の紙背を用いて夢を記しつけていったものと知られる。第六紙の紙背仮名消息は、判読困難のため訳注付録に収めていないが、一紙の右下に「申候、あなかしこ〳〵」とあり、左端に「（封）まいり候御房信教」とあるので、これも第四紙・第五紙と同じく仮名消息であったことがわかる。

書状の紙背を用いた「夢記」は少なく、他に高山寺本の第十四篇に例があるのみである。現状からすると京博本Cは、書状の紙背に書き始められ、その続きがもともとの紙表である仮名消息の書かれた側に書き継がれていった形となる。第六紙紙背の仮名消息には余白が多かったため、夢を記すのに不都合はなかったようだが、第四紙は本来の仮名消息の間を縫う形で夢が書きつけられており、読みにくいものとなっている。紙表には、建暦元年十二月の六日から二十四日までの夢を収めるが、紙背では月の日付として唐突に「二月」、「正月」の月が見られ、紙表の十二月と連続していない。また、二月から正月に戻るというように、不可解な点が多い。各夢の条と条の間も紙背では数行分ずつ空いており、他の「夢記」には見られない書き方である。昔の夢を思い出しつつ余白を残しながら書き継いだような趣であるが、なぜこのような形になったかは明らかでない。

しかし、これについては、京博本の夢の内容自体が一つの手がかりを与えてくれる。京博本は、亡くなったばかりの春華門院（一一九五〜一二一一）の追善に関わる一連の夢が書かれている。春華門院は、九条兼実女の任子と後鳥羽院との間に産まれた第一皇女で、京博本が書かれる直前、建暦元年十一月八日に亡くなった。日次記事によれば、十二月九日に亡き春華門院の念珠を藤原長房から受け取り、さらに翌十日には手習の反故を受け取って、明恵はそれらの遺物を手に、初夜の行法の際に泣きながら亡き春華門院の菩提を祈っている。十二月二十六日は春華門院の四十九日に当たり（132行）、京博本にはその追善供養に関わる記事が多く記されている。夢に現れる人物も、ほぼ全て女性で、しかも、十七歳で亡くなった春華門院の面影を宿している。このようなことから、京博本は、春華門院の死とその追善の想いを契機として成り立っていると考えられる。第四紙紙背の「正月十日」条は、紙背の最末尾にあり、明恵が、誰か見分けがつかない人物（「誰トモ不思人」174行）と会う夢である。その人物について、その夢の末尾（188行以下）で、その人物は、弥勒が明恵のもとに遣わした人であり、その人が帰るため、弥勒がその人を迎えに来たのだと明恵は思う。これはおそらく、亡き春華門院が弥勒の来迎に預かったことを意味するのではないだろうか。そして、明恵は正月十日の夢はそれを保証するものだと感じたため、「夢記」として書きつけたのではないだろうか。弥勒の来迎がわかってしまえば、菩提を祈る追善の想いはひとまず結末がついたと言えようか。この「正月十日」条が京博本の末尾に書かれたことには、それなりの理由があったと考えたい。春華門院の死という一つの出来事、また、その記憶に導かれて想起を辿りながら書かれたために、紙背の夢の記事の錯綜が起こったのではないだろうか。

Dは、書状の包紙に書かれた「夢記」で、菩薩戒の授受に関する「同廿二日」の夢を一つ載せる。上覚が登場し、明恵の授戒活動が正しいことを保証する夢である。一つ書きの下に「同廿二日」と始まることから、この夢より前に年または月の書かれた夢が書かれていたと推測される。筆跡から、比較的晩年のものと推定できるが、それ以上のことは不明である。晩年に成った巻子本の、その中の一紙の断簡であろう。

(2)　陽明文庫蔵本

「目録」2—2。九紙よりなる巻子本で全二〇五行。冒頭は「有宣旨殿御局」で、前文が欠けている。年月の記載はないが、年時を特定させる記述が二つある。一つ目は、「同廿一日」条（50〜61行）で夢の記事に続けて、「次日」に『摧邪輪荘厳記』を清書したとある日次記事がそれである。『摧邪輪荘厳記』は、その奥書から建保元（一二一三）年六月二十二日に成ったことが明らかであり、この二十一日の「次日」は、まさにその日に当たる。二つ目として、「同廿六日」条（182〜194行）の日次記事に「夜書持経講式」とあり、続けて第二段まで書き終わったとある。高山寺蔵『持経講式』奥書（高山寺典籍文書第2部441）から建保二（一二一四）年十二月七日に『持経講式』が書かれた事実が知られ、そこからこの「同廿六日」条は建保二（一二一四）年十一月二十六日と特定できる。

しかし、そうなると、建保元年六月二十一日から翌二年十一月二十六日までの記事が、どのように連続しているのか、さらには欠落している部分が存在するのではないかが問題となる。そして、その問題をさらに複雑にするのは、建保元年六月から翌二年十一月の記事の間に「三月二日」の日付を持つ記事が存在することである。以下、一紙ごとに収載する条を示し、年時特定ができる条については下にその年時を付した。

紙番号	収載条（行数）	年時
第一紙	「有宣旨殿御局」条（1。前欠）	
	「同十一日」条（2〜14）	
	「同十二日」条（15〜16）	
	「同十三日」条（17〜21）	
第二紙	「如其名卿夫人」条（22。前欠か）	
	「同十六日」条（23〜26）	
	「同十九日」条（27〜38）	
第三紙	同条続き（39〜49）	
	「同廿一日」条（50〜61）	建保元（一二一三）年六月二十一日
第四紙	「同廿六日」条（62〜65）	
	「同廿九日」条（66〜75）	
	「又眠入有人云」条（76〜85）	
第五紙	「二月二日」条（86〜88）	
	「同夜」条（89〜96）	
	「同三日」条（97〜99）	
	「同五日」条（100〜108）	
第六紙	「同夜」条（109〜114）	
	「同七日」条（115〜133）	
第七紙	同条続き（134〜138）	
	「八日ノ」条（139〜145）	
	「同十三日」条（146〜152）	

	「十六日」条（153〜159）	
第八紙	「同十九日」条（160〜174）	
	「同廿三日」条（175〜181）	
第九紙	「同廿六日」条（182〜194）	建保二（一二一四）年十一月二十六日
	「同廿八日」条（195〜205）	

第一紙と第二紙の間は、本文のつながりが不自然で、後から繋げられたものと考えられる。第二紙と第三紙、第六紙と第七紙は、紙の継ぎ目の上に本文が書かれており、もともと連接していたと見てよい。それ以外は、紙の継ぎ目と条の区切れが同じであるため、もとから連接していたか、後から継がれたのか判断が難しい。第五紙の「二月二日」条から後の記事は月の記載のないまま、第九紙「同廿六日」条の建保二年十一月記事に続いており、錯簡があるとすれば、この部分のどこかであろう。つまり、陽明文庫蔵本（以下、陽明本と略称）は第一紙と第二紙の間に錯簡があるほかに、第五紙から第九紙のいずれかの紙の継ぎ目においても錯簡のある「夢記」と推定される。

さらに陽明本を仁真記録と対照すると問題になる点がある。仁真記録の「建保六年　建暦御記ノ奥ニ有之」によれば、建保年間には「建暦御記」の奥に載せられた建保六年の「夢記」しか存在しなかったことになる。仁真記録にある「建暦御記」とは、高山寺本第九篇に相当する。この第九篇には建暦二年九月十九日の夢の記事が含まれ、二丁表から建保六年八月十一日の記事が始まっている。

仁真記録によれば建保年間の「夢記」はこの建保六年のものだけのはずだが、陽明本は建保元年・二年の記事を持つ。この矛盾をどのように理解すればよいだろうか。可能性は二つある。一つは、仁真記録の時点で、陽明本が高山寺に存在していなかったという可能性であり、もう一つは、陽明本は、建保の前の年号の建暦年間の「夢記」に含まれており、年号の記載がもともとなかったため、仁真は目録に記載しなかったという可能性である。「夢記」は明恵没後、定真のもとで他見を許さず秘蔵されていたらしい。その点を考えると、高山寺以外の所蔵となったという前者は考えにくい。仁真記録で建保年間の一つ前の建暦年間のところを見ると、巻子本は「二巻」あったというから、おそらくこの二巻のどちらかにこの陽明本が含まれていたのではないだろうか。建暦という年号を持つ「夢記」は山外本1―10C、1―12、1―13、1―14の四点がある。その四点のうち、後続部分が欠落しているものは1―10C、すなわち京博本の第四紙から第六紙部分のみだが、京博本の第四紙から第六紙までは連続した仮名消息の紙背を用いた「夢記」であり、その点で陽明本の特徴とは一致しない。陽明本は、京博本とは別の巻子本の断簡と見るのが妥当であろう。

（3）　観智院旧蔵本

「目録」2―1。二〇一〇年に調査することのできた「夢記」である。田中親美模写本が存在するが、その末尾に「明治三十三年九月十日観智院」とあることから、かつて東寺観智院の所蔵であったと知られる。以下、観智院旧蔵本と略称する。巻子本で一一七行にわたる連続した「夢記」として貴重である。墨付は八紙よりなる。第五紙のみ他と紙質が異なり、「同十六日」条（64〜69行）の単独条からなる幅の短いものであるため、この第五紙は切継により挿入されたと推測される。

冒頭は一つ書きのあと「正月七日」と始まる。「正月」の前に「同」と書かれないことから、「正月七日」条の前に連接する「夢記」はなく、明恵が記した時点で既にこれが冒頭であったと思われる。84行からの、字下げによる日次記事に、正月三十日、京から消息が来て「上人御房流罪之由」を告げたとあり、「上人御房」、つまり文覚流罪の年から、年代を推定することができ、可能性としては、建仁三（一二〇三）年もしくは建仁四（一二〇四＝元久元）年があげられる。同箇所には「依之紀洲間事ヲモ諸人様々ニ沙汰ス」と見え、文覚流罪に伴って紀州にいる明恵の親族が様々に手段を講じたことがうかがわれるが、夢の中身も建仁三年・四年ごろに紀州の明恵親族を襲っていた地頭職をめぐる騒動（『漢文行状』）の反映が見られるため、観智院旧蔵本もその当時のものと見てよい。

観智院旧蔵本の年代が建仁三年か四年かについては、文覚の没年と関わっているため、重要な問題である。山田昭全『文覚』（吉川弘文館、二〇一〇）は、文覚没年を建仁三（一二〇三）年とする説を提出したが、それに対して観智院旧蔵本は建仁四（一二〇四）年のものである可能性が高い。『漢文行状』や『明恵上人神現伝記』によれば、建仁三年正月二十六日、明恵は春日明神の託宣を受けており、観智院旧蔵本を仮に建仁三年のものとすると、「正月七日」条（1～28行）、「同十二日」条（29～41行）、「同十四日」条（42～63行）、「同十六日」条（64～69行）の記事は春日の託宣以前だということになるが、夢の内容は、春日の託宣以後と考えたほうが理解しやすいものばかりである。したがって、観智院旧蔵本は建仁四年のものである蓋然性が高く、文覚の没年も建仁四年以後のことと考えて矛盾ない。観智院旧蔵本は、文覚の没年を考証するうえでも貴重な新出史料といえよう。

（4）　松浦厚旧蔵本

「目録」1―6。『大日本史料　第五篇之七』に翻刻が載る（473頁からと661頁からの二箇所に分載されている）。上山勘太郎氏の所蔵であったため、奥田勲『明恵　遍歴と夢』（東京大学出版会、一九七八）などでは上山本と呼称されているが、現在は所在が確かめられない。したがって、『大日本史料　第五篇之七』に松浦厚所蔵とあることに遡って、松浦厚旧蔵本と呼称する（以下、松浦本と略称）。翻刻の作成にあたっては、写真版を確認し、従来の翻刻を訂正したところも少なくない。巻子本で一二二行あるが、何紙であるかは不明ながらも、本文は連続していると思われるので、錯簡などはないと見られる。米田真理子「明恵上人夢記山外本目録続貂　附・明恵夢記参考文献抄録」（前掲『〈心〉と〈外部〉』）は、国立歴史民俗博物館・高松宮家伝来禁裏本「夢記」が松浦本の写しであることを紹介し、冒頭に独自本文がある旨、付言しているが、本書Ⅳ部1―6訳注の付録として、その翻刻のみを掲げておいた。

冒頭は建仁三（一二〇三）年十一月七日の日付で夢の前に日次記事がある。南都に詣で、その翌日、「紀州居住」の件について春日明神に伺いを立てようとしたという。建仁三年正月に明恵は春日から託宣を受けているが、『明恵上人神現伝記』に載るその託宣の言葉に、「籠居」せずに「王城辺」に留まれとある。春日明神は、紀州に明恵が「籠居」することに反対していた。その託宣の事実があったから、松浦本冒頭の日次記事にあるように、明恵は「紀州居住」について春日明神の神意を問おうとしたのであろう。以後の夢では、春日明神の夢（しかも、その勧請に関わる夢）が比較的多く、「同廿九日」条（70〜89行）は紀州「籠居」に関する発言が見られる夢である。当時、明恵の心中にある紀州籠居への思いとそれを押し止めようとする春日明神の託宣との間で、明恵が葛藤していたことがうかがえる。「同夜」条（90〜105行）の夢の後にある日次記事部分に、十二月一日、「兵衛尉無別事而還来」とあるが、「兵衛尉」（＝湯浅宗光か）は明恵を紀州で庇護してきた人物で、その「兵衛尉」が、無事に帰ってきたとある。この記事から考えると、もしかすると何事かあるかもしれない場所に「兵衛尉」は出向いていたということになる。この背景には、当時、紀州の明恵親族を襲っていた地頭職をめぐる騒動（『漢文行状』）の現実があると見てよいだろう。

松浦本は建仁三年十一月・十二月の、観智院旧蔵本は建仁四年正月と推定される「夢記」である。これら二つの「夢記」は時期が近く、ともに春日明神託宣や紀州での騒動といった出来事が大きく影を落としている。仁真記録によれば、建仁年間・元久年間の「夢記」は、いずれも巻子本は四巻ずつである。松浦本は建仁年間の四巻のうちの一巻に相当する。観智院旧蔵本は建仁四年のものだが、同年は元久元年に改元されているため、仁真が建仁・元久のどちらで目録に記載したかはわからない。建仁四巻・元久四巻あわせて八巻のうちの一巻として、観智院旧蔵本は記録されていたものと思われる。

（5）　神田喜一郎旧蔵本

「目録」1―18。『大日本史料　第五篇之七』補遺に翻刻が載るが、現在、所在を確認できない。史料編纂所の影写本により翻刻した。紙数は不明。行数は七六行。内容から考えて本文は連続したものと見てよい。

嘉禄元（一二二五）年八月十日の記事のあと、「同二年五月」条（15〜18行）が始まり、日付がやや離れているが、日次記事や夢解きの部分を追っていくと、明恵が自らの夢をどう受け取って記したのか明確にわかるものが多い。五秘密法と宝楼閣法の二つの修法の実修をめぐっての夢が大半を占め、末尾近くの「同廿日」条（49〜55行）・「同廿一日」条（56〜73行）はそれに加えて、弟子と思しき「禅公」なる人物の処遇をめぐっての夢へと移っていく。一方、「従六月一日」条（22〜33行）以降の夢には水中の生物が関わるものが多い。嘉禄二年の五月末から六月六日にかけて京では大雨が降ったらしく（『民経記』『明月記』）、その天候が夢に反映していると思われ、興味深い。

（6）松永耳庵旧蔵本

「目録」1―9。現在は掛幅仕立てだが、もとは一紙であったと思われる。本文は二八行。冒頭は建永元（一二〇六）年九月十四日の日付を持つ夢で始まり、以下、「十月」条（13〜15行）、「十二日」条（16〜18行）、「十一月四日」条（19〜23行）、「十四日」条（24〜28行）と、建永元年の九月から十一月までの夢を収める。

最後の「十四日」条の日次記事に「栂尾院宣」と見え、夢を記したあとの部分（28行）に「其夜院宣成」とあるが、建永元年という年号からこの院宣は後鳥羽院からの高山寺下賜の院宣と判明する。その続きに「次日十五日記之」とあることから、院宣を受けた翌日にこの松永耳庵旧蔵本「夢記」（以下、松永本と略称）を記したことがわかる。従来、この院宣については高山寺本第八篇に見える建永元年十一月に後鳥羽院から神護寺内に栂尾別所を賜ったとの記事しか明確な史料がなかったが（他に高山寺現存の勅額の裏書も史料としては存在するが、信憑性に若干欠けるところがあった）、この松永本によってその日付が明確になった。また、「十四日」条の夢には、後鳥羽院の他に藤原長房（「宰相殿」）も登場しており、栂尾下賜の院宣に長房が深く関わっていたことも推測させる。

興味深い内容の夢が多く、高雄に居住することを決意する夢（「建永元年九月十四日」条（1〜12行））の他に、満開の藤の夢（「十月」条（13〜15行））や満月の夢（「十二日」条（16〜18行））、また、摩利支天像の前での礼拝中に見た性的な夢（「十一月四日」条（19〜23行））と続く。さらに、院宣に関わる「十四日」条（24〜28行）では、鹿の皮を剝いで、その頚を持って栂尾の堂の前に行くという夢もある。松永本は、総じて明恵が夢にいかなる関心を抱き、書きとめていったのか、そのありさまが垣間見えて、興味をそそる。

高山寺本と日付を比較すると、高山寺本第七篇は、第四丁裏で建永元（一二〇六）年五月二十日の日付を持つ記事が始まり、六月十八日の夢の記事まで続く。また、高山寺本第八篇が十一月の記事から始まっており、松永本が九月から十一月までの夢を収めることから、松永本は高山寺本第七篇と第八篇の間に入ることになる。しかし、第七篇・第八篇はともに冊子本であるため、この松永本の一紙が第七篇・第八篇と直接つながるとは考えにくい。仁真記録によれば、建永年間は冊子本二帖の他に、一紙のものが二点ある。その二紙中の一点がこの松永本に相当するのであろう。もう一紙は先に解説を加えた京博本（1―10）のAが相当する。

（7）その他

山外本の「夢記」には断簡が非常に多い。上記（1）～（6）のように大部で残されたものは、その原態を幸いにもある程度はうかがうことができるが、他の「夢記」は寸断され、「夢記切れ」として掛幅に仕立てられたり、手鑑の中に収められたりしたものが多く、原態を推測することが困難である。

仁真記録にある「夢記」のうちで、冊子本・巻子本・一紙の三種にわたってその存在が全て確認できる年号のものは、承元年間、建保年間、承久年間のみである。いずれも冊子本が存在する年号のもので、巻子本に関しては、全体が現存していると言える年号のものは存在しない。本解題末尾に挙げた表1「「夢記」所在対照表」で示したように、建久・正治・建仁・元久頃までは巻子本が多く、元久から建永・承元・建暦・建保・承久・貞応の間は冊子本が多いという傾向が見出せる。さらに、嘉禄・安貞・寛喜年間に至ると再び巻子本の「夢記」が増えている。巻子本は、青年期と晩年期に多いといえそうである。

最後に、本書に収めた山外本のうち形態の面で注意すべきものを取り上げ、仁真記録との関連で留意すべき点について簡略にコメントを付しておく。

①経典の奥書などに夢を記したもの

山外本1―2は経典末尾の紙背に記されている。これは、仁真記録には含まれないものと考えられる。他にも経典に付随して記された夢が高山寺所蔵聖教には三点確認できるが、これらも同じく、いずれも仁真記録には記載がないと思われる。一点目は高山寺本第十一篇で、袋綴装の冊子体の経典の後に丁を改めて「寛喜二年七月」の日付の下に書き出される。仁真記録は、寛喜年間の項に冊子本は載せていないため、この第十二篇は記録されていないことがわかる。二点目は高山寺蔵「後夜念誦作法向南修之」（高山寺典籍文書第4部第53函237）の紙背に夢想の記載がある。「建久二年六月十日」にその夢を記した旨が書かれているが、仁真記録によれば、明恵の「夢記」は建久二年からのものしかなかったようなので、この夢の記録は最も早いもののうちの一つである。三点目は、『大宝広博楼閣善住秘密陀羅尼経巻下』（高山寺典籍文書第1部29〔3〕）の識語部分で、「建永元年十一月廿三日」の日付を持つ記事中に二十一日、二十三日の夢が記されている。

②絵入りのもの

「夢記」の中には絵入りのものが存在する。絵入りの「夢記」で特徴的なのは、類似の切れが複数存在する場合があることである。それに相当するのは、山外本1―15A・B、3―7、4―3である。夢記ではないが、1―12にも類似の切れがある。年記を伴ったものについては仁真記録に記載があるものに当てはまらないように思われる。1―12は建暦二年で二点ともに一紙よりなる。仁真記録では、建暦年間は「造紙一帖大　二巻一紙」とあり、一紙のものが存在していたとされるが、二点存在している現状と齟齬が見られる。1―15は建保六年の縦の法量がAは「一尺七寸」（≒約51㎝）、Bは「50㎝」で、法量の判明しているものの中では、他がほとんど27～33㎝に収まるのと比べて異例で、写真版を見ると縦に二紙継いだものとなっている。仁真記録によれば、建保年間は「建暦御記ノ奥ニ有之」とのみあって、1―15のような「夢記」が存在していた形跡はうかがえない。絵入りのものには、本文の説明または描写として絵が描かれる場合と、本文とは関係のない絵が描かれる場合とがある。前者は1―4、1―13、1―16、1―18、1―21、2―4、2―10、2―

14、3—1、3—7、3—10、4—3、後者は1—19、3—5、3—6である。

③もとは巻子本だったと想定できるもの

山外本2—4は、横幅が80cm弱の長さにわたり、一紙と見るには長すぎる。また、カラーの写真版によると紙の継ぎ目らしき線が二箇所に見られるので、もと巻子本であったものを80cm弱のきりのいいところで切断したものと思われる。春日参詣の記事もあり、建仁ごろの「夢記」の一部であろうか。

表1　「夢記」所在対照表

年号	西暦	年齢	「仁真記録」記載の体裁			高山寺本(篇番号)	山外本(目録番号)	山外本形態不明・存疑（目録番号）
			巻	紙	帖			
建久元	1190	18						
2	91							
3	92	20						
4	93							
5	94		3	3				
6	95							
7	96					1巻（1篇）・1紙（2篇）		
8	97	25						
9	98						1紙（1-1）	
正治元	99				（1）			1点（1-2）
2	1200							
建仁元	1					1帖（3篇）		
2	2	30	4	4				1点（1-3）
3	3					1紙か（4篇）	1巻（1-6）	1点（1-4）・1点（1-5）
元久元	4					1巻（5篇）	1巻（2-1）	1点（1-7）
2	5		4	3	2	1巻か（6篇）・1帖（7篇）		1点（1-8）
建永元	6			2	2（切紙）	1帖（8篇）	1紙（1-9）	
承元元	7	35					1紙（1-10A、建永二年）	
2	8			1	1			
3	9						1巻（1-10B）	1点（1-11）
4	10							
建暦元	11		2	1			1巻（1-10C）	
2	12	40				1帖（9篇）		2点（1-12）・1紙か（1-13）
建保元	13						1巻（2-2）・1紙（1-14）	
2	14				1(大)		1巻（2-2）	
3	15							
4	16							
5	17	45						
6	18					1帖（9篇）		2点（1-15A・B）
承久元	19					1帖（9篇、建保七年）		
2	20					1帖（10篇）		
3	21				1(大)	1帖（10篇）	1紙（1-16）	
貞応元	22	50	2	3				
2	23					1帖（10篇）		
元仁元	24			(1)				
嘉禄元	25		1	3			1巻（1-18）・1巻（1-19）	1点（1-17）
2	26							
安貞元	27	55	1					
2	28							
寛喜元	29		1	1			1紙（1-20）・1紙（1-21）	
2	30					1帖（11篇）		
3	31	59						
計			18巻	21紙	8帖	3巻・6帖・2紙	6巻・3紙	

備考

高山寺本には、他に年次の不明なものが3巻(12篇・13篇・14篇)あり、形態不明の断簡が3点(15篇・16篇・17篇)ある。

山外本で、年次がわかるものの『夢記』でないものは除外した。

一紙であっても、前後が欠けていることが確かなものは、1巻として立項して挙げた。

Ⅲ 目録

凡　例

一、本目録は『明恵上人夢記訳注』（二〇一五年 勉誠出版）所載の目録の誤りを訂正し、新たに所在の明らかになった夢記および各夢記に関する最新の情報を追加したものである。新たに見つかった夢記は第2部23・24、第3部17・18の四点。

一、掲載・記載順序は、奥田勲［一九九八］（V資料「参考文献一覧」参照。以下同）にならい、若干の変更を加え、以下のようにした。

・掲載順序は四部に分け、更に次のように配列した。ただし、小林あづみ他「「明恵上人夢記」目録」（『国文』110号、二〇〇八年十二月）の番号を踏襲したため、第2部20および第3部15以降の配列順は必ずしも日付になっていない。

第1部　年の記載のあるものの年代順（同年は月日順）。

第2部　月日の記載のみのものの月日順（20を除く）。

第3部　日の記載のみのものの日順（15以降は順不同）。

第4部　年月日の記載を欠くもの（順不同）。

・**目録番号**　各「夢記」の番号は第1部から第4部それぞれに付し、仮題の前に以下のように略記した。

（例）第1部5→1—5

・**仮題**　各「夢記」の最初に記載された日付を示した。日付のない場合には冒頭の語句を（　）内に入れた。

また、従来「夢記」と称されるが、夢の記録ではないと判断できる場合は（夢記）と記した。

・**【年月日】**　年月日が分かるものは年月日を、不明のものは冒頭の数文字を記した。なお、夢の記事がない場合は、日付の右肩に＊を付した。

・［所蔵者］　公刊された資料等から所蔵者が明らかな場合に、その名を記したが、「個人蔵」とした場合もある。

・［体裁・行数］　体裁・法量（縦×横、単位は㎝）・行数のうち、判明するものを記した。掛幅装の場合は、本紙の法量を示した。

・［自称］　文中に現れる明恵の自称を記した。

・［人名］　文中に現れる登場人物のうち、人物を特定できるもの、或いはその可能性のあるものを記した。なお、人名に割注がほどこされる場合は、〈　〉で示した。

・［要語］　文中で重要と思われる語を記した。

・［挿絵］　挿絵の有無と絵柄を記した。

・［公刊］　公刊された写真・翻刻・訓読・解説の所在を示した。省略して差し支えない場合は（写）（翻）（訓）（解）と略字で記した。

・［備考］　その他、参考になる事柄を記した。なお［公刊］欄で明らかな場合は、旧蔵者の記載を省略した。

・以上の項目に該当する内容がない場合は、項目そのものを省略した。

一、文字表記は原則として旧字体を新字体に改めたが、引用等は原文表記を尊重した場合がある。また、判読不能の文字は□で示した。

一、公刊された文献等は、原則として発行年順に記載したが、各文献における「夢記」の採りあげ方により、一部順序が入れ替わっている場合がある。なお、発行年は西暦で表示したが、売立目録類は元号表記のまま記載した。また、以下の如く記載を略記したものがある。

①書名のみを示したもの

・『鎌倉時代の喫茶文化』（二〇〇八年十月 茶道資料館）
・『高山寺名宝展観目録』（一九三一年十一月 恩賜京都博物館）
・『国宝・重要文化財大全 8』（一九九九年 毎日新聞社）
・『古筆手鑑大成』（全十六巻 一九八三～一九九五年 角川書店）
・『大日本史料 第五篇之七』（一九七〇年 東京大学出版会）
・『日本書蹟大鑑 第四巻』（一九七九年 講談社）

②書名等を省略した形で示したもの

・『重美認定目録』：『重要美術品等認定物件目録』（一九七二年 思文閣）
・『白洲正子展』：『生誕100年特別展 白洲正子 神と仏、自然への祈り』（二〇一〇年 NHKほか）
・『ヒューマン・イメージ』：『ヒューマン・イメージ――われわれは人間をどのように表現してきたのか？』（二〇〇一年十月 京都国立博物館）
・文化遺産DB：文化遺産オンラインのサイトのうち、キーワードから特定の作品を探すことができるデータベース。http：//bunka.nii.ac.jp/db/Index.do
・文化財管理システム：文化財画像情報統合管理システム（東京国立博物館資料館内の画像検索システム）
・『明資二』：『明恵上人資料 第二』（一九七八年 東京大学出版会）

③著者名および発行年で示したもの

・河合（一九八七）：河合隼雄『明恵 夢を生きる』（一九八七年 京都松柏社、『河合隼雄著作集 第9巻』一九九四年 岩波書店、一九九五年 講談社＋α文庫。Mark Unnoによる英語訳 *The Buddhist Priest Myoe: A Life of Dreams*、Irene Büchliによるドイ

ツ語訳 *Myôes Traumchronik* あり。なお、本書の源泉となったエラノス会議での講演は、*Dreams, Myths and Fairy Talls in Japan.* Einsiedeln : Daimon Verlag, 1995.（『日本人の心を解く　夢・神話・物語の深層へ』河合俊雄訳、二〇一三年 岩波書店）に所収）

・白洲（一九六七）：白洲正子『栂尾高山寺 明恵上人』（一九六七年 講談社、一九七四年 新潮社）

・永島（一九九八）：永島福太郎「明恵上人と南都」（『日本歴史』596号 一九九八年一月、『明恵讃仰』26号 一九九九年十一月に再録）

・平野他（二〇〇九）：平野多恵・小林あづみ・奥田勲「『明恵上人夢記』新出資料紹介」（『十文字国文』15号 二〇〇九年三月）

・平野他（二〇一一）：平野多恵・前川健一「奈良国立博物館蔵「明恵上人夢記」翻刻と注釈」（『十文字国文』17号 二〇一一年三月）

・平野（二〇一三）：平野多恵「明恵の和歌・夢・画――真贋のあわい」（『国文研ニューズ』No.30、二〇一三年一月）

・堀池（一九六七）：堀池春峯「明恵上人『夢の記』について」（『奈良文化論叢』一九六七年）

・前川（二〇一二）：前川健一『明恵の思想史的研究――思想構造と諸実践の展開』（二〇一二年 法蔵館）

・山田（二〇一四）：山田昭全『文覚・上覚・明恵（山田昭全著作集 第5巻）』（二〇一四年 おうふう）

・Shimizu and Rosenfeld (1984) : Shimizu, Yoshiaki and John M. Rosenfeld, eds. *Masters of Japanese Calligraphy : 8th - 19th Century.* New York : The Asia Society Galleries, 1984.

・Murase (2002) : Murase, Miyeko. *The Written Image : Japanese Calligraphy and Painting from the Sylvan Barnet and William Burto Collection.* New York : The Metropolitan Museum of Art, 2002.

④　文献名から著者等が明らかな場合なども、これを省略する。

一、**［備考］**には、米田真理子［二〇〇二B］による目録番号を、「米田第2部①（286頁）」のように示した。同様に、ジラール、フレデリック［一九九〇］による目録番号（114～116頁）とフランス語訳の番号（168～377頁）を、「ジラール34［246］」のように、タナベ、ジョージ［一九九二］による英語訳の番号（160～198頁）を「タナベ175」のように示した。

一、本目録掲載の「夢記」の多くについては、米田真理子［二〇〇二A］、荒木浩［二〇〇五］に言及されている。本来であれば各「夢記」に注記すべきであるが、適宜ご参照願いたい。

一、記載したウェブサイトのアドレスは令和六（二〇二四）年九月現在のものである。

一、原物の調査が許可された場合の外は公刊された既発表資料に基づいてデータの収集を行ったため、本目録にデータを記載することについて、特に所蔵者にお断りしていない場合がある。

第1部

1―1　建久九年五月七日夢記

［年月日］建久九（一一九八）年五月七日［所蔵者］奈良国立博物館［体裁・行数］掛幅装・29.3×36.7・11行［自称］成弁［要語］金色大馬、湯屋、歯［挿絵］無［公刊］奈良国立博物館のサイト上で公開（http://www.narahaku.go.jp/collection/1241-0.html）、文化遺産DB（以上写真）、平野他（二〇一一）（写・翻・訓）、奈良国立博物館所蔵写真「明恵上人夢記（建久九年五月七日夜夢）」（作品ID：003315-000-000）［備考］米田第2部①（286頁）。

1―2　建久十年四月十八日夢記

［年月日］建久十（一一九九）年四月十八日［所蔵者］佐藤辰美氏［体裁・行数］巻子本・26.7×26.5・19行［自称］成弁［人名］行顕、喜海、増信、任禅［要語］紀洲筏師菴室、十六大阿ラ漢、高僧、金剛界礼懺文、尊勝陀ラ尼、金剛鈴、火焔、大檜木切、神変、五躰投地［挿絵］無［公刊］『国宝と歴史の旅　5』（二〇〇〇年四月　朝日新聞社）、（部分写真）、『佛教美術　其の二』（二〇〇一年十月　古美術　祥雲）、『第17回東美特別展』（二〇〇七年十月）、*MIKA GALLERY* vol.8（二〇〇七年）（以上写真）、平野多恵・前川健一「建久十年四月十八日条「明恵上人夢記」翻刻と注釈」（『十文字国文』16号　二〇一〇年三月）（写・翻・訓・解）、前川（二〇一二）（翻・訓・解）、奈良国立博物館所蔵写真「十六国大阿羅漢因果識見頌（明恵筆）」（作品ID：003367-000-000）［備考］建久十年三月十五日に神護寺で書写された『十六国大阿羅漢因果識見頌』の紙背に書かれた夢記。江戸時代初期転写本（高山寺所蔵。13行目以降。高山寺典籍文書第4部第137函15［14］。『明資二』501頁に翻刻）あり。軸は本目録1―10の「建永二年、承元三年、建暦元年夢記」と同種（紫檀に螺鈿の勾玉形細工）。玉林善太郎氏旧蔵（『新修日本絵巻物全集　第8巻　華厳縁起』（解説　註30）一九七六年　角川書店）。

1—3　建仁二年六月、閏十月夢記

【年月日】建仁二（一二〇二）年六月十一日・十二日・*同年閏十月八日【体裁・行数】切れ・約25×38（『弘文荘待賈古書目』21号 昭和二十六年十一月による）・8行【自称】成弁【要語】神人、数珠、兜率、四天王【挿絵】無【公刊】東京大学史料編纂所所蔵影写本「吉田文書 二」（請求番号：3071.64-22）、東京文化財研究所所蔵ガラス乾板「聆濤閣帖」（原板番号11947）（写）【備考】米田第1部（2）【34】（284頁）。ジラール34［246］—［248］。

1—4　建仁三年三月十一日（夢記）

【年月日】*建仁三（一二〇三）年三月十一日【体裁・行数】掛幅装・26.7×33.0・11行【自称】成弁【人名】釈王禅師御房、明恵房阿闍梨、円法房〈定真〉【要語】卄（菩薩）、法界、絵、春日詣【挿絵】有（海中より出たる岩上に「尺王」と「明恵」と傍記された人物二名が座す）【公刊】平野多恵『明恵 和歌と仏教の相克』（二〇一一年 笠間書院）（写・部分翻刻）、山田（二〇一四）第三編第四章（口絵カラー写真・翻・解）、文化財管理システム（画像番号：C0079418）【備考】和歌二首（「ヨシサラハマコトノミチノシルヘモテワレヲミチヒケユラクタマノヲ」「明日モ有ト思フ心ニハカサレテ今日を空ク暗ツル哉」）あり。前者は類似歌が『俊頼髄脳』『袖中抄』『和歌色葉』『古来風躰抄』に、後者は源承の『和歌口伝』の巻末にみえる。なお文化財管理システムでは「夢ノ記断簡」とするが、聖教類の奥書の如き体裁をもつ。

1—5　建仁三年八月十日夢記

【年月日】建仁三（一二〇三）年八月十日【所蔵者】金沢市立中村記念美術館蔵『古筆手鑑』の内【体裁・行数】切れ・28.9×20.2・10行【自称】成弁【人名】前山兵衛殿、頭弁躬人【要語】善友法、乞児、消息、金銀宝物、数珠【挿絵】無【公刊】『古筆手鑑大成 第十六巻』（写・翻）、東京大学史料編纂所所蔵台紙付写真「明恵上人夢之記」（請求番号：台紙付写真-713-9554）【備考】加賀藩主前田家伝来の手鑑。

1―6　建仁三年十一月、十二月夢記

【年月日】建仁三（一二〇三）年十一月七日・十六日・十九日・二十日・二十一日・二十二日・二十三日・二十四日・二十八日・二十九日・十二月一日・十五日【所蔵者】上山勘太郎氏【体裁・行数】巻子本・28.0×224・121行【自称】成弁【人名】左中弁、月性房、解脱房、故専覚房、浄恵房〈定意　丹波入道〉、冷泉三位、上人御房、宝智房、山東太郎、左衛門二郎、兵衛尉、坂東兵衛佐、上師、正智房【要語】京、南京、紀洲、神社、左肘、大明神、中風、天、龍、夜叉、釈迦如来之法会、家主、高尾、執受、大鹿、探玄記、春山、御宝殿、磐石、宝珠、宮移、金堂、米、吉祥天、麒麟、女房、東大寺大仏殿、厨子、降三世明王、相人、寿命、籠居遁世、童子、大鳥、材木、四達、冨貴相、在田河、沐浴【挿絵】無【公刊】『大日本史料 第五篇之七』（翻）、東京大学史料編纂所所蔵台紙付写真「明恵上人筆夢記」（請求番号：台紙付写真-220-4509～4510）、東京大学史料編纂所所蔵影写本「松浦厚氏所蔵文書」（請求番号：3071.93-14）、河合（一九八七）（部分訓読）、野村卓美［二〇〇八］（部分解説）【備考】冒頭部に独自本文（建仁三年九月五日条。43行）を有する江戸時代前期の写本あり（国立歴史民俗博物館 資料番号：H-600-904 ウ函100。ウェブ上でも公開、国文学研究資料館マイクロフィルム 請求番号：21-178-9）。巻末に「鑑定家」朱長方印あり。旧蔵者は、土橋嘉兵衛氏（『重美認定目録』）。米田第1部（1）【第一部、二】（283頁）。ジラール2［191］―［206］。タナベ163―173（部分訳）。

1―7　建仁四年正月二十八日夢記

【年月日】建仁四（一二〇四）年正月二十八日【体裁・行数】掛幅装・27.4×19.8・9行【自称】成弁【人名】得業御房、明修房、上人御房、頭弁殿【要語】大明神【挿絵】無【公刊】『鎌倉仏教――高僧とその美術』（一九九三年四月 奈良国立博物館）（写真・返り点付き翻刻・解題）、永島（一九九八）（訓）、奈良国立博物館所蔵写真「高弁夢記（明恵筆）」（作品ⅠD：002569-000-000）【備考】米田第2部②（286頁）。

1—8　元久二年閏七月夢記

【年月日】元久二（一二〇五）年閏*七月二十二日・二十三日・二十四日・二十五日・二十七日・二十八日【体裁・行数】掛幅装・19行【自称】高弁【人名】宰相殿、故鎌倉大将、宮尼、鏡智房、中納言阿闍梨〈覚雄〉、定恵房【要語】高尾、宝妻各、平岡、二階堂、仏像、大金剛吉祥尊、明神【挿絵】無【公刊】『方寸庵所蔵品入札並売立』目録（名古屋美術倶楽部 昭和16年10月11日）（写）【備考】江田世恭箱。ジラール23（訳なし）。

1—9　建永元年九月、十月、十一月夢記

【年月日】建永元（一二〇六）年九月十四日・十月・（十月）十二日・十一月四日・十四日【所蔵者】福岡市美術館（松永コレクション）【体裁・行数】掛幅装・33.0×58.7・28行【自称】成弁【人名】論恵房、カモン入道、深勝房、院、宰相殿【要語】東大寺尊勝院、在田郷人、宣旨、高尾、聖教、上洛、京、十五夜、満月、菩提心、广（摩）利支天、女天、榔尾院宣、鹿【挿絵】無【公刊】『京都某家所蔵品入札』目録（大阪美術倶楽部 昭和12年2月3日）、『松永記念館図録』（一九七九年 福岡市美術館。なお、同名の図録の13号（一九六六年十一月 松永記念館）には写・解あり）、『福岡市美術館所蔵品目録 古美術』（一九九二年）、『没後30周年記念特別展――松永耳庵コレクション展』（二〇〇一年九月 福岡市美術館ほか）、文化財管理システム（画像番号：C0066768）（以上写真）、『松永耳庵コレクション　茶の湯名品展』（一九八六年十月 富山美術館）、『京都高山寺と明恵上人――特別公開鳥獣戯画』（二〇一六年十月 九州国立博物館）（写・翻・解）、『明恵礼讃 〝日本最古之茶園〟 高山寺と近代数寄者たち』（二〇二二年八月 福岡市美術館）、Image Archives掲載（https://images.dnpartcom.jp/ia/workDetail?id=FAM6XIX15）、福岡市美術館公式サイト所蔵品検索「夢記切」（以上写・解）他【備考】「高山寺」朱印・「方便智院」朱印あり。紙背に文字あり。守屋孝蔵氏旧蔵（『重美認定目録』）。米田第二部③（286頁）。所蔵が松永記念館より福岡市美術館へと移ったため、ジラール11（訳なし）及び米田第1部（4）【11】（285頁）も本夢記に該当する。堀池（一九六七）でも言及。

1―10　建永二年、承元三年、建暦元年夢記

【年月日】建永二（一二〇七）年五月二十九日・承元三（一二〇九）年三月八日・二十六日・*四月五日・十日・十一日・十二日・建暦元（一二一一）年十二月六日・*八日・*九日・十日・十六日・*十七日・十八日・*十九日・*二十日・*二十一日・*二十三日・二十四日・*二十五日・二月六日・十五日・二十六日・正月十日・二十二日【所蔵者】京都国立博物館【体裁・行数】巻子本・32.9×364.0（『ヒューマン・イメージ』による）・200行（包紙の別筆1行を含む。紙背の仮名消息は除く）（本来別個である数種の夢記を一巻にしたものなり。以下では分離して示す）【公刊】『京都国立博物館蔵品図版目録　書跡編　日本』（一九八三年）（写・翻）、京都国立博物館の館蔵品データベース（http://www.kyohaku.go.jp/jp/syuzou/db/index.html から検索、但し後述Cの紙背は公開せず）。文化遺産DB、e国宝（http://www.emuseum.jp/）からも一部画像を検索可能（部分写真）【備考】「高山寺」朱印・「方便智院」朱印あり。箱には「夢之記譯文」と表書のある写本（朱注付）も納入されている。軸は本目録第1部2の「建久十年四月十八日夢記」と同種（紫檀に螺鈿の勾玉形細工）。巻末補紙に「竹壽／軒孫／竹石／道人」朱印あり。米田第1部（1）【第一部、四】（283頁）。ジラール3［208］―［225］。なお、箱蓋裏には「山田家蔵」朱印の貼紙、「古／松」朱印および墨書貼紙（一部朱書、「此巻紙数七頁ナリ螺鈿ノ軸ハ栂尾高山寺旧宝ニ佐ゝ木山城守源広綱ノ喜捨スルトコロノ五部大乗経ニ用ユルトコロノモノ也広綱ハ佐ゝ木太郎左エ門尉定綱ノ長子源三秀義ノ孫ナリ　此外一頁ハ別ニ装潢シテ蔵ス」）がある。

A【年月日】建永二（一二〇七）年五月二十九日【体裁・行数】竪紙一紙・30.3×50.3・22行（紙背に更に10行続く）【自称】成弁【要語】京、火口宿所、ナニ仏、帝尺、白象、屏風、承仕法師【挿絵】無【公刊】『墨美』269号（一九七七年三月）、『国宝・重要文化財大全　8』（以上部分写真）、河合（一九八七）（部分訓読）、『ヒューマン・イメージ』、『白洲正子展』（以上写真）【備考】「高山寺」朱印・「方便智院」朱印あり。本目録第1部19の「嘉禄元年八月十六日夢記」と同一の印（「山中／獻印」朱印・「静／逸」朱印）あり。紙背に表から連続すると思われる夢記あり。

B ［年月日］承元三（一二〇九）年三月八日・二十六日・四月五日*・十日・十一日・十二日［体裁・行数］竪紙二紙・32.0－32.5×105.7・45行［自称］成弁［人名］上蔵、民部卿御前、長房、領智房［要語］海辺、磐石、ヒ沙門天、発心門、熊野、樋口、善才、制タ迦童子、生身、南都、大明神、念珠、春日、鹿、小童、消息、仏眼真言、広隆寺、高尾、東大寺［挿絵］無［公刊］『墨美』269号（一九七七年三月）、『白洲正子展』（以上部分写真）［備考］「方便智院」朱印あり。紙背に墨痕あり。第二紙紙背に「夜」字あり。

C ［年月日］建暦元（一二一一）年十二月六日・八日*・九日*・十日・十六日・十七日*・十八日・十九日*・二十日*・二十一日*・二十三日*・二十四日・二十五日*・二月六日・十五日・二十六日・正月十日［体裁・行数］竪紙三紙・32.9×154.7・75行（紙背に更に39行続く）［自称］高弁［人名］民部卿入道殿、故女院、慈心房、論性房、円宗房、円珠房、大将殿、近衛殿、佐渡前司、春花門院、二条殿御局、二条姫宮、義淵房［要語］貴女、菩提、女房、樋口宿所、紀洲、鳥羽御墓所、宀（宝）妻各タラニ、四十経、後戸、香象大師釈、若尼公、念仏、弥勒、高尾、光明［挿絵］無［公刊］河合（一九八七）、松岡心平「後戸の狂と言——中世王権と芸能の発生」（『古典日本語の世界［二］』二〇一一年 東京大学出版会）（以上部分訓読）、『明恵 故郷でみた夢』（一九九六年九月 和歌山県立博物館）（部分写真）、前川（二〇一二）、和田茂胤「明恵の夢と女性像——清僧の心の世界」（『放送大学日本史学論叢』創刊号 二〇一四年二月）（以上部分訓読・解説）［備考］「高山寺」朱印・「方便智院」朱印あり。紙背に夢記（二月六日以降）と仮名消息あり。

D ［年月日］二十二日［体裁・行数］竪紙一紙・30.3×55.1・9行［人名］上師［要語］卄（菩薩）戒［挿絵］無［公刊］『ヒューマン・イメージ』（写）［備考］書状の包紙に記したもの。末尾に別筆にて「北山御房」「良誉」とあり。

1—11 承元三年正月十五日夢記

［年月日］承元三（一二〇九）年正月十五日［体裁・行数］掛幅装［備考］守屋孝蔵氏旧蔵（『重美認定目録』）。

1―12　建暦二年八月十一日（夢記）
［年月日］建暦二（一二一二）年八＊月十一日［体裁・行数］切れ・6行［自称］高弁［人名］道円法師［要語］坐禅、小僧［挿絵］有（僧形）［公刊］『日本書蹟大鑑 第四巻』（写・翻・訓）［備考］従来「夢記」と称されるが、夢の記事はない。藪本宗四郎氏旧蔵。ジラール16［240］。なお、本切れに類似の内容と挿絵の「建暦二年七月二日」の日付をもつ一幅が名古屋市博物館に蔵される。

1―13　建暦二年十一月十九日夢記
［年月日］建暦二（一二一二）年十一月十九日［所蔵者］個人蔵［体裁・行数］切れ・12行［自称］高弁［人名］鎌倉兵衛尉、鎌倉大将殿［要語］屛風、絵、東大寺、華厳、三宝［挿絵］有（花入れに2本の花。上方に呪符か）［公刊］永島（一九九八）（訓・解）、同「栂尾寺明恵上人と歌・茶・花」（『明恵讃仰』25号 一九九八年三月）、同『初期茶道史覚書ノート』（二〇〇三年 淡交社）（以上写・訓読）。

1―14　建暦三年二月二十九日夢記
［年月日］建暦三（一二一三）年二月二十九日［所蔵者］法楽寺［体裁・行数］掛幅装・29.0×38.9・16行［自称］高弁［人名］善友御前［要語］釈迦、弥勒、文殊、宀（密）法、糸野、小双紙、女房、舎利梵篋塔、善知識法、善友法［挿絵］無［公刊］『思文閣墨蹟資料目録 和の美』415号（平成19年1月）（写・翻・解）、小松庸祐「明恵と遺教経」（『大法輪』77（2）号（二〇一〇年二月）（部分写真）［備考］紙背に文字あり。

1―15―A　建保六年六月十一日夢記A
［年月日］建保六（一二一八）年六月十一日［所蔵者］畠山記念館［体裁・行数］掛幅装・一尺七寸×七寸五分（『栗山

家愛蔵品入札』目録による）・7行【自称】高弁【人名】一院【要語】神主、宝樹、明神【挿絵】有（柳樹如きに藤蔓絡みたる図）【公刊】『栗山家愛蔵品入札』目録（東京美術倶楽部 昭和10年2月27日）（写）、『春季・夏季展観会記』32号（一九八〇年 畠山記念館）（写・翻。43号（一九八六年春季夏季）にも再掲）、『週刊朝日百科 日本の国宝』12号（一九九七年五月）（写）、『美術新報』一九四二年二月十日号「重要美術品抄—昭和十七年一月二十一日認定」に「鎭目泰甫氏所蔵」として掲載（写）、『罹災美術品目録』（社団法人 國華倶楽部編 昭和八年）に京橋区「説田彦助氏」所蔵品「明恵上人夢記切 柳繪入」（115頁）とある。いずれも国会図書館デジタルコレクション所収。【備考】田安家伝来。「田家／府芸／堂印」方印あり。鎮目泰甫氏旧蔵（『重美認定目録』）。ジラール6（訳なし）。『罹災美術品目録』の記録により、『高山寺明恵上人訳注』所載の夢記の他にも柳の絵が入ったものが存在したと知られる。

1—15—B 建保六年六月十一日夢記B

【年月日】建保六（一二一八）年六月十一日【体裁・行数】掛幅装・50×22・5行【自称】高弁【人名】上師【要語】宝樹、明神【挿絵】有（柳樹如きに藤蔓絡みたる図）【公刊】『思文閣墨蹟資料目録 和の美』433号（平成20年8月）（写・翻・解）、『美術新報』一九四二年二月十日号「重要美術品抄—昭和十七年一月二十一日認定」に「鎭目泰甫氏所蔵」として掲載（写）、『罹災美術品目録』（社団法人 國華倶楽部編 昭和八年）に京橋区「説田彦助氏」所蔵品「明恵上人夢記切 柳繪入」（115頁）とある。いずれも国会図書館デジタルコレクション所収。【備考】本目録第1部15—Aの「建保六年六月十一日夢記A」と同じ日付が記され、ほぼ同様の内容と挿絵をもつが、夢中での「宝樹」に関する発言者が、Aでは「一院」Bでは「上師」であることが異なる。『罹災美術品目録』の記録により、『高山寺明恵上人訳注』所載の夢記の他にも柳の絵が入ったものが存在したと知られる。

1―16　承久三年、四年夢記

【年月日】承久三（一二二一）年十二月七日・同四年正月五日【所蔵者】個人蔵【体裁・行数】掛幅装・30×44.5・12行【自称】高弁【要語】鶏卵、白雄鳥、馬、三昧観、光明、宝珠【挿絵】有（火炎三箇）【公刊】『大日本史料 第五篇之七』補遺（翻）、『松浦伯爵家蔵品入札』目録（東京美術倶楽部 昭和6年10月26日）（写）、『名筆鑑賞会会報』10号（昭和25年5月27日）（翻）、東京大学史料編纂所所蔵台紙付写真「明恵上人筆夢記（奥書）」（請求番号：台紙付写真-220-4511）、東京大学史料編纂所所蔵影写本「松浦厚氏所蔵文書」（請求番号：3071.93-14）【備考】庸軒箱書（『松浦伯爵家蔵品入札』目録）。箱蓋裏に元禄十一年に表具との識語あり。ジラール21［227］［228］。タナベ176―177。

1―17　嘉禄元年六月夢記

【年月日】嘉禄元（一二二五）年六月十三日・十五日【体裁・行数】掛幅装・31.5×37.1・14行【自称】高弁【人名】上師、義林房、聖覚法印【要語】弓、高楼、河、一大殿、上﨟女房【挿絵】無【公刊】『思文閣墨蹟資料目録』61号（昭和51年5月）（写）、『鎌倉時代の喫茶文化』（写・翻）【備考】「方便智院」朱印あり。伝明恵筆（『鎌倉時代の喫茶文化』）。ジラール10［186］［187］。

1―18　嘉禄元年、二年夢記

【年月日】嘉禄元（一二二五）年八月十日・十二日[*]・同二年五月・六月一日・二日・十五日[*]・二十日・二十一日・二十二日【体裁・行数】巻子本・76行【人名】故祖父入道殿、上師、法眼御房、義林房、禅公、故道忠僧都【要語】禅堂、縄床、五秘密、香炉、水入、穴、金剛芏（薩埵）、解脱門義、光（「明真言」を省略）法、吉王女、鯨魚、三マヤ、亀、東大寺、宝楼各法、アミタ仏、悪夢、持仏堂、仏像、円物、蛙、不動慈救呪、吉夢、高尾、薬【挿絵】有（穴、円物等）【公刊】『大日本史料 第五篇之七』補遺（翻）、東京大学史料編纂所所蔵影写本「神田喜一郎氏所蔵文書」（請求番

号：3071.62-158）、『令和4年東京古典会古典籍展観大入札会出品目録』（東京古典会 令和4（2022）年11月）（写）［備考］「方便智院」朱印あり。紙背は具注暦（以上、東京大学史料編纂所のデータによる）。米田第1部（1）【第一部、九】（284頁）。ジラール29［229］―［236］。タナベ178―185。

1―19　嘉禄元年八月十六日夢記

［年月日］嘉禄元（一二二五）年八月十六日［所蔵者］メトロポリタン美術館［体裁・行数］掛幅装・33.7×54.9・22行
［人名］僧都御房、故道忠僧都、摩耶御前、故伊豆入道、守三位殿［要語］白光神、善妙神、開眼、八十経、女房
［挿絵］無［公刊］Shimizu and Rosenfield (1984)、Murase (2002)（以上写・解）、Girard, Frédéric. "Remarques sur le fragment de Cambridge du *Journal des rêves* de Myōe (1173-1232)" in *Bulletin de l'École Française d'Extrême-Orient*, vol.86 (1999), pp. 377-384.（写・訳注）［備考］「高山寺」朱印・「方便智院」朱印あり。本編と同文の夢記（鎌倉中期写、17行目途中まで）が高山寺に蔵されている（高山寺典籍文書第4部第175函16）。その翻刻は、『明資二』（501頁）に所収。またこの夢記は「喜海四十八歳時之記」に載る夢と一部符合する（奥田勲［一九八一A］）。本目録第1部10の「建永二年、承元三年、建暦元年夢記」のAと同一の印（「山中／獻印」朱印・「静／逸」朱印）あり。ジラール30［237］。

1―20　寛喜元年二月二日夢記

［年月日］（寛喜元年）（一二二九）二月二日［所蔵者］上山勘太郎氏［体裁・行数］掛幅装・28.8×39.8・10行［自称］高弁
［人名］明法房〈證定〉［要語］唐瑠璃瓶［挿絵］無［備考］末尾に「寛喜二年後正月十日」とあり。『高山寺名宝展観目録』に「京都市　北岡猪三郎氏蔵」とあり。

1―21　寛喜元年十月、十一月、十二月夢記

［年月日］寛喜元（一二二九）年十月*二十五日・十*一月七日・十*二月十日・十一日［所蔵者］MIHO MUSEUM［体裁・行数］掛幅装・28.2×50.8・17行［人名］義林房、義淵房、空達房、故上師［要語］草菴、三加禅、草創、唐本、瓶、白光、金剛界ノ三マヤ会ノ万タラ、一切諸仏卄（菩薩）別尊ノ三マヤ［挿絵］有（瓶中より光出づ）［公刊］『大日本史料第五篇之七』（部分翻刻）、『MIHO MUSEUM 開館一周年記念展図録』（一九九八年）、『春季特別展 春の玉手箱』（二〇〇〇年三月 MIHO MUSEUM）（以上写・翻）、別冊太陽『白洲正子の世界』（二〇〇〇年 平凡社）（写）、『開館20周年特別展　桃源郷はここ――I．M．ペイとMIHO MUSEUMの軌跡』（二〇一七年九月）、MIHO MUSEUM公式サイト上で公開（http://miho.or.jp/booth/html/artcon/00002070.htm）（以上写・翻・解）、東京大学史料編纂所所蔵台紙付写真「明恵自筆夢ノ記」（請求番号：台紙付写真-651-6539）［備考］「方便智院」朱印あり。紙背に文字あり。東京大学史料編纂所所蔵写真の台紙に「保阪潤治氏所蔵」「公爵九條道實氏舊藏」とあり。ジラール19［242］。タナベ175。

第2部

2―1　某年正月七日より三十日夢記

［年月日］正月七日・十日・十二日・十*三日・十四日・十六日・二十九日・三十日［所蔵者］香雪美術館（村山コレクション）［体裁・行数］巻子本・27.5×254.0・117行［自称］成弁［人名］中納言阿闍梨、定意沙門、解脱房、崎山御前、義延房、糸野御前、兵衛尉、上人御房、上覚御房、崎山小若御前、兵衛殿［要語］大明神、高尾、笠置、小犬、一字頂輪王経、仏眼、大仏頂、尺迦如来、安田家、騏驎、猪、鹿、大菩薩、沐浴、流罪、紀洲、三宝、童子、正念誦、妄分

別、地獄絵、唐綾、魚綾、馬【挿絵】無【備考】田中親美模写「古筆墨蹟写本」あり（末尾に「明治三十三年九月十日観智院」とあり）。建仁四年頃か。梵字（bhrūṃ）あり。【公刊】『明恵の夢と高山寺』（二〇一九年三月 香雪美術館）、『茶道の研究』761号（二〇一九年四月）、和歌山県立博物館編［二〇二三］（以上写・解）

2—2　某年某月、二月夢記

【年月日】十一日・十二日・十三日・十六日・十九日・二十一日・二十六日・二十七日・二十九日・二月二日・三日・五日・七日・八日*・十日比・十三日・十六日・十九日・二十三日・二十六日・二十八日【所蔵者】陽明文庫【体裁・行数】巻子本・31.8×405.0（『国宝・重要文化財大全 8』による）・205行【自称】高弁【人名】宣旨殿御局、光堂御前、上師、佐渡前司、大臣殿、葉上僧正、六条大臣殿、左大臣殿、善導、□（「義」字を省略か）寂、真済僧正、解脱房、覚円房、喜海、真證房、證月房、崎山禅尼【要語】高尾金堂、八幡宮、ハサタヤ天、釈迦、文殊、紀洲、荘ム（厳）記、鐘楼、東大寺、女像、一向専修、摧邪輪、長谷寺、楊柳観音、犬、法輪寺、楼閣、羅漢、持経講式、盧舎ナ三尊、聖僧、師子【挿絵】無【公刊】『陽明世伝』（一九二〇年、増訂版は一九四五年、普及版は一九八四年）、『書道全集 第十九巻 日本7 鎌倉Ⅱ』（一九五七年 平凡社）、『日本高僧遺墨 第壱巻』（一九七〇年 毎日新聞社）、『陽明墨宝』（一九八二年）、『近衛家 陽明文庫の名宝』（一九九八年十月 MOA美術館）、『王朝の精華 近衛家と陽明文庫の至宝』（二〇〇〇年十月 四日市市立博物館）、『陽明文庫創立70周年記念特別展 宮廷のみやび——近衛家一〇〇〇年の名宝』（東京国立博物館編 二〇〇八年一月）、『鎌倉時代の喫茶文化』、『王朝文化の華 陽明文庫名宝展 宮廷貴族近衛家の一千年』（京都国立博物館編 二〇一二年四月）（以上部分写真・翻刻）、『京華余芳』（一九三九年 京華余芳刊行会）、『書道芸術 別巻第四』（一九七三年、豪華普及版は一九七七年 中央公論社）、『高山寺展』（京都国立博物館編 一九八一年）、『鎌倉時代の書』（『日本の美術』181号 一九八一年六月）、『国宝・重要文化財大全 8』、『白洲正子展』（以上部分写真）、フレデリック・ジラール［一九八四］（返り点付き部分翻刻・解説）、河合（一九八七）（部分訓読）、前川（二〇一二）（部分解説）、堀池（一九六七）でも言及、国文学研究資料館マイクロ

フィルム（請求番号：55-50-4 F320）［備考］内容が連続しないが建保元年から二年か。米田第1部（1）【第二部、二】及び（3）【第二部、二】（284・285頁）。ジラール4［161］—［183］。

2—3　某年三月二十七日夢記

［年月日］三月二十七日［体裁・行数］掛幅装・4行［人名］上師、十蔵房［挿絵］無［公刊］『吹原家所蔵品第二回売立』目録（名古屋美術倶楽部 大正13年7月15日）（写）［備考］米田第2部④（287頁）。

2—4　某年三月二十八日夢記

［年月日］三月二十八日［所蔵者］個人蔵［体裁・行数］掛幅装・28.4×80.8・26行［自称］成弁［人名］兵衛殿、弥二郎、弥草［要語］春山、聖教、牆、精進屋［挿絵］有（竹の牆）［公刊］『大日本史料 第五篇之七』（翻）、『旧名族御蔵品展観入札』目録（東京美術倶楽部 大正5年11月6日）、『某家所蔵品入札』目録（三都古典連合会 昭和41年5月22・23日）（以上写真）、『日本書蹟大鑑 第四巻』（写・翻・訓）、小松茂美『日本の書7 墨跡』（一九八三年 中央公論社）（写・翻・訓・解）、『展観入札目録』（東京美術倶楽部 大正15年10月25日）、東京大学史料編纂所所蔵台紙付写真「明恵上人夢の記」（請求番号：台紙付写真-588-7805）［備考］『大日本史料 第五篇之七』に「保阪潤治氏蔵」とあり。渡邊勝三郎氏旧蔵（『書画骨董雑誌』221号一九二六年十二月）。米田第1部（3）【第二部、三】（285頁）。ジラール18［207］。タナベ174。

2—5　某年四月十八日夢記

［年月日］四月十八日［体裁・行数］掛幅装［挿絵］有［備考］『高山寺名宝展観目録』に「繪入」「京都市　富久田太一郎氏蔵」とあり。

2—6　某年四月二十二日夢記

［年月日］四月二十二日［所蔵者］奈良国立博物館［体裁・行数］掛幅装・27.2×54.2・17行［自称］成弁［人名］円乗房、成仙房［要語］絵、打紙、大海、西方極楽化主大慈大悲アミタ如来、光明、日精、月精［挿絵］無［公刊］奈良国立博物館のサイト上で公開（http://www.narahaku.go.jp/collection/p-1259-0.html）、文化遺産ＤＢ（以上写真）、堀池（一九六七）（翻）、平野他（二〇一一）（写・翻・訓・解）、前川健一「明恵と南都浄土教」（『印度学仏教学研究』60（2）号二〇一二年三月）（訓）、奈良国立博物館所蔵写真「明恵上人夢記（四月二十二日）」（作品ＩＤ：005429-000-000）［備考］旧蔵者は小川睦之輔氏（『重美認定目録』）、小川広巳氏（堀池（一九六七））。ジラール20［190］。

2—7　某年五月七日夢記

［年月日］五月七日［所蔵者］藪本公三氏［体裁・行数］切れ・12行［自称］高弁［要語］ソクヒ、楞伽山［備考］和歌一首あり。

2—8　某年五月、六月夢記

［年月日］*五月中旬・六月二日・*三日・四日・一日［所蔵者］京都・観音寺蔵『手鑑』の内［体裁・行数］切れ・29.3×25.7・15行（紙背にさらに3行）［自称］成弁［要語］善友法、仏眼法、黒犬、至鳥、雀子、大船、鼠糞、女房、明神、鹿［挿絵］無［公刊］『古筆手鑑大成 第十四巻』（写・翻）［備考］建仁三年か。紙背に「同一日」等の夢記あり。［要語］の「明神、鹿」は紙背の語句。ジラール28（訳なし）。

2—9　某年六月二十五日、二十六日夢記

［年月日］六月二十五日・*二十六日［体裁・行数］掛幅装・10行［人名］常仙房［要語］藤浪、金輪仏頂、文殊［挿

絵】無【公刊】『稀覯書入札図録』(東京古典会 昭和45年11月14・15日)、『東西展観古典籍大入札会目録』(東京古典会 昭和49年11月11・12日)(以上写真)【備考】梵字(gahim)あり。ジラール13［184］［185］。

2—10　某年七月十日より十二日夢記

【年月日】七月十日・十一日・十二日【所蔵者】北村美術館【体裁・行数】掛幅装・10行【自称】高弁【人名】上師【要語】小童、少児、聖僧、塔、一向専修尼【挿絵】有(三重の塔)【公刊】『翠樹園山田家所蔵品入札』(東京美術倶楽部、昭和九年十二月十日)(写)、白洲(一九六七)、永島福太郎『百人の書蹟』(一九六五年 淡交新社)(以上写真・訓読)、『淡交』388号(一九七九年五月)(写・翻)【備考】梵字(hum)あり。白洲(一九六七)に「河瀬虎三郎氏蔵」(講談社版)、「北村謹次郎氏蔵」(新潮社版)とあり。ジラール9［157］—［160］。

2—11　某年八月十七日夢記

【年月日】八月十七日・二十九日*【所蔵者】徳川美術館蔵『鳳凰台』の内【体裁・行数】切れ・28.8×10.2・6行【要語】正念誦、四十華厳、善知識、加行【挿絵】無【公刊】『古筆手鑑大成第一巻』(写・翻)。

2—12　某年八月夢記

【年月日】八月【所蔵者】個人蔵【体裁・行数】掛幅装・29.4×37.7・6行【人名】上師、義林房【要語】銅体、双紙形、金輪世尊【挿絵】無【公刊】*MIKA GALLERY* vol.8(二〇〇七年)(写)【備考】紙背に文字あり。ジラール35および Notes 1238(376頁)に「辻氏所蔵」とあり。米田第1部(4)**【35】**(286頁)。ジラール35［249］［250］。

2—13　某年九月、十月二十六日夢記

［年月日］九月・十月二十六日*［体裁・行数］掛幅装・27.4×45.5・15行［自称］高弁［人名］義林房［要語］五ヒ（「密法」字を省略）、宝蔞各法、悪夢［挿絵］無［公刊］『某家所蔵品入札目録』（京都美術倶楽部　昭和7年11月28日）（写）、『定本　書道全集』第11巻（一九五六年　河出書房）、『日本の書シリーズ第4回　奈良〜桃山　手紙の名品特別展』（一九六四年　五島美術館）（以上写・翻）、田中久夫「義林房喜海の生涯」（田中久夫［一九八二］）（翻）、文化財管理システム（画像番号：C0047150）［備考］義林房宛書状の体なり。米田第1部（1）【第二部、一〇】及び（3）【第二部、一〇】（284、285頁）。ジラール5［253］。

2—14　某年十月二十六日夢記

［年月日］十月二十六日*［所蔵者］工藤吉郎氏［体裁・行数］掛幅装・26.7×45.8・12行［人名］糸野兵衛尉［要語］立文、紀洲、学（「問」字を省略）所、仏光観、随求タラニ、蔞各タラニ、光明真言、弥勒宝号［挿絵］有（公家姿及び懸け守り様のもの、但し夢記と無関係か）［公刊］『THE あんてぃーく』VOL.4（一九八九年八月　読売新聞社）、『日本の書　一サラリーマンのコレクション　天平時代〜江戸時代』（二〇〇九年十月　岩田屋）（以上写真）［備考］「二十六日」条の前に、夢の記述あり。懸け守り様の挿絵は公刊された図録類には見えない。この挿絵付の法量は、約26.5×50.5。藪本宗四郎氏旧蔵。米田第1部（3）【第二部、十一】（285頁）。ジラール17か（訳なし）。

2—15　某年十一月二日夢記

［年月日］十一月二日［所蔵者］個人蔵［体裁・行数］切れ・28.0×15.9・7行［要語］御所、上臈女房、犬［挿絵］無［公刊］『茶人のまなざし　森川如春庵の世界』（二〇〇八年二月　名古屋市博物館ほか）、『エピソードでたどる書の散歩道』（二〇一五年二月　名古屋市博物館）（以上写真）、平野他（二〇〇九）（写・翻・訓・解）［備考］紙背は具注暦（貞応元年六月十四日

から十八日）。波文の唐紙の二曲一双の屏風に九葉の古筆切を散らしたうちの一葉。森川如春庵旧蔵。

2―16　某年十二月五六日夢記

［年月日］十二月五六日［所蔵者］個人蔵［体裁・行数］切れ・32.0×14.8・6行［要語］ヒル法、眷属、寝処、持仏堂、ヒルシャナ［挿絵］無［公刊］平野他（平成21）（写・翻・訓・解）。

2―17　某年十二月十五日夢記

［年月日］十二月十五日［所蔵者］五島美術館［体裁・行数］掛幅装・24行［人名］光音房［要語］大日如来、鏡、一向専修、ム経［挿絵］無［備考］「方便智院」朱印あり。ジラール22〔252〕。

2―18　某年十二月十五日、十六日夢記

［年月日］十二月十五日・十二月十六日*［所蔵者］個人蔵［体裁・行数］掛幅装・9行［自称］高弁［人名］清涼大師、故上人御房［要語］弥勒法、十願、別疏、内裏［挿絵］有（流水等）。

2―19　某年十二月二十九日夢記

［年月日］十二月二十九日［所蔵者］石水博物館1号手鑑の内［体裁・行数］切れ・5行［人名］當院［要語］衣服、女房、装束、眷属［挿絵］無［備考］紙背に文字あり。

2―20　某年三月十八日、去年冬比夢記

［年月日］三月十八日・去年冬比［所蔵者］青井義夫氏［体裁・行数］掛幅装・29.2×34.8・7行［自称］成弁［要語］

材木、深河、杖、堂、杣山、高尾御房達、食物［挿絵］有（僧と材木三枚）［備考］写本（朱注入）あり。

2—21 某年七月一日、三日夢記

［年月日］七月一日・二日・三日［所蔵者］個人蔵の手鑑の内［体裁行数］切れ・4行［要語］仏眼法、善知識、散念誦、螟、鳥［挿絵］無。

2—22 某年一月七日夢記

［年月日］一月七日［体裁・行数］掛幅装［備考］中村貫之助氏旧蔵（『重美認定目録』）。

2—23 某年三月五日夢記

［年月日］三月五日［所蔵者］和歌山県立博物館［体裁・行数］掛幅装・11行［自称］高弁［人名］恵日房［要語］本住、常居処、串柿［挿絵］無［公刊］和歌山県立博物館公式サイト「明恵上人夢記断簡（三月五日夜の夢）」（館蔵品1141）（写・翻・訓・解）、和歌山ミュージアムコレクション（https://wakayama.museum/hakubutu-wakayama/hakubutu-wakayama-1141/）、和歌山県立博物館編［二〇二三］（写・解）

2—24 某年十月十二日夢記

［年月日］十月十二日［所蔵者］個人蔵［体裁・行数］掛幅装・7行［自称］高弁［要語］聖意、貴女［挿絵］無［公刊］『令和元年東京古典会古典籍展観大入札会出品目録』（東京古典会 令和元（二〇一九）年十一月）（写）。

第3部

3—1　某年月七日夢記

［年月日］七日［所蔵者］出光美術館［体裁・行数］掛幅装・27.5×44.5・21行［自称］成弁［人名］上人御房、頭弁〈長房〉殿、御前ノアね、御前ノメノト、尼御前［要語］神谷宿、苧山地蔵堂、消息、籾［挿絵］有（「血」字の如き形及び巻簾の如きもの）［公刊］『関戸松下軒蔵器入札並売立』目録（名古屋美術倶楽部 昭和10年12月3日）（写）、『出光美術館蔵品図録 書』（一九九二年）（写・翻）［備考］米田第1部（1）【第三部、一】（284頁）。ジラール26［241］。

3—2　某年月十八日、二十日比夢記

［年月日］十八日・二十日比［所蔵者］根津美術館［体裁・行数］掛幅装・九寸八分×一尺一寸五分（『岡崎家所蔵品入札』目録による）・11行［自称］成弁［人名］前山兵衛尉、前山御前［要語］後供養、事供、壇上、数珠、水精、入我我入、星、味曾、餅［挿絵］無［公刊］『岡崎家所蔵品入札』目録（京都美術倶楽部 大正14年4月20日）（写）［備考］米田第2部⑤（287頁）。米田第1部（4）【27】（286頁）。ジラール27（訳なし）。

3—3　某年月十九日夢記

［年月日］十九日［体裁・行数］掛幅装・29.2×32.7・11行［自称］高弁［人名］宮［要語］発願、雀、女子、神女、魚綾、記文、神徳、宝物、宝殿［挿絵］無［公刊］『鎌倉時代の喫茶文化』（写・翻）［備考］紙背に文字（夢記か）あり。竹田儀一氏旧蔵か（『重美認定目録』）。

3—4　某年月十九日、二十二日夢記

［年月日］十九日・二十二日［所蔵者］和歌山県立博物館［体裁・行数］掛幅装・28.1×23.9・14行［自称］高弁［人名］正達房［要語］弥勒法、黒犬、師子、女房、唐土之人、文殊、虵、梅尾［挿絵］無［公刊］『思文閣古書資料目録』168号 善本特集 第12輯（平成12年7月）、同第22輯（平成22年7月）（以上写真）、奈良国立博物館所蔵写真「明恵上人夢記（黒犬の夢）」（作品ＩＤ：004619-000-000）、和歌山県立博物館公式サイト「明恵上人夢記断簡」（館蔵品1065）（写・翻・訓・解）、和歌山ミュージアムコレクション（https://wakayama.museum/hakubutu-wakayama/hakubutu-wakayama-1065/）［備考］紙背に文字あり。堀池春峯箱書。米田第2部⑥・⑪（287、289頁）。

3—5　某年月二十一日夢記

［年月日］二十一日［所蔵者］メトロポリタン美術館［体裁・行数］掛幅装・30.5×48.3・5行［自称］成弁［人名］解脱房、糸野兵衛尉［要語］大明神［挿絵］有（山と草木）［公刊］『高岡市菅池家蔵品入札目録』（金沢美術倶楽部 昭和十六年十一月二十九日）（写）、白洲（一九六七）（写・訓）、Shimizu and Rosenfield（1984）、Murase（2002）（以上写・解）、『明恵讃仰』18号 表紙（一九八七年十月）（写）、前川（二〇一二）（訓）、メトロポリタン美術館公式サイト上で公開（写・解）［備考］加賀本多家旧蔵。田山方南による訓読あり。白洲（一九六七）に「鳥海青児氏蔵」（講談社版）、「白洲正子蔵」（新潮社版）とあり。米田第1部（3）【第三部、四】（285頁）。ジラール8［156］。

3—6　某年月二十二日夢記A

［年月日］二十二日［所蔵者］笠置寺［体裁・行数］掛幅装・30.1×40.3・7行［人名］少将［要語］栴タラ之家、ヒ沙門印言［挿絵］有（梅花及び流水）［公刊］荒木浩「明恵「夢記」」（『小野随心院所蔵の文献・図像調査を基盤とする相関的・総合的研究とその展開 vol.Ⅰ』（科学研究費補助金 基盤研究（B）17320039 研究報告書：平成17年度））（二〇〇六年三月）（写・翻・訓・

解）、荒木浩［二〇〇七］（写）［備考］紙背に文字あり。ジラール12［188］［189］。

3―7　某年月二十二日夢記B

［年月日］二十二日［所蔵者］フリーア美術館［体裁・行数］掛幅装・30.1×51.0・13行［人名］光音房、上師［要語］大河、磐、釈迦如来、池［挿絵］有（僧形及び松樹と岩）［公刊］フリーア美術館のサイト上で公開（写）、山田（二〇一四）第三編三章（写・翻・解）［備考］白鶴美術館に本夢記とほぼ同一の井上馨旧蔵夢記が蔵される。『井上侯爵家御所蔵品入札』目録（東京美術倶楽部 大正十四年十一月九日）に写真掲載。ジラール7［243］。

3―8　某年月二十三日夢記A

［年月日］二十三日［所蔵者］個人蔵［体裁・行数］掛幅装・8行［自称］高弁［要語］院、文殊法、ソリハシ、文殊功能、弥勒、犬、野干［挿絵］無［公刊］佐佐木信綱『父子草』（一九四八年 竹柏会）、平野他（二〇〇九）（写・翻・訓・解）、『目の眼』460号（二〇一五年一月）（写）［備考］紙背は陰陽道関係記事。ジラール24［251］。

3―9　某年月二十三日夢記B

［年月日］二十三日・二十二日［所蔵者］川端康成記念会［体裁・行数］掛幅装・29.1×21.4・13行［自称］成弁［要語］高尾大塔、橋、大盤石、絵骨、梵字、仰月、金泥、空点、楼閣、大仏像［挿絵］無［公刊］『没後三〇年 川端康成―文豪が愛した美の世界』（平山三男・サントリー美術館編 二〇〇二年十月）（写・翻）、『川端康成と東山魁夷 響きあう美の世界』（二〇〇六年 求龍堂）、『巨匠の眼 川端康成と東山魁夷』（二〇一四年 求龍堂）（以上写真）、東京大学史料編纂所所蔵影写本「里見忠三郎氏所蔵文書」（請求記号：3071.62-221）［備考］紙背に「二十二日」の夢記あり。米田第2部⑦（288頁）。

3—10　某年月二十三日夢記C

［年月日］二十三日（二月か）［所蔵者］個人蔵［体裁・行数］掛幅装・29.0×31.0・5行［自称］高弁［要語］水精珠、念珠［挿絵］有（五個の水精珠）［公刊］奈良国立博物館所蔵写真「明恵上人夢記（同廿三日夜夢）」（作品ID：00316-000-000）［備考］永島福太郎箱書。米田第2部⑧（288頁）。

3—11　某年月二十四日夢記A

［年月日］二十四日［体裁・行数］掛幅装・九寸九分×一尺一寸五分（『某家所蔵品入札目録』による）・12行［要語］郭公、恠異、吉相、食物［挿絵］無［公刊］『某家所蔵品入札目録』（京都美術倶楽部 昭和14年12月18日）（写）、東京大学史料編纂所所蔵影写本「宮北吉子氏所蔵文書」（請求記号：3071.36-141）。

3—12　某年月二十四日夢記B

［年月日］二十四日［体裁・行数］掛幅装［備考］『高山寺名宝展観目録』に「同廿四日云」とあり、本目録第3部11および13の「某年月二十四日夢記A」「某年月二十四日、二十九日夢記」にみえる日付の記述とは異なるため、別の夢記かと考えられる。同書には「京都市　土橋嘉兵衛氏蔵」ともある。

3—13　某年月二十四日、二十九日夢記

［年月日］二十四日・二十九日［所蔵者］小田原文化財団［体裁・行数］掛幅装・27.9×10.2・6行［自称］高弁［人名］禅師公、吉水大僧正御房［要語］海辺、善知識、高僧［挿絵］無［公刊］杉本博司『歴史の歴史』（二〇〇四年 六曜社）（写）、『歴史の歴史 杉本博司』（二〇〇八年 新素材研究所）（写・翻）、奥田勲「夢で会う――法然と慈円」（『日本歴史』738号 二〇〇九年十一月）（解）［備考］承元四年以降、貞応元年頃までの間に記されたか。

3―14　某年月二十六日、三十日夢記

［年月日］二十六日・三十日*［体裁・行数］切れ・28×10.5・7行［人名］上人御房［要語］宀（密）法、霽夜、月夜、山峯［挿絵］無［公刊］『つちくれ帖』（一九七二年　田中塊堂喜寿記念出版　千草会）（写）［備考］紙背に文字あり。

3―15　某年月二十一日夢記

［年月日］二十一日［所蔵者］群馬県立近代美術館（戸方庵井上コレクション）［体裁・行数］掛幅装・30.2×25.7・11行［人名］大納言ナント云フ僧［要語］女房、僧、沈掉、驚（警）覚、智者ノ徳、経、青色ノ水干［挿絵］無［公刊］『群馬県立近代美術館所蔵品目録――日本画・書・戸方庵井上コレクション』（一九八五年、改訂版は一九九八年）、『群馬県立近代美術館 戸方庵井上コレクション作品目録』（一九九〇年）（以上写真）、群馬県立近代美術館コレクション（収蔵作品）検索（https://jmapps.ne.jp/mmag/det.html?data_id=323）［備考］紙背にも夢記あり。

3―16　某年月二十九日夢記

［年月日］二十九日［体裁・行数］掛幅装・31.2×12.3・5行［人名］上師［要語］止観、所作文、通玄之御作［挿絵］無［公刊］『平安から江戸まで 書の美展』（於丸栄スカイル　一九八八年十一月）（写真・返り点付き翻刻）［備考］田中塊堂箱。

3―17　某年月十二三日夢記

［年月日］十二三日［所蔵者］植松明子氏［体裁・行数］掛幅装・5行［自称］予［要語］貴女、世間之欲相、善知識、坐禅、好相、七宝瓔珞［挿絵］無。

3―18　同某年月廿一日夜夢記
［年月日］二十一日［所蔵者］個人蔵［体裁・行数］掛幅装・9行［自称］高弁［人名］上師、葉上僧正［要語］土佐室戸崎、籠居、法華会［挿絵］無。

第4部

4―1　夢記（極精進）
［年月日］一　極精進之時［体裁・行数］切れ・9行［自称］成弁［要語］糸野、大明神、白服、鵄、僧形［挿絵］無［公刊］『古筆手鑑』（『思文閣古書資料目録』106号 昭和57年7月）（写）。

4―2　夢記（他処去）
［年月日］他処去給［所蔵者］出光美術館蔵『見ぬ世の友』の内［体裁・行数］切れ・29.1×12.8・6行［自称］高弁［人名］真乗房［要語］ラ漢、生身、熊手［挿絵］無［公刊］『見ぬ世の友』（一九七三年 出光美術館）、『出光美術館蔵品図録 書』（一九九二年）（以上写・翻）［備考］紙背に文字あり。ジラール33［226］。

4―3―A　（夢記）（高尾草菴）
［年月日］高尾草菴ニコモリキルニ［所蔵者］上山勘太郎氏［体裁・行数］切れ・8行［自称］高弁［要語］高尾草菴、花立、喩事喩理［挿絵］有（瓶に花活けたる図）［公刊］奥田正造編『明慧上人要集』（一九三三年 森江書店）所

収『明恵上人和歌集』の「補遺」（翻）、平野（二〇一三）にて言及。【備考】和歌一首あり。米田第1部（1）【第四部、三】（284頁）。

4―3―B　（夢記）（高尾草菴）

【年月日】高尾草菴ニコモリキルニ【体裁・行数】掛幅装・一尺八分×七寸三分（『内田家某家所蔵品入札』目録による）・7行【自称】高弁【要語】高尾草菴、花立、喩事喩理【挿絵】有（瓶）【公刊】『内田家某家所蔵品入札』目録（東京美術倶楽部 昭和7年10月31日）（写）、平野（二〇一三）（写・翻・解）【備考】和歌一首あり。

4―4　夢記（宝性寺）

【年月日】一　日夜夢宝性寺殿下【所蔵者】上山勘太郎氏【体裁・行数】切れ・4行【自称】高弁【人名】宝性寺殿下【挿絵】無。

4―5　夢記（同夜夢云）

【年月日】同夜夢云崎山兵衛殿【所蔵者】竹中玄鼎氏【体裁・行数】掛幅装・27×13・6行【自称】成弁【人名】崎山兵衛殿【要語】一帖書、倶舎第一巻、二无知【挿絵】無【公刊】竹中玄鼎「明恵上人「夢記」雑話」（『明恵讃仰』26号一九九九年一一月）（写・翻）。

4―6　夢記（一丈許入）

【年月日】一丈許入【体裁・行数】掛幅装・31×21・9行【要語】小鳥、雀鳥【挿絵】無【公刊】『思文閣墨蹟資料目録』東京店開設記念特輯号（昭和45年7月）（写）【備考】広岡家伝来。田中塊堂箱書。米田第1部【25】（286頁）。ジラール25［244］［245］。

4—7　夢記（有日修仏眼法）

［年月日］一　有日修仏眼法［体裁・行数］切れ・7行［要語］仏眼法、施主、病患、好相、忿怒尊、赤物［挿絵］無［公刊］『古典籍下見展観大入札会目録』（東京古典会 昭和50年11月24日）（写）［備考］米田第2部⑨（288頁）。

4—8　（夢記）（ナル事ヲカ）

［年月日］ナル事ヲカ［所蔵者］MOA美術館蔵『翰墨城』の内［体裁・行数］切れ・5行［要語］御山、令弟［挿絵］無［公刊］小松茂美監修『国宝手鑑 翰墨城』（一九七九年 中央公論社）（写・翻）［備考］米田第2部⑩（289頁）にて「当該切れ本文中に、夢であることの明示なし」との指摘あり。

4—9　夢記（在菩薩ト奉念）

［年月日］在井（菩薩）ト奉念［所蔵者］佐野美術館蔵『古新一覧手鑑』の内［体裁・行数］切れ・28.1×7.1・3行［要語］瀧水、大河、大樹［挿絵］無。

4—10　夢記（従此前）

［年月日］一　従此前比夢云［所蔵者］個人蔵［体裁・行数］掛幅装・30.7×22.3・8行［人名］大将殿〈公経〉、殿下欤ト思シキ人［要語］御所、門中、御車、ソテカキ［挿絵］無［公刊］『佛教美術 其の二』（二〇〇一年十月 古美術 祥雲）（写）、奈良国立博物館所蔵写真「明恵上人夢記（大将殿御所の夢）」（作品ID：004020-000-000）［備考］米田第2部⑫（289頁）。

4―11　**夢記（海禅夢）**
［年月日］一　海禅夢云［所蔵者］宮内庁蔵『手鑑』の内［体裁・行数］切れ・7行［人名］海禅、定□［要語］塔、梁、広野、大火、熾盛、吉夢［挿絵］無［公刊］東京文化財研究所所蔵写真（登録番号：03950）［備考］明恵自身の夢ではなく、「海禅」らの夢を記したもの。

4―12　**（夢記）（帰到）**
［年月日］帰到広摂時［体裁・行数］切れ・5行［要語］開敷神、経文、世尊、一切衆生［挿絵］無［公刊］『ふるかがみ』第2巻第2号（一九二九年八月 古鏡社）（写）［備考］『ふるかがみ』には「明慧上人 夢の記切」とあるが、内容は夢記ではなく、論議の短冊か。

4―13　**（夢記）（十二縁起ノ生死）**
［年月日］十二縁起ノ生死［所蔵者］アルカンシェール美術財団蔵の手鑑『麗藻台』の内［体裁・行数］切れ・15行［要語］十二縁起［挿絵］無［備考］冒頭部分が判読不可能なため、4行目末尾の「十二縁起ノ生死」を仮題とする。『御殿山原コレクション』（根津美術館ほか編 一九九七年三月）の同手鑑解説に「明恵上人「夢ノ記切」」を含むとあるが明恵筆とは思われない。

4―14　**（夢記）（問曰此夢）**
［年月日］問曰此夢［所蔵者］個人蔵［体裁・行数］切れ・29.2×12.0・12行［自称］成弁［要語］御消息、契約、詩状、深山、籠居、御社、八月参、宮移、参詣［挿絵］無［公刊］無［備考］夢相に関する問答形式の解釈の記録。

4―15（夢記）（同後夜）

［年月日］同後夜［所蔵者］大垣博氏［体裁・行数］切れ・28.6×11.9・5行［要語］念誦、妻各大呪、学文所［挿絵］無［備考］夢記の日次記事部分の切れ。紙背は具注暦（貞応元年七月十七日から二十日）。

Ⅳ　訳注

凡例

一、夢記の配列・番号・仮題は、本書所収「Ⅲ目録」に拠った。画像が入手できないなどで翻刻が不可能な夢については、訳注を作成できないため（欠番）として示した。

一、夢記として伝来しているが夢記と見なしえない資料や参考として挙げた資料は、4―8（夢記）のように、番号の後に（夢記）として示した。訓読・語釈・考察を立項していない場合がある。

一、分量の多い夢記は、日付や内容のまとまりで分割し、夢記の目録番号・当該箇所の冒頭表現・行数の順で掲出して小見出しとした。たとえば、第1部10の「建永二季五月廿九日」ではじまる夢記の1行目～22行目の場合、小見出しを▼1―10「建永二季五月廿九日」条（1～22）とした。

一、口絵・影印にて図版を掲出しているものは、夢記仮題に※を附し、これを示した。

一、【翻刻】は次の方針で作成した。

1　各夢記については可能な限り原本を実見したが、場合によっては、写真等に基づいて翻刻を作成した。

2　改行等については原態を想定できるように、可能な範囲で原資料通り表記するようつとめた。

3　解読不能の文字は□で示し、文字が推測できる場合は□の横に推定した文字を（　）に入れて傍記した。文字数が多い場合は、想定される文字数を□の数で示した。

4　行頭には各夢記の行番号を付した。

5　第1部1（1―1）、第2部1（2―1）、第2部2（2―2）など、調査の際に実見した夢記に紙継ぎがある場合はその位置を示した。

6　欠字で、料紙の欠損などによるものではなく、意図的なものと判断される場合は、空白にして（ママ）と傍記した。

7　補入記号は「○」で示した。

8　墨消された字は「𦊆」のように二重抹消線を引いて示した。

9　絵・図の類が描かれている場合は、可能な限り、もとの図をトレースし、再現したものを該当箇所に示した。もとの図を再現しない場合は、その場所に［図］と記した。

10　古体の漢字は、おおむね現行の活字体に改めた。その主要なものは以下の通りである。

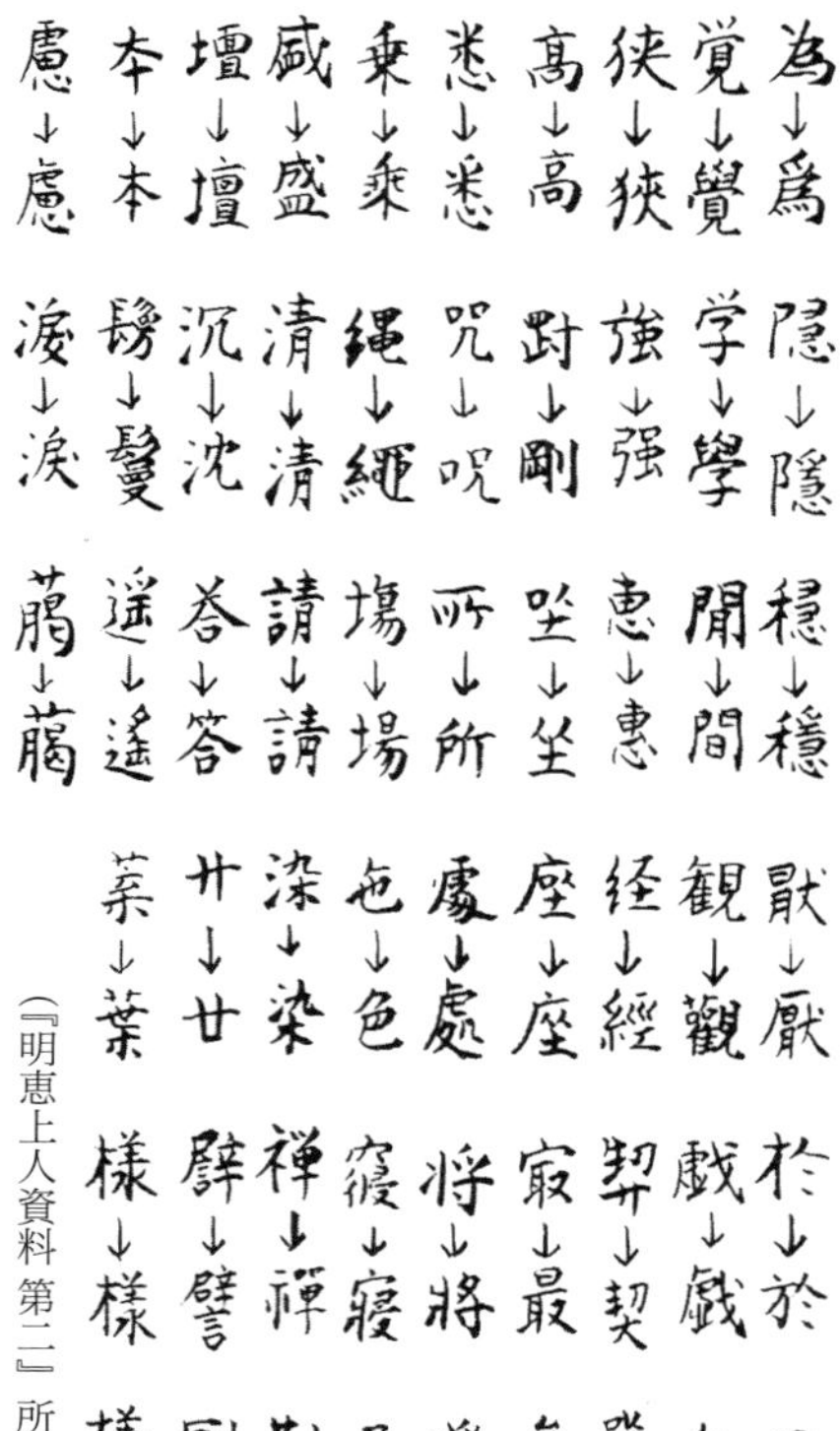

（『明恵上人資料 第二』所掲の表を参照して作成した）

11　次に挙げる異体字・略字の類は、（　）内の字体に改めず、原本通りの字体を使用した。ただし、原本で

（　）内の文字が用いられている場合は、その字体のままとしている。たとえば、翻刻で「仏」「佛」と両様の字体が用いられている場合、「仏」は「佛」と改めることはせず「仏」と示し、「佛」はそのまま「佛」と翻刻した。

菴（庵）　逺（違）　円（圓）　㐂（喜）　敉（殺）　讃（讚）　蹔（暫）　踈（疏）　条（條）　即（卽）　躰（體）

尓（爾）　秘（祕）　早（畢）　苻（符）　仏（佛）　并（幷）　宀（寶・密）　𦬇（菩薩）　万（萬）　弥（彌）　与（與）　予（豫）　余（餘）　欤（歟）　署（腰）　礼（禮）　弁（辨）　艹土（薩埵）

一、【訓読】は、次の方針で訓読文を示した。

1　原文の片仮名を平仮名表記にし、旧字や異体字は通行の字体に改めた。

2　難読字の読みは（　）内に入れて傍記した。（　）のない傍記は、原本に存するものである。

3　句読点・濁点を加え、会話の部分などに適宜「　」を付した。

4　原則として歴史的仮名遣いを用い、適宜、送り仮名を加えた。ただし、明恵自身のカナ表記はそのままとした。

5　「ゝ」「ゞ」「〳〵」などの踊り字はひらいた。

6　「此」「其」「彼」は読みを示すために送り仮名を添えた。（例）「此れ」「其の」

7　割注・傍注は〈　〉内に入れて示した。

8　訓読文は原態の改行によらず追い込みとしたが、明らかに区切れがわかる場合は適宜改行した。

9　前文が欠けている場合は（前欠）、後文が欠けている場合は（後欠）として示した。

10　翻刻において解読不能のため□で示した文字のうち、候補となる字を推測して文脈が通じる場合は、それに従って訓読した。
11　翻刻に脱字が想定される場合は脱字を［　］に入れて示した。
12　仏教語の一部が片仮名で示されている場合は、片仮名表記のままとした。（例）「三マヤ」「随求ダラニ」
13　訓読の作成にあたっては『明恵上人資料 第二』における漢文訓読の方式をおおむね踏襲した。
14　絵や図が描かれている場合は、その場所に［図］と記した。

一、【現代語訳】は分かりやすく訳すことを心がけ、必要に応じて語句を補った。
1　割注・傍注は、必要に応じて〈　〉に入れて示した。
2　現代語訳に際して語句を補った場合は、（　）に入れて示した。
3　翻刻の際、不読字があった箇所であっても、できるだけ内容を推測して訳を施した。
4　前文が欠けている場合は（前欠）、後文が欠けている場合は（後欠）として示した。

一、【語釈】は次の方針で作成した。
1　夢記の理解に必要と思われる語句を【翻刻】の表記によって立項して説明を付した。ただし、傍記などは語釈に関連する場合に限って示した。
2　項目の前に【翻刻】本文の行数を掲げた。行数は、掲出語句が二行にわたる場合は、初めの行数で示した。
3　訂正や重ね書きなど、原本では確認できるが翻刻で示せないものは、必要に応じて説明を加えた。

一、【考察】では、当該夢記に関する重要事項や解釈のポイントなどを解説した。

一、【語釈】【考察】における引用については、次のような方針で統一した。

1　主な引用文献の略称と引用箇所の表示は以下の通りである。
・明資――高山寺典籍文書綜合調査団編『明恵上人資料 第一～五』（東京大学出版会、一九七一～二〇〇〇年）。「明資一217頁」は『明恵上人資料 第一』217頁を指す。
・『仮名行状』――『高山寺明恵上人行状（仮名行状）』（『明恵上人資料 第一』所収）
・『漢文行状』――『高山寺明恵上人行状（漢文行状）』（同）
・『行状』――『仮名行状』『漢文行状』に共通する場合。
・『歌集』――『明恵上人歌集』。和歌の本文は谷知子・平野多恵校注『秋篠月清集・明恵上人歌集』（和歌文学大系60、明治書院、二〇一三年）に拠った。「『歌集』113」は通番113の歌を指す。
・『鎌倉旧仏教』――鎌田茂雄・田中久夫校注『鎌倉旧仏教』（日本思想大系15、岩波書店、一九七一年）
・大正蔵――『大正新脩大蔵経』。「大正蔵31巻54中」は、第31巻54頁中段を指す。また、「大正蔵300番」は、通番300番の文献を指す。
・『大日本史料』――『大日本史料 第五篇之七』（東京大学出版会、一九三〇年）
・ジラール仏訳――Girard, Frédéric. *Un moine de la secte Kegon a l'époque de Kamakura : Myōe(1173-1232)et le "Journal de ses rêves"*.
・『京博目録』――京都国立博物館編『京都国立博物館所蔵品図版目録 書蹟編 日本』（京都国立博物館、一九八三年）所収の山外本1―10の翻刻。

2　高山寺蔵典籍を引用する場合は、書名に加えて、（ ）で『高山寺経蔵典籍文書目録 第一～四』記載の目録番号を示した。（例）『七佛薬師法事』（高山寺経蔵典籍文書第4部75函13）

3　他の夢記からの引用の際の文献の指示は、次の通りである。

・高山寺蔵夢記は、『明恵上人資料 第二』および『高山寺典籍文書の研究』補遺で与えられた篇番号、行番号を付した。高山寺蔵夢記は「高山寺本」と略称した。（例）高山寺本12篇4行

・高山寺蔵以外の夢記は「山外本」と総称し、個別の夢記は本書冒頭に掲げた目録（名称）で付された目録番号で示した。（例）山外本1―8

4　文中で引用した論文等の参考文献は、巻末の参考文献一覧に一括して掲載し、文中では、編著者の姓名と発行年で示した。（例）荒木浩［二〇〇八］

ただし、同一年に同一著者の論文がある場合は、出版年の後にアルファベットを付し、付録の論文一覧も同様にした。（例）山田昭全［二〇一四A］、山田昭全［二〇一四B］

5　各種資料の引用に際しては、読みやすさを考慮して、適宜、表記を改め、漢文については訓読で示した場合がある。

第1部（年の記載のあるもの）

1—1　建久九年五月七日夢記

【翻刻】

1　一建久九年五月七日夜夢乗一
2　疋金色大馬如法眞金色也成弁
3　乗之スコシキイタハル様ニスレハ
4　馬云タヽノラセ給ヘト云テ成弁
5　ヲシタヒケニ思ヘリサテ成弁一
6　湯屋ニ到テ下了大馬成弁ニタ
7　ハフレナレテ成弁之手ヲヤ
8　ハラクヽムノチニ歯ノカタツケリ
9　成弁思ハク我ニ畜類等ナレ
10　フスナリ
11　於朝

【訓読】

一、建久九年五月七日の夜の夢に、一疋の金色の大馬に乗る。如法、真金色なり。成弁、之に乗り、すこしきいたはる様にすれば、馬云はく、ただのらせ給へと云ひて、成弁をしたひげに思へり。さて、成弁、一湯屋に到りて下り了んぬ。大馬、成弁にたはぶれなれて、成弁の手をやはらくくむ。のちに歯のかたつけり。成弁思はく、我に畜類等なれふすなり。朝に。

【現代語訳】　一、建久九年五月七日の夜の夢はこのようであった。一頭の金色の大きな馬に乗った。文字通り真金色である。成弁はこの馬に乗り、少し大切に扱うようにした。すると、馬は「ただお乗りください」と言って、成弁を親しげに思っている。そうして、成弁は、ある湯屋に到着し、馬から下りた。大きな馬は成弁に馴れて戯れかかり、成弁の手をそっとくわえた。後になってみると歯の形が付いていた。成弁は「私に動物などがなつくのだ」と思った。この夢記を朝に書いた。

【語釈】　**1建久九年五月七日**　一一九八年、明恵二十六歳。『仮名行状』には、同年八月二十五日より『華厳経探玄記』の談義を開始したとあり、この前後には白上峰を出て上洛し高雄に戻って文覚から後事を託されたことや同輩と問答講を開始したことなどが記されるが（明資一31頁）、五月の段階では、どこにいたか確定できない。**2眞金色**　「真金」は純金のこと。『華厳経』をはじめとする仏典では、神仏の身は「真金色」と形容されることが多い。仏の三十二相にも「身真金色相」がある。**2成弁***　明恵の最初の諱。明恵は文治四（一一八八）年に十六歳で出家して以来、承元三年四月（一二〇九）までは山外本1―10・58行により「成弁」と名乗っていたことが確認される。承元四（一二一〇）年七月五日撰述の『金師子章光顕鈔』が「高弁」という諱の初出だが、この間のいつ改名したかは不明。成弁から高弁への改名については、奥田勲［一九七八］73頁参照。**5シタヒケニ**　慕う様子での意。動詞「慕ふ」に「気」が付いた形。**6湯屋**　寺院などにある入浴施設。明恵に関わり深い東大寺の大湯屋は有名である。中世東大寺の大湯屋については、永村眞［一九八九］、高橋一樹［二〇〇四］に詳しい。**7ヤハラ**　ある行為をそっと行うさま。**8クヽム**　口に含む。**9我ニ畜類等ナレフスナリ**　「畜類」は動物、特に獣類のこと。動物が明恵に親しみ馴れる夢については【考察】参照。**11於朝**　添え書きで「朝に（この夢を記した）」の意。

【考察】　明恵は馬の登場する夢をしばしば見ているが、真金色の大馬が馴れるというこの夢は、明恵にとって非常に好ましいものであっただろう。明恵に馬が馴れる夢に、一頭の馬が明恵に馴れて、動かないものの、押しやれば去り、引き寄せれば来て、やわやわとしてあらくないという承久二年十一月二十日の夢（高山寺本10篇89行）がある。馬そのものではないが、小さな馬のような黒犬が明恵の足にまとわりついて馴れるという承久二年六月二日の夢（同10篇465行）もあり、動物に対する明恵の親しみが推察される。明恵が馬に乗る夢としては、明恵が大きな馬に乗って清澄な大池の中を遊戯するという承久二年八月十八日の夢（同10篇354行）があり、明恵自身が、大池は禅観で、馬は意識を意味すると夢解している。その他、二条大路に大水が出て馬に乗った前山兵衛殿とともに渡ろうとする建仁四年正月の夢（同4篇22行）、中嶋の尼御前と思われる人の馬の尻に乗って大河を渡ろうとする夢（同13篇9行）などがある。

（平野多恵）

1—2　建※久十年四月十八日夢記

【翻刻】

1 建久十年四月十八日早朝夢相於紀洲筏師菴室
2 成弁居於一大舎又有行顕闍梨喜海増信任禅已上与成弁合五人
3 十六大阿ラ漢聞可降臨於此室給之由即時高僧七八
4 人入來其形多分老僧也其中有一人若僧是思尊者
5 之侍者也即對尊者有給侍之儀此時思十六ラ漢
6 少々来給也不盡其數高僧來入已皆着座其
7 中有一人ラ漢曰云十六羅漢字或讀白米或讀（ママ）也

【訓読】

建久十年四月十八日の早朝の夢相〈紀洲筏師の菴室に於（し）て〉。成弁、一大舎に居り。又、行顕闍梨、喜海、増信、任禅〈已上、成弁と合はせて五人〉有り。十六大阿ラ漢、此の室に降臨し給ふべき由を聞く。即時に高僧七八人入り来たる。其の形、多分老僧なり。其の中に一人の若僧有り。是れ思はく尊者の侍者なり。即ち、尊者に対（むか）ひて、給侍の儀有り。此の時思はく、「十六ラ漢、少々来たり給ふなり。其の数を尽さず」と。高僧、来入し已（おは）りて、皆着座す。其の中に一人のラ漢有りて

聞之思帰十六ラ漢一切事皆満云義也讀ラ漢功徳也着座已異口同音讀眞言宗金剛界礼懺文給其次又誦尊勝陀ラ尼給尊者來入時少暗時也來入以後次第夜明皆成白晝已其中一ラ漢誦陀ラ尼已以石打火其火打形如金剛鈴中子長八寸許也少角形金銅成也當其時火星迸散成弁夢中思若眞ラ漢者願随打火炎流出即時火焔飄出其後又有大檜木切其口一尺許長四尺許彼ラ漢於板敷上以火焼之給其焔熾盛也焼已後板敷全無炎氣即現神変已尊者等忽然而不現成弁流涙恋慕五躰投地礼前尊者在方四遍即覺已猶涙湛眼中云々

曰はく、「十六羅漢と云ふ字、或いは白米と読み、或いは「（ママ）」と読むなり」と。之を聞きて思はく「十六ラ漢に帰するに、一切事皆満つと云ふ義なり。ラ漢の功徳を読むなり」と。着座し已りて、異口同音に真言宗金剛界礼懺文を読み給ふ。其の次でに又尊勝陀ラ尼を誦し給ふ。尊者来入する時少しく暗き時なり。来入してより以後、次第に夜明け、皆白昼と成り已んぬ。其の中の一ラ漢、陀ラ尼を誦し已り、石を以て火を打つ。其の火打ちの形、金剛鈴の中子の如し。長さ八寸許りなり。少しき角形にて金銅にて成るなり。其の時に当りて、火の星迸（ほとばし）り散る。成弁、夢中に思はく、「若し真のラ漢ならば、願はくは火を打つに随ひて炎流出せむ」と。即時に火焔飄出す。其の後、又大きなる檜の木の切れ有り。其の口一尺許り、長さ四尺許りなり。彼のラ漢、板敷の上に於て火を以て之を焼き給ふ。其の焔、熾盛なり。焼き已りて後、板敷、全く炎気無し。即ち神変を現じ已りて、尊者等、忽然として現れず。成弁、涙を流し、恋慕し、五躰投地す。前に尊者の在る方を礼すること四遍なり。即ち覚め已りて、猶、涙、眼中に湛ふと云々。

【現代語訳】 建久十年四月十八日早朝の夢相〈紀州筏師の庵室においてのもの〉。成弁は、一つの大きな家の中にいた。また、行顕闍梨、喜海、増信、任禅〈成弁と合わせて五人〉がいた。十六大阿羅漢が、この部屋に降臨されるはずであると聞いた。たちまち高僧七八人が入って来た。その姿はおおむね老僧であった。その中に一人の若い僧がいた。ここで、「この僧は尊者の侍者である」と思った。というのは、尊者に対して、給侍する姿勢だったからである。この時に、「十六羅漢が少々いらっしゃった、全員が来ているのではない」と思った。高僧たちは入って来た後、皆着座した。その中に一人の羅漢がいて、次のように言った。「十六羅漢という字は、あるいは白米と読み、あるいは「　」（マヽ）と読むのである」。これを聞いて、「十六羅漢に帰依すると、一切の事が全て満たされるという意味である。羅漢の功徳を読んだのである」と思った。着座した後、異口同音に真言宗金剛界礼懺文をお読みになった。その次にまた尊勝陀羅尼をおとなえになった。尊者たちが入って来た時は少し暗い時であった。入って来てから後、次第に夜が明け、全く白昼になってしまった。その中の一人の羅漢が陀羅尼をとなえた後、石で火をおこした。その火打石の形は、金剛鈴の中子のようであった。長さ八寸ほどであった。少し角形で、金銅で出来ていた。その時に、火の粉が飛び散った。成弁は、夢の中で「もし真の羅漢であるなら、お願いですから、火をおこすと同時に、炎が流れ出ますように」と思った。たちまち火焔がひらひらと上った。その後また、大きな檜の木の切ったものがあった。その切り口は一尺ほど、長さは四尺ほどであった。その羅漢は、板敷の上で火でこれをお焼きになった。その炎は非常に盛んであった。焼きおわった後、板敷には全く炎の形跡も無かった。すなわち、神変を現じおわった後、尊者等は忽然として姿を消された。成弁は、涙を流し、恋慕して、五体投地した。前に尊者がいた方を礼拝すること四回に及んだ。たちまち目が覚めたが、まだ涙は眼に残っていた、云々。

【語釈】 1建久十年四月十八日　一一九九年。『仮名行状』によると、春に上洛して、高雄で『華厳経探玄記』を談義したり、問答講を行ったりしていたが、文覚が勅勘を蒙ったため、十余輩とともに筏立の草庵に移った（明資一42頁）。文覚が佐渡に配流されたのは三月十九日のことであり、この夢記の記述は『行状』の紀州下向の記述を裏付ける。この夢記は、『十六国大羅漢因果識見頌』の紙背に記されたもので、奥書により三月十五日に同書を書写したことが知られる。

1筏師　「筏立」とも。明恵の生地吉原から更に有田川をさかのぼった地。現在の和歌山県有田郡金屋町歓喜寺の内。**2行顕闍梨喜海増信任禅**　いずれも明恵にしたがって筏立に移った神護寺住侶と思われるが、喜海以外は未詳。行顕は『小宝螺日記』（中野達慧［一九三一］所引）に名が見える。「闍梨」は阿闍梨の略。灌頂を受け、弟子に灌頂を授けることのできる有資格者。**3十六大阿ラ漢**　『法住記』に説かれる十六人の羅漢で、仏滅の後、正法を護持するとされる。特に第五尊者である諾距羅は眷属八百羅漢とともに南贍部州に住する。明恵は若年の頃、四天王寺滞在中、十六羅漢（及び釈迦）に手紙を送り、思慕の情を吐露している（『漢文行状（報恩院本）』別記、明資一222頁）。『仮名行状』（明資一31頁）によれば、文覚から十六羅漢の絵像を付属されたという。建保三（一二一五）年正月二十四日には、四座講式の一つとして『十六羅漢講式』を著しており、高山寺には羅漢堂があった。高山寺本10篇274行（承久二年七月頃）では、明恵の庵室辺に賓頭盧をはじめ、十六羅漢のうち二三人が現われる。**6不盡其數**　十六羅漢が全員は来ていない、という意と解した。**7白米**　十六羅漢の意義を示す言葉であるが、典拠不明。**7或讀（ママ）也**　二字分ほど空白がある。剝落や虫損ではないので、意図的に欠字にしたと思われる。**9金剛界礼懺文**　不空訳『金剛頂経金剛界大道場毘盧遮那如来自受用身内証智眷属法身異名仏最上秘密三摩地礼懺文』（大正蔵18巻）。金剛界曼荼羅における大日如来以下諸尊に礼拝し懺悔する意を示す文。**10尊勝陀ラ尼**　尊勝仏頂尊の功徳を説く陀羅尼。罪障消滅・寿命増長など無量の功徳があるとされる。朝夕の勤行・亡者回向などに用いられる。**12金剛鈴中子**　金剛鈴は密教の法具として使う鈴。中子は鈴の中につるす金属の小片のこと。**13金銅**　銅に金メッキをほどこしたもの。仏像・仏具などに用いる。**13火星**　『一切経音義』には「迸鉄（北孟反謂火星散也）」（大正蔵54巻467下）とあり、熱鉄がほとばしることを、「火星が散る」と表現している。本条の場合、火の粉のこと。**14願**　江戸期の写本（明資二501頁）の翻刻では「願」とするが、「形」とも見える。**15以**　江戸期の写本（明資二501頁）の翻刻では、この字を欠く。**17神変**　仏・菩薩などが示す不可思議なこと。この場合、阿羅漢が火炎によって檜の材木を焼いたのに、全く火の気がなかったこと。18五躰投地　頭・両肘・両膝を地につけて礼拝すること。最高の尊敬を示す。

【考察】本夢記は建久十年三月十五日に神護寺で書写された『十六国大阿羅漢因果識見頌』の紙背に書かれている。夢記の内容としては、同朋・弟子たちといるところへ十六羅漢が出現し、火炎をおこすという神変を現じた後、忽然と消える、というものである。十六羅漢は釈尊滅後、弥勒下生までの間、正法を護持して世に住するとされており、明恵は若年時より信仰していた。この時期、明恵は華厳学の研鑽に打ち込んでいるが、十六羅漢が密教の礼懺文や陀羅尼をとなえていることは、密教こそ正法だということを示唆するものであろうか。後に著す『十六羅漢講式』では、「我此道場如帝珠　十六大聖影現中」（大正蔵84巻900下）と、十六羅漢の影現がうたわれ、「察人之徳失、知法之興廢。隠顯随時、神異無方」（同上902中）とも言われている。十六羅漢の出現は明恵の「徳」を示すものであろうが、その感激とともに、羅漢が再び姿を消したことへの悲哀も「流涙」の中にはこめられているのではと思われる。なお、羅漢が焼いた檜の切れは大きさからして、材木と思われるが、それを焼いたということは、普請を行うことへの誡めという趣旨であろうか。

（前川健一）

1—3　建仁二年六月、閏十月夢記

【翻刻】

1 建仁二年六月十一日夜夢
2 有一神人以其所持數珠占兜率之生
3 不生四反俱得次定生之意其後猶二三

【訓読】

建仁二年六月十一日の夜の夢に、一神人有り。其の持(たも)つ所の数珠を以て兜率(とそつ)の生・不生を占ふに、四反(へん)倶(とも)に次の定生の意を得たり。其の後、猶二三度定生の数を得と云々。

4　度得定生之數云々
5　一同十二日夜過辰時夢寝處四角有
6　四人僧昔同行也守護成弁心思爲令
7　不死故守護之也云々　四天王等歟
8　一同年壬十月八日

一、同じき十二日の夜過ぎて〈辰の時〉、夢に、寝処の四角（よすみ）に四人（よたり）の僧有り。昔の同行なり。成弁を守護す。心に思はく、死なざらしめむが為の故に之を守護するなりと云々。〈四天王等か〉
一、同じき年閏十月八日

【現代語訳】　建仁二年六月十一日の夜の夢は次のようであった。一人の神人がいた。その人が持っていた数珠で、兜率天へ往生するか否かを占ったところ、四回ともすべて必ず来世で往生するという意を得た。その後もやはり二三度、兜率上生にあたる数を得た、云々。
一、同月十二日の夜を過ぎて〈辰の時〉の夢は次のようであった。寝所の四隅に四人の僧がいた。昔の同行である。成弁を守護している。心に思ったのは、私を死なせないために守護するのである、云々。〈（彼らは）四天王などであろうか〉。
一、同年閏十月八日

【語釈】　1建仁二年六月　一二〇二年。明恵三十歳。二月に、明恵は湯浅宗光（母の兄弟）の妻が懐妊中に発願した「善財善知識曼荼羅」の供養を執り行い、四月に彼女が難産のため一旦息絶えたのを、仏眼尊への祈請によって蘇生させている（『漢文行状』、明資一111頁）。その後七月二日に『仏眼仏母念誦次第』を著し、紀州保田の草庵にて鏡智房に書き与えたことが知られる（金澤文庫古文書・識語篇二・2109）。糸野で上覚から伝法灌頂を受けたのも、この年のことである。【語釈】8「同年壬十月」の項も参照。2神人　神社の下級神職、あるいは寄人（荘園支配者の管轄下で所役を勤める荘民）をさす。神主・禰宜等の下位に置かれ、年中神事の雑役や、社頭の警備などにあたった。2数珠　明恵の夢には、自身の清浄性や帰依心などにかかわって数珠（念珠）が登場することがある（高山寺本10篇211～228行など）。数珠を使った占法は不明。**2兜率**「兜率天」のこと。欲界の第四天で、将来仏となるべき菩薩が地上に下るまでの最後の生を過ごす場所。釈迦もここから白象にのって、摩耶夫人の胎内に下った。その後は弥勒菩薩が住し、弥勒信仰と結びついて重視された。明恵が兜率上生を強く願っていたことは、様々な記録類からうかがえるが、それは往生して釈迦に値遇することを願うものであった。【考察】参照。**3定生**　必ず浄土（この場合は兜率天）に生まれることが決まっていること。**4定生之數**　占いをした時に兜率定生にあたるような数のこと。**5辰時**　辰の刻（現在の午前八時頃）をいう。**6昔同**　難読字。虫損か。**7死**　難読字。あるいは「取」か。しかし、「取」の目的語がないため、文意が通じない。**7四天王**　古代インドの神が仏教に取り入れられ、四方を守る護法神となったもの。すなわち東方の持国天、西方の広目天、南方の増長天、北方の多聞天である。明恵は夢中に見た僧が、四隅に現れたことから、四天王と解釈をしたのだろう。明恵の見た四天王の夢としては、元久二（一二〇五）年に槙尾にて、行法・談義を始めたところ、五大尊や梵・帝の二天、そして四天王が現れた例がある。明恵はこの夢を仏教において実を好む故に護法諸天が現れたものと解釈している（『漢文行状』、明資一124頁）。**8同年壬十月**　十月が閏月であることから「同年」は建仁二年であろう。この月の二十二日に明恵は『仏眼仏母念誦次第』を自要のために抄している（高山寺典籍文書第4部129函65）。同月二十五日にも紀州在田郡で亡者追善のために聖教を書写しているので（高山寺典籍文書第4部106函85）、紀州在住中のことか。

【考察】　明恵の兜率上生願望は、諸資料にあらわれる。その最も早いものとしては、建久九（一一九八）年撰述の『随意別願文』に、兜率天に往生して弥勒より華厳普賢法門を受学し、弥勒の許可を得て一念の頃に釈迦のもとに往詣して供養し、みな煩悩を滅することができるようなどとあることや、『大方広仏華厳経中唯心観行式』の「普賢行願」末の偈頌に、「阿弥陀」と『四十華厳』原文にある部分を「慈氏尊」すなわち弥勒菩薩に改変している箇所などが指摘されている（田中久夫［一九八二］318～321頁・柴崎照和［二〇〇三］208～209頁）。また、弟子たちへの昔語りに「命終欲生都率、得否占之、策文更生昇天云々」ともあり、明恵が兜率上生を得られるかどうかを占い、上生するという解釈を得ていたことが知られる（『上人之事』明資一599頁）。この夢の翌年には春日明神の託宣があったが、その折に兜率天往生に関する問いもあり、「（明恵の）兜率内院ノ上生決定也」という答えを得ている（『最後臨終行儀事』、明資一568頁）。本条の夢は兜率上生に関する夢として早い時期のものであり、翌年の春日明神の託宣に連なるものとして注目される。

（小林あづみ）

1—4　建仁三年三月十一日（夢記）

【翻刻】

1　釋王禪師御房

2　明惠房阿闍梨

3　ヨシサラハマコトノミチノシルヘモテワレヲミチヒケユラクタマノヲ

4　明日モ有ト思フ心ニハカサレテ今日を空ク

5　暗ツル哉　爲大井直示法界成弁

〔図〕

6　建仁三年三月十一日

7　將消此繪円法房定眞

8　頻被制之仍思止了

9　其時御房達少々春日詣之間也

10　釋迦如来滅後遺法御愛子紀洲海邊乞者
11　日本國第一乞食□形之比丘成弁之本也

【考察】寄託先の東京国立博物館の表示では「夢記断簡」とするが、内容から夢記とは認められない。聖教の奥書部分か。ただし、建仁三年三月の春日詣に言及しており、和歌二首の書き付けがある点で興味深い資料である。図には、海辺の大岩に二人の人物が腰掛ける姿が描かれていて、各人物には、「尺王」「明恵」と書き添えられている。なお、この資料については、山田昭全［二〇一四C］（224～236頁）に考察がある。

（小林あづみ・立木宏哉）

1—5　建仁三年八月十日夢記

【翻刻】

1　一建仁三年八月十日初夜修善友
2　法修中見二人乞兒云々
3　其夜夢云前山兵衛殿之被取続
4　て藤頭弁躰之人許ョリ帰依成弁
5　被送物消息金幾銀幾等ト書リ
6　サテ見裹于紙物金銀寶物等也
7　其中人之書ケル消息躰ノ物アリ

【訓読】

一、建仁三年八月十日の初夜、善友法を修す。修中、二人の乞児（かたゐ）を見ると云々。其の夜の夢に云はく、前山兵衛殿の取り続（つ）がれて、頭弁躰（てい）の人の許（もと）より、成弁に帰依し、物を送らる。消息に金幾ら銀幾ら等と書けり。さて、紙に裹（つつ）みたる物を見るに金銀宝物等なり。其の中に人の書ける消息躰の物あり。又数珠等あり。心に思はく、此れ諸人の我に帰依して此くの如く或いは書きたる消息を雑（まじ）へ、或いは持つ所の念珠等を雑ふるなり。此れ結縁と為（す）るなりと云々。其の金物の形（後欠）

8 又数珠等アリ心思此諸人之帰依我
9 シテ如此或雑載書消息或雑所持
10 念珠等也此為結縁也云々其金物形

【現代語訳】　建仁三年八月十日初夜、善友法を修した。修法の最中に二人の乞食を見た云々。その夜の夢は次のようなものであった。前山兵衛殿の取り次ぎによって、頭弁のような人のもとから、成弁に帰依するということで、物が送られてきた。手紙には、金幾ら銀幾ら等と書いてあった。さて、紙に包んだ物を見ると、金銀や宝物などであった。そのなかに、人が書いた手紙のような物があった。また数珠などがあった。心のなかで、次のように思った。これは人々が私に帰依して、このように書いた手紙を交ぜたり、あるいは所持の念珠を交ぜたりしたのだと。これは結縁としたのである、云々。その金物の形（後欠）

【語釈】　1建仁三年八月十日　一二〇三年。八月八日に紀州安田家で「十無尽院舎利講式」を著している（高山寺典籍文書第2部463）ことや前山（崎山）兵衛殿が夢に登場することなどから、紀州滞在時の夢と推測される。1初夜　現在の夜八時から九時の間。仏教では一日のうちに晨朝・日中・日没・初夜・中夜・後夜の六時を定め、各時間毎に勤行を行った。1善友法　山外本1―14「建暦三年二月廿九日」に「即付文殊可修善知識法……又此善友法可達意歟」とあり、善知識は「善友」とも訳されることから（『仮名行状』上（明資一69頁）にも「善財善友ノ次位ノ建立ヲノブ」とある）、善知識に関わる修法と推測される。また、山外本2―8の日次記事に「一、従同年五月中旬修善友法為比御前祈禱也」とある。上記の「善友法」の次第に相当するのは、『法皷台聖教目録』第29箱67の「善財善友念誦次第一帖」（『高山寺経蔵古目録』220頁）か。『大日本史料』（533頁）には、同次第の奥書として「建仁二年十一月於紀州糸野山中、子尅許明恵阿闍梨御房伝授了」が載り、当該夢記前年に伝授したものと知られる。また『上人所作目録』に建仁三年九月四日（田中久夫は建仁二年のことと推測。田中久夫［一九六一］64頁）に糸野の成道寺で書写したと記載される『善財善知識念誦次第』と同じものか。**2乞兒**　乞食のこと。善友法と乞食の関わりは未詳。**3其夜**　建仁三年八月十日の夜。**3前山兵衛殿***　明恵の養父であった崎山良貞。良貞の妻は明恵の母の妹に当たる。夢記に頻出する。**4頭弁躰之人***　「頭弁」は弁官と蔵人頭を兼務する人のこと。「躰」は、「そのような様子・類」の意を表す接尾語。この「頭弁」は藤原長房を指す。『弁官補任』によれば、建仁二年十月二十九日に左中弁であった長房は蔵人頭に補せられ、建仁四年四月十二日に参議に任ぜられるまで頭弁であった。山外本1—7「建仁四年正月二十八日」の夢に「頭弁殿より消息来たらむずらむ」とある。明恵と長房の関わりについては、奥田勲［一九七八B］・黒田彰子［一九九八］参照。**7消息躰ノ物**　消息のようなもの。**10念珠**　「数珠」に同じ。**10此**　人々が明恵に消息を書いたり、所持の念珠などを送ってきたりすること。**10結縁**　仏法に関わるものと関係を結んで成仏のきっかけとすること。ここでは、明恵と人々との結縁を指す。

【考察】　本夢の日次記事にある善友法の実践は、建仁年間から密になっていた善財善知識への関心の一環と推測される。明恵は建仁元年十一月初に俊賀へ唐本の善財善知識曼陀羅の書写を依頼した（『漢文行状』、明資一110・111頁）のをはじめ、建仁三年正月二十六日には、天竺行を制止する春日明神の託宣について、明恵は善財五十五善知識図の御前で祈請するなどしている。明恵と善財善知識の関わりについては、柴崎照和［二〇〇四］「明恵における善財善知識観」参照。藤原長房と明恵との直接的な関わりが知られるのは、建永元（一二〇六）年、後鳥羽院から高山寺の地を賜った際の「日出先照高山之寺」の勅額裏書に「別当民部卿藤原長房卿」と記されるのが初めとされてきたが、この夢はそれ以前に明恵と長房との関係が始まっていたことを示唆するものとして重要である。さらに遡って建久九（一一九八）年には明恵の師であった上覚の歌論書『和歌色葉』を後鳥羽院に献上する仲介役を長房がつとめている（黒田彰子［一九九八］）。長房は上覚とのつながりから明恵を知り、本夢を見た建仁三（一二〇三）年頃から明恵に帰依するようになったのであろう。

（平野多恵）

1―6　建仁三年十一月、十二月夢記

▼1―6「建仁三年十一月七日」条（1～8）

【翻刻】

1 建仁三年十一月七日出京詣南京
2 存紀洲居住之由明日参詣於神社
3 欲令申此事之處夢云
4 成弁之左髆肘墮落〈脇以下切墮〉心思是
5 依大明神之御不快之至也即夢中に
6 夢忽覺肘猶在之心思依明神御不快
7 有此惡夢定招中風等大病歟雖有
8 臂何快歟如此思惟而覺了

【訓読】

建仁三年十一月七日、京に出でて南京に詣づ。紀州居住の由を存じて、明日、神社に参詣し、此の事を申さしめむと欲する処、夢に云はく、成弁の左肘、堕落す〈脇以下、切れ堕つ〉。心に思はく、是れ大明神の御不快の至りに依るなり。即ち夢中に夢、忽ちに覚む。肘、猶之(これ)在り。心に思はく、明神の御不快に依りて此の悪しき夢有り。定めて中風等の大病を招くか。臂有りと雖も、何ぞ快きか。此くの如く思惟して覚め了んぬ。

【現代語訳】　建仁三年十一月七日、京に出て南都に出向いた。紀州居住について思案申し上げることがあって、翌日、春日社に参詣して、このことを申し上げさせようとしていたところ、次のような夢を見た。成弁の左肘が落ちた〈脇より下が切れて落ちた〉。心の中で、これは、大明神がお抱きになった不愉快な思いが高まったためであると思った。そこですぐさま夢の中で、夢から突然に覚めた。肘は依然として体に付いていた。心で次のように思った。明神が不快にお思いになったため、この悪夢を見たのである。さだめし中風等の大病にかかる前兆であろうか。肘は付いているけれど、どうして快いことがあろうか。このように考えていると目が覚めた。

【語釈】 **1建仁三年十一月七日**　一二〇三年。明恵三十一歳。同年九月四日には、紀州糸野成道寺にて『善財善知識念誦次第』を草している（『上人所作目録』所収の同書奥書、明資五410頁）が、当時は紀州・春日・高尾などをたびたび往還していたため、十一月にどこにいたかは不明。また、高山寺本4篇には同年十月の夢が載せられており、舎利を首にかけた明恵と高尾の人々が筏に流される夢を見ている。高山寺本の同篇は建仁三年十月の夢とともに翌建仁四（元久元）年正月の夢も記し、1―6の夢記と時期が重なる。なお、米田真理子［二〇〇二A］にある通り、本条の夢記を江戸前期に写したとされる国立歴史民俗博物館蔵・高松宮家伝来禁裏本には、冒頭に二丁分（四三行）の「建仁三年九月五日夜夢」の独自本文がある。その翻刻を1―6の末尾に付録として付した。**1出京**　京に出ること。他の夢記の用例をたどると、「京に出る」の意が多い（高山寺本7篇13・21行や山外本1―10の1行など）。**1南京**　南都。『明恵上人神現伝記』に、明恵が春日社に社参した記録があるが、その際、南都の宿所に宿しており（明資一245頁・246頁）、春日社参の際は南都に宿泊していた。**1詣**　『大日本史料』は「泊」とする。**2神社**　春日社。夢に大明神が出てきており、また、南都という場所、明恵との関係性から、春日社と見てよいだろう。**4左髆肘堕落**[脇以下切堕]　記述の経緯としては、まず臂と書いたが、それを消して肘と書き直し、その後で「脇以下……」と割注を用いて限定している。『類聚名義抄』では、臂は「タヾムキ　ヒヂ」、肘は「ヒヂ　カヒナ　タフサ　ヒチノフシ」で同義とも思えるが、書き直したところを見ると、明恵にとって臂と肘の区別が存したようだ。臂に関しては、高山寺には、慧可断臂の場面を描いた「禅宗六祖像」が蔵される。同図では切れた腕が地に落ちて描かれているが、肩と肘の間のところで腕が切れている。同図は、明恵の密教の師の一人である興然経由で高山寺に伝来したと推測されている（京都国立博物館編［一九七四］、柴崎照和［二〇〇三］第三章「明恵と禅観」注(92)）。また、西天二十四祖の師子尊者が檀弥羅王に首をはねられた時王の右臂が地上に落ちたという有名な逸話があり、これとの関連も意識にあったか。**5御不快**　不愉快であること。「御」と敬意を伴うので、大明神の不愉快を示す。「不快」は、病気などにより体調が優れないことをいうこともある。**7中風**　脳卒中発作の後で現われる半身不随やマヒのこと。

【考察】高雄に騒動があったため、建仁二（一二〇二）年の冬頃より明恵は紀州に居住し、天竺へ渡る計画を同法と語り合っていた。しかし、建仁三（一二〇三）年正月廿六日、廿九日と二度にわたり春日明神の託宣があり、渡天を思い止まることになる。その二十九日の託宣において、春日明神は明恵に、有縁の衆生のために「王城辺」にとどまることを求めており、「籠居ノ条ハ我等（春日・住吉両神…担当者注）ウケザルナリ」（『明恵上人神現伝記』、明資一239頁）と述べている。この春日明神の託宣にもかかわらず、紀州に「籠居」し隠棲することを明神に申し上げなければいけないという葛藤が、本条の夢のような「悪しき夢」を見ることへつながったものであろう（奥田勲［一九八一］参照）。

（立木宏哉）

▼1―6「同十六日」条（9〜16）

【翻刻】

9 一同十六日夜夢云
10 左中弁之家ト覺シキ處アリ廣博美
11 麗也家邊ニ天龍夜刃等類侍衛セリ
12 帯面形之類也非□類夢心思釋迦如
13 來之法會可始歟云々即成弁修行ニ
14 出歟ト思テ蹔欲宿此家然此家主
15 不受此事無返事其所從等又現無
16 興之相云々仍成弁還了

【訓読】

一、同じき十六日の夜の夢に云はく、左中弁の家と覚しき処あり。広博美麗なり。家の辺に天龍夜叉等の類、侍衛せり。面形（おもてがた）を帯ぶる類なり。□類に非ず。夢に心に思はく、釈迦如来の法会始むべきかと云々。即ち成弁修行に出づるかと思ひて、暫く此の家に宿らむと欲（おも）ふ。然るに、此の家の主、此の事を受けず、返事無し。其の所従等、又無興の相を現ずと云々。仍りて成弁還りて了んぬ。

【現代語訳】一、同月十六日の夜の夢は次のようであった。左中弁の家と思われる所があった。広々として美麗であった。家の傍らに天・龍・夜叉等八部衆の類のものが護衛していた。それらは面をつけている類のものであった。□類ではなかった。夢の中で、心中に思ったことには、釈迦如来の法会が始まるのだろうかと云々。そこで成弁は修行に出ようかと思って、しばらくこの家に宿泊しようとした。ところがこの家の主人は、この、宿泊したいという私の望みに応ずることなく、返事がなかった。また、家主の従者たちも不快な様子を見せた、云々。それで成弁は帰ってしまった。

【語釈】 9同十六日 建仁三（一二〇三）年十一月。10左中弁* 当時の左中弁は、藤原長房（一一七〇～一二四三）（山外本1—5参照）。左中弁は、行政の事務を担当する「弁官」の上位の役職であり、各省の監督・庶務中枢を担うため、家柄・才能の優れた者が任ぜられた。長房の左中弁在任期間は、建仁元年八月二十九日より参議に任ぜられる建仁四（元久元）年四月まで。本条の夢には長房邸と思われる屋敷が出てくるが、実際の長房邸の一つは二条烏丸にあった。長房夫妻は後鳥羽皇女熙子内親王（一二〇五～？）の誕生にあたって、二条殿の跡を補修造作し、そこで熙子内親王を養育している（『明月記』元久二年二月十一日条）。熙子の出家の戒師は明恵であった（『明月記』寛喜二（一二三〇）年一月二十八日条）。10廣博 広いこと。11天龍夜刃等 「刃」字を『大日本史料』の翻刻に従い「叉」とよみ、「天、龍、夜叉」と解釈する。同様の表記は他の史料にも散見する。仏法を守護する八部衆、すなわち天・龍・夜叉・乾闥婆・阿修羅・迦楼羅・緊那羅・摩睺羅伽の八種の異類を指していると思われる。夜叉は毘沙門天の眷属で、忉利天等にあり、諸天を守護するという。11侍衛 護衛すること。12面形 仮面のこと。八部衆の面としては、東寺の舎利会で使われたものが現存するが、これらは明恵との関わりを持つ湛慶、およびその周辺作家による、鎌倉期半ばの作と考えられている（伊東史郎［一八九四］）。12□ 文意より考えて「眞」「實」といった意味をもつ語か。12釋迦如來之法會 法会は、しばしば舞楽を伴うため、八部衆の仮面をつけたものを見た明恵は、釈迦如来の法会の開催を連想したのであろう。時代はやや下るが、東大寺の学僧凝然が『音曲秘要抄』（正和二（一三一三）年）で「如来の在世には諸天八部恭敬供養するにまづ音楽を奏し」と記しているのも参考になろう。13修行　後続部分で修行しようかと思って左中弁の家に泊まろうとする流れからすると、ここでの「修行」は、法会に参ずることを指すか。15所従　家主の家来、従者をいう。

【考察】　この夢を含む1―6の一連の夢については、同年正月の春日託宣との緊密な関連がうかがわれる（山外本1―6「建仁三年十一月七日」条（1～8）【考察】）。この夢で言及される釈迦如来が春日第一殿と同一視されることも、春日明神の託宣との関係を読みとることを可能にするだろう。それだけではなくこの時期は、東大寺再建が大詰めを迎えており、この夢の前月十月には南大門仁王像の開眼、そして十一日余り後の十一月三十日には後鳥羽院臨御のもと、東大寺総供養が行われている。長房もこの儀式にかかわり、また、舞楽も奉納されている（『東大寺続要録』三など）。春日託宣に加え、以上のような南都の状況も、夢の源泉として指摘しておきたい。なお、明恵が夢相に関して参照した『蘇婆呼童子請問経』には、好相の一つに如来が座におり人天八部の為に説法し、自身もその法会にいて仏の説法を聴くのを見ることをあげる（大正蔵18巻726下）。明恵自身も後に、寛喜二（一二三〇）年十一月六日の夢で「広博大仏殿」の中に入り、説法の様子を見たことを「善根之成就相」かと解釈している（高山寺本11篇の前の『大方炬陀羅尼経要文集』奥書部分、高山寺典籍文書重書類29）。そういった好相と比較すると、法会の存在を知りながら、それに参ずることのなかった本条の夢は、吉夢ではないだろう。

（小林あづみ）

▼1―6「同十九日」条（17～25）

【翻刻】

17　一同十九日夜夢云
18　高尾ニ御社可立之地ヲ曳テ道エモ
19　イハス造レリ道中墻アリ取捨之

【訓読】

一、同じき十九日の夜の夢に云はく、高尾に御社立つべき地を曳て、道えもいはず造れり。道中墻あり。之を取り捨つ。又、月性房と中指に立のき事、左中指一

又月性房ト〇（中指ニ立ノキ事）左中指一躰云々〇（執受有二）自身執受
他身執受事　壊〇（道中）墻事　スヘルコト
御堂場中門邊前中有大鹿一疋
頭徑九寸許也相具子ヲ場米ヲ散
シテ飼之云々
又解脱房問探玄記等義給ヘハ成弁答之

躰と云々。執受に二有り、自身執受、他身執受の事。道中の墻を壊(やぶ)る事、すへること。御堂場の中門の中に大鹿一疋有り。頭径九寸許りなり。子を相具す。場米を散じて之を飼ふと云々。又、解脱房、探玄記等の義を問ひ給へば、成弁、之に答ふ。

【現代語訳】　一、同じ月の十九日の夜の夢は次のようであった。高尾に、春日社を建てる予定の土地を平らにし、そこへの道をすばらしく造った。道の途中に垣があったので、これを取り捨てた。又、月性房と中指に立のき事、左中指一躰と云々。執受には二種類あり、自身執受と他身執受のこと。道中の垣を壊すこと、据えること。御堂場の中門の中に大鹿が一匹いた。頭の大きさは九寸ほどであった。子鹿を連れている。堂場の供米を散らして、この鹿を飼った、云々。又、解脱房が『探玄記』等の意味をお尋ねになるので、成弁はそれについて答えた。

【語釈】　**17同十九日**　建仁三（一二〇三）年十一月。**18高尾**　神護寺のこと。**18御社**　春日社か。高山寺本における「御社」の用例には、「春日御社」（高山寺本6篇3行・同13篇54行）、「御社」（高山寺本13篇41・42行）があり、すべて春日社を指す。**18地**　「由」の上に「地」を重ね書き。**18曳**　「（建物を建てるために）平らにする」の意。**19墻**　「垣」に同じ。垣根。**20月性房***　未詳。高山寺本10篇239行に登場し、東大寺の大仏が小さいと発言している。**20中指・左中指**　手指の中指か。文意不明。**20執受有二**　「執受」とは、認識の対象を感受すること。「執受に二有り」は、『華厳経探玄記』第四にある

「瑜伽云。此識執受有二。一内執受種及五根身。二外執受器世間」（大正蔵35巻179上）を受けるか。**20・21自身執受・他身執受**　前掲の『華厳経探玄記』第四に見える「内執受」と「外執受」を「自身執受」と「他身執受」として明恵が言いかえたものか。**21壊○**（道中）**墻事　スヘルコト**　19行目「道中墻アリ取捨之」を受けたもの。「スヘルコト」は「据ゑること」であろう。**22御堂場中門**　「堂場」は神護寺の諸堂のある場か。「中門」については、やや時代は下るが、寛喜二（一二三〇）年成立の「神護寺絵図」では宝塔院前に中門が描かれ、「神護寺承平実録帳」では宝塔院の中門として「南三間檜皮葺中門一宇在戸一具在額」とある。嘉禄二年三月二十六日に書かれた『神護寺諸堂記』には「同（建立檜皮葺）中門一宇奉安置二天像各一躰」とあり、二天像が安置されていた（上記二資料の翻刻に、福山敏男［一九八二］）。**23頭徑**　頭の直径、さしわたし。**23場米**　諸堂の場で仏に供える米を指すか。**25*解脱房**　貞慶のこと。貞慶と明恵の交流が資料上はじめて見えるのは、この夢と同年の建仁三（一二〇三）年正月、明恵の天竺行をとどめた春日明神託宣の後のことである。同年二月二十七日には、明恵は貞慶と対面のため笠置寺に参詣し、舎利二粒を賜っている（『明恵上人神現伝記』、明資一239～247頁）。**25探玄記**　法蔵の著した、「六十華厳」の注釈『華厳経探玄記』を指す。明恵は建久九（一一九八）年以後『探玄記』を弟子達に講義しており（『仮名行状』、明資一31頁）、この夢の建仁三年時点で『探玄記』を知悉していたことがうかがえる。

【考察】　いくつもの短い夢が断片的に連ねられている。御社や大鹿の登場は建仁三年十一月七日の春日大明神の夢に続いて春日に関わり、執受の説や貞慶に『探玄記』の解説をしたことは華厳教学に関わる。また、春日明神と貞慶も関係が深く、それぞれの要素がゆるやかに繋がり合っている夢である。ただし、月性房が登場するところは解釈が困難で他とどう繋がるか明らかにしがたい。

（平野多恵）

▼1―6「此家主御前夢云」条（26～38）

【翻刻】

26 一此家主御前夢云
27 　家主自詣於春山山林良面白無極
28 大明神御寶殿之外出居尻懸磐石居
29 給○（諸鹿其数一千許前後左右囲遶）~~向家主語曰我~~其一々鹿頭上悉
30 有寶珠光明映徹大明神又光輪赫
31 奕明神向家主告曰我明恵房呼我故
32 欲行高雄即於諸鹿中馬三疋許ヲ
33 合セル程ノ鹿アリ指彼言我乘此鹿可
34 行高雄也其鹿頭左右各有一寶珠即
35 宮移ト云テ道俗貴賎悉集會其
36 後行高雄語此事諸人皆感悦又自
37 金堂中老僧杖錫杖出来種々摩頭
38 慰喩云々

【訓読】

一、此の家の主の御前の夢に云はく、家の主、自ら春山に詣づ。山林良（まこと）に面白きこと極まり無し。大明神、御宝殿の外に出で居り。盤石に尻懸けて居給ふ。諸の鹿、其の数一千許り、前後左右囲遶す。其の一々の鹿の頭上に悉く宝珠有り。光明映徹す。大明神、又、光輪赫奕たり。明神、家主に向かひて告げて曰はく、「我が明恵房、我を呼ぶ故に高雄に行かむとす」と。即ち諸の鹿の中に馬三疋許（ばか）りを合はせる程の鹿あり。彼を指して言はく、「我、此の鹿に乗りて高雄に行くべきなり」と。其の鹿の頭の左右に各々、一の宝珠有り。即ち宮移しと云ひて道俗貴賎悉く集会す。其の後、高雄に行きて此の事を語るに諸人皆、感悦す。又金堂の中より老僧、錫杖を杖（つゑつ）きて出で来て、種々に頭を摩で、慰喩すと云々。

【現代語訳】一、この家の主の御前の夢は次のようであった。家の主が自ら春日に参詣した。山林は本当に面白いことこの上ない。大明神が御宝殿の外に出て座った。盤石に腰掛けていらっしゃる。多くの鹿が数にして千頭ばかり大明神の前後左右を取り囲んでいる。その一頭一頭の鹿の頭上には、みな宝珠がある。宝珠の光明で辺り一面隅々まで光り輝いていた。大明神もまた光輪が明るく輝いている。明神は、家の主に向って次のように告げた、「私の明恵房が私を呼んでいるので高雄に行こうと思う」と。すると多くの鹿の中に馬を三匹ほど合わせたぐらいの大きな鹿がいた。その鹿を指して「私はこの鹿に乗って高雄に行くつもりだ」と言った。その鹿の頭の左と右とそれぞれに一つずつ宝珠がある。すると、「春日社が高雄に移る」と言って僧俗貴賤の別を問わずみな集まった。その後、(家の主が)高雄に行ってこの出来事を語ると、人々はみんな感動して喜びを見せた。また、高尾の金堂の中から老僧が錫杖をついて出て来て、様々に頭をなでさすって、いたわりさとした云々。

【語釈】**26此家主御前**　「此家主」が誰を指すかは不明。「御前」は奥方の意か。ここの「家主」は明恵が当時、宿していた南都のいずれかの家の主であろうか。夢記では珍しく、明恵以外の夢が記されている。この夢記10行では、「左中弁の家と覚しき処」を夢に見ており、「家主」も登場する。夢中の出来事であるが、なにか関連があろうか。**26春山**　春日社のこと。他に、高山寺本13篇40行、山外本2―4の1行にも「春山」の例が見られる。**27良**　まことに。「良」は『類聚名義抄』に「ヨシ　マコト　ハナハタ　ヤ、」とあり。高山寺本では「良ニ」と「ニ」の送り仮名を付した用例があるので(高山寺本9篇35行)、それと同じと見て「マコトニ」と訓む。**28大明神**　春日明神のこと。春日明神の姿に関しては、高山寺に、成忍筆「春日大明神・住吉大明神像」の室町時代の写しと言われるものが現存する(京都国立博物館編[一九八一])が、老翁の姿で描かれている。**28御寶殿**　春日社の本殿。春日社には、当時すでに本殿とともに宝庫があったらしいが、社伝によれば宝庫は「宝蔵」と記録されているようである(黒田昇義[一九七八])。また、『中右記』長治元(一一〇四)年四月廿二日条でも本殿を「宝殿」、宝庫を「宝蔵」と呼んでいる。**28出居**　内から進み出て座ること。ここでは、動詞の「いでゐ」と解す。28尻懸　腰掛けること。29鹿　鹿は春日社と縁の深い動物。当時、春日社参の際、鹿を目にすることが貴族の間で吉祥ともされていたらしい（大屋徳城［一九八八］参照）。30映徹　うつりとおること。すみずみまで光り輝くこと。「光明映徹す」と訓んだが、「光明、大明神に映徹す」とも訓め、この場合は春日明神を隈なく宝珠が照らしていることになる。32馬三疋許ヲ合セル程ノ鹿　馬三疋で鹿の巨大さを表現している。文殊堂にあった文殊の乗った師子を「牛三疋許りの勢なり」とする類例がある（山外本2—2・199行）。35宮移　春日明神の神座を春日社から高雄山へうつすこと。37金堂　神護寺の金堂であろう。なお、嘉禄二（一二二六）年三月二十七日に行われた神護寺の総供養の際に作成された願文によれば、「右堂者八幡大菩薩御願、古昔称之神願寺。仍以彼御影像一鋪、本自所奉安置帳内也」とあり、金堂には八幡菩薩の影像も安置されていたようである（望月信成［一九三五］参照）。37老僧　金堂には八幡菩薩の影像が安置されていたので、錫杖を持つ僧形八幡のイメージが反映されていようか。春日明神が高尾に勧請されるに際して、鎮守神八幡菩薩が現れたとも解釈できる。37杖錫杖　錫杖をついて。錫杖は、比丘十八物の一。振って音を出して、乞食の際に人家の注意を引き、また、毒虫を威嚇して寄せ付けないようにする。37摩頭　頭をなでさする。「種々に頭を摩で」の部分は解釈が困難。誰または何の頭をなでたのか決めがたい。明恵は登場していないので、家主、あるいは高尾の人々のいずれであろうか。この「摩頭」は、高尾への春日勧請について老僧が認可・賞賛した行為と解釈できる。38尉喩　慰諭。いたわりさとす。「尉」は「なぐさめる」の意。「尉」は「慰」に同じ。

【考察】　明恵以外の者の見た夢を記したもの。春日明神が「明恵が呼んでいるので、鹿に乗って高雄に行く」と告げる。その鹿は馬三頭を合わせたほどの大鹿であった。この夢の前に記された山外本1—6「同十九日」条（17〜25）の明恵自身の夢を補うような夢であり、そのため記しつけたのだろう。前夢において高雄に春日社を建てる内容の夢の中で大鹿の登場も見られ、自身の夢に現れた大鹿が、実は、春日明神が高雄に行くために乗ってきた鹿であることを示すような夢である。

（立木宏哉）

▼1―6「同廿日」条（39〜42）

【翻刻】

39 一同廿日夜夢故専覺房阿闍梨威儀
40 如常懌面來問曰御房何様ニカ令案給
41 答曰我未得一定阿闍梨進曰八文字ヲ
42 トラヘサセ給ヘシ八文字ハ角（ツノ）ニ似テ候也云々

【訓読】

一、同じき廿日の夜の夢に、故専覚房阿闍梨、威儀常の如く、懌（よろこ）びの面にして来たりて問ひて曰はく、「御房何様（いかやう）にか案ぜしめ給ふ」と。答へて曰はく、「我未だ一定（いちじょう）を得ず」と。阿闍梨進めて曰はく、「八文字をとらへさせ給ふべし。八文字は角（つの）に似て候ふなり」と云々。

【現代語訳】　一、同じ月の二十日の夜の夢は次のようであった。今は亡き専覚房阿闍梨がいつものご様子で、喜びを顔に浮かべて私のところに来て尋ねて言うには「あなたはどのようにご心配になっているのですか」と。答えて言うには「私はいまだに確かなものを得ていないのです」と。阿闍梨は私に勧めて言うには「八文字を把握なさりなさい。八文字は角に似ております」と云々。

【語釈】　**39同廿日**　建仁三（一二〇三）年十一月二十日。**39故*専覺房阿闍梨**　性我（久安六（一一五〇）年〜正治二（一二〇〇）年三月二十九日）。「千覚房」「恵眼房」とも。文覚のもとで上覚とともに修行ののち、建久二（一一九一）年、神護寺の阿闍梨に補せられ、仁和寺の守覚法親王より伝法灌頂を受けた。鎌倉にて源頼朝の護持僧をつとめ、勝長寿院・永福寺の別当となった。建久八（一一九七）年から文覚が行った東寺の修理にも、上覚とともに重要な役割を果たしている。『玄玉和歌集』に八首の和歌が入集する（山田昭全［二〇一四A］、横山和弘［二〇〇四］参照）。**40懌面**　「喜んだ顔で」の意。高山寺本にも「新宰相殿」や「童子」などが「懌面」で明恵に近づくさまが記される（高山寺本7篇63行・66行・77行）。**41一**

定　確実なこと。具体的に何を指すかは不明。**41八文字**　不詳。以下の「八文字は角に似て候」は「八」の字形をふまえた表現と考えられるので、「八という文字」と解されるが、それをとらえるとはどのようなことか不明。阿字観のように、八という文字を観想することか。「八つの文字」と解するなら、八字文殊（「唵阿味羅吽佉佐洛」を真言とする）との関連も想定される。【考察】参照。**42角**（ツノ）　不詳。傍記「ツノ」により、「カド」「スミ」ではなく突起物であることを示す。「八」字の語形が角のようであることをいうか。あるいは、前日の夢に現れる鹿と関係した語句か。

【考察】　語句の意味が不確定なため、文意を把握しがたいが、「一定」を得ないことを明恵は案じており、一連の吉夢とは言いがたい夢と関係があるかと思われる。その一方で、概して良いイメージを伴っている「懌面」の登場人物が、明恵に対して助言を行っていることは、翌日の夢につながるものか。生前の専覚房性我と明恵との直接の交流を示す資料は管見には入らないが、文覚・上覚とともに様々な活動を行った性我のことを、明恵は強く意識していたであろう。本条の前日の夢に、神護寺の中門が登場するが、神護寺の修造を行った性我は、中門に安置された二天・八夜叉像安置にも、運慶とともにかかわった人物でもあった（『神護寺略記』）。

また、「八文字」と「角」に関しては、『徒然草』六十二段に「い」文字を「牛の角もじ」と形容した例が参考になるか。なお、「八文字」を八字文殊との関係で考えれば、『白宝口抄』（大正蔵図像部6巻）などには、八字文殊が宝珠と一体であることを説いており、この夢の直前に記される家主御前の夢で、春日明神（若宮の本地は文殊菩薩）の乗る鹿の頭の左右にあった宝珠を、この夢の「八文字」「角」と関連させて解釈することも可能かもしれない。

（小林あづみ）

▼1―6「同廿一日」条（43〜52）

【翻刻】

43 一同廿一日夜夢成弁高尾之麓ト思
44 キ處ニ居タリ我前ニ數石ノ米ヲ置ケリ
45 有一人僧告曰此ニ居テ盗賊ニ打敍
46 サレ給コト勿レ此ニ居テハ恐ハ此難可有一
47 速ニ可令登本山給成弁聞此事
48 高尾寺中ヘ皆米ヲ運ヒ上ク寺家ニ行
49 テ住セムト欲フ又一人ノ小僧来米一斗
50 許ヲ持テ將与於我成弁曰持可被
51 運高尾成弁可行彼處也聞此語
52 彼僧又持行於高尾我身將登云々

【訓読】

一、同じき廿一日の夜の夢に、成弁、高尾の麓と思しき処に居たり。我が前に数石の米を置けり。一人の僧有り、告げて曰はく、「此に居て盗賊に打ち殺され給ふこと勿かれ。此に居ては、恐らくは、此の難有るべし。速やかに本山に登らしめ給ふべし」と。成弁、此の事を聞き、高尾の寺の中へ皆米を運び上ぐ。寺家に行きて住せむと欲（おも）ふ。又、一人の小僧、来たり。米一斗許りを持ちて、将に我に与へむとす。成弁曰はく、「持ちて、高尾に運ばるべし。成弁、彼の処に行くべきなり」と。此の語を聞き、彼の僧、又、高尾に持ちて行く。我が身も将に登らむとすと云々。

【現代語訳】　一、同じ月の二十一日の夜の夢は次のようであった。成弁は高尾の麓と思われる所にいた。自分の前に数石の米が置いてあった。一人の僧がいて自分に言うことには、「ここにいて、盗賊に打ち殺されないようになさってください。ここにいたら、恐らく、そうした災難に遭うことでしょう。早く本山にお登りください」と。成弁は、この事を聞き、高尾の寺の中へすべて米を運び上げた。寺家に行って、ここに住もうと思った。また、一人の年少の僧が来て、米一斗ばかりを持って、私にくれようとした。成弁が言うことには、「（その米を）持って、高尾に運ばれるのが良いでしょう。成弁も、あちらに行くところです」と。この言葉を聞いて、その僧もまた、高尾に米を持って行った。私自身も登ろうとした、云々。

【語釈】 43同廿一日　建仁三（一二〇三）年十一月二十一日。43高尾　神護寺のある高雄山のこと。44數石　石（斛）は百升（千合）。一般には一石の米が成人の一年分の消費量に相当すると言われる。46勿　「事」の上に重ね書きしてある。47本山　ここでは神護寺のこと。48寺家　①空間・建築物としての寺院そのもの、②僧侶によって構成される組織としての寺院、③組織としての寺院の経営機関、などの意味がある。ここでは、「住せむ」とあるので、①ないし②の意味であろう。49一斗　十升のこと。50持テ　何かの字（「數」か）の上に「持」と重ね書きしてある。

【考察】 高雄山の麓らしき場所にいたところ、ある僧の注意によって、盗賊の難を恐れて、数石の米を神護寺へと運びこみ、また、明恵に米をくれようとした小僧にも、同様に神護寺に米を運ぶよう明恵が指示した、という趣旨の夢である。この夢に先立つ「同十九日」条（17～25）では、神護寺に「御社」を立てるという夢と一連のものとして、「御堂場中門」に大鹿がいるという夢が記され、その鹿の餌として「米」が登場する。さらに、「家主御前」の夢として、春日明神が明恵のために大鹿に乗って高雄に行く夢が記され、続く廿日の夢では、「角」に似た「八文字」をとらえるよう故専覚房から指示されるという夢が記される（「角」も鹿を暗示するか）。こうした一連の経緯を考えると、本条での「米」は、明恵および神護寺住僧の食糧であるとともに、神護寺にいるはずの鹿の餌であると解することも可能である。明恵は建仁三年十一月七日の段階では、「紀洲居住」を希望していたが、今触れた一連の夢は、春日明神からの神護寺還住を指示する夢と解釈できる。この夢も、鹿の餌である米（春日明神への供養を暗示）を持って神護寺へ登れ、という春日明神の指示を示すと解せる。この夢では、麓にいては難に遭うという指示を受け、「寺家」に「住せむ」と述べているのは、神護寺還住の気持ちが高まってきたことを示すものか。明恵の高雄還住は上覚や文覚の意志でもあったと思われるが、この時期、明恵としては紀洲籠居の意志を持ちつつも、高雄還住に心が傾いたこともあったと思われる（なお、山外本1―6「廿九日」条（70～89）の夢も参照）。この夢は、そうした明恵の心の振幅を示すものと考えることができよう。最後に登場する「小僧」も、夢記の登場人物としては、この夢にしか登場しない語であるが、明恵に米を与えようとし、明恵とともに山に登ろうとするところから、高雄に還住しても明恵に帰依する人々が現れるという暗示であろうか。

（前川健一）

▼1―6「同廿二日」条（53）

【翻刻】

53　一同廿二日夜夢吉祥天云々

【訓読】

一、同じき廿二日の夜の夢に吉祥天と云々。

【現代語訳】　一、同じ月の二十二日の夜の夢に、吉祥天を見た云々。

【語釈】　53廿二日　建仁三（一二〇二）年十一月二十二日。なお、中世東大寺では十一月十六日から二十一日まで華厳講が行われていた。53吉祥天　東アジアの伝承では、徳叉伽龍王を父、鬼子母神を母とするとされ、毘沙門天の妻とされる。『仮名行状』建保三年条によれば、高山寺持仏堂にはもともと吉祥天が安置されており、しばしば夢に登場したと記される（明資一51頁）。『高山寺縁起』の「練若台」の項（明資一650頁）にも『行状』と同じ夢が言及されている。

【考察】　詳しい内容は不明であるが、吉夢であることは間違いない。現存する夢記の中で吉祥天が登場するのは、この夢だけである。数日前からの夢と一連のものと考えれば、高雄還住への決意を吉祥天が称賛したものか。

（前川健一）

▼1—6「同廿三日」条（54〜63）

【翻刻】

54 一同廿三日夜夢云
55 有一磐石其面○平均也如板面其
56 峯少下有一盤曲此盤石面ニハ○正可居
57 之處ト思此盤曲ニ麒麟遊止此處
58 依之我モ又思可居然此麒麟遊
59 止之条前時ニハ未決イカサマニモサ
60 ヤウノ霊物○必可通此處ト推察後ニ
61 得一驗明知此事ヲ各々不思議也ト
62 評定其驗ハ甘水等ヲ得欤ト思
63 然不分明於□依□□覺了

【訓読】

一、同じき廿三日の夜の夢に云はく、一磐石有り、其の面、均平なり。板の面の如し。其の峯を少し下るに一盤曲有り。此の盤石の面には正しく居るべき処と思ふ。此の盤曲に麒麟遊止す。此の処、之に依りて、我も又居るべしと思ふ。然るに、此の麒麟、遊止の条、前時には未だ決せず。いかさまにも、さやうの霊物、必ず此の処を通るべしと推察す。後に一験を得て明らかに此れを知る。各々不思議なりと評定す。其の験は甘水等を得るかと思ふ。然れども分明ならずして覚め了んぬ。

【現代語訳】

一、同じ月の二十三日の夜の夢は次のようであった。一つの巨大な岩があり、その表面は全体が平らで、板の表面のようであった。その大岩の峰を少し下ると、一つの曲がりくねったところがあった。この磐石の上はまさしく居るべきところだと思った。この曲がりくねったところに麒麟がいた。この場所に麒麟がとどまっているので、私もまたそこに居ようと思った。しかし、この麒麟がいることは以前には分からなかった。いずれにせよ、そのような霊験のある生き物は必ずこの場所を通るはずだと推察した。後に、ある霊験を得て、はっきりとこの事を知った。それぞれ不思議だと話し合った。その霊験というのは美味な水を得ることかと思った。しかし、はっきりとは分からないまま目が覚めた。

【語釈】　**54同廿三日**　建仁三（一二〇三）年十一月二十三日。**55磐石**　磐石に同じ。巨大で堅い岩。磐石は、明恵の故郷であった紀州の山中の景を反映してか、明恵の夢にしばしば登場する。**55○平均**レ　平らな様。原本の補入記号に従って「均平」と訓読した。**56峯**　磐石が峰として意識されているか。**56盤由**　「盤曲」に、まがりくねることの意だが、そのままでは解釈し難い。ここでは、曲がりくねったところの意で解した。**56盤石**　「曲」の上に「石」を重ね書きする。**57麒麟**　古代中国の想像上の動物で、聖人が世に出現するときに、その瑞兆として現れるとされた。前夢からの続きで考えると、「鹿」のイメージを引き継いだものか。**57遊止**　他所から来て、そこにとどまること。**57此處**　麒麟の出没する一帯のこと。明恵は磐石の上におり、盤曲は麒麟がいる辺り全体を指すと思われる。**59条**　形式名詞で「〜のこと」の意。**59未决**　「决（決）」の字例は高山寺本10篇12行にある。**59イカサマ**　何はともあれ。如何なる状態であっても、そのようになる様。**60サヤウノ霊物**　「霊物」は神秘的で不思議なもの。ここでは「麒麟」を指す。**60ト**　「ベシ」の上に「ト」を重ね書きする。**60此處**　57行「此處」に同じ。**61驗**　神仏などが感応したしるし。霊験。**61此事**　麒麟が予想した場所を通ること。**62評定**　本来はその場にいる参加者の合議で物事を決定することだが、ここでは「話し合う」といった程度の意味か。「評定」の表現を使い、直前に「各々」とあることから、夢の中で何人かと一緒にいる意識を明恵は持っていたと思われる。**62甘水**　味の良い水。あるいは「霊験」としての「甘水」であることからすると、「甘露のような味の水」とも考えられるか。二日前の「廿一日」条の夢では、生活の糧を想起させる「数石の米」が登場した。その連想からすると、「甘水」は生活必需品としての上質の水と考えられようか。**63分明**　はっきりしているさま。**63於□依□□**　墨消により、下の字は難読。

【考察】　この夢の前後には移動と居場所に関わる夢が多い。明恵は同年の正月二十六日に春日明神の託宣によって、熱望していた天竺行を思いとどまっている。このような夢を多く見たのは、自分の留まるべき場所について再考を余儀なくされたことによるか。この夢に登場する盤石は明恵の故郷であり修行の場でもあった紀州を想起させる。建仁三年前後の明恵は紀州と京を行き来しており、その状況を反映しているのだろう。明恵の吉夢に多く見出される「盤（磐）石」と古来瑞祥とされた「麒麟」が合わせて登場することから、明恵にとって自らの指針となりうる瑞夢であったと推測される。夢の記述からは「石」と「盤曲」、「此處」の関係、明恵の所在地点が明確に把握できず、解釈に曖昧な部分が残る。

（平野多恵）

▼1—6「同廿四日」・「同廿八日」条（64〜69）

【翻刻】

64　一同廿四日宿□□□○夜夢云
65　平地ノヒロキ中ニ有一壠(ツカ)其上女房
66　四五人御坐成弁爲親彼將登其
67　上居之云々
68　一同廿八日夜夢或處造社レルヲ
69　依人勸我身共社將移他處

【訓読】

一、同じき廿四日、□□□に宿る。夜の夢に云はく、平地のひろき中に一の壟(つか)有り。其の上に女房四五人御坐(おはしま)す。成弁、彼れに親しまむが為に、将に其の上に登り、之に居らむとすと云々。
一、同じき廿八日の夜の夢に、或る処に社を造れるを人の勧めに依りて、我が身、社と共に将に他処へ移らむとす。

【現代語訳】　一、同じ月の二十四日、□□□に泊まった。夜の夢は次のようであった。平地の広いところに一つの壟がある。その上に女房が四五人いらっしゃる。成弁は彼らに親しくするため、壟の上に登って、そこに居ようとした。

一、同じ月の二十八日の夜の夢は次のようであった。ある所に神社を造ったので、人の勧めに従い、私自身、神社と共に他の所へ移ろうとした。

【語釈】64同廿四日　建仁三（一二〇三）年十一月二十四日。64宿□□□　「□□□」は難読だが、「ホツ丶」か。山外本1―6「同十二月十五日」条（106～110）の夢に見える「四達に宿す」の「四達」と関連あるか。65壠（ツカ）　盛り上がったところ。丘や塚などをいう。

【考察】明恵の夢にしばしば登場する女房は、明恵を守護する役割を果たすことが多い。この夢では、明恵のほうから四五人の女房に親しみを感じている。「同廿八日」条の夢では明恵は新しく造った「社」と共に他所へ移ろうとしており、「同十九日」条の、高尾に「御社」（春日社か）を造立する夢とも関わるか。

（平野多恵）

▼1―6「同廿九日」条（70～89）

【翻刻】

70 一同廿九日夜夢云
71 東大寺大佛殿ニ詣其御前ニ厨
72 子ノ如ナル物アリ其上在降三世明王
73 成弁思先時夢中得此尊奇特
74 大驗應仍作礼南无降三世明王我得
75 有縁感應甚爲希奇明王動身躰

【訓読】

一、同じき廿九日の夜の夢に云はく、東大寺大仏殿に詣づ。其の御前に厨子の如くなる物あり。其の上に降三世明王在（ま）します。成弁思はく、先時、夢中に此の尊の奇特なる大験応を得たりと。仍りて礼を作（な）す。「南無降三世明王、我、有縁の感応を得たり。甚だ希奇たり」と。明王、身躰を動かし、物語を作す。即ち成弁を敬ひて地に降り下り給ふ。其の時、之を見るに、即ち是作物語即敬成弁降下地給其時見之即是淨恵房定意丹波入道冷泉三位舎弟也即將占相成弁成弁思三位殿者是相人也依之此御房モ○被爲此事也即相曰御房者今壽命廿五年可御坐也其間ハ以自身如主(シウノ)ニ○可思召也全ク物氣心ワシマスヘカラス云々成弁思ク物氣心者此籠居之心也ウツヽニ上人御房如此事ヲ呵嘖シ給ニハ物クルハシクナアリソト被仰如此籠居遁世シテヰナムト云ヲ頻ニ制止シ給ト思ュ成弁問曰今廿五年者今年ヲ具シテ廿五年歟自明年歟答曰人命ハ不定ノ事ナレトモ當時ミユル處ハ自今年シテ廿五年也云々

れ浄恵房〈定意、丹波入道〉、冷泉三位の舎弟なり。即ち将に成弁を占相せむとす。成弁思はく、三位殿は是れ相人なり、之に依りて此の御房も此の事を為さるるなりと。即ち相して曰はく、「御房は今寿命は廿五年に御坐(おはしま)すべきなり。其の間は自身を以て主(しう)の如くに思し召すべきなり。全く物気心わしますべからず」と云々。成弁思はく、物気心は此の籠居の心なり。うつつに上人御房、此くの如き事を呵嘖し給ふには、「物ぐるはしくなありそ」と仰せらる。此くの如く籠居遁世してゐなむと云ふを頻りに制止し給ふと思ゆ。成弁問ひて曰はく、「今廿五年は今年を具して廿五年か、明年よりか」と。答へて曰はく、「人命は不定の事なれども、当時みゆる処は今年よりして廿五年なり」と云々。

【現代語訳】　一、同じ月の二十九日の夜の夢は次のようであった。東大寺の大仏殿に参詣した。その大仏の御前に厨子のような物があった。その上に降三世明王がいらっしゃった。成弁は以前、夢でこの尊格の珍しく不思議な大霊験を得たのを思い出した。それで礼拝した。「南無降三世明王、私はご縁がありまして明王の感応を夢中で得ました。その感応は甚だすばらしいものでした」と申し上げた。明王は身体を動かしてお話しになる。そして成弁を敬って地に降り下りなさった。その時、その姿を見たところ、それは浄恵房〈定意、丹波入道〉で、冷泉三位の弟であった。それで浄恵房は成弁を占おうとした。成弁が思うには、冷泉三位殿は人相見である、そのため弟であるこの御房もこの占いをなさるのであると。そこで浄恵房が私を占って言うには、「御房の寿命はあと二十五年でいらっしゃいましょう。その間はご自身を主のようにお思いになるべきです。物気心がおありではいけません」と云々。成弁が思うには、物気心とはこの今抱いている籠居を望む心であると。実際に上人御房がこのような事を叱り責めなさる時には、「何かに取り憑かれたようであってはなりませんよ」とおっしゃった。私がこのように籠居・遁世していようと言うのを、頻りに制止なさったのだと思われた。成弁が浄恵房に質問して言うには、「あと二十五年とは、今年を加えて二十五年ですか、それとも来年からですか」と。浄恵房が答えて言うには「人命は定かではないことですが、今現在見えるところでは今年から二十五年です」と云々。

【語釈】　**70同廿九日**　建仁三（一二〇三）年十一月二十九日。東大寺総供養の前日である。**71東大寺大佛殿**　明恵は東大寺に関する夢を多く見ているが、大仏殿に直接言及するものはこの夢の他に『仮名行状』（寛喜二（一二三一）年三月二十九日条、明資一64頁）などにみえる。『行状』の夢では明恵は大仏殿で「五大尊」つまり降三世明王を含む明王像を奉拝し、「吉夢」「延寿ノ験歟」と解釈しており、この夢との共通項が多く、注目される。また、前条や「同十六日」条（9～16）の【考察】でも指摘したが、翌日に後鳥羽上皇臨御のもと執り行われた東大寺総供養と関連する夢とも考えて良いだろう。**71厨子**　同様の表現として、山外本2―2「同十六日」条に婆傘多夜天が厨子のようなものの上に坐す例がある。本来仏像は厨子の中に安置されるが、この夢のような例は仏菩薩が生身であることを強調する印象を与える。**72降三世明王**　五大明王の一尊。三界（欲界・色界・無色界）あるいは三毒（貪・瞋・痴）を降伏するという尊格。足元に大自在天（シヴァ神）夫妻を踏みつけた三面または四面八臂であらわされることが多い。通常は教王護国寺講堂のように、五大明王の東方尊として造立されるが、この明王を中尊として、降伏悪人等のために執り行う修法を降三世法と称する。降三世明王に関する夢には、六角堂と覚しき処で「長二丈許」「有生身之粧怖畏無極」（「生身の粧ひ有りて怖畏極まり無し」）という降三世明王を夢に見ている例がある（高山寺本補遺甲篇、元久元（一二〇四）年九月十二日条）。時期的にもやや近く、興味深い例である。**74験應**　降三世明王が明恵に感応してあらわした霊験。**75縁**　『大日本史料』は「後」と翻刻。**77浄*恵房*定意 丹波入道**　浄恵房は、「讃岐三位」と呼ばれた藤原俊盛の三男の前丹波守盛実（一一六〇～一二二六）。丹波守着任は元暦元*（一一八四）年。兄には正三位兵部卿に至った季能（一一五三～一二一一）、弟には貞永元（一二三二）年に醍醐寺座主となった賢海（一一六二～一二三七）、姉妹には参議藤原長房（のちの覚真）室となった女子、子息には興福寺僧尊遍（一一九四～?）・法相宗の学僧良遍（一一九四～一二五二）らがいる。野村卓美［二〇〇〇］、同［二〇〇八］等参照。浄恵房と明恵との直接的な関係は明らかではないが、山外本2―1「正月十日」条に「定意沙門」の登場する夢がある。浄恵房が南都の僧であり、またその近親者は春日社とのかかわりが深かったこと、長房との関係、丹波国吉富荘が神護寺領であることなどが、明恵と定意との関係として指摘できよう。***77冷泉三位**　浄恵房が藤原盛実であれば、兄にあたる藤原季能が該当する。季能は寿永二（一一八三）年従三位、建久四（一一九三）年正三位となり、そのまま承元四（一二一〇）年に出家しているため、本条の夢当時は三位在位中である。季能を「冷泉三位」と称した記録は管見に入らないが、俊盛から季能へ伝領された八条坊門烏丸第周辺は名水として知られる泉水があり、その様子は『春日権現験記絵』にも描かれるため、「冷泉三位」と呼ばれる可能性はあろう。なお「冷泉三位殿」と記される「安倍氏女起請文案」（承久三（一二二一）年十月二十八日付、神護寺文書）についての言及もあるが（ジラール仏訳note1030）、この夢より二十年ほど後のことであり、関連は薄いと思われる。**78占相**　占うこと。**78相人**　人相を見る人。季能が「相人」と呼ばれたかどうかは未詳。**81主（シウノ）**「主」字を「シウ」と読み、読みが「ぬし」「あるじ」ではないことを示す。なお、ジラール仏訳は「主」字であることに疑問を呈している。**81物氣心**　「物気（もののげ）」は「なし」を伴って、目立たないことを意味する用法が一般的であるから、「物気」という「心」の状態を示すここでの用法と合わない。後の「物ぐるはしくなありそ」という文覚の言葉の「物ぐるはし」と通じることを踏まえて、「物気」を「もののけ」と読み、「もののけごころ」すなわち気の触れた心、取り憑かれた心と取っておく。なお「もののけ」の漢字表記は普通「物怪」だが、「物気」の例も少なくない。ジラール仏訳は「もののけの心」と読み、異界からくる亡霊の意と解する。81ワシマス 「居る」「行く」などの尊敬表現「おわします」の変化した形。いらっしゃる、おいでになるの意。83上人御房* 文覚（一一三九～一二〇三）。高山寺蔵の文覚肖像に「建仁三年七月二十一日入滅 春秋六十五」とあるのによれば、この夢の時点では既に他界していることになるが、この夢では「故」が付されていないのは注意される。84物クルハシク 何かにとりつかれて正気を失っているさまをいう。87廿五年 この夢を見た年を含めた二十五年後は、安貞元（一二二七）年、明恵五十五歳である。実際の明恵の示寂はさらに五年後の貞永元（一二三二）年であった。88當時 現在のこと。

【考察】 前条に引き続き紀州籠居に関する夢である。籠居をいさめる夢や、寿命に関係する夢はいくつかあるが、この夢の場合、まだ先のある余命を示すことで、籠居せずに都の近くで活動するよう念を押した内容と解釈することもできるだろう。なお、山外本1―6の「建仁三年年十一月七日」条（1～8）の【考察】にもあるように、本条の夢もまた『明恵上人神現伝記』との関連が指摘されている（奥田勲［一九八一］）。『明恵上人神現伝記』では「御寿命極テ短命ニ御マス、四十ナヲアヤウク見ヘサセ給ナリ」「籠居ノ条ハ我等ウケザルナリ」と、この夢と同様に寿命と籠居に関する託宣がある（明資一239頁）。

（小林あづみ）

▼1―6「同夜」条（90～105）

【翻刻】

一同夜夢前々令見給童子以成弁
之膝爲枕伏給鬼之頼有一大鳥
頻此事ヲ妨ムトス其鳥身四五丈許也
其身以様々材木并雑物爲躰イモノ
ツル躰ノ物等此ヲカラケマツヘリ従此童
子傍有一人僧寳智房此鳥尾ヲトラフ
其尾ハ材木也并兼身尾也取此尾時
材木ナレハ將仆懸ナムスト思テアヤウケレ
トモ別事无シ廻廊ノ躰ノ處ニ居タリ
其檐簷少一尺許アキタレトモ引襲テ
全無損云々　案曰此一夢ハ山東太郎之事也
　明神御宮仕將京上左衛門二郎爲障
故此ヲ妨トスル鳥ト見也以雑物爲躰者
以他財物荘身故大欲相也
童子者大明神也全○不可有無別事□相也
同十二月一日兵衛尉無別事而還來云々

【訓読】

一、同じき夜の夢に、前々見しめ給ふ童子、成弁の膝を以て枕と為(し)、伏し給ふ。一の大きなる鳥有り。頻りに此の事を妨げむとす。其の鳥の身、四五丈許りなり。其の身、様々の材木并(なら)びに雑物を以て躰と為(す)。いものつる躰の物等、此れをからげまつへり。此の童子に従ひ、傍に一人の僧〈宝智房〉有り。此の鳥の尾をとらふ。其の尾は材木なり。身を并(あは)せ兼ねたる尾なり。此の尾を取る時、材木なれば仆(たふ)れ懸りなむずと思ひて、あやうけれども別(こと)なる事无し。廻廊の躰の処に居たり。其の簷(のき)少しく一尺許りあきたれども、引き襲(かさ)ねて全く損無しと云々。案じて曰はく、此の一夢は山東太郎の事なり。明神の御宮仕に将に京上せむとするに、左衛門二郎、障りと為るが故に、此れを、妨げむとする鳥と見るなり。雑物を以て躰と為(す)るは他の財物を以て身を荘(かざ)るが故に、大欲の相なり。童子は大明神なり。全く別なる事有るべからざる相なり。同じき十二月一日、兵衛尉、別なる事無くして還り来たると云々。

【現代語訳】一、同じ夜の夢は次のようであった。以前に見せていただいた童子が成弁の膝を枕として臥しておられる。一羽の大きな鳥がいて、頻りにこのことを妨げようとする。その鳥の体は四五丈ほどの大きさである。その体は様々な材木や雑物を体としている。芋の蔓のようなものなどが、この鳥を縛りまきついている。この童子に連れ添い、傍に一人の僧がいる〈宝智房である〉。この鳥の尾をとらえる。その尾は材木である。そのまま体でもある尾である。この尾を取る時、「材木なので、倒れかかるにちがいない」と思って、危なかったけれども、無事であった。廻廊のような場所にいた。その軒はわずかに一尺ほど開いていたが、鳥が倒れかかっても、引き重ねてあって全く損傷がなかった、云々。考えてみると、この夢は山東太郎のことである。明神にお仕えするために上京しようとしたところ、左衛門三郎が邪魔となるので、これを妨げようとする鳥と見たのである。雑物を体としているのは、他人の財物によって自身を飾るから、大欲のすがたである。童子は大明神である。全く問題ないはずであるというしるしである。同じ年の十二月一日に兵衛尉は無事に帰って来た云々。

【語釈】90同夜　建仁三（一二〇三）年十一月二十九日。90童子　この前の夢には童子は登場していない。それ以前の夢に登場したか。春日若宮の本地は文殊で、童子形で造形されるので、「童子」は春日若宮を象徴するものか。92四五丈許　一丈は十尺で約3m。四五丈なので12mを超える巨大な鳥。93イモ　ナガイモのこと。*95寶智房　未詳。あるいは法智房性実のことか。文応元（一二六〇）年、八十三歳で没。建仁元年の「毎日学問印信次第」に名を連ねている。明恵の置文では、説戒の役に任じられている。*99簷　のき。この場合、竹材を用いた板屋根のことか。98无　「也」の上に重ね書き。99一　何かの字の上に「一」。100山東太郎　『吾妻鏡』建長二（一二五〇）年三月一日条「閑院内裏造営雑事目録」（鎌倉遺文7179）には「山東太郎入道跡」とあり、関係するか。山東荘は紀伊国名草郡の荘園（和歌山県東部）であり、高野山大伝法院の所領で、長承元（一一三二）年散位平光昌が寄進した。山東太郎は、この光昌の子孫か。101明神　夢記の中では、「大明神」「明神」は春日を指すと解される。ここは「京上」とあるので、賀茂のことかとも考えられるが、賀茂を指して「明神」と述べている例はない。ここも春日と解釈してよいと思われる。101京上　京に上ること。『歌集』には「(石清水八幡宮の)前別当祐清ガモトニ帰リテ京上セムトスル時」(10詞書)とあり、京都の中心部に行くことを、特に「京上」と称しているか。101*左衛門二郎　左衛門府に任官していた人物の二男。タナベ・ジョージ[一九九二](p.194 note199)の英訳では次郎左衛門・宗業に比定するが、妥当ではない。後の嘉禎四(一二三八)年の資料では、「八条辻固湯浅御家人」として、「木本左衛門尉宗時」「同次郎兵衛尉宗高」が挙げられる(崎山文書、鎌倉遺文5318)。この「宗時」が親の官職を世襲したと考えるなら、兵衛尉に任官する前の「宗高」は「左衛門二郎」と呼ばれたと考えられる。なお、「湯浅系図」(続群書類従本)によると、湯浅宗光の長男・宗基の子に「宗高」がいるが、湯浅系図では宗高を「右衛門太郎」としており、崎山文書の「宗高」とは別人である。なお、この箇所は「左衛門二郎に障りを為す」とも読めるが、事実関係が不明のため決定できない。104□　何かの字を抹消。105*兵衛尉　官職名からすると、崎山良貞か湯浅宗光と思われる。タナベ・ジョージ[一九九二](p.194 note200)の英訳では宗光とする。高山寺本12篇の某年二月二十九日条には、夢で明恵が糸野に行ったところ、「兵衛殿等も仮染之京上」のため、人がいなかったとある(明資二162頁)。湯浅氏は京都大番役を務めており(崎山文書、鎌倉遺文5318)、湯浅宗光の二男・宗業は押小路堀川の屋敷地を相続している(高野山文書又続宝簡集、鎌倉遺文10409・10410・10453)。この夢の「兵衛尉」も宗光と考えた方がよいか。

【考察】　材木や雑物で出来た巨大な鳥という不思議なイメージが出現する点で興味深い夢である。明恵自身が夢解きしているように、「明神(春日)」に対する奉仕を邪魔する左衛門二郎の象徴であり、「大欲の相」というように極めて否定的な評価がなされている(山東太郎の宮仕えを、左衛門二郎が邪魔していると解した)。山東荘と湯浅氏の勢力範囲は近接しているので、山東太郎と湯浅氏(または崎山氏)らとの対立を背景としているのではないかと考えられるが、詳細は不明である。

(前川健一)

▼1—6「同十二月十五日」条（106〜110）

【翻刻】

106 一同十二月十五日夜宿四達夢云
107 成弁立一橋上坂東兵衛佐
108 殿来□式神盛多石去成弁
109 之身五六尺許ニ重石ヲ圍之
110 上師見之云此冨貴相也云々

【訓読】

一、同じき十二月十五日の夜に四達に宿る。夢に云はく、成弁、一の橋の上に立ちて、坂東の兵衛佐殿来たる。□、式神多くの石を盛る。成弁の身を去ること五六尺許りに石を重ねて、之を圍む。上師、之を見て云はく、「此れ冨貴の相なり」と云々。

【現代語訳】　一、同じ十二月の十五日の夜に四達に宿泊した。その際の夢は次のようであった。成弁がある橋の上に立っていると、坂東の兵衛佐殿がやって来た。□、式神が多くの石を積み上げた。成弁から離れること五・六尺あたりのところに石を重ねて成弁を囲った。上師がこれを見て「これは富貴の相である」と言った、云々。

【語釈】　106同十二月十五日　建仁三（一二〇三）年十二月十五日。106四達　地名と思われるが不明。四辻すなわち四つ道の重なる場所を意味しているとも思われるが、具体的な場所は特定できない。107成弁立一＊「坂東兵衛佐」と書いた上に重ね書きしたものと思われる。107坂東兵衛佐＊　板東、つまり鎌倉在住で兵衛佐をつとめた人物と思われるが、未詳。坂東で兵衛佐を務めた人物として源頼朝がいるが、建仁三年には没しているため、該当しない。108□式神　『大日本史料』664頁の翻刻では「□□神」としている。難読であるが、「□式神」と一応、判読し得る。式神とは、陰陽道において使役される神で、識神とも書き、また、「しきじん」、「しきのかみ」とも訓む。109五六尺許　一尺は十寸で約30㎝なので、1ｍ50㎝から1ｍ80㎝程度。110上師＊　上覚房行慈（一一四七〜一二二六）のこと。110冨貴　富んで尊いこと。財産が豊かで位が高いこと。この夢と同年の夢に「我が周囲に石を畳みて鎮護す。富貴の相也と云ふ事、大菩薩の御加護也」（高山寺本4篇19行を訓読）があり、状況が酷似している。

【考察】本条の夢は橋の上において式神が登場することから、陰陽道との関連がうかがえる。式神が石を積んで囲うことは鎮護を意味し、それを上覚は富貴の相であると評価を下している。『華厳経』では、釈尊が成道した菩提道場は金剛によって荘厳された場として描かれる。これを華厳教学では「金剛宝座」と呼ぶ。『仮名行状』（明資一47頁）には、二月十五日の釈迦涅槃会に際し、明恵は樹下や山中において、樹を荘厳して菩提樹下にみたて、瓦石を重ねて金剛宝座として、いたるところを道場としたとある。また、紀州移住の際、糸野の庵室傍の大樹を菩提樹とし、その下に石を積み重ねて金剛宝座としたという。この夢で上覚が石を積んで囲ったことを「富貴の相」と言ったのは、『華厳経』に説かれる金剛宝座と関連があると思われる。

（小宮俊海・野呂靖）

▼1—6「同（建仁三年）夢云」条（111～121）

【翻刻】

111　一同（ママ）　夢云
112　成弁行在田河欲沐浴人告曰
113　彼處有死人莫行依之不行
114　行一處沐浄水又剃頭其日
115　日中成弁頭髪カイ布ニ生タリ
116　生怪行上師之許問此事師

【訓読】

一、同じき（ママ）夢に云はく、成弁、在田河に行く。沐浴せんと欲（おも）ふ。人、告げて曰はく、「彼処に死人有り。行くこと莫かれ」と。之に依りて行かず。一処に行き浄水を沐（あ）む。又、頭を剃る。其の日、日中、成弁の頭髪、かい布に生（え）ひたり。怪しみを生じ、上師の許に行き、此の事を問ふ。師の傍らに正智房有り、言勝（ことあげ）して「長と成るべし。今三月の内なり」と。即ち上師咲（ゑ）みを

117 傍有正智房言勝シテ長ト成
118 ルヘシ今三月之内即上師含咲
119 而稱美之云々
120 一弁堂
121 一弁宿上人御房

含みて之を称美すと云々。
一、弁〈堂〉
一、弁〈上人御房に宿す〉

【現代語訳】一、同じ（ママ）夢は次のようであった。成弁が有田河に行き、沐浴しようと思った。ある人が次のように告げた、「あそこには死人がいる。行くな」と。だから、行かなかった。ある所に行って浄水を浴びた。また、髪を剃った。その日の日中に成弁の頭髪が開敷蓮華のように生えた。不審に思って上師のもとに行き、この頭髪の出来事について尋ねた。上師のそばには正智房がいて、はっきり言葉に出して、「長となるだろう。これから三ヶ月のうちである」と言った。それで上師は微笑んでこれを褒め称えた、云々。
一、弁〈堂〉
一、弁〈上人御房のところに宿した〉

【語釈】111同（ママ）夢　「同」と「夢」の間に二字乃至三字分の空白がある。夢を記した時に日付が思い出せなかったため空白にして、思い出せたら日付を記すつもりであったか。あるいは直前の夢の日次記事と同内容のため、省略したか。
112在田河　現有田川。高野山上に源を発し、紀伊水道に注ぐ。紀州在田（有田）郡は明恵の生所であり、川の名はその郡名にちなむ。有田川の流域には筏立・糸野・崎山・星尾など明恵ゆかりの地が多い。また、有田川は木材の筏流しが行われていたらしく、貞応三（一二二四）年かとされる十月二十日付の行慈書状に「何事候らむ、塔材木は、皆とりて、在田河のはたへ曳出て候ふ、今明筏下沙汰し候ふなり」（『神護寺文書』51）と見え、神護寺の宝塔造立の時に塔の材木を調達した際、有田川の水運を利用して木材を運んだようだ。113彼處　「二」の上に「彼」と重ね書き。115頭髪カイ布ニ生タリ　「カイ布」は開敷のことか。髪の伸びた様を、花開いた蓮華の形で形容していると思われる。116*上師　上覚房（または浄覚房）行慈。明恵の叔父。後年、紀州糸野に建てられた木卒都婆に喜海が記した銘文によれば、この夢の前年、建仁二（一二〇二）年に明恵は上覚について入壇灌頂を受けている（巽三郎・愛甲昇寛編［一九七四］）。117*正智房　未詳。神護寺における上覚の弟子か。117言勝シテ　「言勝」は「ことあげ」。「勝、挙也」（『広韻』）とあり、「言挙げ」に同じ。言葉に出して言うこと。117長ト成ルヘシ　「長」は、年長の意味にも取れるが、ジラール仏訳で「おそらく高尾の共同体の」長とするのが妥当か。成弁の頭髪が一日のうちに伸びたこと（髪が「長」い）をはっきり言葉にすることで、「長」（高尾共同体の「長」）となるに違いないという別の意が生じ、未来のことを述べた言葉になったものと解したい。119稱美　ほめ称えること。120一弁堂　「弁」は、明恵の当時の自称「成弁」の「弁」か。高山寺本12篇5行に「成」という自称は見いだせるが、「弁」という自称の例は珍しい。「弁」が自称だとすれば、実際に「堂」にいたということを記したとも、また、夢の内容の断片を「堂」の一文字で覚え書きとして書いておいたとも解せるが、どこのいかなる「堂」かは不明。「弁」が人物を指すとして、自称以外で考えられるのは、建仁三年八月十日夢記（山外本1―5）に「頭弁」として記載される藤原長房である。長房は他の夢記でも「弁殿」という呼称で二例確認できる（高山寺本13編40行、山外本3―1）。しかし、ここの「弁」については未詳とせざるを得ない。121一弁宿上人御房　直前で上覚は「上師」と呼ばれているので、「上人御房」は文覚の房を指すと考えてよいだろう。本条の夢より先の「同廿九日」条にも「上人御房」が出てくるが、どちらも「故」が付されていないので、この時点で文覚は生存していると意識されていると思われる。（山外本1―6「同廿九日」条（70～89）【語釈】83「上人御房」参照）。

【考察】　この夢は、明恵の髪が伸びて「長」くなったことから、「長と成るべし」と言挙げすることで予言のようになったものと解せる。上覚の「称美之」というのは、「長となるだろう」と言われた明恵の運命をほめ称えたと解することができるか。または、正智房が言った「言勝」に対してのものとも、明恵の、開いた蓮華のような頭髪に対してのものともとれる。「死人がいるから、行くな」というのは、山外本1―6「同夜」条（90〜105）の夢解きが示唆するように、当時、紀州有田において何らかの違乱があった不穏な情況を暗示するものか。『漢文行状』（明資一114頁）の同夢の翌年元久元年一月から二月にかけての記事の中に「在田一郡地頭職悉以違乱、併ラ馳下関東ニ了」と見え、その後、「一郡不安堵セ之間、移住ス神谷ニ」と神谷に移住したとあるので、明恵が移住を余儀なくされるほどの騒動であったらしい。『漢文行状』によれば、本夢の約二ヶ月後の元久元年二月十三日には、文覚が宣旨により対馬に配流されている（明資一114頁）。高尾神護寺に、そういった事件が起こる予感が蔓延しており、その予感が、文覚がいなくなって明恵が「長」となるというような夢を見させたものか。

なお、翌年元久元年二月（高山寺本6篇30行以下）にも、明恵は沐浴に関する夢を見ている。「聞此事後、此郡諸人ヲ不便思」という日次記事に続く夢であり、糸野御前（善友御前）とともに海辺にて沐浴する。沐浴の後に異常に毛の生えた桃を食うという夢で、この夢で沐浴と頭髪とが結びついていることとの関連をうかがわせる。

「弁」で始まる二条は、夢ではなく日次記事と思われる。詳細は分からないが、文覚の居所に宿泊したことを述べている。これは明恵の事跡としても、文覚の事跡としても興味深い。

（立木宏哉）

▼1―6　付録「建仁三年九月五日夜夢」条

※国立歴史民俗博物館・高松宮家伝来禁裏本独自本文部翻刻
墨付丁数七丁。うち独自本文部は二丁分43行。

【翻刻】

建仁三年九月五日夜夢云
京有一大家檜葺之家也廣博無極其中
此邊御前
建仁三年九月五日のよるのゆめにみるやう
京ニひとつのおほきなるいゑありひわたふきの
いゑにしてもてのほかにひろくいみしくつく
れりそのうちにいろ〳〵のへりをさせるたゝみとも
いくらもしきならへたりそのいゑのうちに
この邊のこせんたちならひにあまこせんたち
かすをつくしてあからさまとおほしくて○（ゆきて）
そのうちに○（あそふ）成弁もそのうちにましはれり」（一オ）
そのいゑのうちに重々のたなありそのたなに
おゝくのはこをならへおけりそのはこをみ
たれはえもいはすまきちりはめたり心もこ

とはもおよはすえもいはぬはこともをならへ
すゑたり成弁心におもふやう
これはさきやまのこせんとこのいとのゝこせんと
のこの邊の人々をすゝめてゆくすゑのために
このいゑをつくりてこのたからのはこともを
つくりおかれたるとおもふそのいゑはふたところ
にへちくにありとおほゆそのなかにこれはさきや
まのこせんのすゝめてつくらせたまへるいゑなり」（一ウ）
いとのゝこせんのは又へちのところにありとおほゆ
さてそのなかに松御前のはことといふはこをひ
らきてみれはきぬともをいくらといふかすも
しらすつゝみいれたり成弁おもふやうこのへ
むのこせんたちはゆゝしき徳人にておはし
ましけりふたところにかゝるいゑをもちてこれほと
のたからともをもたせたまへるは不思議の事也と
おもふ成弁まつこせんにとひていはくなと
これらをはきもくゐもせすしてかくてはおか

せたまふそとゝへはこたへていふやうこれはゆく
するゐにことのかけむおりのためにとてさきや」（二オ）
まのこせんとこのいとのゝこせんとのすゝめてふ
たと（こ脱）ろにかくしおかせたまひて候へはゆくするゐに
こそこれらをはもらゐ候はんすれとこたふ成弁
そのいゐのうちにありて三聲合の反音といふ
ことを聖經房におしへまいらすれは人〳〵もあまた
みなこれをきゝとらむとせらる於(ヲ)帰(ニ)賀(カ)の三
聲合といふ事を沙汰す云々
これは聴聞の事とものみえ候とおほ
ゆるなり
同夜のとらの時記之」（二ウ）

1—7　建仁四年正月二十八日夢記

【翻刻】

1　一建仁四年正月廿八日夜夢

【訓読】

一、建仁四年正月廿八日の夜の夢に云はく、得業御房に相白(まう)して言(まう)さく、「御山の御間の大明神の御示現、聞

云得業御房ニ相白言御山御間
大明神御示現聞召歟即卒尓
語曰明修房之被申候様者御
—（紙継）—
山ヲハ御房ニマイラセムト言義ニテ
候ナルソ夫ニ上人御房ノ御過ノ間ニ
御評定ノ候ナルソ成弁思ハク
然即従頭弁殿消息来覧
スラムト思テ覺了

こし召すか」と。即ち卒爾に語りて曰はく、「明修房の申され候ふ様は、御山をば御房にまいらせむと言ふ義にて候ふなるぞ。夫(それ)に、上人御房の御過(すぎ)の間に御評定の候ふなるぞ」と。成弁思はく、「然らば、即ち頭弁殿より消息来たらむずらむ」と思ひて覚め了んぬ。

【現代語訳】　一、建仁四年正月二十八日の夜の夢は次のようであった。得業御房に次のように申し上げた。「御山の御間の大明神の御示現をお聞きなされましたか」と。そうすると、たちまち次のように語られた、「明修房の言われたことには、御山をあなたに差し上げようという趣旨である。それに、上人御房がお立ち寄りになったので、御評定があった、ということだ」。私が思うに、「そうであるなら、頭弁殿から手紙が来ることであろう」と思って、目が覚めた。

【語釈】　1建仁四年正月廿八日　一二〇四年。二月二十日に元久に改元。明恵三十二歳。正月二十三日に、多喜四郎重保の妹の周忌仏事で唱導を務め（『漢文行状』巻中。明資一113頁）、同月二十九日に、糸野で大明神講を行っている（同上）。二十八日も糸野付近にいたと思われる。2*得業御房　「得業」は「成弁」の上に重ね書きか。得業は僧の学階で、中世南都では興福寺維摩会・同法華会・薬師寺最勝会の竪義を歴任したもの。「得業御房」は、得業である僧の通称で、明恵が「白（白す）」という敬語を使っていることや、「得業御房」自身の「なるぞ」という口調から考えて、高位の人物と考えられる。『倶舎論中不染無知断位料簡』（高山寺重書類17）の奥書には「建久二（一一九一）年四月十五日酉時、奉借請東大寺林観房得業御房御本」とあり、林観房すなわち聖詮が「得業御房」と呼ばれていることが知られる。この夢の「得業御房」が聖詮である可能性は無視しえない。なお、聖詮は、明恵が神護寺で勧進した小宝螺講（建久六年）に加わっているので、神護寺の僧と交流があり、後に述べる明修房を知っていても不思議ではない。**2御山**　大明神が示現したことから考えて春日社のことかとも思われるが、示現の内容を報告する明修房が神護寺住侶であるとすると高雄のことと考えた方が良いか。ただし、明恵が直接質問した「得業御房」が聖詮だとすれば、春日社という可能性も捨て切れない。夢記で春日社は「御社」（高山寺本6篇3行、同13篇41行・54行など）「春山」（高山寺本13篇42行）などと呼ばれており、春日社のことを「御山」と呼ぶかは疑問が残る。**2御間**　永島福太郎［一九九八］では、「おあい」と読み、「春日大宮と若宮との中間の岬」とする。したがうべきか。あるいは、高雄にも「御間」と呼ばれるような場所があったとすべきか。**3大明神**　春日明神のこと。**3欤**　奈良国立博物館［一九九三］・永島福太郎［一九九八］では「候」と翻刻。**4明*修房**　『漢文行状（報恩院本）』別記に収められた宰相阿闍梨（性憲）宛ての手紙（十一月廿四日付）に性憲所持の諸矩羅尊者を「明修房歓喜房」などにも拝ませようとの記述がある（明資一222頁）。これと同一人物か。性憲は神護寺の住侶であり（『光明真言土沙勧信記』）、この手紙の明修房も神護寺の住侶と思われる。**4御山**　明修房が神護寺住侶とすると高雄と考えた方が良いか。**4様者**　奈良国立博物館［一九九三］では「随喜」と翻刻している。永島福太郎［一九九八］では「様即」とする。**6*上人御房**　文覚。文覚はこの年（または前年）に鎮西に流されて、同地で没している。文覚の没年を前年とするのは神護寺の伝承であるが、『漢文行状』では建仁四年二月十三日に対馬に流されたとする（明資一114頁）。この夢記では、地の文ではなく、「得業御房」の発語中での言及なので、故人であっても、「故」が付されていないとも考えられ、文覚の没年を決定する根拠にはならない。**6御過**　過は「とが」とも読めるが明資二の訓読にしたがい、ここでも

「すぎ」と読んでおく。高山寺本では、「過」を「とが」と解しうる例はない。7評定　合議すること。この場合、合議の結果としての裁定も含むか。8頭弁殿*　藤原長房のこと。建仁三年八月十日夢記（山外本1―5）に既出。

【考察】　建仁四年正月二十九日に大明神講を行う前夜の夢である。この大明神講は、前年建仁三年二月二十九日の春日明神降託を記念して行われたものである。この折に春日明神は、明恵に対し天竺渡航を制止するとともに、「王城辺」にとどまるよう告げ、籠居についても不満の意を示した（『明恵上人神現伝記』、明資一239頁）。その後、明恵は託宣のとおり春日に参詣しているが、最終的に十一月には「紀州居住の由」を春日明神に報告しようとして、左肘が落ちるという悪夢を見ている（山外本1―6、建仁三年十一月七日条）。こうした一連の経過をふまえるなら、この夢で、春日明神が明恵に「御山」を献上しようというのは、明恵の籠居の意思を認めないことを改めて明確にしたものか。「御山」は、春日とも考えられるが、明修房が神護寺住侶だとすると、高雄を考えるべきか。上人御房（文覚）との評定が現れるのも、明恵に寄進するためには文覚の了解が必要であるということもあろうが、佐渡から帰洛した文覚が明恵に上洛を要請していたという『漢文行状』の記事（明資一114頁）を参照するなら、紀州籠居に同意しない文覚に春日神が加担したとも解釈できるし、後述する文覚の配流を予示したものとも解せる。山外本1―6・121行には「弁〈宿上人御房〉」とあり、これは事実であるのか夢であるのかはっきりしないが、いずれにせよ、文覚周辺から何らかの働きかけが明恵にあったと思われる。『漢文行状』によれば、この夢の翌日（正月二十九日）に糸野で行われた大明神講では、家主の女人が法悦の境地で「此間御上洛努力々々不可有」と告げている（明資一113頁）。もっとも、これは春日明神の託宣ではなく、「只我所申也」と断っており、その上で「但大明神モ定メテ如此思召欤」と述べている。この後、『漢文行状』は、明恵が文覚の要請によって二月五日に紀州を発ったものの、馬が歩めなくなるという夢を地蔵堂で見て引き返し、二月十三日の文覚配流に連座せずに済んだが、これは春日明神が示した夢であると解している（明資一114頁）。高山寺本6篇には元久元年某月七日に「自地蔵堂還」（明資二121頁）との記事があり、『漢文行状』の記事を裏付けるようにも見えるが、建仁四年が元久に改元されたのは、二月二十日なので、夢を見た時点で書かれたものと考えれば、三月以降の七日ということになり、『漢文行状』とは齟齬を来たす。もっとも、「元久元年」は後で書かれたものとも考えられるので、『漢文行状』を尊重すべきかもしれない（前川健一［二〇一二］第一部第一章〈補論〉参照。なお、山田昭全［二〇一四D］第九章も参照）。いずれにせよ、前年（建仁三年）の託宣時の「王城辺に近く御ますべし」という春日明神の意思は、明恵によって実行されず、本夢の段階でも春日明神は紀州籠居への反対を表明しており、翌日の大明神講で春日明神の降託がなかったことも、春日明神の不興を示すものとも解せる。なお、末尾の「長房から消息が来るであろう」という明恵の思念は、長房が明恵と春日との仲介をしていたことを示唆していよう。高山寺本13篇（某年某月十六日条）40～41行にも「弁殿（＝長房）御前従春山（中略）賜消息」とある。

（前川健一）

1—8　元久二年閏七月夢記

【翻刻】

1 一元久二年壬七月廿二日登高尾
2 始修行法寶婁各
3 一同廿三日夜夢見宰相殿奉飯
4 一同廿四日夜奉見宮又見宰相殿
5 一同廿五日夜夢故鎌倉大将可住平
6 岡之由聞之有（宮尼）人云尓者彼人可歸依御房

【訓読】

一、元久二年閏七月廿二日、高尾に登りて行法を修し始む〈宝楼閣〉。

一、同じき廿三日の夜の夢に、宰相殿を見る〈飯を奉る〉。

一、同じき廿四日の夜、宮を見奉る。又、宰相殿を見る。

一、同じき廿五日の夜の夢に、故鎌倉大将、平岡に住

也此条不可有誤一定也又鏡智房持文令見之謂高弁有造寺大願鎌倉有一人稱可造之由先書絵様送之二階堂中有佛像云々又見角生馬其角長一尺餘許也又有人語曰京有惡僧縛之令置□□路□夜見□寺畢云々

一同廿七日夜夢云中納言阿闍梨覺雄來親近自稱曰我是大金剛吉祥尊云々

又定恵房來曰今朝未食云々依之勢欲奉躰□應其日明神御前法施無之

一同廿八日夜夢云与覺雄闍梨居奇妙殿上觀可意薗云々

すべき由、之を聞く。有る人〈宮尼〉云はく、「爾(しか)らば彼の人、御房に帰依すべきなり。此の条、誤り有るべからず。一定なり」と。又、鏡智房、文を持ちて之を見しめて謂ふ、高弁、造寺の大願有りと。鎌倉に一人有りて、造るべき由を称す。先づ絵様を書きて之を送る。二階堂の中に仏像有りと云々。又、角の生えたる馬を見る。其の角長さ一尺余許りなり。又、有る人語りて曰はく、「京に悪僧有りて之を縛り置かしむ□□路□夜□寺を見畢んぬ」と云々。

一、同じき廿七日の夜の夢に云はく、中納言阿闍梨〈覚雄(かくをう)〉来たりて親近し、自ら称して曰はく、「我、是れ大金剛吉祥尊」と云々。

又、定恵房来たりて曰はく、「今朝、未だ食はず」と云々。之に依りて勢、躰□応を奉らむと欲(す)。〈其の日、明神の御前にて、法施、之無し〉

一、同じき廿八日の夜の夢に云はく、覚雄闍梨と奇妙なる殿の上に居り。可意の薗を観ると云々。

【現代語訳】　一、元久二年閏七月二十二日、高雄に登って行法を修し始めた〈宝楼閣〉。

一、同二十三日の夜の夢に、宰相殿を見た〈飯を奉った〉。

一、同二十四日の夜の夢に、宮を見申し上げた。また、宰相殿を見た。

一、同二十五日の夜の夢は次のようであった。故鎌倉大将が平岡に住むであろうことを聞く。ある人〈宮尼〉が言うには「それならば、あの方（鎌倉大将）は御房（明恵）に帰依すべきです。このことは誤りがあってはいけません。確かなことです」と。また、鏡智房が書状を持ち、高弁に見せて言うには、「高弁には造寺の大願があります。鎌倉にある人がいて、この寺を造営する事が出来ると称しています。まず、図面に書いてこれをお送りします。（その寺は）二階堂中に仏像があります」と云々。また、角の生えた馬を見た。その角は長さが一尺ほどであった。また、ある人が語って言うには「京に悪僧がいて、これを縛っておかせ□□。路□夜□寺を見おわった」と云々。

一、同二十七日の夜の夢は次のようであった。中納言阿闍梨〈覚雄〉が訪れて親しくし、自ら名乗って言うには、「私は大金剛吉祥尊である」と云々。また、定恵房が来て言うには「今朝、（私は）いまだに食事を摂っていない」と云々。このため勢、躰□応を奉ろうとする〈その日は明神の御前で法施がなかった〉。

一、同二十八日の夜の夢は次のようであった。覚雄阿闍梨とすばらしい邸宅の上にいる。好ましい園を見たと云々。

【語釈】　1元久二年壬七月廿二日　一二〇五年。明恵三十三歳。春に天竺行の計画を再度中止し、夏には夢に五大尊、帝釈天、梵天等を見、仏法の理解も深めた（『漢文行状』、明資一124頁）。また、この月の十九日に平賀朝雅の乱が起こり、北条時政が二十日に出家し引退、朝雅は二十六日に京都で射殺されるなど、鎌倉方に政治的な混乱があった。2寶婁各　宝楼閣法のこと。『宝楼閣経』の所説により、釈迦如来を本尊として、堂塔の息災、亡者の冥福を修する密教の行法をいう。明恵はこの修法をしばしば行じているが、元久二年は、十月にも神護寺槙尾にてこの法を修している（高山寺本7篇の冒頭）。3宰相殿*　この時期に宰相（参議）であった人物は多いが、藤原長房か。長房は前年まで頭弁を務め、四月に任参議、この年の正月に近江権守を兼任した。4宮*　未詳。ここには「夢」という語が記されず、「宮を見奉る」とのみあるが、夢の内容として解釈する。高山寺本にも夢と明記しない夢の記事がある（高山寺本10篇532行）。5故鎌倉大将*　右近衛大将であった源頼朝（建久十（一一九九）年没）か。「故鎌倉大将」は、高山寺本7篇84行（建永元（一二〇六）年六月一日条）にも在田郡に関する夢に登場する。なお、「鎌倉大将」と記した、「崎山兵衛」宛の「高弁」による消息があるが、後述するように（「高弁」の項）、崎山兵衛在世中、明恵は「成弁」と称しており、この項の「鎌倉大将」との関連も不明である。**5平岡**　神護寺の鎮守である平岡八幡宮の鎮座する地域を指すか。文覚は建久元（一一九〇）年に平岡八幡宮を再興した。この地にはのちに明恵によって善妙寺も創建された。**6宮尼***　未詳。**8鏡智房***　明恵の弟子の一人ではあるが、詳細は未詳。この夢と同年の十二月十四日の夢（高山寺本7篇57・60行）では、大願成就を祈請した明恵の夢の中で、盤石を登ろうとする明恵を下より押し上げる人物の一人として登場する。また、明恵は建仁二（一二〇二）年に『仏眼仏母念誦次第』を鏡智房に書き与えている（『金沢文庫古文書』識語篇（二）2109）。**8高弁***　明恵は建永元（一二〇六）年まで、「成弁」と名乗っており、「高弁」は承元四（一二一〇）年『金師子章光顕鈔』奥書のものが初見とされる。本条【考察】、山外本1―1【語釈】参照。**8造寺**　この夢と同年の十二月に草した『秘密勧進帳』には、在田郡の山中に伽藍を建て、春日住吉の両明神の像を安置したいという願が述べられている。（『漢文行状（報恩院本）』別記。明資一219頁）**9一人**　一般的には「ある一人の人物」と解釈できるだろうが、仮に「一の人」と読み下した場合には、当時の摂政、藤原良経が該当する。**10二階堂**　本堂が二階の寺院建築、あるいは鎌倉の二階堂（永福寺）を指すか。永福寺は源頼朝の発願で建久三（一一九二）年十一月に落慶した。**11角**　動物に角の生えている夢として、明恵は本条の夢の翌年、「大魚」に「一角」が生えている夢（高山寺本7篇92行）を見ているが、角が示す意味については不詳。**14中納言阿闍梨***覺雄*　未詳。高山寺本では7篇11行に、この夢と同年の十月十一日にやはり宝楼閣法を修したところ、「中納言阿闍梨」が「歓喜之相」で登場し、8篇87行（建永元年十二月二十八日条）には「覺雄闍梨」を僧正になす夢がある。また、13篇57行には「中納言阿闍梨」と閑談し、消息を遣わそうとする夢などが記されるが、ここで明恵は阿闍梨を大明神と解釈している。また、明恵は「中納言阿闍梨御房」宛に一切経に関する書状を送ってもいる（田中久夫［一九六一］247〜248頁）。**15大金剛吉祥尊**　吉祥天の尊称とも考えられるが、吉祥天を「吉祥尊」ということは一般的ではない。仏眼仏母は詳細には一切仏眼大金剛吉祥一切仏母と称するので、仏眼尊のことか。**16定恵房***　円俊をさす。『血脈類聚記』の、勧修寺興然の付法の項に、上覚房行慈などとともに、円俊の名が見える（「円俊　定恵房　季能三位息」）。詳しい経歴は未詳だが、円俊は高山寺本7篇49行（元久二年十月十九日条）に登場する。**17勢欲奉躰□應**　解釈難解。**17法施**　神仏に向かい読経し、法文をとなえること。この夢の場合、現実に明神の前で読経がなかったことと、定恵房が食事を摂っていないと言ったこととを明恵は結びつけて解釈しているのである。**19可意**　心にかなう、気持ちよい、好ましいという意味の仏教語。

【考察】　判読不可能な文字もあって解釈しにくいが、宝楼閣法を修した結果、宰相殿・宮・鎌倉大将といった高位の人物が登場し、特に鎌倉大将は高雄の麓に住み、明恵との関わりが深くなることを示唆する夢を見た。修法の結果としては、おそらく吉夢に分類される内容のものであろう。この夢に登場する人物の多くが、高山寺本7篇に集中的に登場する。特に、「鏡智房」「中納言阿闍梨」「定恵房（円俊）」が同年の夢に登場すること、そして同様に明恵は宝楼閣法を修しているることが興味深い。この時期の明恵をとりまく状況を考える上で、この夢と高山寺本7篇の一連の夢は、特に参考になるのではないだろうか。また、この時期「高弁」という自称を用いた点については、この夢記が後に一つのテーマのもとに編集されたものであることを示しているのかもしれない。

（小林あづみ）

1—9　建永元年九月、十月、十一月夢記

▼1—9「建永元年九月十四日」条（1〜12）

【翻刻】

1　建永元年九月十四日夜夢云

2　成弁行於東大寺尊勝院宿一房外

【訓読】

建永元年九月十四日の夜の夢に云はく、成弁、東大寺尊勝院に行き、一房に宿る。外の庭に物申さむと云ふ

3 庭物申サムト云音アリ出外見之レハ論恵房
4 絹蒙シテ立テリ成弁心思ハク此間東大寺
5 沙汰カマシキ事有ト思テ問曰其事ハ何様
6 ニカ成テ候ト心ニ思ハクカモン入道カ徒黨ノ有ケルヲ
7 在田郷人ノ降伏シタリケル事有ト思ユ論恵房
8 答曰在田郡人〳〵ヲ尊勝院ヘ不可令住ト云フ
9 宣旨ノ下て候也成弁云随躰候ハヽ可住此院
10 家之由ヲモ思候ニト云フ然後尓者可住御山
11 ニコソ有ナレト思テ高尾ノ麓近邊ニ住セム
12 トテ聖教共運渡住此可盡永代也ト思フ云々

音（こゑ）あり。外に出でて之を見れば、論恵房、絹蒙（きぬかづき）して立てり。成弁、心に思はく、此の間、東大寺の沙汰がましき事有りと思ひて問ひて曰はく、「其の事は何様にか成りて候ふ」と。心に思はく、カモン入道が徒党の有りけるを在田郷の人の降伏したりける事有りと思ゆ。論恵房答へて曰はく、「在田郡の人々を尊勝院へ住せしむべからずと云ふ宣旨の下りて候ふ也」。成弁云はく「随ふ躰候はば此の院家に住すべき由をも思ひ候ふに」と云ふ。然る後に、爾らば御山に住すべきにこそ有るなれと思ひて、高尾の麓近き辺りに住せむとて聖教共運び渡し、此に住し、永代を尽すべきなりと思ふと云々。

【現代語訳】　建永元年九月十四日の夢は次のようであった。成弁は東大寺尊勝院へ行き、ある房に泊まった。外の庭で「もの申そう」という声がした。外に出て見ると、論恵房が絹を被って立っていた。成弁は心の中で、このあいだ東大寺から沙汰のようなことがあったと思い、「その事はどのようになりましたか」と尋ねた。カモン入道の仲間がいたのを在田郷の人が暴威をふるったという事があったと心に浮かんだ。論恵房は「在田郡の人々を尊勝院へ住ませないようにという宣旨が下りました」と答えた。成弁は「従順な様子であれば、院家に住むことができるとも思っていましたが……」と言った。その後、それならば、高尾に住むのがよいと思い、高尾の麓の近辺に住もうということで聖教などを運び移し、ここに永住しようと思った、云々。

【語釈】 1建永元年九月十四日　一二〇六年。明恵三十四歳。五月五日に紀州宮原の藤原光重夫妻の温病を加持（高山寺聖教類第一部182『温病加持作法』）、五月二十日、神護寺で在田郡のために修法（高山寺本7篇71行）、六月十三日、神護寺槇尾房で『仏眼』を書写（高山寺聖教類第2部62〔1〕）、七月三十日、紀州星尾近辺で喜海に『法華経義疏』を談ずる（高山寺聖教類第1部252〔1〕）など、紀州と高雄をしばしば往還している。本夢がどこで見られたものかは定かではないが、紀州か高雄の可能性が高い。 2東大寺尊勝院　東大寺の院家の一。鎌倉時代には華厳教学の拠点として発展した。承元元（一二〇七）年秋、明恵に尊勝院学頭として華厳宗を興隆すべしとの院宣が下り、春秋に法談義のため一両年下向している（『漢文行状』、明資一124頁）。 ＊3論恵房　未詳。東大寺の僧か。 4絹蒙シテ　絹を被って。外出の時に顔を隠すために衣を頭から被った「衣被（きぬかづき）」に相当すると考えられる。 4東大寺沙汰カマシキ事　東大寺からの訴訟のような事。「…がまし」は名詞などについて、「…らしくみえる」という意を加えて形容詞化する接尾語。 5其事　東大寺から訴訟のあった問題。 ＊6カモン入道　「カモン」が「掃部」とすれば掃部寮の官人と推測される。入道は、仏道に入って修行する人のこと。在俗のまま修行する場合に使われる場合が多い。本夢に近いところでは、正治二（一二〇〇）年十二月二十一日の太宰府政所帖案（豊前永弘文書）では、鎌倉幕府の公文所寄人・政所公事奉行などを務めた中原（藤原）親能が「前掃部頭入道」と称されている（鎌倉遺文1176）。親能は正治元（一一九九）年に出家して寂忍を称し、『吾妻鏡』でもこれ以後、「掃部頭入道」「掃部入道」としてしばしば登場する。親能は在京であり、承元二（一二〇八）年十二月十八日に亡くなったのも京都においてである（『吾妻鏡』同日条）ので、本夢の「カモン入道」は親能を想定している可能性が高い。7在田郷人　紀州在田郡の人。親類として明恵を庇護した湯浅一族を指すと思われる。湯浅党と言われる武士団で、紀州有田郡を拠点に活動し、有田周辺の地頭職についていた。 7降伏　敵を威圧すること。神仏が敵を威圧するという意で使われることの多い表現だが、ここでは在田の人がカモン入道の仲間に暴力を加えたことを言うか。 7ケル事　最初の字は「サ」とも読めるが、高山寺本10編458行（明資二156頁）の「書ケル」の「ケ」と同じか。 9宣旨　天皇からの勅令。9躰　「體」の俗字。様子・様態の意。 9此　虫損を考慮すると、山外本1―9「同年十一月十四日」条の「此鹿皮」

の「此」と同字か。10御山　高雄の神護寺か。夢の内容から、高雄と解釈するのが妥当であろう。「御山」については、山外本1―7【語釈】2「御山」参照。11高尾ノ麓近邊　高尾は神護寺。この夢の二箇月後の十一月、明恵は後鳥羽院から神護寺内の梅（栂）尾別所を賜り、十無尽院と名付け、十一月二十七日に移住している（高山寺本8篇7〜10行）。12此「高尾の麓近辺」を指す。12永代　永遠に。末代まで。

【考察】　年紀から見て、高山寺本7篇と8篇のあいだに入る夢。明恵は建永元（一二〇六）年五月二十日に、神護寺で在田郡のために宝楼閣法・仏眼念誦・大仏頂などを始め（高山寺本7篇71行）、同年十一月二十七日には湯浅宗光や藤原親康らのために宝楼閣供などを修している（高山寺本8篇3行）。上記の夢記の日次記事からは、明恵が本夢の前後に湯浅一族を懸念していた事実がうかがえる。『漢文行状』によれば、元久元（一二〇四）年、文覚が対馬へ配流、湯浅一族が有田郡一帯の地頭職を解任され、一族が関東へ下向したという（明資一114頁）。建永元年六月一日に「在田群（ママ）に故鎌倉大将殿の居られて既に将に出で去らむと云々」（高山寺本7篇84行）という夢を見ているのも、湯浅氏の地頭職をめぐる関東との微妙な関係を反映したものだろう。

明恵の祖父であり、湯浅氏の祖である湯浅権守宗重は、平治の乱の際、熊野参詣中の平清盛に京へ戻り挙兵するよう勧めて勝利を導き、以来、平家の家人として紀伊で勢力を保っていた。その宗重を、頼朝の要請で源氏側に引き入れたのが文覚である。建久八（一一九七）年十月には、紀伊国阿弖河荘の下司職（「地頭職」とも）を獲得した文覚が、宗重の息子である宗光にその職を譲与している（『吾妻鏡』承元四年二月十日条）。そして、この文覚と湯浅氏との間を繋いでいたのは、文覚の弟子の上覚であった（仲村研［一九七九］）。上覚は、貞応三（一二二四）年、神護寺宝塔造営資材の供給源を紀伊国有田郡に求め、上覚自身が現地で指揮をとった。神護寺復興の背後に湯浅党の存在があり、上覚の神護寺経営は湯浅党との関係抜きには語れないことが指摘されている（吉良良光［一九八八］。高橋修［一九九五］）。

上覚と同様に、明恵の活動も湯浅氏を抜きにしては語れない。明恵の修行地である白上峰、筏立、糸野、崎山、宮原、神谷後峰は、すべて湯浅一族の所領であった。明恵はそれらの地で多くの著作を著し、湯浅一族のために数々の修法を行っている。明恵は、本夢の数年前、建仁三（一二〇三）年に天竺行を企てたが、その天竺行は湯浅宗光の妻に降りた春日明神の託宣で断念せざるを得ず、同年四月には、崎山良貞の家で春日・住吉両明神の形像の開眼供養を行っている（『春日明神託宣記』、明資一248頁）。元久二（一二〇五）年の春、再び天竺行を計画するが、釈尊・五十五善知識・春日明神の三所の前における籤の結果によって思い留まった。この年の十二月には、『秘密勧進帳』を記し、紀州在田郡の山中に一伽藍を建立、春日・住吉両大明神の宝殿を造立し、形像を安置する由来を説いている。明恵の春日信仰は湯浅氏という出自が背景にあり、春日明神が湯浅氏（藤原秀郷流の藤原氏と称す）の氏神であったことによるとの指摘がある（仲村研［一九七九］）。

同年九月十九日付の上覚宛の自筆書状には、この時期の明恵の修学環境の行き詰まりがうかがえる（同書状については、田中久夫［一九六一］76～82頁、奥田勲［一九七八B］58～61頁に詳しい）。明恵は書状の中で、高雄に戻ることを勧めたらしい上覚に対し、紀州での修行を続けたいと訴えているが、湯浅氏の地頭騒動で紀州にも落ち着けなくなるなか、仏道への邁進を願う明恵の心は葛藤していたに違いない。明恵が在田郷の人々の処遇を懸念し、高雄への永住を決意する本夢からは、湯浅氏に深く支えられた当時の明恵の環境と心情とが読み取れる。

（平野多恵）

▼1―9「同年十月」条（13～15）

【翻刻】

13　一十月上洛住京間夢

14　高尾ニ有一房成弁居之榮藤圍住房

15　枎蔬無極其葉繁茂多不知其數云々

【訓読】

一、十月に上洛す〈京に住する間の夢〉。高尾に一房有り。成弁、之に居り。栄えたる藤、住房を囲ふ。枎蔬（ふそ）なること極まり無し。其の葉、繁茂して、多きこと其の数を知らずと云々。

【現代語訳】一、十月に京都に上った〈京都に滞在している間の夢である〉。高雄神護寺に一つの住房があった。成弁はそこに居住していた。満開の藤がその住房の周りを囲っていた。繁茂する様子は、この上なかった。その葉は繁茂して、数えきれないほど多かった、云々。

【語釈】13十月上洛　建永元（一二〇六）年。この夢と同紙の前夢（山外本1―9・1行以後）「建永元年九月十四日」条においては、東大寺尊勝院に滞在しており、十月になって奈良を出て京都に入ったことがわかる。14住房　高雄の住房と思われる。【考察】参照。14榮藤　「栄」は、もともと「花が咲く」の意。「さかう」も「さく」と同根で、「花が咲き満ちる」の意。15扶疏　木の枝葉が繁茂するさま。

【考察】上洛中の夢で、高雄の住房が繁茂した藤に囲まれている情景を見ている。この夢を見た翌月に後鳥羽院より高山寺の地を賜る院宣が下っている。高山寺下賜に尽力した藤原長房の存在を考慮すると、繁茂する藤に囲まれるという情景は、明恵自身が藤原氏に保護されている意識の象徴ととれるか。明恵は、承元三（一二〇九）年に九条道家室綸子が竴子（そんし）（後白河天皇の中宮、藻璧門院（そうへきもんいん））を出産したことを祝し、「藤ノ花ワガ来ヌサキニ咲キニケリ松久シクテ末ハ栄エム」（『歌集』71）と詠んでおり、ここでは、藤原氏の繁栄を藤の花の繁茂する姿で比喩している。なお、『歌集』85に「紫ノ雲ノ上ニゾ身ヲ宿ス風ニ乱ル、藤ヲ下ニテ」という建保四（一二一六）年の和歌が収められており、住房の眼下に藤の花が咲き乱れていたことが知られる。

（小宮俊海）

▼1—9 「(建永元年十月) 十二日」条 (16～18)

【翻刻】

16 一十二日許夢云十五夜空情無極満月
17 窕然顕出有深勝房云今日ハ菩提心相類
18 之日也云々

【訓読】

一、十二日許りの夢に云はく、十五夜の空、情極まり無し。満月、窕然として顕出す。深勝房有りて云はく、「今日は、菩提心相類の日なり」と云々。

【現代語訳】　一、十二日頃の夢は次のようであった。十五夜の空は、興趣この上なかった。満月が美しく現れ出た。深勝房がおり、次のように言った。「今日は、(満月が) 菩提心と同じような日である」と云々。

【語釈】　**16十五夜**　陰暦十五日の夜、満月の夜。**17窕然**　美しい様子。**17顕出**　あきらかに現れ出ること。**17深勝房***　性禅。生没年不詳。上覚のもとで神護寺の執行に就いた人物と思われる。仁和寺宗全と上覚との書状が深勝房を介していることが「宗全書状」(神護寺文書19、鎌倉遺文3200)、「行慈書状」(年月日欠、神護寺文書20、鎌倉遺文3325) からわかる。また、東寺観智院金剛蔵本『真言付法血脈仁和寺』(『高野山大学密教文化研究所紀要』6号、65頁) において、上覚、明恵らとともに寛叡より相承されている。明恵に帰依した人物の一人で、彼の懇望により、明恵は『愛染明王啓白』(高山寺聖教類第4部87函108・奥書) を草した。明恵と和歌の贈答も行っている (『歌集』57・58)。また、梵網戒の解釈をめぐって性禅の質問に明恵が答えた『神護寺如法執行問答』一巻が現存する (奈良国立博物館蔵、前川健一 [二〇一二] 313～315頁)。「僧行慈書状」にも「法橋書状深勝房に渡候了」とある (山本真吾 [一九九五])。また、高山寺本10篇389行 (明資二153頁) に登場する「深証房」は深勝房と同一か。**17今日**　「今」の字は、他の文字を書き損じた上に重ね書きしている。**17菩提心**　仏教において悟りを求める心。また真言密教においては、悟りそのものの心をいう。明恵はこれを自身の信仰の最重要な課題としていたことは、『摧邪輪』の中で、法然の『選択集』に対して、「菩提心を撥去する過失」(『鎌倉旧仏教』46頁)と指摘していることからもうかがえる。**17相類**　類似、似ていること。また、不空訳『菩提心論』に「満月円明の体は、則ち菩提心と相類せり」(大正蔵32巻573下)とあり、菩提心の姿と満月とが類似していることを示唆している。

【考察】　明恵は月をモチーフにした和歌を多く詠んでおり、月と菩提心との関係を詠むものに「アキノ月コヽロノ月モスミユケバワキゾカネツルミヅノオモカゲ」(「明恵上人墨消和歌」、『大日本史料』579頁)がある。その詞書に「由具福智故自心如満月」とあり、これは般若訳『諸仏境界摂真実経』の偈頌であることが指摘されている(大正蔵18巻374中。奥田勲[一九九五])。なお、この「由具福智故自心如満月」という句は、不空訳『金剛頂一切如来真実摂大乗現証大教王経(初会金剛頂経)』(大正蔵18巻313下)にもあり、こちらを念頭に置いていた可能性もある。

月に関して、大乗仏教の客塵煩悩説では、月は悟りに、煩悩は雲に譬えられる。また、不空訳『菩提心論』の月輪観では、『般若経』所説の「十六空」を新月から満月までの月の満ち欠けに譬え、菩提の完成を説明する。同じく不空訳『菩提心論』に「我、自心を見るに、形、月輪の如し」(大正蔵32巻573下)とあるように、密教においては、菩提心を満月の形に観想する月輪観が説かれる。「菩提心相類」との本夢での言葉は、これらを背景としているのだろう(小宮俊海[二〇一二]参照)。

本夢および前夢は後鳥羽院より高山寺の地を下賜される一ヶ月前の夢だが、菩提心の象徴としての満月が登場しており、明恵にとって良きことを暗示させる夢と考えられる。

(小宮俊海)

▼1—9「同年十一月四日」条（19〜23）

【翻刻】

19　一十一月四日出京（自高尾）其夜拝广利支天像夢云
20　参於一堂中有木像天女像成弁ニ向テ
21　含咲向給ヘリ成弁奉抱之口ヲスヒ奉ル互
22　ニ愛シ糸惜氣ニ思給ヘリ又有數多女天
23　形像七八人許有之云々

【訓読】

一、十一月四日、〈高尾より〉京に出づ。其の夜、摩利支天像を拝す。夢に云はく、一堂に参る。中に木像の天女の像有り。成弁に向かひて咲みを含みて向き給へり。成弁、之を抱き奉り、口をすひ奉る。互に愛し糸惜気（いとをしげ）に思ひ給へり。又、数多の女天の形像有り。七、八人許り之有りと云々。

【現代語訳】　一、十一月四日、高尾から京に出た。その夜、摩利支天像を礼拝した。夢は次のようであった。ある堂に参詣した。中に木像の天女像がある。成弁に微笑を見せて顔を向けておられる。成弁はこの天女像を腕で抱き申し上げて、口を吸い申し上げる。互いに愛撫を交わすと、天女はいとおしそうに想っていらっしゃる。また、多くの女天の形像がある。七、八人ほどあった、云々。

【語釈】　19广利支天像　「摩利支天」は、天部の一。梵語「摩利支（マリーチ）」は陽炎または威光とも訳し、陽炎の神格化と言う。形像は二種があり、一つは天女の姿、もう一つも天女ではあるが三面で六臂または八臂で猪の上の三日月に乗った姿である。明恵の拝した摩利支天像の姿がどちらであるか、またその場所がどこかも不明であり、木像か絵像かも特定できない。20木像天女像　前の晩に拝した摩利支天の像が影響しているのだろう。夢においては、木像でありながら生動し、生身（しょうじん）の木像という体である。20成弁*　「又」字の上から「成」と書いている。21含咲　ほほえむこと。21

奉抱之口ヲスヒ　「口ヲスヒ」は、口づけ、接吻のこと。「抱」く行為とともに性的行為の意味合いが強い。【考察】参照。**22愛シ**　愛戯などの行為を指すか。「愛す」は、対象に心ひかれ、いつくしみ・めぐみ・うやまいなどの感情を発する情意の作用をいうが、それに愛撫などの行為を伴う場合も多い。本夢の「愛し」に関しても、愛情というよりも肉欲、また、恋情というよりも愛撫などの行為のニュアンスが強いか。**22糸惜氣ニ思給ヘリ**　「糸惜」は「いとをし」の宛字で愛憐の意。気の毒と思う同情の意から、かわいい、いじらしいと感じる愛憐の意への変化は中世に入って行われたとされる。本夢の場合は、愛憐の意であろう。

【考察】　性的な夢であるとともに、その対象が天女の木像である点で興味深い。『華厳経』「入法界品」では、性的行為としての抱擁・口づけに対して仏教的な意味づけがなされている箇所が存する。善財童子が五十三の善知識を巡歴する中で、二十五番目の善知識、婆須蜜多女を訪れた際に婆須蜜多女が説く中に「若有衆生、抱持於我、則離貪欲、得菩薩摂一切衆生恒不捨離三昧。若有衆生、唼我脣吻、則離貪欲、得菩薩増長一切衆生福徳蔵三昧」(『八十華厳』、大正蔵10巻366上)とある。明恵の性に対する意識にも影響を与えたであろうと推測される。『六十華厳』の注釈である法蔵『探玄記』(大正蔵35巻470下)の釈では、「入法界品」の該当箇所について「並是極位大菩薩所作非下位所知。如摂論定学中説」(大正蔵35巻471上)とあるが、ここで「如摂論定学中説」というのは、玄奘訳『摂大乗論』に「云何欲邪行。若於諸欲了知是邪而修正行」(大正蔵31巻147上)とあり、菩薩が愛欲による邪行を行うのはどのような場合かと言えば、邪行と知っていて正行を行う場合であるという。ここで想起されるのは、山外本1―10建暦元年十二月の「同廿四日」条(134～142)で、「大堂」で「貴女」と「互ひに相抱き馴れ親し」んだという夢である。この夢では、貴女の風貌について「一々香象大師(法蔵)の釈と符合す」と述べ、貴女の抱擁について「此の行儀、又大師の釈と符合する心地す」と述べている。

この夢では、天女像と愛戯を交わす中で、明恵は生身の天女像から、「糸惜」という情を読み取っている。この「糸惜」は、高山寺本においても用例が若干見られる。高山寺本7篇126行(建永元年六月十八日)の夢では、一匹の小犬を

「糸惜」と感じ、その犬を器となして、飯を盛っている。また、高山寺本10篇162～165行（承久二年五月二十日）の夢では、陶器でできた「五寸許の唐の女」に「糸惜しくすべし、歎くべからず」、「糸惜しくせむ」（以上訓読文にて示す）と語りかけており、いずれも女性・小動物に対する、明恵の眼差しを窺うことができる。本夢のように、木像が生動する「生身仏」の夢は、明恵においてしばしば見られるものであり、仏菩薩の絵像を対象として観想を凝らす密教行法の影響（野村卓美［二〇〇二D］318頁など）や、また、明恵の資質としてのイメージ喚起力の強さ（河東仁［二〇〇二］）といった要因が影響を及ぼしていることは既に指摘されているところである。それとともに、明恵の「非情（無生物）」に対する眼差しという点も無視できない。明恵がかつて紀州苅磨島に渡った際の体験を振り返りながら、島に宛てて書いた書状が『仮名行状』の中で喜海の記憶により引用されている（明資一36～39頁）が、それによれば、明恵は、心のない島という「非情」と、心を持つ人間といった「有情」の差を止揚するような思いを吐露している。そういった「非情」「有情」といった差異を乗り越える明恵のあり方も、この夢のように無機的な素材でできた生き物という合成体が夢に現れることの一因を成しているものと考えられる。

（立木宏哉）

▼1―9「同年十一月十四日」条（24～28）

【翻刻】

24 一同十四日朝申栂尾院宣其夜夢云

25 有一疋鹿成弁剝此鹿皮頸以下剝取之了抱

26 此鹿頸引到栂尾堂前又院并宰相殿等

27 令宿成弁之房給又自我房見遣向方海

28 路見渡テ面白無極云々其夜院宣成次日十五日記之

【訓読】

一、同じき十四日の朝、栂尾の院宣を申す。其の夜の夢に云はく、一疋の鹿有り。成弁、此の鹿の皮を剝ぐ。頸以下、之を剝ぎ取り了んぬ。此の鹿の頸を抱き、引きて栂尾の堂前に到る。又、院并（なら）びに宰相殿等、成弁の房に宿らしめ給ふ。又、我が房より向かひの方を見遣るに海路見渡して面白きこと極まり無しと云々。其の夜、院宣成る。次の日〈十五日〉之を記す。

【現代語訳】　一、同月十四日の朝、栂尾院宣を申し上げげた。その夜の夢は次のようであった。一匹の鹿がいた。成弁は、この鹿の皮を剝いだ。首より下を剝ぎ取ってしまった。この鹿の首を抱いて、栂尾の堂の前に引いて行った。また、院と宰相殿たちが成弁の房に宿泊なさった。また、私の房から向かいがたを見やると、海路が見渡せ、面白いことこの上なかった云々。その夜、院宣が成った。翌日の十五日、これを記した。

【語釈】　**24申寵尾院宣**　後鳥羽院よりの栂尾を賜る院宣を明恵が願い出たものか。栂尾が「樢尾」と表記されることについては、奥田勲［一九七八B］（251頁以下）に詳しい。高山寺本8篇9行に「建永元年十一月、院より神護寺内樢尾別所を賜る」と「樢尾」の表記が見られるが、この夢はそれとほぼ同時期のものである。なお、建暦元（一二一一）年には既に「梅尾」の表記が見られ（『起信論義記』巻下奥書、高山寺聖教類第1部227〔3〕）、以後「梅尾」または「栂尾」の表記が一般化していった。**25剝此鹿皮頸以下剝取之了**　鹿の皮の首から下の部分を剝いだ上で、本文では「鹿の頚を抱」くわけなので、鹿の首があって、それに全身の皮のみがつながった様を想定すればよいだろうか。【考察】参照。**26院幷宰相殿等**＊　院は後鳥羽院。宰相殿は参議のことであり、後鳥羽院の近臣である藤原長房だろう。長房は『公卿補任』によると元久二（一二〇四）年四月十二日に任参議、承元三（一二〇九）年正月十三日に参議を辞し、民部卿に移っている。**27海路見渡テ面白無極**　海などの景を見ての感慨は、夢記において時折現れ、しかも、それだけで独立している夢などの例が多い。高山寺本8篇82行（建永元年十二月八日）の夢において、「又、此処より見遣れば、海路見渡すに面白きこと極まり無し」とほぼ同一の記述も見られる。**28其夜院宣成**　夢の記述の日次部分であり、栂尾下賜の院宣の成立の時日を明確に示す。この院宣は現存せず、その成立は、高山寺本8篇5～10行により、建永元年十一月であるということは判明していたものの、日付までは確かな史料が存しなかった。奥田勲［一九七八B］によれば、高山寺現存の「日出先照高山之寺」勅額の裏書には「建永元年丙寅十一月八日　別当民部卿藤原長房卿」と、藤原長房の名前とともに十一月八日という日付が記されており、十一月八日が後鳥羽院院宣の下った日と推定されていたが、額自体が高山寺草創当時の物かどうか不明で、確かな日付は不明であった。それに対し、この夢記は末尾に「次の日〈十五日〉之を記す」とあり、院宣成立の翌日に、しかも明恵自身の手により記されたことが明らかであり、記述の信憑性は高い。

【考察】 十一月十四日の記事は、栂尾下賜の院宣成立の内幕を示すものとして興味深く、また、その院宣成立に際し、明恵と後鳥羽院との間を長房が仲介したことを推測させる点で史料性の高いものと認められる。夢は三つに分かれ、鹿の首の夢、院と長房の夢、海路を見渡す夢と続くが、それぞれ改行などもされていないので、一連の流れの中にある夢が断片として書き連ねられたものと見てよいと思われる。

本夢において鹿が登場する背景については不明である。鹿は、春日社の神使としてよく知られている。鹿を狩って、その皮を剝ぐことを生業とする皮革業者が当時、存在したことが知られているが、こういった存在も明恵の夢に影響を与えているのだろうか。夢の続きで院が登場することも考慮に入れると、鹿猟と王権をめぐる『経律異相』巻四七第七鹿部二「鹿王遭捕殺身以済群衆」（大正蔵53巻250下）（また『仏説九色鹿経』（大正蔵3巻452中）、『法苑珠林』巻五十「背恩篇」での引用（大正蔵53巻666中）など）といった説話なども関連するのだろうか。とすれば、栂尾の堂の前に抱いて持って行った鹿の頭は、あるいは王権を象徴するとも言えようか。また、鹿の皮を剝ぐという点では、革堂聖行円（一〇〇〇年頃）の逸話との類似も注意される。

最後の夢は、栂尾の地から海路を見渡すことになるが、栂尾から海は遠いので夢ならではの短絡と考えていいだろう。自らの房舎から海を眺望するのは、紀州での修行時代の記憶と関連していよう。断片的なため、全体として茫漠とした不安感が漂っているようにも思われるが、後鳥羽院という王から栂尾を賜る院宣を受け、まさしくこれから高山寺草創を成そうという際しての明恵の複雑な心情を読み取ることもできようか。

（立木宏哉）

1―10　建永二年、承元三年、建暦元年夢記※

▼1―10「建永二季五月廿九日」条（1〜22）

【翻刻】

建永二季五月廿九日出京宿
火口宿所其夜夢云
成弁於一大堂修行法ナニ佛ソの
三尊ノ脇士ニ天帝尺ノ御坐ヲ奉
行之其形像乗上（白）象給ヘリ然三座
許ニ成ト思程ニ入道場修行法帝尺
成女房之形離御衣絹運行堂中逃
不受供法有一本屏風自其上見
越見我給良久運行堂已出堂前テ
相尋人給ニ諸僧七八人許出來其中
承仕カマシキ僧ニ七八人諸共ニ仰付テ
此僧具シテ行テフミ合シテ谷ヘ可捨トテ
從堂前（正前中心）大床ツキ落給其中一人僧言

【訓読】

建永二年五月廿九日、京に出で、火口の宿所に宿る。其の夜の夢に云はく、成弁、一の大堂に於て（し）行法を修す。なに仏ぞの三尊の脇士に天帝釈の御坐す（おはします）を奉り、之を行ず。其の形像、白象に乗り上り給へり。然るに、三座許り（ばかり）に成ると思ふ程に、道場に入りて行法を修するに、帝釈、女房の形と成り、御衣絹（みそぎぬ）を離れ、堂中を運行して逃れ供法を受けず。一本の屏風有り。其の上より見越し、我を見給ふ。良久（やや）しくして堂を運行し已りて、堂前を出でて人を相尋ね給ふに諸僧七八人許り出で来たる。其の中の承仕がましき僧に七八人諸共に仰せ付けて、「此の僧具して行きてふみ合はして谷へ捨つべし」とて堂前〈正面中心〉の大床よりつき落とし給ふ。其の中の一人の僧言はく、「寿命は本より短きぞとよ。されば之を殺害（せつがい）すること勿かれ。但打ち合はして谷へ捨てよ」と仰せらる。承仕法師、受け取りて手を引きて行く。此の七八人の二三段許り伴ひて来たり給ふ。成弁思はく、此の使者に殺されなむずと思ひて、

14　壽命ハ自本短キソトヨサレハ勿敍害之
15　但打合シテ谷ヘ捨ヨト被仰承仕法師
16　受取テ引手テ行ク~~到出~~ヰ此七八人ノ
17　二三段許伴テ來給成弁思ハク此使
18　者ニ敍サレナムスト思テ今度許命イケサセ
19　給今一度タムトクテ死候ハムト申諸人
20　皆喜悦怡成弁之言爲悦其中一老僧
21　流涙於成弁曰アナウレシヤ餘僧ヲハ従ヤ不従ヤヨクモ不見
22　各々ニ皆如此唱成弁白言成弁ハカホトノ

「今度許りは命いけさせ給へ。今一度たむとくて死に候はむ」と申す。諸人皆喜悦す。成弁の言を怡び悦を為す。其の中の一老僧、涙を流し成弁に曰はく「あなうれしや」〈余僧をば従ふや、従はざるや、よくも見ず〉。各々に皆此くの如く唱ふ。成弁白(まう)して言(まう)さく、「成弁はかほどの（後欠）

【現代語訳】　建永二年五月二十九日に京に出かけ、樋口の宿所に泊まった。その夜の夢は次のようであった。成弁は一宇の大きな堂で行法を修した。何とかという仏だろうか、三尊の脇侍に帝釈天がいらっしゃるのを本尊として、これを行じた。帝釈天の形像は、白象にお乗りになっているものであった。ところが、行法を三度ほど修したと思う頃に、道場に入り行法を修したところ、帝釈天は女房の姿になり、御衣絹を離れ、堂の中を進み逃れて供法を受けなかった。一本の屏風があり、その上から屏風をへだてて私をご覧になった。しばらくして堂を巡り歩いた後、堂前を出て人をお探しになると、七八人の僧が出てきた。その中の承仕らしき僧に、七八人の僧達が一緒になって「この僧を連れて行って皆で踏んで谷へ放り出してしまいなさい」と仰せ付けて、堂前〈正面中心〉の縁より（私を）突き落としなさった。その中の一人の僧が言うには、「寿命はもともと短いということであるよ。それゆえこれ（＝明恵）を殺害してはなりません。ともかく皆で叩いて谷へ放り出しなさい」とおっしゃった。承仕法師は引き受けて（私の）手を引いて行く。この七八人の僧侶達が二三段ほど自分に伴って来られた。成弁は、この使者に殺されてしまうだろうと思って、「この度ばかりは命をお生かしください。今一度、尊い姿で死にましょう」と申し上げる。諸人は皆喜ぶ。成弁の言ったことを喜んだのである。その中の一人の老僧が涙を流して成弁に言うには「ああ、嬉しいことよ」と〈残りの僧達はそれに従ったのか従わなかったのか、よくは見えない〉。（すると）、それぞれに皆同じように唱える。成弁が申し上げて言うには「成弁はこれほどの（後欠）

【語釈】　1**建永二季五月**　一二〇七年。十月、承元と改元した。明恵三十五歳。2**火口宿所**　「樋口の覚厳邸」か。平安京六条を東西に通る道路を「樋口小路」と呼んだ。現在の万寿寺通りにほぼ相当する。夢記には明恵が上京の折、「樋口」に宿る記事などが見られるが、『高山寺縁起』には高山寺の堂塔の造営を沙汰した「覚厳法眼」がしばしば登場する（奥田勲［一九七八B］186～187頁）。この覚厳法眼は、『善妙寺本仏事』では「樋口法眼」と呼ばれている（毛利久［一九八二］）。覚厳は「神護寺文書」等に荘園の預所としての姿を見せる。その経済力を背景に明恵の援助・高山寺の整備に尽力したのであろう。あるいはまた、この時代「樋口大宮亭」に住した（『玉葉』元暦元（一一八四）年十月二五日条）権大納言藤原定能（久安四（一一四八）年～承元三（一二〇九）年、「清滝」と号す）は、明恵や高山寺との直接の関わりを示す資料に欠けるものの、妹にあたる兼子が九条兼実の北の方となり、良経らをもうけるなど、九条兼実に近侍した人物である。明恵は兼実のために祈禱を行ったことが夢記などにみられ、また、兼実の家司である藤原長房や藤原親康と明恵との関係は知られており、「火口宿所」が定能邸である可能性も全く無視はできない。なお、この夢の前月五日に兼実が薨去したことは、この度の明恵の出京と何らかの関わりがあるのかもしれない。3**成弁***　明恵は文治四（一一八八）年、十六歳で出家した時より「成弁」と名乗ったが、承元四（一二一〇）年以降の記録には「高弁」と自署する（奥田勲［一九七八

B」73～74頁）。**3ナニ佛ソ**　ジラール仏訳［一九九〇］366頁（note1064）「ナニ仏」に従う。「何とかという仏だろうか」と解釈できる。**4三尊**　鎌倉時代の密教系造像の特徴として観音菩薩と梵天・帝釈天の三尊構成（教王護国寺の「二間観音」の系統）のものが見られる（関根俊一［一九九七］）が、この形式のものはいずれも立像であるため、この夢での本尊の特定は不可能。**4天帝尺**　帝釈天（インド神話のインドラ神）のこと。須弥山頂上の忉利天善見城に住す。密教では十二天の中に組込まれ、東方の守護神となり多彩に図像化された。本夢のような象に乗る形式（「鳥獣座」）の具体的な作例は、古くは空海将来の「十天形像図像」や教王護国寺講堂の彫像などにみられ、その後十二世紀後半には「近代様」と呼ばれ、御修法用に復活した（京都国立博物館編［一九八八］など）ため、明恵にとって親しみ深い像容であった。「僧高弁所持聖教等目録」（『高山寺古文書』第1部44）によれば、明恵の経袋のなかには「帝釋像」や自筆の「帝釋色紙形」があったことが分かり、明恵の帝釈天への特別な思いがうかがえる。**5座**　修法の回数を数えるときの用語。**6道場**　密教固有の灌頂・修法の会場をいう。道場を成立させる基本的要素は「修法本尊」「行者」「諸壇」「伴僧一般」「大幕」があげられる（澤登宜久［一九八三］）。ここでの行法が帝釈天のものであれば『阿娑縛抄』にみえる道場図が参考となろう。**6行法**　密教の修法。**7御衣絹**　『伊呂波字類抄』等に「ミソギヌ」とある。仏画を描くのに用いる絹布のことで、本夢の三尊は絵絹に描かれた尊像であったことが分かる。**8供法**　諸尊を供養すること。**8屏風**　密教の道場内には伝法灌頂や道場の守護のために必要な山水屏風や十二天屏風が諸流の作法に従って置かれる。**9良久**　『類聚名義抄』に「ヤヤヒサシ」とある。**11承仕**　寺社殿内において清掃・荘厳仏具の整備・灯明や香を供えるなど、諸雑役に従事するものをいう。**12此僧**　明恵のことを指す。**13正面中心**　「堂前」にわざわざこのような注記を付したのは、本尊の前で明恵が突き落とされたという意味を強調するためか。**13大床**　中世の寺社建築において階段の上にある板床、あるいは縁のことをいう。『東大寺練行衆日記』などには東大寺二月堂の舞台を「大床」と称した例が見られる。**14鯽害**　『色葉字類抄』（前田家本・下・111ウ）では「セツカイ」とある。**16到中#**　次の行の「二三段許り」行ったところを指すか。主語をまず明らかにするため抹消したと考えられる。**17二三段**　一段は約11m。**17使者**　神仏の使役するものをいう。この場合は帝釈天の指示を受けた僧侶達、特に承仕法師を指すか。19タムトクテ　文意がとりづらいが「尊くて」の意か（河合隼雄［一九八七］198頁の解釈）。仮に「壇特で」と解釈すると、釈迦が前世でスダーナ太子であったとき、父王が大切にしていた白象などを無制限に布施し、その位を追われ出家入山した壇特山をいい、太子のように布施と修行を行って死にたい、という意となる。明恵は『摧邪輪』でスダーナ太子（「達拏」）の故事に言及している（『鎌倉旧仏教』348頁）。20喜悦　明恵の仏道への志に諸僧が感動した様子をあらわす。21於　高山寺本の用例より「於」としたが、あるいは「抱」か。21従　一老僧以外の僧侶達も老僧に従って「あな嬉しや」と言ったことを指す。22カホトノ　以下、後欠。謙遜する内容が続くか。この夢の書かれた裏面に「承仕法師」「悦喜無極」といった、本条の夢と共通する語句が見られるため、この夢は第一紙紙背へと接続する可能性が高い。山外本1―10「方人」条（192〜200）参照。

【考察】　明恵の夢には、あるモチーフが変化（へんげ）することがしばしばみられる。特に、「不空羂索観音」（高山寺本10篇28〜29行）、「五十五善知識ノ木像」（『仮名行状』、明資一63頁）などのように、仏像が生身に変ずることが多く、この夢もそのバリエーションの一つと考えることが出来よう。

また、仏菩薩が明恵の礼拝を受けいれない夢が『仮名行状』（明資一32頁、普賢菩薩を礼拝しようとすると象が頭を振り、明恵は閑居を受け入れないことと解釈している）等にみられる。加えて『真聞集』（明資三192頁）には、夢ではないが、明恵の修した仏眼法に仏が感応して、仏画から抜け出す例が見られる。これらを参考にするならば、本条の夢も何らかの行法の結果が否定的な形であらわれたものと解釈することは可能であろう。なお、『一遍聖絵』で乞食が因幡堂の縁の下に眠る姿が描かれるなど、堂の縁の下は零落の象徴とする指摘があることを参考までにあげる（黒田龍二［一九九九］177頁）。

後半部分は、死を目前にした明恵の言葉によって、状況が一転する。明恵の言葉の意味は不確定ではあるが、自らの死に対する考え方を示す資料として、本条の夢の二年前に明恵が師である上覚に宛てた手紙がある。そこには修学二道の成果があがらなければ、自分は身を投げて死ぬ、また、天竺などに向かって命をも捨てたいという覚悟と、「人よりも命もおしく、人ヨリモ不覚候」（「神護寺文書」11）といった面とがみえ、この夢を理解するうえで参考になるだろう。

（小林あづみ）

▼1—10「承元三季三月八日」条（23～38）

【翻刻】

—（紙継）—

23 承元三季三月八日夜寅剋夢
24 相朋于數輩宿海邊遊戲其
25 及夜明出濱面与數輩遊意
26 成弁獨歩去入一盤石下其
27 石平長其下纔哺腹一人動
28 許也其中有大刺等々中依
29 然見ヒ沙門天像入已即生怖畏
30 後悔欲出之然此下太狭逼
31 不可起不可坐只下臥腹行出之
32 潮満深至脇即悦早出即時
33 有一人僧欤語云昔有上人上蔵等欤
34 即遇此難纔行相如汝所行纔

【訓読】

承元三年三月八日の夜〈寅の剋の夢〉、数輩を相朋(ともな)ひて海辺に宿り遊戯す。其の夜明に及び浜面(はまづら)に出づ。数輩と意を遊ばしむ。成弁独り歩み去り一盤石の下に入る。其の石、平らかに長く、其の下纔(わづか)に哺腹(ほふく)して、一人動く許(ばか)りなり。其の中に大刺等有り。大刺の中に依然としてビ沙門天像を見る。入り已りて即ち怖畏を生じ後悔して之を出でむと欲(す)。然れども、此の下太(はなは)だ狭逼にして、起くべからず、坐すべからず。只、下に臥し、腹行して之を出づ。潮満ちて、深きこと脇に至る。即ち、早く出づるを悦ぶ。即時に一人〈僧か〉有りて、語りて云はく、「昔、上人〈上蔵等か〉有り。即ち、此の難に遇ふ。行相、汝の所行の如し。纔に出づる時に発心門〈熊野の内と覚ゆ〉に帰す。然も、毘沙門に祈念し、又出づることを得」と。成弁、之を聞きて、裏病(うらやま)しく覚ゆ。昔、上人、発心門に帰す。我、盍ぞ此の門に帰せざる。位を患ひ惟(おも)ひ、覚め了んぬ。即時に之を記す。

35　出時歸發心門（覺熊野之内）然祈念於
36　毗沙門又得出成弁聞之覺裏病
37　昔上人歸發心門我盍歸此門患
38　惟位覺了即時記之

【現代語訳】　承元三年三月八日の夜〈寅の刻の夢〉は次のようであった。数人の同輩と、海辺に宿って遊んだ。その日の夜明けになって、浜辺に出、数人の同輩と心を楽しませた。成弁は一人で歩み去り、一つの盤石の下に入った。その石は平らで長く、その下は這っていって一人が動ける程度であった。その中には大きな刺などがあり、刺の中に相変わらず毘沙門天の像があるのを見た。私は入りおわって、たちまち畏怖の念を生じ、後悔して出ようと思った。しかしながら、石の下は非常に狭く、起きあがることも、坐ることもできない。ただ、下に臥し、腹這いになって出た。潮が満ちて深くなり、脇のところまできた。そこで早く出たことを喜んだ。石の下から出るとすぐに一人〈僧か〉がいて、次のように語った。「昔、上人〈浄蔵等か〉がいて、この難に遇った。盤石の下に入った有り様は、あなたのしたことと同じようであった。ようやく出たとき、発心門〈熊野の内と思われる〉に行きついた。しかも、毘沙門に祈念して、また出ることができたのだ」と。成弁は、これを聞いて、うらやましく思った。昔、上人が発心門に着いたのであるから、私もどうしてこの門に行けないことがあろうか。位について思い悩み、夢から覚めた。すぐにこれを記した。

【語釈】　23承元三季三月八日　一二〇九年。明恵三十七歳。23寅尅　現在の午前三時から午前五時。23□　ジラール仏訳は「二三字判読できない」とする（p.185 note1071）。ジラール仏訳にしたがい、「云」が欠けていると考える。25濱面　浜辺。26盤石　「盤（磐）石）」ないし「大盤（磐）石」は明恵の夢にしばしば登場するが、この夢とモチーフが類似するのは、建仁三年～元久二年頃と推定される高山寺本12篇1～11行の夢である。この夢では、明恵は盤石に開いた穴に入って抜けなくなったが、喜海に教えてもらった「誦文」をとなえることで盤石が消滅して抜け出られる。27哺腹　匍匐か。28大刺　大きな刺（とげ）のこと。29ヒ沙門天　毘沙門天。四天王の一で、北方を守護する。なお、明恵は元久二（一二〇五）年に毘沙門天の方便によって仏果にいたるという瑞夢を見（『漢文行状』、明資一124頁）、建保六（一二一八）年冬にも或る病人を加持したところ、毘沙門天の守護があるという夢を見ている（『仮名行状』、明資一52頁）。また、禅堂院の南面には「毗沙門天霊夢像一鋪」が懸けられていた（『高山寺縁起』、明資一646頁）。31腹行　腹這いで進む。27行目「哺腹」が「匍匐」の意と思われることから、ここも「腹」は「匐」と同義で解した。32即時　すぐその時。33上蔵*　高山寺経蔵に『権現聖天法』（高山寺典籍文書第4部82函22号、建仁元年覚経写）が伝来し、その奥書に「仏眼寺阿ゝゝの」注記として「上蔵定額入室写瓶弟子」の記事がある。関連あるか。あるいは浄蔵（八九一～九六四）のことか。浄蔵は、平安中期の天台宗の僧で、三善清行の子。験力の僧として知られる。高山寺経蔵に『大聖歓喜天』（高山寺典籍文書第4部189函49号、院政期写）があり、その奥書に「浄蔵奉記云々」とある。34此難　石の下の狭い空間に入り、出られなくなる難事。34纔　「纔」は、ようやく、やっとの意。35帰　行きつくの意。35發心門覺熊野之内　熊野への参詣路沿いにある九十九王子のうち、本宮に最も近い王子。割注に「熊野の内と覚ゆ」とあることから、熊野の発心門を想起していることは明らかだが、後に「位を患ひ惟ひ」と書かれることを考慮すると、菩薩の修行階位である五十二位のうちの十心住の第一である発心住をも意識するか。36裏病　「うらやまし」の当て字。38位　修行によって到達する階位。「位次」に同じ。

【考察】　この夢が見られた承元三年は、明恵自撰の「遺心和歌集」（『歌集』所収）に集められた歌の多くの作られた時期と重なる。「清滝河ノホトリニ出デテ、同輩モロトモニ遊ブアヒダ」云々の詞書（『歌集』15）もあり、この夢の中の風景は、或る程度この時期の明恵の生活を反映したものであろう。

『毘沙門天王経』（不空訳）には、毘沙門天王に祈願すれば、仏法中において法眼を開いて聖果を証得し、甘露の妙法を獲得できることが書かれており（大正蔵21巻215下）、古来、毘沙門天が悟りを得させる存在として認識されていたことが知られる。【語釈】「ビ沙門天」に示したように、明恵は毘沙門天の方便で仏果に至る瑞夢も見ており、明恵にとっても毘沙門天は悟りを得るための守護神であった。しかしながら、本夢のなかで明恵は、石の下の毘沙門天像に畏怖を覚え、入ったことを後悔して腹這いで脱出している。それに対し、石を出たところで僧と思しき人から聞いた話のなかの「上人」は、毘沙門天に祈念して石の下から出ることができ、発心門に行き着いた。「上人」の前例を聞いた明恵は、発心門に至った上人をうらやましく思い、それを強く意識することになる。直後に「昔、上人、発心門に帰す。我、盍ぞ此の門に帰せざる」と述べていることからは明恵の自負を、「位を恵ひ惟ひ」からは修行の至らなさへの困惑を読み取ることができよう。

（前川健一・平野多恵）

▼1―10「承元三年三月廿六日」条（39〜49）

【翻刻】

―（紙継）―

39 承元三年三月廿六日夜夢云於樋口
40 有五六躰童子形刻彫盡手我住所常
41 可安置之佛像ト思ュ其内當時安置善才
42 像アリ反爲生身又制タ迦童子アリ皆是
43 生身也成弁問後來事善才答曰處中云々
44 而言極有臭氣兩手等又有此氣躰

【訓読】

承元三年三月廿六日の夜の夢に云はく〈樋口に於（し）て〉、五六躰の童子の形（かた）有り。刻彫、手を尽くす。我が住所に常に安置すべき仏像と思ゆ。其の内に当時安置の善才像あり。反じて生身と為る。又、制タ迦童子あり。皆是生身なり。成弁、後来の事を問ふ。善才答へて曰はく、「中に処（を）り」と云々。而るに、言、極めて臭気有り。両手等、又此の気有り。躰□、尤も然るべし。此の事なりと云々。制タ迦童子、又、此の事を相し成す。即ち、予の自性を説きて曰はく、「□尊花海の如し。又、

□尤可然此事也云々制タ迦童子又相成此
事即説予之自性曰如□尊花海又如池
中蓮花将養□頭心中哀喜熾盛也
又此童子等皆快然之氣色恒可奉
副ト思テ悦豫無極云々

池中の蓮花の如し」。将に□頭を養はんとす。心中哀喜熾盛なり。又、此の童子等、皆快然の気色有り。恒に副へ奉るべしと思ひて、悦予極り無しと云々。

【現代語訳】　承元三年三月二十六日の夜、樋口で見た夢は次のようであった。五六体の童子の像があった。彫刻は技をこらしていた。私が住むところに常に安置するべき仏像だと思われた。そのなかに、今安置している善財童子の像があった。生身に変わった。また制吒姙迦童子があった。みな生身であった。成弁は将来のことを尋ねた。善財童子は答えて、「中にいる」云々と言った。しかし、その発言には、非常に臭気があった。両手などにも、またこの気があった。体□は、もっともそうであるはずである。このことである云々。制吒迦童子は、またこのことを占った。すなわち私の自性を説いて、「□尊花海のようで、また池の中の蓮花のようである」と言った。□頭を養おうとしている。心の中では、哀喜の気持ちが非常に強かった。また、この童子等は皆、気持ちよさそうな様子であった。ずっと本尊のそばに安置し申し上げようと思って、悦びはこの上なかった、云々。

【語釈】　39承元三年三月廿六日　一二〇九年。39樋口　1—10建永二年五月二十九日条【語釈】2「火口宿所」参照。40童子　明恵の夢には童子がしばしば登場する。夢中の童子は明恵を助ける存在として登場することが多い。40形　現物に模して作った絵や彫像。ここでは童子の彫像のこと。40刻彫　刻んで彫りだすこと。彫刻。40盡手　技をこらす。「手」は技・技能の意。41思ユ　「覚ゆ」に同じ。「おぼゆ」を「思ゆ」で表す例は、高山寺本8篇39行に「令立給ト思ユ」として見える。**41善才像**　善財童子の像。善財童子は、『華厳経』「入法界品」で、五十三人の善知識を歴訪した求道の菩薩。『高山寺縁起』（明資一646頁）には、南面の学問所の左角に安置されるものとして「善財童子木像一躯」とある（ただし、明恵没後に施入されたもの）。明恵は、建仁元（一二〇一）年に、華厳五十五善知識曼荼羅を俊賀に書かせた（『漢文行状』、明資一110頁）。晩年の寛喜二（一二三〇）年二月から患った不食の病中に、明恵は善財童子の五十五善知識の修行階位について、十通りの考え方を提示して弟子に授けたが、その時に明恵が記した文章に「コノ十門ヲモテ花厳一部ノ大綱ヲクヽリ、五十五聖ノ法門ヲフサネテ、金剛見聞ノ種ヲ裹テ、善財ノアトヲタヅネ、解行因満ノ果ニノゾミテ、十仏ノ覚ヲ開ムガタメナリ」（『仮名行状』、明資一63頁）とある。この時の夢は、この夢の状況と似る。【考察】参照。**42反爲生身**　「生身」は生きている体の意。夢記には、仏像等が生身に変ずる夢が散見する。**42制夕迦童子**　制吒迦童子にに同じ。不動明王の右の脇士で、八大童子の一。『漢文行状』（明資一124頁）には、元久二年の夏の記事に続いて、「又夢常奉レ見二五大尊幷眷属矜迦羯羅制多迦等梵王帝尺四天王等一ヲ」とあり、明恵は制吒迦童子の登場する夢をよく見ていたらしい。**43後來**　行く末、将来。ここでは後世と同意か。**43處中**　意味難解。ここでは、後世どこへ生まれ変わるかまだ決まっていない中有にあるという意か。あるいは、「この世（閻浮提）・娑婆世界の中にいる」の意か。**44臬氣**　臭い匂い。くさみ。**44此氣**　「臭気」を指す。原文では「自」の上に「此」を重ね書きする。当初「臭」を書こうとして、途中で「此」に改めたと推察される。**44躰□**　『京博目録』は、「躰止」と翻刻するが存疑。「躰止まる」と訓読すると、生身となって動いていた仏像が動かなくなったと解せるが、後続の部分も含め、意味がとりにくい。文脈から考えると、発言や両手に臭気があるのだから、体そのものにも当然臭気があるという意味が妥当か。**45尤可然**　発言や両手以上に体に臭気があるという意で解する。**45此事**　二箇所あるが、どちらも指示する内容が不明瞭。**46予之自性**　成弁の自性。もしくは、その（制吒迦童子の）自性。「自性」は、そのものが本来持っている真実の本性。**46如□尊花海**　難読部分。ジラール仏訳は「□」を「動」と読み、「動尊」を不動尊と解す。**47將養□頭**　難読部分。「頭」は、あるいは「頸」か。**47快然**　心地よいさま。**49副**　そばに置く意か。40・41行目に「我が住所に常に安置すべきの仏像と思ゆ」とあることから、明恵の住房の本尊の傍に安置する意と解する。49悦豫　よろこび楽しむこと。「悦楽」に同じ。

【考察】後半に判読しがたい文字が散見し、文意の理解が難しい。しかしながら、童子の登場や、仏像が生身になるモチーフは、瑞夢に多く見られる。実際、本夢にも「悦予無極」とあり、最終的には吉夢と捉えられるが、善財童子に臭気がある等、単純に吉夢と解せない部分が存する。生身に変ずる夢を概観すると、仏像等の本来動かないものが生身となることで、明恵はその存在をリアルで身近なものとして感じているようである。

なお、晩年の寛喜二年二月から患った不食の病中に、明恵は善財童子の五十五善知識の修行階位について、十通りの考え方を提示して弟子に授けたが、この時の或る夜の夢として、入唐するような気持ちで数人の同行と一緒に行き、あるところで五十五善知識の木像があったので拝んでいると生身になったので来生のことを尋ねようとしたが留まったという夢がある（『仮名行状』、明資一63頁）。この夢の状況と類似する点で注目される。

（平野多恵）

▼1―10「同（承元三年）四月五日」条（50～53）

【翻刻】

50 一同四月五日下向南都同十日夜夢云

51 民部卿御前示親受之相來成弁之處願□取彼手

52 後漸心思是大明神也我有不順其御意反之事標ニ所

53 持念珠之緒切タリト覺ユ云々

【訓読】

一、同じき四月五日、南都に下向す。同じき十日の夜の夢に云はく、民部卿の御前、親受の相を示す。成弁の処に来たりて□を願ふ。彼の手を取る。後に漸く心に思はく、是れ、大明神なり。我、其の御意に順はずして之に反す。事の標に、持（たも）つ所の念珠の緒切れたりと覚ゆと云々。

【現代語訳】　一、同年四月五日、南都に下向した。同月十日の夜の夢は次のようであった。民部卿の御前が私に親受の相を示した。成弁の処へやってきて□を願った。（私は）その手をとった。後になってようやく心に思ったのは、これは大明神である。私がその御意に従わず、これに反した。このことのしるしとして、所持していた念珠の緒が切れたのだと思われた、云々。

【語釈】　50同　承元三（一二〇九）年。50南都　東大寺尊勝院の件などのために下向したか。以下の十一日・十二日の夢も東大寺で記される。51民部卿御前*　藤原長房の妻女を指すか。51示　「我」あるいは「永」字の可能性がある。51親受　目上の人から直接、あるいは親しく受ける意か。51願□　□は「弁」か。51手　ジラール仏訳186頁の読みに従う。52是　民部卿御前を指すか。52大明神　夢記では春日・賀茂などの神を明神・大明神と呼ぶ。この夢は南都でのものなので春日神を指す。52有　存疑。52反　「反」字を見せ消ちとすれば、訓読は「我、其の御意に順はざるの事有り。標に……」となる。52標　明恵が春日神の意志に従わなかったしるし。53念珠之緒　念珠の緒が切れることは、春日明神が明恵の意向を受け入れないことを示す。承久二（一二二〇）年七月二十一日（高山寺本10篇215〜216行）の夢でも、明恵の清浄性が失われたなどの不具合が、念珠の緒が切れるという夢として表れている。

【考察】　本文には51行目の前に一行分の空白がある。念珠の緒が切れた内容を後から記そうとしたか。この時期の明恵と東大寺については、承元元年秋に院宣により東大寺尊勝院の学頭となり、一、二年間春秋二期、伝法の談義のため東大寺に下向した（『漢文行状』、明資一124頁）こと、翌二年春頃に尊勝院に依怙をつける（所領寄進の意か）院宣が沙汰止みになっていることについて七月に藤原長房に和歌を詠みおくった（『歌集』54）ことなどが知られる。この時期の夢に藤原長房が登場するのは、長房の関係者が仲介者という立場で尊勝院の件にかかわったのであろうとも考えられる（米田真理子［二〇〇二A］）。この夢の場合、明恵の南都下向の意図は判然としないが、尊勝院にかかわることか、あるいはこの夢の前年の冬頃、栂尾高山寺の煩いにより紀州崎山へ下向しているため、それにかかわることとみてもよいだろうか。明恵自身の夢解釈からは、明恵が天竺行以外の様々な問題についても春日神の意向を尊重したことがうかがえる。（小林あづみ）

▼1—10「同（承元三年四月）十一日」条（54〜56）

【翻刻】

54　一同十一日夜夢云成弁之住處有一人兵士來□〔一〕鹿子射
55　之度々其後有人云此前切○〔春日之〕鹿頸落云々　□□有一鹿
56　能作人語種々談説後反爲小童云々

【訓読】

一、同じき十一日の夜の夢に云はく、成弁の住処に一人の兵士（つはもの）有り。来たりて一の鹿の子を□、之を射ること度々なり。其の後、有る人云はく、此の前、春日の鹿を切り、頸落つと云々。□□、一の鹿有り。よく人語を作（な）し、種々談説す。後に反じて小童と為（な）ると云々。

【現代語訳】

一、同月十一日の夜の夢は次のようであった。成弁の住まいに一人の兵士がいた。（彼は）来て一頭の鹿の子を□、度々これを射た。その後、ある人が次のように言った。「以前、春日の鹿を切り首が落ちた」と。□□一頭の鹿がいた。人間の言葉を使いこなし様々な話をした。後にこの鹿は小童に姿を変えた、云々。

【語釈】

54同　承元三（一二〇九）年四月。**54十一日**　はじめ「十二日」と記したのを、「一」を重ね書きして訂正している。**54住處**　明恵が夢中で「住處」としたのは「賀茂之山寺」（高山寺本9篇28〜29行）・「東山」（高山寺本10篇457行）がある。この夢の具体的な場所は不明。**54兵士**　『類聚名義抄』等に「ツハモノ」などとある。**54□**　部首（脚）が「心」と判読でき、鹿を射る文意より「悪」（にくむ）「怨」「恐」といった字を推測できる。**54鹿**　十一世紀以降の記録類では、春日社頭での鹿との出会いを吉祥とするなど、鹿を神聖視する傾向が見られるが、特に鎌倉時代初頭、春日社第一殿の祭神武甕槌命の騎鹿遷幸説話が広がり、鹿は春日神の御使いとされるようになった。なお、古来より春日社境内での狩猟は禁じられていたが、禁が破られていた様子が古記録類に散見する。**55之**　鹿子のこと。**55頸**　「頭」字の可能性もある。**56小童**　「小童」と「童子」とは夢記では同様に扱われる。夢記にはしばしば童子が登場する（山外本1―10承元三（一二〇九）年三月二十六日条40行【語釈】参照）。特に春日社との関連においては、童子は春日神の眷属（『明恵上人神現伝記』、明資一246頁）や春日神自身が示現するうえでとる姿（山外本1―6「同夜」条）として描写される。『春日権現験記絵』では第三殿や第四殿の神々が童子の姿であらわされるが、特に若宮はその本地を文殊菩薩とし、絵画等でも童子形で描かれることが多いことを参考までにあげる。

【考察】　前日の夢が春日神の御意に反する内容であるだけに、この夢の鹿への危害という内容は、ショッキングなものである。しかし一方、「中栂尾院宣其夜夢」として、明恵自身が鹿の皮を剝ぎ取り、栂尾に持ち帰る例（山外本1―9建永元年十一月十四日条）もあり、一概に不吉な夢と解釈は出来ない。この夢の場合、春日神あるいは眷属と想定される鹿から話しかけられるという、穏やかな場面で終わっているのも、前日の夢を反転させ補うものと考えることも出来よう。

この夢の鹿は人語を解するなど、特に神あるいはその眷属としての性質が色濃く表れている。ジャータカでは釈迦の前世のひとつが鹿王であった事を記す。この鹿王は、狩りで鹿の群れに矢を射かける国王に、群れから毎日順番に一頭ずつ鹿を提供する約束をする。しかし子をはらんだ母鹿の番がきたため、鹿王は身代わりとなって命を捨てようとしたという内容である。『六度集経』巻三（大正蔵3巻12中）や『大智度論』巻十六（大正蔵25巻178中）、『大唐西域記』巻七（大正蔵51巻906上）などに見えるこのエピソードは、日本でも『三宝絵』上などに紹介されている。鹿を射る者・人語を解する（菩薩としての）鹿などといったモチーフが本条の夢と重なり、興味深い。また、建仁三（一二〇三）年二月に明恵が尊勝院の宿所に到着した時、中御門に鹿が三十頭ほど膝を屈して伏すことがあった（『明恵上人神現伝記』明資一245頁など）が、こうした経験が夢に反映しているのかもしれない。

（小林あづみ）

▼1—10「同十二日」条（57〜67）

【翻刻】

57 一同十二日夜夢云如京之處宿一處其辺（向）家有民部
58 卿之宿所其宿所傍有一家（後事也） 其前舞女□□遊戯云々成弁
59 遣一通消息於民部卿之許請夫（人）其返事□如此御房も
60 散乱給即爲長房可爲遺恨静守三業長房之名ヲモ唱テ佛眼
61 真言等ヲモ恒ニ念誦シテ令廻向給ヘ然即可爲㐂悦候如此
62 之族ノ事不及遺恨也此書狀ヲ廿五日ニ贈レリト覺有領智房云
63 廿五日□可然事ニテ候奇異也云々サテ廣隆寺之路頭ニ房ノ材木ヲ
64 乱散ヲ高尾ニ房ヲ造テ可住故可運之也□□此ヲ□來テ
65 ト思ユ可住廣隆寺之結構ヲシタリケルト思シキ□□云々
66 早朝驚於學文集會之鐘音覺了
67 已上三種者於東大寺中□

【訓読】

一、同じき十二日の夜の夢に云はく、京の如き処にして一処に宿る。其の向かひの家に民部卿の宿所有り。其の宿所の傍らに一家有り〈後の事なり〉。其の前に舞女□□遊戯すと云々。成弁、一通の消息を民部卿の許に遣り人夫を請ふ。其の返事□「此くの如く御房も散乱し給へば即ち長房の為に遺恨と為るべし。静かに三業を守り長房の名をも唱へて仏眼真言等をも恒（つね）に念誦して廻向せしめ給へ。然らば即ち喜悦と為るべく候ふ。此くの如き族の事、遺恨に及ばざるなり。此の書状を廿五日に贈れりと覚ゆ。領智房有り、云はく「廿五日□然るべき事にて候ふ。奇異なり」と云々。さて、広隆寺の路頭に房の材木を乱し散らすを、高尾に房を造りて、住むべき故に、之を運ぶべきなり。□□此を□来たりてと思ゆ。広隆寺に住むべき結構をしたりけると思しき□□」と云々。早朝、学文集会の鐘の音に驚きて覚め了んぬ。

已上三種は東大寺の中にして□

【現代語訳】一、同じ十二日の夜の夢は次のようであった。京のような所で、ある所に宿泊した。その向かいの家には、民部卿の宿所があった。その宿所の傍らに一軒の家があった。後のことであるが、その家の前にその舞女が□□遊戯した、云々。成弁は、一通の手紙を送り、民部卿の所から人夫を貸してくれるようお願いした。その返事に□、「そのように上人様も心を乱しておられるなら、長房にとっても遺恨となってしまうでしょう。身口意三業を静かにたもち長房の名をも唱えて仏眼真言などを常に念誦して回向してください。そうすれば喜びとなるでしょう。こうしたたぐいの事は、遺恨とはなりません。この書状を二十五日に贈ったと思っていました。領智房がいて言うには、「二十五日□というのは、そのとおりです。（届いていないというのは）不思議なことです」と云々。さて、広隆寺の路頭に房舎のための材木を乱雑に置いてありますが、これで高尾に房舎を作り、住むはずなので、これを運ばなければなりません。□□これを□来てと思われました。広隆寺に住むという計らいをしたものとお思いになった□□」と云々。早朝、学問する人を集める鐘の声で、目が覚めた。以上三種の夢は東大寺の中で見たものである。

【語釈】58舞女□□　一つ目の□は「之」か。二つ目の□は「等」か。59民部卿*　藤原長房のこと。明恵との交渉は【考察】参照。60即　次行の「即」との類似により「即」と判読する。60三業　身口意の三業。身体・口（言葉）・意での行い。60佛眼真言　仏眼尊は明恵若年よりの信仰対象で、『仮名行状』や夢記に関連記事が多い。仏眼真言は仏眼尊の真言。62領智房*　不詳。63□　難読部分。「者」あるいは「云々」か。63廣隆寺　京都太秦にある寺。聖徳太子建立と伝承される。長房ならびに明恵との関係は不明。67三種　四月十日から十二日まで三日間の夢のこと。

【考察】　不明な点も多いが、明恵が房舎を造るため藤原長房に人夫を請うたところ、長房の方は既に返事を送ったと思っていた、さらに長房の誤解により材木が広隆寺に置いたままになっていた、という趣旨の夢と解した。文中の「廿五日」が、前月三月の廿五日だとすると、承元三年三月廿六日の夢記より推定して、明恵在京中のことと考えられる。同年三月二十三日には、故摂政良経の女立子（道家の同母姉）が東宮御息所として入宮しており、二十五日まで饗膳が設けられている（『玉蘂』）。長房の弟宣房、猶子定高は前駈を務めており、長房の女長子（大弐）は女房として几帳を取る役を務めている。民部卿長房も当然この席に列なっていたことと思われる。明恵が在京していたのも、この入宮との関連が推定されるが、明恵と長房が接触する機会はあったことであろう。「廿五日」という日付の設定は、このような背景を持つものと考えられる。

　ジラール仏訳が指摘するように、この夢については、承元三年七月二十二日に長房に呈した和歌（『歌集』54・55）との関連が注意される。これは東大寺尊勝院に依怙をつけるという院宣がなかなか実行されないことについて、長房に催促を要請したものである。もう一点付け加えると、この夢の直後、四月十四日に臨時除目が行われ、従三位長房は正三位に叙されている（『尊卑分脈』）。この夢の中で、長房が仏眼真言念誦の功徳を回向するよう依頼しているのは、こうした背景が考えられる。

（前川健一）

▼1—10「建暦元年十二月」条（68〜83）

【翻刻】

―（紙継）―

68 建暦元年十二月~~廿五日~~（六日）夜夢云
69 有端政貴女~~牛比相朋~~相従二人従女
70 其本□女若年面皃端政也高弁

【訓読】

建暦元年十二月六日の夜の夢に云はく、端政なる貴女有り。二人の従女を相従ふ。其本□女、若年にして面貌端政なり。高弁、之に謁すと云々。其の八日に京に出づ。九日、民部卿入道殿に謁する時に故女院の御念

謁之云々其~~廿六日~~八日出京九日謁民部
卿入道殿~~之時語申~~時得故女院御念
珠同十日得御手習反古等即入寺
其初夜行法之次持此御具足等詣
道場奉對聖衆泣奉祈御菩提
其夜得四夢相
一~~有~~故女院之恒に御坐之處ヲ見ニ
帳臺御衣等アリ見之哀傷云々
一有十七八歳女房如藁物ノアル處ニ居ス
其向ニ一尺許ヲ去テ座ヲ設テ□
□奉渡居之然不見顔覺了
一前女房疲タル形也顔サキ少キタカ
クシテ面長キ躰ニテ色白シ謁之云々

珠を得。同じき十日、御手習の反古等を得。即ち寺に入る。其の初夜の行法の次でに、此の御具足等を持ちて道場に詣で、聖衆に対ひ奉り泣きて御菩提を祈り奉る。其の夜、四つの夢相を得。

一、故女院の恒(つね)に御坐(おはしま)す処を見るに帳台・御衣等あり。之を見て哀傷すと云々。

一、十七八歳の女房有り。藁(わら)の如き物のある処に居(きょ)す。其の向かひに一尺許りを去りて座を設けて□□、渡し奉り之に居す。然れども顔を見ず。覚め了んぬ。

一、前の女房、疲れたる形なり。顔さき少しきたかくして面長き躰にて色白し。之に謁すと云々。

【現代語訳】　建暦元年十二月六日の夜の夢は次のようであった。端正な貴女がいた。二人の侍女を従えていた。その主人である貴女は若年であり、顔かたちは端正であった。高弁はこの人にお会いした、云々。この月の八日に京に出た。九日に、民部卿入道殿にお会いした時に、故女院の御念珠をいただいた。同じ月の十日に、故女院の手習の反古などをいただいた。それで寺に入った。その初夜の行法の時に、これらの具足類を持って道場に行き、聖衆にお向かい申し上げ、泣きながら故女院の御菩提をお祈り申し上げた。その夜、四つの夢相を得た。

一、故女院がいつもいらっしゃったところを見ると、帳台や御召し物などがあり、それを見て心を痛めた、云々。

一、十七八歳の女房がいた。藁のようなもののあるところにいた。その向いに一尺ほど離れて座を設けて、□□お渡しして、ここにいた。しかし、顔は見なかった。そこで目が覚めた。

一、前の女房は、疲れた様子である。鼻が少し高く、面長な感じで色は白かった。この人にお会いした、云々。

【語釈】 **68建暦元年** 一二一一年。明恵三十九歳。『仮名行状』には、この年の記事はない。**69貴女** 高貴な女性。ここでは「若年」とされているので、後述の春華門院のイメージと思われる。なお、『蘇婆呼童子請問経』（大正蔵18巻726下）に夢中に見られる好相の一つとして「或見端正婦人」とあり、本夢は好相の一つと捉えることも出来よう。**70其本□女** 一字不明。残画からは「子」のようにも見える。「本」は「従女」に対応すると考えられるため、従われている相手と解釈する。**70端政** 「端正」と同じ。**71廿~~六日~~八日** 「廿六日」を墨消して傍書。翌日の十二月二十七日は春華門院の四十九日に当たり、明恵がそのために宝楼閣陀羅尼などを読誦したことが後段に見える。この誤記から、この夢記が二十六日以後にまとめて書かれたものと推測される。十二月八日は前月八日に亡くなった春華門院の御月忌にあたる。**71民部卿*入道** 藤原長房（一一七〇～一二四三）。前年貞慶のもとで出家して、この時点では慈心房覚真。**72故女院*** 春華門院（昇子内親王。一一九五～一二一一）。後鳥羽院第一皇女で、母は宜秋門院（九条兼実女・任子）。一歳で叙一品、准三后。承元二（一二〇八）年十四歳で春宮順徳天皇准母として皇后に冊立。翌年、春華門院の院号を蒙る。八条院（一一三七～一二一一）の猶子となり、建暦元（一二一一）年六月の八条院の死により膨大な八条院領を相続したが、同年に亡くなった。**73入寺** 恐らく高山寺に帰ったと思われる。**75聖衆泣** ジラール仏訳は「(阿弥陀の)尊い聴衆の前で、涙を流し」と訳しているが、「聖衆」は一般に仏・菩薩などを指すもので、阿弥陀聖衆と限定されない。後段廿三日条では宝楼閣陀羅尼を唱えていることが知られ、宝楼閣曼荼羅の中の聖衆か。76其夜得四夢相　実際にはこの日に得た夢相は三つ。十六日夜の夢相と併せて一連のものとしてとらえていると考えられる。78帳臺　寝殿造りの母屋に浜床（黒塗りの一段高い床）を作り、四方に柱を立てて、天井から帳（とばり）を垂れたもの。貴人の居間・寝室に用いる。80□「㐂（喜）」を墨消したように見える。81□『京博目録』は「惟」。ジラール仏訳は「考えてから（après réflexion）」と訳しており、同意見と思われる。本夢記38行「惟」とは字が異なるように見える。82顔サキ　鼻・頰など顔の出っ張ったところ。82少キ　副詞的な用法。高山寺本10篇395行「少キ舒如蛭ニ成ル」（少しき舒びて蛭の如くに成る）など参照。

【考察】　故女院（＝春華門院）の追善仏事にまつわる夢相。夢の内容そのものは、春華門院を連想させる「貴女」や彼女に仕えていた侍女たちを見たもので、とりたてて言うことはないが、十二月十日から十六日まで七日間にわたる追善祈念により、「貴女」のイメージが増幅し、十六日夜（十七日暁）の長大な夢を導き出したものと考えられる。明恵による春華門院追善仏事は、この夢記以外に記録がなく、きわめて私的なかたちで行われたものと考えられる。春華門院は若年で亡くなったこともあって、葬儀などは略儀で行われたとされるが（土谷恵［二〇〇三］）、それを補う意味で行われた追善仏事であろうか。藤原長房（慈心房覚真）が春華門院の葬儀・追善仏事に関与していたことは、『明月記』建暦元年十一月九日・同十二日・十二月廿六日・同廿九日条に記されているところで、その関係で明恵に依頼がなされたと考えられる。

（前川健一）

▼1—10「同（建暦元年十二月）十六日」条（84～123）

【翻刻】

84 同十六日出京謁慈心房還樋口宿
85 所臥眠其暁夢云
86 一相朋紀洲類親等出海邊て遊戯其
87 日晩宿一所夜暁テ物ヘ行ク其
88 路泥地也田ヲ鋤還タルカ如シ此ヲフ
89 ミコミテ行ク行テ如野山ナル處ニ出ツ
90 見遣タレハ高木等ノハモナキ多見ユ
91 此處ヲ過テ到人舎二人出合ヘリ
92 此處ニシテ足ヲス、キテ又行ク到
93 山峯有一人貴女端政奇異□□
—（紙継）—
94 ハヒキ、處ニアリ此人ハ山ノ峯ニ在リ
95 心ニ思ハク佛事ヲセラレムスルニ如願文歟
96 等ノ物ヲ可被書ニ待高弁テ爲證
97 誠可被書之サテ待給ケリ云々高弁
98 カ共ニ論性房円宗房兩人アリ人ハ

【訓読】

同じき十六日、京に出づ。慈心房に謁し、樋口宿所に還り臥眠す。其の暁の夢に云はく、

一、紀洲の類親等を相朋ひて、海辺に出でて遊戯す。その日の晩、一所に宿る。夜暁（あ）けて物へ行く。其の路、泥地なり。田を鋤（す）き還したるが如し。此をふみこみて行く。行きて野山の如くなる処に出づ。見遣りたれば高木等のはもなき、多く見ゆ。此の処を過ぎて人舎に到り、二人に出合へり。此の処にして足をすすぎて又行く。山の峯に到るに一人の貴女有り。端政にして奇異なり。□□はひきき処にあり。此の人は山の峯に在り。心に思はく、仏事をせられむずるに願文の如きか等の物を書かるべきに、高弁を待ちて證誠と為し、之を書かるべきに、さて待ち給ひけりと云々。高弁が共に論性房・円宗房両人あり。人はあまたあると思へども、余人は眼前には見えずと云々。此の貴女、円珠房の手をとらへ給へり。高弁思はく、此くの如きの人は中々かく御坐（おはしま）すか。即ち思惟す、「此れはせめて高弁がゆかりとて、むつまじく思し召してこそ、かくあれ」と思ふ。さて、其の後、書かるる物一枚許りなり。其の末を読み給ふを聞けば、「御房の御志を以て」と云々。

アマタアルト思トモ餘人ハ眼前に者不見云々此貴女円珠房ノ手ヲトラヘ給ヘリ高弁思ハク如此ノ人ハ中〳〵カク御坐歟即思惟ス此ハセメテ高弁カユカリトテムツマシク思召テコソカクアレト思サテ其後被書物一枚許也其末ヲ読給ヲ聞ケハ御房ノ御志ヲ以テ云々此下ハヨクモ不覺慥ニモ不聞只心ニ思ハク來生ニ行遇ハムナント躰ニ被書歟又ヨマレモスルカト覺ユサテ結句ニ録シテ以テ述フト被読于時高弁見廻同行之顔スニ心ニ思ハク此ハ此貴女ニ謁セルヲイタク面目カマシク思テ見廻ストヤ思覧と思ニキト散乱スル心地スレハ慥ニ可聞之事ト思テ問曰何ニトアソハシ候ツルソ貴女答曰以テノフトカキ候ヌルソ述候トヤ可書候正

此の下はよくも覚えず。慥(たしか)にも聞かず。只、心に思はく、来生に行き遇はむなんど躰に書かるるか。又、よまれもするかと覚ゆ。さて、結句に「録して以て述ぶ」と読まる。時に高弁、同行の顔を見廻(めぐ)らすに、心に思はく、此れは此の貴女に謁せるをいたく面目がましく思ひて見廻らすとや思ふらむと思ふに、きと散乱する心地すれば、慥に聞くべき事と思ひて、問ひて曰はく、「何(いか)にとあそばし候ひつるぞ」。貴女答へて曰はく、「以てのぶとかき候ひぬるぞ、述べ候ふとや書くべく候ふ。正月にて候はむずるに」と仰せらる。高弁思はく、此れは十二月なり。来たる正月に何事ぞの有るべきやと思ふ。いはひの月なれば、候文字をや置くべきと思し召すにこそと思ひながら、何にも御心にてこそはと思ひて、うちゑまれて御返しも申さず。さて還るに、たかく人家の上をふみて還る。二三段許(ばか)りにて見遣り奉れば、高弁を見送りて御坐(おはしま)すと云々。覚め了んぬ。

116 月ニテ候ハムスルニト被仰高弁思ハク
117 此ハ十二月也來正月ニ何事ノ(ツ)可有也ト
118 思フイハヒノ月ナレハ候文字ヲヤ可置
119 ト思召ニコソト乍思何ニモ御心ニテコソハト
120 思テウチヱマレテ御返モ不申

—（紙継）—

121 サテ還ニタカク人家ノ上ヲフミテ
122 還二三段許ニテ奉見遣レハ高弁
123 ヲ見送テ御坐云々覺了

【現代語訳】　同じ月の十六日、京に出た。慈心房にお会いし、樋口の宿所に還って眠った。その暁の夢は次のようだった。

一、紀州の親族を伴って、海辺に出て遊び楽しんだ。その日の晩はある所に宿泊した。夜明けが近づき、ある所へ行った。その道は泥地だった。まるで田を鋤き返したようであった。これを踏みこんで行った。行ったところ、野山のような所に出た。見遣れば葉もない高木が多く見えた。ここを過ぎて人家に到り、二名の人に出会った。ここで足をすすいでまた出かけた。山の峯に到ると一人の貴女がいた。端正ですばらしかった。□□は低い所にいた。この人は山の峯にいた。心に思うには、仏事をなさろうとするのに、願文かなにかのようなものなどを書かなければいけないので、高弁を待って確かなものにして、これを書かねばならない。それでお待ちになっているのだと云々。高弁の同伴者に論性房と円宗房の二人がいた。たくさんの人がいたと思ったが、他の人は眼前には見えなかった云々。この貴女は、円宗房の手をお取りになった。高弁が思うには、このような（高貴な）人はかえってこのようであられるのか。そこで考えたのは、これは、あえて高弁ゆかりの人だからということで、親しくお思いになり、こうされているのだと思った。さて、その後、書かれたものは一枚ほどであった。その末尾を読まれるのを聞くと、「御房の御志によって」云々とあった。この後はよく覚えていない。はっきりと聞いてもいない。ただ心中で思うには、「来世でお会いしましょう」といったように書かれていただろうか。また、読まれもしたろうかと思われた。さて、結びの句には、「以上記して、述べる」と読まれた。そのとき高弁は同行の顔を見回して、心の中で次のように思った。これはこの貴女にお目にかかったことをたいそうな名誉であるように思って見廻したのだと（同行が）思っているだろうと。そう思うと、ふと心乱れる気持がしたので、はっきり聞かねばならない事だと思って、たずねて言った。「どうお書きになったのですか」と。貴女は答えて言った。「『以て述ぶ』と書きましたのは、『述べ候ふ』と書くべきだったでしょうか。正月でございましょうから」とおっしゃる。高弁は、「今は十二月だ。来たる正月に何事かがあるのだろうか」と思った。（正月は一年のはじめの）祝賀の月であるから、「候」という文字を書くべきだとお思いになったのだろうかと思いながら、いずれにしてもお考えのとおりであろうと思って、自然にほほえまれて御返事も申さなかった。さて、帰るときには、人家の上を高く踏み越えて帰った。二三段ほどいったところで（もといたところを）見渡し申し上げると、（貴女が）高弁を見送っていらっしゃる云々。そこで夢から覚めた。

【語釈】 84同十六日　明恵が入寺した十日からこの日までの間、十二日には宜秋門院が貞慶を招いて仏事を修しており、十三日には五七日仏事、十六日は藤原清季（皇后宮亮）による仏事が行われている。84慈心房*　藤原長房。84樋口宿所　【語釈】2「火口宿所」参照。86類親　親族、親類。86遊戯　夢記にはこの夢と同様に水辺で遊戯する例が見られる（同1―10承元三年三月八日条・山外本2―2同十九日初夜条）。このような夢の源泉として紀州での体験を指摘できるが、明恵には善知識信仰があったこと、また海辺で遊戯する知音を「善知識也」と解釈した夢（山外本3―13）を参考にすれば、『華厳経』「入法界品」にみえる、自在主童子が河のほとりで諸童子と砂を集めて遊戯する一節（『八十華厳』、大正蔵

10巻350下）も考慮してよいだろう。**88泥地**　同月二十日条130・131行に明恵は「深雨中參鳥羽墓所十六日夜夢相符合」と記す。この夢の泥地をすすむ情景描写を指すと考えられる。**91人舎**　ジラール仏訳（p.188）は「住居」。後続部分に「人家ノ上ヲフミテ」（121行）とあるのと対応するか。**91二人**　二人の人物は、前の夢の二名の女房や、後に登場する論性房・円宗（珠）房のように、しばしばあらわれるが、当該部分については不明。**93貴女**　端正な貴女はこの夢の十日前にも登場した（十二月六日条69行～）。しかし、この夢では仏事の願文らしきものを書く立場の女性として現れているため、故春華門院の母宜秋門院（九条兼実女任子、後鳥羽中宮。当時三十九歳）のイメージと考えるべきか。**94ハヒキヽ**　「ヒキキ」は「ひき（低）し」の連体形。この行には紙継があり、一部に欠落がある可能性もあるうえ、前行末尾の文字が解読不能なため、主語が不明であるが、山の峯という高所にいる貴女との対比が読みとれる。**95願文**　神仏への願意や誓いの文章をいう。この場合は、仏事にあたって施主が追善供養を願って記したものと考えられる。願文は、経典や漢籍の知識を前提として作成されるため、一流の名文家に制作を委ねたり、添削をうけることが多かった。この夢の場合も、貴女が記した願文に対し、明恵による加筆訂正を求めたものと解釈できる。**96證誠**　真実であると証明すること。**98*論性房**　「論」は『京博目録』では「倫」、ジラール仏訳は「輪」の可能性も示す。**98*円宗房**　「毎日学問印信次第」に現れる円修房顕真か（『大日本史料』515頁）。ただし「宗」と「修」の漢字音の読みは異なる。**100*円珠房**　前出「円宗房」と同人か。ただし、「珠」と「修」「宗」の漢字音の読みは異なる。**110同行**　論性房・円宗（珠）房の二人の弟子。**113慥ニ可聞之事**　106行「慥ニモ不聞」に対応する一文。よく聞こえなかったので確かめようとした。**113何ニトアソハシ候ツルソ**　「どのように書いたのか」という意。**114以テノフトカキ候ヌル**　貴女が読み上げた文の結句「以て述ぶ」（109行）を指す。**118イハヒノ月ナレハ候文字ヲヤ可置**　正月は年初めの祝賀の月であるから丁寧な言葉を書くべきだろうかの意。願文に「候」を書くべきかという貴女の問いに対して、明恵がその理由を推測したもの。**119御心ニテコソハ**　お思いのままだろう。「こそは」の下に「あらめ」が省略された形。**122二三段**　約20～30m。

【考察】一連の夢の続きで、貴女が書いた願文を明恵が聞くという場面である。貴女が円宗房の手をとったことを特記し、そのような振る舞いについては、最初は貴人ゆえかとし、次には貴女と明恵との親交のゆえに同伴者である円宗房にも親しく振舞われたと解釈している。願文にも「御房の志によって」とあり、貴女の明恵に寄せる信頼をうかがうことができる。この貴女は春華門院本人とも考えられるが、仏事を依頼し来世での再会を期するところから、春華門院の母である宜秋門院とも解される。明恵は貴女との謁見で名誉な気持を覚えると同時に、そう思って弟子の顔を見回したと思われるかもしれないという気持から動揺も生じており、一連の意識の動きが興味深い。願文の字句をめぐる貴女との対話がどのような意味を持つのかは解しがたいが、往路は泥地を過ぎてやってきたのに対し、帰路は高い人家を踏み越えている。さらに、帰路につく明恵を貴女が見送っており、明恵と貴女に関わる何かを保証するような吉夢であったと思われる。春華門院の追善供養を行っていることから、その供養に対する吉夢と見てよいか。

（前川健一・小林あづみ・平野多恵）

▼1―10「次日十七日」条（124〜133）

【翻刻】

124 次日十七日謁慈心房語此事其後
125 十八日謁大將殿并御房近衛殿佐
126 一渡前司等宿前司之許夜夢云
127 天ニ如弓ナル物ノアリ少キ光相具足セリ
128 此何ソト云ニ人答曰此春花門院御神也云々
129 其十九日二条殿御局ニ謁ス及夜暗テ

【訓読】

次の日の十七日、慈心房に謁し此の事を語る。其の後の十八日、大将殿并びに御房・近衛殿・佐渡前司等に謁し前司の許に宿る。夜の夢に云はく、天に弓の如くなる物のあり。少しき光相具足せり。「此れ何ぞ」と云ふに、人答へて曰はく「此れ春花門院の御神（たましひ）なり」と云々。其の十九日に二条殿の御局に謁す。夜暗に及びて樋口の宿所に還る。同じき廿日、深雨の中、鳥羽の

130 還樋口宿所同廿日深雨中參鳥
131 羽御墓所十六日夜夢相可苻合云々
132 同廿一日入寺同廿三日ヨリ結廿六日施卌九日故也
133 不斷宀妻各タラニ四十經讀誦等始之

御墓所に参る。十六日の夜の夢相に符合すべしと云々。同じき廿一日、寺に入る。同じき廿三日より、廿六日〈卌九日に施す故なり〉に結するまで不断宝楼閣ダラニ・四十経の読誦等、之を始む。

【現代語訳】翌日の十七日に、慈心房に拝謁し、この（夢の）事を語った。その後、十八日に、大将殿と御房・近衛殿・佐渡前司等に拝謁し、前司のところに宿泊した。その夜の夢は以下のようであった。空に弓のようなものがあった。いささか光の相が備わっていた。「これは何なのか」と言うと、（そこにいた）人が答えて言うには、「これは春華門院の御魂である」と云々。その（月の）十九日に、二条殿の御局に拝謁した。夜になって暗くなったので、樋口の宿所に帰った。同月二十日に、大雨が降る中、鳥羽の墓所に詣でた。十六日に見た夢の様子と符合しているであろう、云々。同月二十一日に寺に入った。同月二十三日から、二十六日に終るまで〈（亡くなった春華門院の）四十九日に施すためである〉、間断なく宝楼閣陀羅尼をとなえることや『四十経』を読誦することなどを始めた。

【語釈】124*慈心房　藤原長房（慈心房覚真）。125*大将殿　承元三（一二〇九）年より左大将に任じられている九条道家を指すか。ただし、ジラールは源実朝に比定する（note1133）。125*御房　ジラールは上覚とするが、長房とも考えられる。125*近衛殿　不明。明恵に関係する人物としては、「近衛大閤」（＝藤原家実）が『高山寺縁起』（明資一637頁・641頁）にみえる。125*佐渡前司　藤原親康（生没年未詳）。126*一　話題が変わる（夢が記される）ために、文の上部に「一」と記されたか。129*二条殿御局　ジラール仏訳（note1139）は、二条殿を藤原定能（一一四八〜一二〇九）に比定し、彼が樋口大納言と呼ばれていたことを傍証とする（樋口は明恵が京都での宿所としていた場所である）。また、飛鳥井雅経（一一七〇〜一二二一）である可能性にも触れている。雅経は『歌集』73に「二条宰相雅経」として見える。その後室である大江広元女は高山寺に阿弥陀堂（もとは平教盛の東山別業の仏堂）を施入している（『高山寺縁起』、明資一636頁）。高山寺本12篇57行の「二条御房」は彼らと関係あるか。130**樋口宿所**　京都での明恵の宿所として夢記に頻出する。前【語釈】参照。130**深雨**　「深雨」の語は、『歌集』25の詞書に「承元三年七月十六日ノ夜、深雨ノ即時ニ空イマダ晴レザル間」とある。132**卌九日**　春華門院が亡くなったのは建暦元（一二一一）年十一月八日であり、四十九日は十二月二十七日にあたる。四十九日の間に、いずこかに転生するとされるので、亡者供養である宝楼閣陀羅尼などの読誦を前日の二十六日で終えるということか。あるいは、四十九日には正式の法要があるので、それまで私的に供養するということか。133**宀婁各タラニ**　「宝楼閣陀羅尼」の抄物書き。宝楼閣法は亡者供養の修法とされる。133**四十經**　四十巻の経のことで、追善仏事との関連から曇無讖訳『大般涅槃経（北本）』四十巻と思われる。同経を「四十経」と記す例は、貞慶の編纂した『唯識論同学抄』などに見える（大正蔵65巻425中など）。

【考察】　引き続き、春華門院の追善供養にかかわる記述である。十六日の夢を見た後、慈心房（藤原長房）を始めとする九条家に関わる人々に面謁し、十八日には夢の中で春華門院の魂が空に浮んでいるのを見る。二十日には、雨の中、墓所に詣で、夢相との符合を確認している。これは十六日の夢で、「其路泥地也」とあるのを踏まえているのであろう。二十三日より、春華門院四十九日の前日に当たる二十六日を期して、宝楼閣陀羅尼などの読誦を行っているが、四十九日が中陰の終わりであることからすると、明恵は十八日の夢によって、春華門院がまだ転生していないと解釈したのではないだろうか。

（前川健一）

▼1―10「同廿四日」条（134～142）

【翻刻】

134 一同廿四日夜夢云有一大堂其中有一人
135 貴女面皃フクラカヲニシテ以外ニ肥滿セリ
136 青キカサネキヌヲ着給ヘリ如後戸ナル
137 處ニシテ對面心思ハク此人諸根相皃一々
138 与香象大師釋苻合其女根等又以苻
139 合悉是法門也此對面之行儀モ又法門也
140 与此人合宿交陰人皆可成菩提因縁云々
141 即互相抱馴親哀憐思深此行儀又与大師釋苻合心地ス
142 同廿五日見出記文云々

【訓読】

一、同じき廿四日の夜の夢に云はく、一の大堂有り。其の中に一人の貴女有り。面貌ふくらかをにして、以ての外に肥満せり。青きかさねぎぬを着給へり。後戸の如くなる処にして対面す。心に思はく、此の人の諸根相貌、一々香象大師の釈と符合す。其の女根等、又以て符合す。悉く是れ法門なり。此の対面の行儀も又法門なり。此の人と合宿し、交陰する人、皆菩提の因縁と成るべしと云々。即ち互ひに相抱き馴れ親しむ。哀憐の思ひ深し〈此の行儀、又大師の釈と符合する心地す〉。同じき廿五日、記文を見出だすと云々。

【現代語訳】　一、同月二十四日の夜の夢は次のようであった。一つの大きな堂があった。その中に一人の高貴な女性がいた。顔かたちがふっくらとしていて、思いの外に太っている。青い重ね衣を着ていらっしゃった。後戸のような所で対面した。心中でこの人の目鼻立ちや容姿は、一つ一つ香象大師の注釈と符合していると思った。その女陰なども また符合している。すべてが法門である。この対面の作法もまた法門である。この人と寝所を共にして男女の交わりをする人は、皆、菩提の因縁となるにちがいない、云々。それでお互いに抱き合って馴れ親しみ、深く哀れみ慈しんだ〈この作法もまた香象大師の注釈に符合する気持がした〉。同じ月の二十五日、（前日の夢と合致する内容を）記した文章を見出した、云々。

【語釈】135面皃フクラカヲニシテ　「面貌」は「顔かたち」。「フクラカヲ」は「ふくら顔（歴史的仮名遣では「かほ」）」と推測されるが、「面貌」と「顔」は意が重なる。「面貌フクラカニシテ」の誤りか。意は「顔かたちがふっくらとしていて」となろう。136青キカサネキヌ　「青」は、青、緑、灰色など広い範囲の色を意味するが、装束における青は今の緑色。「かさねぎぬ」は、女房装束の五衣のように、袿を重ねて着たものであろう。青い衣を身につけた女性は変化の人を意味するか。【考察】参照。136後戸　寺院の堂内で須彌壇の背後にあたる空間。「後戸」には、猿楽と深く関わる摩多羅神をはじめ、仏堂の守護神が祀られるなど、神秘的な聖性を備えた場所であった。137此人　青い重ね衣を着た貴女。137諸根　「五根」に同じ。目・耳・鼻・舌・身（皮膚）という五つの感覚器官。138*香象大師釋　「香象大師」は、華厳第三祖で華厳教学を大成した唐の法蔵のこと。「香象大師釋」は、法蔵の著した『六十華厳経』の注釈『華厳経探玄記』（以下、『探玄記』と略称）。この夢に符合する箇所について、ジラール仏訳は『探玄記』巻第十九（大正蔵35巻470頁下段～471頁中段）の女性の容貌のうるわしさが書かれる婆須密多女の部分に比定する。なお、貴女の夢については、1―9「同年十一月四日」条の【考察】参照。138女根　女陰、女性器。139行儀　行動や動作の作法。140合宿　男女が寝床を共にすること。140交陰　「陰」が男女の性器を意味することから考えて、男女の交わりを指すと思われる。性交渉すること。140人皆可成菩提因縁　「菩提因縁」は、悟りの原因となるものの意。142記文　「記文」は、何かを記した文章、ここでは法蔵が注釈のなかで記した文章で、夢に見た貴女の様子や容貌、行儀に符合する記述を指すか。

【考察】　この夢は、一生不犯を貫いたとされる明恵が女性と性的に交わった夢として注目されてきたが、詳細に読み解かれてきたとは言い難い。明恵が夢に見た「貴女」は「青キカサネギヌ」を着ていたと書かれるが、「青衣（しょうえ）」は霊や変化を象徴するもののようである。『今昔物語集』巻二十七第二〇話には、女の生霊が「青バミタル衣着タル女房」としてあらわれており、冥府を象徴するものとして「青衣」が描かれるが、聖性も意味したようである。東大寺二月堂の縁起を絵巻にした『二月堂縁起』や、東大寺修二会行法中、五日と十二日に読み上げられる「東大寺上院修中過去帳」には、過去帳から名前が脱落した女性が「青衣ノ女人」として記される。一方、後戸については、『沙石集』巻二第一話「仏舎利を感得したる人」に浄土堂の後戸で「反（変）化の人」である歩き巫女から仏舎利を授けられた際の奇瑞が記され、後戸が変化の人と対面する場となりうる聖なる場所であったことがうかがわれる。『二月堂縁起』や『沙石集』の説話をふまえて本夢を読むと、明恵が後戸で青い重ね衣を着た貴女と対面したことは、聖性と深く結びついた場で神仏の変化身と交わりを持ったことを暗示するように思われる。明恵は貴女の様子や顔かたち・行儀等について、すべてが「香象大師釈」に符合し、「法門」なのだとして、極めて肯定的に捉えている。本文では「符合」の語が繰り返され強調されているが、141行目の割注では「符合心地ス」とあって、前の部分に比べて筆致が弱い。また、末尾には翌二十五日には「記文」を見出したことが書かれるが、夢の内容と符合する文章を見付けたにしては控えめな書き方である。夢では完全に符合すると思われたが、実際に『探玄記』の文をひもといてみると、夢で感じたほどの符合が感じられなかったということか。

（平野多恵）

▼1—10「同廿二日」条（143〜152）

【翻刻】

—（紙継）—

143　一同廿二日夜夢

144　於或一所對○〔諸人〕。擬授𦬇戒然其

145　處在上師予作無礼之思白言

【訓読】

一、同じき廿二日の夜の夢に、或る一所にして諸人に対（むか）ひ、菩薩戒を授けむと擬す。然るに、其の処に上師在り。予、無礼（むらい）の思ひを作（な）し白（まう）して言（まう）さく、弟子（ていし）、此の諸人の為に、和尚の御代官と為（し）て菩薩戒を授けむと欲（す）。上師答へて言はく、然るべし。我、当初（そのかみ）師に対ひ

弟子爲此諸人爲和尚御代官欲
授芇戒上師答言可然我當初
對師受芇戒云々予思ク弟子
於此師所受芇戒若師不相
承ハ有違教文失然已令相
承然ハ自今以後不可有此恐也云々
北山御房　良譽

菩薩戒を受くと云々。予思はく、弟子、此の師に於（し）て受くる所の菩薩戒、もし、師相承せずは、教文に違ふ失有り。然れども已に相承せしむ。然らば自今以後、此の恐れ有るべからざるなりと云々。
北山御房　良誉

【現代語訳】　一、同二十二日の夜の夢は次のようであった。ある所で諸人に対し菩薩戒を授けようとしていた。するとそこに上師がいた。私は、師に対して失礼なことをしたと思い、次のように申し上げた。「弟子（である私）はこの諸人のために、和尚様の御代わりとなって、菩薩戒を授けようとしているのです」と云々。上師が答えて言うには、「そうするべきです。私は昔、師と対面して菩薩戒を受けました」と云々。私が思うには、「弟子である私がこの師の所で受けた菩薩戒が、もし、師が相承していなかったなら、教えの文に違反するという過失がある。しかし、師はすでに相承なされている。そうであれば、今後はこのような恐れはないだろう」と云々。

【語釈】　143**廿二日**　年月不明。字体や内容（授戒）等から、他の夢に比べ時代が下ると考えられる。**【考察】**参照。144**擬**　実行するのではなく、仮にあてがう意をもつ語句。ここでは「欲す」とほとんど同義で、何かをしようともくろむこと。144**薑戒**　大乗の菩薩の受持する戒で、出家・在家に通ずる戒。菩薩戒には種々あるが、『梵網経』にみえる「梵網戒」

（十重四十八軽戒）と、『瑜伽師地論』などに説かれる「三聚浄戒」とが代表的である。嘉禄元（一二二五）年より、毎月二回の梵網戒の説戒を行う（『仮名行状』、明資一58頁）など、明恵自身の行動・思想から考えて、ここの「菩薩戒」も梵網戒と考えてよいだろう。145無礼　師である上覚房行慈（久安三（一一四七）年～嘉禄二（一二二六）年）。145＊上師　明恵の師である上覚房行慈（久安三（一一四七）年～嘉禄二（一二二六）年）。145無礼　師である上覚をさしおいて明恵が授戒しようとすることが、礼にはずれている意か。146和尚　上師に対する尊称。明恵の聞書類では弟子達が明恵を「和尚」と呼ぶ例が見られる。146代官　官職を代理する者。ここは上覚の授戒師としての役割を代行することを指す。147當初　昔。往時。148師　上覚の師、文覚をさすか。149相承　師から弟子へと教えなどを伝承すること。150教文　経論の文章。具体的に何を指すのかは不明。150失　『京博目録』では「告」と読んでいるが、字体からは「失」と読むことが可能であり、意味の上からも「失」が適切。過失、罪のこと。150令　尊敬の意をこめた使役表現で、師匠である上覚への敬意を示す。152＊北山御房　良＊譽　この部分は明恵の筆跡ではなく、151行と152行の間には10行分ほどの空白がある。【考察】参照。

【考察】　この夢の記された時期は確定不可能ではあるが、山外本1—10の他の夢記に比べ字体が大きいことと、明恵が授戒への興味を高めた時期とを考え合わせると、明恵の四十代後半頃の記述であると推測できる。また、この夢に単に「上師」とあり故人であることを示す表記が無いことを重く見れば、上覚の生前、すなわち嘉禄二（一二二六）年十月以前の記事と限定することも出来よう。この夢の中で、明恵は自身の受けた戒が師資相承による正当性をもつものであるかを心配しているが、九条兼実は受戒について「伝授の人を以て師と為すべし」（『玉葉』建久二（一一九一）年九月二十九日条）と記しており、授戒師が師資相承による継承性や正当性を有することは重視されていた。夢の中では、明恵は上覚から戒を受け、その上覚は「師（文覚か）」から戒を受けたことを述べており、これによって明恵は自らの戒が師資相承によるものであることを確信し、安心している。

末尾の別筆部分からは「北山御房」宛の書状の包紙が明恵の手元にあり、そこに夢を書き付けたことが分かる。「北山御房」については様々な角度から検討が可能であろうが、包紙が明恵の元にあることから、明恵自身が「北山御房」と呼ばれた可能性がある。「北山」は特定の地名ではないが、現在の京都市左京区岩倉の一帯を含む同市北区紫野から衣笠・鷹ヶ峯を含む一帯とされる。明恵は建保六（一二一八）年から貞応元（一二二二）年にかけて賀茂の別所に住んでいたことがあること（『仮名行状』、明資一52頁・56頁・57頁）も執筆期の参考となるか。なお、「良誉」は、建保二（一二一四）年、道助法親王（仁和寺門跡。父は後鳥羽上皇。亡父追善のため籠居を計画した明恵をとどめた人物）による愛染王法の記事（『光臺院御室伝』）に名がみえる人物かもしれない。

（小林あづみ）

▼1—10「次夜」条（153〜162）

【翻刻】

—（紙継）—

153 又次夜夢二条姫宮帳タレタル
154 輿ニ乗テ眷属済トシテ南良ヘ御
155 詣歟ト思従輿内見出高弁給ヘリト思フ
156 一同二月六日日中眠入夢云
157 有一人若尼公着墨染衣従京ト思
158 クテ來給ヘリ語曰我父母極愛
159 念之寵愛□(殿)□(童)サテ細々ノアリ
160 キ□(不)是以□□□參也今帰

【訓読】

又、次の夜の夢に、二条姫宮、帳たれたる輿に乗りて、眷属済(せい)として南良へ御詣でかと思ふ。輿の内より高弁を見出だし給へりと思ふ。
一、同じき二月六日、日中眠り入る。夢に云はく、一人の若尼公有り。墨染衣を着る。京よりと思しくて来たり給へり。語りて曰はく、「我が父母、極めて之を愛念し、殿の童を寵愛す。さて細々のありき□(不)(ここ)是を以て□□□参るなり。今、せめてのまいりたさに、きと参るなり」。即時に還らると云々。

161　セメテノマイリタサニキト參也
162　即時還ラル云々

【現代語訳】又、次の日の夜の夢は次のようであった。二条姫宮が、帳を垂れた輿に乗っておられ、お連れの方もご立派で、南都にお参りされるのか、と思った。輿の中から高弁を見つけられた、と思った。

一、同じ二月六日、日中少し眠った。その時の夢は次のようであった。一人の若い尼僧がいた。墨染の衣を着ていた。京より来たと思われたが、こちらにいらっしゃった。（その尼が）語って言うには、「私の父母は、これを大変愛しており、殿の童を寵愛しております。それで細々したことがあって□こういうわけで□□参りました。今は、せめてもと思い、お参りしたかったので、急に参りました」。たちまちお帰りになった、云々。

【語釈】153次夜　本条は、第六紙（「サテ還ニ」～「同廿五日見出記文云々」）の紙背で、某仮名消息の余白に記されている（170行まで）。以下の叙述から、二月五日以前と考えられる。また、一連の夢記において「同月（＝二月）廿六日」に鳥羽御墓所に参詣しているが、この墓所には春華門院追悼のため建暦元（一二一一）年十二月廿日に参詣しており、この夢記は建暦二年以後のものと考えられる。153＊二条姫宮　「二条」については、高山寺本7篇30行などに言及され、明恵と縁故のある場所と考えられる。「姫宮」は皇女であろう。故人ではないので、粛子内親王（後鳥羽第二皇女。建久五（一一九六）年～?）、礼子内親王（後鳥羽第三皇女。嘉陽門院。正治二（一二〇四）年～文永一〇（一二七三）年）、熙子内親王（元久二年1205～?）か。154済トシテ　「済々」の意と解する。多くそろってさかんなさま、威儀のさかんなさま。154南良　「奈良」の宛て字か。157若尼公　「若」と形容されており、建暦元年十二月の一連の夢記と関連づけるなら、春華門院を連想させる。157墨染衣　僧衣だが、中世に於いては遁世者、特に専修念仏者の着衣。157従京　「京」字は存疑。山外本1―10

の一行目などと比較すると字形が違うようにも見える。161キト 急に。即刻に。

【考察】 建暦元年末からの春華門院追善供養に続く一連の夢と考えられる。二条姫宮の夢は皇室との関係を暗示し、若尼公の夢は「若」という形容や語った内容から春華門院を連想させる。そうだとすると、墨染衣を着用しているのは春華門院の信仰を暗示するか。 （前川健二）

▼1―10「同二月十五日」条（163〜167）

【翻刻】

163 一同~~次年~~二月十五日夜念佛時纔眠入夢
164 従高弁之右方有一人白衣ニシテ向佛前テ
165 入云々又眠入佛左方ニ卅許ノ尼公アテ
166 懌面シテ向高弁居給ヘリ同着白
167 衣給ヘリ云々

【訓読】 一、同じき二月十五日の夜、念仏の時、纔（わづか）に眠り入る。夢に、高弁の右方より一人有り。白衣（びゃくえ）にして、仏前に向かひて入ると云々。又眠り入る。仏の左方に三十許（ばか）りの尼公あて、懌面（えきめん）して高弁に向かひ居給へり。同じく白衣を着給へりと云々。

【現代語訳】 一、同年二月十五日の夜、念仏をして、わずかにまどろんだ。その時の夢は次のようであった。高弁の右の方から一人の人物がやってきた。白衣を身に付けており、仏前に向かって入ってきた、云々。また眠りに入った。仏の左側に三十歳ぐらいの尼公がいて、喜んだ顔で高弁に向かって座っておられた。同じように白衣を着ていらっしゃった、云々。

【語釈】163二月十五日　涅槃会の日にあたる。このことから、本条の夢の「念佛」は釈迦如来を念じていたものと推測される。163念佛　仏を観念すること。【語釈】「二月十五日」で述べたように、この念仏は涅槃会にあたり釈迦如来を観想したものであろう。164従*高弁之右方～向佛前テ入　仏前で念仏をしている明恵の右側から白衣を身につけた人が現れ、仏前に向かって入ってきたということ。164白衣　一般的には在家者の衣のことだが、仏前に向っていたことを考慮すると、ここでの「白衣」は、仏事や神事などの精進潔斎の際に着る清浄な白い着物を指すか。165行の尼公も「白衣」を着ているが、ここで白衣を着た人物の性別は不明。その他、白衣は、袈裟の下の下着や正式な僧でない沙弥が着用する衣でもある。また、中世においては、遁世者を「黒衣」とするのに対し、官僧を「白衣」とすることもあった（松尾剛次〔一九九五〕参照）。165卅許ノ尼公アテ　春華門院の死に関連する建暦二（一二一二）年の一連の夢に続くとすると、春華門院母の宜秋門院のイメージか。宜秋門院は建暦二年に三十八歳。「アテ」は「あって」の意か。166懌面シテ　よろこんだ表情で。「懌」は「よろこぶ」「よろこばす」意。166同着白衣給ヘリ　「同」は、はじめの夢に登場した人物と同様に白衣を着ていたということ。

【考察】　念仏の最中に少し眠った時に見た夢ということで、念仏中の仏前の場所がそのまま夢に現れている。短い夢が二つ記されているが、いずれも仏前に「白衣」を着た人物がおり、対になる連続した夢と捉えられる。【語釈】に示したように、「白衣」には複数の意味があり、この夢での象徴的意味が何であるかは判然としない。登場人物の位置が、前半は右方、後半は左方であることから、仏の脇侍としてのイメージも想起される。とくに後半は、尼公が嬉しげな表情で明恵と向かい合っており、肯定的な意味を持つ夢といえる。

（平野多恵）

▼1―10「同月廿六日」条（168〜173）

【翻刻】

168 一同月廿六日酉剋參鳥羽御墓所
169 其夜夢有十八九成女房無術ムツマ
170 シケニテ來高弁カ右ニ副テ寄懸給リ
—（紙継）—
171 アハレミカナシ
172 ク思テハタラカムト
173 思ヒ痛ハシク思□云々

【訓読】

一、同じき月の廿六日の酉剋、鳥羽の御墓所に參る。其の夜の夢に、十八、九なる女房有り、術無くむつまじげにて来たる。高弁が右に副ひて寄り懸かり給へり。あはれみかなしく思ひて、はたらかむと思ひ、痛はしく思□と云々。

【現代語訳】　一、同月二十六日の酉の剋に、鳥羽の御墓所に参った。その夜の夢は次のようであった。十八、九歳の女房がいて、こちらの気持を無視して、親しげな様子でやって来る。私高弁の右に寄り添って寄り掛った。あはれみいとしく思って、（身を）動かそうと思い、（相手を）痛わしく思った、云々。

【注釈】　168同月　某年二月。168酉剋　午後六時頃。168鳥羽御墓所　130「同廿日深雨中參鳥羽御墓所」と既出。春華門院の墓所であろう。春華門院の墓所は鳥羽天皇陵（現在の伏見区竹田内畑町の安楽寿院旧境内）の近辺と推定されるが、現在は所在不明である。なお、『明月記』によれば、春華門院崩御後の仏事は「四条（御筐）」で行われており、それと墓所の関係はつまびらかでない。169十八九成女房　十七歳で没した春華門院の面影あるか。169無術　漢語として音読する可能性もあるが、ここでは和文的な文脈の用法と見て、「ずちなく」もしくは「ずつなく」と読んでおく。基本的な意味は、なすすべがないということだが、いたしかたない、というニュアンスを含む言葉である。こちらの意志や考えを無視して、抵抗しがたい様子で親しげにやって来たことを云うのであろう。169ムツマシケニテ　睦まじい様子で。親密そうな様子で。171アハレミカナシク思テ　気の毒にまた悲しく思った。171行から173行までは第五紙の紙背に記されている。172ハタラカム「さて病起こりぬ。また膿み物のやうにて働かで、すべきこともせずなりぬれば、返りて詮無きことなり」（『却廃忘記』上一九ゥ、明資二556頁）の例から、「はたらく」は外に表れる行為や現象があることをいうか。

【考察】この夢は【語釈】で示したように、春華門院と関わるものと思われる。また、春華門院の陵墓が確認できない現在、夢記中の「鳥羽墓所」はその所在地の重要な示唆となりうる。なおこの記事の末尾部分に紙継ぎが存するが、文字と錯綜して判読が困難であり、解読試案を提示するにとどめる。

（奥田勲）

〔参考〕▼1—10紙背仮名消息

この夢記の一部は、もと仮名消息の料紙を用いて記録されている。ここにその仮名消息の翻刻と釈文を付載する。もとより紙背文書である上、散らし書きで余白に夢記が書き込まれるなどの状況により、行き届いた判読は不可能のため、参考資料として掲載するに止める。

〔第五紙紙背〕某仮名消息（右端に171〜173行あり）

【翻刻】（原文散らし書きのため、行順、改行によらず追い込んで示した）

かねて思さふらひしにもすき候て、あまりわひしくおほえさふらひて、ものもちとも如何し候はて、よにわひしく候、中々けふあすいて候（はむすると）、思まうけて、さふらひしよりも、昨日時のほとしハし候はむすると申てさふらひしかは、あまりにうれしくて候しに、かくものさハかしくいて候ぬるよりもわひしく候、ことしいま一とまいり候と、心にかなひさふらはぬ時に、よにわひしく候、さき〳〵いつも□り候よりも、このたひはあまりにさふらひなれさふらひてまひりかくれ、しハし候へやと（後欠）

【釈文】

かねて思ひ候ひしにも過ぎ候ひて、あまりわびしく覚え候ひて、物もちともいかがし候はで、世にわびしく候ふ、なかなか今日、明日出で候はむずると、思ひ設けて候ひしよりも、昨日時のほどしばし候はむずると申して候ひしかば、あまりに嬉しくて候ひしに、かくものさはがしく出で候ひぬるよりも、わびしく候ふ、今年今一度参り候へど、心に叶ひ候はぬ時に、世にわびしく候ふ、先々いつも□り候ふよりも、この度はあまりに候ひ馴れ候ひて、参り隠れ、しばし候へやと（後欠）

（奥田勲）

〔第四紙紙背〕某仮名消息

（散らし書きの上、行間・空白に夢記（山外本1—10（174〜191））を書き込んでいるため、両者を峻別するのは困難である）

【翻刻】

おほえ候て、ひつしみさふらはむと思ひつるも、あまりものさハかしく候て、心にかゝりて候、いつくにさふらふとも、つけさせをはしますへく候、これへかへりて候へハ、いそき候て、とゝめ候ハめおん事と、いわもよにうれしく候、あすハうえへまいり候なんする事候、いてさせをはしまして候はん、ほけとしあまりに心もちとも候はぬやうに、わひしく候、をしハからせ、おはしま□、猶にあまりに　わひしく候、

「（封）まいり候御房」

【釈文】

おぼえ候ふ。ひつしみ候はむと思ひつるも、あまりものさはがしく候ひて、心にかゝりて候ふ。いづくに候ふとも、つげさせをはしますべく候ふ。これへかへりて候へば、いそぎ候ひて、とどめ候はめ、おん事と、いわもよにうれしく候ふ。あすはうえへまいり候ひなんずる事候ふ。いでさせをはしまして候はん。ほけとしあまりに心もちども候はぬやうに、わびしく候ふ。をしはからせ、おはしま□、猶にあまりに　わびしく候ふ。

「（封）　まいり候御房」

（奥田勲）

▼1—10「正月十日」条（174〜191）

【翻刻】

174 正月十日夜夢　誰（ママ）トモ不思人に謁ス
175 其迎ヘニ弥勒井來給ヘリ
176 　　縁に副テ立給ヘリ
177 　　　長八尺許也
178 サテ此人出給時弥勒相具シテ
179 空ヲ翔テ
180 去給ヌ高尾方へ去給ヌト思心ニ思ハク
181 定テ空に光明遍
182 　　シタルラムト思テ

【訓読】

正月十日の夜の夢に、誰とも思はざる人に謁す。其の迎へに弥勒菩薩来たり給へり。像に副ひて立ち給へり。長（たけ）八尺許（ばか）りなり。さて、此の人出で給ふ時、弥勒相具して、空を翔（かけ）りて去り給ひぬ。高尾の方へ去り給ひぬと思ふ。心に思はく、定めて空に光明遍じたるらむと思ひて立ち廻りて見しに、山に隔てて見えず。今少きとく来たらましかばと思ふを、義淵房に光明や見つると問へば、見ずと云々。弥勒の此の人を遣りたりけると思ふ。さて、還りざまに迎への為に来たり給ふなりと思ふと云々。

183 立廻テ見シニ　山に隔テ不見
184 今少キトク
185 來ラマシカハト思ヲ
186 義淵房ニ光明ヤ見ツル
187 ト問ヘハ不見ト云々
188 弥勒ノ此人ヲ遣タリケルト
189 思フサテ違還サマニ迎ノ爲ニ
190 來給也ト
191 思フ云々

【現代語訳】　正月十日の夜の夢は次のようであった。誰だとも思わない人に会った。その人の迎えに弥勒菩薩が来られた。縁にそって立っておられた。背丈は八尺ほどであった。そうして、この人が出発されるとき、弥勒菩薩も一緒に空を翔けて去られた。高尾の方面へ行かれたと思った。心のなかで次のように思った。きっと空に光明が広がっているだろうと思って、あちこち歩き回って見たが、山に隔てられて見えない。もう少し早く来ていたらと思ったけれども、義淵房に光明を見たかと問うと、見てないと、云々。弥勒がこの人を（私のところに）遣したのだと思った。それで（弥勒菩薩は）帰るときに迎えのために来られたのだと思った、云々。

【語釈】　174正月十日　第四紙（68～93行。建暦元年十二月十六日からの一連の夢を記載）の紙背に書かれることから、ジラール仏訳が指摘するように建暦二（一二一二）年の夢か。175弥勒蟄　未来仏とされ、現在は兜率天にいるとされる。弥勒菩薩と明恵の関わりは極めて深い。【考察】参照。177長八尺許　「長」は背丈の意。八尺は約264㎝。『高山寺縁起』によれば、高山寺金堂の丈六の盧舎那仏の脇侍として弥勒菩薩があったという（明資一634頁）。弥勒菩薩の背丈が八尺というのは、金堂の像の背丈を反映したものか。179空ヲ翔テ　弥勒の浄土である兜率天へ向かって天翔ることか。180高尾方　高雄神護寺の方向。184今少キトク來ラマシカハ　もう少し早く来ていたら光明が見えただろうに、来るのが少し遅かったため、光明が見えなかったの意。186義淵房*　霊典。明恵の高弟の一人。『高山寺代々記』（村上素道［一九二九］330頁）によれば、建長七（一二五五）年七十六歳没で、上覚から付法されている。188此人　173行目の「人」を指す。弥勒とともに空を翔けてゆくことからすると、兜率天に往生した人か。また173行目に「謁」とあることから、高貴な人であったと思われる。

【考察】　明恵は若年の頃より弥勒を信仰し、『随意別願文』では兜率往生を遂げて、さらに釈尊に値遇したいと願っている（田中久夫［一九八二］311～312頁）。また、春日明神の託宣を受けた際も兜率往生について質問をしている（『明恵上人神現伝記』、明資一239頁）。こうした明恵と弥勒との関わりが頂点に達したのが、承久二年六月から八月にかけての兜率天への上昇の夢であり、それによって明恵晩年の実践を決定づける、仏光観や光明真言についての確証を得た（『華厳仏光三昧観冥感伝』、明資四所収）。

承久二年の一連の弥勒関連夢ほどのインパクトはないものの、明恵のもとに人を遣ったのが弥勒なのだと思う本条の夢も、弥勒からの承認や肯定を意味すると思われる。また、明恵が霊典に「光明を見たか」と尋ねたのは、霊典は明恵と奇瑞を共有することが多く、弟子のなかで最も霊験に近しい存在であったからであろう。たとえば、建仁元（一二〇一）年十一月初めには、明恵の描いた善財善知識の紙形をもとに仏師俊賀に曼荼羅を描いてもらうため、霊典と喜海が使者として紀州から上洛したとき、俊賀の家の縁の辺りに化鳥が飛来したのを目撃しており（『漢文行状』、明資一110頁）、建永元（一二〇六）年十二月頃には、九条兼実邸での明恵の修法の承仕役を霊典がつとめた際、北方の空中から壁を通り抜けて、宝冠と白服を着した貴人十余人が道場に出現したのを目の当たりにしている（『漢文行状』、明資一124頁）。なお、本条の夢は書状の行間に書き込まれており、明恵筆ではない可能性も残る。
（平野多恵）

▼1―10「方人」条（第一紙紙背）（192～200）

【翻刻】

―（紙継）―

192 方人御坐覧とも不知何にカホトニ成弁ヲ
193 思召シテ頭□誰人ニカ御坐候覧と
194 老僧又怙此ノ言ナカラ誰トハ□□
195 シケニテ不被示横抱成弁ヲヤ
196 カテ此言ヲ成弁カ言出ト□シク
197 承仕法師カチヨリ取還シテ許之給
198 示行横抱シ給成弁ハユリムスラムト
199 モ不思テ申タレハ如此アリ悦㐂無極テ
200 成弁泣々覺了

【訓読】

方人御坐すらむとも知らず、何にかほどに成弁を思し召して、頭□誰人にか御坐し候らむと、老僧、又、此の言を怙（たの）みながら、誰とは□□しげにて、示されず、横抱きし、成弁を、やがて此の言を成弁が言ひ出づと□しく、承仕法師、かちよりして、取り還して、之を許し給ひ、示し行き横抱きし給ふ。成弁は、ゆりむずらむとも思はずして申したれば、此くの如くあり。悦喜すること極まり無くして、成弁泣く泣く覚め了んぬ。

【現代語訳】　味方がいらっしゃるとも知らず、どうしてこれほどに成弁を思いなされて、頭□どの方でいらっしゃるのであろうと、老僧は、またこの言葉をよりどころとしながら、誰であるとは□□であるような様子で、お示しになることなく、横に抱いて、成弁を、そのままこの言葉を成弁が言葉にしたと□して、承仕の法師が歩いて来てお許しになり、示し行き横に抱きなさった。成弁は許されるだろうとも思わないで申し上げたところ、このようになった。悦ぶこと極まりなく、成弁は泣きながら目が覚めた。

【語釈】192方人　味方、自分の側に立って助力してくれる人。197承仕法師　【語釈】11「承仕」参照。

【考察】第一紙「建永二季五月二九日条」（1～22行）の紙背に当たる部分である。そのため、第一紙の内容が続いている。裏打ちの紙が厚く、判読は困難である。そのため、意味が通じない点が多いが、最終的に誰かに助けられ、承仕の法師とも和解したのではないかと推測される。

（小林あづみ）

1—11　承元三年正月十五日夢記（所在不明で写真や翻刻も存在しないため、欠番）

1—12　建暦二年八月十一日（夢記）

【翻刻】

1 建暦二年八月十一日ノ

【訓読】

建暦二年八月十一日の道円法師坐禅の形なり。時に、小僧、所望に依りて、之を遣はす。

2 道円法師坐禪之
3 形也　于時小僧依所
4 望遣之
［図］
5 建暦二年八月十一日
6 写之　高弁

［図］
建暦二年八月十一日、之を写す。高弁。

【現代語訳】建暦二年八月十一日の道円法師が坐禅している図である。この時、要望があったので、これを送った。建暦二年八月十一日、これを筆写した。高弁。

【語釈】1建暦二年　一二一二年。明恵四十歳。2道円法師*　未詳。3小僧　ここでは僧侶の自称。

【考察】従来、夢記と称されてきたが、夢の記事はない。法師の坐禅図が描かれている。名古屋市博物館に、本条と類似の内容と図を持つ「七月二日」の日付一幅が蔵される。翻刻は以下の通り。「建暦二年七月二日高弁／楞伽山中坐禅ノ／形也虎丸依所望／写之遣□早／禅河院ノ本也／［図］」。

（平野多恵）

1—13　建暦二年十一月十九日夢記

【翻刻】

従建厂二年十一月十九日初
夜行法過テ眠入夢云我前ニ
屛風有自繪書其圖
［図］（※下段参照）
—（紙継）—
如此蹔時アリテ鎌倉兵衛尉ト
思シキ人来我ハ鎌倉大將殿之
使ト云此立瓶ヲ東大寺ニ可奉置
ト云仰也トテ此人ヲ具シテ行東
大寺高弁云我身与彼人同躰也ト
見覺了
高弁案曰此文字花嚴
衆會三寶御恩ヲ蒙也
能々可思之云々

【訓読】

建暦二年十一月十九日の初夜の行法過ぎて眠り入る。夢に云はく、我が前に屛風有り。自（み）づから絵を書く。其の図、此くの如し。暫時ありて鎌倉の兵衛尉と思しき人来たり。我は鎌倉大将殿の使と云ふ。此の立瓶を東大寺に置き奉るべしと云ふ仰せなりとて、此の人を具して東大寺に行く。高弁云はく、我が身と彼の人とは同躰なりと見て、覚め了んぬ。高弁案じて曰はく、此の文字は花厳衆会三宝の御恩を蒙るなり。能く能く之を思ふべしと云々。

【現代語訳】　建暦二年十一月十九日、初夜の行法が終わった後、まどろんだ。その時の夢は次のようであった。私の前に屛風があった。自分で絵を描いた。その様子は以下のようであった。しばらくして、鎌倉兵衛尉と思われる人が来た。「自分は鎌倉大将殿の使です」と言った。「『この立瓶を東大寺にお置き申し上げよ』という仰せです」と言うので、この人を伴って東大寺に行った。高弁が言うには、「私自身と、その人とは一体です」と。このような夢を見て、目が覚めた。高弁が考えるに、この文字は華厳経の会座の三宝の御恩を蒙ったのである。よくよくこのことを思惟すべきである、云々。

【語釈】　1建厂二年　建暦二年は一二一二年。明恵四十歳。『仮名行状』によれば、この年の秋に一向専修の行者と論争になり、十一月二十三日に『摧邪輪』を撰出したという（明資一45頁）。1初夜　現在の午後六時過ぎ。4*鎌倉兵衛尉　明恵周辺で「兵衛尉」の呼称で知られる人物として想起されるのは、まず崎山良貞であるが、建仁四（元久元年。一二〇四）年に亡くなっており、該当しない（地の文なので、通常「故」が付されると思われる。また、「鎌倉」との関係もない）。一方、湯浅氏で「兵衛尉」の官名を持つ者は複数いるが、湯浅宗光に関して、承久元（一二一九）年八月廿三日付北条時政書状案（神護寺文書。鎌倉遺文2543）に「湯浅兵衛尉宗光息男宗元当時祗候関東」とあり、貞応三（一二二四）年と推定される覚観書状（神護寺文書。鎌倉遺文3241）にも「宗光罷下関東」とあるので、鎌倉にもしばしば往来していたと推測される。確証は持てないが、候補の一人として挙げておく。4兵衛尉ト　「ト」は「尉」の左脇に記されている。次行末尾の「殿」の左脇にも「之」がある。また、8行末尾の「也」の左脇にも「ト」がある。スペースの関係で左脇に書いたとも考えられるが、後で補ったものとも解しうる。5*鎌倉大將殿　源頼朝。高山寺本7篇「（建永元〈一二〇六〉年）六月一日」条に「在田郡故鎌倉大将殿被居旡将出去」（84〜85行）とあり、山外本1―8の「（元久二年〈一二〇五〉七月）廿五日」条では「故鎌倉大将可住平岡之由聞之」とある。元仁元（一二二四）年と推定される「十一月卅日」付行慈書状（神護寺文書。鎌倉遺文3326）でも「故鎌倉大将殿」として源頼朝に言及している。6此立瓶　「立」は存疑。屛風に描かれた「立瓶」とも解しうるが、鎌倉将軍から、屛風に描いたものと同様の「立瓶」が送られてきたとも解しうる。8*高弁云　心内語の場合「心に思はく」などと記されるのが通常なので、明恵の夢中での実際の発言と解せざるを得ない。東大寺に着いて、僧侶たちにこのように説明したという趣旨か。あるいは、例外的に心内語か。8彼人　「鎌倉兵衛尉」とも考えられるが、前注に述べたように、明恵の（夢中での）実際の発言と解すると、本人をともなった状態で「彼人」と呼んでいることになり、不自然。あるいは「鎌倉大将」を指すか。10*高弁案曰　夢解において「高弁」という自称が記されるのは異例。10此文字　図様を「文」と表現する例はある（高山寺本夢記8篇92行〜93行）。しかし、屏風の絵を指すとすると「文字」というのは不審。夢記の文そのものを「文字」と表現したか（永島福太郎［二〇〇三］の解釈）。あるいは、この時執筆中であった『摧邪輪』を指すか。10花嚴衆會　「衆」は存疑。「海」の異体字のようにも見えるが、高山寺本での用例は検出できない。一応、「衆会」として解するなら、多くの菩薩等が参集した華厳経の会座（大正蔵では「華厳衆会」「華厳界会」の用例はなく、通常は「華厳海会」）。高山寺の三重宝塔の四柱には華厳海会聖衆曼荼羅が描かれていた（『高山寺縁起』、明資一639頁）。ここでの華厳経への言及が夢の内容とどのような関係があるかは不明。強いて言えば、華厳宗の中心地である東大寺との関係が念頭に置かれているか。

【考察】　絵が付された珍しい夢である。しかし、内容的には、明恵と「関東大将」ないし「鎌倉兵衛尉」との強い結び付き（「同体」）が示され、さらに東大寺との関係が示唆されているが、末尾の夢解も具体的な手がかりを与えるものではない。あえて想像をふくらませれば、明恵の活動（著作活動、『摧邪輪』執筆などか）が「鎌倉大将」から信任を得、東大寺にも面目をほどこした、というようなことか。永島福太郎［二〇〇三］では「大仏が頼朝の天下太平に恩徳を垂れたのに対する頼朝の報恩の供花」と解釈している。絵の内容は、二本の花を生けた瓶があり、その上方に二艘の舟のようなものが呪符のようなものを載せているという図柄である（永島福太郎［二〇〇三］は、花は水仙、瓶は舶来品の下蕪の茶碗花瓶、呪符のように見えるのは大仏の蓮弁二葉、と推測している）。この夢の図様にも何か典拠があるかもしれない。高山寺本7篇建永元年六月一日条には「故鎌倉大将」（84行）「兵衛尉（＝崎山良貞）」（86行）が登場し、「此兵衛尉有花厳経書写大願」（89行）

と語られる。本夢と何らかの関係があるか。なお、【語釈】で指摘したように、この夢記は、明恵の通常の語法からすると例外的と思われる箇所が多く、内容的にも理解しにくい点がある（なお、絵の後に紙継目があり、本来別個の夢記二葉を後人が一つにまとめた可能性も否定しきれない）。慎重な検討が必要であろう。

（前川健一）

1―14　建暦三年二月二十九日夢記※

【翻刻】

1 建暦三年二月廿九日〈従廿五日彼岸〉行法間事
2 釋迦弥勒文殊三尊間事可付何可修
3 之事ヲ案思舎利々益等テ唯可付宀法
4 修之由ヲ思フ其夜夢云
5 高弁依要事求何物善友〈糸野〉御前懐上
6 高弁到一處高ク令見之棚欤ノ上ニ
7 有小雙紙此女房唱云舎利梵篋レ塔。
8 即此思ハク此雙紙ノ名也
9 　案曰雙紙者即梵筴也可就文殊修之
10 然者尺迦〈舎利〉弥勒〈塔〉梵篋〈文殊〉

【訓読】

建暦三年二月廿九日〈廿五日より彼岸〉、行法の間の事、釈迦弥勒文殊三尊の間の事、何に付すべくして修すべきかの事を案じ、舎利利益等を思ひて唯密法に付して修すべき由を思ふ。其の夜の夢に云はく、高弁、要事に依りて何物かを求む。善友〈糸野〉の御前、高弁を懐(いだ)き上げ一処に到り、高く之を見しむ。棚かの上に小双紙有り。此の女房唱へて云はく、「舎利塔梵篋(ぼんけふ)」。即ち此れを思はく、此の双紙の名なり。案じて曰はく、双紙は即ち梵筴(ぼんけふ)なり。文殊に就きて之を修すべし。然らば、釈迦〈舎利〉、弥勒〈塔〉、梵篋〈文殊〉、三法皆具して修すべしと云ふ意なり。即ち文殊に付し善知識法を修すべきかの由を案ず。然りと雖も廿□□睡眠の時、心に懸くること無く、此の夢を得と云々。心に臨

11　三法皆可具修ト云意也即付文殊
12　可修善知識法欤之由□(ヲ)案ス雖然廿□□
13　睡眠之時無懸心ニ得此夢云々心ニ臨終時
14　マテモ何ナラム行業ヲ一ニシテトラヘムナ
15　ント思フ又此善友法可聖意欤難知
16　ナレト思惟之

終の時までも何ならむ行業を一にしてとらへむなんど思ふ。又、此の善友法、聖意たるべきか。知り難きなれど之を思惟す。

【現代語訳】　建暦三年二月二十九日〈二十五日より彼岸〉、行法に関する事、釈迦・弥勒・文殊の三尊に関する事、つまりいずれに従って行法を修すべきかを案じて、舎利の利益などを思って専ら密教の行法に従って修すべきだと思った。その夜の夢は次のようであった。高弁は重要な件によって、何かの物を手に入れようとしていた。善友〈糸野〉の御前が、高弁を高く抱き上げ、ある所に到り、物を高いところから見せた。棚のような物の上に小双紙があった。この女房が唱えていうのには「舎利塔梵篋」と。その時（私は）これを「この双紙の名である」と思った。考えてみると「双紙はつまり梵筴である。文殊に従って行法を修すべきである。そうであるならば、釈迦〈舎利〉・弥勒〈塔〉・梵篋〈文殊〉の三行法を皆そろって修すべきであるという意味である。そうなると、文殊に従って善知識法を修すべきかということを考えた。そうであるといっても、二十□□睡眠の時、心にかけることがないのに、この夢を得た」と云々。心中で、臨終の時までも、どのような実践であるかはわからないが、一つに絞って（それだけを）つかんでいようなどと思った。また、この善友法（を修するの）は聖なる存在の思し召しなのだろうか。うかがい知れない事ではあるが、考えを巡らせた。

【語釈】 **1建暦三年二月廿九日**　一二一三年。明恵四十一歳。この二日後の三月一日に『摧邪輪』を献上する（同書奥書、『鎌倉旧仏教』390頁）。なお、前月の三日には貞慶が示寂している。この夢に時期的に近いものとしては、山外本2—2・50〜61行に『摧邪輪荘厳記』の清書にかかわる記述（建暦三年六月二十一日条）がある。**2釋迦弥勒文殊**　明恵の三尊に対する信仰については、まず釈迦信仰は、渡印の計画や講式類の著述、涅槃会開催といった形であらわれ、弥勒信仰は臨終の儀に弥勒菩薩を安置するなど兜率上生を願ったこと、そして文殊信仰は白上の峰での文殊示現などがよく知られている。この三尊が並べて挙げられる例として、釈迦・弥勒の一体を唱えた貞慶が、建久六（一一九五）年に落慶供養がおこなわれた笠置寺の般若台（大般若経経蔵）の本尊を釈迦如来、脇侍に文殊菩薩と弥勒菩薩を配したことを参考として挙げておく（『笠置寺般若台供養願文』）。**2問事**　「……に関すること」の意。**2可付何可修**　三尊のうちのいずれを主尊として行法を修するかを考えたということか。時期は不明だが、明恵は釈迦・文殊の合行を修したことが、山外本2—2・27行に見える。**3舎利々益**　「舎利」は、仏陀の遺骨。釈尊の遺骨を崇拝する舎利信仰も、インド以来さまざまな形で行われた。明恵と舎利との関係については、建仁三（一二〇三）年、春日明神の神託ののち、明恵は笠置寺を訪れ、貞慶から仏舎利を伝得したこと、同年八月に『十無盡院舎利講式』一巻を撰述した事が有名だが、この夢と時期的に重なる『摧邪輪』巻中で、仏舎利の勧化を示す内容が記されていることも挙げておきたい。3行目に「宀法」という語があらわれるが、この時代、真言宗では舎利を一字金輪仏頂尊の種字（ボロン字）や宝珠と同体と見、密教修法が行われたことも考慮に入れた方がいいだろう。【考察】参照。**3宀法**　密法。真言密教の修法をいう。**5要事**　重要な案件。**＊5善友御前**　高山寺本6篇38行（元久元〈一二〇四〉年二月）では、海辺で沐浴しようとする明恵の衣を木に懸けている。「糸野御前」が登場する点でも本条と共通する。「善友」とは、「善知識」とも訳され、「良き友」「良き人」という意味を持ち、正法を説き仏道へ向かわせる者を指す。たとえば『華厳経』入法界品においては、善財童子の求法の過程で登場する多くの善友たちが、様々な立場から教えを説いている。この夢の場合「糸野」と傍書されているところから、「糸野御前」が「善友御前」の姿をとったとも解釈できるかもしれない。**5懐上**　明恵が春日神の託宣をうけるときに女性に抱かれるさまを連想させる。**6之**　「何物」を指す。**6欤**　一般的には、「〜であろうか」という意味だが、ここでは「如し」の意味で記されたか。その場合、高山寺本12篇3行にある「此石ノ上面欤ヲ過タリ」の例が参考となるか。**7女房**　善友御前を指す。**7梵篋レ塔**　「梵篋」は貝多羅葉（ばいたらよう）に記したインドの経典。転じて仏教の経典を指す。文殊菩薩の持物の一つである（不空訳『五字陀羅尼頌』『金剛瑜伽文殊師利菩薩供養儀軌』、菩提流志訳『文殊師利菩薩八字三昧経』など）。文殊菩薩の智慧の象徴でもあった。「梵篋」右傍と「塔」左傍の各記号に従い、順序を入れかえて読み下す。**9文殊**　明恵と文殊との関わりは非常に深いが、この夢に「糸野」と記されることと関連して、高山寺本6篇8〜20行（元久元〈一二〇四〉年正月八日）において「大師子」つまり、文殊の乗り物である獅子が登場するのを明恵は「文殊守護此郡給也」と解し、有田郡の守護を文殊と重ねて解釈していることや、山外本2―2・195〜205行にも大きな獅子に乗る文殊の近くに「崎山禅尼」がいる夢があることを、参考として挙げておく。**10塔**　経典・儀軌に記される弥勒菩薩の持物の一つ（善無畏訳『慈氏菩薩略修愈誐念誦法』）。**10梵篋文殊**　この部分のみ尊格と持物との順番が逆になっているが、双紙を見た印象が明恵にとっては強かったためか。**12善知識法**　明恵は建仁二（一二〇二）年または翌年の九月四日に糸野で『善財善知識念誦次第』を撰述している（高山寺聖教類第2部86など。『上人所作目録』では建仁三年とする。明資五410頁）。同書は文殊五字真言の「阿囉跛左曩」による字輪観を説くが、これに基づいた行法を指すか。この夢では「善友御前」が登場したことからの連想で善知識法への言及がなされたと考えてもいいだろう。建仁三年八月十日の夢記（山外本1―5）の【語釈】1「善友法」参照。**12□（ヲ）**　虫損があるが「ヲ」字の一部が確認できる。**14行業**　身口意（しんくい）の所作、あるいは仏道修行を意味する語。**15善友法**　善知識法に同じか。**15聖意**　一般的には「聖人の考え、立派な人物の意志」といった意味だが、ここでは明恵にとっての聖なる存在である文殊菩薩、あるいは舎利を与えた春日明神の思し召し、という意味か。

【考察】　明恵が尊格に関して案じたところ、自身が「何物」を求め、高所で尊格の持物を見、持物を唱える女房の声を聞く夢を見たという内容で、現実（修行）での疑問にこたえるタイプの夢である。明恵が舎利を得た経緯を記す『明恵上人神現伝記』（明資一248頁）には、明神が明恵に授けた秘文に「如来舎利放光明　遍照十方諸刹土、一一衆生随応機、利益微妙難思議」とあり、『摧邪輪』中には、仏法が滅した時代における舎利の効能を説き「皆依舎利勧化、発菩提心」と述べている（『鎌倉旧仏教』346頁）。『十無尽院舎利講式』にも末世辺土の衆生利益のための舎利が記される（第四惣説舎利利益門、明資四92頁）。明恵にとって舎利は釈迦と春日明神という大切な存在と強く結びついたものであるばかりではなく、多くの衆生に働きかけ、法然が重視しなかった菩提心を起こさせる存在としても貴重な物であった。またこの時代、真言密教の勧修寺三流（勧修寺流、随心院流、安祥寺流）では、舎利が末法の衆生を救済する一字金輪仏の種字（ボロン字）に姿を変えるという説に依拠した舎利法が修された（内藤栄［二〇一〇］など）ことも「舎利利益」を思う明恵の背景として指摘しておきたい。

（小林あづみ）

1―15　建保六年六月十一日夢記A・B

【翻刻】

〔A〕

1 建保六年六月十一日夜
2 夢云一院傍在神主
3 告予云持寶樹是ヲ
4 可奉移明神御前ト
5 仰去ル其圖此也

【訓読】

〔A〕

建保六年六月十一日の夜の夢に云はく、一院の傍らに神主在り。予に告げて云はく、「宝樹を持てり。是れを明神の御前に移し奉るべし」と仰せて去る。其の図、此れなり。［図］

同じき十二日、灯下に望みて之を記す。　高弁

同十二日望燈下記之
高弁

〔Ｂ〕

建保六年六月十一日夜夢云
上師如此持寶樹来告
云可奉移明神御前ト仰
去ル其圖如此歟
同十二日望燈下記之高弁

〔Ｂ〕

建保六年六月十一日の夜の夢に云はく、上師、此くの如く宝樹を持ちて来たる。告げて云はく、「明神の御前に移し奉るべし」と仰せて去る。其の図、此くの如きか。〔図〕

同じき十二日、灯下に望みて之を記す。高弁

【現代語訳】

〔Ａ〕建保六年六月十一日の夜の夢は次のようであった。後鳥羽院のそばに神主がいた。私にこう告げた、「宝樹がある。この宝樹を春日明神の御宝前にお移し申し上げよ」とおっしゃって去って行った。それを図示したのが、これである。

同じ月の十二日に、灯りの下で、この夢を記した。高弁

〔Ｂ〕建保六年六月十一日の夜の夢は、次のようであった。上師がこのように宝樹を持ってやって来た。こう告げた、「春日明神の御宝前にお移し申し上げよ」とおっしゃって去って行った。それを図示すれば、このようであろうか。

同じ月の十二日に、灯りの下で、この夢を記した。高弁

【語釈】 A1・B1建保六年六月十一日　一二一八年。明恵四六歳。この頃、明恵は栂尾にいたものと思われるが、二ヶ月後には賀茂に移住している。建保六年五月二十六日には、栂尾石水院にて正行房・隆弁の二人に対して大仏頂印の伝授を行っており、同年六月二十日にも、同じく石水院にて隆弁に五秘密法を伝授している（『真聞集』、明資三184頁・188頁）。同年八月十一日には明恵は「栂尾旧居」を出立、樋口経由で十三日に賀茂に移り（高山寺本9篇9行以下）、八月二十三日には、賀茂社の奥を明恵居住の地として許可する院宣が、後鳥羽院から賀茂神主に下された（『高山寺古文書』第一部三一）。賀茂移住の理由は、『仮名行状』（明資一52頁）、『歌集』114の詞書の記事によれば、ある人物が神護寺別当になって、その余波で栂尾に違乱が起こり、それを逃れるためという。Aの夢には、「一院」「神主」などが現れるが、賀茂移住の直前であるという当時の状況から、明恵自身の記したものと見て間違いないと思われる。A2一院　上皇が二名以上いる際の上位の院のこと。ここでは後鳥羽院のこと。A2神主*　当時、賀茂別雷社の神主であった能久（一一七一～一二二三）を指すか。能久は、賀茂資保の子。建保二（一二一四）年、神主に補されて以来、承久三（一二二一）年までの八年間、神主の位にあった（『賀茂社家総系図』）。承久の乱に際して、後鳥羽院側について戦うなど、後鳥羽院との関係は浅くない。乱後には、鎮西に流され（『吾妻鏡』承久三年九月十日条）、貞応二（一二二三）年六月十日に同所で没している。B2上師*　上覚。Aにおける後鳥羽院の傍らにいる神主の役割を、Bでは上覚が果たす。A3・B2寶樹　珍宝より成る樹。何らかの瑞相を暗示していよう。「宝樹」は高山寺本9篇60行の建保七年二月十九日の夢に用例があり、この夢の翌年である。「一院」よりの使者から札を賜ったが、その状には院からの申し出が書かれていた。その申し出は、『摧邪輪』の所説に従って「宝樹」や四人の菩薩像を造るためにそれを図示したが、その図を『摧邪輪』と対照するために、『摧邪輪』を借りたいと頼むものであった。その夢について同記事には明恵の夢解きが付されているが、「案じて曰はく〈大明神并びに賀茂の事なり、と〉」と、解釈の内容は多少の不明確さが伴うが、夢を「大明神」「賀茂」と関連付けて解釈している点は確認できる。この夢とは「一院」、「宝樹」、図などのモチーフが共通するとともに、夢解きで「大明神」に言及するなど、関連を窺わせる。なお、『摧邪輪』の中には、「宝樹」の用例はないが、比喩として「樹」を用いた例は二種あり、一は、『八十華厳』を引用したところに出てくるが、菩提心を喩えて「如意樹」といい、「如意樹」という名は「一切荘厳具」を降らすゆえだというもの（『鎌倉旧仏教』339頁）。二は、『十住毘婆沙論』を引用して、菩提心を種子に喩えて、そこから「仏樹」が育つと言う例である（『鎌倉旧仏教』379頁）。両者ともに菩提心に喩えているが、この夢でもそのような菩提心にまつわる比喩が含意されているか。A4・B3明神　春日明神か。明恵が居住地を定めるに際して、春日明神のいない地に行くことを気にかけて、その夢を見て、春日明神の感情を思案するというのは、他にも山外本1—6「建仁二年十一月七日条」（1〜8）の例がある。それから類推すると、この夢も賀茂移住に際して、春日明神から離れ去ることを気にかけたものであろうか。春日明神宝前に「宝樹」を移し替えるよう「神主」や上覚が頼む夢を見ることで、春日明神のそばを離れ、他所へ赴く自分の行為を正当化しているのであろうか。

【考察】　A・B二つの夢記は、同じ絵と署名が付され、夢の日時も記した日時も同一でありながら、夢の内容が多少の異同を見せている。絵はA・Bともに、左右に枝を伸ばした柳らしき樹に、藤蔓とおぼしきものが絡みついた図様である。Aでは後鳥羽院の傍らにいた神主が、宝樹を明神の宝前に移し替えよと告げるが、Bでは同じ台詞を上覚が述べる。また、Aでは、宝樹は神主の台詞の中で言及されているだけだが、Bでは、上覚が実際に宝樹を持ってやって来たように解せる。こういったバリアントを持つ理由は不明。どちらか、もしくは両者ともに贋作の可能性もあるが、この夢の場合、明恵の真筆と考えても、この夢の時期や内容の面からは不整合はなく、真贋の判断は難しい。明恵の真筆であったとしたのなら、同一の夢に対して、記述の際、その登場人物の特定を二様に記したものであろうか。

高山寺本9篇の建保七年二月十九日から同二月二十七日にかけての三つの夢（55〜81行）は、三篇ともに「明神」と関連させて夢解きが付され、かつこの夢とは「一院」「宝樹」「図」「神主」「上師」などモチーフが共通する。また、時期の近さから言っても、明恵の関心の在処を示唆しており参考になる。すなわち、高山寺本9篇の賀茂移住という状況は、本条の夢の背景にも想定できると考えたい。【語釈】「寳樹」の項で触れた、建保七年二月十九日の夢（高山寺本9篇

55〜68行）は、「一院」が明恵に札を送り、『摧邪輪』の所説に従って図示した「宝樹」や四人の菩薩像を『摧邪輪』と対照するために、『摧邪輪』を借りたいと申し出た夢であった。その夢について明恵は、「案じて曰く〈大明神并びに賀茂の事なり、と〉」と夢解きをする。この夢解きが何を指してこのように述べるかは、明資二の同箇所註釈が述べる通り「よく分らない」（186頁）が、この夢解きはむしろ、この夢を前提として理解すべきものではなかろうか。後鳥羽院が『摧邪輪』に従って図示させた宝樹が、「大明神」「賀茂」の双方に結びつく必然性は、この夢にあると考えられる。高山寺本9篇の次の夢は年月日が省略されており、「神主」が使者を遣わして早く来るよう催促する夢である。その催促を明恵は「賀茂之山寺へ可入之由」のことだと思い、「神主」が「大明神」であると解釈している。その解釈によれば、賀茂移住を「大明神」が認めたことになろう。次の二月二十七日条では、上覚が賀茂にて「神主」と相語らうのを夢に見、二人を「尺迦・明神」と同定する解釈を付している。この後、高山寺本9篇の夢は、二十九日の夢、年月日未詳の二つの夢と続くが、三つともに上覚が登場する。同9篇の一連の夢からは、この夢を始点として抱かれていた、賀茂移住に際しての春日明神への気がかりが、次第に解消されていく様を読み取ってよいように思われる。

（立木宏哉）

1―16　承久三年、四年夢記

【翻刻】

1 承久三年
2 　十二月七日夜夢云高弁驚思
3 予之懐中有鶏卵（カヒコ）片方破タルニ
4 鳥子ノ尾方見ユヘシワリタルカト思ニ

【訓読】

承久三年十二月七日の夜の夢に云はく、高弁驚き思ふ。予の懐中に鶏の卵（かひご）あり。片方破れたるに、鳥の子の尾の方見ゆ。へしわりたるかと思ふに、うるはしく破れて、鳥の子出現す。鶏の毛、奇妙なり。傍に白き雄鳥〈鶏なり〉之に付きてつれてありくと云々。又一疋の馬

ウルハシク破テ鳥子出現鶏毛奇妙
傍白雄鳥鶏也付之ニツレテアリク云々
又有一疋馬ヒヽト鳴予在大家中
不恐之又高弁
同四年正月五日朝思○得常修式法觀
修三昧觀禪中前有如火光光明
三聚其形三角徑五寸高三四寸

如此其形又如寶珠炎也

有りて、ひひと鳴く。予、大きなる家の中に在り。之を恐れず。又高弁、
同じき四年正月五日の朝、常修の式の法を思ひ得たり。
三昧観を修す。禅中に前に火の光の如き光明三聚有り。
其の形三角にして、径五寸、高三四寸なり。
［図］此くの如く、其の形又宝珠の如き炎なり。

【現代語訳】　承久三年十二月七日の夜の夢は次のようであった。高弁は驚き思った。私の懐中に鶏の卵があり、一方が破れて、鳥の子の尾の方が見える。押しつぶして割ってしまったかと思うと、きれいに破れて、鳥の子が出現した。羽毛がきれいである。傍らに白い雄鳥〈鶏である〉がこれに付いて連れて歩くようである、云々。又一疋の馬がひひと鳴く。私は大きな家の中にいて、これを恐れない。又高弁は、同じ四年正月五日の朝、常修の式の法を思い得た。三昧観を修した。禅中に、前に火の光のような光明が三つあった。其の形は三角形で、径五寸、高さ三四寸であった。
［図］このように其の形は又宝珠のような炎であった。

【語釈】　1承久三年十二月七日　一二二一年。明恵四十九歳。承久三年より翌四年にかけて、明恵は一時的に賀茂に移住している（『仮名行状』、明資一56頁）。「十二月七日」字の前に摺消のような跡がある。**3予**　この夢記には自称として、「高弁」と「予」の二種が用いられている。それらが使い分けられているのか、そうでないのかは判断が難しい。**3鶏卵**（カヒコ）　「卵」の字は重ね書きで、もとの字は不明。「かひご」は卵。**4ヘシワリタルカ**　『大日本史料』の翻字では、「フミワリタルカ」とするが、誤りであろう。「へし」は押しつぶす意の接頭辞的な用法。**5ウルハシク**　押しつぶされたような不規則的な壊れ方ではなく、雛が卵から生まれ出る際の正当な殻の壊れ方を「うるはし」と表現したものであろう。**5鶏毛奇妙**　「鶏毛」は「鳥毛」で鳥の羽毛、「奇妙」は特に優れているさまで、生まれたばかりの雛鳥の羽毛が美しいことを言っているのであろう。**7馬**　明恵は日常的な乗り物として馬を多用していたことが、『行状』などから知られるが、夢記でも高山寺本10篇89～97行などに具体的に描かれている。**7ヒヽト鳴**　馬の鳴き声については、古典的名著として、橋本進吉［一九五〇］がある。それによれば、『万葉集』の戯訓に「馬声（イ）」とあることから、馬の鳴き声を「イ」と表していたこと、それが「ヒ」または「ヒン」と表記するようになった古例として、『落窪物語』の「面白の駒」に「ひゝと嘶きて」とするテキストがあるが、諸本を検討するに、古態の本と思われるものに「いう」とあり、「ひゝ」は後世の混入と判断され、確実な例は『東海道中膝栗毛』に下ると結論している。それに対し、この夢記の例は明確であり、これによって最古例は承久三年となる。**8*又高弁**　以下の空欄は書きさしと理解するのが穏当かとも思われるが、直前に自称として「予」が用いられていて、それと区別する意識があるとも考えられる。**9常修式法**　常時修する式法の意か。明恵は承久二年以降、専ら仏光三昧観を実践している。その式次第を『仏光観次第』として完成させた（明資三所収『仏光観広次第』凡例参照）。これには種々の異本があるが、それらの一本に、『常修仏光観略次第』（明資三所収）と題するものがあり、それとかかわりがあろう。**10三昧観**　前述の仏光三昧観を指すであろう。高山寺本10篇367行（承久三年八月廿四日条）にも見える。**10光明三聚**　「光明三つに聚（あつま）る」とも訓めるが、意味はさほど変わらないであろう。「聚」を助数詞とする例は管見に入らない。**12寶珠**　いわゆる如意宝珠で、ここでは宝珠固有の形状を指しているのであろう。

【考察】承久三年より翌四年にかけて、明恵は賀茂に移住している。この夢もその間のものと思われるが、特にその徴証はない。この時期は【語釈】で触れたように、明恵が仏光観を集中的に実践していたので、その反映の夢と思われる。『華厳仏光三昧観冥感伝』によれば、承久二年夏、仏光三昧観を百日余り修して、七月二十九日の禅中に好相を得る。それは明恵の面前に白い円光があり、その形は白玉のようで、径一尺ばかり、左方に一尺・二尺・三尺ばかりの白色の光明が充満し、右方に「火聚」のごとき光明があり、そこに声があり、これは光明真言であると告げる、というものであった（明資四202頁）。高山寺本10篇268～273行に記載されたものと同一の夢と考えられ、明恵が重視している夢の一つである。この夢想と時期とモチーフを同じくすることは注意すべきである。

この夢記における自称について考える。最初の部分では、「高弁」は「驚き思う」主体として人格的に把握した明恵自身で、「予」は卵を懐に入れている者として軽く扱われていると区別できないことはないが、後半の「予在大家中」の場合の「予」は「高弁」であっても不自然ではない。さらに次の「又高弁」は書きさしとも判断されるが、ここで「予」を特に「高弁」と言い直していると考えれば、書きさしではなく、「私」ではなく客観的人格としての「高弁」も同様に恐れなかった、と解する可能性が生じるかもしれない。

（奥田勲）

1—17　嘉禄元年六月夢記

【翻刻】

1　嘉禄元年六月十三日夜夢
2　上師高処与義林房御坐高弁
3　以弓二丁令取義林房将上其上

【訓読】

嘉禄元年六月十三日の夜の夢に、上師、高き処に義林房と御坐(おはしま)す。高弁、弓二丁を以て義林房に取らしめ、将に其の上に上らむとす。然るに、義林房、此の弓を取らず。此の処嶮しきが故に、手に弓を持ちて登り難し。

4 然義林房不取此弓此處嶮故
5 手持弓難登故將与弓也
6 一同十五日夜夢云
7 上師如樓高處へ向令
8 行給高弁逐爲入見參
9 參已登高楼上給予雖
10 參不顧之給予不奉被
11 知而歸又渡一河將奉
12 謁聖覺法印渡此河所脱
13 衣服在一大殿々々中在數
14 多上臈女房云々

故に将に弓を与へむとするなり。
一、同じき十五日の夜の夢に云はく、上師、楼の如き高き処へ向かひて行かしめ給ふ。高弁、遂って見参に入らむが為に参る。已に高楼の上に登り給ふ。予、参ると雖も、之を顧み給はず。予知られ奉らずして帰る。又一の河を渡り、将に聖覚法印に謁し奉らむとして、此の河を渡る。脱ぐ所の衣服、一の大殿に在り。大殿の中に数多の上臈女房在りと云々。

【現代語訳】　嘉禄元年六月十三日の夜の夢は次のようであった。上師が高い処に義林房といらっしゃった。高弁は、弓二丁を以て義林房に取らせ、其の上に上ろうとした。しかし、義林房はこの弓を取らない。此の場所が険しいので、手に弓を持って登り難い。故に（義林房に）弓を与えようとしたのである。

一、同じ月の十五日の夜の夢は次のようであった。上師が楼のような高い所へ向ってお行きになった。高弁は逐って、見参に入るために参った。（上師は）すでに高楼の上にお登りである。私が参っても、顧みなさらない。私は（参上したことを）知られないままに帰った。又一つの河を渡り、聖覚法印に拝謁申し上げようとして、この河を渡った。脱いだ衣服は、一つの大殿にあった。大殿の中に数多の上臈女房がいた、云々。

【語釈】 1嘉禄元年六月十三日　一二二五年。明恵五十三歳。この二日後の六月十五日は、栂尾の本堂に於ける初めての説戒である梵網菩薩戒本両度の説戒が始行される記念すべき日である（『仮名行状』、明資一58頁）。*2上師　明恵の師上覚房行慈（一一四七〜一二二六）。夢記の中にしばしば登場するが、この呼称が通例。この夢の翌年十月十九日に上覚は入寂している。*2義林房　明恵の高弟喜海（一一七八〜一二五〇）の房名。3弓　夢における弓のモチーフは他に例を聞かない。9高楼　この夢の重要なモチーフの一つが高所であるが、『仮名行状』には、この時の梵網菩薩戒本の説戒の間に様々な霊験があったことが記され、その中に、ある人の夢に、堂の前に高楼を造るに際して、巧匠が虚空に飛び満ちて造るのを見たというのがある。これについて、戒を楼観に譬えるという瑞兆であると解した、とあるのが参考になる（明資一59頁）。*12聖覚法印　澄憲法印の男、藤原通憲の孫の天台僧聖覚（一一六七〜一二三五）か。父とともに安居院流の唱導を開き、比叡山東塔北谷竹林院に住んで唱導法談を以て一世を風靡したが、やがて法然に師事して浄土教に帰依して、他力念仏を勧める『唯信抄』を著したことでも知られる。明恵との具体的接点は管見に入らないが、可能性はあろう。【考察】参照。13大殿　大きな邸宅は明恵の夢記にしばしば現れるモチーフで、貴顕の邸宅であることが多い。明恵を崇敬する貴顕の存在は複数指摘されているので、大殿もそのような人物の邸宅の反映と見られる。14上臈女房　明恵の夢に現れる女性の一つの定型として、身分の高い女官を意味するこの「上臈女房」がある。この部分も聖覚と関連あるならば、明恵・聖覚両者と交渉のあった九条兼実の関係者が想定されるか。

【考察】　栂尾高山寺における本格的な活動が始行された、明恵にとって記念すべき年の夢記である。類似する夢として、二年前の、高山寺本10篇514行以下の貞応二（一二二三）年七月六日の夢記がある。大殿があり、守三位殿の沙汰として明恵がその中にいて、上覚もその場にいる、という状況で、「大殿」・「上臈女房達数多」などと共通する語彙も多い。重要なのは夢の中で聖覚法印に言及していることである。「専修念仏弾圧」のいわゆる嘉禄の法難は、まさしくこの夢記の年の二年後の嘉禄三（一二二七）年に起こっているので、そのような動向との関連も考えられる。嘉禄の法難では、聖覚は天台宗の側に立って弾圧に関与している（平雅行［一九九二］）。周知のことだが、明恵は専修念仏に対して批判的立場にいたが、夢では法然らしい人物に会っている（高山寺本8篇110行、建永元年十一月夢）こともあり、それらとの関連を総合して考察する価値がある夢である。また、後鳥羽院や九条兼実などは、聖覚、明恵双方と交渉のあった人物として考慮に入れるべきであろう。

（奥田勲）

1―18　嘉禄元年、二年夢記

▼1―18「嘉禄元年八月十日」条（1～14）

【翻刻】

1 嘉祿元年八月十日夜於禪
2 堂眠繩床上夢云
3 五秘密像繪像當時所持也中尊
4 出語告曰六十度可吹香爐
5 彼時予之手持茶垸香爐即
6 當時容焔燭器物ト思然夢
7 中ニ思香爐其傍如水入等一

【訓読】

嘉禄元年八月十日の夜、禅堂に於て縄床の上に眠る。夢に云はく、五秘密の像〈絵像。当時持つ所なり〉の中尊、語を出だして告げて曰はく、六十度香炉を吹くべし。彼の時、予の手、茶垸の香炉を持つ。即ち当時、焔燭を容(い)るる器物と思ふ。然るに、夢中に香炉と思ふ。其の傍に水入等の如き一の穴、之在り。［図］此れ躰の穴なり。即ち、教勅に応じて左手に之を持つ。右手の指を折りて数を取り、六十度之を吹く。彼の時、金剛薩埵、此の勅を作(な)し已りて、本の所を下り、下に住し

穴在之つ此躰之穴也即應教
勅左手持之右手指ヲ折テ取
數六十度吹之彼時金剛
𦬇作此勅已下本所住下
如令敬予給勢也云々
従同十二日奉懸五秘宀
彼法修之

て、予を敬はしめ給ふが如き勢なりと云々。
同じき十二日より五秘密を懸け奉り、彼の法、之を修す。

【現代語訳】　嘉禄元年八月十日の夜、禅堂において縄床の上で眠った。そのときに見た夢は次のようであった。五秘密の像〈絵像である。その時、持っていたものである〉の中尊が語り出して、「六十回、香炉を吹くように」と告げた。その時、私は手に磁器製の香炉を持っていた。すぐにいま手に持っているのは灯火を入れる容器だと思った。しかし、夢の中では香炉だと思った。香炉の側面に水差しなどのような一つの穴があった。［図］このような穴である。すぐに、（中尊の）ご教示に応じて、左手で香炉を持った。右手の指を折って、数をかぞえ、六十回、香炉を吹いた。そのとき、金剛薩埵はこの命令をし終えて、本来の場所から下り、下にいて、私を敬っていらっしゃるような様子であった、云々。同十二日から五秘密の絵像をお懸け申し上げ、五秘密法を修した。

【語釈】　┐嘉禄元年　一二二五年。明恵五十三歳。この年七月には『盂蘭盆経』の式を撰述し（『仮名行状』、明資一60頁）、九月に『菩提心論』を神護寺納涼坊で講じている（『納涼坊談義記』、前川健一［二〇一二］312頁）。┐禅堂　高山寺の花宮殿。

高山寺北方の裏山（楞伽山）に構えた草庵で、ここでしばしば坐禅の行法を行った。「花宮殿」の名は、楞伽経にみえる、空に浮かんで海上の釈尊を出迎えたという羅婆那王の宮殿にちなんだもの。**2縄床**　坐禅するための腰掛け。高山寺本10篇213行に「学文所ニ従縄床下テ祈請之休夢云」とあり、「縄床より下りて」と述べられていることから、「縄床」は円座状の敷物でなく、座面に高さのある腰掛けと解した。**3五秘密像**　五秘密尊を描いた絵像。「五秘密」は、金剛薩埵とその眷属である欲・触・愛・慢の四金剛菩薩の総称。煩悩即菩提を表すとされる。**3中尊**　中尊は曼荼羅などの中心にいる尊格。ここでは五秘密曼荼羅の中尊である金剛薩埵のこと。浄菩提心を表す。**4六十度可吹**　五秘密の中尊が、香炉を六十回吹くように命じた根拠は不明。**5茶垸**　磁器。**6焰燭**　ともしび・灯火の意。夢の中で手に持っているものを、ともしびを入れる磁器だと思ったが、実際には香炉を持っていたということ。**7其傍**　香炉の側面。**7水入**　硯に水を注す道具。「水滴」に同じ。**8つ此躰之穴**　水入れの穴を原寸大で図示したものだろう。**8教勅**　神仏の教え・命令。この場合は、「六十度香炉を吹くべし」という金剛薩埵の仰せ。**11艹蟢**　「薩埵」の略字。**11此勅**　前の「教勅」を指す。**11本所**　本来の場所。ここでの「本所」は、金剛薩埵がいるべき「五秘密の絵像の中」と解した。「下本所」は絵像から出るの意味と捉え、「本所を下りる」と訓読した。**11住下**　「下に住して」と訓読したが、「住」は「任」にも見える。その場合は、「下るに任せて」と読める。**12勢**　かたち、ありさま。ここでは、「様子」の意か。**14彼法**　五秘密法。五秘密法は五秘密尊を本尊として行う修法で、唐の不空訳『理趣経』『理趣釈』に端を発し、同じく不空の『金剛頂瑜伽金剛薩埵五秘密修行念誦儀軌（五秘密儀軌）』に多く依る。晩年の明恵は五秘密法をしばしば行った。【考察】参照。

【考察】五秘密に関わる夢。この夢の後、山外本1―18には、嘉禄二年五月、六月一日条など、五秘密関連の夢が集中する。この夢では五秘密絵像の中尊から語りかけられ、その仰せにしたがった後、敬われたように感じており、当時の明恵が、五秘密尊をリアルなものとして感受するようになっていたことを示して興味深い。こうした夢を通して、明恵の五秘密に対する信仰が深まっていったと推測される。

明恵は承久三（一二二一）年十一月九日に『華厳仏光三昧観秘宝蔵』二巻を著して、顕教の五聖（毘盧舎那・文殊・普賢・観音・弥勒）と密教の五秘密との一致を説き、李通玄による華厳仏光観と五秘密法を合わせて修行するようになった。これ以後、明恵は五秘密を深く信仰するようになり、晩年の明恵の思想の中心、いわゆる厳密思想が完成したとされる（石井教道［一九八一］）。もっとも、建保六（一二一八）年六月廿日に隆弁に五秘密の伝授を行っており（『真聞集』本、明資三184頁）、承久二（一二二〇）年七月にも隆弁に五秘密尊について説いている（『真聞集』一、明資三246頁）ので、五秘密への関心は早い時期からあったと思われる。明恵が仏光観の実践を開始するのは承久二年七月からで、それを理論化した『華厳修禅観照入解脱門義（解脱門義）』を著すのは同年九月だが、その直後の十月および十二月五日の隆弁への三聖（毘盧舎那・文殊・普賢）念誦次第の伝授では、既に五聖と五秘密との一致が説かれており、三聖念誦次第の中には仏光観が組み込まれている（『真聞集』五、明資三282〜284頁）ので、『秘宝蔵』で説かれるような実践は、その一年近く前から行われていたと考えられる。貞応二（一二二三）年三月二五日には五秘密について光明法（高山寺10篇493行）を行っている。嘉禄元年から二年にかけては、この夢をはじめ、同二年五月に祖父の湯浅宗重から五秘密の儀軌を賜る夢、その後も五秘密法を修する間に師の上覚に自らの著作『解脱門義』下巻を教える夢を見て、同年六月一日には三時に五秘密法と光明真言法を兼修している。同年九月十一日には紀州白崎の大石室で五秘密法を修しており（『漢文行状（報恩院本）』別記、明資一225頁）、この時期の明恵が、五秘密に関する夢相を多く得、五秘密法をたびたび行ったことは明らかである。寛喜四（一二三二）年一月十八日、明恵入滅の前日に五秘密を本尊の一つとする三重宝塔の開眼供養が行われ（『高山寺縁起』、明資一639頁）、入滅の際にも五秘密法を行っており、晩年の明恵における五秘密の重要性がうかがわれる。『歌集』にも五秘密の真言に関わる歌がある（歌集90・91）。明恵と五秘密の関わりについては、平野多恵［二〇一一B］第六章「菩薩として詠む――晩年の和歌」参照。

（平野多恵）

▼1―18「同二年五月」条（15～18）

【翻刻】

15　一同二年五月修~~五秘法~~
16　寳各法夢云
17　従故祖父入道殿御手
18　賜五秘宀儀九云々

【訓読】

一、同二年五月、宝閣法を修す。夢に云はく、故祖父入道殿の御手より五秘密儀軌を賜ふと云々。

【現代語訳】　一、同二年五月、宝楼閣法を修した。その時の夢は次のようであった。故祖父入道殿の御手より『五秘密儀軌』を賜った、云々。

【語釈】　15同二年五月　嘉禄二（一二二六）年五月。明恵五十三歳。『仮名行状』には嘉禄二年の行跡は詳しくないが、周辺資料から活発な講説活動がうかがえる。この夢の前後の明恵の事蹟を追うと、正月十八日に石水院にて『華厳信種義』（田中久夫［一九六一］152頁）、三月十八日・四月四日には、一山の学衆十余人に対して『華厳修禅入解脱門義（解脱門義）』を講義している（『解脱門義聴集記』巻五・巻十）。七月六日には聖詮の乞いにより東大寺尊勝院の仏事のために石水院にて『盂蘭盆経惣釈』を著している（随心院経蔵明恵自筆『盂蘭盆経惣釈』奥書）。16寳各法　宝楼閣法。不空訳『宝楼閣経』にもとづき、多くは釈迦如来を本尊として修す。滅罪・息災・増益の為に修されるが、地獄等に堕した亡者をより善き生に招くという滅罪の功徳があるとされる。17故*祖父入道殿　湯浅宗重。明恵の母系の祖父であり、上覚の父にあたる。宗重の没年は明らかではないが、承元三（一二〇九）年以前とされ、本夢の時点では既に十七年が経過している（松本保千代［一九七九］38頁）。宗重は『上人之事』に「母　湯浅入道〈宗重〉女」とあり、湯浅入道と称されたことが分かる

(明資一569頁)。18五秘宀儀九　「宀」は「密」の、「九」は「軌」の抄物書き。不空訳『金剛頂瑜伽金剛薩埵五秘密修行念誦儀軌』一巻(大正蔵1125番)。『高山寺聖教目録』第1部20・同86に平安期写本を二部確認できる。

【考察】宝楼閣法を修した時の夢であるが、既に亡くなっていた湯浅宗重が現れ、彼から『五秘密儀軌』を授けられたという。次に記される夢では、「其の後、五密法を修する間」とあるので、この夢を契機に五秘密法を修することにしたように思われる。この夢と次の夢は、単に「五月」とあるだけで日付がなく、前条の「嘉祿元年八月十日」からは、かなりの時間が経っている。おそらく、この夢記を作成する段階で、思い出して記したものではないかと思われる。

なお、この夢を含め、嘉禄二年の五月から六月にかけての明恵の居場所についてみると、九月上旬から中旬には紀州にいたことが確認できるが(『漢文行状(報恩院本)』別記「小石ノアヒタノ事」(明資一224頁、『歌集』107詞書)、三月・四月の『解脱門義』講義、ならびに七月六日の『盂蘭盆経惣釈』著述が石水院でのことであることを考えると、この時期もまだ石水院にいたであろうか。弟子に対して自らの樹立した華厳教学を講義するとともに、貴顕や東大寺などとの交流も活発な時期であったと思われる。とりわけ七月六日に東大寺の聖詮のために『盂蘭盆経惣釈』を著したことは、関係人物が山外本1—18「同二日」条に登場し、注目される。

(小宮俊海・前川健一)

▼1—18「其後修五宀法」条(19〜21)

【翻刻】

19　一其後修五宀法之間夢
20　奉對上師奉教解脱
21　門義下巻

【訓読】

一、其の後、五密法を修する間、夢に、上師に対(むか)ひ奉り、解脱門義下巻を教へ奉る。

【現代語訳】一、その後、五秘密法を修したところ、見た夢は次のようであった。上師にお向かい申し上げ、『解脱門義』下巻をお教え申し上げた。

【語釈】19五宀法　五秘密法。【語釈】12「彼法」参照。20上師*　上覚房行慈。上覚は、この夢の四ヶ月後、十月五日に入滅するので、最晩年に当たる（『棺書種子真言等』高山寺聖教類第1部158。ただし、高山寺方便智院旧蔵『神護寺交衆任日次第』では同年十月十九日入滅とする。奈良国立博物館ウェブサイト画像データベース参照）。三月に北白河院を願主として神護寺にて高雄総供養が行われたが、その法要を推進した神護寺別当宗全を非難する、五月五日付の上覚から仁和寺成就院僧都に宛てた書状（『神護寺文書』78）が残されており、当時、上覚は紀州にいたか（山田昭全［二〇一〇］参照）。また、七月二十一日には明恵と和歌を贈答している（『歌集』65・66）。ただし、『理供養作法付内護摩』（高山寺聖教類第4部129函17）の奥書に定真が記すところによれば、「嘉禄二年八月十日、於高雄東坊、上覚房上人御房奉伝之、被仰云、此法近代習絶之、我如形伝之汝授之、輒不可披露云々」とあり、上覚が高雄にいた可能性も否定できない。20解脱門義下巻　『解脱門義』巻下。高山寺所蔵自筆本（明資五所収）の奥書によると承久二（一二二〇）年明恵四十八歳の九月三十日に高山寺石水院禅房において書かれた。『解脱門義』に対する講義は貞応二（一二二三）年、貞応三（一二二四）年、嘉禄二（一二二六）年に行ったとされる（高信『解脱門義聴集記』。土井光祐［二〇一〇］参照）。嘉禄二年の講説は三月十八日、四月四日に行われており、本夢の直前まで行っていたようである。

【考察】先の夢の後、宝楼閣法に替えて五秘密法を修するようになっての夢である。師匠である上覚に著書である『解脱門義』下巻を教えるという内容である。【語釈】で記したように、上覚は、この年の五月には神護寺別当・宗全との紛争を抱え、十月には亡くなるので、既にこの頃にはかなり衰えていたのかもしれない。そのような師匠に対する思いが、明恵自身の思想の到達点を示す『解脱門義』を教授するという形で現れているとも考えられる。

（小宮俊海・前川健一）

▼1—18「従同（嘉禄二年）六月一日」条（22〜33）

【翻刻】

一従同六月一日一向三時修
五秘法其間光法兼修之
同一日夜夢云
吉王女以鯨魚裹紙
持来令見之長八寸許也
朽曝タル形而生身也漸々
張口又有足并行也有
一大殿到無人之方待
予々有彼心然夜睹日
處出故不行（其夜深雨洪水也）
　案曰此五宀光法二種
三マヤヲ見也可思之

【訓読】

一、同じき六月一日より、一向に三時に五秘法を修す。其の間、光法、兼ねて之を修す。同じき一日の夜の夢に云はく、吉王女、鯨魚を以て紙に裹（つつ）みて持ち来たり、之を見せしむ。長、八寸許（ばか）りなり。朽ち曝（さ）れたる形にして生身なり。漸々に口を張り、又足有りて、并（なら）びて行くなり。一の大殿有り。無人の方に到り、予を待つ。予、彼の心有り。然るに夜に日を睹（み）る処に出づ。故に行かず〈其の夜深雨、洪水なり〉。案じて曰はく、此れ五密・光法二種の三マヤを見るなり。之を思ふべし。

【現代語訳】

一、同年六月一日より、もっぱら三時に五秘密法を修した。その間に光明真言法を兼修した。同月一日の夜の夢は次のようだった。吉王女が摩竭魚を紙に包んで持って来て、これを見せた。長さは八寸ばかりであった。朽ち乾いた様子で生きている。その魚は次第に口を大きく開き、また、足があって、私と並んで歩いて行く。一つの大殿があり、人のいない方に着いて、私を待っている。（それは）私にそうした心があるからだ。しかし、夜なのに日を見る所に出た。だから行かなかった〈その夜は激しい雨で、洪水であった〉。考えてみると、これは五秘密・光明真言の二法の三昧耶を見たのだ。これを思うべきである。

【注釈】　**22六月一日**　前々条から判断して、嘉禄二（一二二五）年六月。明恵五十三歳。**23五秘法**　五秘密法のこと。1―18【語釈】12「彼法」参照。**23光法**　光明真言法。金剛界大日・胎蔵大日・不空羂索・阿弥陀などを本尊とし、息災・滅罪・敬愛などのために修する。嘉禄二年六月に、五秘密法と光明真言法の両法を修したことは、行状等の伝記には見えない。**25吉王女**　「吉き王女」か「吉王女」か未勘。ジラール仏訳は「Kichionyo」とし、未詳の人物と注する（p.372, note1188）。高山寺本『五秘密』（高山寺聖教類第2部135。明恵講義の聞書）に王女の記事がある。「恋ト云ハ田夫モ后キナンドヲ恋ルコトアルガゴトク〈怵波伽王女ヲ恋ル因縁等其ノ類多シ更ニ之ヲ勧ヨ〉凡位ハルカニ仏果ヲ恋ルハアリガタキ恋也」（第七張130～133行。声点省略。『高山寺典籍文書の研究』804頁〈影印〉、822頁〈翻刻〉）。漁師である述婆伽が王女に懸想するというこの話は、『大智度論』巻十四（大正蔵25巻166中～下）、『経律異相』巻三十四（大正蔵53巻187中）などを出典とし、日本の文献にも多く記載されている身分違いの恋の説話。「皇后、網人術婆迦に逢はんと契り給ふ」（『宝物集』四）、『和歌童蒙抄』、『三教指帰注』、『太平記』巻十一第八段などにある。この説話と関係あるか。なお、密教僧として有名な一行には、玄宗からの下問に「社稷畢得終吉（社稷、畢に吉に終るを得）」と答え、この予言どおり、「吉王」に封じられていた昭宗の代で唐が滅びたという逸話がある（『宋高僧伝』巻五「釈一行」、大正蔵50巻733頁中段～下段）。この「吉王」が想定されている可能性もある。**25鯨魚**　一般的にはクジラの意。その大きさ、形状から五秘密の愛金剛の持する幢の先端に載せられている摩竭魚のことか。摩竭魚（梵語makara）は、想像上の動物で、諸説あるが鯨魚・巨鰲などと訳されるので、明恵は摩竭魚を指して鯨魚と表現しているのであろう。明恵が夢の中で単に魚と思っているならば、このような表現はしないであろうから、この魚を見ている段階ですでに愛金剛の持つ幢の上の魚と認識していたのであろう。**26長八寸許**

愛金剛の幢の上にある摩竭魚の寸法と見れば、八寸（約25㎝）は不自然ではない。**27朽曝タル形**　「曝」はさらす、乾かす意。いわゆる干物のような状態を云うのであろう。**28張口又有足并行也**　「口を張る」は、明恵作の『華厳仏光三昧観秘宝蔵』巻下（『五秘密与五聖同躰事』〈高山寺聖教第2部129号〉は、これを改編したもの）に「愛菩薩、摩褐幢を持つ。摩竭羅魚王の、物を歠て遺す所無きが如く、菩薩の大悲は衆生界を尽くすなり」（大正蔵72巻96下）とあり、図像にも口を大きく開いている姿が描かれていて自然であるが、足を持つというのは図像などからも理解できない。夢の中での話であろう。「并行」は高山寺本8篇34行に「居并テ（キナラビテ）」とある例からの類推で、仮に「ナラビテユクナリ」と訓じて置く。摩竭魚と同道するということになる。**30有彼心**　意味不鮮明だが、行こうという意志を持っている、ということか。あるいは性的な内容の朧化表現として「かの」（例の）としたのか。大殿の中に自分を待っている者がいるということや、五秘密の思想、特に愛金剛とかかわる夢であるから、その可能性があるかもしれない。**30然夜睹日**　「睹」は確かに目にとめる意。夜であるのに日を見るということか。光明真言法との関連で、光を目にしたということか。**32五光法**　五秘密法と光明真言法。**33三マヤ**　「三昧耶」または「三摩耶」。ここでは、五秘密法によって摩竭魚の夢を見、光明真言法によって夜なのに日を見るという夢を見たことを評価しているから、両法の根本を見たということか。「三昧耶ト云ハ平等本誓驚覚除障ノ義」（『光言句義釈聴集記』〈正元本〉巻下256〜257行。明資二863頁〈翻刻〉）が参考になるか。

【考察】　「吉王女」から干からびた摩竭魚を得たことから始まり、その魚と同道してある大殿に至るが、不思議なことがあってそこに入らなかったという夢である。魚は大きさも形態もきわめて具体的であるが、ある大殿に到るが入らなかったという後半部分は理解が行き届かないので、内容を明らかにしがたい。しかし注目すべきは、前書きにある、五秘密法と光明真言法を一心に修した後の夢であること、そして夢を見た後で、夢が二法の三昧耶を成就した証拠であるとする評価である。その評価の根拠は、まず、魚が五秘密の愛金剛が持つ幢の上に載る摩竭魚とする点にある。明恵が、煩悩即菩提を具体的に説いた五秘密信仰に強い関心を持っていたことは多くの関連著作から明らかである。基本的な理解として明恵の講義聞書である『五秘密』の冒頭に、「五秘密ト云ハ慾触愛慢ノ四菩薩ヲ以テ金剛薩埵ヲ成ズル也」（一張1～2行。『高山寺典籍文書の研究』797頁〈影印〉、817頁〈翻刻〉）と示されているが、特に【語釈】に示した『華厳仏光三昧観秘宝蔵』には、菩提心の象徴である金剛薩埵と煩悩の象徴としての慾・触・愛・慢の四金剛についての詳細な記述がある。この夢を明恵は愛金剛にかかわるものと解しているが、同書によって関連記事を摘録すれば、「愛・慢は是大悲の体用なり。次での如く、愛は是観音の大悲なり。謂はく、愛菩薩、摩羯幢を持つ。摩竭羅魚の、物を歠て遺す所無きが如く、菩薩の大悲は衆生界を尽くすなり」（大正蔵72巻96下）、「愛菩薩は是大悲、即ち十廻向なり。十住の大智、十行の理性顕発の行、此の二を和合して大悲を成ず。即ち理智・大悲和合するは、十廻向なり」（大正蔵72巻97中）。

明恵に夢中で魚を与えた吉王女については明らかにしがたい。ただ、【注釈】に示した『五秘密』に語られる貴女との身分違いの恋の説話が夢の背後にある可能性は想定できる。したがって、明恵は貴女との恋とその克服という問題として夢を理解し、後半の夢は光明真言によってそれが達成できた証拠と見做しているとも考えられる。ただし、「夜に日を睹する」など、文意不鮮明な点が少なくなく断定できない。

（奥田勲）

▼1―18「同二日」条（34～48）

【翻刻】

34 一同二日夜夢
35 懐中持一木龜以木作之
36 而生身也物ヲ食セヨト云ハ
37 乞之即肘ニクヒツク而馴
38 人テ乞物之由也ツヨカラス

【訓読】

一、同じき二日の夜の夢に、懐中に一の木の亀を持つ。木を以て之を作れり。而るに生身なり。「物を食はせよ」と云へば、之を乞ひて、即ち肘にくひつく。而れども人に馴れて物を乞ふ由なり。つよからず。人の、片頬を削れり。削らずは今少しつよかりなむと思ふ。然れども生きたれば此れを飼はむと欲す。此れを持ちて東大寺に到るに、上師等、御坐（おはしま）す。上師、法眼

人ノ片頰ヲ削レリ不削ハ
今少シツヨカリナムト思フ然
トモ生タレハ此ヲ欲飼ス持
此テ東大寺ニ到ニ上師等
御坐ス上師欲令對面於
法眼御房云々此龜ハ似
海龜以木造之綵色之
其勢大土器ヨリモ少キ大也

嘉禄二年六月十五日
朝ヨリ寶楼各法一向修之

御房に対面せしめむと欲(おも)ふと云々。此の亀は海亀に似て、木を以て之を造り、之を綵色せり。其の勢、大きなる土器よりも少しき大きなり。

［図］　嘉禄二年六月十五日、朝より宝楼閣法、一向に之を修す。

【現代語訳】　一、同月二日の夜の夢は次のようであった。懐の中に一つの木亀がある。木で作ってあるが、生きている。「何か食べさせなさい」と言うと、その食べる物をねだって、たちまち肘に食いつく。しかし、人間になついていて、何かねだるという様子である。力は強くはない。誰かが（亀の）片頰を削り取ったのだ。削り取っていなかったら、もう少し食いつく力が強いはずだと思った。しかし、生きているのだから、この亀を飼おうと思った。この亀を持って、東大寺に着いたところ、上師等がいらっしゃった。上師は、法眼御房に対面しようとお思いであった、云々。この亀は海亀に似ていて、木で造られており、色が塗られていた。その大きさは大きな土器よりも少し大きかった。

［図］　嘉禄二年六月十五日の朝から、宝楼閣法をひたすら修した。

【語釈】 34同二日　嘉禄二（一二二六）年六月二日。前日六月一日の、五秘密法と光明真言法の兼修を始めたという日次記事を持つ夢に続くものである。『民経記』『明月記』によると、五月終りから六月の初めにかけて京は大雨続きで、六月七日にようやく晴れを見たという。35懐中　「懐中」に動物を入れるというモチーフは、明恵の夢にたびたび現れる。「蜈」（高山寺本8篇64行）、「鵯五」「余小鳥」「鹿兎等類」（同10篇504～506行）、「鮑」（同13篇30行）の例がある。とりわけ10篇の夢では、夢中に見た唐本の碑文の摺書に、霊芝法師の慈悲の徳が書かれていて、その徳の中に禽獣の類を取って懐中に入れることがあったと言っており、懐中に動物を入れることを慈悲の行為と明恵も見ていたと思われる。35一木龜　木像の亀。なお、三論宗の安澄の『中論疏記』には、「悉見水性魚鼈黿鼉龜龍之属」という経文への注釈として「亀。非此国亀。在呉地也。又云木亀也」（大正蔵65巻49下）とあるので、「木亀」と称される亀があったか。36食セヨト　「ト」は、「リ」の上に「ト」と重ね書きしたか。「飯食ハセズハ腹立チゾセム」（『歌集』55）の用例から、「食(くは)セヨト」と使役で読む。37肘　「ク」の上に「肘」と重ね書き。『大日本史料』は「時」と読む。37乞之　「乞」の収筆に墨の汚れあり。38由　それらしいそぶり。他の夢記の用例では、「語」「申」「思」「祈誓」などの目的語に用いられ、「……とのこと」「……とのむね」という伝聞や形式名詞的に用いられることが多いが、それでは、文意が通りにくいので、今は「何かねだるという様子である」と取っておく。39人ノ片頬ヲ削レリ　「レリ」は「テ」の上に重ね書き。この前後、文意を読み解きにくい。ひとまず、「人ノ」の「ノ」を主格ととって、「人が（亀の）片頬を削った」と取っておく。42此テ　『大日本史料』は「テ」を「ヲ」と読む。42上師*　上覚房行慈。【語釈】20「上師」参照。44法眼御房*　場所が東大寺であることから、聖詮と推定される。高山寺蔵『盂蘭盆経惣釈』奥書（高山寺聖教類第4部第168函番外2）に「嘉禄二年七月六日依師主琳観房法眼御房聖詮之仰（後略）」と見える。聖詮は、東大寺尊勝院の僧で房名を林観房と言い、仁和寺景雅から華厳を学んだ（『華厳血脈』、明資二1149頁）。明恵は聖詮から、文治四（一一八八）年の出家直後に倶舎論を（『仮名行状』、明資一17頁）、また建久年間には「小嶋四相違私記」（子島僧都・真興の『因明四種相違略私記』）を受学している（同上22頁）。また、『明恵上人神現伝記』によれば、建仁三（一二〇三）年に春日明神の奇瑞があった際、聖詮は潔斎して吉夢を見ている（明資一248頁）。明恵若年期から晩年にかけて、聖詮との関係は一貫して続いたものと思われる。46大土器「土器」は素焼きの陶器。「大土器」の大きさは、食事に供する器程度だと推測される。高山寺本13篇32行に用例があり、鮑を糸野御前に差し上げようとして盛る器として「大土器」が出てくる。47十五日『大宝広博楼閣善住秘密陀羅尼経（以下、宝楼閣経）』によれば、宝楼閣法修行の際の供養について、「然後仏前或舎利塔前、於白月十五日、潔浄洗浴、著鮮浄衣、随力供養」（大正蔵19巻624下）と説かれており、この「十五日」も経典に基づくか。48寶楼各法『宝楼閣経』に基づいて修法を行う密教の経法。滅罪・追善を目的として行われることが多い。道場観においては楼閣の前に宝池を観想する。密教についての明恵の聞書『真聞集』には観想の対象である池の深さと長さについての記述があり、その深さを清涼山の霊池に基づいて決めたとあり、行法の際の観想は具体的になされていたと思われる（明資三269頁）。この夢では亀という水生の生き物を見たことから、宝楼閣法に結びついて夢解きがなされたか。

【考察】木で作られていながら生きている亀を懐にして東大寺に行ったところ、師匠である上覚に会い、上覚は法眼房（聖詮）にも面会するつもりであったという夢である。47行目の「一」の上に点が三つある形の図（）は亀の形状とも思われるが、解しがたい。

嘉禄二年七月には、法眼御房聖詮の求めで東大寺尊勝院の仏事のために『盂蘭盆経惣釈』が著されており、入滅の間近い上覚とも和歌のやり取りをしている。この夢は、そういった史実を先取りしており、明恵の身辺がうかがわれる。夢に「木亀」が登場するが、高山寺本の例では、陶磁の唐女を善妙だと夢解きする夢の中で十蔵房の持った香炉の中に二匹の亀が「交合」した形の唐物が出てきており、「世間之祝物」だと夢中に思っている（10篇161行）。亀を縁起のよい物と見る意識はあろうか。他の夢では、正義房の魂と夢中で捉えられたタコのような生類を刀でこそげ落とし、くたくたにして池の中に投げたところ、亀のようになった夢（7篇109行）、大池と小さい池とがもう少し雨が降ったら通じるようになって「魚亀等」が通れるようになると思う夢（10篇128行）があり、仏典にある盲亀浮木の喩えを読み込んだ歌（『歌集』154）の存在も考慮に入れると、水中で泳ぐ亀のイメージも明恵には親しいものであったようだ。また、夢を記した後に宝楼閣法を一向に修したとあるが、宝楼閣法の関連から言うと、瑜祇塔や舎利塔といった塔を背負う金亀も存在し、注目される（松本郁代［二〇〇五］補論二「真言密教界における「金亀」」）。

（立木宏哉）

▼1—18「同廿日」条（49〜55）

【翻刻】

49 一同廿日夜与義林房等一向
50 以禪公等欲付義林房其夜
51 夢有人將切予之頸待之
52 念アミタ佛蹲居云々
53 其夜至暁談此事行法等
54 所作皆止之依此有此惡
55 夢云々

【訓読】

一、同じき廿日の夜、義林房等と与（とも）なりき。一向に禅公等を以て義林房に付けむと欲（す）。其の夜の夢に、人有りて、将に予の頸を切らむとして、之を待つ。アミダ仏を念じ、蹲居（そんきょ）すと云々。其の夜、暁に至り、此の事を談じ、行法等の所作、皆之を止む。此れに依りて、此の悪しき夢有りと云々。

【現代語訳】　一、同月二十日の夜は、義林房等といっしょだった。ひたすら禅公等を義林房喜海に付けて学ばせようとした。その夜の夢は次のようだった。誰かがいて、私の首を切り落とそうとして待っていた。阿弥陀仏を念じて、蹲踞していた、云々。その夜、暁に至るまで、この禅公等の処遇のことを話し合い、行法などの勤めをすべてやめていた。このために、この悪夢があった、云々。

【語釈】 49同廿日　嘉禄二（一二二六）年六月。49義林房*　喜海。当時、四十九歳。嘉禄二年正月二十四日に石水院にて『大随求陀羅尼』、二月十二日には栂尾の住房にて『涅槃会法式』を書写している（田中久夫〔一九八二〕「義林房喜海の生涯」）。この夢の時点でも、石水院にいたと推定される。50禪公*　未詳。『真聞集』本（明資三195頁）に、義淵房霊典のことを「霊公」と呼ぶ例が見られ、「禅公」もそういった略称かと推測されるが、誰であるかは未詳。喜海に付いて学ばせようとしている点からすると、若年者かと想像される。明恵書簡（高山寺蔵。『大日本史料』509頁）に「鶴禅師房」が出るが、あるいは関係あるか。52念アミタ佛　阿弥陀仏を観念する意。あるいは、「念阿弥陀仏」で人名とも取れる。ここでは、阿弥陀仏を観念するの意で取っておく。52蹲居　蹲踞。膝を立てて坐ること。54止之　「止」は門がまえの文字の上に重ね書き。「闕」か。

【考察】 喜海らと禅公の処遇をめぐって暁まで話し合った後の夢で、斬首の座で阿弥陀仏を念じていたという内容である。明恵は、所作を怠ったための悪夢と解している。二日の夢の後には、宝楼閣法を修したと記しており、この夢についても、夢解きをして行法の勤めを怠ったことが「悪夢」の原因と見るなど、明恵が宝楼閣法・行法といった密教の修法と関わらせて夢を解釈していることが確認できる。

　宝楼閣法は、夢記の中では明恵により多用される修法の一つである。その目的は、『真聞集』四（宝楼閣口伝）「一瓶水灑事」によるに「此法ハ瞻部州ノ衆生ノ地獄餓鬼畜生道ノ苦ヲ祓也」（明資三270頁）と見え、生きている病者の苦しみをなくし（息災）、六道のうちの地獄・餓鬼・畜生道にいる衆生の苦しみを祓う（滅罪）ために修される。また、宝楼閣法の旨趣を述べる表白が『真聞集』にあるが（明資三271頁）、それによれば、「願（中略）早除滅三業罪障、仏力加被於一念、速円満二世所願」と、罪障を消滅させて清浄にし、現当二世の所願を満たしてくれることを宝楼閣法に期待している。さらに同表白には、宝楼閣法の「功徳」として「金輪聖王御願成就」「天下安穏」「護持弟子所願円満」「父母親属所願円満」「房（家）中諸人安穏太平」「法界衆生平等利益」が挙がっており、これによれば、天下から親族・同房の諸人にいたるまでの「法界衆生」への利益を願って宝楼閣法を修すことがあったと思われる。息災から滅罪にわたる衆生の抜苦、および天下安穏の希求といった利他的な側面とともに、自らの罪障滅除の効用も期待して、宝楼閣法は修されたようである。宝楼閣法を修する際の心構えについても『真聞集』四は述べるところがあり（明資三275頁）、行者への戒めのために『宝楼閣経』の異訳『牟尼曼荼羅経』から、呪を唱える際の心次第で、来世に夜叉や鬼神となる種子ともなるし、如来種智ともなると述べ、呪を誦す際は、「上求菩提心」、「下化衆生心」の二つの心を備えて、清浄な心ですべきだと明恵は説いている。このような行法の際の心構えを明恵が重視していた事実は、六月十五日からの宝楼閣法の行法が他事により妨げられて、六月二十日の「悪夢」につながったとする明恵の夢解きと通底するものと思われる。六月十五日からの宝楼閣法がいかなる理由で、いかなる目的で修されたかは不明ながら、悪心で宝楼閣法を修すると夜叉・鬼神の種子となるという『牟尼曼荼羅経』の所説は、明恵の夢と夢解きとに影響を与えていると考えられる。

（立木宏哉）

▼1―18「同廿一日」条（56〜73）

【翻刻】

56　一同廿一日夜夢
57　持佛堂修行法反佛像裏
58　懸之道具等散在之右方有
59　一円物其勢如上圖白色
60　小麥等ヲシタル食物ノ如シ
61　而生物ニテ其中動物アリ
62　尼蛙ノ子ノ沫中生物ノアルカ

【訓読】

一、同じき廿一日の夜の夢に、持仏堂にて行法を修す。仏像を反（かへ）し、裏に之を懸く。道具等、之に散在す。右方に［図］一の円物有り。其の勢、上の図の如し。白色の小麦等をしたる食物（じきもつ）の如し。而るに生物にて其の中に動く物あり。尼蛙の子の沫の中に生物のあるが如し。故道忠僧都有り。其の前にして不動慈救呪を誦して、此の物を以て火の中に投げ、之を焼く。火付きて燃ゆる形、エビ等の如し。数人有りて之を見る。心に思はく、此れ、生類なり。何ぞ之を焼くか。然るに、法爾として之を焼くべき由、之を思ふ。我が為に障碍

63 如シ有故道忠僧都於其
64 前誦不動慈救呪以此物
65 投火中焼之火付テ燃ル形
66 如エヒ等ノ有數人見之心思
67 此生類也何焼之乎然而法尓
68 トシテ可焼之由思之爲我抑
69 障导物也ト思フ云々
70 此見盡前惡夢也
71 禪公等ノ事只爲弟子
72 強不可有信退之由思之
73 心定故有此吉夢也

の物を抑ふるなりと思ふと云々。此れ、前の悪夢を見尽くすなり。禅公等の事、ただ弟子の為に強(あなが)ちに信退有るべからざる由、之を思ふ。心定まるが故に、此の吉夢有るなり。

【現代語訳】　一、同月二十一日の夜の夢は次のようであった。持仏堂で行法を修した。仏像を裏返し、これを懸けた。道具などが散在していた。この右側にひとつの丸い物があった。その大きさは上の図のようであった。白色の小麦などで作った食べ物のようであった。しかしそれは生き物で、その中に動く物があった。雨蛙の子のように、水の泡の中に生きているようなものであった。故道忠僧都がいた。その前で不動明王の慈救呪を唱えてこの物を火中に投げ焼いた。火が付いて燃える形がエビなどのようであった。数人がこれを見ていた。心に思ったのは、これは生き物である。どうしてこれを焼くのか、しかし、法爾としてこれを焼かなければならないと思った。私のために（道忠僧都は）障碍となるものを抑えてくれたと思った、云々。これは、前の悪夢を見尽したのである。禅公たちのことは、ただ弟子たちのために、むりやりに指図をしてはならないと思った。心が定まったので、この吉夢があったのだ。

【語釈】 **56同廿一日**　嘉禄二（一二二六）年六月。前条参照。宝楼閣法修中のことが記されている。**57持佛堂**　念持仏を安置した堂。『高山寺縁起』によれば、禅堂院の西面に持仏堂があり、中央に五秘密曼荼羅、左右に両界曼荼羅と、香象・弘法大師の祖像等を周囲に安置したものであった（明資一645頁）。**59円物**　小麦粉を練って作った饅頭のような丸い物。**62尼蛙ノ子**　おたまじゃくし。**63故道忠僧都***　平時忠息（『血脈類集記』。『漢文行状（報恩院本）』朱注、明資一187頁）。治承二（一〇六六）年～貞応二（一二二三）年正月二十日。道法法親王付法の弟子。明恵との関係は、建久年間末に苅磨島に渡り念誦読経した事が挙げられる。夢記には、明恵が道忠僧都に槇尾に住むべきか、また百日の間に死ぬのは本当かと尋ね回答を得る夢（高山寺本10篇143～149行）、故道忠僧都が明恵の手相を見て「菩薩」の相があると占った例（高山寺本10篇496～502行）がある。夢に登場する道忠僧都は、明恵の不安を除き、指針を示す存在として現れている（奥田勲［一九七八B］185頁参照）。**64不動慈救呪**　不動明王の真言の一つ。「曩莫三曼多縛日羅赧戦拏摩訶路灑拏薩頗吒也吽怛羅迦悍漫」（namaḥ samanta-vajrāṇāṃ caṇḍa-mahāroṣaṇa sphoṭaya hūṃ traka hāṃ māṃ）。「普遍諸金剛に帰命す。暴悪大忿怒の三昧に住して煩悩業障を恐怖せしめ破壊せん」、という意味を持つ。明恵は臨終の三日前に、不動尊が左脇に沿って現れたのを見て、障難への守護のためと判断し、霊典に「慈救呪」を唱えさせた（『仮名行状』、明資一74頁）。本条の夢においても障害への守護の意味を持つと考えられる。**66エヒ**　火にくべられ熱で曲がった様子を海老にたとえた。**67法尓**　本来のありのままの姿のこと。**68可燒之**　「之」は字形からは「々」だが、意味上は「之」であるため『大日本史料』に従い改訂した。**69障导**　修行の妨げになるもの。**70惡夢**　前日の、明恵が頸を切り落とされそうになるという夢を指す。そこでは行法を止めたことが、悪夢の原因とされていた。**72信退**　「進退」の音通と考えられる。自由に扱うこと。

【考察】　弟子を巡る事態の推移によって、明恵の心が変わり、それが夢の内容にも影響を与えたというもの。なお、この夢には59行目の上部に、半円状の図が記される。上半分がないが、「円物」の大きさをあらわすための図なので、このような描き方になったのであろう。この夢には水中の生物が登場する。嘉禄元年八月十日条【考察】にて指摘されたように三ヶ月後に紀州白崎で、五秘密法を修し、水中の衆生のために光明真言百返を皆が唱えたことと関係があるのかもしれない。とくに故道忠僧都は建久末年に明恵、喜海と共に苅藻島に渡って共に念誦した関係であり、注目される。

（小林あづみ）

▼1―18「同廿二日」条（74～76）

【翻刻】

74　一同廿二日夜夢
75　従高尾交衆中送良
76　薬服之云々

【訓読】

一、同じき廿二日の夜の夢に、高尾の交衆（けうしゅ）の中より、良薬を送る。之を服すと云々。

【現代語訳】　一、同二十二日の夜の夢は次のようであった。高雄の僧侶たちから良薬が送られてきた。これを服用した、云々。

【語釈】　75交衆　寺院で共に修行し学ぶ僧侶仲間。

【考察】　高雄山神護寺の修行仲間より良薬を送られ、それを服用するという夢。夢解や日次記事もないので、背景となる出来事などは不明であるが、吉夢として記録されたと考えられる。ここで言及される「良薬」について、『大方等陀羅尼経』夢行分（巻三）では、「若其夢中、見有師長手摩其頭、若父母婆羅門耆旧有徳如是等人、若与飲食衣服臥具湯薬、当知是人住清浄戒」（大正蔵21巻656中）とあり、薬を与えられる夢が清浄戒を得たことを示す手がかりとされる。明恵の夢にはいくつか薬を服用する内容のものがあるが、現実に病からの回復をあらわす事に加え、吉夢であるという意識もあり、夢が記録されたのであろう。

（小林あづみ）

1―19　嘉禄元年八月十六日夢記

【翻刻】

1 嘉禄元年八月十六日（五日夜也）寅時以中社
2 并左社（白光神善妙神）御躰奉渡御社
3 内此時自先天暗此事畢後還
4 住房即時深雨其次日朝大雨晝
5 大風未尅許於拝殿開眼并
6 八十經供養願主僧都御房被列
7 聽衆此時雨蹔止風少静然而法
8 事已始至神分時深雨至神分
9 畢即天晴日光赫奕（云々）
10 其夜夢
11 一殿中在故道忠僧都又隔

【訓読】

嘉禄元年八月十六日〈五日夜なり〉寅の時、中の社并（なら）びに左の社〈白光神・善妙神〉の御躰を以て御社の内に渡し奉る。此の時、先より天暗し。此の事畢りて後、住房に還る。即時に深雨。其の次の日の朝、大雨、昼、大風。未の尅許（ばか）りに、拝殿にして開眼、并びに八十経供養。願主僧都御房、聴衆に列せらる。此の時、雨蹔（しばら）く止む。風少しく静かなり。然るに、法事已に始まり、神分に至る時、深雨。神分畢はるに至りて、即ち天晴れ、日光赫奕たりと云々。其の夜の夢に、一殿の中に、故道忠僧都在り。又、壁を隔てて摩耶御前かと思しき女房あり。僧都、之に教ふ。他所に通ひ住する所有るかと思しきに、僧都に暇を乞ひて行く。僧都、又、之に教へて下知せらると云々。又、眠り入る。故伊豆入道、俗躰にて、予、或る一所に行かむとし、□

壁摩耶御前歟ト思シキ女房アリ
僧都教之他所ニ通住スル所有カト
思キニ僧都ニ暇ヲ乞テ行ク僧都
又教之テ被下知云々
又眠入故伊豆入道俗躰ニテ
予欲行或一所□之〈有別子細〉守三
位殿ノ御所歟ト思シキ所ノ侍躰ノ
所ニ被坐タリ即見レハ其面ニ影
ヲ書テ垂タリ如其本面云々予
悦其教訓状云々
一同

之〈別の子細有り〉。守三位殿の御所かと思しき所の侍躰の所に坐られたり。即ち、見れば、其の面に影を書きて垂れたり。其の本の面の如しと云々。予、其の教訓状を悦ぶと云々。

一、同（後欠）

【現代語訳】　嘉禄元年八月十六日〈十五日の夜のことである〉寅の時、中の社と左の社〈それぞれ白光神と善妙神を祀る〉の御神体を御社の中にお渡し申し上げた。この時、それ以前から空が暗かった。この事が終わった後に、住房に戻った。たちまち大雨が降った。その次の日の朝も大雨で、昼には大風が吹いた。未の刻の頃、拝殿で御神体の開眼を行い、八十華厳の供養を行った。願主である僧都御房は、聴衆の中に列席されていた。この時、雨がしばらく止んだ。風も少し静かであった。ところが、法事が始まり、神分に至る時、大雨になった。神分が終わると、たちまち空が晴れ、太陽の光がまばゆかった、云々。その夜の夢は次のようであった。ある御殿の中に、故道忠僧都がいた。さらに、壁を隔てて摩耶御前かと思われる女房がいた。僧都は、この女房に教えていた。この女房には、この場所以外に、通って住んでいる場所があるのだろうかと思われたが、僧都に暇を乞うて、そこに行くという。僧都は、再度、この女房に教えて、ご下命された、云々。再び、眠りこんだ。その時見た夢は次のようであった。故伊豆入道が、在家の姿で、私はある場所に行こうとして、これを□した〈特別な事情がある〉。（故伊豆入道は）守三位殿のお住まいかと思われる所の侍所のような所にお坐りになっていた。そこで、見てみると、その顔に似顔絵を書いて垂らしていた。（その似顔絵は）もとの顔のようであった、云々。私は、その誡めを与える手紙を喜んだ、云々。

一、同じ（後欠）

【語釈】　**1嘉禄元年**　一二二五年。明恵五十三歳。**1八月十六日**五日夜也　この夢記にある通り、この日に高山寺鎮守社に白光神・善妙神の御神体が奉納された。『高山寺縁起』（明資一643頁）・『喜海四十八歳時之記（以下『喜海記』と略記）』（明資一625頁以下）にも記述がある。右の注記は「十五日夜」の意で、白光神・善妙神の御神体奉納が未明の寅時（午前四時～六時）に行われたので、十五日の夜と意識して付したと思われる。『喜海記』も「其前日十五日」とする。『高山寺縁起』（明資一643頁）は「十六日〈甲辰〉寅時」とする。十五日は、高山寺恒例の説戒会の日なので、説戒会終了後に準備に入ったことになる。**1・2中社・左社**　「左」字は、当初「右」と書いて、「左」に訂正したように見える。この夢記の写本（17行目「或一所」までに対応。以下、「写本」。高山寺典籍文書第4部175函16）では「右」とする。高山寺の鎮守社には、白光神・春日神・善妙神が祀られていた（明恵死後、さらに住吉神が祀られた）。『高山寺縁起』『喜海記』によれば、白光神が中央、善妙神が左（春日神が右）とする。**2白光神**　沮渠京声訳『治禅病祕要法』（大正蔵620番）に説かれる十二白光神の筆頭である「鬱多羅伽神」のこと。坐禅によって病を発した時には、この十二神を念ずることで治癒するとされる。**2善妙神**　新羅華厳宗の義湘に愛着し、龍となって守護した女人・善妙を神格化したもの。善妙は夢記の中では、高山寺本10篇183行（承久二年五月廿日条）に言及され、高山寺には義湘と善妙の物語を描いた「義湘絵」を含む絵巻『華厳宗祖師絵伝』が伝来する。**2御躰**　御神体。この場合、両神をかたどった人形のこと。高山寺に現存する。『高山寺縁起』

によれば、この御神体を準備したのは「静定院行寛法印」だが、『喜海記』には「行寛僧都」とあり、この夢記の「僧都御房」と同一人物。『喜海記』『高山寺縁起』によれば、実際に奉納を行ったのは喜海である。**3天暗**　「写本」では「天晴」。『喜海記』には、「以外天クモレ［　　］天晴無為無事御遷宮畢」とある。**3還**　「写本」では「置」。『喜海記』には、「諸僧皆退出畢」とある。**4深雨**　ジラール仏訳では「降雨」と判読するが、字形からすると「深雨」。「写本」も「深雨」。「喜海記」では「即時大雨下□」なので、「深雨」に合致する。**4晝大風**　『喜海記』には「十六日□剋許大風頻□□房舎少々□□了、仍開眼等法事暫遅々」とある。**5未剋許**　『喜海記』には、「至□□風ナギシヅマル、其後被始開眼供養法事」。未時は午後二時～四時にあたる。**6八十経**　実叉難陀訳『大方広仏華厳経』八十巻（八十華厳）。行寛の敬白文（『漢文行状（報恩院本）』別記。明資一223頁）にも「奉書写華厳経一部八十巻」とある。**6願主僧都御房***　行寛のこと。『高山寺縁起』によれば、「三社宝殿幷師子狛犬及白光善妙両神御躰等、静定院行寛法印沙汰也」とのことであり、さらに行寛は灯明料として近江国香庄年貢を寄せている。『喜海記』は、灯明料として行寛僧都が「近江国香□八段」を寄せたことを記す。この日読み上げられた敬白文では「権々〈少欤〉僧都法眼和尚位行寛」と署名している。この敬白文を筆写した者は「仁和寺静定院法印行寛」と識語に記している。**7此時雨暫止風少静**　『喜海記』（前引）の「風ナギシヅマル」と対応。**8至神分時深雨**　『喜海記』には「至諸神□請之時、神分之最中、大風忽□、大雨アラクフル、殆勧請之音不聞ホド［　　］」。**8至神分畢即天晴日光赫奕**　『喜海記』には「未終祈願之句已前、風雨悉止テ、天忽晴了」「風雨忽静ル、雲霧スミヤカニ散ジテ、天気殊□マリテ、日輪天ニ耀ケル躰」。**10其夜夢**　この夢について『喜海記』には「上人其夜〈十六日夜也〉夢感アリ、円明寺大納言僧都道忠ト思シキ人、住セル［　　］ニ壁ヲヘダテタル欤ト覚シクテ、湯浅兵衛尉〈宗光〉上人御房之甥也、其息女ニ摩耶御前ト云女房アリ、此人ノ他所ニ融ヒ住セル処ノアルト覚シクテ、其所へ行クヲ、此道忠僧都種々呵責シテ、行儀法則ヲシ□タテ、遣ト覚シクテ覚畢」とある。また、明恵の夢解として、「道忠僧都者、中央白光神也、隔壁摩耶御前者、左方善妙神也、融処ト者、善妙寺也」とある。**11故道忠僧都***　平時忠の息で、二品親王道法の附法、貞応二（一二二三）年正月廿日卒（四十六歳）。明資二・188頁注釈参照。

夢記では、高山寺本10篇145行（承久二年四月五日条）、同上496行（貞応二年三月廿七日条）に登場する。**12摩耶御前***『喜海記』によれば、湯浅宗光の息女。施無畏寺蔵「上人譜」によれば、法名は丹明で、「崎山尼」と称されている人物（和歌山県立博物館編［一九九六］99頁）。**16又眠入**　以下の夢について、『喜海記』には次のようにある。「同夜相次又夢云、伊豆入道〈親康入道〉相語云、一条大相国ハ、我舎弟也〈云々〉、其後ソノ影ヲ書タルト覚シクテ、入道、彼影ヲ我面ニヒキヲ、ヒテアルト覚ユ、心ニ思ハク、大臣殿ヲ我舎弟ト云ハ、□外上臈舎弟カナト思程ニ、ナニ中納言之等モ舎弟也ト云ト思テ覚了」。明恵の夢解は以下のように記される。「伊豆入道者、春日神也、彼入道者、藤氏也、西（面カ）ヲ影ヲヲホフト見ハ、春日神御影也、伊豆入道ト云ハ「我事也」と令知也、「一条大相国ハ舎弟也」者、「我ハ自善妙神（＝善妙神より）上臈ナリ」ト示給也、一条大相国ハ兵□尉之主也、彼主ヲ舎弟ニテ持者、表□臈之義」。なお、この夜の二つの夢によって、明恵は三神の位次を白光（上）、春日（中）、善妙（下）と定めている。**16故伊豆入道**　藤原親康。『歌集』3の詞書には「佐渡前司藤原親康」とある。明恵は建永元年十一月に、親康のために宝楼閣供を修している（高山寺本8篇3行）。**17或一所**　写本では「臥所」。**17□之**　判読できない。ジラール仏訳では、この前後を**Je voulais m'en aller, mais il me retint à un endroit**（私は出掛けようとしたが、彼は或る所に引きとめた）としているので、「制之」と読んでいると思われる。**17有別子細**　『喜海記』には、伊豆入道が「一条大相国ハ、我舎弟也」と語ったとある。あえて伏せたか。**17守三位殿***　高山寺本10篇489行にも見える。明恵の有力な後援者の一人に督三位局がいるが、同一人か。督三位局であれば、平清盛の養子であった能円の娘で、源通親の養女となった時子のこと（ブロック［一九八八］）なので、道忠とは縁戚関係になる。**18侍**　侍所のこと。侍の詰所。**19影**　肖像画。『喜海記』によれば一条大相国の肖像。**21悦其教訓状**　教訓状は、誡め・教訓を記した手紙・文書。ジラール仏訳では、**texte des instructions**。文脈的には、前の道忠僧都が摩耶御前に与えた教訓状と考えざるを得ない。あるいは、「教訓の状」で、伊豆入道の行為を、何らかの誡めを与えるものと解し、その様子ということか。『喜海記』には、これに対応する記述がない。

【考察】嘉禄元年八月十六日に行われた善妙社・白光社への神体奉納に関する日次記事とそれにまつわる夢を記す。【語釈】でも触れたように、高山寺には、この夢記の写本が存在する（高山寺典籍文書第4部第175函16。明資二501頁に〔嘉禄元年八月明恵夢記〕として翻刻）。この写本は、改行の位置も本条と完全に一致しており、この夢記を写したものと考えて間違いない。しかし、そうすると問題になるのが、この写本は17行目「或一所」までしかないことである（写本では「臥所」）。写本を実見していないので、断定はできないが、たまたまこの後の部分が破損したのではなく、書写そのものが「或一所」で中止されたと思われる。次下に「有別子細」とあるのを秘匿すべきであるという意に解したのであろうか。これも注で触れたように、本条は『喜海四十八歳之記（仮題。以下、喜海記）』（明資一に翻刻）とも対応する。ただし、『喜海記』では明恵による夢解が記されるが、本条にはこの部分はない。また、本条16行～20行の伊豆入道の夢はかなり相違がある。伊豆入道が肖像画を顔に載せるという部分は共通するが、①本条16行～19行にかけての記述が『喜海記』にはなく、②逆に『喜海記』に記される「伊豆入道が一条大相国をや某中納言を自分の舎弟と呼んだ」という話は、本条にない。さらに、本条20行～21行の「予、其の教訓状を悦ぶ」は『喜海記』には全く対応箇所がない。なお、カレン・ブロックは、この『喜海記』の記事が『明恵上人行状（仮名行状・漢字行状ともに）』の中には全く反映していないことに注意をうながしている。

この夢記にはジラールによる仏訳と解説がある（Girard［一九九九］）。また、村瀬［二〇〇二］もこの夢の影印を掲載するが、そこにはカレン・ブロックが解説を寄せている。本条は、①道忠僧都と摩耶御前の夢、②伊豆入道の夢、③「予、其の教訓状を悦ぶ」という感想、という三つの部分に分けられる。①の部分は、『喜海記』での夢解のように、道忠僧都・摩耶御前がそれぞれ白光神・善妙神を象徴していると解せる。②の部分は、本条のままでは、最後の「影」が誰の「影」なのか分からず、意味する所が不鮮明である。『喜海記』の記述からすれば、本条で「有別子細」とされたところにこの夢の核心があるはずで、そこを伏せたまま夢を記録した明恵の真意は測りがたい。③の部分は、内容的には①に接続するように思われるが、だとすると、何故②の部分の後に記されるのか分からないし、②での伊豆入道の振舞に関係するものだとすると、『喜海記』での夢解（影を顔に載せるのは、伊豆入道が春日明神であることを知らせるため、と解する）と齟齬を来たす。『喜海記』との関係も含め、種々検討すべき問題を含む夢記と言える。

（前川健一）

1―20　寛喜元年二月二日夢記

【翻刻】

同二月二日夜夢云
明法房證定唐瑠璃瓶口
四五寸許美麗ナル中ニ瑠璃
ノ砕ノ満一瓶ヲ与高弁心
中ニサスカニ前々親近ノ事ヲ
重ク思テ如此敬重我与之
哀ニ思云々
又在深淵中レ以手捕魚々
不逃去被取云々
　寛喜二年後正月十日

【訓読】

同じき二月二日の夜の夢に云はく、明法房〈証定〉、唐瑠璃瓶の、口四五寸許(ばか)りにて美麗なる、中に瑠璃の砕けの満てる一の瓶を高弁に与ふ。心中にさすがに前々親近の事を重く思ひて、此くの如く我を敬重し之を与ふ、哀れに思ふと云々。又、深き淵の中に在りて、手を以て魚を捕らふ。魚逃げ去らず、取らると云々。

　寛喜二年後正月十日

【現代語訳】　同年二月二日の夜の夢は次のようであった。明法房〈証定〉が、唐瑠璃の瓶で、口は四五寸ほどの大きさで、美しく、中に瑠璃の破片の詰まった一つの瓶を高弁に与えた。心の中で、そうとはいってもやはり、過去に親しくしたことを重く思って、このように私を尊重し、この瓶を与えたのだと愛しく思った、云々。また、底の深い淵の中にいて、手で魚を捕らえた。魚は私の手から逃げ去ることはなく、取られた、云々。

寛喜二年後正月十日。

【語釈】　2明法房*證定*　後に『禅宗綱目』を著す証定のことであろう。建久五（一一九四）年生まれで、没年は未詳（以下、証定の伝記については『鎌倉旧仏教』477～480頁の解説参照）。建暦二（一二一二）年に十九歳で明恵に師事しており、貞応二（一二二三）年に明恵から華厳仏光三昧観に関する口決を受けた。また、貞応元（一二二二）年書写の『華厳経』書写者の比丘の一人にも名を連ねている。『禅宗綱目』を著す建長七（一二五五）年には還俗しているが、本条によって、寛喜二（一二三〇）年時点でまだ明恵と親密であり、僧籍にあったことがわかるとともに、「明法房」という房名が明らかになった。2唐瑠璃瓶　中国船来の瑠璃でできた瓶。瑠璃は紺青色のガラス。大塚紀弘［二〇一〇］にも詳しいが、高山寺の明恵教団では、唐本の仏画や中国陶磁といった唐物が身近な物であったらしい。この「唐瑠璃瓶」もそのような唐物の存在が明恵の周辺にあったから、夢に出てきたものと思われる。4砕　破片。10寛喜二年後正月十日　寛喜二年は一二三〇年。明恵五十八歳。この後正月すなわち閏正月の十日の日付は、この夢記を記した年月日か。この日は、高山寺と善妙寺の四至を定めた太政官符が下された日でもある（『高山寺縁起』、明資一653頁）。

【考察】　二つの夢を持つ夢記。夢に証定が登場し、日付も有する点に史料的な価値がある。末尾の日付は高山寺と善妙寺の四至を定める太政官符が下された日に当たるが、夢との関連は不明。この官符において四至内での「樵採漁猟」が禁じられており、二つ目で明恵が魚を捕らえる夢を見ているのは、官符に示された殺生禁断と関わりがあるのかもしれない。

（立木宏哉）

1—21　寛喜元年十月、十一月、十二月夢記

【翻刻】

寛㐂元年己丑十月廿五日於當寺
北谷求出草菴所當日自當吉
日占彼所名三加禪付法門有義同夜
子時許与義林房義淵房空達
房議草創事々次記之
一同十一月七日上下兩房共立始之
一同十二月十日移住此菴室了
一同十一日夜夢
故上師唐本廣幅絹面ニ
畫一瓶自瓶中流出白光
　如此也
於諸人中語曰此瓶ヲ絹全分ヲ
開ケハ金剛界ノ三マヤ會ノ万

【訓読】

寛喜元年〈己丑〉十月廿五日、当寺の北谷に於(し)て草庵の所を求め出づ。当日自(おの)づから吉日に当たる。彼の所を占め、三加禅と名づく〈法門に付きて義有り〉。同じき夜の子時許(ばか)りに義林房、義淵房、空達房と草創の事を議す。事の次いで之を記す。

一、同じき十一月七日、上下両房、共に之を立て始む。

一、同じき十二月十日、此の庵室に移住し了んぬ。

一、同じき十一日の夜の夢に故上師、唐本の広幅の絹面に一つの瓶を画けり。瓶の中より白光を流出す。

白光　［図］　此の如き也。

諸人の中にして語りて曰はく、此の瓶を絹全分を開けば、金剛界の三マヤ会の曼荼羅なり。全分ならずして、ひきく開きて此の程に開けば、一切諸仏菩薩別尊の三マヤなりと云々。例の唐本にて殊勝に之を画したるを、開き見せしむるなりと云々。

14 タラ也不全分シテヒキク開テ
15 此程ニ開ケハ一切諸仏幷別尊ノ
16 三マヤ也云々例ノ唐本ニテ殊
17 勝ニ畫シタルヲ令開見也云々

【現代語訳】　寛喜元年〈己丑〉十月二十五日、当寺の北谷に草庵を求め出でた。この日はたまたま吉日に当たった。その所（草庵）を敷地として定め、「三加禅」と名付けた〈法門にかなった意味がある〉。同日の夜、子刻ごろに義林房、義淵房、空達房とこの草庵の草創の事を議した。事の次第を記す。

一、同十一月七日、上下両房を両方とも建て始めた。

一、同十二月十日、この庵室に移住し終えた。

一、同十一日の夜の夢は次のようだった。故上師が唐本の幅の広い絹面に一つの瓶を描いた。この瓶の中から白光が流出している。

白光　［図］　このような（絵）である

（上師が）諸人の中で語っていうには、「この瓶を描いた絹本全体を開いてみると、金剛界の三昧耶会曼荼羅である。全体ではなく（一部分を）低く開いてこれくらいに開くと、一切諸仏諸菩薩別尊の三昧耶形である」と云々。例の唐本で格別にすばらしくこれを描いてあるのを開けて見せたのだ、云々。

【語釈】　1寛喜元年己丑十月廿五日　一二二九年。明恵五十七歳。『仮名行状』によれば、前年七月、石水院が水難に遭い、禅堂院を移建（明資一61頁）、また、『高山寺縁起』によれば、この年の六月には三重塔の文殊菩薩像開眼供養（明資一638

頁）、そして十月十五日には高山寺の鎮守三社を西山の傍に移建した事（明資一643頁）などが知られる。3三加禪付法門有義『高山寺縁起』（明資一653頁）によれば、寛喜元年の冬に楞伽山（寺の「北谷」の後峰に位置する）の東谷に二町ほどの距離をおいて二宇の庵室を造り、一両月住した、とある。また「三加禅」の名は、同書によれば、菩薩の第八地が「依三加七勤之驚覚昇進仏地」とあるのによる。「付法門義有」はこのことを指すのだろう。4＊義林房＊義淵房＊空達房 明恵の高弟たち。義林房喜海は、当時五十二歳。義淵房霊典は高雄の住僧で、上覚に師事、高山寺の建立の際に土木に関して功績があった。明恵の奇瑞を体験しやすいことが『仮名行状』ほかに記されるが、夢記でも、山外本1―10で弥勒菩薩が現れ去った時に、空に広がる光明を義淵房に見たかと明恵が尋ねる夢が記され、霊典の能力への明恵の信頼が窺われる。空達房定真は、明恵と同じく密教を興然や上覚から受法した。寛喜元年七月十七日付の起請文には、高雄に還住しないことを誓っている（三千院文書、鎌倉遺文3845）。この夢記には方便智院の朱印があるが、定真が弟子に伝えた聖教は方便智院の朱印を付して現在でも多く伝わっている。三名とも、寛喜四年に定められた明恵の置文に、それぞれ学頭、知事、寺主にあてられ、明恵の弟子たちの中でも特に重要な存在である。6上下兩房『高山寺縁起』（明資一653頁）によれば、二宇の庵室は「向谷懸造」とある。二宇を同時に建立したことが分かる。なお、「兩」字は「房」の上に重ね書き。9＊故上師 上覚（嘉禄二（一二二六）年十月十九日没、八十歳）。夢記に多く登場するが、「故上師」という呼称がみえるのは、この夢のみ。9唐本 「本」の左に濃い墨色で一本線がある。唐本は中国から伝来した書物・絵画。明恵の周囲には入宋僧や宋の文物を輸入した俗人たちが存在した（大塚紀弘［二〇一〇］）。『仮名行状』（明資一31頁）には文覚から唐本の十六羅漢を附属されたこと、『高山寺縁起』（明資一642頁）には唐本の一切経（西経蔵）や釈迦如来・阿弥陀如来・十六羅漢の絵像（羅漢堂）が奉納されたことが見える。9絹 「紙」字の上から「絹」を重ね書きか。12全分 文意難解だが、ここでは絹本の瓶の絵を開いて全体を見ることをいうか。13金剛界ノ三マヤ會ノ万タラ 両部曼荼羅のうち、大日如来の智法身をあらわす金剛界曼荼羅で、その九会のうちの第二会を「三昧耶会」と呼ぶ。この会は諸尊を宝塔や金剛杵などの器物（三昧耶形）でシンボル化し、それらが小月輪の中にコロナ状の光炎を伴って表現されている。尊格は五仏、四波羅密、十六大菩薩など、合計七十三尊の三昧耶形が描かれる。**14不全分**　12行目の「全分」に対応する語として考えれば、絹本の瓶の絵を、一部分のみ開いて見ること。**14ヒキク**　「低し」の連用形。この字の前に、「ノ」のような文字がある。**15別尊**　本尊とは別に供養する尊像。ここでは金剛界曼荼羅の三昧耶会を構成する仏・菩薩以外の諸尊格のことと思われる。**16三マヤ**　三昧耶。梵語samayaの音写で、もともとは「記号、表示」の意。ここでは三昧耶形、すなわち諸仏の誓願を具象化した印契や持物等を指すか。

【考察】　三加禅の禅房草創に関する夢記。一紙に独立して記される形態、文字を記す筆と絵を描く筆とがそれぞれ異なっていることなどの特徴を持つ。弟子、たとえば空達房に贈った夢記である可能性もあるか。なお、紙背に文字が書かれているが、内容は確認できない。

（小林あづみ）

第2部（月日の記載のみのもの）

2―1　某年正月七日より三十日夢記※

▼2―1「正月七日・同十日」条（1～28）

【翻刻】

一正月七日夜夢云
中納言阿闍梨形容融映衣
服等皆映徹來成弁前恐恠
行道ス即曰大明神御示現間
事思承之〈高尾事也〉成弁曰心閑之
時可申開候其躰不可思議也云々
覺了其後又眠入夢云有人
告曰御房与此阿闍梨前世有
契甚深其験御房得嚢色皮
物仰此語已其物在前見之
ツタニ似タル文アル色皮ニテヌヒク

【訓読】

一、正月七日の夜の夢に云はく、中納言阿闍梨、形容融映し、衣服等、皆映徹す。成弁の前に来たりて、恐れ恠（あやし）みて行道す。即ち曰はく、大明神御示現の間の事、之を承らむと思ふ〈高尾の事なり〉と。成弁曰はく、心閑かの時に申し開くべく候ふ。其の躰不可思議なりと云々。覚め了りて其の後、又眠り入る夢に云はく、人有りて告げて曰はく、御房と此の阿闍梨とは、前世に契有ること甚だ深し。其の験に、御房、嚢（なう）の色皮物を得と。此の語を仰せ已はりて、其の物、前に在り。之を見るに、つたに似たる文ある色皮にてぬひくくめる物ありと云々。案じて曰はく、此れ大明神なり。嚢物は御形像なり。

一、又頭髪、篠（ささ）の如く生いたりと見る。

一、同じき十日の夜の夢に云はく、成弁笠置に詣

—（紙継）—

丶メル物アリ云々

案曰此大明神也嚢物者御形像也

一又頭髪如篠（クサ、ノ）生タリト見

一同十日夜夢云

成弁詣笠置定意沙門以一桶香進解脱房々々々以之（分二分一分）与成弁解脱房自此香ヲ以テ頭面并手足等ニ塗給成弁學之又塗之其後成弁爲親解脱房将入御簾中在外見之法服諸僧并翁多坐給成弁無骨ト思去之簾中諸僧云明恵房ナント云物何条ナマ〱シク無骨ナント云テ來ヌソトヨタヽ無左右入テ我等中ヘ入テ膝ヲクミテキコソスヘケレト成弁実ニ尓也ト思外陣有數多美女見成弁云々

づ。定意沙門一桶の香を以て、解脱房に進（まゐ）らす。解脱房、之〈二分に分かち一分〉を以て成弁に与ふ。解脱房、自ら此の香を以て、頭面并びに手足等に塗り給ふ。成弁之を学び、又之を塗る。其の後、成弁、親しみを為す。解脱房、将に御簾の中に入らむとす。外に在りて之を見れば、法服の諸僧并びに翁多く坐し給ふ。成弁無骨なりと思ひ、之を去る。簾中の諸僧云はく、明恵房なんど云ふ物、何条（なんでふ）なまなましく無骨なんど云ひて来ぬぞとよ。ただ左右無く入りて我等の中へ入りて、膝をくみてゐこそすへけれと。成弁、実に爾なりと思ふ。外陣に数多の美女有り、成弁を見ると云々。

【現代語訳】　一、正月七日の夜の夢は次のようであった。中納言阿闍梨がうちとけ輝くような姿かたちであり、僧衣なども全て光り輝いていた。成弁の前に来て、恐れ怪しむ様子で行道した。（中納言阿闍梨が）言うには、「大明神の御示現に関すること〈高尾の事である〉を承ろうと思っています」と云々。成弁が言うには「心が静かな時に詳しく申し上げるべきです」と。その様子は不可思議であった、云々。夢から覚め終わった後、また眠りに入った時の夢は次のようであった。ある人が（成弁に）告げて言うには、「御房とこの阿闍梨とは、前世からの関係が非常に深いのです。そのしるしとして、あなた様は色染めの皮で包んだ袋物を得ます」と。この言葉をおっしゃったあと、その物が目の前にあった。これを見ると、蔦に似た文様のある、色染めの皮で縫ってくくってある物があった、云々。考えてみると、これは大明神である。包み物は、そのご形像であると。

一、また頭髪が篠竹のように生えたと（夢に）見た。

一、同月十日の夜の夢は、次のようであった。成弁は笠置に詣でた。定意沙門が一桶の香を解脱房に差し上げた。解脱房はこれを二分し、半分を成弁に与えた。解脱房は自らこの香を頭や顔と手足等にお塗りになった。成弁はこれを真似てまたこれ（香）を塗った。その後、成弁は解脱房と親しくした。解脱房は御簾の中に入ろうとした。（御簾の）外にいてこれ御簾の中を見ると、法服姿の僧たちや翁が多くお座りになっていた。成弁は不作法だと思って御簾から離れ去った。御簾の中の僧たちが言うには、「明恵房などというものは、どうして未熟にも不作法なのだと言って入ってこないのか。ただ、あれこれ考えず（御簾の中に）入って、我等の中に入って足を組んで坐っているのがよいのだ」と。成弁は誠にそうであると思った。外陣には多くの美女がいて、成弁を見ていた、云々。

【語釈】　**1正月七日**　5行目に「成弁」と自称することから、承元四（一二一〇）年以前のこと。また、上人御房の流罪についての記事が三十日（84行）に記されるため、正治元（一一九九）年（二月に佐渡へ配流）か、建仁三（一二〇三）年あるいは四（一二〇四）年（＝元久元年、二月に対馬へ配流）の正月の記事かと考えられるが、本巻全体に大明神への言及があることを重視すれば、建仁三年の春日明神託宣後の、後者がふさわしい。**2中納言阿闍梨***　夢記に登場する「中納言阿闍梨」のうち、名が知られるのは覚雄だが（山外本1—8元久二年閏七月夢記など）、この夢では「覚雄」と記されていないこと、『血脈類聚記』（真言宗全書本）に「性憲」を「中納言阿闍梨」とすることに依拠すれば、性憲（興然弟子）がふさわしいか。高山寺本7篇11行には「中納言阿闍梨」と歓談した夢を見た後、消息を遣わそうとすることなどが記されるが、ここで明恵は「前ゝ中納言阿闍梨ヲ夢ニ見シハ、大明神ノ御事ニテコソアリシカト思、サテ此大明神也ト思」と阿闍梨を大明神と解釈している。明恵の夢における中納言阿闍梨は、いずれも良いイメージで登場しているが、この夢での二人の深い関係も、そのひとつということになるだろう。なお、明恵は「中納言阿闍梨御房」宛に一切経に関する書状（田中久夫［一九六二］247～248頁）を送ってもいる。**2融映**　「融」はうちとけたさま、「映」は輝くさま。次の行の「映徹」と対応する語。**3映徹**　すみずみまで光り輝くこと。山外本1—6・26～38行「此家主御前夢云」条の春日明神の夢の中で、鹿の頭上にある宝珠の輝きを表現する語句としても登場する。**3恐怙**　恐れ怪しむこと。なお、「恐」字は「幽」にも見えるが、その場合、「幽怙」は、怪しいさま、奥深いさまをあらわす語として用例がある（韓愈「岳陽楼別竇司直」など）。**4行道**　仏道修行などの意味もあるが、ここでは読経をしながらゆっくりと歩くこと。多くの場合、本尊等の周りを礼拝供養する意を込めて歩くことから、ここでも中納言阿闍梨が明恵に対する敬意を示して歩いたと解釈できる。**4大明神御示現**　春日明神が霊験を示し現したこと。なお、山外本1—7（建仁四年正月二十八日条）では、夢で明恵は「御山の御間の大明神の御示現」について得業御房に尋ねているが、この「御山」が高雄である可能性が高いという指摘を参考にすれば、本条の夢で「高尾事也」と注記があるため、高雄における示現をさすと解釈できるかもしれない。**4間事**　かかわること。**5高尾事也**　春日明神が託宣の時に明恵の籠居を戒め、王城近くに住むことを望んだこと、あるいは明恵が高雄に春日社を建立すること（山外本1—6・17～25行「同十九日」条などを参照）を指すか。**6申開**　事情や考えを詳しく申し上げること。**8御房**　「有人」と書いた上に「御房」と重ね書きしている。「有人」は前の行にある同字に引きずられたための誤記か。**9色皮**　色染めを施したなめし皮。ここでは「ツタニ似タル文アル」とあるので、蔦文様があることが分かる。14篠（サ、）『和名抄』の「篠、之乃、一に佐佐と云ふ」に、「佐佐（ササ）」の読みがある。「しの」と比べ神霊がかかわるイメージが強い。なお、明恵の頭髪が生える夢は他にもみえ、例えば山外本1―6・111〜121行では「カイ布」（開敷か）のように生えたと記される。16＊定意沙門　浄恵房定意か。前丹波守盛実（一一六〇〜一二二六、藤原俊盛の三男）であり、「丹波入道」とも称された。山外本1―6建仁三年十一月二十九日条・77行に登場している。ただし、この夢が建仁四（一二〇四）年のものとすると、正治三（一二〇一）年正月に「定意〈丹波入道〉」が賢海より付法をうけていること（『醍醐寺本伝法灌頂血脈』）から、「沙門」という一般的な僧侶を意味する呼称で記され、房名でないことに疑問が残る。17＊解脱房　貞慶（一一五五〜一二一三）のこと。19塗　僧侶は各種の行を行う前に、香で身を浄める。ここでは香を塗る、すなわち塗香（ずこう）を利用したことが分かる。22無骨　不作法なこと。23何条　どうして……なのか、という反発をこめた疑問の意。23ナマ〱シク　未熟で不十分な意。25無左右　あれこれ考えないこと。25膝ヲクミテ　「膝をくむ」は胡座をかく意。ここでは、結跏趺坐のことだろう。26ヰコソスヘケレ　「居こそ据へけれ」で、座るの意か。ただし「据」は歴史的仮名遣いでは「据う」。27外陣　社寺において本尊等が安置される内陣の外側にある、一般参拝者が礼拝する場所。

【考察】　春日明神の霊験の影響の濃い夢である。正月七日の夢中で得る「御形像」は、明神が降臨し、託宣で自身の影像の形の儀を明恵に説いたことを連想させる。十日の夢は、明神託宣の際にその名前の挙げられた解脱房のもとに参る内容だが、香を塗ることは明神託宣の際に異香が遍満したことや貞慶が明恵の来山を不思議の香気によって知ったことを想起させ、香を二分し一分を明恵に与える行為には、明恵が貞慶から笠置で舎利二粒を賜ったことを連想させる。また正月七日条は、登場人物や内容に関して高山寺本13篇と共通する部分が見られることも注目に値する。

【語釈】で「中納言阿闍梨」に比定した性憲について、東寺観智院金剛蔵『真言付法血脈圖』では「阿、、　實教卿息寛紹同壇廿一」とあり、建久六（一一九五）年三月二十五日に、文覚が建立した「高雄後白川院御所」にて興然より受法したことが知られる。性憲の神護寺僧としての活動は、建久元年十二月廿五日付で神護寺に阿闍梨五口を補す太政官牒（神護寺文書、『大日本史料 第四篇之三』同年六月廿六日条所引）に明恵（成弁）とともに名前が見えるほか、聖教の書写の記録（宮澤俊雅［二〇〇七］）にうかがえる。また、明恵との関係は、『漢文行状（報恩院本）』別記所収の釈迦如来他の宝前に捧げた文章のうちに、「成弁か罷還候はん間は性憲に物をも請てめすへく候」と、その名が挙げられることが知られる（明資一221頁・222頁）。この夢記の書かれた頃の性憲の動向は不明だが、29〜41行「同十二日」条に記される『一字頂輪王経』を建久七年七月に書写していることを参考としてあげておく（高山寺経蔵典籍文書第62函85）。

（小林あづみ）

▼2—1「同十二日」条（29〜41）

【翻刻】

—（紙継）—

29 一同十二日夜夢云
30 崎山御前於成弁之前及高處
31 令取物給若紙欤若絹切欤ト思
32 彼物書[梵字]字物也又成弁
33 取一疋小犬如鈎針物懸之テ
34 散々振蹇ス云々
35 　案云其次日十三日義延房取一字
36 頂輪王經來其第一云云々

【訓読】

一、同じき十二日の夜の夢に云はく、崎山御前、成弁の前に於(し)て、高き処に及び物を取り給ふ。若しくは紙か、若しくは絹切かと思ふ。彼の物は[梵字]字を書ける物なり。又、成弁、一疋の小犬を取り、釣針の如き物に之を懸けて散々に振り蹇(なやま)すと云々。案じて云はく、其の次の日〈十三日〉、義延房、一字頂輪王経を取りに来たり。其の第一に云はくと云々。先の日に、便有る時、取りに来たれとは言へども未だ日を指さず。彼れ、自ら発心して、今日、取りに来たりと云ふなり。其の文に依りて之を案ずるに〈光輪仏頂の処〉、此の夢の状と一々思ひ合はさると云々。崎山御前は、前々に例して、仏眼是れなり。

先日ニ有便之時取來レトハ言トモ
未指日彼自發心今日取來云也
依其文案之光輪佛頂之處
此夢状一々被思合云々
崎山御前者例前々佛眼是也

【現代語訳】　一、同月十二日の夜の夢は次のようであった。崎山御前が、成弁の前で、高い所に上って、何かをお取りになった。「紙であろうか、絹の布切れであろうか」と思った。その（崎山御前が手にした）物は、ボロン字を書いたものであった。また、成弁は、一匹の小さい犬を取り上げ、これを釣針のようなものに懸けて、散々に振って苦しめた、云々。考えてみると、翌日〈十三日〉、義延房が『一字頂輪王経』を取りに来た。その経の第一巻に、しかじかの文がある。以前、「都合が良い時に、取りに来なさい」とは言ったが、まだ日を決めていなかったので、彼は、「自分で思い立ったので、今日、取りに来た」と言った。その経文の文によって、これ（先の夢）を考えてみると〈経文は光輪仏頂のところであるが〉、この夢の様子と、一つ一つ符合していると思われた、云々。崎山御前は、以前と同様、仏眼尊のことである。

【語釈】　**29同十二日**　前条からの続きなので、一月十二日。84～86行目の日次記事で「（一月）卅日」に上人御房（＝文覚）流罪の報を聞いているので、文覚が対馬に流罪された建仁四・元久元（一二〇四）年（『漢文行状』、明資一114頁）であろう。もし、通説のように、文覚没年が前年の建仁三（一二〇三）年だとすると、この夢記も建仁三年（ないし建仁二年以前）ということになるが、建仁三年だとすると、春日の降託があった正月二十六日より前の記述にも春日の加護を前提にした記述があるのは理解しがたいし、建仁二年以前となると、ますます理解しがたいことになる。もちろん、「この夢記は建仁三年のもので、正月二十六日前後の夢を編集して、春日の加護という観点から再解釈したもの」という想定は全く不可能ではないが、全体的には、この夢記は『漢文行状』が伝える元久元年の状況の方に適合するところが大きい。30崎山御前* 崎山良貞の妻か。湯浅宗重の嫡女で、明恵からすると伯母（生母の姉）にあたる。32　（bhrūṃ ボロン）は金輪仏頂（最勝仏頂）の種子。『真聞集』一には「金輪種子事」の項があり、金輪仏頂の種子は（ボロン）字であると論じている（明資三213頁）。33小犬 犬は夢の中にしばしば出現するが、この夢を元久元年のものと仮定すると、高山寺本6篇の「（三月）八日」条の夢との関連が注意される。この条では、獅子の腹の下に小犬が多数いるというという夢を見、これを「此殿原（崎山・糸野・湯浅諸氏）」と夢解している。35義延房* 不明。明恵の弟子である霊典が義淵房であるが、「延」の音はエンなので、「淵」（ヱン）を用いる義淵房とは別人か。34振蹇ス 「蹇」は一般には「あしなへ」。「なやます」と読むべきか。35一字頂輪王經 不空訳『菩提場所説一字頂輪王経』（大正蔵950番）のこと。なお、高山寺蔵『菩提場所説一字頂輪王経』巻一（高山寺典籍文書第4部62函85）は、建久七年七月十日に性憲が書写させたものだが、2—1「正月七日」条2行目「中納言阿闍梨」が性憲だとすると、何らかの連想が働いている可能性もある。37言トモ 過去の事実に対する逆接なので、「いふとも」ではなく「いへども」。実際の発話なので、「雖」ではなく「言トモ」と表記している。39光輪佛頂之處 不空訳『菩提場所説一字頂輪王経』には、「光輪」という表現はないが、内容的に「高仏頂」の箇所と考えられる。その中にに、牛黄を用いて真言を樺皮や素絹の上に書けば、敵に勝利を得るという趣旨の記述がある（大正蔵19巻196下）。41佛眼 仏眼は、明恵が若年の頃より行法を修している尊格。「例前々」とあるが、「崎山御前」を仏眼に比定することは、現存の夢記には見えない。密教では、仏眼と金輪仏頂とは一体不二と考えられていた。頼瑜『秘抄問答』第一（大正蔵79巻318中）など参照。興然の『四巻』第一によれば、仏眼法の部主は金輪であり（大正蔵78巻770下）、金輪法の部主は仏眼である（同上770中）。興然の法を受けた栄然の『師口』によれば、仏眼法の道場観では「（仏眼尊の）前蓮葉上観一切仏頂輪王」（大正蔵78巻837下）、一字金輪法の道場観では「当前第八葉想安仏眼尊」

（同上838中）とある。

【考察】夢の内容が、翌日に見た『一字頂輪王経』と符合したことが骨子となっている。具体的には、夢の中で崎山御前が取りだしたもの（紙か絹。経との符合ということから言えば絹か）にボロン字が書いてあったのは、『一字頂輪王経』で真言を素絹に記せと書かれてあったことと符合していると解している。この日は、小さい犬を釣針のようなものに懸けて振るという夢も見ているが、これと経文との関係はよく分からない。経では、真言の力によって敵を撃退することが説かれるので、ここでは小さい犬は凶事を象徴するものと解すべきか。もっとも、この夢が元久元年のものだと仮定すると、高山寺本6篇「（三月）八日」条で、崎山・糸野・湯浅諸氏を「小犬」に比定していることとの関係が問題となる。文覚流罪の決定の知らせが明恵のもとに届くのは、84行目以降にあるように一月三十日であるが、それ以前から、不穏な情勢はあったと考えられるので、そうした懸念を表現するものと解することもできるかもしれない。（前川健一）

▼2―1「同十四日」条（42〜63）

【翻刻】

42 一同十四日篩取大佛頂本尊尺迦
43 如來之時然者只毎日二度大佛頂
44 二七遍ヲ誦セムト思テ奉懸尺迦像
45 癈修ヲ一セムトス其夜夢云
46 安田家ト思シキ處ニ前大河以外洪
47 溢然此水自海方上ヘ逆ニ流タリ其

【訓読】

一、同じき十四日、大仏頂の本尊に釈迦如来を取る時、然らば、只、毎日二度、大仏頂二七遍を誦せむと思ひて、釈迦像を懸け奉り修を廃せむとす。其の夜の夢に云はく、安田の家と思しき処に前の大河以ての外に洪溢す。然るに、此の水、海の方より上へ逆に流れたり。其の水濁穢にして波浪洪瀁す。其の浪の上に多くの鹿、浪を凌ぎて下に向ひて去る。又、猪の類ひ少々

水濁穢波浪洪瀁其浪上鹿多レ
—(紙継)—
凌浪向下去又猪類少々去又大身
騏驎馬驎等種類多向下去糸野
御前等トトモニ見之云猪鹿者大明神
大菩薩御使者也夢心地ニ如夢ク
沙汰シ成テ云ク哀事哉如是見ハ
能々大明神等ノ御加護アル事哉ト云フ
サテ騏驎等ヲ見ツルイミシキ事哉ト
云テ成歡悦云々
案曰前時夢騏驎等於前海
遊戯其海岸大殿ニ我居ト思然
今度大小洪湍自海去ト見ハ只猶
行法ヲ修スヘシ不尓者アシト云事歟
夢中ニ哀ニ思ユルハ如是本尊
明神等種々ニ歡誘給実御護念
深重故也云々

去る。又、大身の騏驎(きりん)・馬驎(ばりん)等の種類、多く下に向かひて去る。糸野の御前等とともに之を見て云はく、猪鹿は大明神大菩薩の御使者なり。夢の心地に夢の如く沙汰し成して云はく、哀れなる事かな、是くの如く見るは能く々(能)く大明神等の御加護ある事かなと云ふ。さて騏驎等を見つる、いみじき事かなと云ひて歓悦を成すと云々。案じて曰はく、前時の夢、騏驎等、前海にして遊戯し、其の海岸の大殿に我居ると思ふ。然るに、今度、大小の洪湍、海より去ると見るは、只、猶行法を修すべし、爾らずはあしと云ふ事か。夢中に哀れに思ゆるは、是くの如く本尊明神等、種々に勧誘し給ふ。実に御護念深重の故なりと云々。

【現代語訳】 一、同じ月の十四日、大仏頂法の本尊に釈迦如来を選んだ時、それならば、ただ毎日二度、大仏頂陀羅尼を二七遍となえようと思って、釈迦像をお懸けして修法を廃そうとした。その夜の夢は次のようであった。安田の家と思われる所で、前にある大河が異常なほど溢れており、その河の水は海の方から川上へ逆に流れていた。その水は汚く濁って波があふれている。その波の上に鹿が多くおり、波をこえて川下に向って去った。また、猪の類が少し去っていった。また大きな麒麟や馬麟などといったたぐいの動物が多くいて、川下に向って去った。糸野の御前等とともに、この様子を見て、「猪と鹿は大明神・大菩薩の御使者である」と言った。夢の中で、これは夢のようだと判断して、「哀れなことだ。このような光景を見るのは、よくよく大明神の御加護があることだ」と言った。「それにしても麒麟等を見たのは素晴らしいことだ」と言って悦んだ、云々。考えてみると、前に見た夢では、麒麟等が前の海で遊戯し、私はその海岸にある大殿にいると思った。しかし、今度の夢で、大小の急流が海から流れてくるのを見たのは、ただ、やはり行法を修するべきで、そうでなければ良くないという事か。夢の中で感慨深く思われたのは、このように本尊や明神等が種々に勧誘なさったことだ。誠に御加護の思いが深いためである、云々。

【語釈】 **42同十四日**　年月不明だが、内容から見て建仁四（一二〇四）年一月十四日の夢と推測される。【考察】参照。**42大佛頂**　大仏頂法。大仏頂を本尊として、天変や産生等の息災、兵乱等の調伏のために行う修法。前夢との関連でいえば、29〜41行「同十二日」条に見える「一字頂輪王経」が、大仏頂法の本尊の一とされる「一字金輪仏頂」に関わる経典である点が注目される。**42本尊尺迦如來**　大仏頂法の本尊については諸説あるが、明恵は経法の本尊を釈迦如来とすることを好んだ（『真聞集三』「大仏頂事」、明資三247頁）。大仏頂の代表的な本尊である一字金輪尊には、大日金輪と釈迦金輪があり、釈迦金輪は釈迦仏の頭頂から出現した応身であるという。『別尊雑記』や『覚禅鈔』に載る「大仏頂曼陀羅」では、須弥山の上空で法界定印を結んだ釈迦金輪が描かれている。**43大佛頂**　大仏頂陀羅尼。大仏頂如来の功徳を説く陀羅尼。明恵自身が述べるように、大仏頂法では大仏頂陀羅尼の小呪を誦す（『真聞集三』「大仏頂事」、明資三247頁）。『漢文行状』に、元久元（一二〇四）年二月の記事に続けて、「上人又三時の行法を修し、又大仏頂呪を以て香水を加持し、其の水を以て施主方に向いて之を灑ぐ。又雄黄加持、白芥子加持等の作法、之を修す。彼の祈祷の間、瑞夢霊験等之に委からず」（原漢文を訓読。明資一114頁）とあり、明恵が祈祷の際に大仏頂陀羅尼で香水を加持して施主にそそいだこと、これらの祈祷の間に瑞夢や霊験が多くあったらしいことがわかる。元久元（一二〇四）年九月二十三日条の夢（高山寺本夢記補遺乙篇）で大仏頂陀羅尼を読む僧侶の声を聞いているのも、このときの瑞夢の一つであろうか。【考察】参照。**44二七遍**　七遍を二回で十四遍に相当。真言を唱える回数や仏事供養の日数は、一般的に七遍を単位に表記される。**45癈修**　継続的に行っていた行法を廃するの意と解した。**46安田家**　建仁三（一二〇三）年八月八日、明恵は紀州安田家で『十無尽院舎利講式』（明資四所収）を著している。「安田」は「保田」に同じで、「安田家」は紀州在田郡保田荘にあった湯浅宗光邸か。『高山寺縁起』の「保田星尾」の項に「上人親舅兵衛尉宗光之旧宅也」とある（明資一661頁）。『漢文行状』（明資一111～112頁）によれば、明恵は建仁二（一二〇二）年の冬に保田にあった宗光邸に寄宿し（「暫寄宿紀州在田郡保田荘ノ親族辺〈宗光宅也〉」）、翌三年の正月二十六日には保田において宗光の妻を通して春日明神の託宣があった。**46洪溢**　水が増して河からあふれる意。**48洪瀁**　「洪溢」と同意。「瀁」は水の溢れはびこるさま。**50騏驎馬驎**　「騏驎」は「麒麟」に同じ。中国の聖獣で仏典にもしばしば見える動物。「馬驎」は不明。「驎」がまだらの意であることから、まだら模様の馬のことか。**＊50糸野御前**　湯浅宗光の妻か（明資二178頁、奥田勲［一九七八A］）。湯浅宗光は明恵の叔父にあたり、その館は紀州糸野にあった。宗光の妻は、明恵が建仁三（一二〇三）年に渡天竺を企てた際に春日明神の託宣を告げた人物で、明恵の春日信仰と深く関わる。高山寺本6篇26行、同34行、12篇60行、13篇31行、同35行に見える。**51猪鹿**　一般的に鹿は春日明神の使者として知られるが、猪を八幡大菩薩の使者とする例は未詳。**51大明神**　春日大明神。**52大菩薩**　「明神□」の上に「大菩薩」と重ね書き。大菩薩は「八幡大菩薩」を指す。東大寺の八幡宮は同寺の鎮守であり、南都の旧大寺も八幡を鎮守とした。東大寺で学んだ明恵も、八幡大菩薩を守護神として認識していたはずである。また、明恵の活動拠点の一である神護寺は、宇佐八幡神の神託を受けた和気清麻呂によって建立された寺。建仁元（一二〇一）年に快慶が造立した東大寺の僧形八幡神像（国宝）は、神護寺の「僧形八万神影図」に基づいて制作されたものであり（渡辺文雄［二〇〇二］）、明恵の八幡信仰は、当時の神護寺・東大寺における八幡信仰を反映していると推測される。大菩薩が登場する明恵の夢として、高山寺本4篇19行に「我周囲畳石鎮護〈富貴相也云事、大菩薩御加護也〉」がある。**52夢心地ニ如夢ク沙汰シ成テ**「夢の中で夢を見ているようだと判断した」の意で解釈した。高山寺本3篇14行「夢心地如前々東寺修理播洲御下向トモ不思」、同22行「其後上師見御具足自手持一手箱給リ、見ニ此御前之仏布施之手箱也、夢心地思ク、此ハ成弁ニ施タリシヲ此上師之取給也ト思」とあり、「夢心地」が「夢の中で」の意味で用いられている。**57前時夢**騏驎等が前海で戯れ遊び、その海岸の大殿に明恵がいるという内容から、瑞夢と推測できる。山外本1―6・54～63行の「同廿三日」条にも麒麟が登場するが、そこでは麒麟は磐石の上におり、海で遊戯していないため、「前時夢」には合致しない。**59洪湍**　急流。「洪湍」は名詞として使われているが、46行「洪溢」、48行「洪瀁」などと合わせて、「洪」を含む表現を意識的に用いたか。**61思ユルハ**「テ」字の上に「ユルハ」と重ね書きする。

【考察】　明恵は建仁四・元久元（一二〇四）年に「大仏頂法」をしばしば修したようである。同年に紀州在田郡における湯浅一族の地頭職が失われ、勅勘によって一族が関東に召し下されたため、明恵は石垣庄と田殿庄の境にあった神谷という山寺に移り住んだ。この神谷後峯の麓にかまえた草庵で明恵は大仏頂法を修し、義淵房霊典が給仕をしたという（『漢文行状』、明資一114頁。『高山寺縁起』「神谷後峯」、明資一660頁）。これに関して田中久夫［一九六一］73頁は、大仏頂法が息災のために行われることから、明恵はこのとき一族の所領問題の解決を祈ったと推測している。また、同年四月十四日には、紀州神谷で「大仏頂陀羅尼」を書写し、大風大雨があったという（『真聞集』二、明資三235頁）。『漢文行状』（明資一114頁）に、元久年中（一二〇四～一二〇五）の夏頃に大干魃があり、祈雨のために神谷で大仏頂法を修して大雨が降ったとあるが、これも元久元年の同じときのことか。**【語釈】**43「大佛頂」で引いた『漢文行状』の記事からも、元久元年頃に明恵が大明神の御形像宝前で諸人のために祈祷したこと、大仏頂陀羅尼によって加持祈祷を行ったことが知られる。

高山寺本6篇に相当する元久元年の一連の夢記でも、（正月）八日条に「案曰、文殊守護此郡給也」「崎山糸野家、四方懸鎮護呪」、二月十日条に「此郡人」「糸野護持僧」「糸野御前」が登場し、明恵が在田郡のことを懸念している。明恵を支える湯浅氏を揺るがした在田郡の地頭職違乱の影響が夢記に具体的に認められる。元久元年に行われた紀州神谷での大仏頂修法が湯浅一族の所領問題解決を祈るものであったと推測されるように、この夢に記載される大仏頂法も在田郡の地頭職違乱に関わって行われたもので、元久元年の夢と考えてよいか。明恵は建永元（一二〇六）年五月には神護寺で在田郡のための祈禱を行い、宝楼閣法と仏眼念誦、大仏頂等を始めている（高山寺本7篇72行）。先にあげた元久元年の一連の記事や夢を考えあわせると、元久元年から建永元年にかけて、明恵は在田郡の湯浅一族の行く末を懸念していたことがわかる。

「大仏頂」「糸野御前」「春日明神」など、本夢記と高山寺本6篇は夢のモチーフが多く重なる。同13篇の一連の夢は年時不明だが、「大仏頂経ノ疏」「中納言阿闍梨」「糸野御前」「春山」「大明神」など、同じくモチーフが重なる。13篇26行に「前々中納言阿闍梨ヲ夢ニ見シハ、大明神ノ御事ニテコソアリシカト思、サテ此大明神也ト思」とも書かれることから、本夢記は高山寺本13篇と同時期のものである可能性が高い。なお、この夢記における料紙の縦幅は右端27.3㎝、左端27.5㎝、高山寺本13篇は縦27.9㎝で、約5㎜の差はあるが、ほぼ同じ幅であることから、同じく元久元年の夢記と見てよいか。

さらに、この夢記には春日明神が頻出し、解脱房貞慶も登場する。建仁三（一二〇三）年の一月・二月に、明恵の天竺行を止める春日明神の託宣があり、明恵は二月に春日社を参詣し、その後に貞慶を訪ねた。この事実との関連から考えて建仁三年の夢である可能性もあるが、元久元年の正月廿九日に糸野で春日明神講を行っており、この夢記が元久元年のものである可能性は減じない。

（平野多恵）

▼2―1「同十六日」条（64〜69）

【翻刻】

―（紙継）―

64 一同十六日夜夢云

65 有一大海成弁沐浴之有一人俗

66 又同ク沐浴々々已彼俗去其時見之

67 是僧也~~遠至問曰~~心思是化人ナルヘシ

68 即遠至問曰誰人歟答曰我是

69 春日大明神也言

【訓読】

一、同じき十六日夜の夢に云はく、一の大海有り。成弁、之に沐浴す。一人の俗有り。又、同じく沐浴す。沐浴し已りて、彼の俗去る。其の時、之を見るに、是れ僧なり。心に思はく、是れ化人なるべし。即ち遠く至る。問ひて曰はく、誰れ人かと。答へて曰はく、我は是れ春日大明神なりと言ふ。

【現代語訳】　一、同月十六日の夜の夢は次のようであった。ある大海があった。成弁は沐浴をしていた。そこに一人の俗人がいて、同じように沐浴をした。沐浴を終えて先程の俗人は去って行った。その時、これを見ると僧であった。心中に彼は化人であるに違いないと思った。たちまちに遠くに至った。「あなたは誰ですか」と問うた。すると答えて言うには「我は春日大明神である」と云々。

【語釈】　**64同十六日**　本夢記は「正月七日」から始まり、日を追って記述されているので「二月十六日」と一応解せる。

【考察】　参照。**65沐浴**　水浴び、身を清めること。**67僧**　補修跡があり、人偏部分が欠けているが、残画から「僧」と判断し得る。**67~~遠至問曰~~**　次行に同文があるが、明恵が沐浴の僧に質問をする理由を本行で事前に説明するために抹消したと考えられる。**67化人**　神仏が自ら仮に形を変えて人間となって現れた者。**69春日大明神**　春日明神が「春日大明神」と自称している。【考察】参照。69言「云々」の書き誤りか。夢記の末尾は「云々」で終わることが多い。

【考察】本条は、春日明神と海で沐浴をするという興味深い夢である。2―1の夢記は巻子本一巻の装丁で全九紙から成っているが、その内、第五紙に記された本条は幅12.1㎝と第六紙に次いで短く、白紙の最終紙である第九紙よりも短い。また、後の裏打ちもされており、第五紙には本条のみの記載である。67行「僧」の人偏と思われる部分が補修により消されており、文字の判別が困難である。紙色も他八紙と異なり、他紙に比べ異質とも見受けられる。他条と内容が関連するために後に編纂されて紙継ぎが行われた可能性もある。

明恵の夢に沐浴はいくつか登場する。山外本1―6・111～121行にも在田川へ沐浴に行こうとする夢があり、川には死人がいるから行くなと言われたため、別の所で沐浴をし、剃髪をするも後に頭髪が開敷蓮花のようになるというものがある。明恵の夢には海をモチーフにしたものも多いが、まず想起されるのは、若き日より同行との修行の地に選んだ白上の峯より望む紀州の海であろう。また、釈迦追慕の念の強い明恵は、遠くインドの地と目の前の海が繋がっているということを具体的に想像していた。それは「遺跡を洗へる水も入る海の石と思へばなつかしき哉」（原漢字表記を訓読。『漢文行状』明資一120頁）という一首からも見てとれる。このような点に明恵の夢の中で海という情景が頻繁に登場する起因を求めてもいいかもしれない。春日大社から海までの距離は離れているが、『平家物語』巻三・無文の一場面を描いた江戸後期の絵巻がハーバード大学・ホファーコレクションにあり、荒木浩［二〇〇八］によれば、その絵巻を見ると春日大社に海が迫っていることがうかがえるという。夢中における春日大社と海の関係を示す事例として興味深い。

明恵の春日信仰については、湯浅党との関係について「系図では湯浅氏は藤原鎌足の後裔を称しているから春日大明神が氏神としているのであって、保田荘星尾の湯浅宗光の旧宅を大明神降誕の地として宗光の子息（宗業）が伽藍を建立している」（仲村研［一九七八］46頁）との指摘もある。建仁三（一二〇三）年正月二十六日の春日明神の託宣の記述を探ると、明恵自身が記した『十無尽舎利講式』（明資四110～113頁）や「秘密勧進帳」（明資一219～220頁）では、春日明神が名乗りをした記述は見当たらない。一方、明恵没後、喜海が著わした『明恵上人神現伝記』では「我是春日明神なり」（明資一237頁）と記され、「春日明神」を名乗っている。なお、『漢文行状』の記述（明資一112～113頁）は、ほぼ『十無尽舎利講式』をそのまま引用しているので、春日明神の名乗りは記されていない。これに対し、『漢文行状』等より後に成立したとされる『春日権現験記絵』においては自称が「春日大明神」となっている。これら伝記・説話類においては春日明神の自称が「春日明神」から「春日大明神」へと変遷しているように思われるが、本条のように夢記の段階で「春日大明神」と自称していることは注目に値しようか。

（小宮俊海）

▼2―1「同廿九日」条（70～96）

【翻刻】

―（紙継）―
70 一同廿九日夜夢云
71 京兵衛尉旅宿ヲ家主可出
72 之由ヲ云ト覺テ即時被出至
73 餘家宿其家忩々無極家母
74 屋猶有如帳代之處上人御房自
―（紙継）―
75 本居之給然成弁并此御前
76 等并上覺御房等在之兵衛殿

【訓読】

一、同じき廿九日の夜の夢に云はく、京の兵衛尉の旅宿を、家の主、出づべき由を云ふと覚えて、即時に出ださる。余の家に至りて宿る。其の家、忩々たること極まり無し。家の母屋に猶、帳代の如き処あり。上人御房、本より之に居給ふ。然るに成弁并びに此の御前等并びに上覚御房等、之に在り。兵衛殿、仮染気（かりそめげ）にして蹲居して飯を食はる。爾（そ）の時、上人御房、崎山小若御前を家の奥よりして兵衛尉に対面せよとて之を遣はしむ。以ての外（ママ）、人、御房の御をぼえなるに依りて之を遣はしむと覚ゆ。即ち音を挙げて頻りに兵衛殿を称美し給ふ。此の若御前、十二三歳の齢なりと云々。

同じき卅日、京よりの消息到来し、上人御房流罪の假染氣ニシテ蹲居被食飯尓時上人御房崎山小若御前ヲ従家奥シテ兵衛尉ニ對面セヨトテ令遣之以外（ママ）人御房之御ヲホエナルニ依テ令遣之ト覺即擧音頻稱美兵衛殿給此若御前十二三歳之齢也云々

同廿日自京消息到来告上人御房流罪之由依之紀洲間事ヲモ諸人様々ニ沙汰スト云ヘリ

案曰此夢状有大明神御加護也本旅宿者前度少安堵也立彼又到旅宿彼家物忩ナル此本ハ少サメタル様ナルニ新ニ起上人御房事也假染ニテ兵衛殿被居タル終無別事此騒動ノ肝ツフシ可脱也上人御房ハ三寶小童子ハ大明神也

由を告ぐ。之に依りて紀洲の間の事をも諸人様々に沙汰すと云へり。案じて曰はく、此の夢の状は、大明神の御加護有るなり。本の旅宿は、前度の少しき安堵なり。彼を立ちて又旅宿に到るに、彼の家、物忩なる、此れ、本は少しくさめたる様なるに、新に起きたる上人御房の事なり。仮染にて兵衛殿、居られたる、終に、別事無く此の騒動の肝つぶしは脱（のが）るべきなり。上人御房は三宝、小童子は大明神なり。紀州の旧居を出づと見えば悪しかるべきに、京の旅宿と見るは疑ひ無く、本の少しき安堵なり。大明神の御守護に依りて、別（こと）なる事有るべからざるなり。

94　出紀洲舊居ト見ミエハ可悪ニ京ノ旅
95　宿ト見ハ無疑本ノ少安堵也依
96　大明神御守護不可有別事也

【現代語訳】同月二十九日の夜の夢は、次のようであった。京の兵衛尉の旅宿を、その家の主人が出ていけと告げたと思われ、すぐさま追い出された。別の家に到着し、泊まった。その家は騒がしいことこの上ない。家の母屋にはそれでも帳代のようなところがある。上人御房はそこに最初からお座りになっていた。ところが、成弁ならびにこの御前たちならびに上覚御房たちもここにいる。兵衛殿は、一時しのぎの様子でしゃがんで飯を食べておられる。その時、上人御房が、崎山の小若御前を家の奥から、「兵衛尉にご対面しなさい」と言ってお遣わしになった。もってのほか、上人御房からの御信頼があるために、お遣わしになったのだと思われた。すぐさま声を上げて、しきりに兵衛殿を誉め称えになった。この若御前は、十二、三歳の年齢であると云々。

同月三十日に京から消息が到来して、上人御房の流罪の旨を告げてきた。そのため、紀州に関連する事をも、いろいろな人がさまざまに処置すると言っている。

考えてみるに、この夢の有様からすれば、春日明神の御加護があるのである。もとの旅宿は、前回の少しばかりの安堵である。そこを出発し、さらに別の旅宿に着いたところ、その家が騒がしい様子であったのは、これはもともとは少し鎮静していた様子であったのに、新たに起こった上人御房の事件である。一時しのぎに兵衛殿が座っていたなら、最終的にはとりたてたことは何もなく、この騒動によって不安に陥ることから逃れることができるのである。上人御房は三宝、小童子は大明神なのだ。紀州の旧居を出ると夢に見えていたら、悪いことの起こる予兆であるが、京の旅宿と夢で見たのは、疑いなくもともとの少しばかりの安堵のことである。大明神の御守護のおかげで、とりたての事もあるはずがないのである。

【語釈】 70同廿九日　この夢記の続き方からして、正月二十九日であろう。直前の64〜69行「同十六日」条から日付が十日以上離れ、十六日条の第五紙と二十九日条の第六紙が他紙に比べ短い点からすると、貼り継ぎ等の作為を想定すべきか。なお、元久元年のことだとすると、同日の正月二十九日には、紀州の糸野において、春日大明神降託の日を記念し大明神講が行われている（『漢文行状』、明資一113頁）。71兵衛尉*　湯浅宗光か。『漢文行状』元久元（一二〇四）年正月二九日の記事に「兵衛尉宗光」（明資一113頁）と見える。また、建仁元（一二〇一）年に「糸野之前兵衛尉藤原ノ宗光」の家に宿泊した（『華厳唯心義』巻上識語、高山寺典籍文書第4部101函7）との記録もある。一方、明恵周辺では、伯父（母の姉の夫）にあたる崎山良貞も兵衛尉であった。崎山氏は京都大番役を務めていたことが知られるため、「京兵衛尉旅宿」という記述は崎山良貞の方に該当する可能性もある。71旅宿　旅先の宿。71家主　兵衛尉ではなく、旅宿の主人と解す。73忩々無極家　「忩々」は、慌ただしく、騒がしいの意。京の旅宿から「余家」への移動が慌ただしく、騒がしいともとれるが、夢解きのところで「彼の家、物忩なる」（90行）と述べていることから、家が騒がしいととる。74帳代　母屋に設ける、貴人が休むための台。高山寺本10篇415行に用例があり、上覚が「帳台」らしき所の中にいる夢を明恵は見ている。74上人御房*　文覚のこと。77行で「上覚御房」が出てくるため、ここでの「上人御房」は文覚と見てよい。75成弁*　明恵の自称で、最初の諱。「高弁」の自称を用いる初出が承元四（一二一〇）年七月五日であるため、本夢記は、それ以前の成立である。明恵の改名については山外本1―1【語釈】2「成弁」参照。75此御前等*　「此」とあるが、何を指すのか不明。78行の「崎山小若御前」だとすると、後出の箇所で文覚により家の奥から兵衛尉の所に遣わされることになるため、成弁や上覚たちとここにいっしょにいるのはおかしい。文脈上はこの旅宿の主人の妻とも考えられるが、あるいは、湯浅宗光（または崎山良貞）の室のことか。宗光の室は、建仁三（一二〇八）年正月二九日、春日明神降託の際、明神が憑依した橘氏女で、建仁三年当時、二十九歳であった（『漢文行状』、明資一112頁）。良貞室は、明恵の叔母に当たり、明恵を養育した人物であり、後に崎山尼信性と呼ばれる。**76*上覚御房**　明恵の師である上覚房行慈。**77蹲居**　うずくまり、しゃがむこと。**78*崎山小若御前**　「小若」は、幼少の意。83行によれば、十二、三歳であり、夢解きでは「小童子」（93行）と称される。崎山若御前と呼ばれる人物が別におり、それよりも年少という意味で崎山小若御前と称す人物がいたとも思われるが、未詳。湯浅氏嫡流の宗弘に嫁いだ湯浅宗光の女が、崎山家文書「湯浅一門系図」（『和歌山県史』中世史料二）によれば「摩耶女崎山尼法名円明」とされており、あるいはそれであろうか（松本保千代［一九七九］参照）。**80以外（ママ）人御房之御ヲホエ**　「以外」と「人御房」の間に一字分空白。空白は「上」が入るべきで「上人御房」と見てよいか。**84同卅日自京消息到来**　正月三十日に、京から消息が到来したとあるが、その消息が文覚流罪の件を伝えるとともに、その事件に関連して紀州に関する処置（85行「紀洲間事」）がなされたようである。本夢記の年代推定に役立つとともに、文覚流罪に関する証言として史料的価値を持つ記述である。**84*上人御房流罪之由**　文覚は三度の流罪を経験している。明恵誕生以前の流罪を除くと、建久十（一一九九）年（＝正治元年）二月から建仁二（一二〇二）年十二月までの佐渡流罪、建仁四（一二〇四）年（＝元久元年）二月からの対馬流罪（建仁三（一二〇三）年説もある）の二つがある。文覚が謫地ではなく京都周辺にいて、しかも、流罪の風聞が生じる可能性があり、正月二九日の日付という条件を満たすのは、建久十（一一九九）年、建仁三（一二〇三）年、建仁四（元久元）年のみであると思われ、本夢記の成立年時もこの三候補のうちのいずれかであろうが、前条まで述べられたように建仁四年と考えられる。**87大明神御加護**　春日大明神の加護。建仁三（一二〇三）年正月二十六日に春日明神が明恵に託宣を垂れた際に、「其中ニ我ハ殊ニ御房ノ腹ノウチヨリ守リタテマイラセテ候ヘバ」と春日明神が明恵を胎児の時より守護してきたことが語られる（『明恵上人神現伝記』、明資一239頁）。山外本1―6の建仁三年「同十二月十五日」条（106～110）では、明恵は自らを囲むように石が重畳される夢を見ているが、高山寺本4篇では、その夢を「大菩薩御加護也」（19行）と捉え、次条では「別なる事有るべからず」と記している。春日明神と大菩薩で神格に相違があるものの、神の加護で危機を逃れることができると考える点では共通し、注目される。**88少安堵**　紀州における明恵親族の荘園地頭職安堵を指す。『漢文行状』（明資一114頁）によれば、元久元（一二〇四）年二月十三日の文覚対馬流罪の宣旨に続いて、「在田一郡地頭職悉以違乱、併ラ馳下関東ニ」とあり、文覚流罪に関連して、紀州にある明恵親族の持つ地頭職をめぐって危機が生じている。この夢は、そういった騒動の不穏な空気を伝えるものであろう。そのような違乱は、遡って建仁二（一二〇二）年にも紀州の石垣荘地頭職違乱があったという記事が『漢文行状』（明資一111頁）に見えるので、建仁二年の頃からすでに始まっていたようだ。この夢によれば、その騒動は、一時期、沈静化していたものらしいが、山外本1―6建仁三年「同夜日」条（90〜105）の夢解きのところで「同十二月一日、兵衛尉無別事而還來」とあり、この夢にある一時的な沈静化（前度少安堵）とは、これを指す可能性もある。

89物忩　ざわつくこと。***92上人御房ハ三寶**　三宝は仏・宝・僧の三宝。夢の中で崎山小若御前を遣わした文覚を三宝と夢解きしている。**93小童子ハ大明神**　小童子は、崎山小若御前を指す。夢での、文覚と崎山小若御前の関係からすれば、三宝の計らいで大明神が遣わされたと明恵は解釈したのだろう。**94出紀洲舊居ト見ハ**　「紀州の旧居を出づ」は、実際の夢の内容ではないため、条件節であることを明示するための配慮か。同行より次の行にかけての「京ノ旅宿ト見ハ」は、実際の夢を指しているので、区別して「京の旅宿と見るは」と訓んだ。

【考察】　現実の事件と関連させた、詳細な夢解きが施されるとともに、その現実の事件が文覚流罪に関わる。この夢の年時の可能性としては、【語釈】84「上人御房流罪之由」で触れたように、建久十（一一九九）年、建仁三（一二〇三）年、元久元（一二〇四）年の三つがある。夢が紀州親族の地頭職違乱をめぐる不穏な空気を反映し、春日明神の加護だという夢解きがなされる点からすると、建仁三年正月の春日明神宣託以後の夢であろう。前余までの夢の内容から建仁四（元久元）年と考えられる。この年の正月は『漢文行状』や他の夢記に多く記事の残る時期である。『漢文行状』によれば、正月二十九日に紀州にて大明神講を行っており、また、文覚の要請により上洛しようとして、二月五日に紀州を出発したが、雄山の地蔵堂に宿った時に見た夢で上洛を断念、その後、二月十三日に文覚流罪の宣旨が下っている（明資一113〜114頁）。それと密接に関連するとされるのが高山寺本6篇の夢記であり、元久元年二月七日条には雄山の地蔵堂から帰ってくる記事が載っており、『漢文行状』の記事と呼応する。また、二月八日、十日の夢では、紀州の騒動や文覚流罪の事件が反映した夢を記し、その後に「已上、未だ此の事を聞かざる以前の夢想也」と書かれる。文覚流罪の一件をまだ聞かない以前の夢想と解されてきたが（奥田勲［一九七八B］）、すでに一月三十日に文覚流罪の件を聞いていたとなると、この箇所の解釈は再考を迫られることになろうか。他にもこの時期の夢は残っており、高山寺本4篇に建仁四年正月の夢、山外本1―7に建仁四年正月二十八日の年記を持つ夢がある。それらとの関連を探るのは今後の課題であろう。高山寺本6篇にしても、元久元年に改元されたのが、二月二十日である点からして、冒頭に元久元年とあるのは疑問が残る。体裁としても高山寺本6篇は二紙からなるが、第一紙では「同七日」、「同八日」、第二紙では「二月十日」「同二月」と記される月日の順にも不審があり、さらに、「第11行から第18行までは、明恵筆か否か聊か疑を存する」（明資二109頁、築島裕「書誌略説」）ともいう。他の夢記との相関を探っていく必要があろう。

（立木宏哉）

▼2―1「同卅日」条（97～117）

【翻刻】

97 一同卅日後夜時正念誦之時有種々
98 妄分別出堂後夢我乘車將
—（紙継）—
99 到兵衛殿之處不得到行列處
100 彼處立屏風其繪圖地獄繪
101 覺後心依行法時妄想有此事
102 思テ懐慙恥又眠入成弁居桟

【訓読】

一、同じき卅日の後夜の時、正念誦の時、種々の妄分別あり。出堂の後、夢に、我、車に乗りて将に兵衛殿の処に到らむとするも、行列の処に到ることを得ず。彼の処に屏風を立つ。その絵図は地獄絵なり。覚めて後、心に行法の時の妄想に依りて此の事有りと思ひて慙恥を懐き、又眠り入るに、成弁、桟敷に居る。大路に一人の童子有りて絵を見しむ。成弁、之を取りて見、見了りては又還す、還せば又別の絵を見しむること弐度。又絵を送る。絵かと思ひて見れば、絵にあらず。唐綾魚綾躰の物を敷大路有一人童子令見繪成弁取之見々了テハ又還々セハ又令見別繪貳度又送繪々歟ト思テ見レハ非繪唐綾魚綾躰ノ物ヲ以巧ニ繡ヘル袋ニ御帳御前立瓶ニ少不違瓶ヲ容タルヲ得タリ夢心地ニ其瓶ヲ得トコソ不思トモ無疑其瓶也於其桟敷見遣レハ迎ノ大路ヲ兵衛殿乗馬被過其前路ヲ上藹被過ニ如馬ナル物以外ニ大身ナルカ而非馬カ足ヲ損セル歟ト思テタフレタルヲ相傳ス蹔時アリテ見遣タレハ彼物ナシ心思兵衛尉今ハ無障可被過前路之悪物已失ニケリ

案曰蒙明神之御恩也云々

以て巧みに繡（ぬ）へる袋に、御帳の御前の立瓶に少しも違はざる瓶を容れたるを得たり。夢心地に、其の瓶を得とこそ思はざれども、疑ひ無く其の瓶なり。その桟敷に於（し）て見遣れば、迎ひの大路を兵衛殿馬に乗りて過ぎらる。其の前に、路を上藹過ぎらるるに、馬の如くなる物、以ての外に大身なるが、而るに馬にあらざるが、足を損ぜるかと思ひて、たふれたるを相伝す。暫時ありて見遣りたれば、彼の物なし。心に思はく、兵衛尉、今は障り無く、過ぎらるべし。前の路の悪物已に失せにけり。案じて曰はく、明神の御恩を蒙るなりと云々。

【現代語訳】　一、同月卅日の後夜の時、正念誦の時に、種々の妄分別があった。出堂の後、夢は次のようであった。私が車に乗って兵衛殿の所に到着しようとしたが、行列の所に到ることができなかった。その所に屏風が立ててある。その絵図は地獄絵である。目が覚めた後で心に思ったことだが、行法の時の妄想によって、この夢を見たのだと思って深く恥じ、又眠り入ると、（その時の夢は次のようであった。）成弁は桟敷に座っている。大路に一人の童子がいて、絵を見せる。成弁がこれを取って見、見終わっては、又返す、返すと、又別の絵を見せること二度に及んだ。又（童子が）絵を送り、絵かと思って見ると、絵ではなく、唐綾、魚綾のような物で以て巧みに刺繍した袋に、御帳の御前の立瓶に少しも違わない瓶を容れたのを得た。夢心地に、その瓶を得たと思わなかったが、疑いなくその瓶である。その桟敷にいて見遣ると、向いの大路を兵衛殿が馬に乗って過ぎて行かれる。その前に、路を上臈がお過ぎになった時に、馬のような物で、以ての外に大きい身体で、しかも馬ではない物が、足を痛めているかと思われ、倒れたのを引き受けた。しばらくして見遣ると、さっきの物はいない。心中に思うには、兵衛尉は今は障りなく、過ぎて行かれるだろう。前の路の悪物はすでに失せていたから。

考えてみると、これは明神の御恩を蒙ったのである、云々。

【語釈】　97同卅日　本夢記は、建仁四（一二〇四）年（三十一歳）と推定される年の正月七日に始まり、日を追って記述されているので、建仁四年正月三十日と考えられる。97後夜　一日の昼夜を六分割した時の夜間の後の時分であり、夜半から朝までの間で、およそ、寅の刻（午前四時頃）を指す。後に定められた高山寺蔵の「阿留辺幾夜宇和」の「子、丑、寅三時休息」（『高山寺古文書』287頁、鎌倉遺文4263号）では休息の時間と指示されており、高山寺内、特に明恵の時間の使い方はかなり自由だったようであることが報告されている（築島裕［二〇〇四］）。97正念誦　信仰の対象となる本尊の真言を念誦すること。行者の随意、また時宜に応じて取捨される散念誦に対する。98妄分別　「虚妄分別」の略。対象の事物を主客対立の上で認識する、凡夫の迷妄にとらわれた心の働き。99兵衛殿*　崎山兵衛尉良貞。明恵の縁者・後援者として重要な人物。ただし、湯浅宗光である可能性もある。【語釈】71「兵衛尉」参照。**99行列**　何の行列か不詳。後半の夢で桟敷から見ていることが語られるから、例えば祭りの行列などか。**100地獄繪**　地獄の様子を描いた絵画。地獄変。地獄絵の屏風は十二月の仏名会に用いられたことから多く制作されたとされる。なお仏名会は十二月十九日または十九日から三日間行われるのが通例であったから、この夢の日付から、現実の反映かとも想像される。**102桟敷**　物見の設備であるが、ここでは大路に言及されているので、京都の一条大路などに設けられていた祭礼行列などの見物用のものを想定してよいか。**106唐綾**　中国から伝来した綾。綾を浮織りにしたもの。**106魚綾**　上質の唐綾を尊んでいう語。ぎょりゅう、ぎょりん、とも。なお、魚綾の如きものに文章を書いて神女に捧げる夢が存する（山外本3—3）。**107御帳御前立瓶**　帳は仏壇の左右に懸ける飾りをいうか。瓶は仏の供養のために香水などを入れるものと思われる。**112如馬ナル物以外ニ大身ナル**　馬は明恵の夢に頻出するが、ここでは巨大な馬のようなものとして記述されている。この夢では上藹の乗り物のための馬（の如きもの）かどうか判然としないが、崎山兵衛や上藹たちの行列の中にいたものであろう。**116惡物**　アクモツ。悪いもの。有毒なもの。訓みは決め難いが、『日葡辞書』の「あくもつ」に従っておく。**117明神之御恩**　何を以て明神の御恩としているかは明確ではないが、この日の夢全体から考えれば、妄分別から逃れ得たことと、馬のような巨大な動物から逃れたことを指すのであろうか。【考察】参照。

【考察】　この夢の一つの重要なモチーフは念誦の間に明恵の心に浮かんだ種々の「妄分別」であろう。それによって地獄絵の屏風などという好ましからざる夢を見ることになる。明恵の夢記に、「分別」は若干の例があるが、一般的な語義で用いられている。「妄分別」は夢記に現れない語彙である上、明恵自身が「種々の」とだけ説明し、内容には触れていない。しかし、その「妄分別」によって悪夢を見、それを深く恥じているのだから、かなり深刻な事態と明恵が判断しているのではないか。そして、再び眠りに入って見た夢は、そこから解放されたかの趣がある。美しい綾の袋に入れられた瓶を手に入れることや、悪しき物と見ている巨大な馬のような物が消滅することなどである。最初の地獄絵の夢が詳細に語られていないのに対し、後半の夢が細部に至るまで描写されているのが示唆的である。ただ、童子の見せる絵がどのようなものか語られないのが不思議であるが、文脈的には地獄絵であろうか。それが最後には、瓶に変ずるのだからそう考えて矛盾はないだろう。さらに重要なのは、悪しき馬を夢に見たという点である。密教経典には修法を勤めることで成就するすぐれた悟りの証としての夢想が示されているものが少なくない。『蘓悉地羯羅経』(高山寺経蔵に建久六年の写本あり)には、牛・鹿・馬などの獣を夢に見ることがあげられ、『七倶胝仏母所説准提陀羅尼経』(同じく院政期の写本あり)には、同じく悪馬・水牛を見ることが示されている。この夢では馬は「悪物」とされているから、悪馬に相当すると考えられる。明恵は、これらを想起して、この夢を見たことを好ましく思い、春日明神の加護によってこの夢を見ることができたと解釈している。なお、『蘓悉地羯羅経』、『七倶胝仏母所説准提陀羅尼経』は明恵時代の高山寺経蔵に存在したことが『法鼓台聖教目録』で確認できる。

(奥田勲)

2—2　某年某月、二月夢記※

▼2—2　「有宣旨殿」条 (1〜14)

【翻刻】

1　有宣旨殿御局成親馴相云々
2　一同十一日夜夢云
3　光堂御前ヲ如釜爐之物上ニ燠ヲ
4　置入其中テ焼之彼人在其中テ有
5　音念誦ス七日欲蒸之付同行ヲ一テ

【訓読】

(前欠)宣旨殿の御局有り。親馴の相を成すと云々。
一、同じき十一日の夜の夢に云はく、光堂の御前を釜炉(ふろ)の如き物の上に燠(おき)を置き、其の中に入れて之を焼く。彼の人、其の中に在りて、音有りて念誦す。七日、之を蒸さむとす。同行を付けて第六日に至る。高弁、之を臥息す。七日に至り、悉く灰と成る。心に思はく、

6 至第六日高弁臥息之至七日悉成
7 灰心思ハク此人永分此果ヲ去了先
8 形今不可見哀傷無極我モ殊可發
9 心修行之由ヲ思其後又眠入ニ
10 於高尾金堂中修佛事非説經
11 等其聴衆數多及四五万人其中
12 此人反成男子即上人也其形不□(肥)
13 滿在如堂前之處心思先尼形時ハ
14 肥滿之人也今其形異前也即覺了

此の人、永分、此の果を去り了んぬ。先の形、今見るべからず。哀傷すること、極まり無し。我も殊に発心修行すべき由を思ふ。其の後、又眠り入るに、高尾の金堂の中に於て仏事を修す。説経等に非ず。其の聴衆、数多(あまた)にして四五万人に及ぶ。其の中に、此の人、男子に反成す。即ち上人なり。其の形、□(肥)満ならず。堂前の如き処に在り。心に思はく、先の尼形の時は肥満の人なり。今、其の形、前に異なり。即ち覚め了んぬ。

【現代語訳】（前欠）宣旨殿の御局がおり、馴れ親しんだ様子であった。

一、同月十一日の夜の夢は次のようなものだった。煮炊きのための炉のようなものの上に赤くおこった炭火を置き、その中に光堂の御前を入れて焼いた。その人は、炉の中にあって、声をあげて念誦した。七日間、彼女を蒸そうとした。同行を伴って、六日目となった。高弁は彼女を横にして寝かせた。七日目になって、すべて灰となった。心に思うに、この人は永久にこの果報から去ってしまった。以前の姿を今は見ることができない。哀しいことこの上ない。私もなんとしても発心して修行しなければならないと思った。その後、また眠り込んだところ、（見た夢は次のようであった。）高尾の金堂の中で仏事を修した。（ただし仏事というのは）説経等ではない。その聴衆は数多く、四五万人に及んだ。その中で、光堂の御前は生まれ変わって男子となっていた。それは上人であった。その姿は肥満ではない。堂の前のような場所にいた。心中には以前の尼形の時は肥満の人であったと思った。今、その姿は以前とは異なっている。そこで夢が覚めてしまった。

【語釈】 **1宣旨殿御局***　この文に先行する部分が欠けているため、文意を確定できない。「宣旨」は宮中の上臈の女官で、宣旨の取次や雑務を行う者の称。のちには宣旨を伝えない女官も「宣旨」と呼ばれることがあった。「宣旨」は、東宮・院・摂関家にもあった。「御局」は上流の女房への敬称。この夢の「宣旨殿の御局」としては、春華門院・北白河院（後高倉院妃）・式乾門院（北白河院女）・宣陽門院（後白河院皇女）等といった女院や九条兼実女で後鳥羽天皇の中宮であった任子（宜秋門院）の女房を指すか。夢記には九条兼実の縁者が多く登場していることから、兼実や道家あたりの女房とも考えられる。とくに春華門院については、『明月記』建暦元年十一月八日条に、春華門院の仏事に際して「宣旨殿」が登場しており注目される。**2同十一日**　86行目に「三月二日」とあることから、一月十一日か。また134行目に「摧邪輪、以ての外に御感あり」とあることから考えると、建暦二（一二一二）年十一月廿三日の『摧邪輪』成立後、建保年間の夢か。ただし21行と22行の間には紙継が認められ、2―2の夢記が一連のものとは必ずしも断定できない。**3光堂御前***　「光堂」は、堂を金箔で装飾したり、金色の本尊を祀ったりしてある阿弥陀堂のこと。「御前」は接尾語的に用いる女性の尊称。明恵周辺では、飛鳥井雅経室（大江広元女）が高山寺に阿弥陀堂を施入したこと（『高山寺縁起』、明資一636頁）が知られるが、阿弥陀堂施入は寛喜元（一二二九）年であり、高山寺の阿弥陀堂は檜皮葺きで、本尊も木像であるため、関連は薄い。**3釜爐**　「風炉（ふろ）」に同じか。「風炉」は、湯沸かしや物の煮炊きのための炉。**3燠**　赤くおこった炭火。**5念誦**　経文や真言などを口に唱えること。**5同行**　志を同じくして仏道修行する仲間。**6高弁***　承元四（一二一〇）年七月五日以後の明恵の諱。山外本1―1【語釈】2「成弁」参照。**6臥息之**　「臥息」は横になって休む意。「之」は文脈からすると「光堂御前」を指すと思われるが、あるいは直前の「同行」の可能性もあるか。**7永分**　永久にの意。**7此果**　光堂御前の今生の果報。【考察】参照。**8發心**　菩提心（悟りを求めようとする心）をおこすこと。『摧邪輪』などからもうかがえるように、明恵は菩提心を重視した。**10高尾金堂**　高尾は神護寺。明恵は十三歳から十九歳までの七年間、毎日、高尾の金堂に参じたとされる（『仮名行状』、明資一16頁）。**10佛事**　仏教に関する行事。法事、法要、法会など。以下に「説経等に非ず」とあることから、このとき行われた仏事が説経でなかったことは確かだが、具体的にどんな仏事であったのかは不明。**12反成男子**　「変成男子」に同じ。女は女の身では仏になれないが、仏の力で男身に変わることで成仏できると考えられた。『法華経』『提婆品』の竜女成仏に基づく。**12上人**　高徳の僧。なお、明恵は文覚を指して「上人御房」と称することが多いが、この「上人」は一般的な意味として解するのが妥当か。

【考察】　最初の一行については、文が途中から始まっているため、意味を確定できない。また、「同十一日」より前の夢であることは確かだが、どれほど隔たっているのかも不明。ただ、高貴な家の女房から馴れ親しまれていることから、15～16行の夢と共通した雰囲気が感じられる。『摧邪輪』や『摧邪輪荘厳記』の著述と同時期の夢とすれば、京の貴顕と親しく交わっている時期であり、そうした生活環境が反映していると見ることもできよう。

十一日の夢では、光堂の御前は炉で蒸し焼きにされ、七日後には悉く灰となった。明恵はそれを限りなく悲しみ、自分も発心しようと修行のことを考えている。光堂の御前がなぜ蒸し焼きにされたのかは不明だが、光堂の御前が灰となった後、明恵が「我も殊に発心すべし」と決意を新たにしていること、再び寝入ったときの夢で光堂の御前が変成男子して上人の身となっていることを考えると、彼女の生前の行いや存在自体は悪いものではなかったと思われる。

この夢は、明恵の講義聞書である『栂尾御物語』下に「一　或人、宝楼閣法ヲ明師ニ伝授了。初行五日ト云夜、夢ニ明師御覧是上成熟義也。此人死タルヲハフルニ薪ヲタケル様ニテ灰ノミ残レリ。哀ナル物哉。昔ノ有サマヲ思出テ、又モ不見キ事ノ哀サヨナド思テ有程ニ高尾ノ金堂ノ前ト思シキ所ニ墨染衣ノ打キテ法師ノ形成テアヘリト云々。此ハ今生ノ果報ヲ焼失ガ見ル也。即bha字ノ有ヲbhahノ字ノ涅槃ノ智火ヲ以テ焼故、凡夫ノ依ヲ転ジテ聖人性ヲ得ル也。ムロニ入テムス見ルハ三摩耶形ノ鉢ニ入ルガ見ル也。法師トミユルハ即楼閣ノ前ノ行者也」（明資三416頁）と記され、明恵から宝楼閣法を伝授された「或人」がこの夢の「光堂御前」と見られる。

（平野多恵・前川健一）

▼2―2「同十二日夜夢」条（15〜16）

【翻刻】

15　一同十二日夜夢七八人女房中在之一人

16　ノ容ニ容ヲ記ヲキ臥也云々

【訓読】

一、同じき十二日の夜の夢に、七、八人の女房の中に之在り。一人の容に容を記しをき臥すなりと云々。

【現代語訳】　一、同月十二日の夜の夢は次のようであった。（私は）七、八人の女房の中にいた。一人の顔に顔を描いて、起きたり寝たりしている、云々。

【語釈】　**15在之**　「之」は主語を承けるが、ここでは主語である明恵が省略されている。ジラール仏訳では前の夢の続きと見て、「之」を光堂御前とする。**16容**　かたち。容貌。この場合は、顔か。**16記ヲキ**　「ヲキ」は難読、あるいは「ヲヽ」か。「ヲキ」と読む場合、「記し置き」とも解せるが、下に続けて「起き付す」と読んでおく。毎日新聞社重要文化財委員会編［一九七〇］155頁の翻刻では「記」を「配」とする。

【考察】　「之」の指すものと「一人ノ容ニ容ヲ」の意味を捉えにくい上、判読し難い文字もあるため、解釈が難しい。明恵は女房の登場する夢をしばしば見ている。女房が明恵に白芥子入りの白粥を食べさせたり（高山寺本7篇80行、建永元年五月三十日条）、数十丈の所に立てかけられた板を登って天竺へ向かう心地がするときに上下にいた女房に助けられたり（高山寺本11篇2〜6行、寛喜二年七月晦条）と、夢中の女房が明恵を助ける行動をなすことも多いが、この夢はそのパターンではないようである。

（平野多恵）

▼2—2「同十三日夢」条（17〜22）

【翻刻】

17　一同十三日夜夢云

18　有○(如)高楼之屋高弁在其上并一両

19　女房并居也又与彼女并一両僧等

20　向八幡宮前方行去有一池過彼了

21　至一大池廣博無極云々

—（紙継）—

22　如其名卿夫人持一人子高弁謁也

【訓読】

一、同じき十三日の夜の夢に云はく、高楼の如き屋有り。高弁、其の上に在り。并（なら）びに一両の女房、并び居るなり。又、彼の女と并びに一両の僧等、八幡宮に向かひ、前方に行き去るに一の池有り。彼を過ぎ了り、一の大きなる池に至る。広博なること極まり無しと云々。

（前欠か）其の名の如し。卿夫人、一人の子を持つ。高弁謁するなり。

【現代語訳】

一、同月十三日の夜の夢は次のようであった。高楼のような建物がある。高弁は、その上にいる。それとともに一、二人の女房が並んで座っている。又、その女ならびに一、二人の僧等と一緒に八幡宮に向かい、前の方へ行くと池があった。そこを過ぎ終わって、一つの大きな池に行き着いた。広大極まりなかった、云々。

（前欠か）その名前の通りであった。卿夫人には一人の子どもがいた。高弁は謁見した。

【語釈】

18高楼之屋　「高楼」は高く造った建物。「屋」は家屋の意。**20八幡宮**　明恵と関わりの深い八幡宮には、平岡八幡宮と石清水八幡宮がある。平岡八幡宮は、かつての善妙寺所在地を下ったところにある神社で神護寺の守護神とされる。大同四（八〇九）年九州宇佐神宮から平岡の山崎に影向したことにはじまり、建久元（一一九〇）年文覚上人が神護寺を再興した折に社壇も再建され、後貞応元（一二二二）年に浄覚上人（明恵の師である上覚房行慈）が山崎から現在の地に移したという（『諸社根元記』）。また、明恵は石清水八幡宮の僧らと交流があり、『歌集』7〜10には、承元三（一二〇九）年六月十九日に石清水八幡宮に参り、石清水らの僧らと月を前に歓談した際、共に詠んだ和歌が収められている。

＊22卿夫人　判読し難い部分で、「曰夫人」とも考えられるが、このように読んでおく。「卿」は一般的には「公卿」に同じだが、「公」と「卿」を区別する場合、「公」が太政大臣・左大臣・右大臣であるのに対し、「卿」は三位以上と参議を指す。「夫人」は、貴人の妻の敬称。具体的に誰を指すのかは未詳。毎日新聞社重要文化財委員会編［一九七〇］の翻刻は「卿」を「曰」とする。

【考察】　21行目と22行目の間に切継があり、もともとは別の夢であった可能性が高い。17〜21行目までの夢についていうと、女房、僧、広博な池、高い所等、いずれも明恵の夢によく表れるモチーフや状況である。高所にいる夢、とくに高い所を登る夢は、明恵にとって好ましい状態を示す場合が多く、例えば、真証房らと高い山に登ると、頂上に多数の家と田畑がある夢（高山寺本10篇365行、承久二年八月二十四日条、これは三昧観の相と夢解きされる）や、高さ数十丈の所に広さ一尺の板を立てた上に登って天竺の道を歩く心地がする夢（高山寺本11篇2行、寛喜二年七月晦日条）等がある。池のモチーフについては、例えば、ある大殿の前の池の水が少なく穢れ濁っている夢に対して、池は坐禅に鎮護のないことを示すと明恵が夢解すように（高山寺本10篇83行、承久二年十一月十三日条）、清澄な池は明恵の修行が順調に進んでいる状態、水が少なく汚れている場合は修行が滞っている状態を示すようである。また、大池や大盤石など、大きなものの夢はよいイメージを伴うことが多い。22行の前に接続する行文があったと思われるが、欠失しており、内容を確定し難い。

（平野多恵）

▼2—2「同十六日夜夢」条（23〜26）

【翻刻】

23　一同十六日夜夢云

24　有一人貴女著本法衣服如厨子等

25　物上ニ坐ス　是ハサタヤ天也

（一行空白）

26　又有人唱此由云々喩四鳥之四珠也

【訓読】

同じき十六日の夜の夢に云はく、一人の貴女有り。本法の衣服を著す。厨子等の如き物の上に坐す。是バサタヤ天なり。

（一行空白）

又、人有りて此の由を唱ふと云々。四鳥の四珠に喩ふるなり。

【現代語訳】一、同月十六日の夜の夢は次のようであった。一人の高貴な女性がいた。然るべき衣服を着ていた。厨子のようなものの上に坐していた。これは婆傘多夜天である。

また、人がいて、このことを唱えた、云々。四鳥の四珠に喩えるのである。

【語釈】**24貴女**　高貴な女性。この夢に近いモチーフのものとして、『仮名行状』下に引く以下の夢（建保三（一二一五）年頃）がある。この夢では、学問所に弁才天を懸けたところ、その後の夢で、持仏堂より一人の貴女が学問所に来るのを見て、この貴女を持仏堂にもともと安置していた吉祥天と解している（明資一51頁）。**24本法**　如法の意。なお、バサダヤ天は朱衣を着ているので、次行の夢解からすれば、「本法の衣服」とは朱衣を指すと推定される。**24如厨子等物**　同じ表現が建仁（一二〇三）三年十一月廿九日夢（山外本1—6）に見える。**25ハサタヤ天**　婆傘多夜天（Vasantavayant）婆珊婆演底、婆傘多婆演底、婆娑婆陀などと音写し、春生と漢訳する。主夜神とされ、夜中の盗賊・悪鬼などの所行を撃退するという。『華厳経』「入法界品」で善財が訪問する五十五善知識のうちの三十二番目。華厳教学では、初歓喜地に相当すると解する。『漢文行状（報恩院本）』別記では、春日社に関連づける口伝を記す（明資一226頁1〜8行）。明恵は元久元（一二〇四）年正月廿三日、或る女人の周忌仏事のため婆沙陀天を図絵している（『漢文行状』明資一113頁7行）。また、嘉禄三年五月十四日には隆弁に、春和天は四十二字呪を真言とするという口伝を授けている（『真聞集』二、明資三・242上1〜10行）。**26四鳥之四珠**　未詳。婆珊婆演底を春日社に関連づける口伝からすると、春日の四所（武甕槌神、経津主命、天児屋根命、姫太神）を喩えたものか。

【考察】明恵の夢にしばしば現れる貴女のモチーフであるが、本夢では『華厳経』に登場する婆沙婆陀天に比定されている。短い夢のため、どのような状況を背景にしているか不明な点が多いが、厨子が登場することからすると何らかの宗教的な意味を持つものだろうか。

（前川健一）

▼2―2「同十九日夜夢」条（27〜49）

【翻刻】

27　此○（初）夜ヨリ尺迦文殊合行　其夜祈彼寺合事
28　一同十九日夜夢云
29　得一石長一寸許廣七八分厚二三分許也
30　其石○中當有レ眼廣（長）五分許廣二三分許也
31　其石白色也而不純白少鈍色也依○（有）此眼甚
32　有大霊験即動躍如生類高弁右手中
33　挙之奉對上師令見之放手置之動躍

【訓読】

一、同じき十九日〈此の初夜より釈迦・文殊合行す〉の夜の夢に云はく〈其の夜、彼の寺の合事を祈る〉、一の石を得。長さ一寸許（ばか）り、広さ七八分、厚さ二三分許りなり。其の石の当中に、眼有り。長さ五分許り、広さ二三分許りなり。其の石、白色なり。而るに、純白ならず。少しき鈍色なり。此の眼有るに依りて、甚だ大霊験有り。即ち、動躍すること、生類の如し。高弁、右手の中に之を挙げ、上師に対（むか）ひ奉り、之を見しむ。手を放ち、之を置く。動躍すること、魚の陸地に

34 如魚在陸地上師見之加随喜高弁白言此
35 名石眼也〈此石名也〉當尓時屋上ノ下ニ懸如魚物
36 ~~心ニ思ハク~~朽干テ其腸等皆失也〈其片眼干出カ如也〉○然其眼少キ
37 動ク上師ニ此之由ヲ白ス其傍ニ又有如皮物
38 之物彼ハ不然唯普通ノ皮也取下此魚テ欲
—（紙継）—
39 奉令見上師即有一人女房來取下也即□（妹）□（也）
40 鹿勢許之生類有四足其背皆穿タル物也
41 女房曰我タヽナラヌニ如此物ヲ手ヲカクル何可
42 有覧心ニ思ハク姪者也此生類糸惜ク思テ之ヲ
43 イタハル即此生類地ニ被下テ云ク只如本ク
44 被釣懸トㅡ云フ心ニ思ハク久ク被釣習テ如此
45 云也以外有苦痛氣色也又片手切タリ
46 即任云テ釣之〈云々此生類眼ハカレヒタリ〉
47 上師者是尺迦也女房者是文殊也
48 姪者是覺母殿也石眼之眼ハ此生類之眼ニ
49 可勝也〈云々〉

在るが如し。上師、之を見て、随喜を加ふ。高弁、白(まう)して言(まう)さく、「此れ、石眼と名づくるなり〈此の石の名なり〉」と。爾(そ)の時に当り、屋上の下に、魚の如き物を懸く。朽ち干して其の腸等皆な失するなり〈其の片眼、干し出づるが如きなり〉。然るに、其の眼、少しき動く。上師に此の由を白す。其の傍らに、又、皮物の如き物有り。彼は然らず。唯、普通の皮なり。此の魚を取り下して、上師に見しめ奉らむとす。即ち、一人の女房有り。来りて取り下ぐるなり。即ち、妹なり。鹿の勢許りの生類なり。四足有りて、其の背、皆、穿ちたる物なり。女房曰はく、「我、ただならぬに、此くの如き物を、手をかくる。何ぞ有るべかるらむ」。心に思はく、「姪の者なり。此の生類、糸惜しく思ひて、之をいたはる」。即ち、此の生類、地に下ろされて、云はく、「只、本の如く釣り懸けられよ」と云ふ。心に思はく、「久しく釣られ習て、此くの如く云ふなり」。以ての外に苦痛の気色有るなり。又、片手切れたり。即ち、云ふに任せて、之を釣ると云々。此の生類の眼は、かれひたり。上師は是れ釈迦なり。女房は是れ文殊なり。姪は是れ覚母殿なり。石眼の眼は、此の生類の眼に勝るべきなりと云々。

【現代語訳】　一、同月十九日〈此の日の初夜から釈迦法と文殊法を合行した〉の夜の夢は次のようであった〈其の夜、彼の寺の合事を祈った〉。一つの石を得た。長さは一寸ほど、横幅は七、八分、厚さは二、三分ほどであった。其の石の真ん中に眼があった。それは長さ五分ほど、幅二、三分ほどであった。その石は白色であった。しかし純白ではなかった。少し鼠色がかっていた。この眼があることによって、大いに大霊験があった。すなわち、ぴちぴちと動くことは、生き物のようであった。高弁は、右手の中にこれを取り上げ、上師にお向かい申し上げ、これをお見せした。手から放して、これを置いた。ぴちぴち動くことは、魚が陸に揚げられた時のようであった。上師はこれを見て喜んだ。高弁が申し上げて言うには、「これは石眼という名です〈これはこの石の名前である〉」。ちょうどその時、屋上の下に魚のようなものを釣り懸けてあった。腐り干からびて、その内蔵等は皆失われていた。その片目は干からびて飛び出ているようであった。ところが、その眼は少し動いた。上師にそのことを申し上げた。その傍らに、また、皮のある生き物のような物があった。これはそうではなかった。単に普通の皮であった。この魚を取り下ろして、上師にお見せしようとした。ここに、一人の女房がいた。来て取り下ろした。これは妹であった。（この魚は）鹿ぐらいの大きさの生き物であった。四本足があって、その背中はどこも穴があけられていた。女房は「私は妊娠しているのに、このようなものに手をかけました。あるまじきことです」と言った。心中で思ったのは、これは姪である。この生き物をかわいそうに思って、これに気にかけたのである」と。ここで、生き物は地面に下ろされて、「ただ元のように釣り懸けてください」と言った。心の中で「長い間釣られなれているので、このように言うのだ」と思った。思った以上に苦痛の様子であった。また、片手は切れていた。そこで、言うとおりに、これを釣り懸けた、云々。この生き物の目は干からびていた。上師は釈迦である。女房は文殊である。姪は覚母殿である。石眼の眼は、この生き物の眼よりも勝れているにちがいない、云々。

【語釈】　27彼寺　未詳。29一石　夢の中に石は何度か出てくるが、このように石そのものに霊験がある例は他に見当たらない。33上師*　明恵の師である上覚。明恵の夢に多く登場するが、この夢のように釈尊に比定されることは珍しい。35如魚物　この夢に現れる生き物は、以下の夢に現れるイメージと共通する点がある。建永元年六月六日夢（高山寺本7編91〜94行）では一本の角の生えた鰐が頭を貫かれて繋がれており、明恵はこの魚はもうすぐ死ぬと感じている。承久三（一二二一）年九月十二日夢（高山寺本10篇391〜398行）では、舎利瓶のような容器に入っていたものが次第に大きくなり、四足のある竜のようなものになり園の中を遊行する。39□（妹）　第一字の残画は女扁のみ見える。後の「姪」を女房が懐妊している子どものことを指していると解して、一応「妹」（または「姉」）と読むことにする。明恵に姉妹がいて出家後に常円房と称したことは『真聞集』本に見える。「先師姉妹〈出家後法名常円房〉」（明資三193頁）。もっとも、この「先師」を上覚と解すれば、常円房は明恵の伯母（または叔母）ということになる。41タヽナラヌ　妊娠していること。48覺母殿　覚母は、文殊の徳を現わす名。三世諸仏は文殊の教化によって成仏するので、こう呼ぶ。また、文殊は智慧をつかさどるからとも言う。なお、年月未詳十六日夢（高山寺本13篇40〜53行）には、「文殊殿」と呼ばれる童子が出現する。

【考察】　全体としては、明恵自身が夢解しているように、釈迦・文殊合行という宗教実践に関連した夢と考えられる。登場するものは、上師（＝釈迦）・石眼と妹（＝文殊）・姪（＝「覚母殿」）・「鹿勢許りの生類」という二系列に分けられる。前者の方が後者よりも評価されていることから考えると、釈迦・文殊を合行したものの、釈迦法の効験の方が強かったということであろうか。あるいは、姪（＝覚母）を懐妊した妹（＝文殊）が「鹿勢許りの生類」を忌避していることからすると、祈祷内容が文殊法とはそぐわないことを示しているのだろうか。

（前川健一）

▼2―2「同廿一日夜夢」条（50～61）

【翻刻】

50 一同廿一日夜夢云

51 従佐渡前司之許送書大臣殿之

52 御書歟ト思疊紙等之種々物五六種

53 在之心思此時十二月晦日也明日正月一□（日）

54 此返書ヲ欲遣心思ハク是大吉也

55 又夢金堂邊有切木之組此下有池

56 過此テ到紀洲其次至處又殊勝靈

57 處ト思即行之ニ有大海其濱ヲ行

58 有大山峯過此テ重々ナル巖ノ可有ヲ

59 過テ到彼處ラハ可有殊勝可慶之處

60 今十廿丁許ト思テ覺了

61 其次日清書云々荘ム記也

【訓読】

一、同じき二十一日の夜の夢に云はく、佐渡前司の許より送る書、大臣殿の御書かと思ふ。畳紙等の種々の物、五六種、之在り。心に思はく、此の時、十二月晦日なり。明日は正月一日なり。此の返書を遣らむと欲す。心に思はく、是れ大吉なり。又、夢に金堂の辺に切木の組有り。此の下に池有り。此を過ぎて紀州に到る。其の次に至る処、又、殊勝なる霊処と思ふ。即ち之を行くに大海有り。其の浜を行くに、大山峯有り。此を過ぎて、重々なる巌の有るべきを過ぎて彼の処に到らば、殊勝にして慶ぶべき処有るべし。今十廿丁許りと思ひて覚め了んぬ。其の次の日、清書すと云々〈荘厳記なり〉。

【現代語訳】　一、同月二十一日の夜の夢は次のようなものであった。前佐渡国司のもとから送ってきた書状は大臣殿の御書状かと思った。懐紙等の様々なものが五六種あった。心中に思うに、今この時は十二月末日である。明日は正月一日であると。この返書を遣わそうと思った。これは大吉である、と。又見た夢に、金堂の辺に木を伐ったものを組んだものがあった。この下に池があった。ここを過ぎて紀州に到った。この次に到るところは、また、格別の霊地だと思った。すなわち、紀州を行くと大海がある。その浜を行くと大山峰がある。ここを過ぎて大きな岩が重なり合っているであろう所を過ぎてあの場所へ到ったら、格別の喜ばしい場所があるはずである。あと十〜二十丁ばかりだろうと思って目が覚めた。その次の日、清書した、云々〈『摧邪輪荘厳記』のことである〉。

【語釈】　**50同廿一日**　建暦三（一二一三）年（＝建保元年）六月のこと（改元は十二月六日）。明恵四十一歳。61行目に見える『摧邪輪荘厳記』は、その奥書によれば、明恵が同年六月二十二日に栂尾にて完成させたものである。**51*佐渡前司**　『歌集』3の詞書「佐渡前司藤原親康」から藤原親康を指す。明恵と和歌の贈答もある親康は致康男（忠広猶子とも）で、地方官を歴任したのち出家した。任佐渡守は元久元（一二〇四）年四月（『明月記』同年月十三日条）で、山外本1―10（建暦元（一二一一）年十二月）にも「佐渡前司」宅に宿泊したことが記される。その後嘉禄元（一二二五）年八月、明恵の夢想に「伊豆入道」として登場し（『喜海四十八歳時之記』明資一626頁等）、伊豆守を経て出家したことがうかがえる。**51送書**　文意から「書を送らる」とよむ。あるいは「送る書」と読むべきか。**51*大臣殿**　建暦三（一二一三）年六月の時点での「大臣」は三名該当する。九条良輔（左大臣、文治元（一一八五）年〜建保六（一二一八）年、当時二十九歳）、徳大寺公継（右大臣、安元元（一一七五）年〜安貞元（一二二七）年、当時三十九歳）、九条道家（内大臣、建久四（一一九三）年〜建長四（一二五二）年、当時二十一歳）である。いずれとも決定しがたいが、九条良輔・徳大寺公継は、後日の夢に「六条大臣」「左大臣殿八条」（80〜81行）として現れ、この夢とのモチーフの重なりが注目される。2―2「又眠入有人云」条（79〜85）【考察】参照。徳大寺公継は、「往生人」（『公卿補任』など）と呼ばれ、法然と関わりがあったことが知られているが、『摧邪輪荘厳記』が法然の教えを批判する内容であるため、この夢に登場すると仮定しても不都合ではない。**52疊紙**　懐紙。和歌の詠草等に用いられた。**54大吉**　夢中で本夢を吉相と解釈したこと。山外本1―10建暦元（一二一一）年十二月十六日条118行で明恵は正月を「イハヒノ月」と記しているが、『真聞集』一（明資三217頁）には、隆弁による「随求陀羅尼五色加持」

修法の折、病人が見た竹の夢を明恵が「竹ハイハイノ物也（中略）此夢想殊勝夢也云々」と解釈したケースもみえる。このような例を参考にすれば、正月という「イハヒ」のモチーフを明恵は「大吉」の夢と解釈したのだろう。**55金堂**　高山寺の金堂が整備されたのは承久元（一二一九）年であることから、神護寺の金堂をさすか。神護寺の金堂は、山外本2―2・10行にもみえる。**56紀洲**　金堂が神護寺のものであれば、明恵が二十～三十代に神護寺と紀州を往来した経験を重ねて読める。**56靈處**　神仏を祀る場所。**59殊勝可慶**　56行目にも同様の語句があるが、夢記には他にも「殊勝」なる所についての言及があり、その多くが類似の景観を伴う。高山寺本には「有大磐石、高峯無極、海水自上流テ如瀧水、可慶殊勝之相アリ」（7篇50～51行、元久二（一二〇五）年）「海辺山水殊勝也」（9篇26～27行、建保六（一二一八）年）とある。更に『仮名行状』（明資一64頁）によれば、明恵は入寂の約三ヶ月前の寛喜三（一二三一）年十月十日に大海の辺に大磐石の先が上がって高く聳え立ち、草木・花果が茂鬱した「奇麗殊勝」なさまを夢に見ている。明恵自身は「死夢」とこれを解釈しているが、本夢などとあわせ読むと、「殊勝」なる所のモチーフの展開が興味深い。**60十廿丁**　一丁は約109m。約2㎞の距離をいうが、このような記述には、徒歩で行く道のりの実感を読みとれる。**61荘ム記**　『摧邪輪荘厳記』。【語釈】50「同廿一日」で触れたように、建保三年六月二十二日完成。

【考察】『仮名行状』（明資一46頁）には『摧邪輪』執筆の折に「種〻ノ霊夢霊相」があったことを記す。本夢もこの種の一つであり、『摧邪輪荘厳記』の清書を前にして、高位の人物・正月・殊勝なる霊処といったモチーフの夢は、明恵の執筆の正当性に自信を与えたものと解釈できる。明恵が書状を受け取る夢としては、建久二（一一九一）年に仏眼如来（『上人之事』（明資一597頁）では京都の「貴女」からの消息の表書きに「明恵房仏眼」とあったことがあり、これを明恵は「好相」「仏眼尊ノ御加被力」と解釈している（『仮名行状』20～21頁）。また、寛喜三（一二三一）年三月に、ある人の手から得た一札の面に五行ばかり文がある夢を見て、当時健康状態の思わしくなかった明恵は「命ノ延ルヨシヲ注記セリ」としている（『仮名行状』明資一64頁）。どちらも明恵に対する加護の意を持つ夢として本夢の解釈に通じる。なお、現実には六月の夢であるにもかかわらず、十二月末日と夢中で思うことは、『摧邪輪荘厳記』の執筆作業が終わりに近づいたことと重ねて解釈できようか。

（小林あづみ）

▼2—2「同廿六日夜夢」条（62～65）

【翻刻】

—（紙継）—

62　一同（ママ）　廿六日夜夢在一處其前有大

63　河不渡之云々

64　一同廿七日夜夢思詣彼處云

65　有海傍岸渡之又飛虚空無导過之

【訓読】

一、同じき廿六日の夜の夢に、一処に在り。其の前に大河有り。之を渡らずと云々。

一、同じき廿七日の夜の夢〈彼の処に詣でむと思ふ〉に云はく、海の傍らの岸有り。之を渡る。又、虚空を飛び、無碍にして之を過ぐ。

【現代語訳】　一、同月二十六日の夜の夢は次のようであった。あるところがあった。その前に大河があったが、渡らなかった、云々。

一、同月二十七日の夜の夢は次のようであった〈その日、例の所へ参ろうと思った〉。海の傍らの崖があった。これを渡った。また、虚空を飛び、妨げなく通過した。

【語釈】　**62廿六日**　「六」の部分に重ね書きがある。紙継があるため、具体的年月は不明。『摧邪輪荘厳記』の清書の記事の見える前紙と接続すると考えれば、建保元（一二一三）年六月二十二日以降か。**64云**　原文では「思詣彼處」部分と行をずらしてあるため、「云」字を「同廿七日夜夢」に続くものとして書き下し、解釈する。**64彼處**　不明。高山寺本に見える明恵の詣でる先としては、二条・幽野・熊野・春日・六角堂などがあり、社寺のような場所を想定する事も出来る。また、前日（62行）の「一處」をうける可能性や、前紙と接続し59行目の「彼処」を指す可能性もある。【考察】参照。海や崖のある難所として紀州が想定できよう。**65岸**　切りたった崖。**65飛虚空**　明恵が夢で好相を得るうえで参考にしていた（『真聞集』二「夢想感得事」、明資三232頁）、『蘇婆呼童子請問経』（大正蔵18巻726下）には、悉地を得る証拠として夢中に「自身空に飛ぶを見」ることをあげる。『華厳経』「入法界品」には善財童子が「海岸国」で善住比丘が虚空を経行する姿を見る一節（『六十華厳』、大正蔵9巻691下）があり、これらが背景にある夢想であるかもしれない。

【考察】明恵自身が空を飛ぶ夢は高山寺本にはみられないが、本夢が前紙と接続するとすれば、『摧邪輪荘厳記』の完成が何らかのかたちで影響を与えた夢ともいえよう。明恵の夢では最初に到達できなかった所へ後の夢で到達する例がある（『仮名行状』、明資一26頁）。この夢が同じタイプのものとすれば、二十一日の夢では「彼処」へ地上から道のりをたどるが、二十七日の夢では空を飛んで行くという転換があったと見ることもできる。また、二十六日と二十七日の夢が一連のもの（「一処」＝「彼処」）であれば、海の崖から空を飛び一処に到ったと解釈できる。

（小林あづみ）

▼2—2「同廿九日」条（66〜75）

【翻刻】

66　此日リ修文朱法
67　一同廿九日登山其夜夢云
68　有如鐘楼之物登其上心思ハク不能
69　登極者遺恨即登最頂了其後

【訓読】

一、同じき廿九日〈此の日［よ］り文殊法を修す〉、山に登る。其の夜の夢に云はく、鐘楼の如き物有り。其の上に登る。心に思はく、登り極むること能はざるは遺恨なり。即ち最頂に登り了んぬ。其の後、彼の物運動し、一河に流る。心に思はく、配流せらるるか。即

70 彼物運動流一河心思ハク被配流歟即五
71 六段許行テ即時ニ還來心ニ思ハク翻配
72 流在之歟其初ニハ与小僧等乗船テ流海
73 路其後登彼物上方予居最頂諸僧
74 居四五重階見下々地即十丈許也此
75 即所作究竟之標相也ト思フ云々

ち五六段許(ばか)り行きて、即時に還り来る。心に思はく、配流を翻すこと、之在るか。其の初には、小僧等と船に乗りて海路を流る。其の後、彼の物の上方に登る。予、最頂に居る。諸僧、四五重階に居て下の地を見下す。即ち十丈許りなり。此れ即ち所作究竟の標相なりと思ふと云々。

【現代語訳】

一、同月の二十九日〈この日から文殊法を修した〉、高尾に登った。その夜の夢は次のようであった。鐘楼のようなものがあって、その上に登った。心中で頂上まで登ることができないのは残念だと思った。そこで一番上まで登った。その後、鐘楼のような物が動き、ひとつの河を流れていった。心中で配流させられるのかと思った。そうして五六段ほど行って、すぐに還ってきた。心中で、配流をくつがえすことがあるのかと思った。はじめは小僧等と船に乗って海に流れた。その後、鐘楼のような物の上の方に登った。私は、その一番上に居る。多くの僧は、四五重階に居て下の地面を見下している。下の地は十丈ほどである。これはつまり、所作が完成したしるしだと思った、云々。

【語釈】 **66此日リ**　「此日ヨリ」とあるべきところ。「此日」は「同廿九日」を指す。前紙からの続きとすれば、建保年間の夢か。**66文朱法**　五字文殊法か。五字文殊法は、文殊菩薩の五字の真言「阿羅波者那(a ra pa ca na)」を念じて、聡明智慧を求める法。明恵は十三歳以降、文殊の威神によって如実の正智を得て、仏意の源底を極め、聖教の深旨を探ることを願い、月輪のなかに五字真言を旋らせて書いたものを本尊として、日々、文殊の五字真言を千回誦したという（『仮名行状』、明資一16頁）。晩年、病みながら文殊五字真言を布字したときには五字真言の吉夢を見、臨終前の寛喜四年正月十二日からは、諸衆が昼夜絶えることなく五字真言を誦し、臨終二日前の同十六日には明恵の側で喜海が文殊の五字真言を誦している（『仮名行状』、明資一67頁・72頁・75頁）。弟子の霊典による明恵の談話聞書『高山随聞秘密抄』（明資三481頁）には、「文殊五字陀羅尼事」として、あらゆる法門が文殊の五字真言中に収まっているという明恵の発言が見える。**67登山**　夢記の中で日記的な記述として「山に登る」とある場合、建永元（一二〇六）年十一月二十七日条（高山寺本8篇16行）のように、栂尾や槇尾に登ることを指す。**70彼物**　68行「鐘楼の如きの物」を指す。**70配流**　流罪で配所に送られること。明恵の周辺では、文覚が神護寺の復興を後白河法皇に強要して伊豆へ流罪となっている。**70五六段**　約54～65m。一反（段）は約10.8m。**72其初**　鐘楼のような物の上に登る前のことを指すか。**72海路**　海上の船が通る道。**74四五重階**　はじめは鐘楼のようなものに登ったはずが、この時点で登るイメージにすりかわっている。**74十丈**　約30m。一丈は十尺で、一尺は約30㎝。**75所作究竟**　文殊法を行い、それが完成したことをいうか。「所作」は身・口・意の三業が発動することで、読経・礼拝などの神仏に対するおこないをいう。「究竟」は、最後まで行きつくこと、完成すること。**75之**　「也」の上に重ね書き。**75標相**　しるしとなる有様。

【考察】　明恵が夢で好相を得る際の参考とし、明恵周辺で大切にされた『蘇婆呼童子請問経』には、悉地に近づいた際に夢で見る好相の一つとして「自身が高き楼閣に登る」ことがあげられている（大正蔵18巻726中）。その他、大樹や大高山に登る夢も同じく好相として記されている。明恵は高いところに登る夢をたびたび見ている。この夢と似た状況の夢として、高さ数十丈の所に板を立てて登ったという寛喜二（一二三〇）年の高山寺本11篇の夢、建久六（一一九五）年、白上峰で右耳を切断して仏道への志を高めた頃に見た、一つの塔に登る夢（『仮名行状』、明資一26行）もある。その他、険しく危ない盤石の上に登る夢（高山寺本7編54～64行）、兜率天に登る夢（同10篇200～203行）、瑠璃の棹につかまって兜率天に至る夢（同上299～313行）、高山に登る夢（同上364～367行）、鳥居のようなものに登る夢（同12篇17～21行）、大盤石に登る夢（同上

22〜27行）、女房四五人がいる一つの壟に登ろうとする夢（山外本1—6建仁三年十一月十六日条）を見ている。（平野多恵）

▼2—2「又眠入有人云」条（76〜85）

【翻刻】

76 又眠入有人云有人告言葉上僧正云
77 欲礼生身仏者可奉拝御房云々
78 於其處渡一通立文有一人俗取
79 上之即此家主之邊ノ俗也侍ト覺ユ
80 謂六条大臣殿之御札也心思ハク左
81 大臣殿八条歟と思フ又相続口傳云
82 近隣ニテ候必可入見參云々心思ハク
83 此處与彼人近隣也彼書状又
84 述歸依之志可見參之由云々
85 心一人歟別人歟ト問聞之間覺了

【訓読】

又、眠り入る。有る人云はく、「有る人、告げて言はく、『葉上僧正云はく、「生身の仏を礼せむと欲はば、御房を拝し奉るべし」』」と云々。其の処に於て、一通の立文を渡す。一人の俗有りて、之を取り上ぐ。即ち、此の家の主の辺の俗なり。侍と覚ゆ。謂はく、六条大臣殿の御札なり。心に思はく、左大臣殿〈八条〉かと思ふ。又、口伝を相続して云はく、「近隣にて候ふ。必ず見参に入るべし」と云々。心に思はく、此の処と彼の人と近隣なり。彼の書状、又、帰依の志、見参すべきの由を述ぶと云々。心に、一人か、別なる人かと問ひ聞く間、覚め了んぬ。

【現代語訳】　又、まどろんだ。（その時の夢は次のようであった。）ある人が言うには「ある人が告げて言うことには、『葉上僧正が言われたことには、「生身の仏を礼拝しようと思うなら、御房を拝し申し上げるべきである」と』」と。そこに、一通の立文が到来した。一人の俗人がいて、それを受け取った。この人は、この家の主のところの俗人である。侍と思われた。六条大臣殿のお手紙ということであった。心中で、八条の左大臣殿ではないかと思った。又、伝言を伝えて言うには、「近隣です。必ず見参にうかがいましょう」と云々。心中で、ここは、彼の人と近隣であると思った云々。その書状には、また、帰依の志により、見参しようとの由を述べていた、云々。心の中で、これは一人（いちにん）のことなのか、他の人のことなのかと問い聞くうちに、目が覚めた。

【語釈】 **76葉上僧正***　葉上房栄西（一一四一～一二一五）。権僧正に任命されたのは、建暦三（一二一三）年五月。同年六月には鎌倉に下向。栄西と明恵の相見は、『行状』には見えないが、『伝記』系諸本に見える（明資一308頁・353頁・388頁・457頁）。**78其處**　冒頭の「有人」がいる所か。後段の「此家主」「此処」との表現と合わせ見れば、「有人」（＝「此家主」）の居宅に明恵がいると推測できる。**78立文**　包紙で縦に包み、余った上下をひねった書状。**80謂六条**　従来「詣六条」と判読されてきたが、意味が取りにくい。字体の類似（高山寺本10篇525行）から、「謂」と判読することにする。**80六条大臣殿***　徳大寺公継（一一七五～一二二七）か。建暦元（一二一一）年～建保三（一二一五）年まで右大臣。その後、承久三（一二二一）年～元仁元（一二二四）年まで再び右大臣、元仁元年より左大臣。一般には「野宮左大臣」と称されるが、中納言時代は「六条中納言」と称された。**80御札**　「御札」及び「御札状」という表現は建保七年二月十九日の夢（高山寺本9篇55～67行）に見られる。その夢では「御札」の発信者は「一院」であり、この表現は書状の発信者が極めて高位の人物であることを暗示していると考えられる。**81左大臣殿八条***　ジラール仏訳は藤原良輔（兼実三男、良経弟。文治一（一一八五）年～建保六（一二一八）年）と推定する。左大臣在任は建暦元（一二一一）年～建保六（一二一八）年。**85一人**　読み方により意味が異なる。「いちじん」は天皇、「いちのひと」は摂政・関白または太政大臣、「いちにん」は右大臣。この時期の摂政・関白は明恵と親交のある九条道家（建暦元（一二一一）年～承久三年（一二二一）年在任）であるので、「いちのひと」と読んで彼を指すとも考えられるが、文脈上から「いちにん」と読んで右大臣（＝徳大寺公継）と考えるのが妥当か。

【考察】全体の状況は分かりにくいが、出家者と考えられる「有人」の居宅を舞台とする夢と考えられる。内容的には、「有人」が第三者から伝聞した葉上僧正（栄西）の言葉を告げる部分と、貴顕（六条大臣または八条左大臣）から書状により明恵への帰依が知らされる部分に分かれるが、両者とも、明恵への高い評価を示す吉夢と言える。栄西と明恵との交渉は『伝記』系諸本に見られるが、明恵自身が栄西について言及している点で重要である。「六条大臣殿」・「左大臣〈八条〉」とも、他の明恵関係文書には見えない名であり、明恵が広く貴顕からの帰依を集めることを暗示しているか。特に「六条大臣殿」を徳大寺公継に比定しうるなら、公継は俊芿や法然への帰依が知られており（『不可棄法師伝』、『法然上人行状絵図』一二）、臨終に際しては「請取要上房（＝葉上房）弟子、瀉薬服之」（『明月記』安貞元年正月三十日条）したとのことで、栄西周辺とも関わりがあったと考えられる人物である（なお、公継は琵琶の伝授に於いて藤原孝道と同門〈『伏見宮御記録』「琵琶系図」〉とも弟子〈『琵琶血脈』〉とも言われており、この線から明恵とつながりうる）。『摧邪輪荘厳記』執筆直後（山外本2—2建保元年六月二十一日）の夢であることからすると、法然の信奉者である公継ですら明恵への帰依を表明するという期待の現れとも解しうる。

（前川健一）

▼2—2「二月二日」条（86〜88）

【翻刻】

—（紙継）—

86 一二月二日夜夢云

87 有一處少児卅人許集會此少児我

88 之任意ニ思之云々

【訓読】

一、二月二日の夜の夢に云はく、一処有り。少児卅人許り集会す。此の少児、我の意に任す。之を思ふと云々。

【現代語訳】一、二月二日の夜の夢は次のようであった。ある所がある。子供たちが三十人ほど集まっていた。この子供たちは、私の意のままだ。このことを思った、云々。

【語釈】87少児　この夢の「少児」は、明恵の意のままになる存在として見える。少児の夢としては、高山寺本7篇5行、同13篇12行があり、いずれも少児が明恵の庇護下にあるイメージを持つ。他に、同8篇76行の建永元（一二〇六）年十二月八日条がある。88思之　「之を思ふ」と書き下したが、明恵の夢記に「之を思ふべし」は散見するが、「之を思ふ」は他見なし。「之を思へ」と読むほうがよいか。「之を思へ」は、仏教関係著作の文末でよく使われる表現。

【考察】明恵は「少児」だけでなく、「童子」の夢も多く見ており、「童子」が「少児」と同様に解されることもあった。全体的に見て、「少児」は「少児の尋常(よのつね)なる五六人許」（高山寺本8篇77行）とあるように一般の子供も含むのに対し、「童子」は「遍身に宝鬘瓔珞を帯び」た姿（高山寺本7篇76行）や善財童子や制多迦童子（山外本1―10・42行）として現れたり、「童子は大明神也」と夢解されて春日明神に重ねられたりしており（山外本1―6・104行）、より神聖なイメージを与える。

（平野多恵）

▼2―2「同夜」条（89〜96）

【翻刻】

89　一同夜夢云　至心祈請彼事
90　在海邊可愛之大盤石アリ登之テ
91　見遣海波浪中宀ニ起レリ面白シ

【訓読】

一、同じき夜の夢に云はく〈至心に彼の事を祈請す〉、海辺に在り。愛すべき大盤石あり。之に登りて海を見遣る。波浪、中空(なかぞら)に起れり。面白し。上にも覆へる石あり。其の石の下に在りて、石の片腹に登りて遊戯す。

92 上ニモ覆ヘル石アリ在其石下テ石ノ片
93 腹ニ登テ遊戯迄夕ト省ユ有一艘
94 船多人乗之為迎高弁来レリ
95 心太悦喜此船我同例為迎之来也
96 ト思フ即覺了

夕に迄(およ)ぶと省(おぼ)ゆ。一艘の船有り。多くの人、之に乗る。高弁を迎へんが為に来れり。心太(はなは)だ悦喜す。此の船、我が同例、之を迎へむが為に来るなりと思ふ。即ち覚め了んぬ。

【現代語訳】　一、同じ夜の夢は次のようであった。〈一心にあの事を祈った〉。海辺にいた。心惹かれる大盤石があった。これに登って、海を見遣った。(大盤石の)中程のあたりで波が起こっている。面白い。上部にも覆いかぶさっているような石がある。その石の下にいて、石の側面に登って遊んだ。夕方になったと思われた。一艘の船があった。たくさんの人が乗っていた。高弁を迎えるために来たのであった。たいへん嬉しい気持ちになった。この船は私の仲間が私を迎えるために来たのだと思った。そこで目が覚めた。

【語釈】　89至心祈請彼事　この一文は夢の内容ではなく、日記的な記述。「至心」は、「真心をこめて、一心に」の意。「彼事」は未詳。90大盤石　明恵の夢にはたびたび大盤石が登場する。「可愛之大盤石」から、大盤石が心惹かれるものであったことがうかがえる。91中亠　「中空」か。大盤石の中程の意か。92片腹　「傍」に同じで、物の側面の意。高山寺本12篇27行にも、石が「片腹」にとどまって堕ちないとある。93遊戯　遊ぶこと。明恵はたびたび海辺で遊ぶ夢を見ているが、いずれも一人ではなく、同法や親類を伴っている。95我同例　「同例」の意が難解。明恵は弟子を「同行」「同法」等と言ったが、あるいは「同隷」を音通により「同例」と記したか。「同隷」は、同じ主人につかえる者が原義だが、仲間・同僚の意。「我同例に」と読んで「いつものように」とも解せるが、「我」の位置が不自然で存疑。

【考察】　この夢の他、高山寺本6篇32行、同7編50行等、山外本1—10承元三年三月八日条など、海と大盤石（盤石）の組み合わせは明恵の夢に多く現れるイメージである。明恵の紀州での修行地であった鷹島・苅磨島は海辺に大きな岩石が積み重なっているが、そのような島々の景観が影響しているか。海辺で弟子達と遊戯する夢も散見されるが、これも実体験の反映か。

（平野多恵）

▼2—2「同三日」条（97〜99）

【翻刻】

97　一同三日夜夢云

98　鼠ヲ犬クヒ逃事

99　有貴僧乗車過事

【訓読】

一、同じき三日の夜の夢に云はく、鼠を犬くひ逃ぐる事。貴僧有りて車に乗り過ぐる事。

【現代語訳】　一、同月三日の夜の夢は次のようであった。鼠を犬が食って逃げたこと。身分の高い僧がいて牛車に乗って通り過ぎたこと。

【語釈】　98犬　犬は、明恵の夢中にたびたび登場する。夢中の犬、とくに白犬は、明恵に具わっている清浄心や善などの象徴としてあらわれているようだが、本夢において犬が表象するものはつまびらかではない。99貴僧　僧都・僧正などの位にある身分の高い僧。位の高い僧であることは、牛車に乗っている点にもうかがえる。

【考察】　二つの夢が記されるが、いずれも箇条書きで詳細は明らかでない。明恵の夢記全体でも「……事」という箇条書きでの記載は珍しい。あるいは後日に思いだして書き記したものか。

（平野多恵）

▼2—2「同五日」条（100〜108）

【翻刻】

100 一同五日夜夢云
101 東大寺ニ佛事有ト思爲聴聞
102 参向具二人同行到一門兩人
103 同行忽失即門内有一人僧左
104 鼻脇ニ少毛生心思化物即入
105 一如穴之處如湯屋樋口我欲入忽
106 塞其口即從其中出水忽又
107 一人僧出取高弁之衣服与之兢即
108 ト覺ユ

【訓読】

一、同じき五日の夜の夢に云はく、東大寺に仏事有りと思ひ、聴聞の為に参向す。二人の同行を具す。一の門に至るに、両人の同行、忽ちに失す。即ち、門内に一人の僧有り。左の鼻脇に少しく毛生ゆ。心に思はく、化物なり。即ち、一の穴のごとき処に入る。湯屋の樋口の如し。我、入らむと欲(おも)ふ。忽ち其の口を塞ぐ。即ち、其の中より水を出だす。忽ち又、一人の僧出づ。高弁の衣服を取り、之を与ふ。兢即と覚ゆ。

【現代語訳】一、同月五日の夜の夢は次のようであった。東大寺で仏事があると思って、聴聞のために東大寺へ参った。二人の同行を連れていた。一つの門に至ったところで、二人の同行は急にいなくなった。そのとき、門の内に一人の僧がいた。左の鼻の脇に少し毛が生えている。心中で、化け物だと思った。そして、一つの穴のようなところに入った。湯屋の水の出し入れ口のようだった。私はそこに入ろうとした。突然、その出口は塞がれた。すると、その中から水が出てきた。すぐに又、一人の僧が出てきた。高弁の衣服を取って、これを与えた。兢即と思われた。

【語釈】 **101東大寺**　明恵と東大寺との関わりは、『仮名行状』によれば、文治四（一一八八）年十六歳で東大寺戒壇院で具足戒を受けたときにはじまる。以降、建久年間は尊勝院の蔵書によって多くの聖教を書写・校正し、建久四（一一九三）年から一、二年、東大寺に通い、後の承元元（一二〇八）年秋には華厳宗興隆の院宣によって尊勝院の学頭をつとめる等、一生を通じて東大寺と深く関わった。**101佛事**　仏教に関わる行事。法事、法要、法会等。続けて「聴聞の為に参向す」とあるので、仏事における説法を聴聞に行く状況であったと知られる。この夢を見た二月五日は、東大寺で修二会が行われる時期にあたる。**102同行**　志を同じくして仏道修行する仲間のこと。**104化物**　左鼻の脇に少々の毛が生えていたことで、化け物だと思ったのである。この夢と対照的な夢に、親しく接した一人の卑賤な僧を「化人（仏菩薩が仮に人の姿をとってあらわれたもの）」と思う夢がある（高山寺本10篇531行、貞応二年七月七日条）。**105湯屋**　寺院内にある入浴施設を備えた建物。当時の東大寺には、建久年間に重源によって再建された大湯屋が存在した。それをイメージしているか。**105樋口**　水路などで、必要に応じて開閉し、水位を調節するための戸口。ここでは湯水を調節するためのものだろう。**106塞其口**　その口を塞いだのが誰なのか分かりにくいが、文脈の流れから、樋口のようなところに入ろうとした明恵を遮るように樋口が塞がれたことを意味すると解した。**107一人僧**　104行の一人僧と同一人物か否か、判断が難しいが、同一の僧であれば、「其僧」などと書かれる可能性が高いように思われる。別人か。**107与之**　「与」の翻字には疑いも残るが、明恵の服を取って、これを与えたとの意であれば自然に解釈できるため、仮に「与」と読んでおく。一人の僧が与えたとも解せるが、「高弁」は自称であり、明恵が与えたとも解しうる。**107兢即**　難読箇所。樋口のようなところから出てきた一人の僧が明恵の衣服を取ったことに対して、明恵がどう思ったかを指す部分と思われるが、推測は難しい。

【考察】　明恵の夢には、しばしば東大寺が登場する。具体的には、東大寺の大仏がいつもに比べて小さく見えると聞く承久二年六月の夢（高山寺本10篇239行）、東大寺のような所で大仏ほど大きな女像が明恵を摩頂して摧邪輪を称える某年月七日の夢（山外本2—2・117行）、東大寺の大仏殿に詣でる建仁三年十一月二九日条の夢（山外本1—6・70～89行）、木製でかつ生身の亀を持って東大寺に行くと師の上覚がいたという嘉禄二年六月二日条の夢（山外本1—14）などがある。その他、建永元年九月十四日夢記には東大寺尊勝院が見える（山外本1—7）。夢中の東大寺や東大寺内の仏像は既存の仏教界の象徴として現れる傾向にあるが、この夢における東大寺の意味は捉えにくい。さらに、夢の末尾に判読しにくい文字があるため、この夢が明恵にどう受け取られたかを読み取るのも難しい。

（平野多恵）

▼2—2「同夜」条（109～114）

【翻刻】

—（紙継）—

109 一同夜夢云
110 高弁行欲事傍有女房其形
111 如前山殿見之覆面哭之大悲
112 歎色也又有物手取高弁之
113 腹心思ハク行此事此人共大歎
114 之也

【訓読】

一、同じき夜の夢に云はく、高弁、欲事を行ふ。傍に女房有り。其の形、前山殿の如し。之を見て面を覆ひて之を哭す。大悲歎の色なり。又有る物の手、高弁の腹を取る。心に思はく、此の事を行ふに、此の人共（ども）、大いに之を歎くなり。

【現代語訳】

一、同夜の夢は次のようであった。高弁は淫欲のことを行った。傍らに女房がいた。その姿は崎山殿のようだった。これを見て、顔を覆って声をあげて泣いた。大いに悲嘆している様子であった。また、あるものの手が高弁の腹を按摩した。このことを行ったので、この人たちは大いに嘆いたのだと心中で思った。

【語釈】109同夜　紙継のため未詳。前紙と一続きと見るなら五日のこと。110欲事　淫欲のことがら。111前山殿*　ジラール仏訳は、「前山兵衛殿」（高山寺本4篇22行など）と表記される崎山良貞（元久元（一二〇四）年没）と解釈するが、「女房」とあることや身振りから、『仮名行状』に「崎山ノ女房」（明資一11頁ほか）と記載される崎山尼公の出家前の姿、あるいはその縁者の女性か。彼女は「信性尼」（『高山寺縁起』、明資一660頁）と称され、湯浅宗重の嫡女、崎山良貞の室であり、明恵の母の姉妹にあたり父母を喪った明恵を養育した。崎山良貞は元久元（一二〇四）年十二月十日に逝去しているため、その頃出家か。山外本2―1には同様の女性縁者として「崎山御前」「崎山小若御前」の名が見える。112取高弁之腹*　明恵の腹部を按摩すること。113此事　「欲事」を指す。113此人　「前山殿の如き女性」を指す。

【考察】　夢記の中で性的行為について記されたものは、山外本1―10建暦元年十二月「同廿四日」条が有名であるが、その夢には明恵自身による教学面からの解釈が施されており、この夢とは趣が異なる。また、明恵の「穢相」を「女房」が指摘する夢として、高山寺本10篇206～210行が参考としてあげられる。この夢では特に、崎山家の人物が女房として現れることから、女房の嘆きは親類縁者の明恵への大きな期待の反映ともいえよう。

（小林あづみ）

▼2—2「同七日」条（115〜138）

【翻刻】

115 一同七日夜夢
116 有人欲造塔其本ノ爲ニ東大寺
117 ト覺シキ處ニ塔ノ有處ヘ行ク其
118 處有大堂其中大座上ニ如大佛
119 ヨリモ大身ナル女像アリ思惟ノ手アリ
120 欲拜之背面又其對坐ニ同樣
121 ナル女像アリ向之奉拜ニ不背面
122 心思ハク皆是觀音也其傍有一人僧
123 對此女人云一向專修ヲ破タル書ハ此
124 御房ノ造テ候也即舒手摩高
125 弁之頭即云此比專修ノハヤリタレハ
126 善導（ママ）　寂ノキタルカト思タレハ眞濟
127 僧正ノマウテキタリケル物ヲト被仰
128 心ニ思ハク是深位ノ大士タルニ依テ
129 祖師達ヲモナメケニ被仰サテ此御房
130 暫ク高弁ヲ不制セムト思召欤ト

【訓読】

一、同じき七日の夜の夢に、人有りて塔を造らむと欲(おも)ふ。其の本の為に東大寺と覚しき処に塔の有る処へ行く。其の処に大堂有り。其の中の大座の上に大仏の如きよりも大身なる女像あり。思惟の手あり。之を拝まむと欲(おも)ふに、面を背く。又、其の対坐に同様なる女像あり。之に向ひて拝み奉るに、面を背けず。心に思はく、「皆是れ観音なり」。其の傍らに一人の僧有り。此の女人に対(むか)ひて云はく、「一向専修を破したる書は此の御房の造りて候ふなり」と。即ち手を舒(の)べて高弁の頭を摩づ。即ち云はく、「此の比(ころ)、専修のはやりたれば、善導（ママ）　寂のきたるかと思ひたれば、真済僧正のまうできたりける物を」と仰せらる。心に思はく、「是れ深位の大士たるに依りて、祖師達をもなめげに仰せらる」。さて、此の御房、「暫く高弁を制せざらむと思し召すか」と思ひて、「此の御房の頭を今摩で給ふを何に」と仰せらる。高弁、其の御気色を見ても、ただ「何にても仏者糸惜(いとを)しと思し召せ□□『摧邪輪』、以ての外に御感あり」と覚ゆ。此の女像、後に反じて赤色の人と成る。即ち互いに親馴の儀有り。即ち問ひて云はく、「□誰人の手なるや」。反りて問ひて曰はく、「御房、長谷

131 思テ此御房ノ頭ヲ今摩給ヲ何ニ
132 ト被仰高弁其御氣色ヲ見テモ
133 タ、何ニテモ仏者糸惜ト思召セ□□

―（紙継）―

134 摧邪輪以外ニ御感アリト覺□(ユ)
135 此女像後ニ反シテ赤色ノ人ト成
136 即互ニ有親馴之儀即問云□誰人手
137 反問曰御房長谷寺ヘ參欤答曰不尓又問曰御房片方ニ祝居欤
138 即心案思出楊柳觀音御事答曰此事欤答曰尓也即今ハ心得ト思テ歷然云々
138A 此奥奉建
138B 觀音也處

寺へ参るか」。答へて曰はく、「爾らず」。又問ひて曰はく、「御房、片方に祝居るか」。即ち心に案じて楊柳観音の御事を思ひ出だす。答へて曰はく、「此の事なるか」。答へて曰はく、「爾なり」。即ち今は心得と思ひて歴然たりと云々。此の奥、観音を建て奉る処なり。

【現代語訳】　一、同月七日の夜の夢、ある人が塔を建てようとした。その手本とするために、東大寺と思われるところで塔のあるところへ行った。そこには大堂があった。その中の台座の上には大仏などより大きい女像があった。思惟の手をしていた。これを拝もうとすると、面を背けた。また、その向かい側にも同様の女像があった。こちらに対して拝礼申し上げると、面を背けなかった。心中で、「いずれも観音である」と思った。その傍らには一人の僧がいた。この女人に向かって次のように言った。「一向専修を論破する書物は、この御房が著したものです」と。すると手を伸ばして、私の頭をなでた。そこで「最近、専修念仏が流行っているため、善導か義寂が来たのではないかと思っていたが、真済僧正が参上したのですね」と仰せになった。心中で思うに、「これは位の高い菩薩であるから、（善導・義寂・真済などといった）祖師たちのことを無礼な態度で仰せになるのだろう」と。さて、この御房は「しばしの間、高弁を制しないでおこうとお思いになったのだろうか」と思って、「この御房の頭を今おなでになったのは、どういうことでしょう」とおっしゃった。高弁は、この御様子を見ても、ただ「何としても仏教者をいとおしいとお思いになって□□『摧邪輪』は予想以上に御賞賛を得ている」と思われた。この女人の像は、後に変じて赤色の人となった。たちまち互いに親しみの様子があった。そこで質問して、「誰の手によるのですか」と。（女人が）かえって質問して言うには、「御房は、長谷寺に参詣しますか」。（高弁が）答えて言うには、「そうではありません」。又、（女人が）質問して言うには、「御房のかたわらには祝がいますか」。そこで心の中で考えてみて、楊柳観音の事を思い出した。（高弁が）答えて言うには、「この事ですか」。（女人が）答えて言うには、「そうです」。そこで、今は納得がいったと思って、はっきりとした、云々。この奥は、観音を御建立申し上げた所である。

【語釈】 **116本** 手本・モデル。**116東大寺** 明恵と東大寺との関わりは、山外本2―2【語釈】101「東大寺」参照。**117塔** 東大寺には本来、東西両塔があったが、いくたびか火災にあい、現存しない。西塔は長保二（一〇〇〇）年焼失以来、再建されず、東塔は治承四（一一八〇）年の焼失後、元久元（一二〇四）年頃より再建が開始され、貞応二（一二二三）年に相輪をあげ、嘉禄三（一二二七）年に廻廊が完成した。この夢で明恵がイメージしているのは、この東塔と思われる。なお、『漢文行状』（明資一116頁）によると、建久年中、文覚が西寺の塔を修理した時に明恵も大衆と一緒に見物していたという。**118大座** 仏像を載せる台座か。**118大佛** 東大寺の大仏は、治承四（一一八〇）年に焼失後、重源を大勧進上人として再建され、文治元（一一八五）年に開眼供養、建久六（一一九五）年に大仏殿の落慶供養が行われた。『漢文行状』（明資一112頁）によれば、建久四（一一九三）年より一両年、明恵は東大寺に通い住したとされるので、大仏殿再建の様子を間近で見ていたと思われる。承久二（一二二〇）年六月の夢には、月性房の言葉として、東大寺の大仏の金メッキが一部剥がれ、土台の土が露出しているとの発言がある（高山寺本10篇239～241行）。119思惟ノ手　頬に手を当てて思惟するポーズ。122観音　『仮名行状』（明資一11頁）によると、明恵の母は六角堂の観音に祈念して明恵を授かったいうが、明恵の観音信仰は特に確かめられない。承久二（一二二〇）年十月三日の夢では、木像の不空羂索観音が生身となり、『大般若経』を授けるとの夢を見ている（高山寺本10篇27行以下）。仏光観実修後の五秘密五聖同体思想においては、五聖（毘盧遮那・文殊・普賢・観音・弥勒）の中に観音が含まれる。高山寺三重宝塔にはこの五聖を安置し、金堂には中尊毘盧遮那仏の脇士として十一面観音と弥勒を安置する。明恵が『摧邪輪』を撰述した時、彼の顔にある人が「観音」と書き、別のある人が「善導」と書いたという夢を見たという（『仮名行状』、明資一46頁）。観音は勢至とともに阿弥陀の脇侍であり、法然が勢至の再来とされたこと（親鸞『高僧和讃』）と関連するか。なお、高山寺の阿弥陀堂には阿弥陀・如意輪観音・地蔵の三尊を安置するが、このような三尊形式は平安時代の浄土信仰に見られる（速水侑［一九七五］216頁参照）。123女人　女像を指す。仏像ではあるが、生身のように感じるものだったため、「女人」と表現したか。123一向専修ヲ破タル書　専修念仏をとなえた法然（一一三三～一二一二）を批判して、明恵が『摧邪輪（於一向専修宗選択集中摧邪輪）』（建暦二（一二一二）年）および『摧邪輪荘厳記』（同三年）を著したことを指すと思われる。山外本2―2・50～61行「同廿一日夜」条参照。124*摩高弁之頭　頭をなでる摩頂には、印加・授記などの意義がある。126*善導　中国の仏教者（六一三～六八一）。称名の実践を重視し、『観無量寿経疏』などを著す。彼の浄土思想は、中国では傍流にとどまったが、日本では法然が「偏依善導」との立場を取り、大きな影響を与えた。明恵は『摧邪輪』で法然に批判を加えているが、善導には一定の敬意を払っており、法然の立場は「善導の正義を黷（けが）す」ものとしている（『鎌倉旧仏教』328頁）。126寂（ママ）　義寂。「善導」と「寂」の間に一文字分の空白があり、「寂」一字のみだが、八世紀前後に活躍した新羅の学僧・義寂を指すと思われる。義寂が撰述した『無量寿経述記』は現存しないが、平安時代の『安養集』『安養抄』などに引用されており、平安期の浄土教に少なからぬ影響を与えた。明恵の『摧邪輪』では「寂法師」として言及される。126*眞済僧正　真言宗の僧侶（八〇〇～八六〇）。空海十大弟子の一人。八三二年に空海から高雄山寺（神護寺）を付属され、承和五（八三八）年、神護寺別当。八四七年、東寺一長者、斎衡三（八五六）年十月、僧正位となる（真言宗初例）。晩年は神護寺に隠居した。清和天皇・惟喬親王の東宮争いの加持に敗れ、文徳天皇の病気平癒の祈禱に失敗して、死後怨霊となり天狗道に堕ちたとされる。128**大士**　菩薩。ここでは、観音菩薩のこと。134**摧邪輪**　建暦二（一二一二）年十一月二十三日成稿、翌三年三月一日進上。同三年六月二十二日には『摧邪輪荘厳記』を執筆。【語釈】61「荘ム記」参照。『摧邪輪』については、高山寺本9篇55〜68行建保七年二月十九日条に、「一院」より『摧邪輪』を借用した御札の状が到来したとの夢が記される。137**長谷寺**　本尊は十一面観音。観音の霊験で古来有名。137**祝**　神職の総称。神主・禰宜と区別する場合は、神主の指示を受け、直接神事の執行にあたる職を指す。138**即心案……**　この一行は、137行の末尾から線を引いて行間に書かれており、さらに欄外に続いて138A・138Bの二行がある。なお、131〜132行には、138A・138Bの墨が移っているので、もとは冊子体であったかと推測される。138**楊柳観音**　『千光眼観自在菩薩秘密法経』にもとづき、尊容は十一面で右手に楊柳の枝、左手に施無畏印を結んだ像、または座右の花瓶に楊柳枝を挿した像で示される。

【考察】　この夢の内容を要約すると次のようになる。東大寺と思われるところに行ったところ、その大堂に安置されていた女像より摩頂を受ける。この摩頂を明恵は『摧邪輪』への賞賛であると解釈する。この女像は、後に変じて赤色の女人となる。女像が「思惟の手」をしていることから、この女像が観音であることは既に分かっていたが、女人との問答により、高弁は、この女像が楊柳観音であることを知るにいたる。

61行（「廿一日夜」条）に『荘厳記』清書のことが見え、内容的に関連する。観音からの摩頂は、明恵の専修念仏批判が正しいものと認められたとの意味であろう。明恵が当初、善導ないし義寂に間違えられたのは、『摧邪輪』などで明恵があくまで法然批判のみにとどまって、これら諸師については批判の外に置いたことと関連しているかもしれない。そうすると、明恵を善導・義寂と勘違いして観音が面を背けたのは、これら諸師の所説そのものが妥当ではない（それも阿弥陀の脇侍たる観音から拒否されるほどに）という明恵の無意識の本音を表示するものであろうか。明恵を「真済僧正」

と見なしているのは、両者とも密教者で神護寺関係者であることから説明できそうだが、真済が天狗道に堕ちたとの伝承があったことを考えると、単純な賞賛とも言えない。法然批判へのある種の後ろめたさが表れているか。

この夢の骨子は、楊柳観音が『摧邪輪』を賞賛することだが、【語釈】「觀音」で触れたように、『仮名行状』にも『摧邪輪』と観音とを結び付ける記述がある。観音は、一般に勢至とともに阿弥陀の脇侍とされるので、その点からの連想か。後段の問答の結果、女人の正体が楊柳観音であることが明かされるが、なぜ楊柳観音でなければならないのかは不明。女人が赤色なのは、十一面観音・楊柳観音が紅蓮座に座っていることからの連想か。楊柳観音が大安寺の楊柳観音であるとするなら、地理的な近さから言って、「祝」は春日社の神職を指すとも考えられる。

仏像が生身となるモチーフは明恵の夢に散見するが、この夢にもっとも類似するのは、2―2「同廿六日」条（182～194）である。「同廿六日」条では、『持経講式』執筆中、聖僧（＝賓頭盧）が生身となり、明恵を摩頂する。いずれの夢も、著作に対する菩薩の賞賛・認可を示している。

（前川健一）

▼2―2「八日ノ」条（139～145）

【翻刻】

139 一　八日ノ（ママ）　欲思之間十日比夢云
140 有一深井深サ四五十丈也、此房ニ
141 有ケル犬ト思テ黒犬一疋此井ニ落
142 テ一聲泣テ死ヌ又此白犬欲落
143 被羈テ不落カシコクト覺ユ
144 案曰黒犬者罪業也白犬ハ善也
145 旁有表示可思之

【訓読】

一、八日の（ママ）　思はむと欲(す)る間、十日比(ころ)の夢に云はく、一の深き井有り。深さ四五十丈なり。此の房に有りける犬と思ひて、黒き犬一疋、此の井に落ちて、一声泣きて死ぬ。又、此の白き犬落ちむと欲(し)て、羈(つな)がれて落ちず。かしこくと覚ゆ。案じて曰はく、黒き犬は罪業なり、白き犬は善なり。旁(かたがた)々表示有り。之を思ふべし。

【現代語訳】　一、八日の（ママ）思おうとする間、十日頃の夢は次のようであった。一つの深い井戸があった。井戸の深さは四、五十丈である。この房にいた犬と思って（見ていると）、黒犬が一匹この井戸に落ちて、一声鳴いて死んでしまった。また、この白犬が落ちそうになったが、つながれて落ちない。賢いと思われた。考えてみると、黒犬は罪業である、白犬は善である。あれこれと何かの兆候がある。このことを考えるべきである。

【語釈】　139**八日ノ（ママ）欲思之間**　「ノ」と「欲」の間の空白は次項参照。「欲思」はあるいは「歎思」か。139**十日比**　七日に引き続いて八日の夢を記そうとしたが、思い出せなくて十日頃の別の夢を書くことにしたのであろう。したがって、このあたり記憶によるまとめ書きの可能性が高い。140**深井**　井戸のイメージは夢記等に見られない。140**深サ四五十丈**　約150m。きわめて深いことを表現したのであろう。140**此房ニ有ケル犬**　この夢あるいは他の夢記により、高山寺の明恵の住房に犬が飼われていたことが分かる。夢記に犬が頻繁に現れることから、明恵が犬に深い関心を寄せていたことがうかがわれる。141**黒犬**　「到一条大臣殿之御門ニ、有一疋黒犬、被纏足作親馴、心思、余年来飼此犬……」（高山寺本10篇466〜469行）によれば、長年明恵が飼っていた犬は黒犬であったらしい。【考察】参照。142**白犬**　白犬は高山寺本7篇115行に出る。また、白犬と香色（赤みを帯びた明るい茶色）の犬が登場する夢に高山寺本7篇125行がある。黒犬と白犬の組み合わせの例はない。143**被羈テ不落**　「羈」は、つなぐの意。白犬はつながれていて落ちなかった、とする。143**カシコクト覺ユ**　井戸に落ちないのを「賢い」と判断している。語法的には「賢しと覚ゆ」が適当であろうが、「賢くあると覚ゆ」の「ある」などが省略された形と見ておく。144**黒犬者罪業也**　「罪業」の夢記の用例に、滅罪を祈念している時に、黒雲のようなものが頂上から立ち上って空に散ると感じられ、「罪業散滅」したと思ったとある（高山寺本10篇344行）。145**旁有表示可思之**　「旁」は「旁々」であろう。「表示」は兆候、表徴の意。この夢が一方で何かの兆しを示していると思うべきだという夢解きなのであろう。夢解して「可思之」とする例に、高山寺本10篇363行の場合がある。その夢の示すことを確かに受け止めよということであろう。

【考察】【語釈】に示したように、この夢記は某月十日頃の夢である。初め七日の次として、八日の夢を記そうとして思い出せず、「八日ノ」とまで書いて躊躇し、余白を残して十日頃の夢を書いたと考えられる。念願である罪業散滅が、黒白二匹の犬がシンボルとなって夢中に現れ、明恵は感動している。犬が明恵にとって大事な存在だったことは前述した通りだが、飼い犬としてだけではなく、少年時犬を見ると亡くなった自分の父母ではないかと思って睦まじく思ったという挿話も参考になる（『仮名行状』、明資一13頁）。なお、高山寺に明恵が座右に置いて愛玩していたとされる黒い小犬の木彫がある。寺伝によれば作者は運慶（堪慶とも）とされる、鎌倉時代の作である。

（奥田勲）

▼2―2「同十三日夜」条（146〜152）

【翻刻】

146 一同十三日夜於覺文所眠入夢云

147 宮ト覺シキ女房氣高キ高弁ヲ

148 守護シテ付給ヘリ互親馴ノ思

149 アリ又高弁他行之間染綿ヲ清ク

150 洗テ其上ニ白キ綾ニ此綿ヲ被入タリ

151 此女房等我他行之間ニ被洗タリト覺云々

152 案曰此還淨相也可思之

【訓読】

一、同じき十三日の夜、覚文所に於て、眠り入る。夢に云はく、宮と覚しき女房の気高き、高弁を守護して付き給へり。互ひに親馴の思ひあり。又、高弁他行の間、染綿を清く洗ひて其の上に白き綾に此の綿を入れられたり。此の女房等、我が他行の間に洗はれたりと覚ゆ云々。案じて曰はく、此れ還浄の相なり。之を思ふべし。

【現代語訳】一、同月十三日の夜に、学問所でまどろんだ。その夢は次のようであった。宮と思われる女房で気高い方が、高弁を守護してお付き添いになった。お互いになれ親しむ気持ちがあった。また、高弁がよそへ行っている間に、染綿を綺麗に洗って、その上、白綾にこの綿を入れられた。この女房たちが、私が他へ出かけている間に洗われたのだと思った。考えてみると、これは還浄の相である。これを思慮するべきである。

【語釈】146同十三日　年月不明。146覺文所　「覚」を「学」と記す例は『仮名行状』にあるため、学問（文）所の意味と解釈した。『夢記』や『行状』によれば、学問所は単なる学問の場であったのみならず、霊的な存在の出現の場であり夢を見る場でもあった（高山寺本10篇211〜228行など）。『歌集』83によれば、明恵は自身の学問所と、天竺五精舎のひとつである竹林精舎とを重ねていたことが分かる。147宮ト覺シキ女房＊　「宮」については不明。高貴な女性と解釈する。151他行　他の場所へ行くこと。ジラール仏訳175頁は「他の修行」と解釈。149染綿　「清く洗ひて」と続くことから、汚れた綿の意と解釈すれば読みは「シミワタ」か。なお、この時期に木綿はほとんど出回っていないため、「綿」とは絹綿のことであろう。150白キ綾　白い綾織りの絹。白は清浄を示す色。152還淨相　清浄になった姿。法蔵『大乗起信論義記』巻中末では、随染本覚（煩悩とともにある本覚）の二つの相である智浄相・不思議業相について「言智浄相者、明本覚随染還浄之相。不思議業相者、明還浄本覚業用之相」（大正蔵44巻259上）と述べており、これを踏まえるか。

【考察】150行目に文脈上の混乱があるが、この夢は白色のモチーフにおいて前の夢と重なるため、一連のものとして解釈できる。前夢では白い犬が死なずにいるのみだが、この夢では更に明恵を守護する気高い女性が絹綿をきれいに洗うこと、そして白綾の小袖あるいは袋を示唆する内容が、清浄の予兆と考えられたのであろう。明恵を守護する存在が女性的な姿を見せる例として、明恵を守護する「一仏」を「乳母」のように思う例（高山寺本10篇290〜292行）があげられる。また「綿」については、同篇206〜210行に明恵が「清浄綿」を「多宇佐儀」（ふんどしの意）にかけたことや「一人女房」から「穢相」を指摘され「心慙思之」という夢がある。「浄」「染」という語は、論書ではそれぞれ「真如」「無明」

の意として使用されることが多く、明恵も『華厳唯心義』下（日仏全36巻233中）において、白い布を紺色に染めることを真如と無明との喩えとしてあげているため、この夢もそれをふまえ解釈するほうがよいか。（小林あづみ）

▼2―2「十六日夜夢」条（153～159）

【翻刻】

153 一十六日夜夢云
154 無何處ト行程到解脱房在處
155 然高弁裸軀也解脱房賜一裳
156 被厭氣色也又有一人弟子是覺
157 円房也又有厭惡之氣色從此
158 處出欲行不知行方門外有堂
159 頭是法輪寺也

【訓読】

一、十六日の夜の夢に云はく、何処と無く行く程に、解脱房の在処に到る。然るに、高弁裸躯なり。解脱房、一裳を賜ふ。厭はるる気色なり。又、一人の弟子有り。是れ覚円房なり。また、厭悪の気色あり。此の処より出でて行かむと欲（す）。行方を知らず。門外に堂頭有り。是れ法輪寺なり。

【現代語訳】　一、十六日の夜の夢は次のようであった。どこというあてもなく行くうちに、解脱房のいるところに着いた。しかし、高弁は裸体であった。解脱房が裳を一着くださった。嫌われている様子である。また、一人の弟子がいた。覚円房である。これまた嫌悪しているふうである。この場所から出ていこうと思った。行き先はわからない。門の外に堂の頭部が見えた。これは法輪寺である。

【語釈】154*解脱房　貞慶。久寿二（一一五五）年生。藤原通憲（信西）孫、貞憲息。八歳で南都に下り、十一歳で出家。興福寺に学ぶも、春日明神の冥告によって建久四（一一九三）年笠置山に隠遁。承元二（一二〇八）年海住山寺に移り、建暦三（一二一三）年没。法相教学に優れ、その一方で実践への志向が強く、弥勒信仰でも知られる。明恵との関係は【考察】参照。156*覺円房　未詳。現存の夢記では、この夢にのみ登場。ジラール仏訳は注に「覚遠房」で立項、興福寺の僧で覚園となった藤原長経かとし、『尊卑分脈』第一編（『新訂増補国史大系』286頁）をあげる。『尊卑分脈』には、長家（道長六男）―忠家―顕良（俊忠弟）―長経とあり、「本名竟遠」とする。ただし、俊忠（歌人俊成の父）の生存年代（一〇七一～一一二三）を考えると、長経は一一五五年生まれの貞慶よりも年上で、明恵より一世代前の人物であり、ジラール説は存疑。158堂頭　仏堂の上端部か。159法輪寺　京都市西京区嵐山にある真言宗寺院。『仮名行状』（明資一11頁）には、明恵の父重国は法輪寺へ常に参詣して子息誕生を祈り、ある日の参詣のとき子息誕生の夢告があったと記される。現存夢記で、法輪寺が登場するのはこの夢のみ。明恵生誕にかかわる法輪寺は京都であるが、この夢の法輪寺は、明治以前には興福寺一乗院の末寺であった奈良県生駒の法輪寺の可能性もあるか。

【考察】　裸体の明恵が貞慶とその弟子覚円房から厭われるという内容で、明恵と貞慶の関係を考える上で注目される。貞慶と明恵の交流が資料上はじめて見えるのは建仁三（一二〇三）年正月、明恵の天竺行をとどめた春日明神託宣の後のことである。その際の記録『明恵上人神現伝記』によれば、同年正月二十九日、春日・住吉明神は明恵の籠居を認めないと述べた後、「解脱ノ御房ハ不思議ニ哀ナル人ニ候フ、其モ籠居ノ条我等ウケズ候ナリ、カク申ト御物語候ベシ」と貞慶への伝言を依頼した。よって同年二月二十七日、明恵は貞慶と対面のため笠置寺に参詣し、舎利二粒を賜っている（明資一239～247頁）。この託宣から派生した、春日明神が「明恵房・解脱房はわが太郎・次郎なり」と述べる逸話もあり、『沙石集』第一ノ五や『明恵上人伝記』巻上などに見える。一方では、明恵は真実に悟っており兜率天に生まれるが、貞慶については知らないと述べた比良山大天狗の霊託もある（『比良山古人霊託』）。二人の関わりは他にも『仮名行状』（明資一54頁）、『歌集』112・113、『上人之事』（明資一600頁）といった資料からうかがえる。このうち『上人之事』には明恵の発言として「解脱房等ノ有様、□などに被勤被祈事、我不甘心、心ヲコソシタフベケレ」とあり、明恵による貞慶への否定的見解「我、甘心せず」を含む評が見える。時代は下るが『上人物語類』には、「笠置解脱上人常語同法等云ク、明恵上人ハ敢テ非凡類是肉身ノ菩薩ナリト云々」（明資一605頁）という貞慶による明恵への積極的評価が記される。夢記では、糸野兵衛尉のもとに滞在した貞慶を大明神と解す夢（山外本3―5）、貞慶から行水のために湯帷子を借りる承久二年九月二十四日の夢（高山寺本10篇22行）、笠置に参って木造の文殊菩薩を賜う夢がある（高山寺本12篇30行）。時代は下るが、『明恵上人伝記』（明資一388頁）には、貞慶と美麗の着物を身に付けた明恵が対面した際の逸話が収められている。以上から、明恵と貞慶はお互いに尊敬の念を抱いていたと推測できるが、『上人之事』の記述から考えるに、明恵は貞慶の世俗的な勤修や祈願を否定的に思っていたようである。この夢では裸体の明恵が貞慶から一裳を賜っているが、先述のように貞慶から湯帷子を借りる夢もあり、あるいは衣服が貞慶の世俗的な面を象徴しているとも考えられる。

（平野多恵）

▼2―2「同十九日初夜」条（160〜174）

【翻刻】

―（紙継）―

160 一同十九日初夜殊一切衆生ヲ爲
161 所縁澄心念誦夜夢云
162 有一大殿殊勝奇麗也楼觀ノ數
163 數十如内裏等而風流未曾有也

【訓読】

一、同じき十九日の初夜、殊に一切衆生を所縁と為(し)、心を澄まして念誦す。夜の夢に云はく、一の大殿有り。殊勝奇麗なり。楼観の数、数十、内裏等の如し。而るに風流未曾有なり。其の前に池有り。大海の如し〈覚むる前に之を思ふ。池なり〉。其の浜(はま)に数多の同法有り。諸共(もろとも)に遊戯す。二巻の絵を持ち、之を見る。此は、世欲に過(とが)有る絵なり。即ち、同輩を引き一の楼閣の上に

164 其前有池如大海（覺前思之池也）其濱（ハマニ）有數多
165 同法諸共遊戯持二巻繪見之此ハ
166 世欲有過繪也即引同輩登一楼
167 閣上開其戸見之スノコ高ク敷ケリ□（喜）
168 海眞證房證月房并此同□（宿）□□
169 アリ喜海云此スノコ高七八丈也其縁
170 ノ下ハ如深谷如菊花其輪如世土器
171 遍満開敷池有舩二三艘其楼
172 觀右傍有大海遥霞メリ其片
173 方有高大盤石其高不知其頂歡
174 喜覺了

登る。其の戸を開き之を見る。すのこ高く敷けり。□（喜）海・真証房・証月房并びに此の同□（宿）□□あり。喜海云はく、此のすのこの高さ七、八丈なり。其の縁の下は深き谷の如し。菊の如き花、其の輪、世の土器の如き、遍満開敷す。池に船の二三艘有り。其の楼観の右傍に大海有り。遥かに霞めり。其の片方に高き大盤石有り。其の高さ、其の頂を知らず。歓喜して覚め了んぬ。

【現代語訳】　一、同じく十九日の初夜、特に一切衆生を対象として心を清らかにして念誦した。その夜の夢は次のようであった。大きな御殿がある。ことのほか素晴らしい。楼閣の数は数十で、内裏などのようである。しかし、見たこともない美しさである。その前に池があって、大海のような大きさである〈これは目覚める前に思ったのである。池である〉。その水際に、たくさんの同法がいた。一緒に遊んでいた。二巻の絵を持っていて、それを見ていた。この絵は、世俗的な欲望には罪があるという絵であった。そこで、同輩を率いて一つの楼閣の上に登った。その戸を開いて見た。簀の子縁が高く敷いてある。喜海・真証房・証月房ならびにこの同宿□□がいた。この簀の子縁の高さは七、八丈である。その縁の下は深い谷のようである。菊のような花で、その大きさが世間のかわらけのようなものが、あまねく咲き広がっていた。池には二、三艘の船がある。そこの建物の右の方に大海がある。遙かに霞んでいる。その片隅に高く大きな盤石がある。その高さは、頂上も分からないほどである。歓喜して、目が覚めた。

【語釈】162大殿　宮殿や貴族の邸宅などの壮麗な建物。162楼観　物見のための高層の建物。楼閣。165遊戯　海辺で遊戯するという夢は、山外本1―10・23～38行（承元元年三月八日条）、同86～123行（建暦元年十二月十六日条）などに見える。166世欲　世俗の欲望のこと。167スノコ　簀子縁のこと。簀子（方四寸の角材）を並べて造った外側の濡縁。168*□（喜）海　喜海。明恵の高弟で、房号は義林房。諱での言及は珍しいが、高山寺本11篇9行にも「喜海法師」とある。168*眞證房　明恵の弟子。承久三年八月某日夢（高山寺本10篇358～362行）に出る。168*證月房　明恵の弟子。承久三年十一月二日（高山寺本10篇413～419行）に出る。173高大盤石　明恵の夢には盤石がしばしば登場する。その背景として、明恵が修行した白上峰の風景が考えられるが、密教において曼荼羅建立の地として盤石上が挙げられていることも考えられる。『観智儀軌』には「或在楼閣或盤石上船上」（大正蔵19巻595上）とある。

【考察】　楼閣・池・水際での遊戯・盤石など、明恵の夢に頻出のモチーフで構成された夢。歓喜して目覚めたことから、「一切衆生を対象とした念誦」が成就したことを示す吉夢であろう。後述のように、楼観の前に池があるのは宝楼閣法のイメージであり、楼閣の門戸が開いたり傍らに海があったりするのは南方海岸国で弥勒の楼閣に入る善財童子を暗示する。もっとも、途中、皆で見る「二巻絵」が「世欲有過絵」とされるのが難解である。これは、世俗的な欲望には過失があることを示して行者を誡める絵ということか。なお、ジラール仏訳は「世欲、過ぎたる有る絵」（世間的な欲望が過剰な絵 tableaux dans lesquels le désir mondain surabondait）と解している。池と楼閣との関係には、二つの背景が考えられる。一つは、（承久二年十一月十三日の夢にふれられる）宝楼閣法である。宝楼閣法では、宝楼閣曼荼羅の前に安置した水瓶を池として観ずる。「楼閣の前の池は大悲なり」（『真聞集』四、明資三274頁）。また、もう一つは、善財童子が南方海岸国に於いて弥勒の楼閣に入ったことで、『真聞集』末の「一弥勒所住国土事」に詳述されている（明資三203～204頁）。（前川健一）

▼2—2「同廿三日夜夢」条（175～181）

【翻刻】

175 一同廿三日夜夢云
176 一處有一躰羅漢繪像其傍亦有佛像
177 此ラ漢運動諸人拜之間此ラ漢□□□佛像
178 又有一女縁我不犯戒躰即有人云~~互損~~
179 无量百千大罪中各有无量百千大罪
180 互皆損之也高弁悦𢙣之又有一河其
181 上構棚爲遊處云々

【訓読】

一、同じき廿三日の夜の夢に云はく、一処に、一躰の羅漢の絵像有り。其の傍らに亦、仏像有り。此のラ漢、運動す。諸人、之を拝する間、此のラ漢□□□仏像。又、一の女縁有り。我、戒躰を犯さず。即ち人有りて云はく、無量百千大罪中、各無量百千の大罪有り。互ひに皆之を損ずるなり。高弁、之を悦喜す。又、一の河有り。其の上に棚を構へて、遊処と為（す）と云々。

【現代語訳】

一、同月二十三日の夜の夢で、ある所に一体の羅漢の絵像があった。そのそばにもまた仏像があった。この羅漢が動いた。人々がこれを拝んでいる間に、この羅漢□□□仏像。又、一つの女縁があった。しかし、私は戒体を犯さなかった。すると人があって「無量百千の大罪の各々の中に、また無量百千の大罪があって、それらはみな互いに相殺しあうのである」と言った。高弁はこれを悦喜した。また一つの河がある。その河に棚をつくり遊ぶ処とした、云々。

【語釈】175同廿三日　この夢は持経講式を書いたという日次記事のある同廿六日の夢の前に当たるため、建保二（一二一四）年十一月二十三日の夢と知られる。【語釈】182「同廿六日」参照。176羅漢繪像　羅漢とは「阿羅漢」に同じで、部派仏教（いわゆる「小乗仏教」）の最高の聖者。ここでは、仏の命を受けて正法護持を誓った十六人の羅漢（十六羅漢）のいずれかを指すと思われる。明恵の十六羅漢信仰については紀州の筏師にあった明恵の庵室に十六羅漢が降臨するという建久十（一一九九）年四月十八日早朝の夢（山外本1―2）参照。177□□□　難読。一文字目は「巻」か。二・三文字目は破損して判読不能。178戒躰　「戒体」は、戒の本質、すなわち戒を受けることで発生する行者を悪から防ぐ力。あるいは、「戒の体」と読んで、戒の具体的内容を指していると解するのが良いかもしれない。178~~互損~~　本夢184行冒頭の「互皆損…」を誤って先に書いたため墨消したと思われる。179无量百千……皆損之也　典拠不明。経典の文言と一致する記述がないため、典拠のある発言ではない可能性もある。181棚　板を架けわたした棚橋のようなものか。

【考察】二十三日のうちに羅漢の絵像の夢と女縁に妨げられず戒体を遵守した夢を見ているが、承久二年七月（推定）二十九日の夢（高山寺本10篇274～313行）でも同様に、同日の夜、十六羅漢の夢に続いて戒体に関わる夢を見ており、十六羅漢と戒体との関連が注目される。また、夢の末尾で河に棚板を渡し遊処とした夢が書かれるが、『歌集』15には「清滝河ノホトリニ出デテ、同輩モロトモニ遊ブアヒダ……」の詞書があり、明恵が弟子と河で遊んでいたことが知られる。

（平野多恵）

▼2―2「同廿六日」条（182～194）

【翻刻】

―（紙継）―

182　一同廿六日（ママ）夜書持經講式至

【訓読】

一、同じき廿六日（ママ）夜、持経講式を書く。第二段に至るまで書き了んぬ。夜半に至り、熟眠す。夢に云はく、

第二段書了至夜半熟眠夢云
有大伽藍有盧舎ナ三尊左右
脇士聖僧也右面聖僧御前ニシテ
合掌胡跪礼言
南无尺迦如来遺法中大聖弟子
聖僧反爲生身種々誘引云不同
邪見徒是汝之𦬇也心地額高クシテ
一横理有也ト思フ聖僧舒手テ付額
テ種々ニ讃嘆即言善哉正見々々
々々心罪障皆消滅身心安適即舒
右手垂涙广頂給高弁又流
涙合掌頂礼

大伽藍有り。盧舎ナ三尊有り。左右の脇士、聖僧なり。右面の聖僧の御前にして合掌胡跪（こき）し、礼して言はく、「南无釈迦如来遺法中大聖弟子」。聖僧、反じて生身と為り、種々誘引して云はく、「邪見の徒と同じからず。是れ汝の菩薩なり」。心地に、額高くして、一の横理有るなりと思ふ。聖僧、手を舒（の）べて、額に付けて、種々に讃嘆す。即ち言はく、「善哉正見、善哉正見、心罪障皆消滅、身心安適」。即ち右手を舒べ、涙を垂れ、摩頂し給ふ。高弁、又、涙を流し、合掌頂礼す。

【現代語訳】　一、同二十六日の夜、持経講式を書き、第二段まで書き終わった。夜中になって、熟睡した。このときの夢は次のようであった。大きな伽藍がある。毘盧舎那三尊があった。左右の脇侍は聖僧であった。右側の聖僧の御前で、合掌してひざまずき、礼拝して「南無釈迦如来遺法中大聖弟子（釈迦如来の遺法中の大聖弟子に帰依します）」と言った。聖僧は生身に変わり、様々に教え導いて、「邪見の者と同じではない。これは、そなたの菩薩である」と言った。心中で、額が高く突き出していて、額に一本の横皺があると思った。聖僧は手を伸ばして、額に付けて、さまざまに讃歎した。

そして「善哉正見、善哉正見、心罪障皆消滅、身心安適（よろしいことだ、正見よ。よろしいことだ、正見よ。心の罪障がすべて消滅し、心身は安らかで心地よい）」と言った。そこで（聖僧は）右手を伸ばし、涙を流して、頭をなでてくださった。高弁もまた、涙を流して、合掌頂礼した。

【語釈】 182**同廿六日**　建保二年十一月二十六日。鎌倉後期写の『持経講式』奥書（『高山寺典籍文書第2部441』）に「建保二年臘月七日夜丑時於高雄寺／梅尾住房草之了／沙門高辨／同八日子剋點之了」とあることから、年代が特定できる。182**持経講式**　全三段。『円覚経』華厳十無尽蔵品・出現品を讃歎する講式。前掲の『持経講式』奥書から、明恵は建保二（一二一四）年十二月七日、梅尾住房にて持経講式を草し、同八日に加点したと知られる。183**至第二段書了**　『持経講式』は三段からなる。建保二年十一月二十六日夜の時点で二段まで書き終えたということ。184**盧舎ナ三尊**　「盧舎ナ」は「盧舎那仏」「毘盧遮那如来」に同じで、『華厳経』の教主。盧舎那三尊は、中尊の盧舎那仏と左右に立つ脇侍。通常、盧舎那仏の脇侍は如意輪観音と虚空蔵菩薩であり、明恵と関わりの深い東大寺でもそうだが、この夢記では「聖僧」とある。毘盧舎那仏が登場するのは、『持経講式』が『華厳経』の「十無尽蔵品」と「出現品」を讃嘆するものであることによると思われる。185**聖僧**　十六羅漢のうちのいずれかの羅漢を指すか。三日前の二十三日の夢では羅漢の絵像を見ており、承久二年七月（推定）二十九日、「式」を撰述している間の夢にも「聖僧」が登場し、十六羅漢とされている（高山寺本10篇276行）。明恵の手になる『十六羅漢講式』でも十六羅漢を「羅漢聖僧」とする（大正蔵84巻902中）。一般に「聖僧」といえば、賓頭盧尊者を指すが、ここではそう断定する根拠に乏しい。186**餬跪**　「胡跪」に同じ。膝を地につけ、ひざまずいて礼拝すること。187**大聖弟子**　「大聖」は偉大な聖者、仏、菩薩。「大聖弟子」は十六羅漢か。188**反爲生身**　何かが生身になるのは、明恵の夢に散見するモチーフ。高山寺本10篇33行、同173行等参照。189**邪見徒**　「持経講式」第一段中に、無明の闇が深く、恵日が生じなければ「邪見之賊」が興ると書かれる。他にも、「能使未来末世衆生不堕邪見文」、「菩薩於此中　能發菩提心　末世諸衆生　修此免邪見」とあり、この夢には「持経講式」第一段の内容の影響が認められる。189額高クシテ　額が高く突き出ての意か。額が高くなったのは聖僧か明恵か、どちらか決めがたい。190横理　よこすじの意で、額の横皺のことか。十六羅漢の絵像を見ると、額に横皺が入っているものが散見する。191正見　正しい見解。「邪見」の対。192心罪障皆消滅　『持経講式』第一段には、円覚経の文を引用して「漸断諸障、障盡願満」とあり、「今身罪過玉上碎垢」ともある。また『十六羅漢講式』には、兜率天往生を願っていた道安法師が、突然現れた異僧を深く敬重して、「自惟罪根未」除。願示二済度方法一」と罪根を除く方法を尋ね、聖僧を浴せば願いが成就すると異僧が答えたのにしたがって寺で浴場を営み、それにより「罪根」が「露消」したという逸話が載る（大正蔵84巻902中）。193广頂　摩頂。仏・菩薩などが授記や称賛の意で頭をなでること。この夢の摩頂は、「持経講式」に対する聖僧の認可・賞賛の意味を持つと考えられる。なお、摩頂の夢について、ジラール［一九八四］は、聖僧は、摩頂によって彼を「邪見の徒」、おそらくは念仏行者から護り、彼を称え、その心の罪障を浄めて「正見」に導く意志を表しており、「摩頂」は、ここでは主に「浄化」の意味を持っていると述べる。194頂礼　相手の足に自分の額をつけて拝むこと。

【考察】　年月日を記載しない山外本2—2のうち、この条は『持経講式』を書いたという日記的記述から年代が確定できる。内容的にも、罪障の消滅や邪見など、持経講式の記述と本夢のモチーフには重なりが見られ、現実と夢との関わりが読み取れる。185「聖僧」を十六羅漢と見れば、「十六羅漢講式」との関連も密接に認められ、注目される。前夢との間には紙継があるが、羅漢や罪障消滅のモチーフの共通性から一続きのものと見てよいだろう。

（平野多恵）

▼2—2「同廿八日」条（195〜205）

【翻刻】

195 一同廿八日誦文殊眞言□□
196 反夢云
197 有一大山高大無極盡雲際
198 其半腹有一堂有文殊形像
199 乗師子々々ハ牛三疋許之勢也
200 文殊應其量有崎山禪尼其
201 堂下三十丁許下テ集會
202 高弁在此處見上也又此文殊
203 堂ヲ去遥其峯遠雪際集
204 峯アリ其頂ハ雲ニ隠不見也
205 其文殊堂前ニ馬二疋アリ

【訓読】

一、同じき廿八日、文殊真言を誦すること□□反、夢に云はく、一つの大きなる山有り。高大なること極り無く雲の際を尽くす。其の半腹に一の堂有り。文殊の形像有り。師子に乗る。師子は牛三疋許りの勢なり。文殊、其の量に応ず。崎山禅尼有り。其の堂の下、三十丁許り下りて集会す。高弁、此処に在りて見上ぐるなり。又、此の文殊堂を去りて遥かに其の峯の遠き雪の際に集れる峯あり。其の頂は雲に隠れて見えざるなり。其の文殊堂の前に馬二疋あり。

【現代語訳】一、同月二十八日、文殊真言を□□遍誦した。その日の夢は次のようであった。一つの大きな山があった。高く大きいこと極まりなく、雲のへりにまで及んでいた。その山の中腹に一つの堂があり、文殊の像があった。師子に乗るものであった。師子は、牛三匹ほどの大きさであった。文殊もその大きさに対応していた。崎山禅尼がいた。その堂の下、三十丁ほど下ったところに人々が集っている。高弁は、ここにいて禅尼を見上げていた。また、この文殊堂から離れて遥かなところで、その峰の遠くの雪のへりに、群立した峰があった。その頂上は、雲に隠れて見えなかった。
其の文殊堂の前に馬二匹がいた。

【語釈】 **195廿八日**　直前「廿六日」条に『持経講式』を第二段まで執筆したとの記事があることより、建保二（一二一四）年十一月のこと（『持経講式』は同十二月七日に完成）。**195文殊眞言**　文殊真言には、梵字の字数により五字・六字・八字などがあるが、常用されるのは、五字真言（a ra pa ca na）。明恵は五字真言について、顕密一切の教えが五字に含まれていると説いている（『高山随聞秘密抄』「文殊五字陀羅尼事」、明資三481頁）。『仮名行状』（明資一16頁）によれば、明恵は十三歳より十九歳まで毎日文殊五字真言千遍を誦していたとされる。夢記の日次記事には、「尺迦文殊合行」（山外本2―2「同十九日」条27行）、「修文朱法」（同上「同廿九日」条66行）といった記述があり、明恵が文殊法を修していたのは明らかである。某月廿五日、釈迦の前で無相観を修した際に、空中に文殊が師子王に乗って出現したこともよく知られている（高山寺本1篇2行以下）。**196反**　前行の下部が判読不能。「遍」の意と解し、文殊真言を誦した回数を記したものと解する。**197大山**　山は明恵の夢に頻出のモチーフ。**199師子**　獅子に同じ。特に八字文殊は獅子に坐した姿で造形される（五字・八字は蓮華座）。なお、ジラール仏訳は、多武峰の麓にある安倍文殊院（快慶作の文殊菩薩五尊、及び十三重塔がある）に比定する。獅子が登場する夢として、元久元（一二〇四）年某月八日の夢があり、文殊や崎山糸野家など、本夢と共通する要素のある点で注目される（高山寺本6篇6～20行）。**199勢**　大きさのこと。山外本2―2「同十九日」条40行に「鹿勢許之生類」という表現がある。**200*崎山禪尼**　明恵の伯母（湯浅宗重の女）で、崎山良貞の室である信証尼か。湯浅宗方（宗重の六男）の室である可能性もあり、奥田勲［一九七八A］は後者の可能性が高いと指摘する（明資二189頁「崎山尼公」の註釈）。**201三十丁**　丁は町の意。一町は約109m。三〇町で約3.6㎞。**203雪際**　雪の積もっているところの果て、という意か。ちなみに、雪が登場する夢記は非常に珍しい。『歌集』87・100では専ら楞伽山との関連で雪が詠まれる。**204峯・雲**　峯に雲というのは、奥深い山を言う定型的な表現。『歌集』73・78の贈答歌には、飛鳥井雅経や仏性上人が、明恵や高山寺の環境を「峯」と「白雲」で表現した例がある。

【考察】頂が見えないほどの山や、巨大な文殊像の出現は、文殊真言を誦したことに対する良い夢想と考えられる。【語釈】で指摘したように、文殊菩薩は崎山糸野を守護すると考えられており、崎山尼公の登場はこれと関係があろう。雪が積もっているほどの高山の描写は他に例がないが、文覚の宿所から、糸野が遙かに高く見える（高山寺本12篇54〜56行）との夢記もあり、糸野のイメージが拡大されたものか。

（前川健一）

2―3　某年三月二十七日夢記

【翻刻】

1　一同三月廿七日夜夢云

2　上師在屋上以十蔵房唯□

3　予欲登不知行道終ニハ

4　可登之心地ス云々

【訓読】

一、同じき三月廿七日の夜の夢に云はく、上師、屋の上に在り。十蔵房を以て□。予、登らむと欲(おも)ふ。行く道を知らざるも、終には登るべき心地すと云々。

【現代語訳】一、同年三月二十七日の夜の夢は次のようであった。上師が、建物の上にいる。十蔵房を□。私は（上覚のいる建物の上に）登ろうと思った。行き方がわからなかったが、最終的には登ることができる気がした、云々。

【語釈】　２上師*　上覚。２十蔵房*　未詳。高山寺本9篇18行、同10篇55行・157行にも出てきており、そこでは明恵の親族である紀州の崎山家ゆかりの者として出ているように思われる。

【考察】　上覚・十蔵房といった他の夢記でも登場する人物が出てくるが、どういった経緯でこの夢が見られたか、わからない。十蔵房が高山寺本夢記では建保六（一二一八）年から承久二（一二二〇）年・同三（一二二一）年ごろにかけてしか出てきていないため、本夢記のおおよその年代もその頃であろうか。

（立木宏哉）

2—4　某年三月二十八日夢記

【翻刻】

1　一同三月廿八日春山参詣之事
2　思立前住京之時不對聖教
3　而經日御誡之夢相懸心て
4　覺雖然正月夢相御告ヲ憑
5　思ナカラ住京之時夢ヲ見直ハヤ
6　ト思然間其廿八日夜夢云
7　成弁之前有一墻其墻形ノタ
8　ケノ如ナル小竹ノナマシキカ葉シケレ

【訓読】

一、同じき三月二十八日、春山参詣の事思ひ立つ。前に京に住する時、聖教に対(むか)はずして、日を経て、御誡の夢相、心に懸かりて覚む。然りと雖も、正月の夢相の御告げを憑みに思ひながら、京に住する時の夢を見直さばやと思ふ。然る間、其の二十八日の夜の夢に云はく、成弁の前に一つの墻(かき)あり。其の墻形のたけの如くなる小竹のなましきが、葉しげれるを以て、うつくしく整へ并べて、土居に大きなる檜木をゑりて之を立てたり。其の腰、又、檜木を以て之を挟む。其の図、

［図］

此くの如き墻、我が前にあり。此の墻の端の竹二本ぬ

9 ルヲ以テウツクシク整并テ土居
10 ニ大ナル檜木ヲヱリテ之ヲ立タリ
11 其胥又以檜木挾之
12 其圖
［図］（※下段参照）
13 如此墻我前ニアリ~~コレヲ兵衛~~
14 殿此墻之竹（端）二本ヌケテ而
15 枯タリ兵衞殿之ヲ爲成弁
16 令修理カタメニ下人ヲ二人
17 ヲケリ一ハ弥二郎一ハ弥草欤
18 ト覺ユ然此二人糸不入心暫
19 時アリテ兵衞殿自墻外被
20 來乘馬レリ此二人下人之ヲ
21 見テ恐兵衞殿テ此ヲ將修
22 理而猶倦氣也ト見覺了
23 案曰此墻者是精進屋也
24 惣相儀或少京夢ヲ

けて而（しか）も枯れたり。兵衛殿、之を成弁が為に、修理せしめむがために、下人を二人をけり。一は、弥二郎、一は、弥草かと覚ゆ。然るに此の二人、糸しも心を入れず。暫く時ありて、兵衛殿、墻の外より来らる。馬に乗れり。此の二人の下人、之を見て兵衛殿を恐れて、之を将に修理せむとす。而るに猶、倦気なりと見て、覚め了んぬ。案じて曰はく、此の墻は、是れ精進屋なり。惣相の儀、或いは少しく京の夢を見直すなり。未だ熟せざる故に、下人、猶倦気なりと云々。

見直也未熟故下人猶倦氣也ト云々

【現代語訳】　一、同月三月二十八日に、春日大社に参詣することを思い立った。京都に以前滞在していた時に聖教に向かわずいたところ、御誡めいただいた夢相が心に掛かったまま目が覚めた。しかし、正月の夢相の御告げをたのみに思いながら、京都に住んでいた時の夢を見直さなければと思っていた。そのようにしているうちに、その二十八日の夜の夢は次のようであった。成弁の前に一つの垣があった。その垣の形は、竹のような小竹で生々しいので葉が茂っているので美しく整え並べて、土台に大きな檜に穴をあけてこれを立ててある。その腰の部分はまた檜によって挟んである。その図は次のようである。

〔図〕

このような垣が私の前にあった。この垣の端の竹二本は抜けて、しかも枯れていた。兵衛殿が成弁のために修理しようとして、家来を二人用意した。一人は弥二郎、もう一人は弥草だろうかと思われた。しかし、この二人はあまり真剣ではなかった。しばらく時間があり、兵衛殿自らが垣の外から来られて馬に乗っている。この二人の家来は、これを見て兵衛殿を恐れて、これを修理しようとした。ところが、それでもやる気がない様子だと見たところで目が覚めた。

考えてみると、この垣は精進屋である。全体的な様子は少しは京都で見た夢を見直したとも言える。まだ完全なものになっていないから、家来はあいかわらずやる気がないようであったのだ、云々。

【語釈】　1同三月廿八日　年期の記載は無い。建仁三（一二〇三）年正月十九日の春日明神託宣と関連すると思われる記述、またそれ以降で京都へ移住する以前の紀州にいた当時を想起させる記述から元久元（一二〇四）年頃までの夢か。1春山春日大社。**2前住京之時**　当時、紀州にいたことを想起させる記述。元久元（一二〇四）年九月槇尾に移るまで、明恵はしばしば紀州にその居を移し、幾人かの同行とともに修行に専念していた。**3御誡之夢相**　聖教を読まずに日を過ごしたことを戒める夢。以前に見た夢であろう。**4正月夢相御告**　建仁三（一二〇三）年正月十九日の夢で、春日明神の託宣によりインド渡航を断念している。**7成弁***　自称を成弁としているため承元四（一二一〇）年七月五日以前、明恵三十八歳以前のものである。山外本1―1【語釈】2「成弁」参照。**7墻**　垣根。ここでは竹でできた生け垣を指している。**7タケ**　竹。次の「小竹（ささ）」に対して言っている。**8ナマシキ**　なまである、つまり枯れてない状態の小竹であるといっているのであろう。**9土居**　多義的な語だが、ここでは小竹の垣を立てる土台の意であろう。**10ヱリテ**　選んでの意かとも思われるが、ここでは直前に材が示されているので、檜の板に穴をうがつ、彫るの意と解せる。**13~~コレヲ兵衛殿~~**　縦棒二本にて抹消。15行目の「兵衛殿之ヲ」を誤記したか。**15兵衛殿***　崎山良貞。**16下人**　身分の低い者のことで、武士・荘官などが私有していた奴隷民。雑役や耕作に従事していた。**17弥二郎*・弥草***　下人の名。未詳。**20乗馬レリ**　建仁四（一二〇四）年正月の夢に登場する兵衛殿も馬に乗った姿である（高山寺本4篇22行）。**22捲氣**　気を捲くるさまで、活気や元気のない様子か。**23精進屋**　特定の神仏を礼拝するために、寺社仏閣に参籠するための施設。

【考察】　自称が成弁であることによって、承元四（一二一〇）年、明恵三十八歳以前の夢記であることが分かるほか、冒頭の春日参詣にかかわる記事から、建仁三（一二〇三）年の春日明神の降臨とかかわりが想定される。また、紀州在住時の文言があるから、【語釈】に示したように、元久元（一二〇四）年九月の槇尾移住までの時期としてよいだろう。

　この夢の著しい特徴は、絵を伴った竹垣の構造の説明である。生の小竹（笹竹。細い竹）を密に立て並べ、土台とする桧に穿った穴に立て、さらに竹を桧の板で挟んであるという構造で、このような竹垣の作り方が現実の反映であるかどうかは分からないが、詳細な説明と絵から、明恵の関心の深さが伝わってくる。それの破損と修理をめぐって後半が展開するが、それに深くかかわっているのが紀州に於ける明恵の重要な後援者である兵衛尉（崎山良貞）であるのは納得できることである。修理のために遣わされた下人の名が、弥二郎・弥草でともに不詳であるが、高山寺本6篇元久元年二月の夢に「弥太郎」の名が見えることは同時期のことでもあり、注意される。明恵はこの夢の竹垣を「精進屋」と解しているが、春日明神に参籠する時の精進屋のイメージと思われ、明恵の春日参詣の具体的な一端として興味深い。（奥田勲）

2—5　某年四月十八日夢記（所在不明で写真等も確認できないため、欠番）

2—6　某年四月二十二日夢記

【翻刻】

1 一□四月廿二日夜夢云
2 成弁之カケル繪ノアリケ
3 ルヲ円乗房取テ此ハ何ナル
4 繪ソト被問成弁取見之
5 打紙ニカキテ綵色之
6 其繪様ハ大海ノ以外ニ
7 アレタルニ舩ニ數人乘
8 西方ニ向テ成弁南无西

【訓読】

一□四月廿二日の夜の夢に云はく、成弁のかける絵のありけるを円乗房取りて、「此れは何なる絵ぞ」と問はる。成弁、取りて之を見る。打紙にかきて之を綵色す。其の絵の様は、大海の以ての外にあれたるに船に数人乗る。西方に向ひて、成弁、「南无西方極楽化主大慈大悲アミダ如來」と念ずるに、金色の光明、二道に分かれて西方より来たり、成弁の額を照らす絵の様なり。成弁、此の因縁を説く。其の光を名づけて日精・月精と曰ふと云々。成仙房、之を聞き、流涙随喜す。光一筋は、広さ一寸許り〈末の量なり〉。

9　方極樂化主大慈大悲
10　アミタ如來ト念スルニ
11　金色光明二道ニ分
12　レテ自西方來照成弁
13　之額繪様也其光名
—（紙継）—
14　曰日精[正]〇月精[正]〇云々成弁
15　説此因縁成仙房聞之
16　流涙随喜
17　光一筋ハ廣一寸許末量也

【現代語訳】　一、四月二十二日の夜の夢は次のようであった。成弁の描いた絵があったが、それを円乗房が手に取って、「これはどのような絵なのか」と質問なさった。成弁は、手に取って、それを見た。打紙に描いて、色を着けたものであった。その絵の図柄は、大海が、非常に荒れているところに、船に何人か乗っている。西の方に向かって、成弁が、「南無西方極楽化主大慈大悲阿弥陀如来」と念ずると、金色の光明が、二筋に分れて西の方よりやって来て、成弁の額を照らしているという絵の図柄であった。その光は、日精・月精という名であるとのことである、云々。成弁が、こうした来歴を説いたところ、成仙房はこれを聞いて涙を流して喜んだ。その光の一筋は広さ一寸ほどであった〈その光の末端の大きさである〉。

【語釈】 1□四月廿二日　「二」と「四」の字の間に一字分すり消したように見える。記載年を特定することはできないが、「成弁」を名乗っているので、「高弁」の名乗りが確認される承元四（一二一〇）年七月五日より前の執筆と考えられる。3円乗房*　神護寺文書に名が見える（鎌倉遺文3258・3304・3325）。宗全書状（鎌倉遺文3258）に「法橋円乗房」とあることから、ジラール仏訳は円乗房を法橋と見なしているが、行慈書状（鎌倉遺文3325）には「円乗房等へ別にも不申候也。法橋弁円法房之許へは追可申候」とあり、円乗房と法橋は別人である。5打紙　打って光沢を出した紙。聖教など重要なものの書写に用いる。7船　生死輪廻を大海、そこから涅槃（または成仏）へと導く仏の教えを船に譬えることは、仏教一般に見られる。『歌集』91・154・155にも作例がある。また、浄土教との関連では、『十住毘婆沙論』で易行道を「水道乗船則楽」（大正蔵26巻41中）と譬えていることも想起される。次項で指摘するように、この夢には永観『往生講式』の影響を想定できるので、同書の「夫掉弘誓船普済四生之波浪」（大正蔵84巻882下）を踏まえているかもしれない。8南无西方極楽化主大慈大悲アミタ如来　「南無西方極楽化主大慈大悲阿弥陀如来」という表現は、永観『往生講式』で、各段の結びの礼拝の際に用いられている。大正蔵・続蔵経の中で、『往生講式』にしか出ない特徴的な表現なので、明恵は直接『往生講式』を見ていた可能性がある。少なくとも南都系の浄土教に接していたことは言えるかと思う。12レテ自西方……　この行と次の行との行間に、紙背の字が見えるが、判読不明。14日精（正）○月精（正）○　「精」二箇所それぞれの左下に声点があり、いずれも右傍に「正」と書いてある。左下の声点は平声を示す。「精」は平声の庚韻、「正」は「ただす」「ただしい」の場合は去声の敬韻、「はじめ」の場合は平声の庚韻。15成仙房*　堀池春峰〔一九六七〕は「成仏、房」とするが、「成仙房」である。常仙房永真（一一七〇～?）のことと思われる。なお、元久二（一二〇五）年十月十五日の夢（高山寺本7篇16行）は、明資二では「成仏房」としているが、「成仙房」かと疑われる。承久三年九月十日の夢（高山寺本10篇404行）にも「成仙房」が出る。永真は、真言関係の写本を多く残しており、その生涯は、宮澤俊雅〔一九八五〕308～309頁にまとめられている。17光一筋……　この一行は、他より若干小さい字で書かれている。補足的情報として、追加されたもの。

【考察】　成弁を名乗っている頃の夢だが、具体的に年次を絞りこむ手がかりは乏しい。この夢を翻刻した堀池春峰［一九六七］では、「高山寺所蔵本の上人の跋によって、ほぼ建久年間前後の、即ち成弁と称していた頃のものであることが認められる」とするが、そこまで限定できるかは疑問である。ジラール仏訳（note 986）は、この夢の背景に、湯浅湾（la baie de Yuasa）――明恵が西方を見て、釈尊生誕の地を追慕した――の存在を想定している。円乗房が神護寺関係者であることから、神護寺に滞在していた頃の夢かとも考えられるが、断定はできない。成仙房は神護寺の僧で、承元四（一二一〇）年の聖教書写を最後に消息が知られず。建保年間には既に没していたのではないかと推定されている。

内容的には、明恵が描いたという設定の絵の図柄の説明が大半を占める。絵の図柄は、荒れた海の数人の乗る舟があり、一方、明恵が西方に向かって「南無西方極楽化主大慈大悲阿弥陀如来」と念じたところ、二筋の金色の光が西方から来て、明恵の額を照らしている、というものである。【語釈】で指摘したように、この表現は、永観『往生講式』で用いられるもので、直接の引用ではないかとも考えられる。興味深いのは、この時期、法然門下が布教に用いていた「摂取不捨曼荼羅」との関連である。この曼荼羅では、阿弥陀仏から放たれた光は、専修念仏者のみを照らして、その他の顕密の仏教者は照らさないことになっている。明恵のこの夢では、南都浄土教にもとづく礼拝によって、阿弥陀仏からの光を受けており、専修念仏への批判を内在させていると解することができる。「摂取不捨曼荼羅」に言及する『興福寺奏状』が貞慶によって書かれたのは元久二（一二〇五）年十月であり、明恵と貞慶との関係を考えれば、明恵にも何らかの情報は耳に達していたかと思われる。『仮名行状』（明資一45頁）によれば、明恵が専修念仏者と最初に接触したのは、紀州ヨリ上洛ノ時、藤代ノ王子ニシテとされている。建仁三（一二〇三）年正月に春日からの託宣を受けて以後、頻繁に紀州から上京していることが知られるので、この夢も大体その時期以後と考えることができよう。

専修念仏に関する夢は、高山寺本8篇をはじめ幾つかあるが、それらはいずれも建暦元（一二一一）年十一月二十三日執筆の『摧邪輪』に関連したものであり、それより前の時点における阿弥陀仏への明恵の関心を示すものとして、本夢は重要である。

（前川健一）

2—7　某年五月七日夢記

【翻刻】

五月七日夜夢云
予之腹ニ廣一分許シテ
ソクヒニテ何ノ形付タル様
にテ如帯シテ通レリ此ヲ
ハクニ
又方替ニ諸人來楞伽山
又同初夜坐禪境□中見駿馬美女云々
　右
　　見シ夢も幻も同シ世ノ
　　中ト思ヒナクサム水莖
　　ノアト
　　　　　　　　　高弁之

【訓読】

五月七日の夜の夢に云はく、予の腹に広さ一分許(ばか)りして、そくひにて何の形付けたる様にて帯の如くして通れり。此れをはぐに、
又方替(ほうがへ)に諸人、楞伽山に来る。又、同じき初夜の坐禅境□中〈駿馬・美女を見ると云々〉。
　右
　　見し夢も幻も同じ世の中と思ひなぐさむ水茎のあと
　　　　　　　　　高弁之

【現代語訳】　五月七日の夜の夢は次のようであった。私の腹に、広さ一分ほどのものが、続飯で何かの形を付けたかのように、帯のように巻き付いていた。これを剥がすと……。

また、方違えのため人々が楞伽山にやってきた。また、同日の初夜の坐禅の境地の□中に〈駿馬と美女を見た、云々〉。

右

見た夢も幻も同じ世の中だと思って、こうして書いていると気持ちがなぐさめられる

高弁之

【語釈】 2一分許　約3㎜。「分」は長さの単位で、寸の十分の一の長さ。ここでは幅の大きさを表していうか。3ソクヒ　続飯。飯粒を練ってつくった糊。明恵は北条泰時からの寄進を辞退する際、続飯を詠んだ和歌を泰時に遣っている(『歌集』129・131・132)。5ハク　「ハグ」で、剝ぎとる意。「ハグニ」の後は欠文。次の「又方替…」は改行されており、文意もつながらない。後で書くつもりで、そのままになったか。6方替　「方違へ」に同じ。暦などで忌むべき方角に外出しなければならないとき、前日に別の方角へ行き、そこから改めて目的地へ行くこと。ここでは、諸人が方違えによって、楞伽山にやってきて宿泊したこと。6楞伽山　高山寺の背後にある山。楞伽経で羅婆那王の住む島とされ、それにちなんで名付けられた。『行状』や『歌集』から、元仁元年の冬に明恵が楞伽山に籠もったことが知られる。山中には、明恵の修行の場であった草庵「花宮殿」「羅婆房」や「遺跡窟」「縄床樹」があった。7初夜　午後八時頃。勤行は初夜に多く行われた。7□　難読。「盡」「尓」「等」「至」などを候補字としうるか。7駿馬美女　「駿馬」も「美女」も好相。明恵の夢には馬や女性がしばしば登場する。行法時に見た「美女」は瑞相であろう。「馬」は、夢に応じてさまざまな意味を持つ。高山寺本10篇354行の夢で、明恵は「馬は意識なり」と解釈している。高山寺本6篇21行の元久元年二月十日条では、馬から落ちる夢が見え、「不吉の事か」という解釈がある。8右　右の夢に関連しての詠歌という意味か。10水茎ノアト　書かれた文字、筆跡。12高弁之* 高弁の所有物であることを示す。【考察】で触れたように6行以降、筆跡が変化することから、別の筆記者が明恵の夢記であることを明確にするため記したとも考えられる。

【考察】和歌のある夢記。この夢記の和歌が前の夢に関連するとすれば、9行「見シ夢」は1〜6行までの夢を、「幻」は7行目の坐禅時に駿馬と美女の幻覚を見たことになる。さらに「思ヒナグサム水茎ノアト」は、この夢記を記録する行為を指し、夢記を書きとめることが明恵の気持ちを慰める行為であったと解釈できる。ただし、1〜5行目までと、6行・7行以降で筆跡が変化しており、後半は別筆の可能性もある。

（平野多恵）

2—8　某年五月、六月夢記

【翻刻】

1 一従同年五月中旬修善友法爲此御前祈禱也
2 然自六月三日改修佛眼法其前二日夜夢懐
3 黑犬惣有二疋雖懐一疋捨之今一疋不懐云々
4 　案曰云々　此前相也
5 一自三日初夜始三座修之四日夜夢云
6 有至鳥取雀子々悲叫云々又夢云有一大
7 舩是成弁之船也成弁爲梶取渡諸人其中有此御前○并具
8 足諸人數多乘之或山或陸或水不論之
9 成弁行無障行旡至高山舩又能上下
10 行旡三分之一到已有一人之俗呼云物召シテ

【訓読】

一、同じき年の五月中旬より善友法を修す〈此の御前の為の祈祷なり〉。然るに、六月三日より改めて仏眼法を修す。其の前の二日の夜の夢に、黒き犬を懐く。惣じて二疋有り。一疋を懐くと雖も、之を捨つ。今一疋は懐かずと云々。案じて曰はく云々〈此れ、前相なり〉。

一、三日の初夜より始め、三座、之を修す。四日の夜の夢に云はく、至鳥有り。雀の子を取る。子、悲しみ叫ぶと云々。又、夢に云はく、一つの大きなる船有り〈是れ成弁の船なり〉。成弁、梶取と為(し)て、諸人を渡す。其の中に此の御前并びに具足有り。諸人数多、之に乗る。或いは山、或いは陸、或いは水、之を論ぜず、成弁、行くに障り無し。行きて既に高き山に至る。船、又能く上る。下り行くこと、既に三分が一、到り已り

可令渡給云々即還将食物有鼠糞即不
食云々其後又還行其度値人請船其
船唯瓦計也水溢満即思我等猶不可乗況
女房等耶其度女房等在他處未來此
處云々□□□□□□□□□□□（其四日初夜修仏眼法）

〔紙背〕

一同一日夢□明神向面白○河山遊戯云々
又見殊勝巌窟遊云々
其前夢手巾（□）物養鹿々馴不驚食之

て、一人の俗有り。呼びて云はく、「物召して渡らしめ給ふべし」と云々。即ち、還りて、将に物を食はむとす。鼠の糞有り。即ち食はずと云々。其の後、又還り行く。其の度、人に値ふ。船を請ふ。其の船、唯、瓦計りなり。水溢れ満つ。即ち思はく、「我等、猶、乗るべからず。況むや女房等をや」。其の度、女房等、他処に在り。未だ此処に来らずと云々□□□□□□□□□□□〈其の四日の初夜、仏眼法を修す〉。

〔紙背〕

一、同じき一日の夢に□、明神、面白き山河に向かひ遊戯すと云々。又、殊勝の巌窟に遊ぶを見ると云々。其の前の夢に、手□物、鹿を養ふ。鹿馴れて驚かず、之を食ふ。

【現代語訳】　一、同じ年の五月中旬より善友法を修した〈この御前のための祈祷である〉。ところが、六月三日より、これを改めて、仏眼法を実行した。その前の日である二日の夜の夢は次のようであった。黒き犬を胸に抱いた。全部で二匹いた。一匹を胸に抱いたが、これを捨てた。もう一匹は胸に抱くことをしなかった、云々。考えてみると、云々。〈これは、この後に起こったことの先触れである〉。

一、三日の初夜から始め、三度、(仏眼法を)修した。四日の夜の夢は、次のようであった。トビがいて、雀の子を取った。子は悲しんで叫んだ、云々。又、以下のような夢を見た。一つの大きな船があった〈これは、成弁の船である〉。私は、楫取として、人々を渡していた。その中に、この御前とその持ち物があった。人々がたくさん、乗っていた。山であろうと、陸地であろうと、水上であろうと、どこでも、私が行くのに支障がなかった。行って、既に高い山まで到達した。船も上ることができた。下りて行って、三分の一まで来たところで、一人の在家者がいて、「何かお食べになって、お渡りください」と呼びかけた。そこで、戻って、食べようとした。鼠の糞があった。それで、食べなかった、云々。その後、また戻って、行った。その時、人に遇った。船を求めた。その船は、ただ瓦だけだった。水が溢れて、いっぱいになった。そこで、次のように思った、「私たちでさえ乗ることができない。まして、女房たちは言うまでもない」。その時、女房たちは他の所にいて、まだここには来ていなかった、云々。□□□□□□□□□□□□□

〈その四日の初夜、仏眼法を修した〉。

〔紙背〕

一、同月の一日の夢は次のようであった。春日明神が、□興趣のある山河に向ってお遊びになる云々。また、素晴らしい巌窟にお出ましになるのを見た、云々。その前の夢は次のようであった。手□物で、鹿を飼養する。鹿は馴れていて、驚かずに、これを食べている。

【語釈】　1五月中旬　文中で「成弁」を名乗っているので、「高弁」初出の承元四（一二一〇）年七月五日以前。山外本1―1【語釈】2「成弁」参照。「中旬」は夢記の中では、高山寺本8篇63行に「十二月中旬」とあり、他には高山寺本10篇150行に「五月上旬」とある。しかし、これらは夢の日付なので、日次記事として「中旬」とあるのは、ここだけになる。一般的に、夢記では行法の開始時期については正確な日付が書かれる傾向があるので、「従五月中旬修善友法」という表記はいささか異例である。もっとも、山外本1―18・15行には「同二年五月修寶各法」とあるので、全くあり得ない表現というわけでもない。1善友法　『華厳経』「入法界品」に出る五十五善知識を観想の対象とする念誦法のことと思われる。山外本1―5（建仁三（一二〇三）年八月十日）、1―14（建暦三（一二一三）年二月二十九日）にも見える。明恵は建仁二（一二〇二）年九月一日に『華厳入法界頓証毘盧遮那字輪瑜伽念誦次第』、同九月四日に『善財善知識念誦次第』を作成している。もっとも、これらは自行のためのものであり、祈祷のために行ったというこの夢記の記述とは齟齬がある。1此御前* 8行目に出る「此御前」と同一人物と思われる。「御前」は、夢記中の用例では女性に対する敬称。2佛眼法　仏眼尊を本尊とする修法。興然『四巻』巻一（大正蔵78巻770下）・栄然『師口』巻一（大正蔵78巻837中）によれば、息災のために行う。2其前二日　このような表記も、夢記では異例である。3黒犬　犬は夢記では比較的よく出てくる動物。「黒犬」は、高山寺本10篇467行（承久三年六月二日条）、山外本3—4（某年十九日・二十二日）に出る。4前相　高山寺本には検出されず、異例な表現。この夢を、三日以後に起こったことを表すものと解したことになるが、現存する断簡の範囲では、何を指しているか判然としない。5三座　行法が三回に及ぶこと。6至鳥　鵄鳥（とび）のこと。高山寺本10篇346行（承久三年八月十七日条）に「初見鵄鳥」とある他、山外本4—1に「鵄」が出る。6雀　雀は高山寺本5篇13行（元久元年九月十一日条）に出る他、山外本3—3（某年月十九日）に出る。7梶取　楫取。建永元（一二〇六）年十一月廿三日書写『大宝広博楼閣善住秘密陀羅尼経』（高山寺聖教類第1部29）所載同月廿一日の夢には「以義林房為梶取」とある。7具足　道具・所持品。次下に続けて「具足諸人（諸人を具足して）」とも読めるが、次上の「幷」に続けて「有此御前幷具足（此の御前幷びに具足有り）」と読む。夢記中の用法では、「幷」は名詞や名詞相当句を結合しており、接続詞としては使用されていない。9旡　「既」の略字。高山寺本7篇84行、同8篇59行に見える。11鼠　高山寺本7篇25行に出る。12糞　「糞穢」として、高山寺本8篇61行、同10篇209行に見える。12其度　他の夢記には見られない、異例の措辞である。13唯瓦計也　船が瓦だけで出来ていたということか。いささか理解しにくい表現。もっとも、建永元（一二〇六）年十一月廿三日書写『大宝広楼閣善住秘密陀羅尼経』奥書所載同月廿三日の夢には「一貝船〈以貝為船云々〉」という記述が見える。13猶　高山寺本12篇2行に「猶不称」とあり、同10篇405行に「猶預」とある。15云々　この下に何か書いてあったことが、残画により分かるが、剝落して読めない。

〔紙背〕　1同一日　紙表から続いているとすると、五月か六月だが、確定はできない。1明神　春日明神。2面白○河山レ　「○」は補入記号、「山」の右傍の「レ」は倒置記号。当初「面白河山」と記したが、「面白山河」と訂正した。3其前夢「同一日」より前の夢の意。春日明神の夢を見たので、その前に見た鹿の夢を思い出して記したか。　3鹿　鹿が馴れていたという描写は、明恵が建仁三（一二〇三）年二月七日、春日に参詣した折、鹿三十頭ほどが膝を屈して伏したという逸話（『明恵上人神現伝記』、明資一245頁）を想起させる。

【考察】紙背の夢が紙表のものと関連しているとすれば、六月（または五月）一日の夢か。紙表の夢は、全体として「此御前」と呼ばれている人物のための修法を行っている間の夢であるので、紙背の夢は同時期ではあるが直接関係のない夢として、裏面に書かれたのであろうか。紙表の夢は、黒犬・雀・船など様々なモチーフが出ている。特に船の夢は変化に富んでおり興味深いが、話の展開に辻褄が合っていない点があるようにも思え、慎重な検討が必要と思われる。紙背の夢は、春日明神・山河・巖窟・鹿など、夢記では馴染みのあるテーマが出てくる。春日明神の夢は幾つかあるが、この夢のように春日明神自らが遊戯・遊行の主体となっているのは珍しい。

（前川健一）

2—9　某年六月二十五日、二十六日夢記

【翻刻】

1 一同六月廿五日夜夢
2 　此廿三日ヨリイマタ此造營等ノ事モ
3 不始故自然忩々仍或藤浪病人
4 ノ訪或云常仙房對面闕毎日持
5 誦等然間今夜夢云

【訓読】

一、同じき六月廿五日夜の夢。此の廿三日より未だ此の造営等の事も始めず。故に自然に怱々なり。仍りて或いは藤浪の病人の訪、或いは常仙房対面と云ひ、毎日の持誦等を欠く。然る間、今夜の夢に云はく、此の金輪仏頂像、是れ文殊なりけりと思ふ。能く見るに、是れ金輪仏頂なり。散々に破損し、折れ砕けり。夢に

6 此金輪佛頂像是文殊也ケリト思
7 能見是金輪佛頂也散々破損
8 折砕夢心思是依我過也殊不
9 可有𑖐𑖎𑖰𑖽等之事ト思云々
10 一同廿六日夜夢云

心に思はく、是れ我が過に依るなり。殊に𑖐𑖎𑖰𑖽等の事
有るべからずと思ふと云々。
一、同じき廿六日の夜の夢に云はく（後欠）

【現代語訳】 一、同月二十六日の夜の夢。この二十三日より、いまだこの造営等の事も始めない。それ故に、自然に忩々の気持である。したがって、あるいは藤波の病人の訪問、あるいは常仙房との対面と云い、毎日の持誦等を欠いた。そのようにしている間、今夜の夢は次のようであった。この金輪仏頂の像は、文殊であると思う。よく見ると、これは金輪仏頂である。それが散々に破損し、折れ砕けている。夢心に思う、これは我が過ちによるのだ。殊にギャ・キン等のことはあるべきではないと思う、云々。

一、同じ月の二十六日の夜の夢は次のようであった。（後欠）

【語釈】 1**六月廿五日**　年不明であるが、藤並の病人にかかわる日次記事から紀州在住の時期と判断される。2**此廿三日**　文脈から同年六月二十三日であろう。2**此造營等ノ事**　ここで明恵がいう造営は紀州でのことと考えるのが順当だが、伝記上で造営にかかわるのは高雄か栂尾、あるいは東寺などである。また、文覚が各種の造営にかかわっていることから、文覚がらみのことかとも考えられる。【考察】参照。3**自然忩々**　造営未着手による精神的不安定をいうか。3**藤浪病人ノ訪**　藤並（藤波、藤浪とも）氏は湯浅氏配下の豪族で、『高山寺明恵上人行状抄』（明資一541頁）によると、当時の当主藤並親は湯浅宗重の七女と婚姻関係にある。病人の具体的事情は不明。4**常仙房***　興然の資永真とされる。山外

本2—6【語釈】15「成仙房」参照。4**闕毎日持誦等**　経文や真言を記憶し読誦することが実行されていないことを不本意と表現した。6**此金輪佛頂像是文殊也**　金輪仏頂は一字金輪に同じ。それを文殊と認識しているらしいが、根拠等不明。7**散々破損折砕**　この表現から金輪仏頂が絵像ではなく彫像であったことが分かる。8**我過**　「過」はあやまち、とがの意と思われる。高山寺本にその用法はないが、『摧邪輪』には「とが」として多用される。9**[ga][hūṃ]等之事**　[ga]（ga ギャ）は仏眼仏母の種子、[hūṃ]（hūṃ キン）は除障仏頂の種子であるが、詳細不明。

【考察】種々のキーワードによって、内容的に興味深いものがあるが、解明しがたい点も多い。文覚は、建久八（一一九七）年前後に次の大事業にかかわっている（山田昭全［二〇一〇］119頁）。一、東寺の塔の修理、二、西寺の塔の修理、三、神護寺宝塔院の再興・建立、四、高野大塔の修理の四大事業であり、この夢の記事はこのうちのどれかを指している可能性がある。なお、藤並の病人が誰か、明恵との関係、常仙房と明恵の関係、金輪仏頂がなぜ文殊か等、不分明な点が多い。

（奥田勲）

2—10　某年七月十日より十二日夢記

【翻刻】

1　一同七月十日比夜夢中欲被壓於小童
2　其早旦有一人少児成護持云々
3　一同十一日夜夢云
4　有一堂其上在聖僧拝之後見レハ是塔形也

【訓読】

一、同じき七月十日の比の夜の夢に、小童に圧せられむと欲（す）。其の早旦、一人の少児有り。護持と成ると云々。

一、同じき十一日の夜の夢に云はく、一の堂有り。其の上に聖僧在り。之を拝す。後に見れば、是れ塔の形

値高弁即書寫之

一同十二日夜夢(ママ)〔梵字〕反女恭敬我哀愍
之非世間欲相其傍有一人一向専修尼
憎嫉高弁氣色アリ云々
一同夜夢云
有一人相上師云今日十七日也云々

なり。高弁に値(あ)ひ、即ち之を書写す。[図]
一、同じき十二日の夜の夢、〔梵字〕、女に反じ、恭敬す。我、之を哀愍す。世間の欲相に非ず。其の傍に、一人の一向専修の尼有り。高弁を憎嫉する気色ありと云々。
一、同じき夜の夢に云はく、一人有り。上師を相して云はく、「今日〈十七日なり〉」と云々。

【現代語訳】　一、同七月の十日の頃の夜の夢は次のようであった。小さい童子に押しつぶされそうになった。その(明くる日の)早朝、一人の幼い子どもがいて、(その子の)護持僧となった、云々。
一、同月十一日の夜の夢は次のようであった。一棟の堂があった。その上に賓頭盧尊者があり、これを礼拝した。後で見ると、塔の形であった。高弁に会って、すぐにこれを書きうつした。
一、同じ月の十二日の夜の夢は、以下のようなものであった。ウン字が女に変わり、私を敬った。私は、彼女をあわれんだ。これは、世俗的の愛欲のすがたではない。その傍らに、専修念仏の尼がいた。高弁を憎悪する様子であった、云々。
一、同じ夜の夢は、次のようなものであった。一人の人がいて、上師の人相を見て、「今日〈十七日〉である」と云々。

【語釈】 4聖僧　十六羅漢の中の賓頭盧尊者のこと。5値　白洲正子〔一九六七〕所載の翻刻では「但」。6反女𑖮𑖳𑖽　前掲白洲著の翻刻では「官女」。「女」の右傍に梵字で𑖮𑖳𑖽（hūṃ　ウン）反女とある。10上師*　明恵の師匠である上覚のこと。

【考察】 某年七月十日から十二日にかけての夢を記したもの。「高弁」の自称が用いられていることから、承元四（一二一〇）年以後と思われ、上覚生存中と考えられるので、彼が亡くなった嘉禄二（一二二六）年十月十九日より前であると考えられる。四つの夢が記されるが、共通したモチーフはない。個々の夢は、それぞれに興味深い内容であるが、理解しにくい点もあり、慎重な検討が必要であろう。

（前川健一）

2—11　某年八月十七日夢記

【翻刻】

1 一八月十七日日中行法正念誦之時如夢
2 而四十花嚴中持一巻其文云
3 随順値遇諸善知識文是經極終文
4 也ト思云々即自口念誦此文誦文事敢無
5 加行任運ニ念誦ヲシサシテ誦ス云々
6 行法ハ八月廿九日日中マテ修之其後依忩々事不修之

【訓読】

一、八月十七日の日中の行法、正念誦の時、夢の如くして四十花厳の中、一巻を持つ。其の文に云はく、「随順値遇諸善知識」〈文〉。是れ経の極終の文なりと思ふと云々。即ち、自ら口に此の文を念誦す。文を誦する事、敢へて加行無し。任運に念誦をしさして誦すと云々〈行法は、八月廿九日の日中まで之を修す。其の後、忩々の事に依りて、之を修せず〉。

【現代語訳】一、八月十七日の日中の行法で、正念誦の時、夢のようであって、四十華厳経の中から、一巻を手に持った。その文には、「随順して諸善知識に値遇す」とあった。これは、経の最後の文であると思った、云々。そこで、みずから口でこの文を唱えた。文をとなえることには、全く加行は無かった。自由に、念誦を途中でやめて、となえた、云々。〈行法は八月二十九日の日中まで行った。その後、多忙のため、これを行わなかった〉。

【語釈】**2四十花嚴**　般若訳『大方広仏華厳経』四十巻のこと。六十華厳・八十華厳の「入法界品」に相当する。以下の文に正確に一致する文はなく、「常得値遇諸善知識」（大正蔵10巻798下）の句がある。**4敢無**　古筆手鏡大成編集委員会編［一九八三］翻刻では「敢言」。

【考察】本文の内容には、年代比定の手掛りとなるものはない。内容的には、行法の正念誦の時に感得した経文らしきものを、念誦を中断して、となえていたというもので、明恵の実践のあり方を示すものとして興味深い。（前川健一）

2—12　某年八月夢記※

【翻刻】

1　一同八月
2　前所蘊器有一人取出之反爲銅
3　鉢心思ハク日來水ニ被洗皆以清淨
4　一上師ノ御アトニ臥ス義林房ノ雙

【訓読】

一、同じき八月、前に蘊(つ)む所の器、一人有りて、之を取り出だす。反じて銅鉢と為る。心に思はく、日来、水に洗はれて、皆以て清浄なりと。
一、上師の御あとに臥す。義林房の双紙形を献ず。即ち双紙形の中より文を□、同じく天上天下金輪世尊等

5　紙形ヲ献ス即自雙紙形中文ヲ　と云々。
6　□同天上天下金輪世尊等云々

【現代語訳】一、同年八月（の夢は次のようであった）。前に積んでおいた器を、ある人がおり、それを取り出した。すると銅製の体に変った。心に思うに、日頃から水で洗われたのですべて清浄なのであると。
一、上師のあとに臥した。義林房の双紙の形を献上した。そして、双紙の形の中から文を□し、同じく「天上天下金輪世尊」等と云々。

【語釈】1同八月　義林房（喜海）は建久九（一一九八）年には明恵に師事するようになったので、それ以後であることは確実である（田中久夫［一九八二］584頁参照）。2前所蘊器　意味難解。「蘊」を「つむ」と解した。2銅躰　銅でできた体。銅体になったのが「蘊器」なのか「人」なのか、理解し難い。4義林房*　明恵の弟子である喜海。4雙紙形　冊子の形式にしたもの。6天上天下金輪世尊　釈尊が誕生直後に口にしたとされる「天上天下唯我独尊」を連想させる。「金輪世尊」は金輪仏頂のことであろうか。

【考察】二つの夢が記される。某年「八月」の同日の夢か、「八月」中ではあるものの別の日の夢なのかは判断がつかない。明恵の夢では、登場人物などが変身する夢が散見する。これらはいずれも夢の後半部分に自ら夢解を施し、化身として別の形を表していることを示すが、本条の一つ目の夢も「心に思はく」と解しながらもその示唆するところは不明瞭である。二つ目の夢では義林房の双紙を師の上覚に献上するという点に師弟関係の構図が示されており、印象的である。「金輪世尊」という表現からは密教との関わりが推測されるが、これも詳細は不明である。（小宮俊海）

2—13　某年九月、十月二十六日夢記

【翻刻】

九月修五ヒ
夢云有義林房云寶婁
各法従廿六歳令修之給
已積多年運智是深之
由ヲ云フ
又夢有一大房上（ママ）　兩師
令坐給於彼此相互被
譲不食物予ハ思兩方
互於彼處物ヲ食覧ト
被思之間不被勸食是
中空（ナカソラ）ニ思フ
是時マテ兩法ヲ合修之
如此連々有惡夢
十月廿六日　高弁
義林房

【訓読】

九月、五ヒを修す。夢に云はく、義林房有りて云はく、宝楼閣法、廿六歳より、之を修せしめ給ふ。已に多年を積み、運智、是れ深き由を云ふ。又、夢に一の大房有り。上（ママ）　両師坐せしめ給ふ。彼此（こ）に於て相互に譲られ、物を食はず。予は思はく、両方互ひに彼の処に於て物を食ふらむと思はるる間、食を勧められず。是れ、中空に思ふ。是の時まで、両法を合はせ之を修す。此くの如く、連々、悪夢有り。
十月廿六日　高弁
義林房

【現代語訳】　九月、五秘密法を修した。次のような夢を見た。義林房がいて言うには、「(上人は)宝楼閣法を二十六歳から修行なさっている。すでに何年も積み重ね、智慧を働かせることが深い」ということを言った。

また、(別の)夢が次のようだった。ある大きな僧房があった。上(覚と文覚の)二人の師匠がお座りになっている。あれこれとお互いにお譲りになって、物を食べない。私が思うに、両者がお互いに、あの場所で物を食べるのだろうと思われるために、食事を勧められないのである。これを上の空で考えた。

この時点まで、二つの修法を合わせて修していた。このように、しきりに悪夢を見た。

十月二十六日　　高弁

義林房

【語釈】　1五ヒ　五秘密法。2義林房*　喜海。明恵の高弟。2寶婁各法　宝楼閣法。6兩師　二人の師匠。文覚と上覚か。12兩法　五秘密法と宝楼閣法。明恵にとって、宝楼閣法は俗人の救済のための現世利益的修法であり、五秘密法は自らの宗教実践として不可欠のものであった。この夢の「両師」は「両法」のメタファーと考えられる。

【考察】　書状形式の夢記。高弟義林房に宛てて、自らの夢を書いて送ったものと見られ、もしそうであれば、明恵が自らの夢を弟子達と共有していたことを示すものとして貴重である。ただし、八行目あたりから筆跡が変わっているようにも見え、当初から書状形式の夢記であったかどうか疑問が残る。山外本1—18によれば、明恵は嘉禄二(一二二六)年五月から六月にかけて五秘密法と宝楼閣法を行っている。この時期には、『五秘密儀軌』を宗重入道から賜ったり、上覚に『解脱門義』下巻を奉ったり、義林房が出てきたりする夢を見ており、この夢のモチーフと重なる。同じく嘉禄二年前後の晩年の夢であろうか。

(平野多恵)

2―14 某年十月二十六日夢記

【翻刻】

1 夢従人之許立文従糸
2 野兵衛尉許欤ト覺ユ
3 然依予之沙汰紀洲ニミス
[図]
4 一同十月廿六日ノ初夜ヨリ
5 一向修行之思ヲ(ママ) シテ修此
6 法於學(ママ) 所以理供行儀
7 修之但佛光觀合修也
8 其初夜修此法即時
9 随求タラニ三反
10 婁各タラニ(大呪)千反
11 光明眞言千反
12 弥勒寶号千反 念誦之
[図]

【訓読】

夢に人の許より立文あり。糸野兵衛尉の許(もと)よりかと覚ゆ。然れば予の沙汰に依り紀洲にみす。
[図]
一、同じき十月廿六日の初夜より、一向修行の思ひを(ママ) して此の法を修す。学(ママ) 所に於(し)て理供の行儀を以て之を修す。但し仏光観と合はせ修するなり。其の初夜、此の法を修す。即時に、随求ダラニ三反、楼閣ダラニ〈大呪〉千反、光明真言千反、弥勒宝号千反、これを念誦す。
[図]

【現代語訳】　夢は次のようであった。ある人のもとから立文が届いた。それゆえ、糸野兵衛尉のもとからと思われた。それで、その手紙は私の沙汰によって紀洲に見せた。

一、同年十月廿六日の初夜より、一向に修行の思ひを(ママ)して此の法を修した。学問所に於いて、理供養の行儀によってこれを修した。但し、仏光観を合せこれを修した。其の初夜に此の法を修した。即時に、随求陀羅尼三遍、宝楼閣陀羅尼大呪千遍、光明真言千遍、弥勒宝号千遍を念誦した。

【語釈】　**1立文**　竪文(たてぶみ)のことと思われるが、あるいは、「人の許より文を立てたり」と読めるか。竪文は、書状の形式の一。書状を礼紙で巻き、その上を更に白紙で縦に包み、包紙の上下をひねりたたむ形式。**＊1糸野兵衛尉**　崎山貞重。糸野に崎山氏の居館があったことは、「崎山糸野家」という表現(高山寺本6篇)を始め各種資料により明らかである。**3予之沙汰**　明恵の指示であろうが、詳細は不明。**3紀洲ニミス**　「ミス」は「見す」であろう。「紀洲」は、紀州在住の人物と思われる。あるいは湯浅氏の誰かか。なお、明恵は「紀州」を「紀洲」と表記する。**4同十月廿六日**　承久二年か。【考察】参照。**5此法**　明示されていないが、仏光観と合わせ修していることから考えると、光明真言法か。**6学(ママ)所**　学問(文)所であろう。『高山寺縁起』によれば、学問所は禅堂院の南面である(明資一646頁)。**6理供行儀**　理供養の行儀の意か。**7佛光観合修**　5行の「此法」を仏光観と一緒に行なうこと。【考察】参照。**9随求タラニ三反**　随求陀羅尼。**10娄各タラニ(大呪)**　「宝楼閣陀羅尼」の抄物書き。大呪は文言の長い陀羅尼。

【考察】　明恵は、承久二(一二二〇)年六月、李通玄の論書に値遇し、仏光三昧観の文を見出し、専ら仏光三昧観を修し始める。高山寺本10篇244行に「従同(承久二年)七月一向修仏光観」とある。そして多くの好想・夢想を得る。その間、仏光三昧観の観法式次第を撰述し、それに則り七月から百日間仏光観を修したが、七月二十九日に得た夢想によって、仏光観と光明真言が相応することを理解し、明恵の仏光観信仰に光明真言が導入されたとされる。したがって、この夢は、承久二年以後である。また、前述の高山寺本10篇の承久二年十二月の記事は、第117行で終わり、そのあとは空白になっているので、この夢記がそこに入る可能性も考えられる。3行目と4行目の間には狩衣姿の公家の図、12行目の後には懸け守のような物が描かれているが、この夢記との関連は明らかでなく、別筆のように見える。

（奥田勲）

2―15　某年十一月二日夢記※

【翻刻】

一同十一月二日夜夢
有一御所有數多上﨟女房
其所有一大犬馴于予立
擧舐頸其長至頸心思
參此所時常有此犬予足
―（紙継）―
ヲ洗ヲ舐思令去早可洗
足之由ヲ思テ此犬如是馴也云々

【訓読】

一、同じき十一月二日の夜の夢に、一の御所有り。数多（あまた）の上﨟女房有り。其の所に一の大きなる犬有りて、予に馴る。立ち挙がりて頸を舐む。其の長（たけ）頸に至る。心に思はく、此の所に参る時、常に此の犬有り、予の足を洗ふを舐むると思ふ。去らしめて早く足を洗ふべき由を思ひて、此の犬是くの如く馴るるなりと云々。

【現代語訳】一、同年十一月二日の夜の夢は次のようであった。一つの御所があり、多くの上﨟女房がいる。そこに一匹の大きな犬がいて、私に馴れている。立ち上がって私の首を舐める。その身長は私の首に届く。心の中で、この御所に参る時、いつもこの犬がおり、私が足を洗うのを舐めると思った。この犬を去らせて早く足を洗うべきだと思って、この犬がこのように馴れるのだと思った、云々。

【語釈】 1同十一月二日　年未詳。2御所　誰の御所であるか不明だが、高山寺本10篇に仁和寺御室に係る夢記があり、その建物についてこの語が見えるが、【考察】に引いた10篇の夢の一条大臣の邸宅の可能性もある。2上﨟女房　夢記に頻出する語で、明恵の意識では貴顕の邸宅に住む貴族の女性の称であるらしい。3大犬　頸に届く身長というのはかなりの大きさである。【考察】参照。

【考察】 この夢記は二曲一隻の古筆貼交屏風の右隻の左側に貼られている。全体で九葉の古筆切が貼られている内の一枚である。犬は明恵の夢によく現れ、明恵の生活圏に多くの犬が存在したことが想像される。特に高山寺本10篇の六月二日の夢は、この夢と多くの共通点がある。また、御所は明恵が日常的に交渉があった貴顕の邸宅の反映であろう。なお、本夢記の紙背は、貞応元年六月の具注暦である（赤外線写真で確認。影印参照）。山外本4—15の紙背も貞応元年七月の具注暦であり、貞応元年の具注暦を紙背とする一連の夢の存在が予測される。

（奥田勲）

2—16　某年十二月五六日夢記

【翻刻】

1　一同十二月比ヨリ修ヒル法

2　　同五六日修之間夜夢

【訓読】

一、同じき十二月比より、ビル法を修す。同じき五六日、之を修する間の夜の夢に、此の房の屋上、院の□□に当りて四五人の眷属御坐す。予の寝処よりは片方

3　此房之屋上當院□□四五人眷属
4　御坐予之寝處ヨリハ片方ヘヨレリ
5　案曰片方者持仏堂之上也即是
6　ヒルシヤナ也

へよれり。案じて曰はく、片方は持仏堂の上なり。即ち、是れビルシャナ也。

【現代語訳】　一、同年十二月頃より毘盧遮那法を行った。同月五六日、これを修する間の夜の夢は次のようであった。この房の屋上、院の□□に相当する所に四五人の眷属がいらっしゃった。わたしの寝所よりは端の方に寄っていた。考えてみると、端の方というのは持仏堂の上である。つまり、これは毘盧遮那如来である。

【語釈】　**1ヒル法**　末尾の夢解部分の「ヒルシャナ也」から、毘盧遮那如来に関する密教修法と推測されるが、詳細は不明。**2同五六日**　「五六」の下に「十二月」の文字が認められる。いったんは「十二月」と書いたものの、一行目で記載済であることに気付き、上から「同五六日」と重ね書きしたと見られる。**3眷属**　仏菩薩などの従者。**5持仏堂**　高山寺禅堂院の西面にあった持仏堂か（『高山寺縁起』、明資一645頁）。**6ヒルシヤナ**　毘盧舎那如来。

【考察】　毘盧遮那如来に関わる夢として注目される。『高山寺縁起』によれば、高山寺の持仏堂の中央には五秘密曼陀羅、その左右に両界曼陀羅、さらにその右に香象大師、左に弘法大師の影像が懸けられていたという（明資一645頁）。真言密教の五秘密および両界曼陀羅の左右に、華厳宗第三祖の法蔵（香象大師）と真言宗の空海（弘法大師）の影像が脇侍として懸けられていることから、明恵は大日如来を毘盧遮那如来と同一のものと捉えていたと推察される。高山寺本10篇では、承久二年十一月三日条、同六日条で華厳仏光三昧観に関連して「ビルシャナ」が登場する。（平野多恵）

2—17　某年十二月十五日夢記※

【翻刻】

十二月十卅（五）日夜
夢云
對一人物語見上
空中有一聚雲
大日如来ニ反ス
雖奇㕦思起立
拝之上少分之黒
雲アリ即病
人云躰影現其
勢五丈許也是
後見レハ光音
房一枝スハヱニ一ノ
鏡ヲ付テ持セリ
此鏡ニ所現ノ
影也ケリト思フ即

【訓読】

十二月十五日の夜の夢に云はく、一人に対して、物語す。上を見るに、空中に一聚の雲有りて、大日如来に反ず。奇異に思ふと雖も、起立して之を拝す。上に、少分の黒き雲あり。即ち病人と云ふ躰の影、現ず。其の勢、五丈許なり。是の後を見れば、光音房、一枝のすはゑに一の鏡を付けて、持せり。此の鏡に所現の影なりけりと思ふ。即ち光音房云はく、「一向専修あり。彼が相すべきに、来て見よと人の申せば来たるに、此の瑞あり」と云々。又た人有りて云はく、「痟(や)せたるも専修するに、疲るるに依りて功堪ふるなり。即ち密厳経」と云ふ、即ちやせたる形なりと云々。

光音房云一向専修一人アリ彼カ可相ニ来テ見ヨト人ノ申セハ来ニ此瑞アリ云々又有人云痟タルモ専修ニ依疲功堪也即宀ム經ト云即ヤセタル形也云々

【現代語訳】　十二月十五日の夜の夢は次のようなものだった。（私は）ある人と向かい合って、雑談していた。上を見上げると、空中に一かたまりの雲があって、大日如来へと変成した。不思議だと思ったが、立ち上がってこの大日如来に礼拝した。上に少しの黒い雲があった。すぐさま病人といった体の姿が現れた。その大きさは五丈ほどである。この後方を見ると、光音房が、一枝の小枝に一つの鏡を付けて持っていた。（先の姿は）この鏡に現れた姿であったのだと思い当たった。すぐに光音房が次のように言った、「一向専修の輩がいる。彼が相を見るべきなのに、（私に）来て相を見てくれと人が望み申し上げるので、やって来たところ、この（鏡に病人の体の姿が現れるという）奇瑞があった」ということだ。また、人がいて、次のようにも言った、「痟せてはいても専念修行をする時には、そのくたびれ（るほどの修行）によって修行の効用は十分なものとなるのである。つまり、密厳経である」と言った。つまり、（鏡に現れた病人の姿は）やせた外形をしていた、という夢であった。

【語釈】 1十二月十卄[五]日　何年のことか不明。他の『夢記』では、一つ書きや年の記載を伴って日付が出てくることが多い。また、「同十二月」といったような書かれ方がなされていないのも他の『夢記』ではあまり見られない書き出しである。「十二月」の「十」は「二」の上に重書したようにも見える。また、本訳注の平野多恵「明恵「夢記」概観」で示されているように、高山寺本の『夢記』第四・五・十二・十三・十四篇の五篇を含む文書の一括には、江戸時代のものかとされる包紙があり、その包紙に『夢記』の切れを記載した目録様のものが記されていて、その一つに「一々月十六日夜夢云ー　一紙」とある。類似した書き出しを持つので、あるいはこの2—17の『夢記』のことかもしれない（この包紙は未見のため、確認できないが、包書の記載が誤って翻刻されている可能性もある）。5大日如来　密教において根本とされる仏。雲が大日如来に変成しているが、三昧耶形は金剛界大日が塔、胎蔵界大日が卒塔婆（塔）であるという。なお、末尾の23行に『密厳経』が出てくるが、真言宗では密厳浄土は両部法身大日如来の浄土であるとする。9人云　「人云」と読んだが、字間が詰まっているため、別の一字の可能性もある。10五丈　現行の尺の寸法に従うと、約15メートル。*11光音房　未詳だが、明恵の弟子か。山外本3—7にも出てくる。『古今著聞集』で語られる明恵の説話（釈教第二の六四話）に「大神基賢が子」の「光音といふ僧」が明恵の弟子として登場するが、高山寺関連の資料には見当たらない。12スハヱ　「スハヱ」は「すはえ」（楚・楉・杪）で、細長くまっすぐな若い小枝のこと。直前「一枝」まで墨が薄くなっており、「ス」から濃くなっている。「ス」の右傍に薄い墨跡で「ノ」の字のようなものが見える。14此鏡ニ所現ノ影也ケリ　先に黒雲から現れた「病人云躰影」が、その後方にいた光音房の持っている鏡から出現したのだと述べている。「影」は鏡に現れたとあるので、物体が光を遮ってできる暗黒の影ではなく、鏡などに映って見える姿の意と取った。あとの23行で『密厳経』への言及が見られるが、『大日経疏』で『密厳経』に言及した箇所があり、そこで「影像」について触れていて、関連がうかがわれる（『大日経疏』の当該箇所については、北尾隆心『大乗密厳経』について—『密厳経』と

『大日経疏』一」(『菩提心論の解明』東方出版、二〇二〇年)を参考にした)。具体的には、『大日経』入曼荼羅具縁真言品において五十字門の内の「車字門」を扱った箇所の「車字門一切諸影像不可得故」という文を注釈した箇所である。「梵音車聲上野是影義。如人影像皆依自身。如是三界萬法唯是識心。因縁變似衆境。是事如密嚴經廣説」(大正蔵三九・六五二下)とある。梵語「車野」に「影」の義があり、人の「影像」が皆自身に依るように、「三界萬法」は「識心」の因縁が変じて衆境に似たものとなって成ったものだと語られ、その旨が「密厳経に廣く」説かれていると述べられている。また、他の経典にも見られることであるが、『密厳経』には「鏡」の比喩で教理を語っている箇所がある(地婆訶羅訳の『大乗密厳経』で参考までに例を挙げておく。大正蔵一六・七二三下「如日月虹電……孔雀花月鏡中之像」、同七二九下「譬如鏡中像」、同七三五上「如鏡含衆像」)。**16一向専修**　ただ念仏のみを行い、他の行をしない者。法然浄土宗の信者を念頭に置いて言われたものか。**16瘠タルモ**　「瘠」はここでは、やせるの意。末尾24行で「ヤセタル形也」とあるが、「瘠」は他にも頭痛の意や痟渇病(現在の糖尿病)の意があるので、それらの意を否定して、やせているの意だと示すために、「ヤセタル形也」と言ったものか。**22疲功堪**　ジラール仏訳は「被功堪」(功堪せらる)とする。この辺り、意に解しづらさがある。この前後、「専修するに、疲るるに依りて功堪ふるなり」と読んだが、「専修に依りて功に疲るるに堪ふるなり」と読む可能性もある。**23宀ム経**　「宀ム」は、抄物書きで「密厳」。「宀」で「寶」や「密」字を表したり、「ム」で「嚴」字を表したりすることは『夢記』にも例がある。ただし、文脈上、前からの流れで、なぜ「密厳経」が出てくるかは解しがたさが残る。「経」は他の字の可能性もある。「密厳経」は『大乗密厳経』のことで、内容は『仏書解説大辞典』の説明(林得成執筆)が要を得ているので、その説明を借りると、一方には「不生不滅の如来蔵」を説き、他方には「萬法は唯識の所現なり」として阿頼耶識」を立て、それに加えて「初地已上の菩薩の依處たる密嚴國」を説き、以上の三者が別のものではなく全く同一のものの異名に過ぎないとして、如来蔵でこの三者を統括しようとしたものだという。地婆訶羅訳と不空訳の二種があり、ともに三巻八品。現在、高山寺に院政期の写本を蔵し、それは「大唐新翻」とあるので、不空訳である(重文第四部一〇九函一三)。高山寺の古目録では『高山寺經藏聖教内眞言書目録』の「眞第四」の45に「密嚴經一部三巻」と見えている（『高山寺經藏古目録』）が、これはいずれの訳か不明（真言書としては不空訳の方がよいか。不空訳は空海請来）。唐の法蔵が述作した『大乗密厳経疏』は高山寺本『夢記』の第五篇4行の日次記事部分に「香象宀嚴疏」と出てくるが、これは地婆訶羅訳の『大乗密厳経』についてのものである。また、この第五篇の、日次記事で『密厳経疏』を読み始めたとある後に述べられる夢は「鵠鳥」が糸で作られた青い鳥、次いで青雲へと変成するというもので、この2―17の夢もまた変成を含み、しかも『密厳経』が出てくるのは、興味深い一致と言える。23ト　「ト」と読んだが、字形からして他の字の可能性もある。あるいは、合字の「こと」か。24ヤセタル形也　現代語訳は、あるいは、「（痩せたる」という字は鏡に現れた病人の）やせた外形のことを言っているのだ」とした方がよいかもしれない。

【考察】　令和6年6月に実見する機会を得られたため、翻刻を大きく改めた。「方便智院」印の押された夢記である。「方便智院」印を持つものは、『夢記』ではまま見られ、高山寺本で第一篇、第二篇、第三篇、第四篇、第五篇、第七篇、第八篇、第九篇、第十篇、第十一篇、山外本では1―9、1―10A・B・C、1―17、1―18、1―19、1―21が「方便智院」印を付されている。以上の『夢記』はいずれも年の記載を持つもので、素性の悪くないものが大半なので、この2―17の夢記も明恵のものと見てよいように思われる。

注目すべきは縦の法量が約16cmであることで、現存している明恵の『夢記』の大半が縦27～33cm前後（『明恵上人夢記訳注』「Ⅱ解題」）である中、例外的にその半分ほどということになり、このような縦の法量を持つ『夢記』は他に高山寺本第八篇があるのみであるから、資料的に貴重なものだと言える。第八篇は横24cmの冊子本であり、おおむね片面書写なのに対し、この2―17の夢記は横の法量が51.8cmで、第八篇のおおよそ二倍程度になっているので、あるいは元は冊子本の一紙だったのかもしれない（ただし、折り跡や綴じ穴などは見られず。また、第八篇は綴葉装の大和綴じで、紙が薄いのか裏映りが激しい）。行頭の位置が10・11行に向かうに連れて徐々に下がり、またそこから徐々に行頭が上がっていっている。また、文字がところどころかすれ気味になっており、他の『夢記』に比して紙質が荒いのかもしれない。

雲が大日如来へと変成し、その大日如来を明恵が礼拝すると、上方の黒雲に病人の体(てい)をした影像が出現する。その影像の後ろでは光音房が鏡を持っており、病人の影像はその鏡から出現したのだと明恵は思う。その後、光音房と「人」と二人の発言が続く。多少、意味の取りづらいところがあるものの、鏡から黒雲に出現した病人の影像をめぐっての発言のように思われる。「人」の発言は光音房の言う奇「瑞」（鏡に病人の影像が現れたことを指すのだろう）についての解釈を述べているようだが、解しづらい。『密厳経』への言及があり、『大日経疏』では『密厳経』が「影」の比喩を多用していると述べられているのを参考にすると、そのような「影」との関連から『密厳経』が出てきているのであろうか。

（立木宏哉）

2—18　某年十二月十五日、十六日夢記

【翻刻】

一従同十二月十六日將修弥勒法作其支度
其十五日夜夢云
於或處清涼大師十願處別疏を一人持
之高弁悦思取之テ思書寫云々
一又故上人御房召高弁將參入其處如内裏
造之有大池等廣博嚴麗多家アリ
如普通築墻内家多在之將參其一殿

【訓読】

一、同じき十二月十六日より将に弥勒法を修せむとし、其の支度を作(し)す。其の十五日の夜の夢に云はく、或る処に於て清涼大師十願の処の別疏を一人、之を持つ。高弁、悦び思ひて之を取りて書写せむと思ふと云々。

一、又、故上人御房、高弁を召す。将に参入せんとするに、其の処、内裏の如く之を造れり。大きなる池等有りて、広博厳麗なる多くの家あり。普通の如き築墻(ついがき)の内に家、多く之在り。将に其の一の殿に参ぜむとするに、即ち覚め了んぬ。案じて曰はく、明日、将に法

8　即覺了
9　案曰明日将修法故倶見其加用也
[図]

を修せむとする故に、倶に其の加用を見るなり。
[図]

【現代語訳】一、同年十二月十六日から弥勒法を修そうと思って、その支度をした。その十五日の夜の夢は次のようであった。ある場所で、『清涼大師十願』の箇所の別疏をある人が手に持っていた。高弁は悦ばしく思って、これを受け取って、書写しようと思った、云々。

一、また、今は亡き上人御房が、高弁をお呼びになった。参入しようとしたが、その場所は内裏のように造営されていた。大きな池などがあって、広く壮麗な多くの家があった。ありふれたような築地塀の中に、家が多くあった。その中の一つの殿舎に参ろうとした時に、目が覚めた。

考えてみると、修法を行おうと思ったから、（この二つの夢で）ともにその弥勒法の加被を目にしたのである。

【語釈】1同十二月十六日　年は未詳。5行目に「故上人御房」とあることから、「上人御房」すなわち文覚が没した建仁三（一二〇三）年ないし元久元（一二〇四）年以後のものだとわかる。同じ5行目に「高弁」の自称があることから、時期をより限定することができ、承元四（一二一〇）年以後のものと考えられる（野村卓美［二〇〇二B］「明恵の自署」）。なお、この「十六日」という日付に関しては『都部陀羅尼目』（大正蔵18巻899下）によれば、十六日から二十三日は密教の行法を「降伏」の目的で行う際に選ぶ日取りである。1弥勒法　弥勒菩薩を本尊として行われる密教修法。『慈氏菩薩略修愈誐念誦法』（大正蔵20巻590）などを所依の儀軌とする。主に息災や滅罪のために修され、兜率往生を願っても修されるという（『覚禅鈔』弥勒の項参照）。明恵は建久六（一一九五）年十一月十八日上覚から弥勒法の伝授を受けており（村上素道［一九三九］35頁所引「弥勒法奥書」）、『真聞集』にも弥勒法の事相に関する記事が散見する。明恵は弥勒菩薩のいる兜率への往生を願ったことでも知られている（平岡定海［一九八一］など）。**1支度**　修法に必要な法具や供物を準備して調えること。**3清涼大師***　中国華厳宗の第四祖澄観（七三八～八三九）。八十華厳の注釈書『大方広仏華厳経疏』（以下、『華厳大疏』と略称）、ならびにそれを詳しく解説した『大方広仏華厳経随疏演義鈔』（以下、『大疏演義鈔』と略称）などの著作がある。そういった著作を学び、教授した明恵の足跡を柴崎照和［二〇〇三］第一章第一節「明恵における修学と華厳教学」にもよりつつ摘記すると、まず正治元（一一九九）年の文覚配流後、明恵が同朋とともに筏立に住んだ際に『大疏演義鈔』の書写を行っている（『仮名行状』、明資一42頁）。その識語（高山寺典籍文書第4部148函31）によれば、その翌正治二（一二〇〇）年の冬から承元四（一二一〇）年までの十一年間に亘り『大疏演義鈔』の講義を明恵は喜海に行ったことがわかる。その講義の継続の様は他の資料からもうかがえる。建仁元（一二〇一）年、紀州糸野の成道寺に住して後、『大疏演義鈔』を講じた記事が『漢文行状』（明資一109頁）に見え、また、元久二（一二〇五）年の上覚宛て書状（神護寺文書、鎌倉遺文1580）によれば、当時、喜海らへの華厳注釈書の講義を計画的に行っていたらしく、書状の時点では『華厳大疏』「少々」『大疏演義鈔』「廿余巻」の講義を終えていた。このように澄観の著作には明恵は長い期間にわたって学問上の関わりを持ち続けたようである。**3十願**　四十華厳の「普賢行願品」に説かれる、修行者の修すべき十種の行願。なお、高山寺には一枚物の宋版の拓本で『清涼國師十願』と称するものが現存し（高山寺典籍文書第4部208函）、明恵没後間もない建長二（一二五〇）年に成ったという『高山寺聖教目録』にも「清涼大師十願」と録されている（第55甲23）。おそらくはこの夢記の「清涼大師十願」もこれを指すと思われるが、未見のため関連は不明。なお、普賢の十願はそれぞれ、以下の通り。「応修十種広大行願。何等為十。一者礼敬諸仏。二者称讃如来。三者広修供養。四者懺悔業障。五者随喜功徳。六者請転法輪。七者請仏住世。八者常随仏学。九者恒順衆生。十者普皆廻向」（大正蔵10巻844中）。**3別疏**　『華厳経行願品疏』を指すか。澄観には八十華厳の注釈である『華厳大疏』及び『大疏演義鈔』の他に、四十華厳を注釈した『華厳経行願品疏』がある。普賢の「十願」が出てくるのは四十華厳なのでこちらを指すと見てよいだろうか。もしくは『清涼國師十願』の注釈を指すのかもしれない。5故上人御房*　文覚のこと。7普通　ごくありふれていること。「家」が「広博厳麗」とあることから、「如普通」が「家」にかかるとおかしいので、「築墻」にかかっているると解した。7築墻　築地、土で固めた垣根。9加用　不明。「加被の働き」と取っておく。密教の事相書などでは「加用」の用例が見られるが、それは「加え用いる」の意であり、今回の例だとそれでは通じない。

【考察】　弥勒法という密教の修法を行う直前に見た夢を記したもので、夢解きもその修法と関連するようである。承久三（一二二一）年ごろ成立の『華厳仏光三昧観冥感伝』などによると、兜率天の「弥勒楼閣」に行く夢や、弥勒経の版木で経文を印する夢を見ている。それらの夢からすると、この夢記に出てくる、「別疏」という書物、内裏のような「広博厳麗」な建造物などは、明恵の中では弥勒と結び付いて想起されるものであったか。夢には澄観の「別疏」、文覚、「広博厳麗」な家、「墻」などが登場するが、いずれも明恵の夢に頻出するモチーフである。左五分の三ほどは絵があり、川のごとき前景が下半分を占め、横状の雲を隔てて、上の方では七つほどの屋根（もしくは木、もしくは波の隆起のようにも見える）のごときものが折り重なって表現されている。これらの屋根群は夢の中の「多くの家」を表しているのだろうか。

（立木宏哉）

2―19　某年十二月二十九日夢記※

【翻刻】

1　一同十二月廿九日夜夢云
2　從當院送賜微妙衣服等如女房
3　裝束色相鮮妙端嚴之衣服也
4　有遣其俗与數多卅人許眷属
5　來ニ遂對面

【訓読】

一、同じき十二月二十九日の夜の夢に云はく、当院より微妙の衣服等を送り賜はる。女房の装束の如く色相鮮妙にして、端厳の衣服なり。其の俗有りて、数多の、三十人許りの眷属と与(とも)に来るに、対面を遂ぐ。

【現代語訳】

一、同年十二月二十九日の夜の夢は次のようであった。当院から神々しく霊妙な衣服などを送っていただいた。女房の装束のようで色や形は鮮やかで霊妙であり、きちんとした衣服であった。その俗人がいて、たくさんの、三十人ほどの眷属たちと一緒にやってきたので、面会を果たした。

【語釈】

2当院*　「当院」は誰を指すか不明。この夢は「同十二月」とあることから、前に別の夢があったものと想定できるが、そこに出てきていた「院」を「当院」と言っているのだろうか。後鳥羽院、ないし何らかの女院か。**4有遣其俗**　以下、一字下げで記されているが、「眷属」の語が見えるところからすると、現実ではなく夢の記述とおぼしい。「遣」は見せ消ち。以下の俗人たちについて、「当院」から派遣されたと考えたが、あとで考え直して消したものか。「俗」は俗人の意だが、「その俗人」は誰を指すか、わからない。三十人ほどの眷属を引き連れていたとあるので、高貴な人物だと思われる。

【考察】「当院」と呼ばれる存在から、神々しい衣服を頂く夢。「厳妙」「鮮妙」「端厳」と形容詞が並び、いっそうその神々しさを際立てているが、そういった衣服を送ってきた存在に対して、神聖視するごとき明恵の眼差しを感じられようか。

（立木宏哉）

2—20　某年三月十八日、去年冬比夢記※

【翻刻】

1　一同三月十九〈八〉日夜夢材木ヲ三枚ヒキテ
2　深河ヲ渡了河フカケレトモ杖ニスカリ
3　テ過了一ノ材木ヲヲトシタレトモ又取
4　具了
5　一去年冬比夢云成弁堂ヲツクラム
6　カタメニ杣山へ高尾〈ノ〉御房達ヲイクラトモナ
7　クイレマイラス成弁食物共ヲヽロス云々

〔図〕

【訓読】

一、同じき三月十八日の夜の夢に、材木を三枚ひきて、深き河を渡り了んぬ。河ふかけれども、杖にすがりて、過ぎ了んぬ。一の材木ををとしたれども、又取り具し了んぬ。

一、去んぬる年の冬の比の夢に云はく、成弁、堂をつくらむがために、杣山へ高尾の御房達をいくらともなく、いれまいらす。成弁、食物共ををろす云々。

〔図〕

【現代語訳】一、同年三月十八日の夢は次のようであった。材木を三枚並べて、深い河を渡った。河は深かったが、杖をたよりにして、通過した。一つの材木を落としたが、また取って揃えた。

一、その前年の冬の頃に見た夢は次のようであった。成弁は、堂を作るために、杣山に高雄山の僧侶たちを何人ともなく入らせた。成弁は食べ物などを供した、云々。

〔図〕

【語釈】　**1同三月**　年は不明だが、自称が「成弁」であることから、承元三年（遅くとも承元四年）以前であることが特定される。「同」とあるので、本来は、この記述の前に年を特定するような記述（日次記事や夢記）があったと思われる。**3ヲトシ**　明恵は「ヲチ入」（高山寺本4篇11行）・「ヲチナントス」（同6篇24行）のように「おとす」ではなく「をとす」と表記する。**5成弁***　明恵の当初の諱。承元三（一二〇九）年四月一二日の夢記（山外本1―10・58行）では「成弁」と自称している一方、翌年七月五日の『金師子章光顕鈔』では「高弁」と署名している。この間のいずれかの時点で改名したことが分かるが、いつ改名したかは不明。**6杣山**　材木を切り出すための山。**6高尾ノ御房**　高雄神護寺の住侶たちのこと。**7マイラス**　明恵は「マイラセヨ」（高山寺本8篇50行）・「マイラセム」（高山寺本13篇31行）のように「まゐらす」ではなく「まいらす」と表記する。**7ヽロス**　「ヽ」は直前の「ヲ」を受けるので「をろす」。「おろす」は、神仏の前から供物を下げる意から転じて、食事などを用意する意に用いる。明恵は「ヲリテ」（高山寺本4篇8行）と記しており、「おろす」も「をろす」と表記していたことが分かる。

【考察】　某年三月十八日に、木材を並べて川を渡る夢を見た後、それと関連すると思われた前年の夢（堂を作るための木材を伐採するため杣山に人を遣り、食事を用意する）を書き記したものである。モチーフの上では、建仁三年十一月の一連の夢（高雄に春日社を建立する。高雄に米を運搬する。山外本1―6）を連想させるところがある。

夢記の左側の余白には、三枚の板を敷いた上に杖を持った僧がいるという絵が描かれている。第一の夢の状況を絵画化したものと思われる（影印参照）。

（前川健一）

2—21　某年七月一日、三日夢記

【翻刻】

一従同七月一日修佛眼法（并於善知識之御前修所作同二日ヨリ）祈学依蜈來於
脇息之上云々
一同三日修法散念誦之時眠入夢見大蜈云々
又見○鳥飛レ云々此自散念誦之以前云々

【訓読】

一、同じき七月一日より仏眼法を修す。并びに善知識の御前に於て所作を修す〈同じき二日より学依を祈る〉。蜈（むかで）、脇息の上に来ると云々。

一、同じき三日、修法の散念誦の時、眠り入る。夢に大蜈を見ると云々。又、飛ぶ鳥を見ると云々〈此れ、散念誦よりの以前と云々〉。

【現代語訳】　一、同年七月一日から仏眼法を修し、また善知識の御前で所作を修した〈同二日より学依を祈った〉。ムカデが脇息の上に来た、云々。

一、同月三日、修法の散念誦を行った時、まどろんだ。その時の夢に大ムカデを見た、云々。また、飛ぶ鳥を見た、云々〈これは散念誦より前のことである、云々〉

【語釈】　1佛眼法　仏眼尊を本尊とする修法。2—8【語釈】2「佛眼法」参照。1善知識　建仁元（一二〇一）年に、明恵が俊賀に書かせた「華厳五十五善知識曼荼羅」（『漢文行状』、明資一110頁）を指すか。1学依　語義未詳。「学」の翻字は存疑。1蜈　ムカデ。高山寺本8篇64行にも「蜈」が登場する。2脇息　肘掛け。3法　仏眼法か。一日から仏眼法を修している。3散念誦　本尊ならびに眷属に対する真言の念誦。修法の中核となる本尊への正念誦に対して、修法を補完する役割を持つ。

【考察】年代は不明だが七月一日から仏眼法を修しており、それに関連した夢記。夢の記事は三日のもののみで、一日は日次記事。脇息の上にムカデが来たとあるが、それが事実か幻視かは不明。

（平野多恵）

2—22 某年一月七日夢記（所在不明で写真・翻刻等もないため、欠番）

2—23 某年三月五日夢記※

【翻刻】

（端裏書）「栂尾明恵上人真蹟夢之記」

1 候處ニ出テ今ハカクソ可還本住

2 ト思住歡㐂心覺了

3 一同三月五日夜夢

4 我々常居處ニ了只在之吽

5 高弁呼惠日房串柿ヲ柵

【訓読】

候ふ処に出でて、今はかくぞ本住に還るべしと思ふ。歓喜の心に住して覚め了んぬ。

一、同じき三月五日の夜の夢に、

我々の常の居処に了んぬ。只之在り。高弁、恵日房を呼び、串柿を取りて之を奉る。予、心に思はく、寝□十諸方を枕にすべし。あとには無礼なり。恒に此の処ヲ取テ奉之予心思ク寝□十諸方ヲ枕ニスヘシアトニハ无礼也恒ニ此處ニ在也ト思フ恵日房戯レテ云クイタク此ナリナハ御料ハナラシトイフ予聞之无礼ニ覺ュ此○居處我々（○に御を傍書）

に在るなりと思ふ。恵日房、戯れて云はく、いたく此れなりなば、御料はならじといふ。予、之を聞くに無礼に覚ゆ。此の御居所、我々

【現代語訳】（前欠）おりますところに出て、今はこうして本来住んでいたところへ帰ろうと思った。歓喜の心で夢から覚めた。

一、同じ三月五日の夜の夢は次のようだった。

我々がいつもいるところで終わり、ただいた。高弁は恵日房を呼び、串柿を取って、これを差し上げた。わたしは心のなかで、「寝□あらゆる方角を枕にしてもよい。あとには無礼である。いつもこの場所にいるのだ」と思った。恵日房がふざけて言うには、「たいそうこれ（柿）がなるなら、御供物はならないだろう」と云々。これを聞いて無礼だと思われた。この御居所、我々（後欠）。

【語釈】1本住　仮の住まいでなく、もともと住んでいたところ。建保七年（一二一九）正月の夢に「上師、此の処を出でて暫（しば）らく勝（すぐ）れる処に至りて、彼の処より本の住み処へ環り給ふべきなりと云々」（高山寺本9編40行）とある。4了「了んぬ」と読んで「終わった」と解釈したが、疑問は残る。5高弁*　明恵の諱。承元四（一二一〇）年の三十八歳以

後、高弁と改名した。よって本夢は承元四年以後の夢。**5恵日房**＊　成忍。明恵の弟子、画僧。『高山寺縁起』（明資一645頁・646頁）に、恵日坊成忍は「上人多年同法」（明恵に長く侍した弟子）とあるが、彼の登場する夢は本夢の他には見出せない。高山寺禅堂院には、成忍が目や耳の寸分をはかって描いた「上人真影」の他、同筆の「上人縄床樹坐禅真影」「慈心房覚真真影」「民部卿長房真影」「毘盧遮那五聖曼荼羅」「絵像自在天」が安置されていたと伝わる。「明恵上人樹上坐禅像」（高山寺蔵・国宝）の作者と推定されている。**6串柿ヲ**　「串柿」は皮をむいた渋柿を串に刺して干したもの。直後の「柑子」を墨消しているのは、夢で見たのが串柿だったか、柑子だったか迷い、思い返して「串柿」だと思って柑子を消したものか。「ヲ」の重複は消し忘れで衍字と判断し、訓読では「串柿を」とした。**7十諸方**　あらゆる方角。「十方」の意。**9此**　柿を指す。「いたく此れなりなば」は、串柿にするほど柿が実ることをふまえる。**10御料**　寺院の御供物。ここでは、米などの御供物となる食料を指すか。

【考察】　建保六年八月十一日（高山寺本第9編9）の夢に梅尾の旧居から京都の樋口に、同十三日に賀茂別所へ移っている。つづく同年九月十二日の夢、建保七年正月の夢でも、本所や住房・本住処などが頻出しており、この時期の明恵が居住地を意識していたことがうかがえる。本夢でも「本住處」へ帰ろうと思っており、本来の居場所についての意識が認められる。

（平野多恵）

2—24　某年十月十二日夢記

【翻刻】

1　一同十月十二日ョリ又修之心中思惟

【訓読】

一、同じき十月十二日より又、之を修す。心中、此の法の聖意、可なりや不可なりやを思惟す。其を言へる

此法聖意可不可其言夢十三日許夢
有數多貴女其中高乗居見彼中
廿許貴女著美服付高弁心中參
□止□威也欲立都其面現愁色ト
恨案少キ上ル處ニ居之高弁□書
下處ニ在之

夢〈十三日許りの夢〉に、数多の貴女有り。其の中に高く乗り居る。彼の中を見るに、廿許りの貴女、美なる服を著、高弁に付く。心中、参□止、□威なり。立たんと欲(す)るに、都て其の面、愁色を現ずと恨む。案(つくえ)は少しき上る処に之居り、高弁の□書は下る処に之在り。

【現代語訳】　一、同じ年の十月十二日からまた、この法を修した。心の中で、この法は、大聖のお心としてよいのかよくないのかを考え巡らしていた。それを告げた夢〈十三日ほどの夢〉に、たくさんの高貴な女性がいた。その女性たちの中に（私は）高い所に乗っていた。その女性たちの中を見ていると、二十人ほどの高貴な女性たちが、美しい着物を来て、私、高弁に付き添っている。心の中で、参□止、□威である。立とうと思ったところ、（女性たちは）みな、その顔に悲しみの表情を浮かべて、恨みに思っている。机が少し上がったところにあり、私、高弁の□書は下がったところにある。

【考察】　字が鮮明でないところが多く、また、文脈も明確でないため、判読の困難な字が多く残ったが、ひとまず翻刻を施した。「高弁」の呼称が用いられているので、承元四（一二一〇）年の三十八歳以後の夢。何らかの修「法」の聖意を示すかと思しい夢に、多数の「貴女」が登場する。

（立木宏哉）

第3部（日の記載のみのもの）

3—1　某年月七日夢記

【翻刻】

1 一同七日爲上人御房見參京上
2 七日出神谷宿苧山地蔵堂近
3 邊夢云成弁
4 従頭弁長房殿之許被送消息
5 并彼御前○ノアね又御前ノ[図]メノトノ消息惣シテ
6 三通アリ皆述種々无盡之甚深
7 之契約其中彼姉尼御前消息
8 中云コトサラノシルシノタメニ籾（モミ）ヲまい
9 らせタリシ尼ノ中に候ミマイラセテ
10 候シヨリ後ハ今世後世フカクタノミヲ
11 カケマイラセテ候ト云ハシメテ无量ノ

【訓読】

一、同じき七日、上人御房に見参の為、京上す。七日に神谷を出で、苧山（をやま）地蔵堂に近き辺に宿る。夢に云はく、成弁、頭弁〈長房〉殿の許より消息を送らる。并（なら）びに彼の御前のあね、又御前のめのとの消息、惣じて三通あり。皆種々無尽の甚深の契約を述ぶ。其の中に彼の姉尼御前の消息の中に云はく、「ことさらのしるしのために、籾をまいらせたりし尼の中すに候ふ。みまいらせて候ひしより後は、今世後世ふかくたのみをかけまいらせて候ふ」と云はしめて无量のちぎりをかけり。弁殿の消息もまた、此の定なり。但し弁殿の消息は真字の消息、余は仮字の消息なり。其の字形、絵のごとし。不可思議なる字なり。成弁、其の字の図。

［図］　［図］　正本

此くの如き字躰なり。之を見しめんが為に、仮字を以

チキリヲカケリ弁殿ノ消息モマタ
此定也但弁殿ノ消息ハ眞字
消息餘ハ假字消息也其字形
繪ノコトシ不可思議字也中成弁
其字圖
　　正本
如此字躰也爲令見之以假字
點之ラレタリ其弁殿文中物ヲ
巻具セラレタリ其圖
　形量倶ニ此定也

て之を点ぜられたり。其の弁殿の文、中に物を巻き具せられたり。其の図、
［図］形量（ぎゃうりゃう）倶に此の定（ちゃう）なり。

【現代語訳】　一、同月七日、上人御房にお目にかかるために上京した。七日に神谷を出て、苧山地蔵堂に近い辺りに宿った。夢は次のようであった。成弁は頭弁〈長房殿〉のもとから消息を送られた。また、彼の御前の姉、また御前の乳母の消息と、あわせて三通あった。皆、様々に尽きることない奥深い（師弟の）約束を述べていた。その中に、彼の姉の尼御前の消息の中に、「格別のしるしのために、籾を寄進しました尼が申し上げます。お目にかかってから後は、今世後世と深くご信頼申し上げます」とおっしゃり、はかりしれない（師弟の）約束を書いてあった。弁殿の消息もまたこれと同じ様態であった。ただし、弁殿の消息は漢文であった。そのほかは仮名の消息であった。その字形は絵のようであった。不思議な字であった。成弁、その字の図。

〔図〕〔図〕　正本

このような字体だった。これを見せようとして仮名をもってこれに訓点を施したのだ。その弁殿の文は、中に物を巻いて取り添えてあった。その図。

〔図〕　形も大きさもともにこの通りである。

【語釈】 1同七日　4行目に登場する藤原長房が蔵人頭と弁官を兼任したのは、建仁二（一二〇二）年十月二十九日～建仁四（一二〇四）年（＝元久元年）四月十一日の約一年半であり、この夢記はこの間に記されたことが、米田真理子［二〇〇二B］244頁によって指摘されている。さらに上人御房に見参するための上洛という内容より、文覚に佐渡より召還の宣旨が下った建仁二年十二月二十五日（『東寺長者補任』）以降、対馬に配流される建仁四年二月十三日（『漢文行状』、明資一114頁）までの記事と考えられる。つまり、実質的には明恵三十一歳から三十二歳の間のことであろう。1上人御房*　文覚か。『漢文行状』（明資一114頁）に、この時期、明恵に対して上京を強く求めていたことが記される。2神谷　『漢文行状』（明資一114頁）や『高山寺縁起』（明資一660頁）に、建仁末頃に明恵は紀州の石垣・田殿両荘の間にあった山寺（最勝寺、「神谷」と称する）を足場にして、さらに後峰（鷲峰）に草庵を営んだことが記される。2苧山地蔵堂　「苧山」は「雄山」とも記される。紀伊国名草郡山口荘（現在の和歌山市湯屋谷）にある熊野街道の峠一帯の山を指す。この地蔵堂は、文覚からの要請に従って、建仁四（一二〇四）年（＝元久元年）二月五日に紀州を出発し「雄山ノ地蔵堂」に宿った時、乗馬が進めなくなる夢想があり、引き返したところ、二月十三日に文覚配流の報せをうけた（『漢文行状』、明資一114頁）場所でもある。また、高山寺本6篇1～29行に「地蔵堂」から還っての一連の夢が記される。これも、芋山（雄山）の地蔵堂のことであろう。この夢は『漢文行状』の記事以前に明恵が文覚から招請されたことを示す資料となるか。3成弁*　明恵が「高弁」を名乗るのは承元四（一二一〇）年七月五日以降。山外本1―1【語釈】2「成弁」参照。この箇所の「成弁」の記載は、内容が以下とつながらないことや字の大きさから不自然であり、後補の可能性もある。15行目の「成弁」も同様。4頭弁*長房　藤原長房（嘉応二（一一七〇）年〜寛元元（一二四三）年）。【語釈】1「同七日」参照。5彼御前　不詳。7契約　約束すること、言い交わすこと。一般的には主従、親子の関係に用いるが、ここでは師弟関係を指す。7彼姉尼御前　5「彼御前ノアね」を指す。13定　ここでは師弟の取り決め、あるいは相談のことを指すか。13眞字　一般には仮名に対する真名、すなわち漢字をいうが、ここでは仮名（まじり）文（本夢記では14行目の「仮字」）にたいする漢文のことを指している。明恵は別の機会に「不可思議眞字」で書かれた消息を受けとる夢を見ている。【考察】参照。14假字　仮名文字。「名」の上に「字」を重ね書き。15巾　図を描こうとし、失敗したので墨消して改めて左横に描いたか。17正本　規範、適正なよりどころとしての元のテキストを指す言葉。筆が細いため、この部分は明恵自筆か、存疑。字を記した筆で図を描いたが、筆が太かったため、筆を変えて描いたとも考えられる。この夢記が何らかの原本に基づく写本であることを考えた方がよいか。

【考察】　明恵が消息を受けとる夢は多いが、この夢と関連するものとしては、京都の貴女から得た消息に「明恵阿闍梨御房　仏眼」（『上人之事』、明資一598頁）と表書きがあり、開くと梵字ではなく、「大ラカニ能手跡真名」で書いてあった、というものがある。『仮名行状』にも、これに対応する記事があるが、そこでは貴女からの手紙は「殊勝不思議真字」とされている（明資一20頁）。明恵がこれを瑞相と解釈していることはこの夢を解釈する上でも参考になるか。また、同時期に、「頭弁躰之人」より成弁に「帰依」し物を送られる内容の夢記がある（山外本1—5、建仁三年八月十日条）。上記の夢では、明恵への帰依として送られた消息には、紙に包んだ「金銀宝物」の中に「人之書ケル消息躰ノ物」などもあった。この夢と登場人物やモチーフの点で共通する部分が多く、明恵と長房との実際の交流がうかがえる。

（小林あづみ）

3—2　某年月十八日、二十日比夢記

【翻刻】

1 心(成弁)思□可有告
2 同十八日行法云々○(後供養時　事供ヲ献時也)於壇上見數珠非觀法等
3 時依開眼之前見在之裝束之數珠也
4 火□之□火如是見也正火燃處ハ(珠ハ水精也)見(ル)母珠ト(處小珠也)也餘
5 ┐一同廿日比(ママ)　日行法入我々入時於心上有一星□
6 其夜夢我手本持味曾前山兵衛尉
7 并前山御前一處ニ並居成弁到彼處
8 指(サシテ)於味曾□々々食之給トテ○(白)餅半切与成
9 弁成弁前持此味曾心思我雖持此味
10 曾無具足味曾ヲハ唯非可食如此思惟
11 思煩之處得此餅云々

【訓読】

（前欠）成弁心に思はく、□告ぐること有るべし。

同じき十八日、行法すと云々。後供養(ごくやう)の時〈事供(じく)を献ずる時なり〉、壇上に数珠を見る。観法等の時に非ず。開眼の前に依りて、之在るを見る。装束の数珠なり。火□之□、是くの如く見るなり。正しく火燃ゆる所は母珠(もしゅ)と見るなり。余処は小珠なり。珠は水精なり。

一、同じき廿日の比、日(ママ)の行法、入我我入(にふががにふ)の時、心の上に一星□有り。其の夜の夢に、我が手に本より味曾を持つ。前山兵衛尉、并(なら)びに前山御前、一処に並び居る。成弁、彼の所に到る。味曾を指して、□(味曾)々、之を食ひ給へとて、白餅半切、成弁に与ふ。成弁、前に此の味曾を持つ。心に思はく、我、此の味曾を持つと雖も具足無し、味曾をば唯食ふべきに非ず。此くの如く思惟し、思ひ煩ふ処、此の餅を得と云々。

【現代語訳】（前欠）成弁が心に思うに、□告げることがあるだろうと。

同月十八日に行法を修した、云々。後供養の時に〈事供養を供える時である〉、壇上に数珠を見た。これは観法などを行っている時ではない。眼を開く前であったので、数珠があるのを見たのである。それは正装時の数珠であった。火

□之□、このように見た。まさしく火が燃えている箇所は母珠であると見た。その他の箇所は小さな珠であった。珠は水精であった。

一、同じく廿日の頃、（ママ）日の行法において入我我入の境地に入った時に、胸の上に一つの星があった。その夜の夢は次のようであった。私の手にもともと味噌を持っていた。前山兵衛尉と前山御前とが一緒に並んでいた。成弁は、その場所に到った。（彼らは）味噌を指して「□々、味噌を食べてください」と言って、半切れの白い餅を成弁に与えた。成弁は前に味噌を持っている。心中で、私はこの味噌を持ってはいるが、それに添える物がない、味噌は、それだけで食べるべきものではない、と思った。このように思惟して思いわずらっていたところ、この餅を手にいれたのである、云々。

【語釈】 **1成弁*** 自称が成弁のため、以下の夢は承元四（一二一〇）年七月五日以前の夢である。**2後供養** 行法を修す際に、本尊に対し本尊加持・散念誦を行った後、閼伽（あか）・塗香（ずこう）・華鬘（けまん）・焼香・飯食・灯明の六種の供具を供えること。**2事供** 事供養で、閼伽（あか）や塗香（ずこう）などの六種の供具を実際に供えることをいう。直接的に供具を供えず印明を結ぶ理供養の対。**3装束之數珠** 数珠とは、称名や陀羅尼の念誦などを行う時に、その数を数えるための法具だが、法会などでは水晶のみで造られた数珠（装束念珠）を用い、平常に使用するものとは区別された。**4母珠** 数珠を構成する珠のうち、一番大きい珠（親珠）。**5㇆** 一つ書きの「一」字の上部に、鉤点状の記号が付されている。**4水精** 透明な石英の結晶である水晶。数珠の材質としては種々のものが用いられたが、水晶が最も優れているとされた。**5入我々入** 真言密教において、仏の三密（身・口・意のはたらき）と行者の三業（身・口・意のはたらき）とが互いに入り込みあって、仏と行者とが一体の境地になることをいう。**5星** 明恵は禅定中の好相や夢中にしばしば星を見ており、夢記では「又、大いなる土器の星あり」（高山寺本10篇65行）、「又、好相に晴天の星を見ると云々」（同293行）などの例がある。**6味曽** 夢記に味噌のモチーフは用例がなく珍しい。なお、『明恵上人伝記』系の諸本では、大蓮房覚智がナズナの味噌雑炊を明恵に出したところ、あまりに美味であったたため、遺戸の埃を入れてから食べたという逸話が語られる（たとえば『栂尾明恵上人伝』、明資一303頁）。6前山兵衛尉* 崎山兵衛尉良貞のこと。7前山御前* 崎山良貞の妻のことか。湯浅宗重の嫡女で、明恵の伯母（生母の姉）に当たる。山外本2―1「同十二日」条（29～41）にも登場する。8指於味曾（サシテ） 「サシテ」は「指」の振り仮名。意味上、「味曾に指して」ではなく、「味曾を指して」と思われる。8□々 「々」は、直前の「味曾」を受ける。「□」は、文脈上、「（味噌を）つけて」「（味噌と）一緒に」といった趣旨の字である可能性があり、「共」「具」などが考えられる。8白餅 餅が登場する夢記としては、蕨（わらび）の根で作った餅を懐中に得るという夢（高山寺本13篇30行）がある。10具足 物を添えること。ここでは味噌に添えるべき餅のことと解釈した。

【考察】 冒頭一行は、前欠のため意味をとれないが前欠部にある夢に対する夢解であろう。その後、二つある夢のうち十八日条は、行法中のヴィジョンである。主題となっているは僧侶にとって最も日常的な所持品であるが、明恵がいかなる数珠を所持していたかは未詳である。もっとも夢記には、菩提子（菩提樹の実）で作られた数珠を所持するとともに、水晶の装束念珠の緒が切れたという夢（高山寺本10篇215行）や、糸野御前（湯浅宗光の妻）より与えられた紫檀の数珠の緒が切れ珠が散らばった夢（高山寺本12篇60行）などがあり、明恵所持の仏具を考える上で参考になる。なお、高山寺蔵の明恵上人坐像（樹上坐禅像）や明恵上人像（持念珠像）など同時代の肖像画には一連念珠が描かれるが詳細は判別しがたい。高山寺開山堂安置の明恵上人坐像では二母珠の念珠となっている。

次の二十日頃の夢は、餅や味噌といった食物が登場する点で興味深い。明恵自身はきわめて質素な食事を取っていたことで知られるが、明恵が夢中に食物を得るというモチーフは夢記にしばしば見られる。例えば、上人御坊の寝所にて「無量の美膳を食した」とするもの（高山寺本1篇31行）、一人の女房より提供された白粥を食したとするもの（同7篇80行）、木の枝になる桃を取り食べたとするもの（同6篇44行）などである。いずれもその行為自体に教義的な意味づけがなされている訳ではなく、この夢も同様であるが、明恵の食に対する関心の一端を知ることができる点で貴重である。

（野呂靖）

3—3　某年月十九日夢記

【翻刻】

一同十九日夜夢此日對二人始發願
於路頭得一雀其雀反爲人
逃去行外頻雖留不肯也
又有四五歳女子心思是宮也而是思
神女（ママ）　如魚綾之物ニ七八行ノ
畫記文ヲ書シテ進之是此神女之
巻書也依此記文此神女有神
徳ト思フ又高弁之身具ヲ其
前ニ持テ爲寶物記文ヲ此神
女之御列ニ懸給ヘリ一寶殿ニ
居給立出高弁之所居ニ來給

【訓読】

一、同じき十九日の夜の夢に〈此の日、二人に対（むか）ひ発願を始む〉路頭にして、一の雀を得、其の雀、反じて人と為り、逃げて去り、外に行く。頻りに留むと雖も肯ぜざるなり。又、四五歳の女子有り。心に思はく、是れ宮なりと。而るに、是れ神女と思ふ。魚綾の如き物に七八行の記文を書して、之を進（まゐ）らす。是れ此の神女の巻書なり。此の記文に依りて、此の神女、神徳有りと思ふ。又、高弁の身の具を其の前に持ちて宝物と為（す）。記文を此の神女の御列に懸け給へり。一の宝殿に居給ひて立ち出で、高弁の居る所に来り給ふ。

【現代語訳】

一、同月十九日の夜の夢は次のようであった〈この日二人に対し発願を始めた〉。路頭において、一羽の雀を得た。その雀は変化して人となり、逃げ去って外に行った。しきりにとどめたが承知しない。又、四、五歳の女の子がいる。心に思うには、これは宮であると。しかしながら、この少女を神女と思う。魚綾のような物に七、八行の記文を書いて、これを進呈した。これはこの神女の証書である。この記文によって、この神女には神徳が有ると思う。また高弁の身の具をその前に持って宝物としている。記文をこの神女の列にお懸けになった。（神女は）一つの宝殿に座しておられたが、立ち出でて、高弁の座している所に来られた。

【語釈】 1同十九日夜　自称が「高弁」であるため、遅くとも承元四（一二一〇）年七月五日以後である。1發願　誓願を立てること。ここでは、二人の弟子に対して発願の指導や助力をしたということか。あるいは、二人に対面したことと明恵が発願を開始したことか。4宮*　皇后・皇子・皇女などの敬称。明恵が交渉をもった「宮」は多いが特定できない。【考察】参照。5神女　天女。女神。神に仕える女性。5魚綾　綾織物の一。上質の唐綾を尊んでいう。魚の文様を織りだすことに由来するというが不詳。9記文　然るべき価値を持つ文書をいう。寺院の縁起の類や高位の人の書いたものなどで、特に未来記を指すことがある（『皇太子聖徳奉讃』・『太平記』巻六など）。7券書　契約の証文。証書。8高弁*　明恵の第二の諱。山外本1―1【語釈】2「成弁」参照。8身具　この語彙の用例は管見に入らない。「身の具」と解しておく。10懸　券書を列に懸けるというのは具体的にどのようなことか不詳。

【考察】 雀に関わる前半と宮と思われる女性に関わる後半とに分かれる。雀の夢は、路頭で得た雀が変化して人となるが、逃げ去ってしまい、留めようとしても承知しないという内容である。雀に関わる夢として、高山寺本5篇（元久元年九月十一日）に、雀が家鳩に襲われて死に、家鳩は雲霞のようなものに変化するというものがあり、若干の共通性がある。後半の夢に関連して考えられるのは、明恵が親近した若年の宮であり、山外本1―10（紙背1行に登場する「二条姫宮」（後鳥羽院の皇女か）や春華門院などとの関連が考えられるが、具体的に誰を指すか不明。ただ、その宮が神性を持つという点について、山外本1―10の127・128行に、天に光を伴った弓のようなものがあり、人が春華門院の「御神」だと説明する夢が記載されていることを指摘しておく。

（奥田勲）

3―4　某年月十九日、二十二日夢記

【翻刻】

一同十九日夜夢云欲修弥勒法之間也
有一疋黑犬病悩ス高弁并房中諸人
看病之大事犬也ト思見其犬目如師子眼
又有一人女房唐土之人也ト思即日來此に
居給フ可令還唐土給之由被仰心細氣ニ
思召セリ令乞形見給ヘハ書物テ進之云々
廿日　案曰此文殊也犬ハ師子也依此學文
處ノ中尊に不可奉懸之由ヲ思ニ依テ
有此夢云々
雖然其後不思得付弥勒修
一同廿二日夜夢云
有人來申此梅尾有人持一虵□（枝）懸之即
入頸（小口）中舒手將取出之即覺了
又夢有人來曰此梅尾□人正達房□

【訓読】

一、同じき十九日の夜の夢に云はく〈弥勒法を修せむと欲（おも）ふ間なり〉、一疋の黒き犬有り。病悩す。高弁并びに房中の諸人、之を看病す。大事の犬なりと思ふ。其の犬の目を見るに、師子の眼の如し。又、一人の女房有り。唐土の人なりと思ふ。即ち、日来、此に居給ふ。唐土に還らしめ給ふべき由、仰せらる。心細気に思し召せり。形見を乞はしめ給へば、物を書きて之を進（まゐ）らすと云々。案じて曰はく、此れ文殊なり。犬は師子なり。此の学文処の中尊に懸け奉るべからざる由を思ふに依りて此の夢有りと云々。然りと雖も、其の後、思ひ得ず、弥勒に付きて修す。

一、同じき廿二日の夜の夢に云はく、人有りて、一の虵を持ち、枝に之を懸く。即ち頸（小口）の中に入る。手を舒（の）べて将に之を取り出さむとす。即ち覚め了んぬ。又、夢に、有る人来りて曰はく、此の梅尾□人〈正達房〉□（後欠）

【現代語訳】 一、同月十九日の夜の夢は、次のようであった〈弥勒法を行おうと思っていた時のものである〉。一匹の黒い犬がいた。病気で苦しんでいた。高弁と部屋の中の人々は、これを看病した。大事な犬だと思った。その犬の目を見ると、獅子の目のようであった。また、一人の女房がいた。唐土の人だと思った。日頃、ここに居住されていたのである。唐土に帰国しなければならないとのことを、お話になった。心細くお思いになっていた。形見を乞われたので、ものを書いて、お渡しした、云々。考えてみると、これは文殊である。犬は獅子である。この学問所（に安置する本尊の）中尊に（文殊の画像を）お掛けしてはならないと思っていたので、この夢があったのである云々。そうはいうものの、その後、考え及ばず、弥勒を本尊として修法を行った。

一、同じ二十二日の夜の夢は、次のようであった。ある人がいて、一つの蛇を持ち、これを枝に懸けた。そこで、頸〈小□〉の中に入った。手を伸ばしてこれを取り出そうとしていたところ、目が覚めた。また、（別の夢で）は次のようであった。ある人がやってきて言うには、「栂尾の□人〈正達房〉は□（後欠）」。

【語釈】 1弥勒法　弥勒菩薩を本尊とする修法。山外本2―18【語釈】1「弥勒法」参照。2黒犬　明恵は黒犬を飼っており、夢にも何度か登場する。山外本2―2【語釈】141「黒犬」参照。3大事　「重要な」の意で解したが、「重体の」「瀕死の」の意でも解釈できる。3師子　獅子のこと。文殊菩薩は獅子に騎乗しており、明恵の夢の中では獅子と文殊との結びつきは密接である。山外本1―14【語釈】9「文殊」、同2―2【語釈】199「師子」など参照。7學文所　高山寺の学問所か。14正達房*　諱不明（勤杲か）。『却廃忘記』『栂尾説戒日記』『光言句義釈聴集記』などに出る。『栂尾説戒日記』の席次によれば、喜海よりも戒臘が上と考えられる。「高山寺置文案」（高山寺古文書第1部43）では、「近年依遁世之志深、正達房闍梨辞本山、隠居当寺」とある。

【考察】 この夢記は、自称が「高弁」であるから、承元四（一二一〇）年以後の夢。文中に名前の出る正達房は、神護寺から高山寺に移って来た人物で、「学文処」は高山寺の学問所のことと考えられる。明恵が高山寺に定住するようになった貞応二（一二二五）年以後と考えてよいかもしれない。某月十九日・二十二日の三つの夢を記しているが、二十二日の第二の夢は後欠のため、内容が分からない。十九日の夢は比較的長く、明恵自身の夢解も付されている。夢で見た女房を文殊だと判断し、学問所の本尊についての示唆だと解しながら、予定どおり、弥勒を本尊として修法を行ったというのは、興味深い点である。

（前川健一）

3—5　某年月二十一日夢記

【翻刻】

1　一同廿一日〈自京登山〉其夜夢云解脱房ヲ糸野兵
2　衛尉奉請之五日欲奉居過一日欲還
3　成弁思是大明神歟心思若大明神ナラハ
4　有其寸法即取解脱房之長其杖二尺一寸也
5　而人躰如普通心思無疑是明神也

【訓読】

一、同じき二十一日〈京より山に登る〉、其の夜の夢に云はく、解脱房を糸野兵衛尉、之を奉請す。五日、居(す)ゑ奉らむとし、一日を過ぐして還らむとす。成弁思はく、是れ大明神かと。心に思はく、若し大明神ならば、其の寸法有らむ。即ち、解脱房の長(たけ)を取るに、其の杖、二尺一寸なり。而るに、人躰、普通の如し。心に思はく、疑ひ無く、是れ明神なり。

［図］

【現代語訳】一、同二十一日〈京都から高尾に登った〉、その夜の夢は次のようであった。糸野兵衛尉が解脱房を招き請じた。(兵衛尉は貞慶を)五日間留めようとしたが、(貞慶は)一日を過ごして帰ろうとした。成弁は、(解脱房は)大明神かと思った。心中で、もし大明神なら、それに相応しい大きさがあるだろうと思った。そこで、解脱房の身長をはかると、その杖が二尺一寸だった。しかし、身体は普通であった。心中で、疑いなく、これは春日明神だと思った。

【語釈】1山　神護寺。1糸野兵衛尉*　明恵の叔父湯浅宗光。3成弁*　承元四(一二一〇)年、少なくとも三十八歳以前の明恵の自称。3大明神　春日大明神。4解脱房*　貞慶。4二尺一寸　約64㎝。身長に比べて短い杖と認識されているようである。

【考察】「成弁」の自称が用いられているので、承元四年以前の夢記。明恵は解脱房貞慶を春日明神そのものと見ており、貞慶への敬愛が読み取れる。建仁三年の春日参詣後に貞慶から仏舎利を賜って以後、明恵は貞慶と交流を深めたと思われる。春日明神と貞慶が重ねられていることから考えて、建仁三年に近い時期の夢か。夢記の末尾に山と草の挿絵が付される。夢との関係は不明だが、春日に関する夢で遠景に三山が描かれることから三笠山か。

（平野多恵）

3—6　某年月二十二日夢記A

【翻刻】

1　見同法即悉返路テ入一家中心思ハク
2　是旃タラ之家也又向少将宅二人不制
3　之有恭敬相即出此家有一嶮岸
4　取付木根上其上輙登之了其上有同
5　法五六人前其家中ニシテ呼同法不答
6　後心思フ爲不令聞此旃タラ故也云々
7　從此日同廿二日朝ヨリ也不合行唯修一法加ヒ沙門印言

［図］

【訓読】

（前欠）同法を見る。即ち悉く路を返りて、一の家の中に入る。心に思はく、是れ旃ダラの家なり。又、少将の宅に向ふに、二人之を制せず。恭敬の相有り。即ち此の家を出づ。一つの嶮しき岸有り。木の根に取り付き、其の上に上る。輙（すなは）ち之を登り了んぬ。其の上に同法五六人有り。前に其の家の中にして、同法を呼ぶに答へず。後に心に思はく、此の旃ダラに聞かしめざらむが為の故なりと云々。此の日より〈同じき廿二日の朝よりなり〉、合行せず。唯、一法を修するのみ。〈毘沙門印言を加ふ〉

［図］

【現代語訳】（前欠）同法を見る。そこでことごとく道を戻って、一つの家の中に入った。心中で、ここは、旃陀羅の家だと思った。また、少将の宅に向かうと、二人はこれを制しない。つつしみ敬う様子である。そこで、この家を出た。一つの険しい崖がある。木の根に取り付き、その上に上った。たちまち、これを登り了った。その上に同法五、六人がいる。前にその家の中で、同法を呼んだが答えがなかった。後で、心中に思うには、この旃陀羅に聞かせないためのであると、云々。この日より〈同月二十二日朝からである〉合行せず、ただ一法のみを修した〈毘沙門の印言を加えた〉。

【語釈】 2旃タラ　旃陀羅（せんだら）（チャンダーラ）。古代インドの賤民。四種姓（カースト）の外に置かれ、厳しい差別のもとに置かれた。*2少将　位階のみで誰と特定し難いが、明恵の周辺で「少将」と呼ばれる人物として、明恵の有力な後援者である督三位局（能円の娘、時子とされる）の子息がいる。『光明真言土砂勧信記』に「さりにし承久元年の十一月一日、此山寺の大願主・督の三位はじめて鐘堂の住持等に供料をつけらるるとき、かたりて云『かねのこゑは悪趣にきこゆなり。我子息の少将に是れをとくきかせばや』といはる」（日本大蔵経74巻211下）等の記事が見える。7ヒ沙門印言　毘沙門の印言。「印言」は印契と真言の意。『却廃忘記』に「印言の功力に依が故に」（明資二525頁）の用例がある。

【考察】　この夢の重要なモチーフは旃陀羅であろう。明恵が旃陀羅や差別について発言している資料はないが、この夢に、「旃陀羅の家」とか旃陀羅に仲間の呼びかけが聞かれないようにしているとか、かなり明確な意識があることが示されていることは注目してよいと思われる。末尾の日次記事は修法の変更にかかわるものだが、毘沙門天について明恵は深い信仰を持っていたらしい（山外本1―10・29行参照）。ただし、ここの内容は詳らかではない。

この夢記の余白には、流水と花をつけた木の枝が描かれている。花は梅花と思しいが、この絵と夢記の関連は明確ではない。しかも夢記の文の部分と絵の部分は異なる料紙で、継がれたものであり、本来夢記に添えられた絵とは考えにくい（荒木浩［二〇〇六］）。ただし、取りあわせられたとしても、明恵の夢記と絵の関係性を示唆するものとして注意すべきであろう。

（奥田勲）

3—7　某年月二十二日夢記Ｂ

【翻刻】

一同廿二日夜夢
行大道有一大河落入之光音房
懐付予浮游之二三丁流忽岸邊
有一磐小松（二三本）生取付之付陸地此石
傍上師御坐心思ハク是釋迦如來也
哀喜甚深我得度是威神也居岸
垂加被給ト覺ユ過其處テ有
一處形景氣如池邊其濆岸
如濱邊廣四五丈如水精細沙
充滿於其水洗我惟夢覚也（尚夢見也）
是依釋尊御加被可出離生死
之相也ト評定惣夢歟覺歟ト
評定（所作之後毎夜遊池邊各々上師御坐云々毎度不記也）

【訓読】

一、同じき二十二日の夜の夢に、大道を行くに、一の大河有り。之に落ち入る。光音房、予に懐き付き、之に浮游せむとす。二三丁流るるに、忽ち岸辺に一の磐有り。小松〈二三本〉生へたり。之に取り付きて陸地に付くに、此の石の傍らに上師御座（おはしま）す。心に思はく、是れ釈迦如来なり。哀喜甚深にして、我が得度は是れ威神なり。岸に居して加被を垂れ給ふと覚ゆ。其の処を過ぎて、一処有り。景気、池の辺の如し。其の岸、浜辺の如くにして広さ四五丈なり。水精の如き細沙、充満す。其の水に於（し）て、我を洗ふ。夢覚むると惟（おも）ふなり〈尚、夢見なり〉。是れ釈尊の御加被に依りて、生死を出離すべき相なりと評定す。惣じて、夢か、覚めしかと評定す〈所作の後、毎夜池の辺に遊ぶ。各々上師、御坐すと云々。毎度記さざるなり〉。

［図］

【現代語訳】　一、同月二十二日の夜の夢は次のようであった。大きな道を行くと一本の大河があった。この河に落ちた。光音房が私に抱きついて、浮かぼうとしていた。二、三丁流れていくと、すぐに岸辺に一つの岩があった。小松〈二、三本〉が生えている。これにとりついて陸地に着くと、この石のそばに上師がいらっしゃる。心中で、これは釈迦如来であると思った。哀喜の思いがきわめて深く、私が渡ることができるのは、仏の霊妙な神通力によるものである。釈迦如来が岸にいてご加護をくださっているのだと思われた。その場所を過ぎて、あるところがあった。景色は池のあたりのようだった。その岸は、浜辺のようで広さが四、五丈あった。水晶のような細かい砂が充満している。その水で私を洗った。私はまさに夢から覚めようとしていた〈まだ夢を見ているのである〉。これは釈尊のご加護によって生死の苦しみを離れることができるきざしだと話し合った。全体として、夢なのか、夢から覚めたのかを話し合った。〈所作の後、毎晩、（見た夢は次のようであった。）池の辺りで遊ぶ。それぞれ上師がいらっしゃる云々。毎回は記さないのである〉。

【語釈】　1同廿二日　この夢で明恵は「予」と自称している。明恵が「予」と自称する夢は、高山寺本においては、9篇、10篇に集中し、建暦二（一二一二）年から貞応元（一二二二）年あたりの夢であろうか。『仮名行状』下の承久二（一二二〇）年の条に「コレニヨリテ上人自ラ記シテ云ク」と「予」と自称する正治三（一二〇一）年の瑞相を載せるが、当時記したものかは断定できない（明資一54頁）。**2光音房***　山田昭全［二〇一四Ｂ］は明恵の弟子の一人と推測しているが、宮澤俊雅［一九九二］からは検出できない。『古今著聞集』によると大神基方の息で、明恵の弟子としていくつかの逸話に登場する（田中久夫［一九六一］、ジラール仏訳）。ただしそれらの逸話はすべて『行状』には見えない。『書写山円教寺長吏記』に「第十八世　行事弁賀大徳　光音房」（『兵庫県史』史料編中世四219頁）とある。後白河が出家したのは嘉応元（一一六九）年で、それ以前の人物となるので明恵が生まれる前の人物で、直接会ったことがあるとは思えないが一考に値するか。**3二三丁**　一丁（町）は約110ｍ、「二三丁」は220～330ｍ程度。**4一磐**　明恵の夢には盤（磐）石と称する大きな岩が散見する（高山寺本6篇、同7篇等）。これらは登るほどの大きな岩であるが、この夢は上師（上覚）がその傍らに坐しているので大きさがどの程度なのかは判別できない。**5上師***　上覚。**5釋迦如來**　明恵が、インド渡航の計画や『四座講式』の撰述などから釈迦への追慕の念が篤かったことは著名であるが、夢記においても釈迦の名号を唱え涙を流すところが描写されている。（高山寺本2篇）**6得度**　度を得ること。仏教語としては輪廻の世界から悟りの世界に渡ること。本夢では河を渡る状況と重ねあわせていると考えられる。**6威神**　仏の持つはかり知れない不思議な力。**7加被**　神仏が慈悲の力で衆生を守ること。**8池邊**　明恵の夢には海や川、滝や池などのモチーフがしばしば登場するが、この夢では川が池に変化している。**9四五丈**　一丈は約3ｍ、「四五丈」は、12～15ｍ程度。**10夢覚**（尚夢見也）　「夢覚」の右側の傍書「尚夢見也」は本行を記述した後に想起した内容を記したものか。まだ夢を見ている状態を示している。**13所作**　行法や読経など、仏へのおこない。山外本2―2【語釈】75「所作究竟」参照。

【考察】　この夢の特徴は夢の中で目が覚めるという夢を見ていることである。10行目「惟夢覚也」に傍書で「尚夢見也」と書き加えられていることから、覚醒を夢中の出来事と捉えていたことは明らかである。夢のモチーフは、「上師」「釈迦如来」「池」など他の夢に散見する。末尾には、挿絵が付され、岩のそばに生える松と杖を持った上覚と思しき僧形の人物が描かれている。本夢記は現在、フリーア美術館に収蔵される。本夢記は山田（二〇一四B）所載の「佐藤正憲氏」旧蔵夢記と同一と考えられる。それとは別に、本文がほぼ同一の夢記が白鶴美術館に所蔵されており、これは井上馨旧蔵夢記である。旧版の翻刻は『井上侯爵家御所蔵品入札』目録所載の写真によったが、今回はフリーア美術館で公開されている写真によった。本夢記と内容・挿絵ともに酷似するものの、若干の異同がある。両者の関係については今後の検討が待たれる。

（小宮俊海）

3—8　某年月二十三日夢記A

【翻刻】

1 院賜日也
2 　即然文殊不修之故也夢覺テ
3 可奉修文殊法之由ヲ思フニ即時眠入ニ
4 此房庭ソリハシノ殊勝ナル在之高弁
5 　書寫文殊功能云々
6 其（弥勒）修中或見犬或聞野干鳴之音心地ス
7 即従同廿三日朝中央奉懸文殊并一向
8 付文殊修之従同廿三日朝修之也

【訓読】

（前欠）院賜日なり。

即ち然らば文殊を修せざる故なり。夢覚めて文殊法を修し奉るべき由を思ふに、即時に眠り入るに、此の房の庭、そりはしの殊勝なる、之在り。高弁、文殊の功能（くのう）を書写すと云々。

其の〈弥勒〉修中に或いは犬を見、或いは野干の鳴く音（こゑ）を聞く心地す。即ち同じき廿三日の朝より中央に文殊を懸け奉りて、并（あは）せて一向に文殊に付きて之を修す〈同じき廿三日の朝より、之を修するなり〉。

【現代語訳】（前欠）院賜日であった。もしそうならば、文殊法を修さなかったためである。夢が覚めてから文殊法を修し申し上げるべきであると思って、すぐにまどろむと、（その時に見た夢は次のようであった。）この僧房の庭に、反橋の素晴らしいものがある。高弁は文殊の功能を書写した、云々。その〈弥勒の〉修法中に、犬を見たり狐が鳴く声を聞いたりする心地がした。そこで同月二十三日の朝より中央に文殊菩薩の絵像をお懸け申し上げて、あわせてひたすら文殊菩薩に心を向けて修法を執り行った〈同月二十三日の朝より、これを修したのである〉。

【語釈】**1院賜日也**　この前の部分が切断されている。**3文殊法**　文殊菩薩を本尊とする修法。山外本2―2【語釈】66「文殊法」参照。**4ソリハシ**　反橋。中央部分を高くそらせた橋。**5文殊功能**　「功能」とは、結果を引き起こす働きのこと。文殊菩薩ないしは文殊法の功能を記した何らかの文書と考えられるが、あるいは文殊菩薩の六字呪の功徳を説く『文殊師利菩薩六字呪功能法経』（大正蔵1179番）を指すか。なお、頼瑜『薄草子口決』には「文殊功能事」があり（大正蔵79巻232下）、『文殊師利宝蔵陀羅尼経』の「若有諸智者（中略）報障皆当滅」（大正蔵20巻801下）の偈が引かれている。あるいはこれか。**6弥勒**　ここでは弥勒を本尊とする修法である弥勒法のこと。山外本2―18【語釈】1「弥勒法」参照。**6野干**　本来はジャッカルのこと。仏典では卑劣な動物の代表とされる。日本ではしばしば狐と混同された。

〔紙背〕

【翻刻】

1　ことしは木星（もくさう）夫妻位（さいゐ）置ゐとゝまりて
2　夫子（於とここ）と御ゆかりによろこひ事あるへし
3　たゝし計都星（けいとさう）の夫妻位（ふさいゐ）にありよくいのるへし

【訓読】

（前欠）ことしは木星夫妻位置ゐとどまりて、夫子と御ゆかりによろこび事あるべし。ただし計都星の夫妻位にあり。よくいのるべし。

4　卅一　金曜（こんえう）　己巳
5　今年は御よろこひ事ねかひにし

三十一　金曜　己巳
今年は御よろこび事ねがひにし（後欠）

【現代語訳】（前欠）今年は木星が夫妻を示す位置にとどまって、夫・子供との縁に喜び事があるだろう。ただし、計都星が夫妻を示す位置にある。よく祈るべきである。
三十一　金曜　己巳
今年は喜び事や願った（後欠）

【語釈】３計都星　日食、月食をおこす想像上の存在。彗星とも。九曜星の一。【考察】参照。４金曜　九曜星の一。【考察】参照。

【考察】冒頭部分に切断があるため文意が把握しにくいが、明恵にとって非常に関わりの深い文殊・弥勒の修法に関する内容である。この夢においては、文殊菩薩の行法を修さなかったために起こった、何らかの状態への対処として、明恵はそれまで行っていた弥勒法に加え、文殊法を修することを決意する。その後に見た夢には、明恵の僧房に殊に美しい太鼓橋が現れた。明恵が夢の解釈をする上で参考にした経典類には、行法が成就する徴として「楼閣・殿堂」を見ることが挙げられており（『毘奈耶経』、大正蔵18巻773上）、この夢もそれに準ずるものと解釈出来ようか。

紙背部分には、九曜星（日曜～土曜の七星と羅睺・計都の二星。仏典等に説かれ、その後、陰陽道でも運命判断に使われた）の吉凶に関する記述がある。冒頭では、吉星である木星が夫妻運をあらわす位置にとどまるため、夫や子供に関する喜び事があるとする。しかし、凶星である計都星も同位置にあるため、よく祈願をすることが必要だと説いている。密教においては、星の配置の吉凶にあわせて祈祷を行うため、このような文書が明恵の手元にあり、その裏面を利用して明恵は夢を記したのである。山外本では、山外本1—18「嘉元元年、二年夢記」等が具注暦だが、この夢記のような紙背を持つものは珍しい。

（小林あづみ）

3—9　某年月二十三日夢記B

【翻刻】

1 一同廿三日夜夢成弁高尾大塔ノ上ニ
2 可登之橋ヲ作夢心思ハク衆人自此シテ
3 可登也即以木作之大盤石ノ形也處々ニ
4 有層級人云此橋ハ此に遣戸タテナント
5 シテハセハクヤアラムスラムト云フサレトモ強
6 ニセハキコトモアルマシ人々イカサマニテモノホリ
7 アルカムスレハト思フ即夢心ニ思ハク此ハ成
8 弁繪骨アル物ナレハトテ大衆沙汰ニテ此ヲ
9 令作也又○（有人テ如ク梵字ノ仰月名ハラナルソラト云フ成弁）一壁ニ金泥ノ~~ムナル物ノ~~付タルヲ
10 木端ニテコソケ取テ又一ノ壁ニ仰月○（并）ノ形
11 ソ書ニ金泥分明ニ現ス其仰月○（并空點）ノ廣三尺
12 許空點應之大ナリ又樓閣并大佛像
13 等ヲ見

【訓読】

一、同じき廿三日の夜の夢に、成弁、高尾大塔の上に登るべき橋を作る。夢心に思はく、衆人此れよりして登るべきなりと。即ち木を以て之を作る。大盤石の形なり。処々に層級有り。人云はく、此の橋は此れに遣戸たてなんどしては、せばくやあらむずらむと云ふ。されども強（あなが）ちにせばきこともあるまじ、人々いかさまにてものぼり、あるかむずればと思ふ。即ち夢心に思はく、此れは成弁絵骨ある物なればとて、大衆沙汰にて此れを作らしむるなりと。又、人有りて梵字の仰月の如く名はらなるそらと云ふ。成弁、一の壁に金泥の付きたるを木端にてこそげ取りて、又、一の壁に仰月并（なら）びに空点の形ぞ書くに、金泥分明に現ず。其の仰月の広さ三尺許、空点之に応じて大なり。又、楼閣并びに大仏像等を見る。

〔紙背〕
1　其比
2　此□事物入□思云々
3　同廿二日夢□□□□□□□□□□□□

【現代語訳】　一、同月二十三日の夜の夢は次のようであった。成弁は高尾大塔の上に登ることができる橋を作った。夢中の考えで思うには、人々はこの橋を通って（大塔に）登ることができるのだと。そこで木で橋を作った。大盤石の形である。ところどころに層や段がある。人が言うには、「この橋はここに遣戸を取り付けなどしては、窮屈ではなかろうか」と言った。しかし、必ずしも窮屈になるということもないだろう、人々はどうにでも登り、歩くだろうからと思った。そこで夢中の考えで思うには、この橋は、成弁が絵の天分がある者だからということで、大衆が取り決めてこの橋を作らせたのであると。また、人がいて、梵字の仰月のように名は「ハラナルソラ」と言った。成弁は、壁の一つに金泥が付着していたのを木の切れ端でこそげ取って、また、別の壁の一つに仰月と空点の形を書いたところ、金泥がはっきりと現れた。その仰月の広さは三尺ほどで、空点はその仰月の広さに応じて大きかった。また、楼閣と大仏の像などを見た。

【語釈】　1高尾大塔　高尾は神護寺。神護寺の塔としては多宝塔があり得る（嘉禄二年『神護寺諸堂記』）。3大盤石ノ形　木で作った橋の形が大盤石の形をしていたということか。「大盤石」は非常に大きな岩のことで、明恵の書いたものにも伝記類にも非常に多く用例が存する語。4層級　階層。大盤石の形をした橋は塔の上に登れるわけなので、上に向かって階層を成しているのであろう。6人々　「人々」と翻刻したが、「々」は「々」と見るには字画が少なく、記号として

「・」かとも思われるが、しかしそれではうまく解釈できないので、「人々」と見ておく。**8大衆**　仏教語で、比丘が多数集まった集団。**9○一**　平山三男編［二〇〇二］は「上」と翻刻するが、傍書があることから、補入記号と「一」と見るべきだろう。**9仰月**　悉曇で鼻音を表示する円弧。単独で用いる場合も、円点と併用する場合もある。**9八ラナルソラ**　意味は不明。仰月は、サンスクリットではアヌナーシカ（anunāsika）であるが、これが転訛したものか。あるいは同じ鼻音を示す円点（アヌスヴァーラ、anusvāra）の転訛か。**10一ノ壁**　「ノ」が多少、形がおかしいが、9行目に「一壁」とあるので、ここも「一ノ壁」と読んでおきたい。平山三男編［二〇〇二］は「下」と翻刻。**10空點**　通常、仰月点と円点の総称であるが、ここでは円点だけを指している。**11仰月○ノ**（并空點）　「○」を補入記号と見て、傍書「并空點」をここに補入しようとしたものと見るべきだろう。「并空點」の傍書は、ここにまず補入のために記し、その後で、傍書「并空點」を線で10行目「仰月○」の補入記号に結んだものであろう。10行目「仰月」の「月」に傍書で「并」が墨消されているのは、書こうとして11行目での傍書を活かすことにしたため、途中で消したものと思われる。**12楼閣并大佛像等ヲ見**　橋を作る夢とは別の夢か。楼閣や仏像は、宝楼閣法や別尊法などの密教修法で観念の対象となることから、明恵の夢にしばしば見られる。

【考察】「高尾大塔」に登ることのできる橋を架け、壁に梵字を書くなど、寺院建設などの状況が夢に反映しているのを思わせる夢。文覚指揮で行われた神護寺復興の時期と重なるものであろうか。夢の中で、塔の上に諸人が登ることができる橋を明恵は作ったようだが、『仮名行状』（明資一26頁）には、明恵が、日月・星宿に達するほどの高さの塔を昇っていくという夢に続けて、成仏得道までのを見たのだという夢解がある。この『仮名行状』の記事を勘案すると、この夢で、人々が塔に登れるように橋を作るのは、人々が「成仏得仏」するための手段を明恵が提供しているとも解釈することができようか。成弁の自称から、承元四（一二一〇）年以前の夢と知られる。なお、紙背にも夢が記されているが、読めない字が多く、内容は不明。「廿二日」が紙表の「廿三日」の前日であるかも判定しがたい。

（立木宏哉）

3—10　某年月二十三日夢記C

【翻刻】

同廿三日夜夢云
予之懐中有四五丸水精珠
是自本所持也ト思フ其勢
如當時所持念珠之玉勢也
二月ニ　　高弁

【訓読】

同じき廿三日の夜の夢に云はく、予の懐中に四五丸の水精の珠有り。是れ本より持(たも)つ所なりと思ふ。其の勢、当時持つ所の念珠の玉の如き勢なり。

［図］

二月に　　高弁

【現代語訳】　同月二十三日の夜の夢は次のようであった。私の懐中に四、五粒の水精の珠があった。これは元から持っているものだと思った。その大きさは現在持っている念珠の玉のような大きさであった。

二月に　高弁

【語釈】　1同廿三日　正月か二月の二十三日を指すか。２水精珠　山外本3—2【語釈】5「水精」参照。３勢　ものの大きさ。山外本2—2【語釈】199「勢」参照。5二月ニ　夢記を記した期日を記す上で、月に「ニ」とする記し方は、他に例を見ない。5高弁*　明恵が「高弁」を名乗るのは承元四（一二一〇）年以降。ここでは細い筆で記されている。

【考察】絵と署名があり、誰かに与えるために記された夢記と考えられる。3行目「本」字は「予」字の上に重ね書きされるなど、明恵の自称として「予」が使われているという点でも注目される。

（小林あづみ）

3—11　某年月二十四日夢記A

【翻刻】

1　一同廿四日夜夢
2　有人如□□ナル鳥□ヲ与フ其中有
3　鳥子即是廓公之子也即出音鳴其
4　音甚高懐中入之自愛率尔眠入驚而
5　見之睡入之間押之而誤殺之心中歎思
6　之間此鳥子蘇息了又以□□心思惟
7　非時廓公ハ世間以為恠異此事如何
8　如此思惟之間有人云此吉相也非不祥之
9　状之間出路見ニ有諸人手持鉢盛食

【訓読】

一、同じき廿四日の夜の夢に、有る人、□□の如くなる鳥□を与ふ。其の中に鳥の子有り。即ち是れ廓公（ほととぎす）の子なり。即ち音を出だして鳴く。其の音、甚だ高し。懐中に之を入れ自愛す。率爾（そつじ）に眠り入る。驚きて之を見る。睡り入る間、之を押して誤りて之を殺す。心中に歎き思ふ間、此の鳥の子、蘇息し了んぬ。又、以□□。心に思惟するに、非時の廓公は、世間、以て怪異と為（す）。此の事、如何。此くの如く思惟する間、有る人云はく、「此れ吉相なり」と。不祥の状に非ざる間、路に出でて見るに、諸人有り、手に鉢を持ち、食物を盛り、空を仰ぎ、皆、廓公を呼ぶ。心に思はく、此れ不祥に非ず。又、非時に非ず。此の比（ころ）、天下の廓公を愛

10　物仰空皆呼廓公心思ハク此非不祥
11　又非々時此比天下愛廓公諸人呼之也
12　然而不可覺我得之心中㐂悦云々

する諸人、之を呼ぶなり。然るに、我、之を得たりと覚ゆべからず。心中喜悦すと云々。

【現代語訳】

一、同月二十四日の夜の夢は、次のようであった。ある人が、□□のような鳥の□をくれた。その中に鳥の子があった。それはホトトギスの子であった。そこで、声を出して鳴いた。その鳴き声は、非常に高かった。懐にこれを入れて、大切にした。たちまち眠りに落ちた。目が覚めて、それを見た。眠りに落ちている間、これを押しつぶして、誤って殺してしまった。心の中で、嘆いていたところ、この鳥の子はよみがえった。また、□□した。心中で思いめぐらすに、時季外れのホトトギスは、世の中では、奇怪なこととする。このことは、どうしたことであろうか。このように考えていたところ、ある人が言うは、「これは、めでたいことである」と。不吉なことではないので、路に出て見てみると、人々がいて、手に鉢を持ち、食物を盛り、空を仰いで、みなホトトギスを呼んでいる。心中で思うに、これは不吉なことではない。また、時季外れでもない。この頃、天下のホトトギスを愛する人々が、これを呼んでいるのである。しかし、私がそれを得たとは分からないに違いない。心の中で喜びを感じた、云々。

【語釈】　3廓公　郭公に同じ。ホトトギスのこと。7非時廓公　郭公が飛来するのは初夏なので、それ以外の季節。

【考察】「成弁」「高弁」などの自称もなく、内容の上からは、年代を特定する手がかりはない。「非時のホトトギス」が全体のモチーフで、これが不吉か思い悩むが、ある人の言葉や、人々がホトトギスを呼んでいる様子を見て、吉相と解して喜ぶという内容である。夢解や日次記事がないため、これがどのような状況で見られ、どのような心事の反映かは分からない。懐中に入れたホトトギスの子を寝ている間に押しつぶしてしまったり、人々が鉢に食物を盛ってホトトギスを呼んだりと、全体にユーモラスな感じが漂う。

（前川健一）

3—12　某年月二十四日夢記B（写真・翻刻等入手できないため、欠番）

3—13　某年月二十四日、二十九日夢記

【翻刻】

1　一同廿四日夜夢云

2　有此禪師公而又十四五歳女形也成親馴行儀

3　即云前々不如此爲不慮此後殊爲甚深之由

4　ヲ云ヮ又海邊ニ知音遊戯云々○案曰是又善知識也

5　一同廿九日夜夢云

6　有一人高僧省吉水大僧正御房来具高弁到一處

【訓読】

一、同じき廿四日の夜の夢に云はく、此の禅師公有り。而るに、又十四五歳の女の形なり。親馴の行儀を成す。即ち云はく、前々は此くの如くならず。不慮と為（す）と。此の後、殊に甚深為（た）る由を云ふ。又、海辺に知音遊戯すと云々。案じて曰はく、是れ又善知識なり。

一、同じき廿九日の夜の夢に云はく、一人の高僧有り〈吉水大僧正御房と省（おぼ）ゆ〉。来りて高弁を具して一処に到る。

【現代語訳】一、同月二十四日の夜の夢は次のようであった。この禅師公がいる。ところが、また十四五歳の女の姿で

ある。馴れ親しんだ振る舞いをする。そこで言うには、「前々はこのようではなかった。思いがけないことである」と。この後、とりわけ親密であることを言った。また、海辺に親友が遊んでいる、云々。考えてみると、これも、また善知識である。

一、同月廿九日の夜の夢は次のようであった。一人の高僧がいる〈吉水大僧正御房と思われた〉。こちらにやって来て、高弁を連れて、ある所へ到着した。

【語釈】 **2禅師公*** 「公」は別字の上から重ね書き。僧名と思われるが、誰に比定できるかは不明。山外本1―18嘉禄二年六月二十日条に登場する「禅公」と同一人物か。高山寺本7篇元久二年十月十九日条46行に「禅道」として登場する人物に円俊禅師がおり、醍醐寺蔵本「伝法灌頂師資相承血脈」に、勧修寺の興然が付法した僧の一人に「円俊」の名が見え、『血脈類集記』に「円俊定恵房　季能三位息」とある。「伝法灌頂師資相承血脈」によれば、明恵や明恵の師である上覚房行慈、弟子の空達房定真も同じく興然の付法。なお、山外本1―6建仁三年十一月二十九日条に見える丹波入道定意（藤原盛実）は、円俊の父藤原季能と兄弟の関係にある。丹波入道については、野村卓美［二〇〇〇］［二〇〇八］に詳しい。その他、高山寺蔵「明恵上人書状」（『高山寺古文書』第2部2、茶道資料館編［二〇〇八］等に所載）に明恵が授与師範をつとめる人物として見える「鶴禅師」、「神護寺文書」の性円書状（鎌倉遺文3294）に明恵とともに名が見える「禅師御房」も注意される。**3此** 「此」が指すものは明確でないが、文脈から「十四五歳女形」と解した。**3甚深** 「親馴」の程度がはなはだしい。十四五歳の女の明恵に対する親しみの深さを言ったもの。**4知音** 心から信頼できる友。明恵は身近で信頼できる人と海辺で遊戯する夢をよく見ていた。**4案曰是又善知識** 「善知識」は衆生を仏道に導く機縁となるもの。「案曰」は夢解の前に用いられる表現であることから、「是」は直前の海辺に遊ぶ知音を指し、それを善知識と解したか。「又」とあることから、知音だけでなく十四五歳の女の姿をした禅師公もまた善知識であると解釈したか。あるいは、前夢が善知識に関わる夢であるなら、「是」はこの夢全体を指し、前の夢に続き、この夢もまた善知識であると解せる。**6省** 「おぼゆ」と訓読。観智院本『類聚名義抄』仏中七六に「省」の読みとして「オボユ」とある。**6吉水***

大僧正御房　慈円（久寿二（一一五五）年～嘉禄元（一二二五）年）。「吉水」は、元久二（一二〇五）年から承久二（一二二〇）年まで慈円の住房であった「吉水房」による呼称。ただし、慈円が大僧正に任ぜられたのは建仁三（一二〇三）年二月で、同六月には大僧正を辞している。その後は、定家の『小倉百人一首』の作者名でも前大僧正と書かれるように「前大僧正」と称されることが多かった。以上から、慈円が「吉水大僧正」と呼ばれるのは、はやくても建仁三年以後、おそらくは元久二年以降のことと推察され、この夢記もそれ以後のものである。弟子の空達房定真による明恵の談話聞書『梅尾御物語』上（明資三391頁）には、「吉水ノ僧正御房熾盛光明堂ニ鏡ニtrūṃ字ヲ書テ懸給ルハ熾盛光仏頂タラニ経ノ意歟云々」とあり、明恵が慈円を意識していた事実が知られる。

【考察】　二十四日の夢の「此の禅師公有りて、又十四五歳の女の形なり」は、禅師公と意識される人物が十四五歳の女子の姿をしていたと解釈した。故乗善房行俊が十二三歳の少童となった寛喜二（一二三〇）年十二月十一日の夢（高山寺本11篇10行）など、明恵は変身の夢を多く見ているが、この夢では変身はしていない。海辺での遊戯というモチーフは、明恵の夢に頻出する。承元三（一二〇九）年三月八日の夢（山外本1―10・24行）、建暦元（一二一一）年十二月十六日の夢（山外本1―10・86行）、山外本2―2・165行など、いずれも信頼できる身近な人物と海辺で遊戯している。

二十九日の夢は慈円が登場する点で注目される。【語釈】で述べたように、「吉水大僧正御房」の呼称からこの年代が多少とも絞り込める点も貴重である。ちなみに、承久二（一二二〇）年四月十二日と推定される夢で、中宮御産の祈りに関連して「大僧正御房」が登場する（高山寺本10篇141行）。慈円は建保五（一二一七）年二月と、同六年十月に、中宮（東一条院）の御産の御祈を行い、同十月十日に懐成（かねなり）親王（後の仲恭天皇）が誕生している。その他、高山寺本10篇375行にも「大僧正御房」が見える。これらの「大僧正御房」も慈円の可能性が高いか。明恵の夢に慈円が登場するのは、九条家と明恵の関わりによるのだろう。

（平野多恵）

3—14　某年月二十六日、三十日夢記

【翻刻】

1　一従同廿六日付宀修之
2　同卅日夜修宀法修中見霽夜月其夜後夜
3　行法苦故不修之夢云
4　月夜過山峯与一人到上人御房（ママ）處心地不思
5　亡者有悦存心地月夜非望比上旬下旬十日比月
6　夜ニシテ面白シ半夜俄思立参上道ニシテ思止テ
7　又還云々　後夜不修故也

【訓読】

一、同じき廿六日より、〈密に付きて〉之を修す。同じき卅日の夜、密法を修す。修中に霽夜（せいや）の月を見る。其の夜、後夜の行法、苦しきが故に之を修せず。夢に云はく、月夜に山の峯を過ぐ。一人と上人御房の処に到る。心地に、亡者と思はず。悦存の心地有り。月夜、望の比にあらず、上旬・下旬十日の比の月夜にして面白し。半夜、俄かに思ひ立ちて、参上す。道にして思ひ止まりて、また還りぬと云々。後夜に修せざるが故なり。

【現代語訳】　一、同月二十六日より、〈密教の方式で〉行法を修した。同月三十日の夜、密教の行法を修した。修法の間に晴れ渡る夜の月を見た。その夜の後夜の行法は、疲れたので修さなかった。夢は次のようであった。月の夜、山の峯を過ぎた。ある一人とともに上人御房の住居に到った。心中では、亡くなった方とは思わなかった。嬉しい心地がした。その月夜は、満月の頃ではなく、上旬や下旬の十日の頃の月であったので趣深かった。中夜の頃に急に思い立ち、（上人御房のもとへ）参じた。途中で思いとどまって引き返した、云々。後夜に行法を修さなかったからである。

【語釈】　1宀　「宀」は「密」の抄物書き。密教の修法のこと。次行の「密法」も同じ。2霽夜　雨上がりの晴れ渡った

夜。２後夜　六時の一で、夜を初夜・中夜・後夜に三分した最後の部分。すなわち午前二時から五時頃。４一人　単に「ある人」の意でも解せるが、天皇等の貴人である可能性もある。山外本2―2【語釈】85「一人」参照。＊４上人御房　文覚。「亡者とは思えない心地がした」とあるように文覚没後の内容となっており、文覚の死後の夢か。文覚の没年は、『漢文行状』（明資一114頁）によれば建仁四（一二〇四）年二月十三日以後であるが、高山寺蔵文覚画像（室町期）や『神護寺交衆任日次第』の記載では建仁三（一二〇三）年七月廿一日を命日とする。５悦存　喜び、またその心持ちが保たれている状態を意味するか。あるいは、「存(いま)すを悦ぶ」と読んで、「生存しているのを喜ぶ」の意か。５望比　望月の頃。陰暦で、月の十五日。６半夜　夜を三分した中間の部分で中夜のこと。すなわち午後十時から午前二時頃。

【考察】この夢は、月夜の晩に文覚のもとへ赴くのを思い止まったとする内容であり、密教の行法を深夜に行わなかったことと関連付けている。月のモチーフは、和歌などに頻出する他、夢記においても、高山寺本10篇391行に坐禅中に月を見たとの記述がある。また「上人御房」（文覚）が登場する夢も多いが、この夢は文覚没後の話となっている点に特徴がある。他に高山寺本10篇449行にも「故上人御房」が出る。文覚のもとに行くのを途中でやめるというのは、建仁四年二月、文覚のもとに行く途中、夢の告げによって引き返したという『漢文行状』（明資一114頁）の記事を彷彿とさせる。

（野呂靖）

3—15　某年月二十一日夢記

【翻刻】

一同廿一日夜夢云
我之居處ニ惣シテ數多ノ女房□□アリ此一面ニ又此多僧坐云々
有一大殿其中有多僧我其ア
トニ臥一人僧誦云智者捨離沈掉
令心平等無驚覚性云々心中思普通
文ニハ捨者等云々是ハ智者ノ徳ヲ欲也
ト思過此處ヲ前此大殿ノ前ニ又
有如廊之處一人ノ大納言ナント
云フ僧アリ前々定テ此處ヲ過ニ
見參云々經ヲ手ニ擧テ常ニ迎
我云々青色ノ水干等ヲ著テ被對
云々今度ハ只将過有人来令□

【訓読】

一、同じき廿一日の夜の夢に云はく、一の大きなる殿有り。其の中に多くの僧有り〈我が居処に惣じて数多の女房□□あり。此の一面に又此の多くの僧坐すと云々〉。我、其のあとに臥す。一人の僧、誦して云はく、「智者捨離沈掉令心平等無驚覚性（智者は、沈掉を捨離し、心をして平等ならしめ、驚覚の性無し）」と云々。心中に思はく、「普通の文には「捨者」等と云々。是れは智者の徳を欲するなり」と思ふ。此処を過ぎて、此の大きなる殿の前に、又、廊の如き処有り。一人の大納言なんど云ふ僧あり。経を手に挙げて、常に我を迎ふと云々。前々定めて此処を過ぐるに、見参すと云々。青色の水干等を著して対（むか）はると云々。今度は只、将に過ぎむとして、有る人、来り、令□（後欠）

【現代語訳】　一、同月の二十一日の夜の夢は次のようなものであった。一つの大きな殿舎があった。その中に多くの僧侶がいた〈私のいる場所には、たくさんの女房が□□あった。こちらの方面にも、これら多くの僧侶が坐っている、云々〉。私は、その背後に臥した。一人の僧侶が次のように唱えた。「智者捨離沈掉、令心平等、無驚覚性（智者は、抑鬱も浮薄も捨て去り、心を平静にして、覚醒するということもない）」と。心の中で次のように思った。「通常の文であれば、「捨者」等とある。これは智者の徳を望んでいるのである」と。ここを過ぎると、この大きな殿舎の前にさらに廊のような場所がある。一人の、大納言などという僧侶がいる。以前から、必ず、ここを通り過ぎるときには、お目にかかっていた、云々。経典を手で捧げて、常に私を迎えた、云々。水色の水干などを着て、対面された、云々。今度はただ単に通り過ぎようとしたところ、ある人が来て（後欠）。

【語釈】 **1同廿一日**　「同」とあるので、この夢の前にも記述があったことが分かる。この夢記には、明恵の自称が記されておらず、日次記事もないため、年月を限定できない。**2我之居處**　この行と次の行は、細字で書かれており、2行目「大殿」への補足として、後で書かれたもの。**2此一面**　「面」は建物の側面の柱間のこと。ここでは大殿の側面。**2大殿**　明恵の夢に頻出するモチーフ。**3智者……覚性**　円暉『倶舎頌疏』巻四の文（大正蔵41巻840下）。後述される通り、正しくは「捨者」云々で、「驚覚」は「警覚」が正しい。大善地法（善の心に必ずともなう心の性質）の一つである「捨（平静さ）」を説明する句。『倶舎頌疏』は、『倶舎論』の頌だけを解説したもので、広く読まれた。**3沈掉**　「昏沈（心が落ち込むこと）」と「掉挙（心が浮わつくこと）」。**4驚覚**　目覚めさせること。ただし、正しくは「警覚（心を緊張させること）」。**6前**　「前」を見せ消ちにしている。**7大納言ナント云フ僧**　「大納言公」や「大納言阿闍梨」のように、「大納言」という呼び名（通名）を持つ僧侶の意。**10水干**　狩衣を簡素化した服。庶民の平常の服装である他、童形の礼装として用いられる。ここでは、「大納言ナント云フ僧」が稚児であることを示すか。

【考察】　年月不明の夢記であり、後欠であるため、夢の全体像は分からない。「大殿」は明恵の夢に頻出するイメージであり、高山寺本10篇83行および同上515行では、宝楼閣法との結びつきが見られるが、この夢においては修法との関連は分からない。高山寺本13篇57行では、「中納言阿闍梨」と「広博大殿」で閑談しており、本夢と状況が類似している。京や南都の大寺院をイメージしているか。この夢で興味深いのは、夢の中で僧侶が『倶舎頌疏』の文を唱えたのに対して、それが通常の文とは異なっていることに明恵が気付いている点であろう。『倶舎論』の頌は、当時の僧侶にとっての必須の教養であり、明恵も出家してすぐ学習している（『仮名行状』、明資一13頁）。山外本4―5でも『倶舎論』が話題になっているが、夢に出てくるほどに深く記憶に刻まれていたことがうかがえる。臨終に近い時期にも、大乗諸宗の教理が、『倶舎論』の「三科蘊界入四諦小乗无我无人」の教えの上に建立されるのであり、大乗と小乗には違いがないと述べている（『仮名行状』、明資一69頁）。こうした『倶舎論』への強い関心がこれらの夢にも反映しているといえよう。

（前川健一）

3―16　某年月二十九日夢記

【翻刻】

1 一同月廿九日〇（後）夜修此觀於床上眠入。
2 夢云予書二種所作文加判奉令
3 見上師一所作ハ通玄之御作トヲホシキ
4 十巻ノ論ヲ書セムトス今一ハ能モ不
5 覺悟云々

【訓読】

一、同じき月二十九日の後夜、此の観を修し、床の上に於（い）て眠り入る。夢に云はく、予、二種の所作文を書き、判を加へ、上師に見しめ奉る。一の所作は通玄の御作とをぼしき十巻の論を書せむとす。今一は能くも覚悟せずと云々。

【現代語訳】　一、同月廿九日の後夜に、この観法を修し、床の上で眠った。そのときの夢は次のようであった。私は二種類の所作の文を書き、判を加え、上師にお見せした。書いたものの一つは、李通玄の御作と思われる十巻の論を書こうとしたものである。もう一つはよく覚えていない、云々。

【語釈】　1此観　不明。ただし、その後の夢で李通玄の論書が登場することから考えると、明恵が李通玄の影響ではじめた仏光観か。3上師*　明恵の師上覚。3通玄*　唐代の仏教者・李通玄（六三五～七三〇）。4十巻ノ論　李通玄の現存する著作に該当するものはない。明恵は李通玄の思想を用いる際に高麗知訥（一一五八～一二一〇）の『華厳論節要』三巻（李通玄の代表的著作『新華厳経論』の抜粋）を承久二年以前から参照していた（『摧邪輪』巻上、『鎌倉旧仏教』325頁上）。また、明恵当時の華厳宗では『新華厳経論』の玄談部分を抜き出した『華厳会釈（論）』十四巻が流布しており、平安期からしばしば用いられ一般化していた（普機撰『華厳一乗開心論』下巻、円超『華厳宗章疏並因明録』など）。十巻の論として、こうした文献が念頭にあったと考えることもできる。

【考察】　明恵が李通玄の影響を受けて仏光三昧観を実践したことは良く知られているが、李通玄の名が明記される夢は、高山寺本・山外本を含めて、この夢のみである。明恵は『華厳仏光三昧観冥感伝』（明資四所収）において、承久二（一二二〇）年六月、仏光三昧観の実践に関する文を李通玄の論書で見出したことを契機として仏光観を行うようになったと述べており、この夢もそうした李通玄への関心の高まりを反映したものであろう。

（野呂靖・平野多恵）

3—17　某年月十二三日夢記※

【翻刻】

1　一同十二三日比夜夢予之傍一人之
2　貴女副臥給更互非世間之欲相
3　相□云々是又善知識也
4　一其前坐禪時好相云
5　予手持七寶玉玉云々

【訓読】

一、同じき十二三日比の夜の夢。予の傍ら、一人の貴女、副ひ臥し給ふ。更に互ひに世間の欲相に非ず。相□と云々。是れ又善智識なり。
一、其の前の坐禅の時の好相に云はく、予、手に七宝瓔珞を持つと云々。

【現代語訳】　一、同じ月の十二三日の夜の夢は以下のようであった。私の傍らに一人の高貴な女性が寄り添って寝ている。互いにまったく世俗の欲情の様子ではなかった。その様子は云々。この者も善知識である。
一、その前の坐禅の時に見た好相は以下のようだった。私は手に七種の宝石でできた瓔珞を持っていた、云々。

【語釈】　1同十二三日　前欠のため、年月は不明。2貴女　「貴女」「非世間之欲相」「是又善知識也」など、十篇の夢に類似した表現が出る。5七寶　七種類の宝石。金、銀、瑪瑙、瑠璃、硨磲、真珠、玫瑰。または、金、銀、瑠璃、玻璃、硨磲、珊瑚、瑪瑙。5玉玉　「瓔珞」の略記。宝石を連ねて紐状にしたもの。

【考察】　年月不明の断簡であるが、一人称が「予」なので、明恵の壮年期以後のもの。十篇とモチーフが似ており、近接した時期のものか。仮にそうだとすれば、仏光観や五秘密に関して明恵が強く意識していたことを示す証左となろう。

3―18　同某年月廿一日夜夢記

【翻刻】

一同廿一日夜夢云
上師永行土佐室戸﨑籠居ナ
ムトス不告高弁猶心中不審思
□之間行一處葉上僧正ニ謁スルニ
物ヲ申ニ僧正云此事不可承云々
即法花會ノアルニ威儀不具有數
千衆即暫思去(?)之云々
　案云
即尋此事テ次日ヨリ承始也

【訓読】

一、同じ廿一日の夜の夢に云はく、上師、土佐室戸﨑に永く行き、籠居なんどす。高弁に告げずして、猶、心中に不審に思ふ。□の間、一処に行き、葉上僧正に謁するに、物を申すに、僧正云はく、此の事、承るべからずと云々。即ち法花會のあるに威儀不具なり。数千の衆有るに、即ち暫思して之を去ると云々。案じて云はく、即ち此の事を尋て次日より承り始むなり。

（前川健一）

【現代語訳】 一、同月二十一日の夜の夢は次のようであった。上師が土佐の室戸崎に長い間行って籠居などしている。高弁に告げることもなく、やはり心中で不審に思っていた。□の間、あるところへ行き、葉上僧正にお目にかかって、ものを申し上げたところ、僧正は「このことを承ることはできない」と言った云々。法華会があったが、法会の威儀がととのっておらず、数千人がいたなかで恥ずかしく思って去った云々。

考えてみるに、

つまり、このことを尋ねて次の日から承りはじめたのである。

【語釈】 **2上師***　明恵の師、上覚のこと。**2土佐室戸嵜**　土佐国（現在の高知県南東端）室戸岬。空海『三教指帰』によれば、青年期の空海は室戸岬で虚空蔵求聞持法を修したという。『新勅撰集』釈教部冒頭に空海が土佐国室戸で詠んだ歌として「法性の室戸といへどわがすめば有為の浪風よせぬ日ぞなき」（五七四）が載る。**3高弁***　明恵の諱。明恵は承元四（一二一〇）年の三八歳以後に「高弁」の名をもちいるようになった。**4葉上僧正***　葉上房栄西（一一四一〜一二一五）。建仁三（一二〇三）年に権僧正。山外本夢記一―二の76行に「葉上僧正」の「生身の仏を礼拝しようと思うなら御房（明恵）を拝み申し上げるべきだ」という発言が引かれ、葉上僧正が明恵を生身の仏として高く評価している。本夢の葉上僧正は「此の事承るべからず」と述べており、何らかの承認にかかわる存在として登場している。**5此事**　何をさすか不明だが、前から考えれば上覚が籠居したこと、後の法華会と関連付けて考えれば葉上僧正が法華会に出ることと解釈できる。９行目「此事」と関連するようにも思えるが詳細は不明。**6法花會**　『法華経』を講説する法会。宗祖や先祖の功績をしのんで行われたもので、東大寺・興福寺・延暦寺などでは勅願で行われ、学僧育成のための竪義なども設けられた。本夢の法華会がどこのものかは不明だが、『三宝絵詞』によれば空海の菩提を追修して高雄の神護寺でも行われていたことが知られる。**6威儀不具**　行・住・坐・臥の立ち居振る舞いや容姿、儀式などが正しい作法にかなっていないこと。ここでは上覚や葉上僧正など法華会の師僧となるべき僧がいなかったということか。**6數千衆**　数千の人々。

8案云　下に夢の解釈が続くはずだが、空白となっている。9即尋此事　これ以下の記述は、夢の内容ではなく、夢を契機とした現実の日次記事か。「此事」の内容は不明だが、前と関連付ければ法華会に出ることを指すか。

【考察】　栄西が権僧正となった建暦三（一二一三）年以後の夢。栄西の没年は建保三（一二一五）年で、名前の前に故人であることを示す「故」が付いていないことから存命中の夢か。とすれば一二一三～一二一五年の夢と推測できる。

「葉上僧正（栄西）」と明恵の関係を示唆する内容であり、上覚の「土佐室戸崎」籠居や「法華会」のことなど、他の夢記に見られない記述が注目される。

なお、明恵は紀州白上峰での修行中、さらに遁世するため四国に渡ろうと考え、その様子見として淡路国へ渡ったことがある。（上山本『仮名行状』巻上、明資一30頁）。

（平野多恵）

第4部（年月日の記載を欠くもの）

4―1　夢記（極精進）

【翻刻】

一極精進之時於糸野夢
大明神着白服宿ニシテ
含悦㐂令見給其外又
別二人使者〈二六〉頭戴鵄僧
形也來含大喜之相黹陳
悦㐂之事（ママ）　明神使者倶
自處成弁給無極成弁
又含悦㐂彼二人流歡㐂
之涕云々

【訓読】

一、精進を極むる時、糸野に於（し）て、夢に、大明神、白き服を着し、宿にして悦喜を含むと見しめ給ふ。其の外、又別に二人の使者〈二六〉、頭に鵄を戴き、僧形なり。来りて大喜の相を含み、悦喜の事を陳（の）ぶ。明神の使者、倶に自ら成弁を処し給ふこと、極まり無し。成弁、又悦喜を含み、彼の二人、歓喜の涕（なみだ）を流すと云々

【現代語訳】

一、このうえなく精進していた時、糸野で見た夢は次のようであった。春日大明神が白い服を着て、宿所で

喜悦の思いを抱いている様子をお見せになった。その他、また別に二人の使者〈二六〉が、頭に鵄を載せて僧の姿をしていた。(彼らは)大いに喜んだ様子で喜悦のことを述べた。春日明神の使者の僧はともに、自ら成弁をこの上なくもてなした。成弁は、また喜悦の思いを抱き、その二人は歓喜の涙を流した、云々。

【語釈】 1糸野　明恵の支援者であった湯浅宗光の館があった場所。現在、和歌山県有田郡有田川町の大字の名として残る。 2大明神　春日大明神。 4使(二六)者　「使」の右に傍書「二六」の意味は未詳。 4鵄　鵄(とび)に同じ。これを頭に載せた姿というのは、天竜八部衆の迦楼羅などのイメージか。 7成弁*　「成弁」の名が用いられているので、承元四(一二一〇)年七月五日より前の夢である。山外本1―1【語釈】2「成弁」参照。

【考察】 明恵が修行に邁進していたときに、春日明神と、その使者が喜悦の様子を見せた夢。春日明神が明恵の修行を保証することを示す。明恵は三十歳前後の時期、しばしば糸野に滞在しており、元久元(一二〇四)年、三十二歳のときには、糸野で春日明神講を行っている。この頃の夢か。

(平野多恵)

4―2　夢記（他処去）

【翻刻】

1 他處去給諸人皆止不去唯高弁□□

2 此ラ漢出去後ニハ此ラ漢生身也□□□□

―（紙継）―

【訓読】

他処へ去り給ふ。諸人皆止まり、去らず。唯、高弁□□。此のラ漢出で去る後には、此のラ漢生身なり。□□□□長(たけ)二丈許りなり。之を以て記とす。忽ち火起り、金際

3　長二丈許也以之記トス忽火起金
4　際一尺許ヲ焼ク然木枝ノ如熊手ヲ
5　以當時ハ取下之傍有真乗房誂
6　□(之)欲令修造心思ク不可有指授無

一尺許りを焼く。然るに、木の枝の熊手の如くなるを
以て、当時は之を取り下ぐ。傍に真乗房有りて□(之)を誂へ
修造せしめむと欲(す)。心に思はく、指授あるべからず、無
（後欠）

【現代語訳】　他の所へお去りになった。諸人は皆止まって、去らなかった。ただ高弁は□□。この羅漢が出で去った後には、この羅漢は生身であった□□□□。長さは二丈許りである。これを以て記とする。すぐに火が起り、金際一尺ばかりを焼いた。しかし、木の枝の熊手のようなもので、その時はこれを取り下げた。傍に真乗房がいて、これを誂え修造させようとした。心中で思うには、指授はあってはならない。無（後欠）

【語釈】　**2ラ漢**　部派仏教（いわゆる「小乗仏教」）で修行が完成した聖者をいう。阿羅漢。明恵には十六羅漢信仰があり、この「羅漢」も十六羅漢か。**2生身**　夢記に登場する「生身」は、高山寺本でも、不空羂索観音（10篇28行）・唐の女人形（10篇173行）・釈迦（10篇33行）など、種々あり、その数は少なくない。山外本1―10・42行等参照。**3長二丈許**　前半の羅漢の身長を意味するかつまびらかではないが、高山寺本10篇33行に「生身尺迦一丈六尺許」とあるのが参考になる。**3金際**　意味不明。金輪際と関係あるか。**5真乗房***　内山長久寺の真乗房亮恵（一一七八没、金剛王院流聖賢の付法）か。明恵の関連でいえば、興然は亮恵の付法であり、興然の付法には、行慈・定真・性憲等がいる。高山寺の聖教に亮恵、興然のかかわったものが多い。**6指授**　教えをねんごろに指し示し、授けること。

【考察】　欠損が多い上、二紙を継いだもので、その連続性にも疑問があり、解読が困難である。しかし、生身の羅漢や真

乗房など、具体的かつ明恵の宗教上の重要なテーマが登場する点は注目に値する。なお、明恵の羅漢信仰については、山外本1—2参照。

（奥田勲）

4—3—A　（夢記）（高尾草菴）

【翻刻】

1 高尾草菴ニコモリキルニ
2 アル人ノコヽロサシトテ花立
3 ヲクリタルニ喩事喩理ノ
4 コヽロヲミヰヽテヽ高弁
5 コヽロに思ふ夢曰
6 咲はなもすかたもおなし
7 ことハりにおりいれて
8 見よ人のこゝろを

【訓読】

高尾の草庵にこもりゐるに、ある人のこころざしとて花立をくりたるに、喩事喩理のこころをみゐでて高弁こころに思ふ夢に曰はく、
咲くはなもすがたもおなじことはりにおりいれて見よ人のこころを

［図］

【現代語訳】　高尾の草庵に籠もっていると、ある人が志として花立てを送ってきたのに「喩事喩理（事に喩え理を喩える）」という趣旨を見いだして、高弁が心に思って（見た）夢は次のようであった。

［図］

咲く花も姿も同じということわりに折り入れてみなさい、人の心を。

【語釈】　1高尾草庵　高山寺における明恵の住居。「高尾」は、高雄神護寺のことで、もともと高山寺は神護寺別院であり、高山寺をも含めて「高尾」と称している。『歌集』34にも「高尾ノ草庵ニコモリキルアヒダ」という詞書を持つ和歌がみえる。2花立　花を活けるための器。3喩事喩理　不詳。『華厳五教章指事』にみえる「挙事喩理」（大正蔵72巻252中）をふまえたものか。「喩」は「唯」字の可能性がある。

【考察】　草花を生けた瓶の絵が描かれている。次の4―3―Bと同内容だが、Aは5行目に「夢曰」と記されている点でBと異なる。

（小林あづみ）

4―3―B　（夢記）（高尾草菴）

【翻刻】

1　高尾草菴ニコモリキルニ

2　アル人ノコ、ロサシトテ花

3　立ヲ□リ□タモウニ喩

【訓読】

高尾の草庵にこもりゐるに、ある人のこころざしとて

花立を□り□たもうに喩事喩理のこころをおもゐ□り

て　　　高弁　　［図］

咲くはなもすがたもおなじことはりに

4　事喩理ノコ丶ロヲオモヰ
5　□リテ　　高弁
6　咲はなもすかたもおなしことはりに
7　おりいれてみよ人のこゝろを

おりいれてみよ人のこころを

【現代語訳】　高尾の草庵に籠もっていると、ある人が志として花器を送ってきたのに「喩事喩理」の趣旨を思い□りて、咲く花も姿も同じことわりに折入れてみなさい、人の心を。

【考察】　A・Bとも、ほぼ同内容の切れだが、Aには「夢曰」とあるが、その後には和歌が記されているため、かえって意味が取りにくい。また、Bは「オモヰ□リテ」とあるが、これは「思いやって」という意味を古風に表現しようとしたためか。また、図については、Aでは草花を活けた花器の絵が本文の横にあり、Bでは花器のみの絵が本文の下に描かれている。平野［二〇一三］に本夢記および関連資料の考察がある。

（小林あづみ）

4—4　夢記（宝性寺）（未公開資料で写真・翻刻もないため、欠番）

4―5 夢記（同夜夢云）

【翻刻】

1 同夜夢云崎山兵衛殿下人
2 ノ持物ト云テ一帖書ヲ成弁ニ令
3 書寫給此~~書~~即倶舎○第一巻
4 偈義雙紙也具談二无知行位云々
5 爲習ト云テ令書之
6 案曰其理一々相當可思之

【訓読】

同じき夜の夢に云はく、崎山兵衛殿、下人の持てる物と云ひて、一帖の書を成弁に書写せしめ給ふ。此れ即ち倶舎第一巻の偈の義の双紙なり。具（つぶ）さに二无知の行位を談ずと云々。習はむが為と云ひて之を書かしむ。案じて曰はく、〈其の理、一々、相当たる。之を思ふべし〉。

【現代語訳】 同じ夜の夢は次のようであった。崎山兵衛殿が、下人が持っていた物だと言って、一帖の書を成弁に書写させた。これは『倶舎論』第一巻の偈の義を記した双紙であった。くわしく、二無知の修行の位について論じていた、云々。（崎山兵衛は、自分が）習うためにと言って、これを書かせたのである。考えてみると、〈その道理は、一々、（『倶舎論』に）対応している。このことを思うべきである〉。

【語釈】 1同夜 この前にも夢の記述があったことを示す。日付の特定は困難であるが、明恵の自称が「成弁」であり、崎山兵衛（崎山良貞）に故人であることを示す「故」が付されていないことから、崎山良貞が没した元久元年十二月よりも前か。1崎山兵衛* 崎山良貞。元久元（一二〇四）年十二月没。2成弁* 明恵の最初の諱。承元四（一二一〇）年七月五日撰述の『金師子章光顕鈔』が「高弁」という諱の初出であり、それより前である。山外本1―1【語釈】2「成弁」参照。3倶舎　『阿毘達磨倶舎論』。世親（ヴァスバンドゥ）撰、玄奘訳（異訳として真諦訳がある）。説一切有部のアビダルマ（体系的な教理学）の綱要書であるが、北伝仏教諸地域で仏教教理学の基礎として重んじられた。明恵当時、『倶舎論』の頌を学ぶことは、僧侶の最初の学問課程であり、明恵も上覚から学んでいる（『仮名行状』、明資一13頁）。明恵時代の高山寺経蔵には、『阿毘達磨倶舎論』三十巻を始め倶舎論関係の経典が多数蔵されていた（『高山寺聖教目録』による）。特に神護寺において建久年間に書写された『阿毘達磨倶舎論』は現存している。4二无知　染汚無知・不染汚無知の二種類の無知。前者は煩悩による執着、後者は煩悩と無関係な純粋な無知。『倶舎論』では、冒頭に近いところで論じられる。明恵は、建久二（一一九一）年四月十五日に高雄で『倶舎論中不染無知断位料簡』を書写している（高山寺重書類17）。また、『栂尾明恵上人伝』上（興福寺所蔵）では、貞応元（一二二二）年の「或日」のこととして、以下のようにある。「我大師尺尊、染汚・不染汚二種の無知を断じて衆生の為如理の正法を授て生死泥を出給、三徳円満の功徳いみじく思知るゝ次に、昔幻（＝幼）少し時暗誦せし倶舎頌の始に即如来知断恩の三徳を説るを書」（原漢字片仮名交じり文。明資一299頁）。

【考察】　明恵の庇護者である崎山良貞が、明恵に『倶舎論』第一巻の頌などを書いた双紙を書写させたという夢である。これは、同じ日に見た複数の夢の一つで、末尾の「其の理、一々、相当す。之を思ふべし」とのコメントも、一連の夢全体に対してのもののように思われる。この夢の内容を指してのものとすると、「其の理」が何を指すか、判然としない。夢の中で言及される「二無知」は『倶舎論』に由来する概念で、若年時より明恵が関心を有していたものである。この夢に現れる「双紙」は、明恵が書写した『倶舎論不染無知断位料簡』を彷彿させる。なお、建永元（一二〇六）年六月一日の夢（高山寺本7篇83〜90行）では、兵衛尉（崎山良貞）が華厳経書写の大願を持っていることが記されており、『倶舎論』の論義を学ぼうとする本夢の姿と通じる。あるいは、同時期の夢かもしれない。

（前川健一）

4—6 夢記（一丈許入）

【翻刻】

1 一丈許入具下強狭不入又有四
2 五人欲入之當予之上狭少過故
3 制之欲出之傍有戸之心地又登
4 上ニモ可得云々然有一小鳥飛耳邊驚〈小鳥又夢中也〉
5 一同時予立無何擧足下之ニ有一
6 雀鳥在足下作奇異思取之又有
7 最少之雀欲取之飛去然不似常
8 途雀其色浅白色〈小鳥事也〉大鳥ヲハ
9 取手未見之

【訓読】

（前欠）一丈許（ばか）り入りて、具して下るに、強（あなが）ちに狭くして入らず。又、四五人有りて、之に入らむと欲（す）。予の上、狭少なるに当たりて、過ぐるが故に、之を制して、之を出ださむと欲（す）。傍らに戸有る心地す。又上に登るにも得べしと云々。然るに一の小鳥有りて耳辺に飛ぶに驚く〈小鳥、又夢の中なり〉。

一、同じき時、予立ちて、何と無く、足を挙げ之を下ろすに、一の雀鳥有り。足下に在り。奇異の思ひを作して之を取る。又、最少の雀有りて之を取らむと欲（す）るに飛び去る。然るに常途の雀に似ず。其の色は浅く白色なり〈小鳥の事なり〉。大鳥をば手に取るに、未だ之を見ず。

【現代語訳】

（前欠）一丈ほど中に入って、いっしょに下りると、やたらと狭くて入れない。また四、五人の人がいて中に入ろうとした。私の上は手狭なのに、（その四五人の人たちが、私の横を）通り過ぎるから、これを制止して外に追い出そうと思った。そばに戸がある気がした。また、上に登っても、（同じように戸に）出くわすだろう、云々。ところで、一羽の小鳥がいて、私の耳元を飛んだため目を覚ました〈小鳥のことも、夢の中の出来事である〉。

一、同じ時、私が立ち上がって、何となく、足を挙げてから下におろすと、一羽の雀が足元にいる。不思議な気持ちを抱いて、これを手に取った。また、(別に)極端に小さい雀がいて、手に摑まえようと思ったら、飛び去った。ところで、(その逃げた雀は)普通の雀とは異なり、その色は薄く、白い色であった〈小さい方の鳥のことである〉。大きな方の鳥を(先に)手に取ったが、まだ見てはいなかった。

【語釈】1強狭　やたらと狭い。「強」は「あながちに」と読み、「やたらと」と解した。4可得　「得」は直前の「有戸之心地」というのを承けていると解して、今、「傍ら」に戸がある気がするが、「上」に戻っても同じく戸があるということを言ったものとした。5無何　何となく。ジラール仏訳では“instinctivement”(直観的に)となっている。7最少之雀　極端に小さい雀。「最少」は「最も幼い」の意味もあるので、雀の雛とも考えられるが、8行目「小鳥」が、この「最少之雀」のことを指すと思われるので、「小さい」の意味で取っておく。8其色浅白色　雀の色が薄く、白いこと。「浅白色」という色の名だとしても、どのような色かは不明なので、「其の色浅く、白色」と読んだ。白い雀であるが、白描画のようなものを想定すればよいだろうか。8小鳥事也　「小鳥」は、先に「最少」と言われた雀のこと。8大鳥　「大鳥」は「小鳥」に対しての語で、先に明恵の足元にいて、明恵が手に取った雀のことと解した。実際に「大きい鳥」として、第三の鳥と解すると、意味が取りにくい。

【考察】掛幅に仕立てられた夢記だが、夢記部分は右四分の三ほどのみで、残りの左四分の一は、別紙で何も書かれていない。前欠のため、そこに至る状況が不分明であるが、建物が狭く、登り降りで進退極まった旨が書かれているらしい。後半も若干、解釈し難い部分があるが、「一雀鳥」、「最小之雀」と二つの鳥が夢に現れ、一羽は明恵の足元にいて、明恵に不思議な気持ちを抱かせ、もう一匹は捕まえようとしたが、明恵の手を逃れて去るという夢。「雀」は他にも高山寺本5篇13~16行に現れ、その夢では明恵の手の中で死ぬ。また、『行状』に載せられた記事によると、明恵が行法を修していた際に遠方の竹原の中で何物かに「ケラレタル」小鳥がいるのをテレパシーのように感じ取り、侍者に助けさせたという（明資一21頁）。「明恵上人樹上坐禅像」においても、座禅を組む明恵の後ろに延びた樹々に小鳥が描かれている。このように明恵は小鳥（や小動物）に愛着を感じていたことが知られる。

（立木宏哉）

4—7　夢記（有日修仏眼法）

【翻刻】

1　一有日修佛眼法初夜祈施主病患除
2　愈之事修中見好相謂彼施主忽
3　來我前有病相忿怒尊ノ形像シタル
4　人等左右ニ在テ此人ヲ攝取ス彼人
5　自腹中産赤物臍ノ輪ヨリ也出堂ノ後爲
6　護身彼人到彼家病者先少現
7　病相護身之時物ツキテ病卒愈云々

【訓読】

一、有る日、仏眼法を修す〈初夜〉。施主の病患除愈の事を祈る。修中、好相を見る。謂はく、彼の施主忽ちに我が前に来るに病相有り。忿怒（ふんぬ）尊の形像したる人等、左右に在りて此の人を摂取す。彼の人、腹中より赤き物を産む〈臍の輪よりなり〉。出堂の後、護身の為に彼の人、彼の家に到る。病者、先に少しく病相を現ずるに、護身の時、物つきて、病、卒に愈ゆと云々。

【現代語訳】　一、ある日、仏眼法を修した〈初夜の時である〉。施主の病気を払い除き、平癒することを祈祷した。修法の最中、好相を見た。次のようなものだ。その施主が急に私の前に来たが、病気の徴候があった。忿怒の仏尊の姿形をした人たちが左右にいてこの施主を救済した。その人は、腹の中から赤い物を産んだ〈臍からである〉。（修法を終えて）

堂を出た後、護身法のため、その人は、その家に着いた。病者は最初は少し病気の徴候を見せていたが、護身法の時に、物が憑いて病がたちまち平癒した、云々。

【語釈】4攝取　仏が衆生を納め取って救うこと。5齊ノ輪　「齊」は「臍」の略表記。臍輪（さいりん）。へそ。6護身　護身法。真言行者が読経・修法等の際、まず身口意の三業を浄め、身心を堅固に守護する印明。また真言行者が他人を守護するために行うこともあり、ここは病者のために明恵が行ったものと思われる。

【考察】施主の病気平癒のために仏眼法を修していたときに見た好相を載せる。好相が修法の効験を保証する役割が具体的に知られる。

（立木宏哉）

4—8（夢記）（ナル事ヲカ）

【翻刻】

1 ナル事ヲカ被聞モまい
2 □□□んすんと憶病モ
3 候へは惣テ身之様モ不相
4 應候仍御山ノ間に令弟意
5 御事ノ候ハムニ盡身之間ノ

【訓読】

（前欠）なる事をか聞かるるもまい□□□んすんと憶病も候へば、惣じて身の様も不相応に候ふ。仍りて、御山の間に令弟の意の御事の候はむに、尽身の間の（後欠）

【現代語訳】（前欠）なる事を聞かれるも、□□□だろうと臆病もありますので、総じて身の様も不相応です。よって御山の間に弟君の意のことがございますので、尽身の間の（後欠）

【語釈】２□□□んすんと憶病モ　「□け候はんすらんと憶病も」と小松監修［一九七九］は翻刻。４御山　明恵は、しばしば春日大社のことを春山ならびに御山等と呼称している。高雄神護寺の可能性もある。４令弟　人の弟の敬称。

【考察】夢記として伝来するが、文中に夢の内容であるとの明示はない（米田［二〇〇二A］参照）。また、五行のみの断簡で、欠字も多く、解読が困難だが、わずかに読み取れる内容や「候」を含む文体から、消息の断簡と思われる。「御山」という語から春日社との関係が想定され、恭順の意思が示されているので、春日明神に対する気持ちを表明したものであろうか。

（小宮俊海）

4―9　夢記（在菩薩ト奉念）

【翻刻】

1　在卉ト奉念如瀧水之大河

2　ヲ落ニ左右山以外高駿也

3　見擧之大樹鬱茂山上

【訓読】

（前欠）在菩薩と念じ奉る。滝水の如き大河を落つるに、左右の山、以ての外に高駿なり。之を見挙ぐるに、大樹、山上に鬱茂す。

【現代語訳】（前欠）在菩薩と念じ申し上げた。滝の水のように流れの激しい大河を落ちていたとき、その左右にある山は、ことのほか高く険しかった。山を見上げると、山上に大樹が鬱蒼と茂っている。

【語釈】1在豔　「観自在菩薩」の前半が欠けたものか。

【考察】前欠だが、大河、高く険しい山、鬱蒼としげる樹木など、明恵の夢に散見するモチーフから、夢記の断片とみてよいか。

（平野多恵）

4—10　夢記（従此前）

【翻刻】

一従此前比夢云大将殿公經御所ニ参シテ殿下欤ト思シキ人に謁之様覺其後退出其門前予別身アリト思フ人云分別不離然大将殿御車馳趣來欲入此門中予引此車入門中ソテカキノ中ニ引入之心ニ

【訓読】

一、此より前の比の夢に云はく、大将殿〈公経〉の御所に参じて、殿下かと思しき人に謁する様と覚ゆ。其の後、退出す。其の門前に予の別身ありと思ふ。人云はく、分別離れず。然して大将殿の御車、馳せ趣き来り、此の門の中に入らむと欲(す)。予、此の車を引き、門の中に入り、そでがきの中に之を引き入る。心に（後欠）

【現代語訳】　この前の頃の夢は次のようであった。大将殿〈公経公〉の御所に参上して、殿下かと思われる人に謁するように思われた。その後退出した。その門前に、私の別身があると思った。人が言うに、分別は離れないと。そうしていると大将殿の御車が馳せてやってきて、この門中に入ろうとした。私はこの車を引いて、門の中に入り、袖垣の中にこれを引き入れた。心に（後欠）

【語釈】　２大将殿*公経*　西園寺公経（一一七一〜一二四四）。内大臣西園寺実宗の次男。妻は源頼朝の姪一条全子。頼朝との姻戚関係によって勢力を伸張した。承久の乱で、後鳥羽上皇の倒幕の企てを幕府に通報した。乱後、内大臣に上り、貞応元（一二二二）年には太政大臣となり、翌年従一位に昇叙。大将であったのは、承久元（一二一九）年から同三年である（『尊卑分脈』）から、その事実が反映されているなら、この夢記の年次推定に資することになる。明恵との関わりは、貞応二（一二二三）年、高山寺の金堂の本尊として運慶の丈六釈迦像と四天王像を沙汰したこと（『高山寺縁起』、明資一638頁）が知られているが、明恵の重要な後援者の一人であった。３殿下*　公経を指すと思われるが、次にまた「大将殿」とあるので、若干の疑問は残る。５別身　管見に入らない語であるが、文脈から「分身」と同義か。５分別　一般的な「分別」ではなく、心の働きが対象を思惟し計量することをいう仏教語としての用法か。８ソテカキ　袖垣。門や建物の脇に添えて造った短い垣。目隠しとして、また、庭に趣をそえるためのもの。

【考察】　明恵と関わり深い西園寺公経に関わる夢である。公経に謁するために訪問しているところへ公経の帰邸があり、門前で待ちかまえた明恵の分身が公経の馬を邸内に引き入れるという夢であろう。両者の日頃の関係が反映している夢と思われる。

（奥田勲）

4—11　夢記（海禅夢）

【翻刻】

一海禪夢云
有一塔將崩梁等少々已落云々
一同定□夢云
廣野大火熾盛也半ヲハ雨下テ
滅之今半未滅云々
此人又有吉夢依然此具足
不記之

【訓読】

一、海禅の夢に云はく、一の塔有り。将に崩れむとす。梁等少々已に落つと云々。

一、同じく定□の夢に云はく、広野の大火、熾盛なり。半ばをば雨下りて之を滅す。今半ばは未だ滅せずと云々。此の人又、吉夢有り。然るに依りて、此れ具足して之を記さず。

【現代語訳】一、海禅の夢は次のようであった。一つの塔があった。まさに崩れようとしていた。梁などは少々既に落ちていた、云々。

一、同様に定□の夢は次のようなものであった。広い野に大火が盛んに燃え上がっていた。半ばは雨が降ってこれを消した。今半分はいまだに消えなかった。この人はまた吉夢を見た。そういうわけなので、これは詳しく記さない。

【語釈】1海禪* 『毎日学問印信次第』に「海禅」の名が見えることから、高山寺における明恵の同行の一人であろうか。房名は不明。3定□* 重ね書きのため判読し難いが、『毎日学問印信次第』の同行の名に「定恩」があり、『華厳血脈』

で明恵の付法の一人とされている（明資二1149頁）ので、「定恩」の可能性もあるか。４大火熾盛　「熾盛」は火の盛んに燃え上がる様をいう語で、煩悩の激しさの表現などにも用いられる。６依然　「然るに依りて」と読む。あるいは「そのまま、もとのまま」の意か。６具足　「完全に、詳細に」の意。あるいは、具足戒の意か。

【考察】この夢記は手鑑所収の切れであり、この夢の前にも何らかの文字が記されているが、切断されており判読不可能である。「明恵上人夢記　海禪夢六」（「六」字は本文の「云」字の誤読か）として伝来しているが、明恵自身の夢ではなく、他者の夢を一つ書きで記す珍しい例である。また、他にも吉夢があることを理由として夢を記録しないとしている点も注目される。あるいは、具足戒にかかわる夢であるが故に詳細には記さないとも解することができる。（小林あづみ）

4—12（夢記）（帰到）

【翻刻】

1 歸到廣攝時覺盡□□度盡無□（盡）
2 生界云々引開敷神經文世尊見一切衆
3 生著我々所等云々明可通衆經也□□
4 下詣因中又出已爲□爲樂不□又
5 可此□也如何

【訓読】

（前欠）帰り到る。広摂の時、□□を覚り尽くし、無□生界を度し尽くすと云々。開敷神の経文を引くに、「世尊、一切衆生の我・我所に著するを見たり」等と云々。明らかに衆経に通ずべきなり。□□の下、詣づ。因中に、又、出だし已りて、為□為楽不□。又、可此□也。如何。

【現代語訳】（前欠）帰り着いた。広摂の時、□□を完全に覚り、無限の衆生を完全に救済する、云々。開敷神の経文を引くと、「世尊は、一切衆生が自我と自己の所有物に執着しているのを見た」等と云々。明らかに、これは多くの経典に通じることであるはずである。□□の下で、詣るのである。因の中で、また出し終って、為□為楽不□。又、これと同様であるはずである。どうであろうか。

【語釈】1廣攝　「攝」は多義的な語だが、文の趣旨が救済にあるので、広く救いとるの意と解しておく。1覺盡□□　意味上、「□□」は「菩提」に相当する語か。仏としての覚りを完全に覚るという趣旨。1度盡無□生界　意味上、「無□」は「無尽（尽きることのない）」と思われる。「度」は、救済するの意。「生界」は「衆生界」の略。全体として、尽きることのない膨大な衆生を残らず救済するという趣旨。2開敷神　開敷一切樹華夜神（八十華厳・四十華厳。六十華厳では開敷樹華夜天）。善財童子の五十五善知識の第三十八。華厳教学では、十地の第七・遠行地に相当する。2世尊……我々所　実叉難陀訳『大方広仏華厳経（八十華厳）』巻第七十二（入法界品第三十九之十三）「世尊往昔。為菩薩時。見一切衆生。著我我所」（大正蔵10巻391中）。開敷一切樹華夜神が善財童子に語る言葉の一節。「我」は恒常的な自我（アートマン）、「我所」は自己の所有物。5可此□也　意味上、「このようなことであるはずである」と言った趣旨の文で、「□」は、たとえば「義」などが対応するか。

【考察】「夢の記切」として伝来しているが、文中に夢であるとの明示はない。【語釈】に示したように、経典に依拠した明確な論理の展開から、本断簡は「夢記」ではなく、論義の短冊の類ではないかと思われる。

（前川健一）

4—13（夢記）（十二縁起ノ生死）（明恵による夢記でないため、欠番）

4―14　（夢記）（問曰此夢）

【翻刻】

1 問曰此夢相ニ御消息ニハ甚深之契約ヲ
2 述御ス詩状ハ後々不参覧事ヲ歎思
3 召セリ如何　能々可案之
4 凡ハ成弁此深山ニ籠居シナハ一年ニ一度
5 モマイラシト如此シテ居タラム是同事也ト思
6 御社ヲ造リタラム時参シテ其後ハ
7 不参ト思テ八月参ト宮移シ参ト
8 二ケ度之参詣許ヲセムト思
9 此事ヲアシク思召シテ一年ニ一度ヲ
10 参セヨト思召歟又必シモサナクトモタヽ
11 カク籠居シヌルアハレナル事也ト思召歟
12 能々可案之

【訓読】

（前欠か）問ひて曰はく、此の夢相に御消息には甚深の契約を述べ御（おはしま）す。詩状は、後々参らざらむ事を歎き思し召せり。如何。能く能く之を案ずべし。凡は成弁、此の深山に籠居しなば、一年に一度もまいらじと、かくの如くして居たらむ、是れ同じ事なりと思ふ。御社を造りたらむ時参じて、其の後は、参らずと思ひて、八月参りと宮移し参りと、二ケ度の参詣許（ばか）りをせむと思ふ。此の事をあしく思し召して、一年に一度を参ぜよと思し召すか、又必ずしもさなくとも、ただ、かく籠居しぬる、あはれなる事なりと思し召すか。能く能く之を案ずべし。

【現代語訳】

（前欠か）質問して言うには、この夢相にあった御消息には甚深の契約を述べていらっしゃいます。詩状には、後々春日に参詣しないことを嘆かわしく思っておられます。いかがですか。よくよくこれを考えるべきである。大体において成弁は、この深山に籠居したならば、一年に一度も参詣しないのと、このようにして居ることと、これは同じことだと思う。御社を造る時に参じて、その後は、参らないと思って、八月参りと宮移し参りと、二回の参詣だけをしようと思った。この事をよろしくないと思われて、一年に一度参詣せよとお思いなのか、また必ずしもそうでなくても、ただ、このように籠居してしまっているのを、あわれなることであるとお思いなのか。よくよくこれを考えなければならない。

【語釈】 1甚深之契約 【考察】参照。 2詩状 何を指すか不詳。詩を書き記した文面というのが語義であろうが、用例が管見に入らない。 4深山 高尾を指すか。 4籠居 建仁の託宣においてのキーワードの一つで、春日明神から籠居を諌められていることと関連があるであろう。高尾に籠居する夢は、高山寺本10篇の承久二年八月十一日条にも見える。 6御社 春日神社を意味する「御社」は高山寺本13篇にも例がある。ただし、この夢の春日社はいつどこに建立したものか明確ではない。明恵は生涯に幾度も、また各所に春日明神を祀る社を造っているが、建仁の託宣記と重なるとすれば、南都の春日神社となる。また、明確なものとして、「僧成弁（高弁）願文写」に記載される、元久二年に紀州在田に建立した春日・住吉両大明神の社を指す可能性もある。【考察】参照。 7八月参 文脈が明確ではないが、八月に参詣する定例と解することができるかもしれない。しかし、他文献にそのような徴証は見えない。 7宮移シ 春日神社を他所に遷宮することであろうが、現実の遷宮の事実との関係は不詳。 11アハレナル事 明恵の使用言語としての「あはれ」は、しみじみとした心情の表現であり、いとしいという方向と、悲しいという方向の双方があることは確かだが、ここでは後者か。

【考察】 夢相に春日明神からの消息を得て、その内容の紹介と明恵の体験に即した解釈が記録されたような形態をとり、いわゆる夢記ではない。また、冒頭の「問曰」と「可案」の形式は他に例が乏しいので、その主体と呼びかけの対象を確定しがたいが、明恵の夢記を読んだ弟子などが、疑問を明恵に呈し、それに答えたものか。一般的に、夢記は夢の記述の後に「案曰」などによって語られる、いわゆる夢解きが付されるが、その部分だけとも考えられる。したがって夢記の本体部分の存在が予想されるが、それに相当すると判断されるものは管見に入らない。しかし、内容的には春日明神の託宣との関係が示され、また明恵の籠居に対する春日明神の不満等が読み取れるから、『明恵上人神現伝記』の建仁三年の紀州における託宣との関連が考えられる。また、後述の「僧成弁高弁願文写」（『高山寺古文書』第1部23。『漢文行状（報恩院本）』別記の「秘密勧進帳」も同文）によれば、元久二年に紀州に建立した春日・住吉社との関係も考えられる。夢記では、高山寺本13篇に存する春日から消息を得た夢など、関係あるかと思われる資料は散見する。ただし、「詩状」、「八月参」など検討を要する語彙が見え、さらなる究明が期待される資料である。

春日明神と明恵が交わした「契約」については、高山寺山内の春日社について、「吾朝神也、自上人託胎之時、殊致擁護、遂及託宣、有種々契約、故勧請之」（『高山寺縁起』、明資一642頁）とある。「僧成弁高弁願文写」にも同様の記事がある。これは、『明恵上人神現伝記』等に記録される建仁三（一二〇三）年の春日明神の降臨の際に交わされた種々の約束を指すと思われるが、そこには特に「契約」の語はない。また、その折の「本記」は破却されたとあるので、あるいはそこにそのような文言があったかと想像される。ここは夢の中で得た消息にその記載があったというので、内容がそれらと一致するかどうか不明だが、特に異なるとは述べていないし、春日明神への参詣を要請していることや、夢解きの文脈から、大筋において建仁の託宣と同内容ではないかと思われる。

なお、春日明神の夢として、『華厳経探玄記』の講釈を開始した建久九（一一九八）年八月二十五日の夢に、華厳宗の伝道を喜んだ春日明神が縁に立って舞うのを見たという記事が『仮名行状』（明資一31頁）に見えることを付記しておく。

（奥田勲）

4―15　（夢記※）（同後夜）

【翻刻】

1 同後夜寅時　又如初夜修
2 之但念誦ハ不尽但妻各
3 大呪ヲ持念之間依頭痛
4 苦之故休息即於学文所
5 夢云

【訓読】

同じき後夜〈寅の時〉、又、初夜の如く之を修す。但、念誦は尽くさず。但、楼閣大呪を持念する間、頭痛苦しきに依るが故に休息す〈即ち学問所に於て〉。夢に云はく（後欠）

【現代語訳】　同日の後夜〈寅の時〉、また、初夜と同様に、これを修した。ただし、念誦は尽くさなかった。ただ宝楼閣の大呪を持念する間、頭痛による苦しみのために休息した〈学問所においてのことである〉。次のような夢を見た（後欠）

【語釈】　1後夜　昼夜を六分した六時（晨朝・日中・日没・初夜・中夜・後夜）の一。1寅時　午前四時頃。1初夜　六時の一。午後六時から九時頃。2妻各大呪　宝楼閣陀羅尼の大呪のこと。「妻各」は楼閣の抄物書き、「大呪」は文言の多い陀羅尼。山外本2―14某年十月二十六日夢記10行目「娄閣ダラニ」に「大呪」の傍記がある。4学文所　学問所。高山寺では禅堂院の南面に学問所があった。

【考察】　明恵の夢記は、夢の記事に先立って日次記事を持つものが多い。これは、その日次記事の断簡。末尾に「夢云」

とあることから、次に夢の記事が続くはずだが、後欠のため夢の内容は不明。紙背は貞応元年七月十七日から二十日の具注暦であり、この記事もそれ以後のものである。山外本2―15某年十一月二日夢記も紙背に同じく貞応元年の具注暦（六月十四日から十八日）を持ち（影印参照）、これら二つの夢記は近い位置にあったと推測される。具注暦を紙背に持つ夢記は、上記二点の他、山外本1―18嘉禄元年、二年夢記がある。

（平野多恵）

V 資料

1　夢記年表

凡　例

一、本年表は、奥田勲・平野多恵・前川健一編『明恵上人夢記　訳注』（勉誠出版、二〇一五）所載の夢記年表に加筆・修正したものである。

一、①高山寺本・山外本「夢記」、②明恵上人行状・その他資料中の夢記の内容を年代順に掲出した。①高山寺本については聖教等所載の夢記を追加した。近刊『明恵上人夢記訳注 高山寺本篇』所収「第5部　聖教等所載の夢記」の夢記で次にあげる四点である。山外本については年の記載のある第1部のみを掲載したが、第2部のうち年が推定可能なものも収めた。

・「後夜念誦作法向南修之」紙背（『明恵上人資料第二』502頁、近刊『明恵上人夢記訳注 高山寺本篇』Ⅲ聖教A）

・「明恵上人手鏡」第六面「探玄記之三」（高山寺経蔵164函1、『高山寺経蔵典籍文書目録』、近刊『明恵上人夢記訳注 高山寺本篇』Ⅲ聖教B）

・『大宝広博楼閣善住秘密陀羅尼経』巻下奥書の明恵識語（『明恵上人資料第二』1113頁、近刊『明恵上人夢記訳注 高山寺本篇』Ⅲ聖教C）

・「僧空辨書状礼紙」紙背（『高山寺古文書』一部37の紙背、近刊『明恵上人夢記訳注 高山寺本篇』Ⅲ聖教E）

一、各項目は「和暦年月日」「明恵年齢」「日次記事」「夢の内容」「夢解きの有無」「明恵の自称／夢を見た人物」「夢記の所在」の順とした。「和暦年月日」は夢を見た年月日を、「日次記事」は夢記に書かれた日記的な事項を、「夢の内容」は夢の概要を、「夢記の有無」は夢に対する明恵自身の解釈の有無を、「夢記の所在」は夢記を収める資料を、「明恵の自称」は各夢記における明恵の自称を、「夢を見た人物」は明恵以外が見た夢の場合にその人物を示した。

一、年代順の配列については、同じ年の記事は年月日が判明する記事を古い順に並べ、次に年月が判明する記事、年のみ判明する記事の順とすることを原則とした。ただし、前後関係が明白な場合、必ずしもこれにしたがわなかった。年代が判明する記事の後に年月日不明の記事をまとめて挙げた。なお、推定年月日については、冒頭に「＊」を付してそれを示した。

一、「日次記事」や「夢の内容」については可能な限り簡潔に要約した。同日に複数の夢がある場合には、別個の夢であることがわかるように〈1〉〈2〉などの番号を付け整理して示した。

一、夢を見たことが記されていながら、その内容が書かれていない場合は、（不記載）と記入した。日次記事のみの場合は、（日次記事のみ）と記入した。

一、「夢を見た人物」については、人物名の前に△を付けた。たとえば、恵日房が見た夢の場合「△恵日房」とした。明恵周辺には夢を共有する文化があり、明恵の夢記資料には明恵以外の人物が見た夢が散見するため年表に加えた。

一、「夢記の所在」は次のように略記した。

・高山寺蔵夢記は『明恵上人資料　第二』の篇・行に基づき以下のように示した。

（例）高山寺本・第1篇・第1行→高1篇1

・山外本夢記は、本書「Ⅲ目録」の分類に従って以下のように示した。
（例）山外本・第1部1↓山外本1―1
・『高山寺明恵上人行状（仮名行状・漢文行状）』、『明恵上人神現伝記』、『最後臨終行儀事』、『上人之事』、『喜海四十八歳時之記』所載の夢については、『明恵上人資料　第一』に基づき以下のように示した。
（例）高山寺明恵上人行状（仮名行状）上巻第1頁↓仮名行状上1
・その他、明恵の著述に現れた夢については以下の資料に基づき示した。
『随意別願文』―田中久夫『鎌倉仏教雑考』（思文閣出版、一九八二）
『華厳唯心義』―大日本仏教全書（新版）一三巻
『華厳仏光三昧観冥感伝』―『明恵上人資料 第四』
『自行三時礼功徳義』―日本大蔵経（新版）七四巻

①高山寺本・山外本

和暦年月日	明恵年齢	日次記事	夢の内容	夢解き	明恵の自称	夢記の所在
建久七*／□／□（一一九六）	24		これを持ちて失わない。			高1篇1
建久七*／□／二二（一一九六）	24	釈迦大師御所で忠を尽くそうと思う。	文覚による造営が中断された金堂の土壇を修理する。			高1篇5
建久七*／□／二五（一一九六）	24	釈迦大師御前にて、無想観を修す。	空中に師子王に乗った文殊大聖が現形する。			高1篇2
建久七*／□／二七（一一九六）	24	釈迦如来御前にて、『華厳経』読誦。	〈1〉傷のある僧祇修行図を見る。〈2〉東寺の塔の所に縄を引いた土地があり、そこの内外を歩く。	有	成弁	高1篇11
建久七（一一九六）／春頃	24	『法華経寿量品注抄』を作製し、その義理を考えながら、流涙し、如来を恋慕。	上人御房がよそに行って留守中の寝所にて諸人と美膳を食す。		成弁	高1篇26
建久七／八月九月（一一九六）	24		金色大孔雀王の瓔珞から微妙の大音声が出、偈頌を説く。その後、明恵の手に二巻の経巻。		成弁	高2篇1
建久九／五／七（一一九八）	26		金色の大馬に乗り、湯屋にて下馬する。		成弁	山外本1-1
建久一〇／四／一八（一一九九）	27	早朝、紀洲筏師の庵室にて。	十六羅漢と思しき高僧七八人が降臨、陀羅尼等を読誦し神変を現じ、去る。		成弁	山外本1-2
建仁一／一／一一（一二〇一）	29	一月三日より人の為に祈禱し、行法を修す。	上師と共に播州に二艘の船で下向する。仏眼具足を入れた経袋をめぐってやりとり。		成弁 明恵房	高3篇1
建仁一／一／一二（一二〇一）	29	十一日に一時、行法。	播州にいる上師の元に参上、談話する。			高3篇26
建仁二／六／一一（一二〇二）	30		神人の持つ数珠にて兜率天上生を占い、定生の結果を得る。			山外本1-3
建仁二／六／一二（一二〇二）	30		寝処の四隅に僧あり。成弁を守護する。		成弁	山外本1-3

建仁二／閏一〇／八（一二〇二）	30		（後欠により不記載）			山外本1-3
建仁三／八／一〇（一二〇三）	31	初夜に善友法を修する。	〈1〉二人の乞児を見る。〈2〉頭弁らしき人物より、金銀宝物等を送られる。		成弁	山外本1-5
建仁三／一〇（一二〇三）	31		高尾の人々と筏に乗った成弁流されるも、舎利を守護して、無事、陸地に着く。		成弁	高4篇1
建仁三／一一／七（一二〇三）	31	南都に出、紀州居住の由を明日、春日社に申し上げようとする。	成弁の左肘が堕落する。		成弁	山外本1-6
建仁三／一一／一六（一二〇三）	31		左中弁宅らしき家を天竜夜叉等が護衛。宿泊を願うが家主は断る。		成弁	山外本1-6
建仁三／一一／一九（一二〇三）	31		〈1〉高尾に春日社建立の準備をする。〈2〉月性房と中指に立のきこと。〈3〉執受のこと。〈4〉御堂場の中門の大鹿を飼う。〈5〉解脱房から探玄記等の義を問われる。		成弁	山外本1-6
建*仁三／一一頃か（一二〇三）	31		家主、春山に行き、千の鹿に取り囲まれた大明神に会う。大明神、大鹿に乗り高雄に行くと語る。その後、高雄で金堂から出てきた老僧から摩頂される。		△此家主御前	山外本1-6
建仁三／一一／二〇（一二〇三）	31		故専覚阿闍梨と問答する。		御房	山外本1-6
建仁三／一一／二一（一二〇三）	31		高尾へ米穀を運搬する。		成弁	山外本1-6
建仁三／一一／二三（一二〇三）	31		吉祥天を見る。			山外本1-6
建仁三／一一／二三（一二〇三）	31		盤石上に麒麟が遊止する。			山外本1-6
建仁三／一一／二四（一二〇三）	31	□□□に宿泊する。	塚の上に女房四五人がおり、成弁も登ろうとする。		成弁	山外本1-6

建仁三／一一／二八（一二〇三）	31		人のすすめにより社地を移転する。			山外本1-6
建仁三／一一／二九（一二〇三）	31		〈1〉東大寺大仏殿の厨子の上の降三世明王、地に下りると浄恵房となって成弁の余命を占う。〈2〉成弁の膝を枕に横になる童子を材木でできた大鳥が妨げる。	有	成弁	山外本1-6
建仁三／一二（一二〇三）	31		〈1〉我の周囲に石を畳み鎮護する。〈2〉非常に恐れるべき夢。	有		高4篇19
建仁三／一二／一五（一二〇三）	31	四達に宿泊する。	橋の上で式神が成弁を石で囲む。それを見て上師、富貴の相だと言う。		成弁	山外本1-6
建仁三／一二*（一二〇三）	31		在田河で沐浴剃髪する。その日、毛が伸びる。		成弁	山外本1-6
建仁三／一二*（一二〇三）	31	堂。	（不記載）			山外本1-6
建仁三／一二*（一二〇三）	31	上人御房に宿泊する。	（不記載）			山外本1-6
建仁四／一（一二〇四）	32		二条大橋の大水を、崎山兵衛殿の教導を得て、無事に馬にて渡る。		成弁	高4篇21
建仁四／一／七*（一二〇四）	32		〈1〉中納言阿闍梨が僧衣など全てが輝き、成弁の前を恐れ怪しむ様子で行道した。大明神の御示現について会話した。〈2〉色染めの皮で塗った袋物を得た。〈3〉頭髪が篠竹のように生えた。		成弁	山外本2-1
建仁四／一／一〇*（一二〇四）	32		笠置に詣で、定意沙門が一桶の香を解脱房に差し上げた。半分を成弁に与え、二人は頭や顔に塗った。解脱房は御簾に入ろうとした。服姿の僧や翁が明恵房はなぜ入らないのか、と言っていた。外陣には多くの美女がいた。		成弁	山外本2-1

建*仁四／一／一二（一二〇四）	32		崎山御前が成弁の前で高い所に上り、何かを取った。紙か絹の布切れかと思った。ボロン字を書いたものであった。成弁は一匹の小さい犬を釣り針のようなものに懸け、振って苦しめた。	有	成弁	山外本2-1
建*仁四／一／一三（一二〇四）	32	義延房が『一字頂輪王経』を取りに来た。	（日次記事のみ）			山外本2-1
建*仁四／一／一四（一二〇四）	32	大仏頂法の本尊に釈迦如来を選んだ時、毎日二度、大仏頂陀羅尼を二七遍となえようと思い、釈迦像を懸け修法を廃そうとした。	安田の家と思われる所で、大河が溢れ、川上へ逆流していた。水は汚く濁り、鹿が多くおり、川下へ去った。また、猪、麒麟、馬もおり、波を越え川下へ去った。糸野御前と様子をみて、大明神と大菩薩の使者と言って、御加護があると悦んだ。	有		山外本2-1
建*仁四／一／一六（一二〇四）	32		大海に沐浴し、一人の俗人が同様に沐浴した。沐浴を終えて見ると僧であった。化人であると思い、誰か問うと春日大明神であると答えた。			山外本2-1
建仁四／一／二八（一二〇四）	32		得業御房に大明神の御示現を尋ねる。		成弁	山外本1-7
建*仁四／一／二九（一二〇四）	32		京の兵衛殿の宿所を主人に出ていけと告げられ追い出され、別の家に泊まった。騒がしい家の帳代に上人御房が座り、成弁、御前たち、上覚御房もおり、兵衛殿がしゃがんで飯を食べていた。上人御房が崎山若御前を兵衛殿に対面させた。	有	成弁	山外本2-1
建*仁四／一／三〇（一二〇四）	32	京から消息が到来し、上人御房の流罪の旨が告げられた。	（日次記事のみ）			山外本2-1

建仁*四／一／三〇（一二〇四）	32	正念誦の時、種々の妄分別があった。	〈1〉車に乗り、兵衛殿の所へ到着しようとしたが、行列に至れなかった。そこには地獄絵の屏風があった。〈2〉成弁は桟敷に座り、大路に童子がおり、二度絵を見せられる。その後、刺繍した袋、瓶となった。向かいの大路を馬に乗った兵衛殿が通り過ぎた。馬のようなものは足を痛めていた。その馬のようなものは消えた。	有	成弁	山外本2－1
元久一／二（一二〇四）	32	このことを聞いて、この郡の諸人を不愍に思う。	大磐石を義林房・糸野御前とともに過ぎ、海辺に出る。沐浴し、希奇の桃を一枝食い、もう一枝を向かいの殿原に遣わす。		成弁	高6篇30
元久一／二（一二〇四）	32		（後欠により不記載）			高6篇47
元久一／二／一〇（一二〇四）	32		糸野の護持僧二人、馬より落ち、馬も倒れるが、他の馬に乗ったこの郡の諸人は無事であった。糸野御前が大路にいる上人御房を見る。	有		高6篇21
元久一／九／一一（一二〇四）	32	三日に紀州より神護寺槙尾房に還住し、十一日より学問を始め、香象の『密厳経疏』を同行と読み始める。	紀州蕪坂と思しい所の高処に成弁の庵室、その下に湯屋がある。湯屋で、庵室を見上げ、ここにいようと思う。雀と鵲鳥が現れ、雀が死ぬ。鵲鳥が糸でできた鳥、次いで青雲と化し、成弁、その雲を取って飲み、好相だと思う。		成弁	高5篇1
元久一／九／一二（一二〇四）	32		六角堂と思しき所の傍の堂を詣でると降三世明王と毘沙門天の仏像がある。毘沙門天と問答し、善願成就の標識の授与を約束される。禅光房が造ろうとしている板の輪形がその標識だと思う。		成弁	高甲篇3

元久一／九／二三（一二〇四）	32		山から流れる川を、大河を通り過ぎて水源までたどる。水源に春日明神の宝殿と思しき社あり。水源に至る道に堂があり、大仏頂陀羅尼を読す僧の声が聞こえる。	有	成弁	高乙篇5
元*久一／□／七（一二〇四）	32	地蔵堂から帰り、滝四郎の所に宿泊する。	春日社に参ろうと思っていたのが今日だと思い、行水しようとする。	有		高6篇1
元*久一／□／八（一二〇四）	32	初夜の行法の後、外に出て。	古家の跡の四方に生身の獅子像あり、成弁、二方の獅子像のひげを切りそろえる。小犬らがこの獅子像を母としてなつく。	有	成弁	高6篇6
元久一／九／一九（一二〇四）	32	神護寺槇尾に戻る。その夜に。	〈1〉海中に二本の櫓のような柱がある。その柱の頂上に登ると、左右に木が打たれていて、「夏の桀王殷王」と唱えながら、左の木を引き抜く。そこから禅道と杖の助けを借りて岸へ帰る。円俊禅師、岸で行事する。〈2〉前山兵衛殿と合宿、成弁の所労のため頭の下に榼を押す。〈3〉高峯極まりない大盤石があり、海水が上から滝のように流れる。歓楽。〈4〉夏の気下って清涼。川で涼む。		成弁	高7篇37
元久一／一二／一九（一二〇四）	32		新宰相殿の御前が来て一宿、帰る気配がない。問答すると、明神で成弁に京都辺には住まないと告げる。		成弁	高7篇65
元久二／七／二二（一二〇五）	33	高雄に行き、行法（宝楼閣）を始める。	（日次記事のみ）			山外本1-8
元久二／七／二三（一二〇五）	33		宰相殿を見る。			山外本1-8

元久二／七／二四（一二〇五）	33		宮を見る。宰相殿を見る。			山外本1-8
元久二／七／二五（一二〇五）	33		〈1〉故鎌倉大将が平岡に居住予定だと聞く。〈2〉鏡智房、書状を持参し、高弁に鎌倉の造寺について語る。〈3〉角の生えた馬を見る。〈4〉京の悪僧のことを聞く。		高弁	山外本1-8
元久二／七／二七（一二〇五）	33		〈1〉中納言阿闍梨覚雄、来て「大金剛吉祥尊」と自称す。〈2〉定恵房来て、朝食を取っていないと語る。	有		山外本1-8
元久二／七／二八（一二〇五）	33		覚雄と素晴らしい殿上にいて、好ましい園を観る。			山外本1-8
元久二／一〇／一一（一二〇五）	33	神護寺槇尾にして宝楼閣法を修し、大仏頂を読す。この日初夜の斎の後の学問等が終った丑時に熟眠する。	〈1〉小児らが住房・学問所にあり。今一人持仏堂より来て、成弁の宿物に入ると、清涼の心地する。〈2〉中納言阿闍梨、歓喜の相を含み、共に歓楽。	有		高7篇1
元久二／一〇／一四（一二〇五）	33	丹波殿の事により京に出る。	(日次記事のみ)			高7篇13
元久二／一〇／一五（一二〇五）	33	丹波殿との対面を辞退し、神護寺槇尾に戻る。	ある所の法会を聴聞する。成仙房導師として句を唱える。成仙房、座を起ち、成弁の頭と傍らの人の頭を三度ずつ踏む。		成弁	高7篇13
元久二／一〇／一六（一二〇五）	33	京に出て、その夜、丹波殿と対面。対面の時、幻相を見る。その夜、子丑の時に宿所に還る。	〈1〉竹林に二匹の蛇の死骸あり。〈2〉ムササビあって、木々を飛ぶ。		我	高7篇21
元久二／一〇／一七（一二〇五）	33	夜、彼人を祈るべき状を聞き、返事をせず帰る。辞退しようと思った夜に。	同行五六人と清水寺に詣で、その道に階の切れたる所があって、そこを踊り越えることに怖畏を覚え、参詣をやめる。			高7篇28

元久二／一〇／一八（一二〇五）	33	朝、二条に参り、承諾する。	（日次記事のみ）			高7篇36
元久二／一二／一四（一二〇五）	33	夜、一条講堂にて大願成就を祈請する。	険危なる盤石の上に登る。盤石の上に帝釈・梵王・諸神祇の名を書いた板が布き接がれている。さらに上に到着すると、紀州だと思い、筑前殿と宴座。		成弁	高7篇54
建永一／五／二九（一二〇六）	34	二十日より、在田郡の立て直しのために祈祷し行法開始。神護寺にて、一時、宝楼閣法を、それと合わせて二時、仏眼念誦・大仏頂等を始める。	〈1〉宝鬘瓔珞を帯びた童子が来て親近する。〈2〉十余人の童子が親近する。			高7篇71
建永一／五／三〇（一二〇六）	34		〈1〉女房、白芥子を混ぜた白粥を箸で挟みとって成弁に食わす。〈2〉その以前の夢。幽野に詣で、在田の諸人が成弁を待つ。		成弁	高7篇79
建永一／六／一（一二〇六）	34		〈1〉在田郡にいる故鎌倉大将・宮原尼御前らが去ろうとする。〈2〉兵衛尉より消息、中を開くと銅で作られた華厳宗目録がある。兵衛尉に華厳経書写の大願があるのだと思う。			高7篇83
建永一／六／六（一二〇六）	34		石崎入道の家の前に海がある。一角の生えた鰐がいて、もうすぐ死ぬだろうと思う。			高7篇91
建永一／六／八（一二〇六）	34		〈1〉これから御分国になるので、留守役を置きたい、と縁智房から告げられる。〈2〉真恵僧都の所に行くと、成弁・義林房は饗応にあずかる。〈3〉上人御房、成弁に奇異の霊薬を与える。薬を食べる。		成弁	高7篇95

建永一／六／一〇（一二〇六）	34		〈1〉法性寺の御子かと思う人より手づから舎利十六粒を得る。〈2〉正義房の魂として、たこのような生類がある。削り取られた生類が池中で底に沈む。		成弁	高7篇105
建永一／六／一四（一二〇六）	34	十三日より宝楼閣小呪十万返を始める。十四日、日中の行法の時。	殊勝なる家あり。御簾の中に美女がいて、成弁を見る。		成弁	高7篇111
建永一／六／一五（一二〇六）	34		〈1〉白犬、明恵の持つ乳を食おうとする。〈2〉院からの沙汰として宰相殿より消息。		成弁	高7篇115
建永一／六／一六（一二〇六）	34		糖を二桶持つ。自性の糖一桶、相応・等起の糖二桶について人に語る。	有	成弁	高7篇119
建永一／六／一八（一二〇六）	34		〈1〉二疋の小犬をいとおしみ、食器にする。〈2〉銭二百を用意し、百を仏師に与える。	有	我	高7篇125
建永一／九／一四（一二〇六）	34		成弁、東大寺尊勝院の一房で、論恵房と在田郡の人々の居住地について問答し、尊勝院でなく高尾近辺がよいと思う。			山外本1-9
建永一／一〇（一二〇六）	34	十月上洛する。	高尾の一房に成弁、居住する。繁茂した満開の藤が住房を囲む。		成弁	山外本1-9
建永一／一〇／一二頃（一二〇六）	34		十五夜の空の趣がこの上なく、満月が出る。		成弁	山外本1-9
建永一／一一／四（一二〇六）	34	高雄より京に出て、摩利支天像を拝む。	成弁、天女像を抱いて接吻する。			山外本1-9
建永一／一一／一四（一二〇六）	34	朝、栂尾の院宣を申請。その夜、院宣が成る。	〈1〉鹿の皮を剥ぎ、首を栂尾堂前に運ぶ。〈2〉院と宰相殿等、成弁の房に宿泊する。〈3〉我房から海が見え、風情がこの上ない。		成弁	山外本1-9

建永一／一一／二七（一二〇六）	34	建永元年十一月、院より神護寺内栂尾別所を賜る。十一月二十日より、七日間、法性寺禅定殿下の仰せにより宝楼閣法を修す。二十七日栂尾に行き十無尽院に住する。十二月一日より仏眼法・宝楼閣供を始める。	（日次記事のみ）		成弁	高8篇1
建永一／一一／二九（一二〇六）	34	大明神の宝前にて論議講一座を修し、あわせて心経七巻の仏事を始める。	（日次記事のみ）			高8篇52
建永一／一二（一二〇六）	34		二階の家に似せ物あり、九品往生図を造ると称す。			高8篇103
建永一／一二／四（一二〇六）	34		法性寺殿下に召され、法門の義を説こうとする。法印御房が成弁の仏供不足に配慮する。殿下の姫君と親馴の儀、姫君を抱いて牛車に乗る。		成弁	高8篇25
建永一／一二／七（一二〇六）	34		〈1〉同行六七人と或所に行く。道に充満した糞穢がある。〈2〉長持が運ばれる。宝楼閣曼荼羅だと思う。			高8篇52
建永一／一二／八（一二〇六）	34		〈1〉小児五六人を敬重し、履物をはかせる。〈2〉海路の面白さ極まり無い。		成弁	高8篇75
建永一／一二／中旬（一二〇六）	34		蜈が懐中に入り、また、一巻の書にまといつく。			高8篇63
建永一／一二／二八（一二〇六）	34		覚雄阿闍梨を僧正にする。彼人のために水を湛え、文様を描くなどする。			高8篇85
建永一*（一二〇六）	34		法然房、明恵が導師をする仏事の聴聞に来る。		我	高8篇107
建永一*（一二〇六）	34		南都の修学者らが来る。破邪見章を見せる。上師も見て尊き書だと言う。			高8篇124

建永二／五／二九（一二〇七）	35	京に出て、火口（樋口）の宿所に泊まる。	一大堂で行法する。帝釈天が女房の形となって逃げ、供法を受けず。七八人の僧に大床から突き落とされ殺されそうになるが、尊くなってから死にたいと命乞いをすると、明恵のことばを諸人が喜ぶ。		成弁	山外本1-10
承元三*／一／一五（一二〇九）	37	（所在不明）	（所在不明）			山外本1-11
承元三／三／八（一二〇九）	37		盤石の下に入るが、中に毘沙門天があるのを見、怖畏して出る。人が、昔、上人がいて明恵と同じ難に遭い、出る時に発心門に帰したと語るのを聞き、うらやましく思う。		成弁	山外本1-10
承元三／三／二六（一二〇九）	37	樋口にて。	五六躰の童子像の中に善財童子の像があり生身となる。制吒迦童子の像も生身であった。この二童子と対話。		成弁	山外本1-10
承元三／四／一〇（一二〇九）	37	四月五日、南都に下向する。東大寺の中にて。	民部卿の御前が親授の相を示す。後に大明神だと思う。		成弁	山外本1-10
承元三／四／一一（一二〇九）	37	東大寺の中にて。	成弁の住む所に一人の兵士が来て、鹿の子をたびたび射る。春日の鹿を切り首が落ちたとある人が語る。一鹿が人語を話し、後に小童となる。		成弁	山外本1-10
承元三／四／一二（一二〇九）	37	夢の後の早朝、学問集会の鐘の音に驚いて目覚める。東大寺の中にて。	京のごとき所で宿泊す。向かいの宿所の民部卿に一通の消息を遣り人夫を請い、その返事を受け取る。		成弁	山外本1-10
建暦一／一二／六（一二一一）	39		端政な貴女に謁する。		高弁	山外本1-10
建暦一／一二／六（一二一一）	39	京を出る。	（日次記事のみ）			山外本1-10

建暦一／一二／六（一二一一）	39	民部卿入道殿に謁する時、故女院の御念珠を得る。	（日次記事のみ）			山外本1-10
建暦一／一二／六（一二一一）	39	御手習の反故等を得、寺に入る。初夜の行法で、その具足等を持し、道場で聖衆に向かい御菩提を祈り奉る。	〈1〉故女院の張台・御衣等を見て哀傷する。〈2〉十七八歳の女房あり、座を移させようとする。〈3〉疲れた様子の前の女房に謁す。			山外本1-10
建暦一／一二／六（一二一一）	39	京に出て、慈心房に謁し、樋口宿所に帰り臥眠する。	紀州の親類と海辺で遊戯。一所に宿した後、泥地を進み、野山に出、そこを過ぎて人舎を足で洗う。山の峯に一人の端正な貴女あり、願文のような物を書こうと高弁を待っていた。一枚を書き、読み上げ、高弁の意見を聞く。		高弁	山外本1-10
建暦一／一二／六（一二一一）	39	慈心房に謁し、十六日の夢を語る。	（日次記事のみ）			山外本1-10
建暦一／一二／六（一二一一）	39	大将殿、御房、近衛殿、佐渡前司等に謁し、前司のもとに宿泊する。	天に、少し光の相を備えた弓のような物あり。人、これを春華門院の御神だと言う。			山外本1-10
建暦一／一二／六（一二一一）	39	二条殿の御局に謁す。夜暗に及び、樋口の宿所へ還る。	（日次記事のみ）			山外本1-10
建暦一／一二／六（一二一一）	39	深雨の中、鳥羽の御墓所へ参る。十六日の夜の夢相と符号する。	（日次記事のみ）			山外本1-10
建暦一／一二／六（一二一一）	39	寺に入る。	（日次記事のみ）			山外本1-10
建暦一／一二／六（一二一一）	39	二十六日までの不断宝楼閣陀羅尼・四十経の読誦等を始める。	（日次記事のみ）			山外本1-10
建暦一／一二／六（一二一一）	39		一大堂に一人の肥満した青衣の貴女あり、後戸のような所で対面する。女の諸根・相貌が香像大師の釈に符号し、悉く法門で、この女との合宿交陰は成菩提の因縁だと思う。この女と互いに慣れ親しむ。			山外本1-10

建暦一／一二／六（一二一一）	39	記文を見出す。	（日次記事のみ）			山外本1-10
*建暦二／一／一〇（一二一二）	40		人に謁し、その人を迎えに弥勒菩薩が来る。この人は弥勒とともに空を翔て高尾の方へ去る。			山外本1-10
*建暦二／二／五以前（一二一二）	40		二条の姫宮、輿に乗って奈良へ詣でる時、高弁を見る。		高弁	山外本1-10
*建暦二／二／六（一二一二）	40		墨染の衣を着た一人の若尼公、京から来て語る。			山外本1-10
*建暦二／二／一五（一二一二）	40	夜、念仏の時、わずかに眠り入る。	〈1〉高弁の右側から、白衣を着た人が仏前に向かって入ってくる。〈2〉仏の左側に、三十歳ほどの白衣を着た尼君が高弁に向かって座っている。		高弁	山外本1-10
*建暦二／二／二六（一二一二）	40	酉尅、鳥羽の御墓所に参る。	十八九歳の女房が、睦まじげに来て高弁に寄りかかる。		高弁	山外本1-10
建暦二／八／一一（一二一二）	40	道円法師が坐禅している図を送る。	（日次記事のみ）		高弁	山外本1-12
建暦二／九／一九（一二一二）	40		上師を大阿闍梨として、灌頂を受ける。二大印を授けられ、また法花法の正念誦について問答する。			高9篇1
建暦二／一一／一九（一二一二）	40	初夜の行法が終わって眠り入る。	屏風に絵を描く。鎌倉大将殿の使いが来て東大寺へ行く。	有	高弁	山外本1-13
*建暦三／□／一〇以前（一二一三）	41		宣旨殿の御局、親馴の相をなす。			山外本2-2
*建暦三／□／一一（一二一三）	41		〈1〉光堂の御前を釜炉のような物に入れ焼き、七日経って灰となる。〈2〉高尾の金堂で仏事するに、聴衆四五万人。その中で、この光堂の御前、男子に変成して上人となる。		高弁	山外本2-2

建暦*三／□／一二（一二一三）	41		七八人の女房の中にあり、一人の顔に顔を記す。			山外本2-2
建暦*三／□／一三（一二一三）	41		〈1〉高楼のごとき屋の上に在り。一二人の女房も並び座る。女房と一二人の僧等、八幡宮へ向かい、大池に至る。〈2〉(前欠か)卿夫人の持つ一人の子に、高弁、謁する。		高弁	山外本2-2
建暦*三／二／二（一二一三）	41		一処に、小児三十人ばかりが集会する。この小児は明恵の意のままだと思う。		我	山外本2-2
建暦*三／二／二（一二一三）	41	至心に彼の事を祈請する。	海辺の大磐石に登り海を見遣る。風情ある波浪の上にも石があり、この石の下から側面に登って、夕べまで遊戯する。一艘の船が高弁を迎えに来る。		高弁、我	山外本2-2
建暦*三／二／三（一二一三）	41		〈1〉鼠を犬が食い逃げること。〈2〉貴僧が車に乗り、通り過ぎること。			山外本2-2
建暦*三／二／五（一二一三）	41		東大寺に仏事ありと思って、聴聞のために参向する。一門の内に一人の僧あり、左鼻の脇に毛が生えていて、心中に変化の物だと思う。湯屋の樋口のような穴に入り、閉じ込められる。		高弁	山外本2-2
建暦*三／二／五（一二一三）	41		欲事を行う。傍に前山殿のような姿の女房がいて、顔を覆って哭す。また、ある物の手が高弁の腹を掴んだ。		高弁	山外本2-2
建暦*三／二／七（一二一三）	41		ある人が塔を作ろうとする。その手本に、東大寺らしき所の塔のある所に行く。そこの大堂の大座の上に大仏より大きい女像二体あり、観音だと思う。うち一体の女像、明恵が摧邪輪を書いたことを僧から聞き、明恵の頭をなでる。女像、赤色の人に変成し、明恵と親馴の儀をし、問答。		高弁	山外本2-2

*建暦三／二／一〇頃（一二一三）	41	八日の、思おうとする間。	深さ四五丈の井戸あり、黒犬は落ちて死ぬも、白犬は落ちそうになるが、つながれて落ちず。	有		山外本2-2
*建暦三／二／一三（一二一三）	41	学問所にて眠り入る。	宮と思しき気高き女房が高弁を守護する。互いに親馴の思いあり。また、よそに行っている間、この女房等が染綿を清く洗って白い綾に入れる。	有	高弁	山外本2-2
*建暦三／二／一六（一二一三）	41		解脱房の在処に到る。解脱房、裸体の高弁に一裳を与える。また覚円房がいたが、解脱房とともに高弁を嫌悪している様なので、出て行こうとしたら、法輪寺であった。		高弁	山外本2-2
*建暦三／二／一九（一二一三）	41	初夜、一切衆生を所縁として、心を澄まして念誦する。	楼観が数十ある、内裏のような、殊勝奇麗の一大殿あり。その前に大海のような池あり。その浜にいる数多の同法と共に遊戯し、二巻の絵を見る。楼閣の上に登ると、簀子縁の下は谷のようで菊が満開、池に船が浮かぶ。楼閣の右には大海と大盤石あり。			山外本2-2
*建暦三／二／二三（一二一三）	41		〈1〉一処に一体の羅漢の絵像、傍らに仏像あり。羅漢、動く。〈2〉女縁あるも、戒体を犯さず。人の言葉に悦喜。〈3〉一河あり、その上に棚を構え遊処とする。		高弁	山外本2-2
建暦三／二／二九（一二一三）	41	二月二五日から彼岸で行法を思案する。釈迦・弥勒・文殊三尊のどれに対して修すべきか思案する。	善友御前に抱き上げられ、見るに、棚の上に小双紙あり。女房、「舎利塔梵篋」と唱え、この双紙の名だと思う。	有	高弁	山外本1-14
*建暦三／六／一六（一二一三）	41		一人の貴女あり、厨子等のような物の上に坐る。バサダヤ天である。			山外本2-2

建*暦三／六／一九（一二一三）	41	初夜より、釈迦法と文殊法とを合行する。その夜、彼の寺の合事を祈る。	長さ一寸ほどの石を得る。石の中に眼あり。この眼のために石に大霊験あり。生類のように動く。石眼と名付ける。また、鹿の大きさで四つ足の、魚のような生類が釣りかけられている。この生類、取り下ろされると苦痛の様子なので、また釣り上げられる。	有	高弁	山外本2-2
建*暦三／六／二一（一二一三）	41	夢の次の日、荘厳記を清書する。	〈1〉佐渡前司より書を送られる。大臣殿の御書かと思う。明日が正月一日で、その日に返事をしようとし、大吉だと思う。〈2〉金堂の辺の池を通り過ぎて紀洲に到る。さらに大海の浜、大山峰を通り過ぎ、もう十二十丁で殊勝な喜ばしい所に到ると思う。			山外本2-2
建*暦三／六／二六（一二一三）	41		一処にいて、その前に大河があるが渡らない。			山外本2-2
建*暦三／六／二七（一二一三）	41	かの処に詣でようと思う。	海の傍らの岸を渡る。また虚空を飛んで、これを通り過ぎる。			山外本2-2
建*保二／六／二九（一二一四）	42	この日から文殊法を修する。高尾に登る。	〈1〉鐘楼のような物の上に登る。最頂に登ると、鐘楼が動き河に流される。最頂にいる時、諸僧は四五重階にいた。〈2〉ある人が「葉上僧正が、生身の仏を礼拝しようと思うなら、御房を礼拝せよと言ったと、ある人が告げた」と言った。六条大臣殿から、帰依の志と見参せよとの旨を告げる書状が届いた。		予	山外本2-2
建*保二／一一／二六（一二一四）	42	夜、持経講式を第二段まで書き終える。夜半に至り熟眠。	大伽藍に毘盧遮那三尊あり。左右の脇士は聖僧である。右面の聖僧に合掌すると、生身となり、汝の菩薩だと名乗り、右手で明恵を摩頂する。		高弁	山外本2-2

建*保二／一一／二八（一二一四）	42	文殊真言を誦す。	一の雲に届くほどの大山あり、その中腹に一堂あって、師子に乗った文殊像あり。崎山禅尼を見上げる。		高弁	山外本2-2
建保六／六／一一（一二一八）	46		一院の傍らに神主（Bでは上師）あり。宝樹を明神の御前に移すように言って去る。		予、高弁	山外本1-15 A・B
建保六／八／一三（一二一八）	46	八月十一日栂尾より樋口に、さらに十三日賀茂宿所に移り、その後、円覚山の地ならし。	果海殿という一殿を建て、普賢菩薩を安置。堂中、女房七八人あり。			高9篇9
建保六／九／一二（一二一八）	46		〈1〉熊野に詣でる道中で宿泊、義淵房の不在を惜しむ。〈2〉十蔵房、知音を尋ねるも不在を称される。〈3〉新院の仰せにより見参、無言の明恵を残念がられる。〈4〉海辺に大殿あり、その北方に当たる住房が賀茂の山寺だと思う。	有	予、（明恵房）	高9篇14
建保七／一（一二一九）	47		京の辺の近い所に住房あり。上師の外出の見送りに出るも制止され帰る。		予	高9篇30
建保七／二／一五（一二一九）	47	十五日、所存あるによって出かけず。	覚厳法橋、予に教訓させようとあまたの人を連れて来るも予は教訓せず。そのため仏事（涅槃会）を他へ移そうとする。	有	予	高9篇42
建保七／二／一九（一二一九）	47	高階に宿泊する。	一院より使者、書状で四菩薩像との照会のため摧邪輪の借用を求められる。	有	予	高9篇55
建保七／二／一九（一二一九）	47		神主が使者をよこして賀茂の山寺へ来るよう言ってくる。	有		高9篇69
建保七／二／二七（一二一九）	47		上師、賀茂において一帖の紙に加点し、神主、傍で見る。	有		高9篇77
建保七／二／二九（一二一九）	47		上師の頸のあたりにある不快の気を予に探らせる。明恵だけがそれを止められると言われる。		予	高9篇82

建保七／二／二九以降* (一二一九)	47		〈1〉霊鷲山にいる上師に随従する。〈2〉上師が死人の頭の半頭を手に持ち、母方の祖母の後世を弔えと言う。		予	高 9 篇 90
建保七／七／一二頃 (一二一九)	47		使庁に出るのに、怖畏がない。その夜、院中に見参しようと思った。			高 9 篇 96
建保七／七／一三頃 (一二一九)	47	行法の□□□夢想を転じて見せようと思う。	〈1〉内野のようなところで、二三丁を隔てて上皇を拝見する。〈2〉殊勝なる大殿に到る。池二三あり、悦意の朋友等がいる。〈3〉尼姿の母堂に謁す。常円房がその前にいた。			高 9 篇 100
承久二／二 (一二二〇)	48		船に乗って大海を渡る。金色の円い物が浮かんでいて飛んで手中に入る。			高 10 篇 118
承久二／二／一四 (一二二〇)	48		一池を構える。近くの大池とあと少しで通じる。通じたら魚・亀等が小池に通うと思う。	有		高 10 篇 123
承久二／四／一二頃 (一二二〇)	48	この頃、聞いた死生の事を疑い思い、本尊に祈請する。	中宮の御産安穏を大僧正御房と祈り効験がある。人皆感ず。			高 10 篇 139
承久二／四／五 (一二二〇)	48	槙尾に渡ることを議る。机に寄りかかり休息中に。	道忠僧都に、槙尾に住すべきか、また百日の間に死ぬのはまことか問う。		予	高 10 篇 143
承久二／五上旬頃 (一二二〇)	48	霊鰻菩薩の飛び騰る姿を議る。日中、仮眠中に。	一の清澄池から鰻のような魚が跳び上がる。霊鰻の応験である。			高 10 篇 150
承久二／五／二〇 (一二二〇)	48		崎山三郎が唐より将来した茶垸の香爐を、十蔵房が持参。その中に五寸許の唐女の人形あり。明恵の言葉によって生身の女になる。明日、仏事に連れて行こうと思う。この女が蛇に通じることを十蔵房と対話。	有	予	高 10 篇 156

承久二／五／二〇（一二二〇）	48		〈1〉常円房、南都は北京の諸僧に尊重される明恵に帰敬すると言う。〈2〉若い僧、先日言った宝篋印陀羅尼を書いてほしいと明恵に言う。その僧、明恵の着衣を助ける。〈3〉南尼御前が明恵に造仏を頼むも、断る。		予	高10篇185
承久二／六（一二二〇）	48	禅中に。	兜率天に上る。弥勒の宝前に沈香を入れた金の桶あり。一人の菩薩、明恵をそれで沐浴させる。		予	高10篇200
承久二／六（一二二〇）	48		〈1〉天から棹が垂れ下がり、その端の縄を取る。五十二位と分別する。〈2〉また月性房が「東大寺の大仏は小さい仏である。片方の土が露出している」と言ったので、勧進して鋳造し直そうとしたがやめた。		予	高10篇236
承久二／七／二〇（一二二〇）	48	十七日、十九日に、深い信心を起こし、六時行、また十心を起こすことを企てる。	〈1〉清浄の綿を褌にかける。〈2〉一人の女房、護身のために近づき、明恵に夢を語り穢れたる相ありという。明恵、慙じ入る。		予	高10篇204
承久二／七／二一（一二二〇）	48	晨朝に祈請し、清浄の夢想を得れば懺悔の験としようと申し上げる。学問所でこの祈請をして休息中に。	数珠の緒が切れて、珠が落ちて散る。上師がその一つを探し出す。上師が数珠を直してくれる。敬重の思いが深く、南尼はかたじけないと言う。	有	予	高10篇211
承久二／七／二一頃（一二二〇）	48	このような夢想が多々ある。後日記すので、分明ではない。	五六人の女房来て、明恵に親近し尊重する。	有	予	高10篇229
承久二／七／二八（一二二〇）	48	七月より、一向に仏光観を修す。法尓観の時の禅中に。	わが身、一院の御子となる。	有		高10篇245
承久二／七／二八以前（一二二〇）	48		板木に経の印刷時のように弥勒経の二三枚が押し付けられている。引き放して読もうと思う。	有		高10篇248

承久二／七／二九（一二二〇）	48	仏光観伝授の許可を大聖に求め、朝、仏前にて所作の時に祈請する。	一の大門あり。年来開かなかったのが開き、諸人の出入りが可能になったと思う。	有		高10篇257
承久二／七／二九（一二二〇）	48	後夜坐禅、仏光観の時に。	左右と前に火聚や光明あり、これが光明真言だと声がする。	有		高10篇268
承久二／七／二九頃（一二二〇）	48	式を撰述する間。	〈1〉本堂の後の戸に二三人の僧あり、住処と名を聞く。名は秘されるが、戸の外の者が予の左耳に「賓頭盧だ」と答える。〈2〉多数の貴人の中に冠の俗人がいて、問答すると大光王だとわかる。		予	高10篇274
承久二／八／三・四（一二二〇）	48	禅中に。	〈1〉仏、明恵に親近し乳母のように守護する。〈2〉また晴天の星を見る。		予	高10篇290
承久二／八／七（一二二〇）	48	朝、禅より起きて臥息する。	迦葉尊者と思われる聖人に会う。瓔珞をかぶせると、瓔珞を通り抜ける。	有	予	高10篇294
承久二／八／七（一二二〇）	48	初夜坐禅の時、滅罪を祈願する。戒躰を得る好相が現れたら、諸人に授戒しようと祈願。その禅中に。	〈1〉空から瑠璃の筒が下りて来る。これに取りつき、兜率天に到る。筒の上の宝珠から流水を浴びると、円い珠になり、転がって他所へ行く。偈頌を告げる声がする。〈2〉その前に、真智恵門から出て五十二位を遍歴する。	有	予	高10篇299
承久二／八／一一（一二二〇）	48	遮失顕徳。三時の行法開始。	（日次記事のみ）			高10篇4
承久二／九／二〇（一二二〇）	48		空中の羊のようなものが変幻を繰り返して地に下りてくる。星宿の変化したものだと思い、不審を決することを望んで問答する。		予	高10篇6
承久二／九／二四（一二二〇）	48		解脱房が来た。行水の湯帷を借りたが、無礼に感じて、湯帷を形見になぞらえたいと申し出る。造花の蓮華と紙の裏物をいただく。		予	高10篇21

承久二／一〇／三（一二二〇）	48		木像の不空羂索観音が生身となり、小巻の大般若をくださる。如法に頭上におし戴き、涙を流して喜悦。			高10篇27
承久二／一〇／一七（一二二〇）	48		生身の一丈六尺の釈迦に見参。上師、房の傍にいる。			高10篇32
承久二／一〇／一七（一二二〇）	48		数輩の同行とはぐれ、一人で谷を下る。戻ろうとしても登ることができない。無根の大童の助けを断り、平地から登ろうと思って、人家の下に出る。		我	高10篇35
承久二／一〇／一八（一二二〇）	48	初夜行法の時、加被を望んで祈念。道場観の時に。	上師、砂糖を明恵に与え、八寒八熱の衆生を利せよと言う。		我	高10篇43
承久二／一〇／二四・二五頃（一二二〇）	48		ヤマノイモ・アマズラを上師に献上する。また小分けにして自分の処に置く。		我	高10篇47
承久二／一〇／二六（一二二〇）	48	一向に三時に坐禅する。	〈1〉大山から懸桶が通う。〈2〉大きな虫、崎山の尼君の手を刺す。高弁それを追い払う。		予、高弁	高10篇51
承久二／一〇／二七（一二二〇）	48	夜、同じく一向に三時に坐禅する。	上師、予のために不倫の僧四五人を殺害するも殺生罪に当たらないと思う。		予	高10篇58
承久二／一〇／二七頃（一二二〇）	48		〈1〉二人の女房、上皇に気色がよいようにとの予の言葉を申し入れ、上皇御感あり。〈2〉大きな土器のような星が明恵を守護すると思う。		予	高10篇61
承久二／一一／七（一二二〇）	48		大きな池がある。上師が樋口女房を、この池に踊り入らせる。衣服は濡れていなかった。			高10篇67
承久二／一一／八（一二二〇）	48		〈1〉説戒の時、客僧が増え、日毎に人数が倍になる。〈2〉温室で数多の人と沐浴する。			高10篇71

承久二／一一／一三（一二二〇）	48	この頃、一向に坐禅する。	〈1〉大きな獼猴に禅法を教えるも坐法整わず。〈2〉洛陽大路より単身、清水寺等に至ろうとする。〈3〉大殿あり。前の池汚れ、釣殿も完全ではない。	有	予	高10篇76
承久二／一一／二〇（一二二〇）	48		馬あり。明恵に馴れ、勝手に動かず明恵に従順。		我	高10篇89
承久二／一二（一二二〇）	48		馬あり。道をよく知り、単独でこの住房に来るも支障はないと思う。			高10篇93
承久二／一二／三・四頃（一二二〇）	48	坐禅の時。	上師が来て縄床の隅に坐る。明恵、無礼に思うも支障はないと思う。			高10篇98
承久二／一二／六・七頃（一二二〇）	48	一向に三時に坐禅する。	持仏堂で仏像に向かい悲泣し、罪障を懺悔する。			高10篇102
承久二／一二／八（一二二〇）	48		善根目録を上師に献上する。表紙に手すさびのように図等あり。上師、これをなくもがなと思う体である。	有	予	高10篇107
承*久三／四・五月頃（一二二一）	49		（不記載）			高10篇475
承久三／八／一一（一二二一）	49	坐禅の後、眠る。	故行位律師、大師の梵網経を明恵に読むよう勧める。不思議なる霊本であった。真言宗骨として仕立てた本と思う。		高弁	高10篇329
承久三／八／一二（一二二一）	49	初夜の禅中に滅罪を祈念する。	黒雲のようなものが頭頂から湧いた。空に散って、罪業が散滅したと思う。			高10篇342
承久三／八／一五頃（一二二一）	49		戯れて熊野に参ろうと言うが、真証房に呵責され、誓言を立てる。		予	高10篇358
承久三／八／一七（一二二一）	49	日中の禅中。	初め鵄鳥を見る。懺悔を思って、後で見ると灯明になっているのを見る。			高10篇345
承久三／八／一七（一二二一）	49		唐墨を裹んだ錦の袋を人より与えられる。		予	高10篇348

承久三／八／一八（一二二一）	49	朝の禅中。	座る小猿を見る。	有		高10篇349
承久三／八／一八（一二二一）	49		〈1〉清澄な大池あり。馬に乗って、池中を遊戯する。〈2〉熊野へ参ろうと出立する。	有	予	高10篇354
承久三／八／二四（一二二一）	49		この御房らあまたと共に高い山に登る。頂上に家や田畠が多くある。	有		高10篇364
承久三／八／二七（一二二一）	49		手より二分許りの虫を追い出す。	有		高10篇368
承久三／八／二八（一二二一）	49	日中に道場に入った時に思う。	本院に配流される罪科があるのに免除された。院は如来だと思う。			高10篇371
承久三／八／二八（一二二一）	49		僧正御房が明恵の相を見て「大僧正になる相がある」と言う。仏になる相はどうかと上師が尋ねると返事はない。		予	高10篇375
承久三／八／二九（一二二一）	49	朝の座禅の時。	林樹で鬱蒼とした黒い山を見る。			高10篇380
承久三／九／一（一二二一）	49	三罪を懺悔することを請い、その験を見たいと望む。坐禅の時。	飛び過ぎる蝉を見る。			高10篇382
承久三／九／一（一二二一）	49	その後、机に寄り臥して眠る。	人に戒を授ける。その布施として金三両等あり。			高10篇385
承久三／九／一二（一二二一）	49	深澄房来臨以後に禅堂造作により修せず。十二日に修す。初夜の坐禅の時。	月や灯明を見る。			高10篇391
承久三／九／一二（一二二一）	49		〈1〉年来所持の箱を開く。中に舎利を入れる瓶のようなものがあり、その中の物が蛭のようになり、次第に長大し、園中を遊行。〈2〉仏舎利を良貞他一人が見る。良貞が病になる。〈3〉起信論疏の上巻末を義林房と成仙房に読ませる。義林房、下巻は読みたいが怖いと言う。		予	高10篇392

承久三／一一／一（一二二一）	49	この日より行法する。懺悔する。	行遍僧都と罪障の懺悔について談話する。			高10篇407
承久三／一一／二（一二二一）	49	関東の尼君の消息を得て哀傷する。	上師のいる帳台のような所の外で、証月房と坂東の消息の事を語って悲泣する。			高10篇413
承久三／一一／三（一二二一）	49	中の剋、机に寄り懸って眠り入る。	三昧観の時の毘盧遮那像を見る。		予	高10篇420
承久三／一一／六（一二二一）	49	初夜に、坐禅を抑止して行法を行う。	一屋の中に端厳な美女あり。明恵はこの美女と一処にいたが、無情にこの貴女を捨てて去った。貴女、鏡と大刀を持つ。	有		高10篇430
承久三／一一／六（一二二一）	49	この女の夢に驚き、後夜に禅堂に入る。禅中に。	尊玄僧都より禅法を讃歎される。			高10篇439
承久三／一一／八（一二二一）	49	初夜、この光明法を修す。中間に眠り入る。	この平岡の尼公等三十人許りを見る。	有		高10篇443
承久三／一一／八（一二二一）	49		上師や故上人御房がそれぞれ人を壇に入れ、明恵に教授等の役をつとめさせる。	有	予	高10篇446
承久三／一二／七（一二二一）	49		〈1〉懐中に鶏卵あり。片方が割れ尾が見える。卵を破って鳥の子が出現、白い雄鶏が連れ歩く。〈2〉一匹の馬がいて、ひひと鳴く。高弁は大家の中にいて、これを恐れない。〈3〉高弁（以下、不記載）		予、高弁	山外本1-16
承久四／一／四（一二二二）	49	常修の式法を思い得て、三昧観を修す。禅中に。	三つの火光のような光聚がある。それぞれ三角で、径五寸、高さ三四寸。宝珠のような形の炎である。		予	山外本1-16
貞応一*／五／二七（一二二二）	50	坐禅し、縄床の上にて眠り入る。	一条大臣殿より、書状と宝印のような物等と文書を遣わす。			高10篇453

貞応*一／六／二（一二二二）	50		外出中にたどり着いた一条大臣殿の門で一疋の黒犬が足にまとわりつく。長年飼っている犬で、もう離れまいと思う。		余	高10篇465
貞応二／二／二〇（一二二三）	51	初夜、光明法を修す。夢中での本尊の許否を求める。机に寄り懸って眠り入る。	〈1〉仁和寺御室に近付いたところ、臥した乞人が御所の庇を破ろうとする。御室、奥から見参を許す仰せ。〈2〉やって来た四天王のような木像の上に真言を書く。一天は守三位殿の養君である。		予	高10篇477
貞応二／三／二五	51	五秘密によって、この法（光明法）を修す。	一人の大衣の聖人あり、明恵に袈裟の角を取らせる。		予	高10篇493
貞応二／三／二七（一二二三）	51		〈1〉故道忠僧都、円明寺で横になって明恵の手相を見、菩薩の相ありと言う。〈2〉故湯浅入道殿へ普賢菩薩の功徳を書き遣わすことがあったと思う。		予	高10篇496
貞応二／五／二三（一二二三）	51	京より寺に入る。	一樹がある。種々の鳥や鹿兎等を取って懐中に入れ、他の人に与えると鹿が逃げる。その後、一経蔵の中に唐本の碑文摺書があり、霊芝法師の慈悲徳の中に同じく禽獣を懐中に入れることがある。これと同じだと思う。			高10篇503
貞応二／六（一二二三）	51	六月より宝楼閣合法を修す。	（日次記事のみ）			高10篇513
貞応二／七／六（一二二三）	51		大殿の中の家屋に守三位殿の沙汰として明恵が居る。出居に上師と伯耆房がいる。上師、ここを明恵房に附属しようと書状を書く。		余、（明恵房）	高10篇514
貞応二／七／七（一二二三）	51		明恵、一人の卑賤の僧に親馴する。化人かと思う。		余	高10篇530
貞応二／七／八（一二二三）	51		山の峯で遥かなる海上を見る。			高10篇531

嘉禄一／六／一三（一二二五）	53		上師と義林房が高い所にいる。高弁は上に登るのに弓が邪魔なため、義林房に弓を渡そうとするも、義林房、弓を取らず。		高弁	山外本1-17
嘉禄一／六／一五（一二二五）	53		〈1〉上師が楼のような高い所に登り、明恵が参上しても顧みない。〈2〉聖覚法印に謁するため河を渡る。		予、高弁	山外本1-17
嘉禄一／八／一〇（一二二五）	53	夜、禅堂にて縄床の上で眠る。	五秘密の絵像の中尊が「六十度、香炉を吹け」と言う。手にしていた茶垸の香炉に穴があったので、教えのとおり六十度吹いた。中尊の金剛薩埵はもとの場所から下に降り、自分を敬っているようであった。		予	山外本1-18
嘉禄一／八／一二（一二二五）	53	この日より五秘密の絵を懸け、五秘密法を修す。	（日次記事のみ）			山外本1-18
嘉禄一／八／一六（一二二五）	53	前日の夜の寅時、白光神、善妙神の御神体を中社・左社に渡し奉る。一六日、開眼供養、願主も列席。法事の神分終わると、大雨から晴れになる。	〈1〉一殿中に故道忠僧都あり。壁を隔てて摩耶御前と思しき女房がいて、僧都からの教えを受ける。〈2〉俗体の故伊豆入道、守三位殿の御所の侍所のような所にいる。見ると、顔の前に元の顔と同じ似顔絵を垂れている。		予	山外本1-19
嘉禄二／五（一二二六）	54	宝楼閣法を修す。	故祖父入道より五秘密儀軌を賜る。			山外本1-18
嘉禄二／五頃（一二二六）	54	その後、五秘密法を修す。	上師に対し、『解脱門義』下巻を教える。			山外本1-18
嘉禄二／六／一（一二二六）	54	一日から一向に三時に五秘密法を修す。光明真言法も兼ねて修す。夜は大雨で洪水だった。	吉王女が、鯨魚を紙に裹んで持ってきた。長さ八寸ほどで、朽ちているも生身。足があって、はい歩く。大殿があり、無人の所に行って、明恵を待っていた。明恵はそこに行かなかった。	有	予	山外本1-18

嘉禄二／六／二（一二二六）	54		懐中にいる木製の亀が生身となり、食物を乞う。これを東大寺に連れていくと、上覚等がいて、法眼御房に対面させようとする。			山外本1-18
嘉禄二／六／一五（一二二六）	54	朝より宝楼閣法を一向に修す。	（日次記事のみ）			山外本1-18
嘉禄二／六／二〇（一二二六）	54	夜、義林房等といる。禅公などを義林房に付けて学ばせようとする。	或る人が明恵の頸を切ろうと待っている。阿弥陀仏を念じて蹲踞していた。	有	予	山外本1-18
嘉禄二／六／二一（一二二六）	54		持仏堂で行法。仏像を裏返すと道具が散在。右に白色の丸い物があり、その中に動く生き物がいる。故道忠僧都が不動慈救呪を誦しながら、これを火に投ず。生類だが、障礙物であるから焼くべしと思う。	有		山外本1-18
嘉禄二／六／二三（一二二六）	54		高雄の交衆から良薬を送ってきたので服す。			山外本1-18
寛喜一／二／二（一二二九）	57		〈1〉明法房が瑠璃の砕片の入った唐瑠璃の瓶を高弁に与える。〈2〉深い淵の中で魚を捕える。		高弁	山外本1-20
寛喜一／一〇／二五（一二二九）	57	当寺北谷に草庵の場所を求め出し、そこを三加禅と名付けた。同夜、義林房、義淵房、空達房と三加禅草創の事を議論した。	（日次記事のみ）			山外本1-21
寛喜一／一一／七（一二二九）	57	上下両房、共に立て始めた。	（日次記事のみ）			山外本1-21
寛喜一／一二／一〇（一二二九）	57	此の草庵に移住した。	（日次記事のみ）			山外本1-21
寛喜一／一二／一一（一二二九）	58		故上師が唐本の広幅の絹面に一瓶を書く。瓶の中から白光が流出する。絹本の開き方によって、見えようが変わると上師語る。			山外本1-21

寛喜二／十一／六（一二三〇）	58	『大法炬陀羅尼経要文集』を記した。	建設中の大殿あり。今日、造り終わるとのこと。	有	高弁	高11篇奥書 12
寛喜二／七／晦（一二三〇）	58		高さ数十丈の所に広さ一尺の板二枚を立てる。明恵この上に登ると天竺等に行く道を歩む心地がする。上に一人、下に二人の女房がいて明恵が登るのを助ける。登り終わって「所作已弁」の思いをする。		予	高11篇1
寛喜二／一二（一二三〇）	58		（日次記事のみ）			高11篇7
寛喜二／一二／一一（一二三〇）	58	十二月、梵網経の伝奥の疏を読むべきことを思い立つ。その間、喜海法師と共に読むか思案し、日が経って。	故乗善房行俊、老年から十二三歳の少童となる。高弁その師となる。過去に巻き戻ったのは経文通りに観たのだと思う。		高弁	高11篇10

以下、年代不明

□／□／□			大磐石あり、その穴に成弁入って出られず、義林房の教えにより誦文を唱えて漸く出る。		成弁	高12篇1
□／□／二〇		二〇日より諸衆等、行法と読経。二一日に使いが来た。	一の珠あり、その光を善友の御前が怖畏する。		成弁	高12篇12
□／□／二七		糸野より上京しようとする。	〈1〉鳥居のような物あり、成弁登ろうとし、童子に助けられる。〈2〉一の江あり、潮が満ちても浅い。〈3〉大磐石あり、さきの童子と登る。小石を投げる。〈4〉海辺に材木のような石あり、これを踏んで遊行する。		成弁	高12篇17

□／□／□			解脱房に参る。その師の沙汰として文殊師利菩薩の木像とその具足を与えられる。			高12篇30
□／二／二九			一人の俗の上臈からその子と孫を成弁が預かって糸野の家にて養う。後見の僧を連れて、木像の父子が面会中の糸野に行く。その後、上人御房の御宿処に行くも荒れ果てており、上覚は筏立に行きたいと言っていると聞く。		成弁	高12篇34
□／三／二			この、糸野の御前からもらった数珠の緒が切れ、珠が散る。散った珠を集め、紙に裹んで置こうとする。			高12篇59
□／□／一〇			白紙墨字の四十経疏がある。端が破損していると思っていると大仏頂経疏の第一巻である。紺地金字であり金字が輝いている。			高13篇1
□／□／一一			大河を、中嶋尼御前らしき人の乗る馬の尻に乗って渡ろうとするが、尼御前が成弁に馬を譲ろうとするので、乗らずに歩いて渡った。		成弁	高13篇7
□／□／一二		日中行法時、眠り入る。	山女（アケビ）を得る。			高13篇13
□／□／一□		初夜行法の時、水加持作法の間、眠り入る。	我が身が一尺ばかりの小龍となる。			高13篇14
□／□／一□		守護人の事を聞く。	山崎に行き中納言阿闍梨と閑談す。一宿の後、紀州に下向しようとした時に食した飯が苦く、犬に与えようとするも来ない。中納言阿闍梨を前々夢見たのは大明神のことだったと思う。懐中の蕨根餅があるのを取り出せば、生干しの鮑である。これを糸野御前に参らせようと土器に盛る。		成弁	高13篇16

□／□／一五			〈1〉この加持の水、藤浪の人の夢に見える。〈2〉法性寺殿、成弁を召して真言の法を習おうとし、成弁、禅道と共に、まず糸野御前のもとへ行く。禅道の言葉を吉相と思い、法性殿に教える折紙を御前に見せる。		成弁	高13篇33
□／□／一六			弁殿の御前にて春山より消息を賜る。京上のついでにこの御社へ寄るべしとあり。その後、文殊殿という童子と問答し、春日に詣でよと言われる。	有	成弁	高13篇40
□／□／二〇		二一日に国を発って春日社に参ろうとする。	中納言阿闍梨と大殿に行く。一人の童子あり、成弁に真言を教えさせる。阿闍梨、明恵に足駄を賜う。	有	成弁	高13篇54
□／□／□			一尺ばかりの小蛇を縄にして成弁を縛ろうとする。		成弁	高14篇1
□／□／□			人あり、大明神の御歌を見せる。			高14篇8
□／□／□			一人の人、大明神の仰せと称し、書を読み聞かす。			高14篇11
□／□／□			人の着る直垂の中にこの消息を入れた。消息の中に造花。			高15篇1
□／□／□		陀羅尼を得ない。	崎山と思われる所において、百姓を集め家を造る。傍らに三歳ばかりの太った姫君がいる。			高16篇1

②明恵上人行状・その他資料

和暦年月日	明恵年齢	日次記事／夢にかかわる事跡	夢の内容	夢解き	明恵の自称	夢記の所在
承安一（一一七一）		父、子息を祈請して法輪寺に参詣する。	内陣より一人が出てきて「汝の所望を与えん」と告げ、針を右の耳に刺す。		△父平重国	仮名行状上11／漢文行状上89
承安一／四（一一七一）		明恵の母、子息を給わるよう祈請。高倉の宿所にて臥す。	〈1〉ある人より柑子を得る。〈2〉大柑子二つを人から給わったが奪いとられる。	有	△母湯浅宗重第四女	仮名行状上11／漢文行状上89
治承三（一一七九）	7	生年七歳の時、明恵の姨母の夢。	白服を着た明恵、白布で柱に縛り付けられているのを引きちぎり、西へ向かって去る。	有	△姨母	仮名行状上12／漢文行状上90
元暦一以前*（一一八四）	12	賢如房律師尊印に『悉曇字記』を学ぶも悉曇について不審あり。	一人の梵僧に悉曇を習い、その不審を明らかにする。			仮名行状上14／漢文行状上91
元暦一～文治一（一一八四）	12	高尾を去ろうとして本尊の薬師仏と八幡大菩薩に暇を告げる。	高尾を出て三日坂まで出ると、八幡大菩薩の使者である大蛇と蜂に遭遇。明恵を帰らせる。	有		仮名行状上15／漢文行状上91
文治一～建久二（一一八五）	13	金剛界の初行の期間、毎日高尾金堂に入堂する。入堂せずして睡眠した際。	必ず人がいて驚かせる。			仮名行状上16／漢文行状上91
文治一～建久二（一一八五）	13	日々、文殊五字真言を誦し、仏力を頼み仰ぐ間、種々奇特の夢想あり。	（不記載）			仮名行状上16／漢文行状上92
文治一（一一八五）	13	十三歳の年、ねんごろに祈請する。	大高巌に灌頂の道場を建立し、土橋法橋尊実を受者として灌頂を授ける。	有		仮名行状上16／漢文行状上92
文治一*（一一八五）	13	又、ある時夢に。	弘法大師のお供として納涼房に参ると、大師が臥している。その目は水精の珠のようで枕元にあった目を取る。	有		仮名行状上16／漢文行状上92

文治二～三（一一八六）	14	十四五歳の時、四天王寺に参詣し、亀井の水を聖徳太子化現の霊水と思って飲む。	ある人から一巻の書を授かる。心中で、この書に「我今生証得位分」と注釈を加えることを思惟する。			漢文行状中122
文治四以降（一一八八）	16	この身を捨てる事ばかりを思う間。	狼に身を施す。苦痛を耐え忍んでいると、食べ終わったが死なないので不思議の思いになり、全身に汗が流れる。	有	我	仮名行状上18
建久一（一一九〇）	18	十八歳にして上覚から十八道を受ける。その初行の開白の夜。	満月輪が映徹するが、七八尺ほどの黒色の剣が斜めに月輪の上を覆い、光を隠す。	有		仮名行状上19／漢文行状上93
建久二／六／一〇（一一九一）	19		冬の暁に東方を見ると明星天子が出現。			「後夜念誦作法向南修之」紙背
建久二（一一九一）	19	十八歳のとき金剛界を伝受される。毎日、仏眼法を修す間に種々の奇瑞あり。	〈1〉天童が明恵を宝の輿に乗せて歩く。〈2〉荒舎の下に無数の蚰蜒悪蟲等がいたが仏眼如来に抱かれてその怖畏から免れる。〈3〉馬に乗って険しい路を行くとき、仏眼如来が指縄を引いて先導する。〈4〉仏眼の御懐にいだかれて常に養育していただく。		我	仮名行状上19～20
建久二*（一一九一）	19	精誠に仏眼法を修す。その夜、行堂して念誦するとき下方を見下ろす。	群猪六七匹が西から東へ行く。これは不思議の珍獣であり、七星が下ったものかと思われる。	有		仮名行状上20／漢文行状上94
建久二*（一一九一）	19	建久の頃、精誠に仏眼法を修する。	仏眼尊が目の前に顕現する。			仮名行状上20／漢文行状上94
建久二*（一一九一）	19	ねんごろに仏道修行の方軌を祈請する。	汝に金剛薩埵の大楽を授けようという。			仮名行状上20／漢文行状上94
建久二*（一一九一）	19	又夢に。	明日、『理趣経』を授けようと云々。			仮名行状上20／漢文行状上94

建久二*（一一九一）	19	重ねて祈請する。	仏眼如来から表書に「明恵房仏眼」と書いた消息を給わる。開いてみると殊勝不思議の真字で書いてある。	有		仮名行状上20〜21／漢文行状上95
建久二*（一一九一）	19	ある重病人のために仏眼法を修して祈請する。	白雉が現れ、しばらくして消える。	有		仮名行状21／漢文行状上95
建久二*（一一九一）	19	又夢に。	病者が大海の上に黒い灰のようなものを撒いた上を行く。赤色の馬が来て、病者を乗せて安穏の地へ降ろして去る。	有		仮名行状21／漢文行状上95
建久二*（一一九一）	19	ある時、行法の夢中に。	道場が花園となり、そのなかで不動法を修すと宝鈴が明恵の身の周りを旋回する。また三十余人の梵僧が行列し讃嘆する。			仮名行状21／漢文行状上95
建久二*（一一九一）	19	ある時、不動の法を修することあり。	手水桶の水に一匹の虫が落ちていること、竹原の中で小鳥が襲われていることを見る。			仮名行状21／漢文行状上95
建久四／七／二九（一一九三）	21	同七月二十九日、仏眼においてたちまち睡眠し夢を得る。	朱雀門のような楼門がある。童子を連れた大人が「この大門を開いて諸人を通らせよう」といい童子が門を開く。心に「今日からたやすく往来できる」と思う。	有		華厳仏光三昧観冥感伝（207下）
建久（一一九三）	21	『大乗起信論』の「真如生滅二門」を心に懸けて真如観を修する。	ある人に寄せて真如の随流・反流及び生住異滅の大夢の四相について覚・不覚の相を見る。			仮名行状上22
建久頃*（一一九三〜一一九五）（建久四〜六、白上峰に隠棲するまで）	21〜23	聖詮より真興『四種相違略私記』を受学する。	ある人が「汝は来世の五百生のあいだ、釈迦如来に親近し受学すべし」と告げる。			仮名行状上22／漢文行状上96
建久六／四／一八（一一九五）	23	『華厳経』菩薩明難品第六の十甚深の第一の義理を案じ、その夜、経典と『探玄記』とを枕元に置いて眠る。	『五教章』の十玄縁起の無尽の字形が十重の華鬘索となる。この字は縁起の法が無尽である事だと思い十の無尽の字を飲み込む。	有	成弁	仮名行状上32／漢文行状上101

建*久七（一一九六）	24	仏眼如来の御前で自ら右耳を切る。	一人の梵僧が明恵が如来のために命を捨てて耳を切って供養したことを記し留めると告げる。			仮名行状上25／漢文行状上97
建*久七（一一九六）	24	『華厳経』第一巻、『心地観経』第一巻を持経として常に誦する。	常に釈尊に値遇し奉る。			仮名行状上25
建*久七（一一九六）	24	白上峰で右耳を切った後、『六十華厳』第二十五巻の釈尊説法の場面を読む内に、自分もその場に居合わせている心地がする。	金色の獅子に乗った光り輝く文殊菩薩が現前の虚空に浮かび現れ、しばらくして消えた。			仮名行状上26／漢文行状上97／華厳仏光三昧感冥感伝（207上）
建*久七（一一九六）	24	白上峰で右耳を切った後、金色の獅子に乗った光り輝く文殊菩薩が現前に現れるのを見る。	一の塔あり。最上まで昇ると九輪がある。さらに昇って流宝流星の際に至り、手を懸けようとする。			仮名行状上26／漢文行状上97／華厳仏光三昧観冥感伝（207上）
建*久七（一一九六）	24	塔の夢で塔に昇りきらなかったことを残念に思っていたところ、二十日ほど経った後に。	先日昇り終わらなかった塔を昇ると流宝流星の上に至り、十方世界がすべて現前に見えた。色究竟天よりも高く昇った気がした。			仮名行状上26／漢文行状上98／華厳仏光三昧観冥感伝（207上〜下）
建*久七（一一九六）	24	盛年二十歳ばかりの頃、精進修行の時の夢想。	海中に五十二位の大石があり、諸人は初信の石に群集するが自分は五十二位の石を遍歴する。妙覚究竟まで至って信位の石に戻る。	有	予	仮名行状上26〜27／漢文行状上98／華厳仏光三昧観冥感伝（207上）
建*久七（一一九六）	24	仏典中の如来の遺跡について注釈を加えた『金文玉軸集』を撰述する。	〈1〉霊山に詣でて釈尊に仕え奉る。〈2〉処々の遺跡に遊んで往劫の行事を拝する。〈3〉釈尊の墓所に詣でて聖棺を泣く泣く拝すると異僧が種々の教誡を垂れる。〈4〉仏菩薩護法諸天が訪れる。			仮名行状上28／漢文行状上99
建*久七（一一九六）	24	又ある夜の夢に。	一人の僧に伴われ山の峰に至る。自分は既に生を替えたと思う。			仮名行状上28〜29

建久七*（一一九六）	24	又夢に。	一巻の書を得た。それを見ると、明恵が生々に親近した仏の名号が記載されていた。			仮名行状上29
建久七*（一一九六）	24	『正法結集伝』を撰述する間、身体衰弱するが服薬せず。	一人の梵僧が白い器に温かく毛立つものを盛り、服すよう明恵に授ける。明恵はあざみの汁かと思い飲む。			仮名行状上29／漢文行状上99
建久七*（一一九六）	24	又夢に。	高僧のそばに書籍がかさねて置いてあった。三宝絵だと思った。その人は、明恵が耳を切ったことも記しておこうと仰った。			上人之事599
建久末年*（一一九七〜一一九八）	25〜26	ある時。	十方世界の虚空中に切張を立て、その中に我が煩悩を求めるが、「非想見惑」が残るのを見る。	有	我	漢文行状中122
建久九／八／二五（一一九八）	26	高尾にて『華厳探玄記』第一巻を五六人の衆と共に談ずる。	春日大明神が華厳宗の伝道を喜び縁に立って舞った。			仮名行状上31／漢文行状上100
建久九／一〇（一一九八）	26	紀州の山中で独居。この夢を日記に書くとき、喜海の手紙を持ってくる。	華厳が大きな池を眺めている。僧が華厳の足を洗った後、華厳は自分で池に二足を入れて濯いだ。			「明恵上人手鏡」第六面「探玄記之三」
建久九*（一一九八）	26	ある時。	『異部宗輪論』の文字を一々を取って飲む。			仮名行状上31
建久九／一〇／八（一一九八）	26	親受附属の釈迦像前で『唯心観行式』の行を勤め、『随意別願文』を読誦する。	十方世界が震動し、東涌西没南涌北没し、大雷声が遍満する。「善哉善哉、世間の内で最も優れている」と明恵を讃嘆する声がした。			仮名行状上41／漢文行状上104／随意別願文奥書
建久九／八以前（一一九八）	26	紀州山中の草庵にて『華厳五教章』中巻の断惑法門を終夜暗誦する。	寺の上座の僧が唐櫃に入った聖教を見せる。明恵に与えるためと思う。傍らに一人の僧がやってきて、上座の僧に五体投地して「南無八塔大師」と礼拝する。	有		仮名行状上32〜33

正治三／一／二四（一二〇一）	30	初夜、道場にて釈迦宝前で懺悔・読経する。	道場を出る際に、壇上に燈の光があり、闇の中に宝珠のような形をした明相が顕現する。	有	予	仮名行状下53〜54／漢文行状下133
建仁一／二／二三（一二〇一）	30	糸野の前兵衛尉藤原宗光の家で『華厳唯心義』の撰述を開始。その二十三日に湯浅宗光が見た夜。	家主（湯浅宗光）が大きな道を行くと成弁が輿にかつがれており、多くの僧侶が従っている。先頭に童子がいて赤幡を持ち先導している。	有	△湯浅宗光	漢文行状中109／華厳唯心義・巻上奥書（日仏全13）
建仁一／一一／初（一二〇一）	30	善財善知識曼荼羅の唐本を書写する。	〈1〉八幡大菩薩の御守護あり。〈2〉瑞鳥多く異相をあらわす。			漢文行状中110〜111
建仁三／二／一一（一二〇三）	31	春日大明神の託宣により春日社に参る。	春日社壇が霊鷲山となり、釈尊と眷属たちが現れ、礼拝する。			漢文行状中113
建仁三／二／一五（一二〇三）	31	二月十五日の京都での仏事のあと、同二十日の紀州下向までの間。	春日大明神の眷属が常随する。同じ夢が七度あった。			神現伝記245
建仁三／二／二五（一二〇三）	31	南都に入り、宿所に着く。戌刻に神宮に参詣し、宿所に帰る。	霊鷲山に詣でて、釈迦大師に奉仕する。			神現伝記246
建仁三／二／二六（一二〇三）	31	春日社に参る。	手に二つの白みがきの鉄鎚を持つ。	有		漢文行状中112／神現伝記247
建仁三／二／二八（一二〇三）	31	笠置寺で貞慶から舎利を伝得し、東大寺に戻り、社参して法施を奉る。	前の二つの鉄鎚はこの二粒の舎利である。	有		漢文行状中112／神現伝記247
建仁三／二／二八（一二〇三）	31	社前で「御身この舎利にいりゐさせ給べく候」と祈請する。	〈1〉大明神が左脇近くに添え立っている。〈2〉大明神の饗応をたまわって退出する。その他、種々の夢想・霊瑞があった。	有		神現伝記247
*建仁三／二／二八（一二〇三）	31	両三日、林観房聖詮、精進潔斎する。	七八艘の宝船が虚空を飛んで、春日社の方に向うのを見る。			神現伝記248
建仁三／四／一九（一二〇三）	31	崎山良貞宅で春日・住吉の形像を開眼供養する。	開眼供養の説法の声が、四天王・忉利天・夜摩天・兜率天と次第に上昇し諸天宮に響く。		△或る人	神現伝記248

元久一／一／二三以降（一二〇四）	32	多喜四郎重保妹の一周忌において。	（不記載）			漢文行状中 113
元久一／二／二五（一二〇四）	32	文覚より上洛を促され紀州を出、雄山地蔵堂に宿す。	乗っている馬の足が立たなくなり平臥する。	有		漢文行状中 114
*元久一／二（一二〇四）	32	神谷に移住。春日明神形像前で諸人の祈禱を行う。	（不記載）			漢文行状中 114
元久一年中（一二〇四〜一二〇六）	32〜34	夏に大干魃があり、大仏頂法によって加持し、『華厳経』の転読を行うと雨が降った。こうした子細を知らない尊覚の見た夢。	山寺より二龍が空に昇る。一龍は雨を降らせ、一龍は洪水を止める。		△尊覚	漢文行状中 114
元久二春（一二〇五）	33	渡天を計画。釈迦・善財五十五善知識・春日明神像の三カ所で竿を引き決定する前夜。	二羽の白鷺が飛行、白服の俗人が一羽を射落とす。	有		漢文行状中 123〜124
元久二夏（一二〇五）	33	槙尾に還住し、行法談義等を始める。	〈1〉禿髪で弓矢を帯した四五歳の小児から一つの方便を授かり、恵解が進む。〈2〉常に五大尊とその眷属を見る。〈3〉天帝釈が眷属とともに明恵に教訓を加え守護する。〈4〉毘沙門天王の方便により、ついに生死海を渡り、仏果に達する。	有		漢文行状中 124
建永元／一一／二一（一二〇六）	34	二十日から貴命により宝楼閣供を始める。	成弁、船に乗り、波に逆らって浮かぶ。義林房を梶取とする。	有	成弁	『大宝広博楼閣善住秘密陀羅尼経』巻下奥書
建永元／一一／二三（一二〇六）	34	法性寺禅定殿下の御壇所で御修法を修す。	弁、一つの貝の船に乗り、瀧の源にある大峯に到ろうとする。一二人の僧は急流から落とされたが、成弁は急流を過ぎようとする。	有	成弁	『大宝広博楼閣善住秘密陀羅尼経』巻下奥書
建永一／一二（一二〇六）	34	兼実の仰せにより、明恵自ら星供七ケ日の勤行をした。霊典が承仕を勤め、道場に入ろうとした時。	北方の空中から墻壁をすり抜けて、宝冠をかぶり白服を着た十余人の貴客が道場に現じた。	有		漢文行状中 124

承*元四／七／五以前（一二一〇）	38	『金師子光顕抄』二巻の撰集を終えた夜に明恵が語る夢。	大きな船の銘に「華厳五教章巻上巻下」と書かれていた。	有		漢文行状中125
建暦二／一一／二三（一二一二）	39	『摧邪輪』撰述の間に、種々の霊夢霊相あり。	〈1〉『摧邪輪』を撰述していると、ある人が来て明恵の顔に観音と書く。また別の人が来て善導と書く。〈2〉西方から金色の光明が照らす。〈3〉（不記載）			仮名行状下46／漢文行状下129
建*保二（一二一四）	42	三宝の名字本尊の礼拝を衆生に勧める。	三鈷に似た大樹があり、あけびに似た実をつけている。数人が樹下に集まり、実を取って施しても尽きることがない。	有		仮名行状下47／漢文行状下129
建*保二（一二一四）	42	又ある時。	ある世界に往生するとその世界の衆生は悉く七宝荘厳の瓔珞にて身を荘っており、その瓔珞は明恵が前世に書き与えた三宝であった。			仮名行状下47／漢文行状下129
建保三／二／一五（一二一五）	43	楞伽山蟄居および石水院隠居の際に涅槃会に参じなかった。	明恵に所労の気があり、諸人群衆して看病する。諸人、明恵が不参であったから、うらやんでいる様子である。			仮名行状下50／漢文行状下131
建保三夏頃（一二一五）	43	ある時、練若台の松の樹の下に宴座して、「我今此身四大和合」等の観門に入って観想思惟する。	四人の客人が額を突き合わせて四方にいる。	有	我	仮名行状下50／漢文行状下131
建保三夏頃（一二一五）	43	又ある時。	たちまちに天竺毘舎離国竹林精舎に詣でて、見ると帽子をかぶった仙人が坐禅している前にいるように思う。			仮名行状下50～51／漢文行状下131
建保三夏頃（一二一五）	43	又ある時、精誠に三時行法を修する。後夜になって眠っている。	学文所に誰かがいて時剋を告げ知らせた。			仮名行状下51／漢文行状下131
建保三夏頃（一二一五）	43	又ある時、寝所に入って休息しようとする。	庵室の墻壁、障子等それぞれが明るく透き通って、昼のようである。			仮名行状下51／漢文行状下131

建保三夏頃（一二一五）	43	又ある時。	貴人の粧いで、持仏堂に住す儀則で告げ知らせることが常にあった。			仮名行状下51
建保三夏頃（一二一五）	43		護法が近くまで来るのを聞く。			仮名行状下51
建保三夏頃（一二一五）	43	学文所に弁才天を懸ける。	持仏堂より家主と思われる貴女が学文所に歩いてきて、「私は元よりここにいます。見参のために参りました」と言う。	有		仮名行状下51
建保三夏頃（一二一五）	43	ある時。	師匠と思われる人が壁を隔ててとどまっている。聞いてみるとその眷属衆会の中で種々に讃歎があった。			仮名行状下51
*建保四／一〇／五頃（一二一六）	44	蔵人大夫孝道が三宝を奉請した際、不思議の夢感を得たことを明恵に語る。	深山に夫妻が入ると大きな声があって、この山は恐畏が多いと告げる。三宝を毎日礼拝していることを述べると、「災害が汝を犯すことはない」とその声が告げた。			自行三時礼功徳義（日蔵74、177上）
建保六冬頃（一二一八）	46	ある人、病患で死生をさまよう。明恵病人を加持する。	〈1〉（不記載）〈2〉毘沙門天王の守護がある。			仮名行状下52／漢文行状下132
承久二頃（一二二〇）	48	石水院にて菩薩戒を興行して、香象の『梵網経疏』を談じる。	〈1〉瑞光を感じる。〈2〉聖僧を見る。〈3〉数十人の梵僧が説戒の時刻を待って、天井の上に集会して窺い見ている。			仮名行状下53／漢文行状下132
*承久二頃（一二二〇）	48	『起信論』の真如生滅の二門、随流返流の教門によって真如観を修する。	径七八尺ばかりの月輪が明恵の上に映って照らしている。			仮名行状下54／漢文行状下133
*承久二頃（一二二〇）	48	『円覚経』三観二十五輪の方軌によって、円覚性を観じる。	（不記載）			仮名行状下54
承久二／六（一二二〇）	48	『円覚経』普眼章によって坐禅中に好相を得た後、好夢あり。	天より一つの竹竿が垂れている。それに取り付いて天を仰ぐと、棹は五十二重に分かれている。これは菩薩の五十二位だと分別する。	有	予	華厳仏光三昧観冥感伝（203上～下）

承久二／六（一二二〇）	48	又同夜の夢。	東大寺の大仏は思ったよりも小仏である。その像は金堂ではなく表は銅で裏は土だが一部露出している。予はこれを嘆いて鋳なおそうと思う。	有	予	華厳仏光三昧観冥感伝（203下）
承久二／六（一二二〇）	48	又夢相。	一巻の『弥勒経』の板印がある。いまだ板から紙がはがされていないのではぎ取ると三紙ばかりの経である。これを持経にしようと思う。	有	予	華厳仏光三昧観冥感伝（203下）
承久二／九／三〇（一二二〇）	48	『解脱門義』を草し終わる。発心房という。もと関東武士で念仏をその業とする入道がいた。	明恵が一大堂の造立を奉行するにたちまちに造立が終わる。明恵はこの堂内にいて諸人に語るに、口の中から大光明を放つ。	有	高弁	仮名行状下55／漢文行状下134
貞応一秋頃（一二二二）	50	一人の比丘尼が願を起こして十人の僧侶とともに四十華厳の如法写経の行を初めた。	十余人の蔽衣の僧が入って来て、随喜して聴聞した。	有		仮名行状下56／漢文行状下134
貞応一／一二／二八（一二二二）	50	夜、卯の時。	十五六歳の女人三十余人ほどが近くに充満している。これは五十五聖であると思う。			最後臨終行儀事568
元仁一冬（一二二四）	52	楞伽山に蟄居し、坐禅入観に勤める。その間に明恵が語った。	常に阿弥陀如来を見る。また光明が照らす。	有		仮名行状下57／漢文行状下135
元仁一冬（一二二四）	52	又ある時。	明恵はこの堂内にいて諸人に語るに、口の中から大光明を放つ。縄床に坐禅していると、貴客が無量の眷属を連れて来臨した。	有		仮名行状下57／漢文行状下135
元仁一冬（一二二四）	52	又ある時、縄床の上に宴坐思惟する。	一人の菩薩がいて上を向いて横になっている。蓮花が重々にかさなっているような身分であり、炳然映徹して無障無礙である。			仮名行状下57／漢文行状下135

元仁一冬（一二二四）	52	又ある時夢に。坐禅の時。	〈1〉二つの池があり、一方の池には無量の異類の瑞魚が満ちて遊戯している。もう一方の池はそうではない。〈2〉傍らから大河が流れ出ている。その流れは娑竭羅龍宮に通じている。	有		仮名行状下57～58
元仁一冬（一二二四）	52	又ある時の夢に。	明恵の座高が色究竟天より高いと思う。色究竟天を眼下に見る。			仮名行状下58
元仁一冬（一二二四）	52	又夢に。	ある楼門に昇って、天井の上に座っている。下を見ると根本無明というものがある。			仮名行状下58
元仁一冬（一二二四）	52	又夢に。	十二縁起という物を越えて過ぎようとして、老死と言って死人のいるのを超えようとした時、恐怖を覚えて超えなかった。			仮名行状下58
元仁一冬（一二二四）	52	後日又夢に得る。	先日のように老死のところに到って、今度は超え過ぎようと思って、その上を超えた。			仮名行状下58
*嘉禄一／六（一二二五）	53	この月より『梵網経戒本』による二度（十五日と晦日）の説戒を行う。その間の夢。	〈1〉聖衆の来臨を夢感する。〈2〉梵僧が説戒の布施として『梵網菩薩戒本』を奉ると見る。			仮名行状下59／漢文行状下135
*嘉禄一／六／一五（一二二五）	53	ある人の夢に。	堂の前に高楼をつくる。巧匠たちが虚空に飛び満ちて楼観をつくるのをみる。		△或る人	仮名行状下59／漢文行状下135
*嘉禄一／六（一二二五）	53	梵網菩薩戒にかかわる夢。	自身がたちまち一二間ばかりの宝珠となる。	有		仮名行状下59～60／漢文行状下136
*嘉禄一／六（一二二五）	53	祈請をして冥感を望む瑞夢があった。	三聚浄戒の瀧水を全身に浴び、舎那世尊に対して受け奉る。			仮名行状下60／漢文行状下136

嘉*禄一／八／一六（一二二五）	53	春日・善妙・雪山神王の三社の上下を思惟した。	〈1〉湯浅宗光の息女の摩耶御前が他所に行こうとしたところ、道忠僧都から種々呵責された。〈2〉伊豆入道親康が、一条大相国は自分の舎弟であると言った。入道は自分の顔を覆った。その絵を描いた。	有		喜海四十八歳時之記626
安貞二春頃（一二二八）	56	春日大明神に兜率上生の可否を尋ねる。	高雄西谷にて、大師の御前で八名経を授けられた。			上人之事599
安*貞二／七（一二二八）	56	三加禅並びに禅河院の庵室を建立して暫く彼処に籠居して坐禅修観する。	聖衆の来臨や、護法善神の密衛を感じる。			仮名行状下61／漢文行状下137
安*貞二／九（一二二八）	56	光明真言法によって土砂加持を行う。	四人の護法神が傍におり、「我ここに侍りて御房にそひ奉りて守護をなす」と告げる。灰のような物を賜わる。			仮名行状下61
安*貞二／九（一二二八）	56	ある夜、土砂加持の間に夢を見る。	細雪の如くなる物が空中に充満し、これを見るに、微細の光明が世界に充満する。			仮名行状下61
安*貞二／九（一二二八）	56	『光明真言土砂勧信別記』に関する夢。	〈1〉仮字をもって書いた詞が『不空羂索経』の現文であることは不思議だと思う。〈2〉春日・住吉両大明神が土砂加持を納受する。			仮名行状下61／漢文行状下136
安*貞二（一二二八）	56	寛喜元年九月二十二日卯時に禅浄房が明恵のところに見参したところ、空弁が、十九日夜に寄宿した正信房が去年鎌倉在住中に見た夢として次のように語った。	亀井の二階堂に気高げな高僧がいる。正信房に「荘厳房律師は釈迦の所変であり、明恵は普賢の仏身である」と仰せになる。		△正信房	上人之事600
安*貞二以前（一二二八）	56	先年、隠岐国から来た上人の話として、明恵が語ったもの。	虚空に「末代ではあっても勝道に近い人はいる。我前房は相似即であり、明恵は観行即である。私は毘盧遮那仏である」と声がした。		△隠岐国の上人	上人之事600

寛喜二／二（一二三〇）	58	二月十五日の朝より不食の所労に煩う。その間、善財童子五十五善知識の次位建立、得法の規則によって十門の科文を出して大衆に告げる。	入唐しようと思って数人の同行者と行くに、ある処に五十五善知識の木像があった。これを参拝しようとすると、たちまちに生身の粧いあり、普賢より逆に海雲比丘の処まで参拝すると不思議の思いがした。			仮名行状下63
寛喜二／二／□（一二三〇）	58	又夢に。	傍に人があり、「我今聞法得道証、汝亦当得必如我」と告げる。			仮名行状下63
寛喜三／三／二五（一二三一）	59	夜、夢に。	一人の同行者に一切経を持たせて天竺に遣ろうと思った。しかし同行者は、私が天竺に留まるならば、住房の破損も今は修理して居したてまつると思う。	有		仮名行状下63／漢文行状下138
寛喜三／三／二九（一二三一）	59		ある人の手より一枚の札を得た。広さ一尺余、厚さ三寸ばかりであった。その面に五六行ばかりの文が書いてあった。	有		仮名行状下64／漢文行状下138
寛喜三／三／二九（一二三一）	59		五六寸ばかりになる金輪仏頂を二三体呑み込む。	有		仮名行状下64
寛喜三／三／二九（一二三一）	59		東大寺大仏殿に参って五大尊を参拝する。その中に長さ五尺ばかりなる金剛夜叉と覚しき奇麗殊勝なる仏を拝する。	有		仮名行状下64
寛喜三／一〇／一〇（一二三一）	59	夜、痔の再発によって身体の不調をきたし、常に不快の状態であった。その時の夢。	大海の辺に大磐石の先が高く聳え立っている。大神通力をもって大海と共に十町許り抜き取って、我が居処の傍らに刺す。	有	我	仮名行状下64／漢文行状下138
寛喜三／一〇／一〇（一二三一）	59	又ある人の夢に。	数丈の大樹がある。枝葉が繁茂している。忽ちに折れくだけるのを見る。		△或る人	仮名行状下64～65

寛喜三／一〇／一〇（一二三一）	59	文殊五字真言を布字する。その時の夢。	腹の上に広さ一尺ばかり、長さ四尺許りの阿字以外の梵字の四字を石柱にして立てるのを見る。本来は五字あるはずだが、阿字の石柱を立てないのは、阿字は諸法本不生の義に通じるため、ただ四字ありと思う。	有		仮名行状下67／漢文行状下139
寛喜三／一〇／一〇（一二三一）	59	又夢に。	我が身が五色の糸となる。その高さ須弥山ほどである。この糸が一閻浮提に周遍して、一々の衆生は皆これを纏い取る。	有		仮名行状下67〜68
寛喜三／一〇／一〇（一二三一）	59	病気を忍んでこの法門を頻説した。	十方虚空をもって我身となる。無量無辺の一切衆生草木河海が炳然として、我が虚空身の中にある。			漢文行状下140
寛喜四／一／一五（一二三二）	60	戌の刻、定印に入観し、目を閉じて弥勒像に対する。	弥勒の庁の辰巳の角から香雲が立ち上る。香雲は庁内に充満し、仏身全体にまとわりつく。この香雲は明恵の口に通じている。			最後臨終行事事569／仮名行状下74
寛喜四／一／一五（一二三二）	60	定真が出観の後、自ら見た異相を示す。	空から白花が降る。その花が地に下り、部屋に満ちる。紺青を散らしたようである。		△定真	最後臨終行儀事569／仮名行状下77
寛喜四／一／一六（一二三二）	60	初夜にまた坐禅をする。	左脇に不動尊が現れる。			仮名行状下74
寛喜四／一／一七（一二三二）	60	湯浅入道の侍女の夢。	明恵がたちまち他所へ行く。二人の天童が一つの天蓋を持って覆っている。また、二人の梵僧が、鐃鉢を鳴らして前導している。侍従の人の姿を見ると、みな葬送の儀である。		△湯浅入道の侍女	最後臨終行儀事572
寛喜四／一／一八（一二三二）	60	恵日房の夢。	端厳微妙の天童一人が、威儀安祥として明恵の草庵の中に歩み入る。		△恵日房	最後臨終行儀事572

寛喜四／一／一九（一二三二）	60	信然阿闍梨の姨の夢。	再方から紫雲が東の方へ行く。夢の中で紫雲は往生人の乗り物であると思う。見上げると、明恵が雲の中に立っている。		△信然阿闍梨の姨	最後臨終行儀事572
寛喜四／一／一九（一二三二）	60	松尾松月房上人の夢。	如幻の人があって「明恵は十八日酉刻、入滅する」と告げる。	有	△勝月房	最後臨終行儀事573
寛喜四（一二三二）／一／二三		戒行房の夢。	明恵が他所に行ったが、たちまち帰ってきた。「願仏房に会うために戻ってきたのだ」と語った。		△戒行房	最後臨終行儀事571
寛喜四／一／二五（一二三二）		行誉阿闍梨の夢。	端厳美麗の殿宇に五十五善知識の曼荼羅を掛けてある。明恵は曼荼羅に向かって坐り、涙を流しながら、「初発心住の境地を得たい」といい、善知識を礼拝する。		△行誉阿闍梨	最後臨終行儀事573
寛喜四／一／二六（一二三二）		隆弁律師の夢。	ある人のところから一通の書状が来た。表書に、兜率僧都とある。		△隆弁律師	最後臨終行儀事573
寛喜四／一／二八（一二三二）		隆弁律師の夢の続き。	夢の中で前の夢のことを考え、兜率僧都とは天台の覚超のことかと思う。傍らの義林房が「兜率僧都とは明恵のことである」と答えた。		△隆弁律師	最後臨終行儀事573
寛喜四／一／三（一二三二）		貞俊阿闍梨の夢。	高広厳麗の宝塔がある。雲の際にまで至る高さで両三人の人が塔を登っている。数重まで至る人は明恵であり、あとの二人は一二重までである。明恵の入滅のことかと思う。		△貞俊阿闍梨	最後臨終行儀事572
寛喜四／一／四～五（一二三二）		明恵の姨の禅尼の夢。	左手に燈明を持っていたが、理由もなく、たちまち消えてしまった。		△明恵の姨の禅尼	最後臨終行儀事572

寛喜四／一／四～五（一二三二）		又、同じ比、同人の夢。	片山に微妙なる宝塔があるが、火のために灰燼に帰した。		△明恵の姨の禅尼	最後臨終行儀事572
寛喜四／三／一一以降（一二三二）		慈弁と尊弁が明恵を遂って入水したのを、三月十一日に葬送。法主比丘尼の禅恵房は二人の志願に随喜し一体の弥勒像を造立。	（不記載）			最後臨終行儀事572

以下、年代不明

幼少の昔から		大智慧を得ようと文殊を祈請する。	〈1〉異僧・神人より法を受ける。〈2〉文殊を見る。			仮名行状上33／漢文行状上101
壮年の頃		仏眼法を修して、智慧を祈請する。〈1〉の夢のあと、分明でないことがあったので、手枕で睡眠したところ、〈2〉の夢を見た。重ねて祈請したところ〈3〉の夢を見た。	〈1〉高声がして、『理趣経』初段を読む。〈2〉同じく高声がして、『理趣経』を読む。〈3〉京の貴女から消息が来る。傍らにいた源大納言阿闍梨が、御本尊からの手紙であると言った。			上人之事597
壮年の頃		仏眼法を修行する時。	仏眼尊に拝謁した。左右から各々三頭を現じていた。真言を授けられた。			上人之事599
壮年の頃か			相人（僧）に会って、言葉を告げられた。			上人之事598
その昔			一人の人が諸人の額に文殊と書くが、明恵には元より文殊であるから書くに及ばずと言った。			仮名行状上33
□／九／三			室町中納言殿が仏の帳を二つ作り、これを供養する作法を重ねて承諾した。			「僧空弁書状礼紙」紙背

□／□／□		一人の修行者が宿り、終夜仏頂尊勝陀羅尼を誦する音を聞きつつ眠り入る。	「世間は無常なり、あじきなし、とく仏ならん、人間の楽しき果報も何にかはせん」と澄んだ声でいうのを聞いた。			仮名行状上30／漢文行状上100
□／□／□		我は『華厳経』に縁があると思う。	大きな亀が老翁になり、明恵に華厳の法門を授けるという。翁は一穴に入るべしといい、先に入る。明恵はこれを龍宮だと思う。			仮名行状上31／漢文行状上100～101
□／□／□		高尾在住時、閑居を企てる。	普賢菩薩を礼拝しようとすると、所乗の象が頭を振って礼拝を受けない。			仮名行状上32／漢文行状上101
□／□／□			普賢堂が傾いているのを右手でかき上げて「性起法門を極めん」という。			仮名行状上32
□／□／□			素晴らしい大船に、天下第一の高徳者がその銘を書き宝物とする。明恵は自身がその任に当たる者と思い、船先・船尾に「華厳五教章巻下」と書く。			仮名行状上32

2　明恵略年表

年号	年齢	事跡	関連事項
承安三（一一七三）	1	一月八日、紀州在田郡石垣庄内吉原村に生まれる。	春、親鸞誕生。五月、文覚配流。
養和元（一一八一）	9	八月頃、神護寺に入る。	一月、南都焼討。
文治四（一一八八）	16	上覚について出家。東大寺戒壇院において具足戒を受ける。	
建久六（一一九五）	23	秋頃、神護寺を出て紀州湯浅の白上峰に移る。	三月、東大寺大仏殿落慶供養。
建久七（一一九六）	24	白上峰にて釈迦如来を祈念し右の耳を切る。	
建久九（一一九八）	26	八月、高雄に帰り文覚に栂尾興隆を託される。秋頃、紀州白上に戻り筏立の草庵に移る。十月、筏立にて『唯心観行式』を定め『随意別願文』を誦す。	三月、法然『選択集』撰述。
正治元（一一九九）	27	春頃、高雄に帰るが、文覚が流刑となり神護寺が荒廃したため筏立に戻る。	正月、源頼朝没。三月、文覚佐渡、配流。
建仁元（一二〇一）	29	二月、糸野において『華厳唯心義』を著す。	三月、親鸞、法然門下となる。
建仁三（一二〇三）	31	正月、星尾において春日明神の託宣により渡天竺を断念する。	九月、源実朝、将軍となる。
元久二（一二〇五）	33	春、再び渡天竺の計画を立てるが中止する。	
建永元（一二〇六）	34	十一月、栂尾の地を後鳥羽上皇より賜る。	
承元元（一二〇七）	35	秋頃、神護寺を出て紀州湯浅の白上峰に移る。東大寺尊勝院学頭として華厳宗を興隆すべき旨の院宣があり、談義のため一両年下向する。	二月、専修念仏停止。法然・親鸞配流。四月、九条兼実没。

承元二（一二〇八）	36	冬頃、高山寺の煩いにより紀州崎山に下向する。	
承元四（一二一〇）	38	七月、崎山にて『金師子章光顕鈔』を著す。	
建暦二（一二一二）	40	十一月、『摧邪輪』を著す。	一月、法然示寂。
建保元（一二一三）	41	六月、栂尾にて『摧邪輪荘厳記』を著す。	二月、貞慶示寂。
建保三（一二一五）	43	一月、栂尾にて四座講式を作る。十一月『三時三宝礼釈』を著す。	七月、栄西示寂。
建保四（一二一六）	44	十月、石水院にて『自行三時礼功徳義』を著す。	
建保六（一二一八）	46	八月、栂尾より賀茂に移る。	
承久二（一二二〇）	48	七月、石水院にて『仏光観略次第』を著す。九月、同所で『解脱門義』を著す。	
承久三（一二二一）	49	秋、兵乱により再び賀茂に移る。九月、賀茂の禅堂院にて『華厳信種義』を著す。十一月、同所で『仏光三昧観秘宝蔵』を著す。	五月、承久の乱が起こる。
貞応元（一二二二）	50	四月、『光明真言句義釈』を著す。	二月、日蓮誕生。
貞応二（一二二三）	51	秋頃、栂尾高山寺に還住する。	
元仁元（一二二四）	52	五月、『光明真言功能』を著す。	六月、北条泰時、執権となる。
嘉禄元（一二二五）	53	六月、栂尾本堂にて毎月十五日、梵網菩薩戒本の説戒を始める。	
嘉禄二（一二二六）	54	九月、紀州に下り白崎で行法する。	十月、上覚示寂。
安貞元（一二二七）	55	五月、『光明真言土砂加持義』を著す。十月、紀州由良の西方寺の開堂供養の導師を勤める。	道元、宋より帰国（一二二三入宋）。

安貞二（一二二八）	56	十一月、『光明真言土砂勧信記』を著す。十二月、同『別記』を著す。	
寛喜三（一二三一）	59	四月、施無畏寺本堂供養のために紀州に下向する。十月、体調が悪化し臨終の儀式に入る。	
貞永元（一二三二）	60	一月十九日、禅堂院にて示寂する。	七月、「御成敗式目」制定。

3　参考文献一覧

荒木浩［二〇〇八］「夢の形象、物語のかたち——ハーバード美術館所蔵『清盛斬首の夢』を端緒に」（『国際シンポジウム　日本文学の創造物——書籍・写本・絵巻』、人間文化研究機構国文学研究資料館編）

——［二〇〇七］『日本文学　二重の顔　〈成る〉ことの詩学へ』（大阪大学出版会）

——［二〇〇五］「明恵「夢記」再読——その表現のありかとゆくえ」（『仏教修法と文学的表現に関する文献学的考察——夢記・伝承・文学の発生』、平成14年度〜平成16年度科学研究費補助金（基盤研究（C）（2））研究報告書）

——［二〇〇二］「夢という日記、自伝、うた、そして逸脱のコンテクスト、あるいは、〈心〉と〈外部〉——明恵「夢記」を読むために」（荒木浩編［二〇〇二］）

荒木浩編［二〇〇二］『〈心〉と〈外部〉——表現・伝承・信仰と明恵「夢記」』（大阪大学大学院文学部研究科広域文化表現論講座共同研究成果報告書）

安藤精一編［一九八三］安藤精一編・五来重監修『日本歴史地名大系』31巻（平凡社）

石井教道［一九八一］「厳密の祖師高弁」（明恵上人と高山寺編纂委員会編［一九八一］）『大正大学々報』3輯［一九二八］初出

石田尚豊［一九八八Ａ］「明恵上人をめぐる華厳変相図」（石田尚豊［一九八八Ｃ］）

——［一九八八Ｂ］「明恵上人と白」（石田尚豊［一九八八Ｃ］）

——［一九八八Ｃ］『日本美術史論考——その構造的把握』（中央公論美術出版）

伊藤史郎［一九九四］「東寺舎利会と八部衆面」（『仏教芸術』216号、仏教芸術学会）

クヴェンツァー、ヨーク（Quenzer, Jörg B.）［二〇〇〇］*Buddhistische Traum-Praxis im japanischen Mittelalter (11.-15.jahrhundert)Zur Bedeutung eines Motivs in Biographien und biographischen Materialien des buddhistischen Klerus*, Hamburg: Gesellschaft für Natur- und Völkerkunde Ostasiens.

海山宏之［一九九七］「明恵上人の夢記と夢の意味」（『宗教研究』314号、日本宗教学会）

大塚紀弘［二〇一〇］「高山寺の明恵教団と宋人」（『東京大学史料編纂所研究紀要』20号、東京大学史料編纂所）

大屋徳城［一九八八］「春日の神鹿に対する中世貴族の信仰」（大屋徳城著作撰集6巻『仏教史の諸問題』、国書刊行会、『日本仏教史の研究』東方文献刊行会［一九二八］初出）
奥田勲［二〇一二］「明恵上人夢記研究の現況と問題点」（『智山学報』61輯、智山勧学会）
――［一九九八］「明恵上人夢記山外本目録」（高山寺資料叢書18冊『明恵上人資料　第四』、東京大学出版会）
――［一九九五］「自心如満月――明恵の和歌を支えるもの」（『フェリス女学院大学国文学論叢（日本文学科創設三十周年記念）』、フェリス女学院大学文学部日本文学科）
――［一九八一A］「明恵上人神現伝記〈春日明神託宣記〉注釈余滴」（『明恵讃仰』12号、明恵上人讃仰会）
――［一九八一B］「明恵説話についての基礎的諸問題」（明恵上人と高山寺編纂委員会編［一九八一］、『宇都宮大学教育学部紀要』27号［一九九七初出］）
――［一九八〇］「明恵上人関係典籍の奥書・識語について――附・明恵上人夢記第十錯巻考」（高山寺資料叢書別巻『高山寺典籍文書の研究』、東京大学出版会）
――［一九七八A］「明恵上人夢記　注釈」（高山寺資料叢書7冊『明恵上人資料　第二』、東京大学出版会）
――［一九七八B］『明恵　遍歴と夢』（東京大学出版会）
奥田正造編［一九三三］『明慧上人要集』（森江書店）
河合隼雄［一九八七］『明恵　夢を生きる』（京都松伯社）
河東仁［二〇〇二］『日本の夢信仰――宗教学から見た日本精神史』（玉川大学出版会）
京都国立博物館ウェブサイト［二〇一四現在］館収蔵品データベース（http://www.kyohaku.go.jp/jp/syuzou/db/index.html、京都国立博物館）
京都国立博物館編［一九八八］『十二天画像と山水屛風』（京都国立博物館）
――［一九八一］『明恵上人没後七五〇年 高山寺展』（京都国立博物館）
――［一九七九］『特別陳列密教図像』（京都国立博物館）
――［二〇一四］『国宝 鳥獣戯画と高山寺』（京都国立博物館）
吉良良光［一九八八］「紀伊国湯浅氏の領主制と杣」（同著『日本中世史論攷』、文献出版）
黒田彰子［一九九八］「覚真覚書」（『愛知文教大学論叢』1巻、愛知文教大学）
黒田昇義［一九七八］黒田昇義著 福山敏男 岡田英男編『春日大社建築史論』（綜芸社）

黒田龍二［一九九九］『中世寺社信仰の場』（思文閣出版）

古筆手鑑大成編集委員会編［一九八三］『古筆手鑑大成』1巻（角川書店）

小松茂美監修［一九七九］『国宝手鑑 翰墨城』（中央公論社）

小宮俊海［二〇一三］「明恵上人夢記の集成・注釈と密教学的視点からの分析研究」（『智山学報』62輯、智山勧学会）

――［二〇一二］「『真俗雑記問答鈔』における「栂尾義」について――「我見息如月輪」解釈を中心に」（『智山学報』61輯、智山勧学会）

澤登宜久［一九八三］「密教修法の道場空間について――その1――密教的空間の研究（2）」（『日本建築学会論文報告集』392号、日本建築学会）

柴崎照和［二〇〇三］『明恵上人思想の研究』（大蔵出版）

――［二〇〇二］「明恵と夢想――夢解釈の一試論」（荒木浩編［二〇〇二］）

ジラール、フレデリック（Girard, Frédéric.）［一九九〇］*Un moine de la secte Kegon à l'époque de Kamakura : Myōe (1173-1232) et le "Journal de ses rêves"*, Paris : École Française d'Extrême-Orient.

――［一九八四］「明恵上人の『夢の記』――解釈の試み」（『思想』721号、岩波書店）

白洲正子［一九六七］『栂尾高山寺 明恵上人』（講談社）

関根俊一［一九九七］「梵天・帝釈天像」（『日本の美術』375号、至文堂）

平雅行［一九九二］「嘉禄の法難と安居院聖覚」（『日本中世の社会と仏教』、塙書房）

高橋修［一九九五］「紀伊半島の中世武士団――熊野水軍と湯浅党」（『地方史研究』45巻4号、地方史研究協議会編）

高橋一樹［二〇〇四］「中世寺院のくらしを支えるしくみ――東大寺の湯屋料田を素材として」（国立歴史民俗博物館編『中世寺院の姿とくらし――密教・禅僧・湯屋』、国立歴史民俗博物館）

巽三郎編［一九七四］巽三郎・愛田昇寛編『紀伊国金石文集成』（熊野速玉大社）

田中久夫［一九八二］『鎌倉仏教雑考』（思文閣出版）

――［一九六一］『明恵（人物叢書）』（吉川弘文館）

タナベ、ジョージ（Tanabe, George. Jr.）［一九九二］*Myōe the Dreamkeeper*, Cambridge: Harvard University Press.

茶道資料館編［二〇〇八］『鎌倉時代の喫茶文化』（茶道資料館）

築島裕［二〇〇四］「平安鎌倉時代における仏僧の教学生活――聖教書写加点に従事した時刻、年齢など」（『日本学士院紀要』

3号、日本学士院）
———［一九七八］「明恵上人夢記 翻字本文 書誌概説」（高山寺資料叢書7冊『明恵上人資料　第二』、東京大学出版会）
土谷恵［二〇〇三］「春華門院の追善仏事」（『明月記研究』8号、八木書店）
土井光祐［二〇一〇］『鎌倉時代法談聞書類の国語学的研究　影印篇（一）』（汲古書院）
内藤栄［二〇一〇］『舎利荘厳美術の研究』（青史出版）
永島福太郎［二〇〇三］「明恵上人と立花」（『初期茶道史覚書ノート 続々茶道文化論集』、淡交社）
———［一九九九］「明恵上人と南都」（『明恵讃仰』26号、明恵上人讃仰会、『日本歴史』596号［一九九八］初出）
中野達慧［一九三一］「明恵上人と其師資」（其一）（『密教研究』42号、高野山大学内密教研究会）
仲村研［一九七八］「神護寺上覚房行慈とその周辺」（同著『荘園支配構造の研究』、吉川弘文館、『文化史学』17号［一九六三］初出）
永村眞［一九八九］『中世東大寺の組織と経営』（塙書房）
奈良国立博物館編［一九九三］『鎌倉仏教』（奈良国立博物館）
奈良国立博物館ウェブサイト［二〇一四現在］アーカイブス：画像データベース（http://imagedb.narahaku.go.jp/archive_search/search/viewer.php?requestArtCd=1633&requestPicNo=0&requestPicTotal=999　奈良国立博物館）
野村卓美［二〇〇八］「貞慶をめぐる二人の僧侶――瞻空と定意」（『文芸論叢』71号、大谷大学）
———［二〇〇二A］「明恵と慶派仏師」（野村［二〇〇二D］、都立久留米高等学校紀要『久留米』11号［一九七九］初出）
———［二〇〇二B］「明恵の自署」（野村［二〇〇二D］、北九州大学『国語国文学』1号［一九八七］初出）
———［二〇〇二C］「明恵と夢」（野村［二〇〇二D］、『日本文学』48巻7号［一九九九］初出）
———［二〇〇二D］『明恵上人の研究』（和泉書院）
———［二〇〇〇］「『春日権現験記絵』と丹波入道」（『国語国文』69巻9号、京都大学文学部国語学国文学研究室）
橋本進吉［一九五〇］「古代国語の音韻に就いて」（橋本進吉著作集4冊『国語音韻の研究』、岩波書店）
速水侑［一九七五］『平安貴族社会と仏教』（吉川弘文館）
ブロック、カレン［一九八八］「義湘絵における善妙の描写――その意義と受容」（原口志津子訳）（『仏教芸術』一七六）
平岡定海［一九八一］「高弁の弥勒浄土思想について」（明恵上人と高山寺編纂委員会編［一九八一］、平岡著『日本弥勒浄土思想展開史の研究』、大蔵出版［一九七七］初出）

平野多恵［二〇一三］「明恵の和歌・夢・画――贋作のあわい」（『国文研ニューズ』No.30、国文学研究資料館）

――［二〇一一A］「菩薩として詠む――晩年の和歌」（平野［二〇一一B］）

――［二〇一一B］『明恵　和歌と仏教の相克』（笠間書院）

平山光男編［二〇〇二］平山光男 サントリー美術館編『没後三〇年 川端康成――文豪が愛した美の世界』、日中ビデオネットワーク、川端康成記念会ウェブサイト公開［二〇一四現在］（http://www.kawabata-kinenkai.org/kaiga/index1.html）

福山敏男［一九八二］「神護寺承平実録帳と神護寺諸堂記　附　高雄山神護寺規模殊勝之条々記のこと」（福山敏男著作集1巻『寺院建築の研究』下、中央公論美術出版）

フォール、ベルナール（Faure, Bernard）［一九九六］*Vision of Power:Imagining Madieval Japanese Buddhism*, Princeton University Press.

堀池春峯［一九六七］「明恵上人『夢の記』について」（『奈良文化論叢』、堀井先生定年退官記念会）

毎日新聞社「重要文化財」委員会編［一九七〇］（『日本高僧遺墨』第壱巻、毎日新聞社）

前川健一［二〇一二］『明恵の思想史的研究――思想構造と諸実践の展開』（法蔵館）

松尾剛次［一九九五］「黒衣と白衣」（『日本仏教論（シリーズ・東アジア仏教4）』、春秋社）

松本郁代［二〇〇五］「真言密教における「金亀」」（同著『中世王権と即位灌頂』、森話社）

松本保千代［一九七九］『湯浅党と明恵』（宇治書店）

宮澤俊雅［二〇〇七］「林寛・弁真・永真・性憲・隆弁・長真 各年譜」（『寺院経蔵の構成と伝承に関する実証的研究』、平成14年度～平成18年度科学研究費補助金（基盤研究（S））研究報告書）

――［一九九二］「高山寺僧名一覧」（『平成三年度 高山寺典籍文書綜合調査団研究報告論集』、高山寺典籍文書綜合調査団）

――［一九八五］「解説『高山寺経蔵聖教内真言書目録』」（高山寺資料叢書14冊『高山寺経蔵古目録』、東京大学出版会）

明恵上人と高山寺編纂委員会編［一九八一］『明恵上人と高山寺』（同朋舎出版）

村上素道［一九二九］『栂尾高山寺 明恵上人』（栂尾高山寺）

村瀬実恵子（Murase, Mieko.）［二〇〇二］*The Written Image : Japanese Calligraphy and Painting from the Sylvan Barnet and William Burto Collection*, New York: Metropolitan Museum of Art, Yale University Press.

毛利久［一九八一］「運慶・快慶と高山寺・十輪院」（明恵上人と高山寺編纂委員会編［一九八一］、『史迹と美術』255号［一九

五五］初出）
望月信成［一九三五］「嘉禄二年の神護寺諸堂記について」（『美術研究』47号4‐11巻、東京文化財研究所）
山田昭全［二〇一四Ａ］「上覚・千覚と『玄玉集』の撰者」（山田昭全［二〇一四Ｄ］、『国文学踏査』6号［一九六七］初出）
――［二〇一四Ｂ］「明恵の夢と佐藤氏所蔵「夢之記切」について」（山田昭全［二〇一四Ｄ］、『金沢文庫研究』177号［一九七一］初出）
――［二〇一四Ｃ］「建仁三年三月十一日の「夢ノ記断簡」を読む」（山田昭全［二〇一四Ｄ］）
――［二〇一四Ｄ］『文覚・上覚・明恵（山田昭全著作集5巻）』（おうふう）
――［二〇一〇］『文覚（人物叢書）』（吉川弘文館）
山本真吾［一九九五］「高山寺蔵「表白四種　栂尾」について――考察と翻刻」（『平成六年度高山寺典籍文書綜合調査団研究報告論集』、高山寺典籍文書綜合調査団）
横山和弘［二〇〇四］「鎌倉幕府成立期の頼朝と護持僧性我」（『鎌倉遺文研究』13号、鎌倉遺文研究会）
米田真理子［二〇〇二Ａ］「高山寺所蔵夢記をめぐる二つの考察――署名のある夢記、明恵と長房の周辺」（荒木浩編［二〇〇二］）
――［二〇〇二Ｂ］「明恵上人夢記山外本目録続貂　附・明恵夢記参考文献抄録」（荒木浩編［二〇〇二］）
和歌山県立博物館編［一九九六］『明恵 故郷でみた夢』（和歌山県立博物館）
渡辺文雄［二〇〇二］「八幡神像の成立と展開――僧形八幡神像を中心に」（中野幡能編『八幡神信仰事典（神仏信仰事典シリーズ6）』、戎光祥出版）
和歌山県立博物館編［二〇一三］『紀州・明恵上人伝』（和歌山県立博物館）

あとがき

明恵の残した夢の記録は多くの人を惹きつけている。しかし、それを読み解くとなると一筋縄ではいかない。夢であるのに加え、明恵の仏教実践とも関わっており、解読が難しい。多くの研究者が明恵の夢記に興味を持ちながら、正面から論じきれずにいるのは、研究の基礎となる注釈がないからだろう。本書は、このような明恵の夢記を深く理解したいという熱意に導かれて奥田勲先生のもとに集まった同志によってまとめられた。

本書の母体は明恵上人夢記を読む研究会の活動にある。この会は一九九九年、今をさかのぼること一五年前に聖心女子大学の奥田研究室ではじまった。当初のメンバーは編者の奥田・前川・平野の三名であった。明恵の活動拠点であった高山寺に蔵せられる夢記は『明恵上人資料　第二』に翻刻されているが、高山寺以外に残された夢記の多くは翻刻もされていなかった。そこで、まずは高山寺外の夢記の中でまとまって残るものを選び出し、本書目録の第2部2にあたる陽明文庫蔵夢記の翻刻から着手した。夢記を一から翻刻するのは、その字体に慣れていないものにとって容易ではない。当初は、『明恵上人資料　第二』所収の夢記影印を座右に置き、一つ一つ字を確認しながら少しずつ翻刻していった。月に一度の研究会で数行ずつ翻刻を続け、それを終えるだけで二年以上かかった。

陽明文庫の翻刻を終えて注釈に入るころには、参加メンバーが増えはじめ、続いて第1部10京都国立博物館蔵夢記の翻刻・注釈をはじめた。それを読み終えて次に何を読むかを考えるまでには、高山寺外の夢記を一覧する最新の目録の必要性を痛感するようになった。そこで、小林あづみを中心に当時のメンバー全員でまとめたのがになったが、まだそのあてはなかった。

「明恵上人夢記」目録」(『国文』一一〇号、二〇〇八)である。この目録で夢記の最新情報が整理され、これ以降は、年代のわかる第1部の夢記から順に解読していった。そのあいだに、夢記を解読するための道具として、メンバーが協力して本書所収の夢記年表の基礎となるデータを入力し、明恵の夢を年代順に一覧できるようにした。第1部の夢記を読み終えるころには、ここまで読み進めてきたのだから出版を視野に入れてという話が出るようになったが、まだそのあてはなかった。

こうして少しずつ読み進めるうち、長く所在不明であった夢記の行方が明らかになったり、新たな夢記の情報が寄せられるようになったりした。その代表的なものは、第1部2や第2部1の夢記である。第1部2の建久十年四月十八日夢記は、二〇〇七年に奥田先生が客員教授としてコロンビア大学に滞在されていたとき、ニューヨーク五番街のミカ・ギャラリーで展示されていたものである。折しも研究会のメンバーが奥田先生をたずねてニューヨークを訪れており、まさに夢記に呼ばれたかのようだと感激したのが昨日のことのように思われる。

二〇一〇年から二年間は、小宮俊海を代表として「智山勧学会奨励研究助成(共同)」をうけて共同研究「明恵上人夢記の集成・注釈と密教学的視点からの分析研究」を行うことができた。第2部1の夢記の調査・解読は、その成果の一部である。二〇一一年一二月には、国際日本文化研究センターの荒木浩氏を代表とする共同研究「夢と表象――メディア・歴史・文化」と連携しての共同研究会を東京大学山上会館で行った。

この間、二〇〇二年に小林、二〇〇五年に立木宏哉、二〇〇八年に小宮、二〇一二年に野呂靖と、本書の執筆者にあたるメンバーが順次加わった。研究会における夢記解読の成果は『智山学報』や『十文字国文』などに折に触れて掲載していただいた。研究会の活動については、小宮俊海「明恵上人夢記の集成・注釈と密教学的視点からの分析研究」(『智山学報』第六二輯、二〇一二)に詳しい。あわせてご覧いただけたら幸いである。

定例の研究会の他、夢記とその関連資料の調査で、陽明文庫(京都)、京都国立博物館、名古屋市博物館、古美術祥雲(東京)、甍堂(東京)、法楽寺(大阪)などに赴いた。京都の高山寺や生まれ故郷の紀州湯浅など、明恵ゆかりの地の調査も行った。こうした場を訪れたことで、明恵の夢にしばしば登場する山河、大海、大盤石といったモチーフをリアルに想像できるようになった。

研究会をはじめて以来、多くの場所で研究会を開催させていただいた。聖心女子大学の奥田研究室をはじめとして、東京大学仏教青年会の会議室、大正大学真言学智山閲覧室、愛宕別院真福寺の会議室を使わせていただき、現在は成蹊大学で研究会を続けている。本書の原稿をまとめる段階では長野伊那谷で合宿を行った。

研究会の参加者も多彩である。国内は名古屋・京都・新潟から、海外では韓国・フランス・アメリカからご参加いただいた。陽明文庫や京都国立博物館蔵の夢記の注釈に関しては、李妍淑氏、宮腰寿子氏、湯川祥子氏のご協力を得た。二〇一一年には現役の医師であり心理学の観点から夢記を研究する和田茂胤氏が会に加わり、本書所収の夢記年表作成にご協力いただいた。高山寺外の夢記をつとにフランス語訳されたフレデリック・ジラール氏や、国際日本文化研究センターの荒木浩氏にも折に触れて研究会へご参加いただき、貴重なご意見をたまわった。夢記の先駆的な研究で知られる山田昭全氏には、御論文や書簡を通じてご教示いただく機会を得た。本書の初校の段階では、中世の日本語学が御専門の山本真吾氏に夢記の訓読を全体にわたってご確認いただき、懇切にご教示いただいた。本書をなすにあたり、上記の方々や研究の場を提供してくださった機関の皆さまをはじめ、夢記所蔵機関の方々、夢記の閲覧や画像・翻刻掲載の便宜をはかってくださった方々、夢記に関する情報を寄せてくださった方々など、数え切れないほどのご協力をたまわった。この場を借りて心より御礼申しあげる。ご協力くださった皆様のお名前を巻末に掲載させていただいたので、ご覧いただきたい。

本書は、ただひたすら明恵の夢の世界が知りたいという想いで集まったメンバーによる長年にわたる地道な研究の成果である。それぞれの夢記に対する熱量が反応しあって議論は尽きることなく、本書を校正する段階になっても夢記に関する新情報がもたらされているが、残念ながら時間の制約もあり、すべてを反映することはできなかった。機会を改めて発表していきたい。

明恵の夢記全体のうち、本書に収載できたものは約半分である。高山寺所蔵の夢記の注釈は今後の課題だが、各所に散在する夢記をまとめて刊行できる喜びは大きい。明恵の夢の世界は読めば読むほど興味深いが、読めるようになるにつれ疑問点も増えていく。検討しきれなかった部分も多く、読みあやまりや不備も多々あると思うが、本書が専門分野や国境を越えて、できるかぎり多くの関心に応えるものとして受け入れられ、今後の夢記研究の礎となることを願ってやまない。

出版にあたっては、勉誠出版の吉田祐輔氏、武内可夏子氏にご尽力いただいた。この場を借りて感謝申し上げたい。本書は平成二六年度科学研究費補助金（研究成果公開促進費、課題番号265038）の助成を受けて出版されるものである。

二〇一五年一月

平野多恵
前川健一

謝辞

本書の出版および研究会の活動にあたり、ご協力くださいました左記の関係諸機関、関係各位、およびここにお名前を記すことのできなかった御所蔵者や関係の方々に深く感謝の意を表します。

（敬称略・五十音順）

機関

・愛宕別院真福寺
・萱堂
・京都国立博物館
・高山寺
・香雪美術館
・国立歴史民俗博物館
・五島美術館
・古美術 祥雲
・佐野美術館
・石水博物館
・施無畏寺
・大正大学真言学智山研究室
・大東急記念文庫
・智山勧学会
・東京国立博物館
・東京大学史料編纂所
・東京大学仏教青年会
・名古屋市博物館
・奈良国立博物館
・根津美術館
・白鶴美術館
・法楽寺
・ミカ・ギャラリー
・陽明文庫
・和歌山県立博物館

個人

・青井義夫
・赤尾栄慶
・阿部龍一
・荒木浩
・李妍淑
・植松明子
・永坂知久
・大垣博
・大島幸代
・大塚芳正
・桐谷美香
・久保木秀夫
・小島孝之
・小松庸祐
・坂口太郎
・坂本亮太
・佐々木祐記
・佐藤辰美
・柴山紗恵子
・砂田円
・瀬谷貴之
・仙海義之
・高橋悠介
・高柳祐子
・田中順子
・月本雅幸
・名和修
・羽田聡
・Barnet, Sylvan
・Burto, William
・宮腰寿子
・村木敬子
・森川富美子
・森澤展裕
・藪本公三
・山田昭全
・山本真吾
・山本祐子
・湯川祥子
・龍泉寺由佳
・和田茂胤

執筆者一覧

（1）現職　（2）専門分野　（3）担当

編者

奥田　勲（おくだ・いさお）
（1）聖心女子大学名誉教授　（2）日本中世文学　（3）緒言、訳注執筆、訳注および全体の編集

平野多恵（ひらの・たえ）
（1）成蹊大学教授　（2）日本中世文学　（3）訳注執筆、訳注および全体の編集、あとがき

前川健一（まえがわ・けんいち）
（1）創価大学大学院教授　（2）日本仏教思想史
（3）訳注執筆、訳注および全体の編集、あとがき

執筆者

小林あづみ（こばやし・あづみ）
（1）名古屋文理大学助教　（2）日本古代文学　（3）訳注執筆、目録・人名一覧編集

小宮俊海（こみや・しゅんかい）
（1）大正大学非常勤講師／智山伝法院非常勤講師　（2）仏教学（真言学）
（3）訳注執筆、夢記年表・参考文献一覧編集

立木宏哉（たちき・ひろや）
（1）聖心女子大学ほか非常勤講師　（2）日本中世文学
（3）解題・訳注執筆、事項索引・夢記年表編集

野呂　靖（のろ・せい）
（1）龍谷大学准教授　（2）仏教学（華厳学）　（3）訳注執筆、夢記年表・明恵略年表編集

金陀美（きむ・たみ）
（1）韓国国立木浦大学校ほか非常勤講師　（2）日本中世文学　（3）人名一覧編集

4　事項索引

凡　例

1. 本索引は、本書所収の山外本夢記の本文に現れる語を収録したものである。事項の抽出範囲は山外本夢記の本文に限り、夢記紙背の消息や第1部6の付録文書は索引の対象外とした。また、抹消された部分も対象から除外している。

2. 収録語は、地名・寺院名・書名をはじめとして、修法関連の語や仏教語、また、夢のモチーフを示す身体語・動植物名・建築用語など多岐にわたって事項の選定を行った。明恵の夢記に特徴的に現れる語や夢解きに関する吉凶を示す語、感情語なども収めた。ただし、官職名など、人名索引と項目が重なるものは索引から省いている。

3. 項目は、第一字の音読みに基づき、現代表記の五十音順で配列した（次頁の漢字一覧参照）。ただし、第一字が国字の場合は訓読みによった。

4. 項目の表記は、旧字体や異体字、抄物書きの類は通行の字体にできるだけ改めた。和語で仮名表記のものはそのままの立項もある。

5. 所在は目録番号と行数で示した。たとえば、第1部10の23行・26行・27行の場合、「① 10(23・26・27)」のように示した。

6. 項目に同一語・類似語・関連語の類がある場合は、別にそれらを包摂する見出しを立てて、そこにもその項目を収めた。その包摂する見出しはゴシック体で示した。たとえば、「神社」「御社」「春山」のいずれもが「春日」を指すのが明らかである場合、「春日」という事項からそれらの語を引けるようにした。また、「相」(そう)を引くと、「吉相」「占相」「好相」「御誠之夢相」といった、夢解きに関して「〜相」と用いられる語(それ以外の語も含む)が一覧して見られるといったように、主題索引のごとくになったものもある。ただし、第一字が同じでゴシックの見出しの前後に項目が並ぶ場合は煩雑を避けて、そういった処置を行っていない場合もある。たとえば、「顔」の見出しのもとにまとめられた箇所では「顔サキ」「顔面」は自ずと前後に並ぶので、「顔」の見出しのもとに含めてはいない。

例：

かなしみ
　哀喜　①10(47),③07(6)
　哀傷　①10(78),②02(8)
　大悲歎　②02(111)
　悲叫　②08(6)
河　①17(11・12),②02(70・180),②20(2)
　在田河　①06(112)
　山河　②08紙背(1)
　深河　②20(2)
　大河　②01(46),②02(62),③07(2),④09(1)

漢字一覧

【あ行】

【か行】

【た行】

【な行】

【は行】

【ま行】

【や行】

【ら行】

【わ行】

【梵字表記(アルファベット)】

5　人名一覧

凡　例

1. 本一覧は、本書に収録した夢記に登場する人物について人名、読み、別称、略歴、所在、備考を示したものである。

2. 本一覧で立項した人物が訳注の【語釈】で立項される場合、【語釈】の項目に＊を付けて示した。

3. 人名は原則として、頭漢字の音読み（漢音）により現代表記の五十音順で配列した（下記一覧参照）。文字表記は旧字体を新字体に改め、抹消・訂正等のある場合には訂正された文字のみ採録した。

4. 官職名・房名で記される人物については、推定可能な範囲で本名（諱）でも立項した。各人名の後に、その人名の慣用的な読みを示したが、判断の難しい場合は呉音を優先し、女性の人名は音読みで示した。また、房名が複数ある等、他の呼称でも記されている場合は本名等、最も慣用的な人名の読みの後に〔　〕で示し、検索の一助とした。なお、人名に「殿」等の敬称が付された場合には、そのまま採録した。（例：近衛殿）

5. 略歴について、生没年未詳の場合にはその記述を省略した。また、高山寺本夢記に登場する場合、記載箇所を示す記述は省略した。

6. 所在は本書所収の「「明恵上人夢記」目録」の番号と翻刻の行数を示した。（例：「第1部10の5行」の場合は、「①10（5）」同じ行に複数回記される場合は非表示）なお、第1部6付録部分の翻刻や、第1部12【考察】部分に引用される夢記については、その旨を「①6付」「①12考」と注記した。

7. 【備考】欄には、立項した表記とは異なる（例：人名の前に「故」がつく）場合などの元の表記等を示した。

い	い　伊　一　院
え	永　栄　円
か	カ　家　海　解　覚
き	季　喜　崎　義　吉
	宮　御　鏡　勤　近
く	空
け	卿　恵　月　顕
こ	虎　公　光　行　後
	香　高
さ	さ　左　佐　宰　三
	山
し	糸　姉　二　尼　時
	慈　実　釈　若　守
	十　春　上　少　昇
	松　証　浄　常　女
	信　神　真　深　親
せ	正　成　性　清　聖
	宣　専　前　善　禅
そ	祖　宗　僧　増
た	大　丹
ち	中　長　澄
て	定　貞　殿
と	当　通　頭　道　得
に	任
の	能
は	坂
ふ	文
へ	兵　弁
ほ	宝　法　北
ま	ま　摩
み	弥　民
め	明
よ	葉
ら	頼
り	六　良　李　亮
	領
れ	冷　霊　鎌
ろ	論

【あ行】

いとののこせんいとののごぜん　→糸野御前　①6付(17・23・34)
伊豆入道いずのにゅうどう　→親康(藤原)　①19(16)　【備考】故伊豆入道
一院いちのいん　→後鳥羽院　①15A(2)
院いん　→後鳥羽院　①9(26)
永真ようしん　〔成仙房、常仙房〕　嘉応二1170～？　栄真とも。神護寺僧。興然より伝授を受け、後に明恵に随従したか。真言関係の写本を多く残す。
栄西ようさい　〔葉上僧正〕　永治元1141～建保三1215　葉上房。天台と密教を学び入宋、臨済禅を受け帰国。建仁寺の開山となった。『興禅護国論』のほか密教関係の多くの著作や、宋から茶種を将来し『喫茶養生記』を著したことでも知られる。栄西と明恵の相見は『伝記』系諸本に見える。
円宗房えんしゅうぼう　→顕真か　①10(98)
円珠房えんじゅぼう　→顕真か　①10(100)
円俊えんしゅん　〔定恵房〕　藤原季能息。明恵や上覚房行慈、空達房定真と同じく興然の付法。高山寺本に登場する。
円乗房えんじょうぼう　上覚の書状で言及される神護寺僧。(鎌倉遺文三二五八・三三〇四・三三二五)　②6(3)
円法房えんほうぼう　→定真　①4(7)　【備考】円法房〈定真〉

【か行】

カモン入道かもんのにゅうどう　→親能(中原)か　①9(6)
家実(近衛)いえざね　〔近衛殿〕　治承三1179～仁治三1242　近衛基通息。子息には兼経・鷹司兼平など。左大臣、摂政、関白等を歴任し、伝統的な朝政を執った。日記『猪隈関白記』がある。
海禅かいぜん　「毎日学問印信次第」にその名がみえる、明恵の弟子の一人か。　④11(1)
解脱房げだつぼう　→貞慶　①6(25)，②1(17・20)，②2(154・155)，③5(1・4)
覚円房かくえんぼう　未詳。　②2(156)
覚雄かくおう　〔中納言阿闍梨〕　未詳。高山寺本にも登場する。　①8(14・18)　【備考】14中納言阿闍梨〈覚雄〉、18覚雄闍梨
季能(藤原)すえよし　〔冷泉三位、三位殿〕　仁平三1153～建暦元1211　定意(浄恵房)の兄。円俊父。父は藤原俊盛、母は源雅兼女。国司を歴任後、後白河院別当。建久四1193年正三位となり、承元四1210年出家。歌合を催し、勅撰集にも入集する。
喜海きかい　〔義林房〕　治承二1178～建長二1250　明恵に早くから師事した高弟の一人。聖詮からも華厳教学を学ぶ。『仮名行状』の作者。明恵の置文で高山寺の学頭に定められるなど明恵の華厳教学の理解に秀でた弟子である。　①2(2)，②2(167・169)　【備考】②2(167)□海
恵日房えにちぼう　→成忍　②23(5・8)
義淵房ぎえんぼう　→霊典　①10(186)，①21(4)
義延房ぎえんぼう　→霊典か　②1(35)
義寂ぎじゃく　八世紀前後に活躍した新羅の学僧。義湘門下とされ多くの著作で知られる。著作『無量寿経述記』は、現存しないが『安養集』『安養抄』などに引用されるなど、平安期の浄土教に影響を与えた。明恵の『摧邪輪』では、「寂法師」として言及される。　②2(126)　【備考】□寂
義林房ぎりんぼう　→喜海　①17(2・3・4)，①18(49・50)，①21(4)，②12(4)，②13(2・15)
吉水大僧正御房よしみずのだいそうじょうごぼう　→慈円　③13(6)
宮みや　未詳。　①8(4)，②2(147)，③3(4)　【備考】②2(151)女房
宮尼みやのあま　未詳。　①8(6)
御前ごぜん　未詳。　②1(75)，②8(1・7)
御前ノアねごぜんのあね　〔姉尼御前、尼〕　長房(藤原)の姉で尼となった人物か。　③1(5)
御前ノメノトごぜんのめのと　未詳。　長房(藤原)周辺で乳母となった女性か。　③1(5)
御房ごぼう　→行慈、あるいは長房(藤原)　①10(125)
鏡智房きょうちぼう　明恵から『仏眼仏母念誦次第』を書き与えられた弟子の一人。高山寺本に登場する。　①8(8)
勤杲ごんこう　〔正達房〕　田中久夫・奥田勲は正達房を勤杲かとする。『却廃忘記』『栂尾説戒日記』『光言句義釈聴集記』などにその名が見える。高山寺置文案によれば古くから明恵のもとで修行した僧の一人。入宋経験を持つ(鎌倉遺文三九二九)。なお、醍醐寺本『伝法師資相承血脈』には興然付法の弟子に「良慶　改勤杲　性蓮房」とある。
近衛殿このえどの　→家実(近衛)か　①10(125)
空達房くうたつぼう　→定真　①21(4)

卿夫人（きょうぶにん）　未詳。　②2(22)
月性房（がっしょうぼう）　未詳。高山寺本にも登場する。　①6(20)
顕真（けんしん）〔円宗房、円珠房〕「毎日学問印信次第」にその名がみえる、明恵の弟子の一人。
虎丸（とらまる）　未詳。　①12考
公経（西園寺）（きんつね）〔大将殿〕　承安元1171〜寛元二1244　内大臣西園寺実宗の次男。妻は源頼朝の姪の一条全子。承久の乱で倒幕の企てを幕府に通報。乱後、内大臣を経て、貞応元1222年には太政大臣となり、翌年従一位に昇叙。女婿である九条道家と共に政治に強い権限を持ち、北山に西園寺殿を建立した。貞応二1223年、高山寺の金堂の本尊として運慶の丈六釈迦像と四天王像を沙汰するなど（『高山寺縁起』）、明恵の重要な後援者の一人。　④10(2)　【備考】大将殿〈公経〉
公継（徳大寺）（きんつぐ）〔六条大臣殿〕　安元元1175〜安貞元1227　左大臣徳大寺実定三男。参議、左大臣等を歴任。教養人として知られ法然に師事した。
光音房（こうおんぼう）　未詳。山田昭全・ジラールは明恵の弟子の一人と推測。　②17(11・16), ③7(2)
光堂御前（ひかりどうのごぜん）　未詳。『栂尾御物語』の記述を重視すれば、明恵から宝楼閣法の伝授を受けた尼僧かとも考えられる。　②2(3)
【備考】②2(12)此人
行顕闍梨（ぎょうけんじゃり）　興然付法の弟子。血脈類では「大納言阿闍梨」とも記される。『小宝螺日記』にもその名が見える。　①2(2)
行寛（ぎょうかん）〔僧都御房〕　仁和寺静定院の僧侶か。古記録類には嘉禄二年に法印に叙せられ、西園寺公経家に出入りしたことがみえる。
行慈（ぎょうじ）〔御房、上師、上覚御房〕　久安三1147〜嘉禄二1226　上覚房。湯浅宗重の子息で明恵の伯父にあたる。興然から密教を受法し文覚に師事。文覚とともに神護寺の再興に勤めその流罪にも同行した。歌人として『和歌色葉』を著す。明恵の神護寺入寺の際に師となり、夢記には「上師」として数多く登場する。
後鳥羽院（ごとばいん）〔一院、院〕　治承四1180〜延応元1239　第八十二代天皇。寿永二1183〜建久九1198在位。高倉天皇第四皇子。母は坊門殖子。朝権の回復を図ったが承久の乱で隠岐に配流され崩御。和歌にも造詣が深く、その命で『新古今和歌集』が編纂された。明恵は後鳥羽院から栂尾を賜る院宣を受け、高山寺が創立された。
香象大師（こうぞうだいし）　→法蔵　①10(138)
高弁（こうべん）〔成弁、明恵房〕　承安三1173〜寛喜四1232　明恵の諱。明恵は文治四1188年に十六歳で出家して以来、「成弁」と名乗り、承元四1210年の三十八歳以後には「高弁」の名を用いるようになった。改名の理由は不明だが、明恵が高山寺へ定住して明恵圏が確立する過程にある時期にあたるとの指摘がある。（奥田勲[1978]73頁）　①8(8), ①10(70・96・97・101・102・109・116・122・155・164・166・170), ①12(6), ①12考, ①13(8・10), ①14(5・6), ①15A(7), ①15B(5), ①16(2・8), ①17(2・8), ①20(4), ②2(6・18・22・32・34・94・107・110・112・124・130・132・147・149・155・180・193・202), ②7(12), ②10(5・8), ②13(14), ②18(4・5), ②23(5), ②24(4・6), ③3(8・11), ③4(2), ③8(4), ③10(5), ③13(6), ③18(3), ④2(1), ④3A(4), ④3B(5)
【備考】①8(6), ②2(77・124・131・137)御房

【さ行】

さきやまのこせん（さきやまのごぜん）　→崎山御前　①6付(17・21・33)
左衛門二郎（さえもんのじろう）　未詳。左衛門府に任官していた人物の二男にあたる人物。　①6(101)
左大臣殿（さだいじんどの）　→良輔（九条）か　②2(81)
【備考】左大臣殿〈八条〉
左中弁（さちゅうべん）　→長房（藤原）　①6(10)
佐渡前司（さどのぜんじ）　→親康（藤原）　①10(125), ②2(51)
宰相殿（さいしょうどの）　→長房（藤原）か　①8(3・4), ①9(26)
崎山御前（さきやまのごぜん）〔さきやまのこせん、前山御前〕　→信性　崎山良貞の妻のことか。湯浅宗重の嫡女で、明恵からは伯母に当たる人物。　②1(30・41)
崎山小若御前（さきやまのこわかごぜん）〔若御前〕　未詳。「小若」は、幼少の意。　②1(78)
崎山禅尼（さきやまのぜんに）　→信性、あるいは湯浅宗方（宗重の六男）の室か。奥田勲は前者の可能性が高いとする（明資二188頁「崎山尼公」の項）。　②2(200)

崎山兵衛　→良貞(崎山)　④5(1)
三位殿　→季能(藤原)　①6(78)
山東太郎　未詳。紀伊国名草郡(和歌山県東部)に山東荘があるが、この荘園の管理にかかわった人物か。　①6(100)
糸野御前　〔いとののこせん〕　湯浅宗光の妻か。湯浅宗光は明恵の叔父にあたり、その館は紀州糸野にあった。宗光の妻は、明恵が建仁三1203年に渡天竺を企てた際に春日明神の託宣を告げたかとされる人物で、明恵の春日信仰と深く関わる。高山寺本夢記にたびたび登場する。　②1(50)
糸野兵衛尉　→宗光(湯浅)　③5(1)、あるいは貞重(崎山)　②14(1)
姉尼御前　→御前ノアね　③1(7)
二条姫宮　後鳥羽天皇の皇女の一人か。粛子(第二皇女。建久七1196～？)、礼子(第三皇女。嘉陽門院。正治二1200～文永十1273)、熙子(元久二1205～？)が考えられるが、藤原長房夫妻が二条殿跡を補修して養育し、出家の戒師が明恵だった熙子の可能性が高いか。　①10(153)
二条殿御局　未詳。　①10(129)
尼　→御前ノアね　③1(9)
時子　〔守三位殿〕　法勝寺執行能円(藤原顕憲息。平時忠・時子の異父兄)女。母は後鳥羽天皇の乳母、藤原範子。源通親の養女か。姉妹に源在子(後鳥羽天皇妃、土御門天皇母)。藤原忠季との間に子息親平らをもうけた。明恵の有力な後援者の一人、督(守)三位局かとされる。
慈円　〔吉水大僧正御房〕　久寿二1155～嘉禄元1225　後鳥羽院護持僧。父は藤原忠通、母は加賀局、兄は兼実。天台座主を四度勤め、京都吉水に大成就院を建て、祈祷道場とするなど、台密の復興に尽くした。九条家の後見となり、歴史書『愚管抄』を著した。歌人としても名高く『新古今和歌集』に多く入集するほか家集『拾玉集』がある。
慈心房　→長房(藤原)　①10(84・124)
釈王禅師御房　未詳。　①4(1)
若御前　→崎山小若御前　②1(82)
守三位殿　→時子か　①19(17)
十蔵房　未詳。明恵の親族である、紀州の崎山家ゆかりの者か。高山寺本にも名が見える。　②3(2)
春華門院　→昇子　①10(128)
上覚御房　→行慈　②1(76)
上師　→行慈　①6(110・116・118)，①10(145・147)，①15B(2)，①17(2・7)，①18(20・42・43)，①21(9)，②2(33・34・37・39・47)，②3(2)，②10(10)，②12(4)，③7(5・13)，③16(3)　【備考】①6(116)，①10(149)師、①10(146)和尚、①21(9)故上師
上蔵　→浄蔵か　①10(33)　【備考】上人〈上蔵等歟〉，①10(37)上人
上人御房　→文覚　①6(83・121)，①7(6)，②1(74・78・80・84・90・92)，②18(5)，③1(1)，③14(4)　【備考】②1(80)□人御房、②18(5)故上人御房
少将　未詳。　③6(2)
昇子　〔女院、春華門院〕　建久六1195～建暦元1211　後鳥羽第一皇女。母は宜秋門院(九条兼実女・任子)。一歳で叙一品、准三后。承元二1208年春宮順徳天皇准母として皇后に冊立。翌年、春華門院の院号を蒙る。八条院の猶子となり、建暦元1211年六月、その死により膨大な八条院領を相続したが、同年に亡くなった。『愚管抄』にその美しさを称えられる。
松御前　〔まつこせん〕　未詳。　①6付(24)
証月房　明恵の弟子の一人。高山寺本に登場する。　②2(168)
証定　〔明法房〕　建久五1194～？　建暦二1212年以降明恵に師事した。貞応元1222年書写の『華厳経』書写者の一人。『禅宗綱目』を著す建長七1255年には還俗。　①20(2)　【備考】明法房〈証定〉
浄恵房　→定意　①6(77)　【備考】浄恵房〈定意／丹波入道〉
浄蔵　〔上蔵〕　寛平三891～康保元964　平安中期の天台僧。三善清行息、宇多法皇の弟子。声明家であり平将門降伏のための修法等の法験が知られる。多才な人物として知られ、説話集には多くの逸話が残る。
常仙房　→永真　②9(4)
女院　→昇子　①10(72・77)　【備考】故女院
信性　〔崎山禅尼、前山殿〕　→崎山御前　明恵の伯母(湯浅宗重の女)で、崎山良貞の室となった尼僧。
神主　→能久(賀茂)か　①15A(2)
真証房　明恵の弟子の一人。高山寺本に登場する。　②2(168)
真乗房　→亮恵か　④2(5)

真済僧正（しんぜいそうじょう）　延暦十九800～貞観二860　真言僧。空海高弟の一人。神護寺別当。その後東寺一長者、僧正位となる（真言宗初例）が、示寂後の空海に譲った。晩年は神護寺に隠居した。空海の『遍照発揮性霊集』十巻を編集した。清和天皇・惟喬親王の東宮争いの加持に敗れたことが説話集等にみえる。　②2（126）

深勝房（じんしょうぼう）　→性禅　①9（17）

親康（藤原）（ちかやす）〔伊豆入道、佐渡前司、前司〕　忠弘息。元久元1204年任佐渡守。嘉禄元1225年には伊豆守を経て出家。古記録類には九条家の（文）使いとしての姿が散見する。明恵との関係は『歌集』や夢記等にみられる。

親能（中原）（ちかよし）〔カモン入道〕　康治二1143～承元二1208　広季息（異説あり）。相模国で育ち、源頼朝と年来の知音となる。鎌倉幕府草創に協力し、鎮西奉行、京都守護等を歴任。頼朝二女の死去により入道。「寂忍」、「掃部頭入道」と称された。

正達房（しょうたつぼう）　→勤杲か　③4（14）

正智房（しょうちぼう）　未詳。神護寺における上覚の弟子か。　①6（117）

成仙房（じょうせんぼう）　→永真か　②6（15）

成忍（じょうにん）〔恵日房〕　明恵の弟子。「明恵上人樹上坐禅像」（高山寺蔵・国宝）の作者と推定される画僧。高山寺禅堂院には成忍作の「上人真影」「上人縄床樹坐禅真影」「慈心房覚真真影」「民部卿長房真影」「毘盧遮那五聖曼荼羅」「絵像自在天」が安置されていたという。

成弁（じょうべん）〔高弁、明恵房〕　承元四1210年、少なくとも三十八歳以前の明恵の自称。同年七月五日に紀州崎山の草庵で著した『金師子章光顕抄』二巻の奥書に「華厳宗沙門高弁」とあるのが「高弁」名の初見で、それ以前は「成弁」の名を用いていた。　①1（2・4・5・6・7・9），①2（2・13・17），①3（6），①4（5・11），①5（4），①6（4・13・16・25・43・47・50・51・66・73・76・78・82・86・90・107・108・112・115），①6付（11・16・26・30・36），①7（7），①9（2・4・9・14・20・21・25・27），①10（3・17・20・21・22・26・36・43・51・54・58・192・195・196・198・200），②1（3・5・16・17・19・20・22・26・28・30・32・65・75・102・103），②4（7・15），②6（2・4・8・12・14），②8（7・9），②20（5・7），③1（3・15），③2（1・7・8・9），③5（3），③9（1・7・9），④1（7），④5（2），④14（4）　【備考】①6（40, 79），①7（5），①10（59），②1（8・9）御房、①10（12）此僧，①10（14）之

性我（しょうが）〔専覚房阿闍梨〕　久安六1150～正治二1200　源頼朝護持僧。文覚の元で上覚と共に修行の後、建久二1191年、神護寺の阿闍梨に補せられ、仁和寺の守覚法親王より伝法灌頂を受けた。その後鎌倉に下向、勝長寿院・永福寺の別当となった。建久八1197年から文覚が行った東寺の修理にも、上覚とともに重要な役割を果たす。『玄玉和歌集』に八首の和歌が入集する。

性憲（しょうけん）〔中納言阿闍梨〕　藤原実教息。建久六1195年に、文覚建立の高雄後白川院御所にて興然より受法した。神護寺僧としての活動は、『神護寺文書』や聖教の書写の記録にうかがえる。報恩院本漢文行状別記によれば、明恵が紀州滞在中はその代わりに釈迦、十六羅漢像に勤仕している。

性実（しょうじつ）〔法智房〕　明恵の弟子の一人。文応元1260年八十三歳で没。神護寺以来の明恵同行で、「毎日学問印信次第」に名を連ねている。明恵の置文では、説戒の役に任じられている。明資二179頁「法智房」の項参照。

性禅（しょうぜん）〔深勝房〕　神護寺執行。明恵との和歌の贈答、戒についての問答等に名が残る。

清涼大師（しょうりょうだいし）　→澄観　②18（3）

聖覚法印（せいかくほういん）　仁安二1167～文暦二1235　天台僧。藤原通憲（信西）孫、澄憲息。比叡山にて学び父とともに安居院流の唱導を大成した。一般に法然に師事したとされ、『唯信抄』を著し、親鸞らに影響を与えた。　①17（12）

聖経房（しょうきょうぼう）　未詳。　①6付（38）

聖詮（しょうせん）〔得業御房、法眼御房〕　東大寺尊勝院の僧。林観房。景雅に華厳を学び、明恵に倶舎や因明を教授し、生涯に亘って交流があった。

宣旨殿御局（せんじどののみつぼね）　未詳。宣旨の取次や雑務を行う女官。　②2（1）

専覚房阿闍梨（せんかくぼうあじゃり）　→性我　①6（39）【備考】①6（41）阿闍梨

前山御前（さきやまのごぜん）　→崎山御前　崎山良貞の妻のことか。湯浅宗重の嫡女で、明恵の伯母（生母の姉）に当たる。　③2（7）

前山殿　→良貞(崎山)、あるいは信証　②2(111)　【備考】②2(113)此人

前山兵衛尉　→良貞(崎山)　③2(6)

前山兵衛殿　→良貞(崎山)　①5(3)

前司　→親康(藤原)　①10(126)

善導　613〜681　唐代の僧。中国浄土教の大成者。道綽のもとで念仏行を開始。称名の実践を重視し、『観無量寿経疏』などを著す。その浄土思想は法然が「偏依善導」との立場を取り、大きな影響を与えた。明恵は『摧邪輪』で法然に批判を加えているが、善導には一定の敬意を払っている。　②2(126)

善友〈糸野〉御前　高山寺本にも登場する女性。　①14(5)　【備考】①14(7)女房

禅公　未祥。　①18(50・71)

禅師公　未詳。　③13(2)

祖父入道殿　→宗重(湯浅)　①18(17)　【備考】故祖父入道殿

宗光(湯浅)　〔糸野兵衛尉、鎌倉兵衛尉、兵衛尉、兵衛殿〕　宗重息。明恵の叔父で上覚の兄弟にあたる。承元〜嘉禄頃、湯浅一党の惣領的な地位にあったとされる人物。建久八1197年源頼朝が文覚に与えた阿氐河荘の下司職を譲与される。紀州で修行する明恵に草庵を布施するなど明恵の後援者として知られる。建仁三1203年正月には宗光の妻かとされる人物に春日明神が憑依し明恵の渡天竺をとどめた。

宗重(湯浅)　〔祖父入道殿〕　湯浅権守。明恵の母系の祖父であり、上覚の父にあたる。『愚管抄』によれば、平治の乱の際に平清盛に武力を提供したが、文覚との関係により治承・寿永の乱では源頼朝の御家人となった。吉田経房とも親交があった。

僧都御房　→行寛　①19(6)

増信　未詳。　①2(2)

【た行】

大師　→法蔵　①10(141)

大将殿　→道家(九条)か　①10(125)、→公経(西園寺)　④10(2・6)　【備考】④10(2)大将殿〈公経〉

大臣殿　→道家(九条)か　②2(51)

大納言ナント云フ僧　未詳。　③15(7)

丹波入道　→定意　①6(77)　【備考】浄恵房〈定意／丹波入道〉

中納言阿闍梨　→覚雄　①8(14)　→性憲か　②1(2・8)　【備考】①8(14)中納言阿闍梨〈覚雄〉、②1(8)阿闍梨

長房(藤原)　〔御房、宰相殿、左中弁、慈心房、頭弁、頭弁殿、弁殿、民部卿〕　仁安三1168年あるいは嘉応二1170〜仁治四1243。参議光長息。後鳥羽院近臣として、蔵人頭(土御門天皇)・参議を経て承元三1209年一月に民部卿に任ぜられた。正三位に叙せられた後、貞慶の下で出家、慈心房覚真となり海住山寺を復興した。明恵とは出家前より交流があり、明恵は『金師子章光顕鈔』を長房の依頼で著し、長房は高山寺の経営にも携わった。　①10(60)

澄観　〔清涼大師〕　738〜839　唐代中期の僧。華厳宗第四祖。清涼国師とも称される。杜順や法蔵の華厳学を軸に、天台や禅等を総合して、新しい華厳教学の再興を図った。

定意　〔浄恵房、丹波入道、(定意沙門)〕　永暦元1160〜嘉禄二1226　藤原盛実。俊盛の三男。丹波守着任は元暦元1184年。兄は季能、弟は醍醐寺座主賢海、姉妹は藤原長房室女子、子息に尊遍・良遍(法相宗の学僧、のちに東大寺知足院を復興)がいる。『明月記』等に官人としての姿が確認できる。出家後は正治三1201年に賢海より付法。『春日権現験記絵』巻十五にも、斎宮熙子内親王の夢によって遣わされた使いとして「丹波入道浄恵」が登場するなど、南都との関係がうかがわれる。①6(77)　【備考】浄恵房〈定意／丹波入道〉,①6(79)御房

定意沙門　→定意(浄恵房)か。房名ではなく「沙門」という呼称で記されることに疑問が残る。　②1(16)

定恵房　→円俊　①8(16)

定真　〔空達房、円法房〕　承安四1174〜建長二1250　明恵の高弟の一人。明恵と同様に密教を興然や上覚から受法し、神護寺僧を経て高山寺方便智院主となった。明恵の置文では最も重要な寺主にあてられている。

定□　未詳。海禅と並び記されることを考慮すれば、「毎日学問印信次第」等に「定恩」と名がみえる、明恵の弟子の一人か。　④11(3)

貞慶　〔解脱房〕　久寿二1155〜建保元

1213　藤原通憲(信西)孫、貞憲息。興福寺の学僧として評判が高かったが建久四1193年笠置山に隠遁。さらに承元二1208年海住山寺に移った。法然の専修念仏を批判し『興福寺奏状』を起草したとされる。二人の交流は建仁三1203年正月の春日明神託宣の後、『仮名行状』や『歌集』、夢記等から知ることができる。明恵同様、弥勒信仰を持っていたが後に観音信仰を強め、補陀落山浄土への往生を望んだ。弟子の一人に海住山寺第二世となる覚真(藤原長房)がいる。

殿下　未詳。　④10(3)

当院　未詳。　②19(2)

通玄　635〜730(異説あり)　李通玄。唐代の華厳経研究者。八十華厳の注釈『新華厳経論』等を著す。禅定を重視する姿勢は東アジアの思想家たちに注目されたが、特に毘盧遮那仏の光明を観想する仏光観は明恵の実践に強い影響を与えた。③16(3)

頭弁　→長房(藤原)　①5(4),①7(8),③1(4)　【備考】①7(8)頭弁殿、③1(4)頭弁〈長房〉殿

道円法師　明恵が建暦元1211年に発願した八十華厳の書写に携わった僧侶か。①12(2)

道家(九条)　〔大将殿、大臣殿〕　建久四1193〜建長四1252　九条兼実孫、良経息。母が一条能保の息女(源頼朝の姪)で子息頼経が鎌倉四代将軍となるなど、鎌倉幕府との深い関係を背景に、左大臣、摂政、関白等を歴任した。『歌集』や日記『玉蘂』からも明恵との交遊が知られる。また明恵入滅後の道家による敬白文によれば、道家は十四歳の頃より明恵から教えを受けていたことが分かる(『定真備忘録』)。

道忠僧都　治暦二1066〜貞応二1223　平時忠息。道法法親王の弟子。建久年間に明恵と苅藻島へ渡り念誦読経した。①18(63),①19(11)　【備考】故道忠僧都、①19(13, 14)僧都

得業御房　→聖詮か　①7(2)

【な行】

任禅　未詳。　①2(2)

能久(賀茂)　〔神主〕　承安元1171〜貞応二1223　賀茂別雷社の神主。賀茂資保息。建保二1214年から承久三1221年まで神主の位にあった(『賀茂社家総系図』)。承久の乱では後鳥羽院側につき、乱後には鎮西に配流され(『吾妻鏡』承久三年九月十日条)同所で没している。

【は行】

坂東兵衛佐殿　未詳。　①6(107)

文覚　〔上人御房〕　保延五1139〜元久元1204か　真言僧。俗名は遠藤盛遠か。神護寺復興を志し、後白河法皇の御所にて神護寺荘園寄進を強訴、伊豆に配流される。配流中に源頼朝と親交を結ぶ。神護寺のほか、東寺等の修造にも尽力した。頼朝没後、佐渡に配流。召還されたが建仁三年頃に対馬に流罪となり、鎮西で没した。資料によって没年が異なるが、山外本2-1は元久元1204以後を示唆し、高山寺蔵の文覚上人肖像画には「建仁三年七月二十一日入滅　春秋六十五」とある。

兵衛尉　→良貞(崎山)、あるいは宗光(湯浅)　①6(105),②1(71・79・115)

兵衛殿　→良貞(崎山)　②4(15・19・21)　→宗光(湯浅)、あるいは良貞(崎山)　②1(76・82・91・99・111)

弁殿　→長房(藤原)　③1(12・13・19)

宝智房　→性実(法智房)か　①6(95)

法眼御房　→聖詮か　①18(44)

法蔵　〔香象大師、大師〕　643〜712　唐代の僧。華厳宗第三祖。賢首大師とも称される。智儼の学を継承し華厳教学を大成した。

北山御房　→高弁か　①10(152)

【ま行】

まつこせん　→松御前　①6付(30)

摩耶御前　湯浅宗光の息女。施無畏寺蔵「上人之譜」によれば、法名は丹明で、「崎山尼」と称されている人物。　①19(12)

弥二郎　未詳。下人の名前。　②4(17)

弥草　未詳。下人の名前。　②4(17)

民部卿　→長房(藤原)　①10(57・59・71)　【備考】①10(71)民部卿入道殿

民部卿御前　藤原長房の妻女か。　①10(51)

明恵房　→高弁、成弁　①4(2),①6(31),②1(23)　【備考】明恵房阿闍梨　①4(2)

明修房　未詳。報恩院本『漢文行状』別記に収められた宰相阿闍梨(性憲)宛ての手紙

に登場する人物か。　①7(4)

明法房　→証定　①20(2)

【備考】明法房〈証定〉

【や行】

葉上僧正　→栄西　②2(76),③18(4)

【ら行】

頼朝(源)　〔鎌倉大将〕　久安三1147～正治元1199　鎌倉幕府初代将軍。建久三1192～正治元1199在職。平治の乱で伊豆に配流後、北条時政の女、政子と結婚。平氏打倒の挙兵に際しては後白河上皇の意を密かに伝えた文覚の促しがあったともいわれる。源義経を巡る後白河法皇との対立や、九条兼実の復権後の征夷大将軍任命など、京都の政治への影響力も大きかった。

六条大臣殿　→公継(徳大寺)か　②2(80)

良貞(崎山)　〔前山殿、崎山兵衛殿、前山兵衛殿、前山兵衛尉、兵衛尉、兵衛殿〕　元久元1204年没。明恵の母の妹の夫にあたり、明恵が神護寺に入寺するまで養育し、その後も庇護した人物。崎山氏は、紀州田殿荘を本拠とする在地豪族であったが、良貞が湯浅宗重の女と婚姻関係を結び湯浅党の一角を占めることとなった。

良輔(九条)　〔左大臣殿〕　文治元1185～建保六1218　兼実三男、良経弟。八条院養子。建暦元1211年左大臣となり、八条左大臣と称された。

良誉　建保二1214年、道助法親王による愛染王法の記事(『光臺院御室伝』)に名がみえる僧侶か。　①10(152)

李通玄　→通玄　③16(3)

亮恵　〔真乗房〕　承徳二1098～治承二1178　醍醐寺の学僧。内山長久寺の真言開山。醍醐寺金剛王院流聖賢の付法。亮恵の付法の弟子の一人に興然がいるが、興然の付法の弟子には、明恵のほか行慈・定真・性憲等がいる。高山寺の聖教には亮恵、興然のかかわったものが多い。

領智房　未詳。　①10(62)

冷泉三位　→季能(藤原)　①6(77)

霊典　〔義淵房、(義延房)〕　建長七1255年七十六歳で没か。明恵の高弟の一人。もとは高雄の住僧で、上覚から付法され高山寺の造営に功績があり、弟子の止住環境に関わる実務にも長けていたためか、明恵の置文で高山寺の知事(寺主・学頭に次ぐ地位)にも指名されている。奥田勲によれば、霊典は明恵の周辺で、霊験に深いかかわりのある高弟の一人である。

鎌倉大将　→頼朝(源)　①8(5),①13(5)　【備考】①8(5)故鎌倉大将、①13(5)鎌倉大将殿

鎌倉兵衛尉　→宗光(湯浅)か　①13(4)

論恵房　未詳。東大寺僧か。　①9(3・7)

論性房　未詳。　①10(98)

編者略歴

奥田　勲（おくだ・いさお）

聖心女子大学名誉教授。専門は日本中世文学。

著書に『明恵―遍歴と夢』（東京大学出版会、1978年）、『連歌師―その行動と文学』（評論社、1986年）、『宗祇（人物叢書）』（吉川弘文館、1998年）、『連歌史―中世日本をつないだ歌と人びと』（勉誠社、2017年）、共著に『心敬連歌―訳注と研究』（2015年、笠間書院）、共編著に『明恵上人資料第二（高山寺資料叢書）』（東京大学出版会、1978年）、『連歌論集　能楽論集　俳論集（新編日本古典文学全集88）』（小学館、2001年）、『新撰菟玖波集全釈』全8巻・別巻（三弥井書店、1999～2009年）などがある。

平野多恵（ひらの・たえ）

成蹊大学文学部教授。専門は日本中世文学。

著書に『明恵 和歌と仏教の相克』（笠間書院、2011年）、『おみくじの歴史―神仏のお告げはなぜ詩歌なのか』（吉川弘文館、2023年）、共著に『秋篠月清集 明恵上人歌集』（明治書院、2013年）、論文に「明恵をめぐる奇瑞と信仰の磁場―白上峰の文殊顕現と春日明神の託宣」（『中世文学』62号、2017年）などがある。

前川健一（まえがわ・けんいち）

創価大学大学院文学研究科教授。専門は仏教学・生命倫理学。

著書に『明恵の思想史的研究』（法藏館、2012年）、『現代語訳　顕戒論』（公益財団法人東洋哲学研究所、2021年）、共編著に『仏伝と教学（近世仏教資料叢書2）』（臨川書店、2024年）、論文に「『明恵上人行状』の中の明恵像」（『東アジア仏教思想史の構築』、法藏館、2023年）などがある。

増補改訂版（ぞうほかいていばん）　明恵上人夢記（みょうえしょうにんゆめのき）　訳注（やくちゅう）

編者　奥田勲　平野多恵　前川健一

発行者　吉田祐輔

発行所　㈱勉誠社

〒101-0061 東京都千代田区神田三崎町二―一八―四
電話　〇三―五二一五―九〇二一㈹

二〇二四年十一月二十日　初版発行

印刷製本　中央精版印刷

ISBN978-4-585-31019-8　C3015

鳥獣戯画 修理から見えてきた世界
国宝 鳥獣人物戯画修理報告書

近時完了した大修理では、同絵巻に関する新知見がさまざまに見出されることとなった。『鳥獣人物戯画』の謎を修理の足跡をたどることで明らかにする画期的成果。

高山寺 監修／京都国立博物館 編・本体一〇〇〇〇円（＋税）

無住道暁の拓く鎌倉時代
中世兼学僧の思想と空間

無住が生きた土地・場、各地での僧侶間ネットワークに着目し、宗教者としての内実を読み解くと同時に、無住をとりまく文芸活動を考察する。

土屋有里子 編・本体二八〇〇円（＋税）

廃墟の文化史

「廃墟」はなぜ描かれ、語り継がれたのか？ 古代以来人々が廃墟と共存した様相や、廃墟が文化の再生・胚胎を可能とする機能的な場であることを明らかにする。

木下華子・山本聡美・渡邉裕美子 編・本体三二〇〇〇円（＋税）

物語る仏教絵画
童子・死・聖地

特異な経緯を持つ仏画や垂迹画を丹念に読み解き、図像的特徴や成立背景、制作意図を解明。これらの絵画の制作時の伝承や説話からの影響関係、受容の様相を探る。

山本陽子 著・本体一〇〇〇〇円（＋税）